凝煉知識品味閱讀

閱讀理解與兩岸課程教學

教育部國語文課程與教學輔導諮詢團隊　執行策畫

孫劍秋　簡貴雀　吳韻宇　林孟君　陳俐伶　等著

五南圖書出版公司 印行

主 編 序

十年樹木，百年樹人，教育為國之磐石，須賴有識者高瞻遠矚，規模擘劃，方能深孚眾望，長遠推動；而各界殷殷關切，如何革新調整課程教學、如何創新變化閱讀策略，更是每位現場教師應尋思的重要課題。

有鑒於此，國語文課程與教學輔導諮詢團隊於 100 學年度先後舉辦兩項重要教學活動，一是 101 年 4 月 21 日至 26 日，進行為期六天的「海峽兩岸特級教師課程與教學專業對話」。這是由臺灣教師二十餘人組成的專業教學團隊，前往上海、杭州與寧波等地參訪觀摩，透過教學、觀課、評課，促進雙方教師交流，相互提升教學品質。返臺後，商請在大陸中小學實施課堂教學的吳韻宇、林孟君、陳俐伶、蘇淑英、鄭安住等五位老師撰寫授課心得與反思；商請現場觀課、評課的陳麗捐、盧翠芳、蔡娟娟、黃秋琴、董惠萍、林淑芳等 6 位老師分別撰文，抒發見聞及觀課心得，以留下珍貴的書面紀錄。

第二項活動是教育部國語文課程與教學輔導諮詢團隊為推動九年一貫課程，協助教師掌握課綱精神、研擬閱讀教學策略，並融入多元素材、善用資訊媒體，所籌辦的「2012 年閱讀教學理論與實務研討會」，會中廣邀國內專家學者與教師共同參與，以收切磋攻錯、集思廣益之宏效。會議由國立臺北教育大學協辦，於 101 年 5 月 25 日假嘉南藥理科技大學舉行。本次研討會計宣讀 32 篇論文。發表者闡發理論策略，分享實務經驗，觀察細膩深刻，解析精闢翔實；而所邀特約討論人皆學有專精之大專院校教授，針對各篇提供不少寶貴意見。會議雖僅為期一天，卻功德圓滿，與會師友交流激盪，討論熱烈，咸謂收獲匪淺。會後，復將論文送交專家外審，並揀擇優秀論文裒集成冊，用廣流通，以便各界參考。

上述兩項活動所得文章，教師教學 5 篇、觀課參訪 6 篇，會後論文 20 篇，總計審查通過計 31 篇。乃勒成一編，題曰「**閱讀理解與兩岸課程教學**」。茲為便閱讀，略分「**課程綱要與轉化示例**」、「**閱讀教學策略**」、「**兩岸課程教學與觀課、評課交流——教學部分**」、「**兩岸課程教學與觀課、評課交流——觀課、評課部分**」四類。統觀全書內容，兼理論、實務，涵古典、現代，觀點新穎，看法多元。讀者翻覽之際，當有所省思啓發。

劍秋辱蒙教育部及國語文學界師長雅愛，承乏國民中小學九年一貫課程國語文輔導組召集人，膺負重任，不敢稍懈。在團隊同仁鼎力支持下，戮力推動政策，強化輔導諮詢；同時舉辦研討會、組織參訪團，編輯出版優質教材與論文集等。期盼藉由這些活動，促進教師成長，提升教學實效。今值書稿付梓之際，爰贅數語，尚祈賢達不吝賜教。

國立臺北教育大學 語文與創作學系 教授
教育部國民中小學九年一貫課程國語文輔導組召集人 **孫劍秋**

謹誌於國立臺北教育大學篤行樓 437 研究室
2012 年 7 月 31 日

閱讀理解與兩岸課程教學

目 次

【兩岸課程教學與觀課、評課交流—教學部分】

【兩岸課程教學與觀課、評課交流—觀課、評課部分】

國語文第二階段閱讀能力指標之轉化及示例分析

簡貴雀*

摘要

當舉國上下熱鬧推動閱讀活動的同時，是否已喚起課室教學的改變？以一個語文教育工作者的觀察，恐怕還有一段差距。這一方面要教師對閱讀的概念、效益有所覺察與深切體認，另一方面也必須要教師對九年一貫課程綱要國語文閱讀能力指標意涵有所瞭解，並能將抽象能力指標轉化爲具體策略，運用在教學上，否則，投入再大的人力、經費，教學現場教師還是無法擺脫自身的慣性思維與認知，苦於教學進度與學童成績的壓力，想要閱讀理解策略與課堂教學結合，在實務面上，仍有其窒礙難行之處。基此，本文擬先詮釋國小第一、二階段的閱讀能力指標之內容及其重點，次則說明能力指標轉化之理論及其轉化爲閱讀理解策略之情形，最後則以臨床教學之教案，作爲以閱讀爲主之課綱轉化示例，提供國小教師閱讀教學另一可行之方式。

關鍵詞：九年一貫、閱讀能力指標、能力指標轉化、閱讀理解策略

一、前言

隨著世界各先進國家對閱讀素養的重視，我國教改政策的推動，也以提升國民中小學學生閱讀力作爲教育的重要指標，民國 90 年以來，教育部陸續推動許多閱讀計劃[1]，並投入了超過 13 億的龐大經費[2]，卻相繼失利於 2006 年的 PIRLS（促進國際閱讀素養研究）和 2006 年、2009 年的 PISA（學生基礎素養國際研究計畫）評比結果[3]，遠遠落後於同樣是採用繁體中文且曾向臺灣取經的香港。不

* 國立屏東教育大學中國語文學系副教授

[1] 教改啓動後，教育部陸續推動不同期程的閱讀計畫：90-92 年「全國兒童閱讀計劃」，主要工作在充實學校圖書資源、營造良好之閱讀環境、培訓師資、補助民間公益團體及地方政府辦理相關活動等；93-97 年「焦點三百一國民小學兒童閱讀推動計畫」，主要針對 300 個文化資源不足之焦點學校圖書資源的投入；95-97 年「偏遠地區國民中小學閱讀推廣計畫」，重點在師資培訓、圖書資源的充實與相關活動的補助；97-100 年「悅讀 101—教育部國民中小學閱讀提升計畫」，除持續補助充實圖書設備，重點在全面性閱讀推動策略；98-101 年「閱讀植根與空間改善：98-101 年圖書館創新服務發展計畫」包括建立公共圖書館與學校閱讀網絡計畫、多元悅讀館藏充實計畫、閱讀起步走 0-3 歲嬰幼兒閱讀推廣活動計畫。參見吳清基〈推動臺灣的閱讀教育—全民來閱讀〉《研考雙月刊》第 34 卷第 1 期，2010.2。

[2] 僅以「悅讀 101」教育部國民中小學閱讀實施計劃爲例，該計畫以五年爲一個階段，從 96 年度至 100 年度，預計共需 13 億 8,738 萬。上網日期：2012 年 3 月 20 日。網址：http://tw.search.yahoo.com/search;_ylt=A8tUwYtrZX1PilIAgFdr1gt.;_ylc =。

[3] 2007 年公布 PISA（學生基礎素養國際研究計畫）與 PIRLS（促進國際閱讀素養研究）評比結果，臺灣獲得前者第 16 名、後者第 22 名。2010 年公布第二次 PISA 評比的成績，名次不升反下降至第 23 名，對向來自詡爲中華文化正宗的傳承者的國人而言，無疑是一大震撼。

能接受的名次，促使大家反省、檢討，問題出在哪裡？陳昭珍、李央晴、曾品方（2010）以為臺灣國小學童閱讀能力不如其他國家，因素雖然很多，主要則在學校的首長及教師對閱讀教學沒有概念、家長對閱讀沒有正確的態度以及教育當局對閱讀沒有前瞻的政策。其中之一是教師未具有閱讀指導能力，不知道學生在各個階段應達到哪些閱讀知能，所以也不知如何給予適當的閱讀指導。而擔任臺灣PIRLS召集人的柯華葳教授在評比結果皆已揭曉後，語重心長的指出，這個讓人震撼且心酸的數字，只是讓「教閱讀，應該要有策略與方法」的觀念，頓時受到重視。根據她的觀察，目前雖有一些教師改變，但整體教育現場，並沒有被撼動。[4]這一番痛徹心扉的話語，對臺灣閱讀的推動，的確是一個危機和隱憂。

筆者曾受託審閱某國小四年級與六年級基本學力測驗試題，發現命題型式單一化（以選擇題為主），在各項試題比例上，字詞測驗的份量遠重於閱讀與寫作，若以 Mayer 和 Wittrock（2001）六項認知歷程向度來看[5]，字的形音義的確認、語詞的解釋與應用，依其偏重程度則依序為記憶、瞭解與應用，分析、評鑑和創作或闕如或零星出現；而閱讀與寫作的測驗試題，亦未能緊扣閱讀、寫作能力指標命題。顯示教師對於國語文各階段分項能力指標缺乏概念，課程、教學、評量與能力指標之關係亦不了解。換言之，多數教師仍未能細究國語文六項能力指標內涵，亦未能將能力指標具體轉化為教學策略，以致教材與教法、教學策略與評量、教案設計等，仍沿襲過去教學習慣與認知，尤其在整個教育大環境仍以考試為重的氛圍下，教師依然是填鴨式的、趕進度的、以記憶背誦為主的教學模式，與九年一貫課程所欲培養學生能帶得走的能力目標，仍有一段差距。

閱讀能力的培養與提升，需要人、書與環境等各方面的配合，落實到教學面，則教師必須了解閱讀能力指標，對於一些較為抽象或陳義過高的閱讀能力指標，有能力具體轉化為教學策略，並以閱讀能力指標作為閱讀教學、評量的依據。因此，本文乃以語文學習領域國語文第二階段閱讀能力指標之轉化作為探討的主題，針對國語文第一、二階段閱讀能力指標之內容及其重點，以及能力指標轉化之理論、策略，進行深入剖析。在研究方法上，主要以文獻分析與臨床教學之實徵為主，除析述閱讀能力指標之具體轉化外，將以示例呈現臨床教學中閱讀理解策略的教學流程，透過理論與實際教學，提供國小教師閱讀教學參考。

二、國語文第一、二階段閱讀能力指標之內容及其重點

能力指標是由基本能力所演繹出來更具體的指標項目，基本上應是課程所應達成的具體內容，因此可以說，基本能力和能力指標是主從關係或親子關係，兩者有密切的相關（楊思偉，2002）。能力指標作為課程、教學、評量的依據，說

---

[4] 《天下雜誌教育基金會・希望閱讀》〈台灣閱讀現況-1：PIRLS 說了什麼？〉（2009 年）。上網日期：2012 年 3 月 20 日。網址：http://reading.cw.com.tw/doc/page.jspx?id=40288abc24dd91fa0124e22ae2870001。

[5] 參見李昆崇：《教學目標、能力指標與評量・第三章能力指標轉化教學、評量理念與實例》（臺北：高等教育文化，2006），頁 171。

明教師教學前的準備、教學進行時所使用的教材、教學方法、教學的資源以及評量、回饋與補救教學，任何一個環節，皆須緊扣教學目標、能力指標來設計規劃，方能掌握教學重點，達成培養學生基本能力的目的。而其前提，必須教師能深切瞭解能力指標意涵，掌握學習領域各階段各項能力指標內容與重點，認識各階段間有其連續與進階之特質，不容紊亂，否則「雜施而不孫則壞亂而不脩」。

國語文第二階段閱讀能力指標內容及重點，與第一階段閱讀能力指標著重在學生閱讀理解基礎能力之培養，亦即「學習閱讀」之階段不同，其較大之差異，則在於此階段係在前階段學習閱讀之基礎上，更進一步提升學生的「閱讀學習」，利用各種閱讀方法，主動拓展閱讀視野如表一可見。

表一：九年一貫課程基本能力與國語文第一、二階段閱讀能力指標對應關係

基本能力	第一階段（1-2 年級）	第二階段（3-4 年級）
1. 瞭解自我與發展潛能	5-1-1 能熟習常用生字語詞的形音義。 5-1-2-1 能讀懂課文內容，瞭解文章的大意。 5-1-3-1 能培養閱讀的興趣，並培養良好的習慣和態度。 5-1-4-1 能喜愛閱讀課外（注音）讀物，擴展閱讀視野。	5-2-2 能調整讀書方法，提升閱讀的速度和效能。 5-2-11-2 能喜愛閱讀課外讀物，進而主動擴展閱讀視野。
2. 欣賞、表現與創新	5-1-2-2 能分辨基本文體。 5-1-4-2 能和別人分享閱讀的心得。 5-1-5-1 能了解圖書室的設施、使用途徑和功能，並能充分利用，以激發閱讀興趣。	5-2-3-1 能認識文章的各種表述方式（如：敘述、描寫、抒情、說明、議論等）。 5-2-3-2 能瞭解文章的主旨、取材及結構。 5-2-4-1 能閱讀各種不同表述方式的文章。
3. 生涯規劃與終身學習		5-2-5 能利用不同的閱讀方法，增進閱讀的能力。 5-2-6-1 能利用圖書館檢索資料，增進自學的能力。
4. 表達溝通與分享		5-2-7-1 能概略讀懂不同語言情境中句子的意思，並能依語言情境選用不同字詞和句子。
5. 尊重、關懷與團隊合作	5-1-7-2 能理解在閱讀過程中所觀察到的訊息。	5-2-8-1 能討論閱讀的內容，分享閱讀的心得。 5-2-8-2 能理解作品中對週遭

		人、事、物的尊重與關懷。 5-2-8-3 能在閱讀過程中，培養參與團體的精神，增進人際互動。 5-2-12-1 能在閱讀中領會作者並尊重作者的想法。 5-2-14-2 能理解在閱讀過程中所觀察到的訊息。
6. 文化學習與國際瞭解		5-2-13-1 能從閱讀中認識華語文的優美。 5-2-13-2 能從閱讀中認識不同文化的特色。
7. 規劃、組織與實踐	5-1-7-3 能從閱讀的材料中，培養分析歸納的能力。	5-2-1 能掌握文章要點，並熟習字詞句型。 5-2-12-2 能與父母或師友共同安排讀書計畫。 5-2-14-3 能從閱讀的材料中，培養分析歸納的能力。
8. 運用科技與資訊	5-1-6 認識並學會使用字典、（兒童）百科全書等工具書，以輔助閱讀。	5-2-9-1 能利用電腦和其他科技產品，提升語文認知和應用能力。
9. 主動探索與研究	5-1-2-3 能概略瞭解課文的內容與大意。	
10. 獨立思考與解決問題		5-2-10 能思考並體會文章中解決問題的過程。 5-2-14-4 學會自己提問，自己回答的方法，幫助自己理解文章的內容。

註：整理自教育部（民 97）國民中小學九年一貫課程綱要

由表一可知，不論是第一階段或第二階段的閱讀能力指標，皆緊密對應十大基本能力，而同樣對應於十大基本能力的第一階段閱讀能力指標，只出現在 1. 瞭解自我與發展潛能 2.欣賞、表現與創新 5.尊重、關懷與團隊合作 7.規劃、組織與實踐 8.運用科技與資訊 9.主動探索與研究等六項基本能力，且以「瞭解自我與發展潛能」與「欣賞、表現與創新」所對應的能力指標數最多，主要聚焦在「人與自己」面向；而第二階段閱讀能力指標，則除了 9. 主動探索與研究一項缺外，皆有對應的基本能力，包含「人與自己」、「人與社會」、「人與自然」等面向，充分顯示基本能力與分段各項能力指標間，不僅有主從對應關係；各分段各項能力指標間更有階段目標以及階段能力的不同，亦即所欲培養的能力在深度與廣度上，有循序漸進、連續不斷的特色。

第一階段的閱讀能力指標，著重在熟習字詞形音義、瞭解文章（課文）的內容大意和分辨基本文體，以及閱讀興趣、習慣和態度的培養，同時透過圖書室功能和字典等工具書的認識、使用，輔助閱讀，激發閱讀興趣，亦即以學習如何閱讀作爲教師進行閱讀教學的重點；第二階段的閱讀能力指標，強調透過不同的閱讀方法以及圖書資料的檢索、電腦科技的應用，能讀懂語言情境中的句子、能理解作者內在的情思、能思考並體會文章中解決問題的過程、能認識並閱讀各種不同表述方式的文章、能掌握文章要點與熟習字詞句型、瞭解文章的主旨、取材及結構等，亦即透過各種閱讀方法、理解策略，深入理解文章、增進自學能力並主動擴展閱讀視野。換言之，國語文第一、二階段閱讀能力指標的重點，前者以閱讀理解的基礎能力（識字）和興趣、習慣的培養爲主；後者以閱讀理解策略的應用（推論、整合、摘要、詮釋），加深閱讀的廣度爲重。顯然各階段能力指標具有「循序漸進、連續不斷、統整合一」的特質（李坤崇，2006）。

三、能力指標之轉化

由於能力指標係經由專家學者透過不斷的分析與評估後所訂定的，但是因能力指標制訂過於複雜、立意過高，教師處於這種窘境下，常常出現教師對於教學產生心有餘而力不足的情況（余民寧，2002）。的確，多達 489 條的國語文六項能力指標，如此龐大的數目，有多少教師能耐心的解讀指標內容。然而，問題似乎不在指標數的多寡，以九年一貫國語文閱讀能力指標而言，許多教師不看閱讀能力指標教學，只有在撰寫課程計畫和設計教案比賽的時候，才會去注意是否有對應到能力指標，而這似乎是十分普遍的現象（劉榮嫦，2006）。對於教師解讀閱讀能力指標的方式和看法，劉榮嫦（2006）透過訪談發現，許多教師皆反應目前教育部所訂定的指標不夠明確、定義不清。甚至教師對閱讀能力指標的詮釋和建構的重點也不相同（梁婉媚，2007），更遑論有些閱讀能力指標尙有過於抽象、文意不明、過於繁複、過於瑣碎、陳義過高[6]的狀況，閱讀教學不易落實，由此可見。

對於能力指標本身不夠恰當的，教師必須要能具體轉化爲可行之策略，但如何轉化，皆須有一套轉化理論作爲依據，否則轉化者各行其是，或恐流於表層，最終未見學習成效，亦難達成培養學生基本能力的目標。

（一）能力指標轉化之理論

[6] 潘麗珠、楊龍立、蕭千金：〈九年一貫本國語文第三階段能力指標的具體轉化及示例分析〉，《人文及社會學科教學通訊》14 卷 6 期（2004 年）。按潘文的第三階段係 92 課綱的國中階段，雖以國中階段能力指標的轉化爲探討主軸，但國語文各階段能力指標具有「循序漸進、連續不斷、統整合一」的特質，故各階段各項能力指標不免會有雷同狀況，如基本能力 7.規劃、組織與實踐，對應於第一、二階段閱讀能力指標 5-1-7-3 與 5-2-14-3，皆爲「能從閱讀的材料中，培養分析歸納的能力」，對第一階段的一、二年級學生而言，則其指標有陳義過高之處，故須轉化。

所謂轉化，就是造成某物在形式、性質、內涵等方面，產生某種程度差異變化的歷程，此變化多由增減、修改等方式，而產生從抽象變具體、簡單變複雜、隱晦變顯明等情形（葉連祺，2002）。亦即轉化是一種目標物至產出物的改變歷程，其目的，就是使產出物更符合實際需要。對九年一貫課程各學習領域各階段能力指標而言，是迫切且極需要進行的重要課題。

有關能力指標轉化之理論，檢視國內外文獻，可謂言人人殊[7]，亦各有其優缺點。依據轉化的歷程角度來看，轉化的觀點可分爲三種：[8]

1、忠實觀：形式上可以略作改變，但本質不作任何的改變，亦即目標物等於產出物，彼此是對等關係，轉化前後並無差異。

2、調適觀：目標物或產出物在某種程度上有些差異，目標物與產出物二者間是大於或小於的涵攝關係。

3、批判創造觀：目標物與產出物二者爲集合關係，無論在形式、性質或內涵上，都是改變最大的一種轉化觀，最具動態性，也最複雜性，不易測出結果，卻最具特色。

（二）能力指標轉化之原則

能力指標是九年一貫課程爲培養學生基本能力所訂定的主要學習內涵，是教學與評量的依據，故能力指標的轉化，必須以學習者爲中心，掌握九年一貫課程的理念、精神與特色，依轉化者教學目的和所欲達成之成效，選擇適合的轉化觀點，同時掌握以下幾個原則：

1、銜接性：能力指標的轉化，要考慮是否銜接到學生學習前後的內容與經驗，如此，活動設計方能照顧到學習者的能力養成。

2、連結性：能力指標的轉化，須左右橫向思維，不僅兼顧領域內的學習，亦須融入七大議題，與生活結合，方能帶給學生完整的學習。

3、目標性：帶有目的性的學習，通常較易見成效。能力指標的轉化，自然有其目標要求，包括認知、技能和情意三種目標，且目標皆應具體、明確。

4、適性化：能力指標的轉化，必須站在以學生爲中心的角度，或調整或增減或修改適合學生興趣、能力與身心發展足以養成其能力的能力指標。

5、策略性：轉化非單一的簡單過程，人員的投入、情境的配合等，皆需運用適當的策略，使轉化達到最大成效。

---

[7] 國內外學者提出各種能力指標轉化的理論，各有其觀點，如 Mezirow 的轉化理論、Cranton 的導向轉化學習歷程、Yorks and Marsick 的行動學習、溫明麗的基模互動與知識形成之辯證關係、李坤崇的概念整合式分析與核心交錯式分析、臺北縣與臺中市的展開式分析、曾朝安的解剖式分析、陳新轉的能力表徵課程轉化模式、林世華的學習成就指標式分析，各逞其勝。同註 5，頁 150-156。

[8] 葉連祺：〈九年一貫課程與基本能力轉化〉《教育研究月刊》第 96 期，2002 年 4 月 1 日，頁 51-52。

（三）能力指標轉化之策略

能力指標轉化之作用，在於形成理想中的教學和評量目標，指引教師設計規劃出教學和評量的活動內容，其採行之轉化策略，依葉連祺（2002）的意見，可分為替代、拆解、組合、聚焦、聯結、複合等六種，以下依序輔以語文學習領域國語文第二階段能力指標，說明各種策略之對應轉化關係：

1、**替代**，係指利用一對一對應轉化關係，以某主題物替換原有能力指標內的關鍵詞，形成教學和評量目標。如能力指標：5-2-13-2「能從閱讀中認識不同文化的特色」，指標內的「不同文化」為關鍵詞，可以替換成具體的主題物如「泰雅族」、「排灣族」等，變成「能從閱讀中認識泰雅族文化的特色」。

2、**拆解**，係指利用一對多對應轉化關係，將能力指標拆解成幾個互有關聯的 細項能力指標，作為教學和評量目標。如能力指標：5-2-3-2「能瞭解文章的主旨、取材及結構」可以拆分成「能瞭解文章的主旨」、「能瞭解文章的取材方式」、「能瞭解文章的結構」等教學主題，並作為活動目標。

3、**組合**，係指運用多對一對應轉化關係，以一個主題結合多個能力指標，形成一個課程內容。如以閱讀方法為主題，即可結合「5-2-2 能調整讀書方法，提昇閱讀的速度和效能」、「5-2-4-1 能閱讀各種不同表述方式的文章」、「5-2-5 能利用不同的閱讀方法，增進閱讀的能力」、「5-2-6-1 能利用圖書館檢索資料，增進自學的能力」、「5-2-9-1 能利用電腦和其他科技產品，提升語文認知和應用能力」以及「5-2-14-4 學會自己提問，自己回答的方法，幫助自己理解文章的內容」等多個能力指標，形成「能運用書面和數位化資料增進閱讀理解能力」和「分組討論並報告不同表述方式的文章閱讀的方法」等活動目標，構成一個課程內容。

4、**聚焦**，乃指由多個具關聯性的一對一對應轉化關係所構成，係選取某能力指標的某部分或全部為主軸，以其為教學焦點，逐次擴大發展其他活動，可運用認知層次如觀察、紀錄、敘述、比較、分析等，作為擴展的參考依據。如以能力指標：5-2-13-1「能從閱讀中認識華語文的優美」作為教學主軸，主題物是華語文，主題事件是華語文的優美，即可擴展為「能從閱讀中比較楷書與行書的優美」、「能從閱讀中分析詩歌的表現手法」、「能從閱讀中紀錄文章的重點」、「能從閱讀中觀察小說人物的心理變化」等教學活動。

5、**聯結**，乃聯繫多組的一對一對應轉化關係，先以某個能力指標和主題成為發展活動的起點，再不斷聯結其他不同的學習領域或思考層面（如人、事、時、地和物），構成一個課程內容。如以檢索資料為主題，和能力指標：5-2-6-1「能利用圖書館檢索資料，增進自學的能力」為起點，即可聯結語文學習領域形成「查字典」活動，再聯結七大議題之資訊教育形成「電腦檢索資料」活動，接著聯結綜合活動學習領域形成「參觀圖書館」戶外教學活動，再聯結能力指標：5-2-9-1「能利用電腦和其他科技產品，提升語文認知和應用能力」，進行「認識圖書館」活動。

6、**複合**，是適度擇取前五項策略的某幾種或全部，形成複雜的轉化關係，進而發展出一個或多個教學活動。如擇取「替代」、「拆解」、「組合」三種策略，以能力指標：5-2-3-2「能瞭解文章的主旨、取材及結構」爲教學主軸，則可形成「能瞭解文章的文類」（替代）、「能瞭解文章的主旨」、「能瞭解文章的取材方式」、「能瞭解文章的結構」等（拆解），進而形成「能討論閱讀的內容，分享閱讀的心得」（組合）教學活動。

另外，李坤崇（2006）的「能力指標解讀轉化整合模式」，將轉化歷程分爲「解讀」與「轉化」兩個層次，其中工具意義（找出指標核心概念並予以分類）、溝通意義（剖析或擴展指標核心概念）與解放意義（批判整合進而解放指標意義）屬於解讀層次；而以行動意義（研擬學習目標與活動以展現能力指標）、回饋意義（檢核學習目標與活動以評量能力指標的達成程度）爲轉化層次，皆有其具體操作步驟，教師只要原先架構完整或核心概念擴展時有理論基礎，掌握原則與基本構想，不流於形式模仿，則依其步驟進行分析，應可收省時省力之效。[9]

四、閱讀能力指標轉化示例與分析

以下閱讀能力指標轉化之示例，係筆者本（100-2）學期臨床教學之教案，教學對象爲四年級學生，筆者與級任老師協同教學，負責課文賞析與寫作，而重點則在閱讀理解策略教學，由此而延伸至寫作教學。依教學進度，配合課文性質、學生先備經驗，乃擇取國語文第二階段（3-4 年級）部分閱讀能力指標作爲國小四下國語文第二課教學依據，並將能力指標具體轉化爲閱讀理解教學策略，進行3 節課的閱讀教學。本節擬先呈現完整的閱讀能力指標轉化之示例教案後，再分析其中運用的轉化策略，以及形成教學重點情形。

（一）閱讀能力指標轉化示例

與課文結合的閱讀教學活動設計

服務學校	屏東縣○○國小	教學班級	四年○班
教學人數	29 人	教學節數	三節（120 分鐘）
教學單元		四下國語第二課〈勇敢的小巨人〉	
教材來源		翰林出版社國語第八冊	
教　學　目　標			
單元目標		具體目標	
一、了解課文內容及其重點。（認		1-1 能運用閱讀預測策略瞭解「勇敢的小巨	

[9] 同註 6，頁 157-168。

知）	人」課文內容大意。 1-2 能運用閱讀畫線策略找出關鍵詞句並朗讀出重要文句所要表達的情感。
二、認識課文文體特徵及其寫作方法。（認知）	2-1 能知道記敘文體裁特徵。 2-2 能瞭解記敘文的寫作方法。
三、練習分段與段意並歸納文章之結構。（技能）	3-1 會分辨自然段與意義段。 3-2 能瞭解並運用閱讀摘要策略歸納各段段意。 3-3 能歸納課文結構。
四、體會生命的重要與意義，主動關懷每一個生命。（情意）	4-1 能說出日常生活中一件有關珍愛生命的故事。 4-2 能舉例說明什麼是有規律的生活及對身體健康的重要性。

能力指標
5-2-3-2 能瞭解文章的主旨、取材及結構。 5-2-4-2 能讀出文句的抑揚頓挫與文章情感。 5-2-5 能利用不同的閱讀方法，增進閱讀的能力。 5-2-8-2 能理解作品中對周遭人、事、物的尊重與關懷。 5-2-14-3 能從閱讀的材料中，培養分析歸納的能力。

教學研究	一、教材分析 第二課「勇敢的小巨人」，記敘文體。敘寫小巨人周大觀罹癌截肢的勇敢表現，並為癌症病童爭取專屬療養病房，死後他的父母為他成立基金會，發揮大愛的精神。 二、教法分析 （一）藉由視聽媒材，以情境引導學童瞭解「尊重生命」意涵，再析述課文內容重點，包括：文體特色、主旨、取材、結構。 （二）第二課為記敘文，敘寫人物尊重生命、關懷弱勢族群的偉大情操，教學重點在記敘文體的寫作方法。故以 5W1H 教學法，說明記敘文的特點及其寫作方法，讓學童對記敘文寫作有一基本認識。 三、學童經驗分析 （一）四年級學童有過生病或看過周遭親人病痛的經驗，對療病期間的痛苦與痊癒後的輕鬆，感受深刻。故對課文中同齡的病童周大觀關懷生命的言行，易感同身受，對學童品德教育的培養，有一定程度的作用。 （二）四年級學童識字量已達 2,200 字，並會造單句及簡單的複句，惟多數學童對作文仍感困難、畏懼。故閱讀教學宜著重在課文深究與作文的連結，透過分析、歸納，瞭解文章結構，形成課文寫作綱要，引導仿作。

	四、統整教學 本課為第一單元三課中的第二課，透過主角病童周大觀的故事，說明人應彼此尊重、關懷，營造一祥和溫馨的社會。課文內容可以結合人權議題，以及健康與體育等領域統整教學。

教　學　活　動	時間（分）	教學資源	學習效果評量
壹、準備活動（情境引導） 一、預覽（**預測策略**） **由課文名稱去預測課文內容。** 1.教師運用閱讀理解策略—預測策略，請學生各自看課文名稱，猜測課文內容會是什麼？ 2.學生各自寫下自己預測的可能內容。 二、概覽（**默讀、提問策略**） 步驟：學生自行默讀完課文，教師提問，學生搶答。教師再揭示該課課文內容大要，最後由學生自行核對答案，並給自己打分數。最後教師說明如何預測文章內容	6	筆、ppt 筆電 學習檔案記錄簿	 學生能自行寫下預測的答案 學生能專注閱讀 學生能踴躍回答
1.請學生自行默讀課文 2.教師提問，學生搶答。 3.教師揭示課文內容大要 4.學生自行核對答案 5.教師舉例說明如何從標題預測文章內容：	10	課本、ppt 獎勵卡 學習檔案記錄簿	學生能踴躍回答 學生修正預測答案
（1）從標題關鍵詞猜測 （2）從文體去猜測 （3）從人物事件上猜測 三、引起動機	10	ppt	學生能專注聆聽
播放周大觀及周大觀生命基金會等人物、活動相關資料圖片，說明「尊重生命」意涵，引起學生學習動機。 **貳、發展活動** 一、理解課文內容	8	DVD、圖片、ppt	學生能專注聆聽、觀賞
（一）朗讀課文（**朗讀、畫線策略**） 男女生輪讀，一面朗讀，一面畫出關鍵詞和重點句。 …………第一節結束…………	5	課本、鉛筆	學生能專注朗讀並畫出關鍵詞和重點句。

（二）請學生說出本課文體 （三）請學生回答本課共有幾個自然段	2	獎勵卡	學生能正確回答
（四）歸納各自然段段意（**摘要、提問策略**） 1. 請學生逐段說出關鍵詞和重點句。 2. 師生逐段討論並修正關鍵詞和重點句 3. 請學生試著將每段的關鍵詞和重點句歸納成各自然段段意。 4. 教師再輔以提問策略協助學生歸納各自然段段意。	12	課本 色筆 獎勵卡	學生能踴躍回答 學生能修正關鍵詞和重點句 學生能正確說出段意
5. 教師揭示各自然段段意		ppt	學生能正確回答
（五）將自然段歸納成意義段（**摘要策略**） 1. 學生試說本課共有幾個意義段 2. 教師說明除第一、第六自然段各自獨立為意義段外，第二～五段為何可以合併成一個大段落，也就是第二個意義段的理由。 3. 學生試說三段段意 4. 師生共同討論訂正三段段意 5. 教師揭示三段段意	7	獎勵卡	學生能大體說出各段段意
（六）創意思考（**腦力激盪**） 1. 如果你是周大觀，你會怎樣面對這個無法醫治的病？你最想做的事是什麼？ 2. 讀完本課，你覺得周大觀是一個怎樣的小孩？ 3. 如果你的家人或好朋友生病了，你會怎樣幫助他或鼓勵他？	9	ppt 獎勵卡 習作簿	學生能踴躍回答並能在課堂內完成習作。
（七）歸納課文大意（**5W1H 策略**） 1. 請學生找出三個意義段的關鍵詞和重點句。 2. 師生共同討論並修正關鍵詞和重點句。 3. 學生試著將關鍵詞句組合成課文大意。 4. 教師再運用 5W1H 策略，請學生一一回答下列問題。 主角是誰？ 什麼時間？ 發生什麼事？	10	ppt	

經過情形為何？ 結果如何？			
5.學生依序組合成本課課文大意。		獎勵卡	學生能說出完整的課文大意
6.教師鼓勵學生再運用關鍵詞精簡課文大意。			
7.教師揭示本課課文大意。 ……………第 二 節 結 束……………		Ppt、習作簿	學生能正確快速的寫完大意
二、瞭解文章作法與修辭			
（一）本課主旨（**摘要策略**） 1. 告訴學生可以從大意中摘取。 2. 請學生以一、二句話說出本課主旨。	3	ppt 獎勵卡	學生能正確的回答
（二）取材方式（**摘要策略**） 請學生從各自然段中找出共同元素： 1.周大觀對抗病魔的經過 2.珍愛自己的生命	3	課本	
（三）課文結構（**摘要策略**） 引導學生從本課三段意義段，運用**關鍵詞策略**，每段以一句話表述。 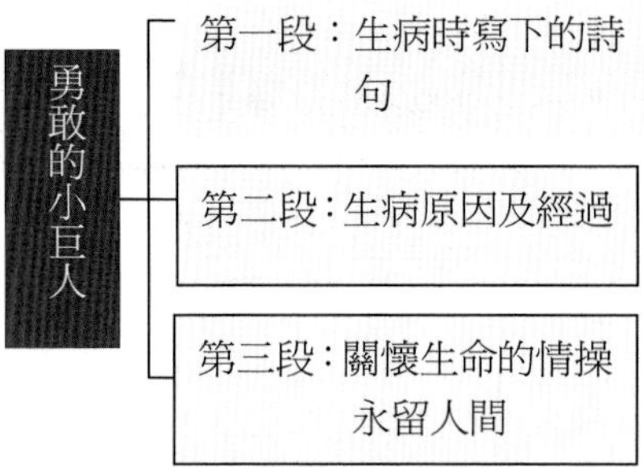 勇敢的小巨人 第一段：生病時寫下的詩句 第二段：生病原因及經過 第三段：關懷生命的情操永留人間	5	ppt 獎勵卡	學生能勇敢的說
（四）認識引用、設問修辭	4	ppt	
1.教師舉例說明引用、設問修辭之定義及用法。			學生能安靜聆聽
2.請學生指出課文中的引用、設問修辭。		獎勵卡	學生能正確回答
（五）敘寫技巧：倒敘法 教師舉例說明順敘與倒敘之異同	3	ppt	學生能用心聆聽
（六）本課文體特色			
教師邊講述邊詢問學生本課文體特色，以為仿作鋪墊。 1.本課為敘事寫人的記敘文	5	ppt	學生能用心聆聽 學生能踴躍回答

2. 特色 （1）掌握人物的特點（一隻腳） （2）與眾不同的言行表現（樂觀、懂事的表現） （3）結果與影響（鼓勵許多病人勇敢的活下去）			
（七）美讀指導（**範讀、朗讀**） 1. 教師範讀 2. 語氣、語調練習 3. 請學生註記輕重音、加強音 4. 請學生朗讀 〈我還有一隻腳〉　作者：周大觀	12	ppt 色筆 獎勵卡	學生能讀出文句的抑揚頓挫與文章情感
參、綜合活動 複習： 1. 從標題預測課文內容 2.「從標題預測課文內容」與課文文體、大意、主旨、取材之關係。 ……………第 三 節 結 束……………	5	ppt	學生能踴躍回答

（二）閱讀能力指標轉化示例分析

1、轉化策略分析

本活動設計，分別運用了轉化策略的替代、拆解、聯結、聚焦等四種。

（1）替代：如 5-2-5 能利用不同的閱讀方法，增進閱讀的能力。分別以「朗讀」、「默讀」、「輪讀」、「美讀」替代「閱讀方法」，轉化成「請學生自行默讀後回答問題」、「請男女生輪讀，一面朗讀，一面畫出關鍵詞和重點句」、「老師範讀後，教學生語氣、語調、輕重音、加強音等練習，再由學生美讀」。

（2）拆解：如 5-2-3-2「能瞭解文章的主旨、取材及結構」，分別轉化成「請學生運用摘要策略，以一、二句話說出本課主旨」、「請學生運用摘要策略，從各自然段中找出共同元素：對抗病魔的經過和珍愛生命」、「引導學生從本課三段意義段，運用關鍵詞策略，每段以一句話表述」。

（3）聯結：如以閱讀方法為主題，和能力指標：5-2-5「能利用不同的閱讀方法，增進閱讀的能力」為起點，再聯結 5-2-8-2「能理解作品中對周遭人、事、物的尊重與關懷」以及 5-2-4-2「能讀出文句的抑揚頓挫與文章情感」，轉化成「美讀指導」教學活動。

（4）聚焦：如 5-2-14-3「能從閱讀的材料中，培養分析歸納的能力」轉化成「能從閱讀的材料中，運用關鍵詞和重點句，歸納課文大意」、「能從閱讀的材料中，運用摘要策略，歸納段意」、「能從各段段意中，分析。歸納課文結構」、「能知道記敘文文體特色及其寫作方法」。

2、教學活動說明

（1）關於 3 節課時間規劃

臨床教學班級，從未進行過閱讀理解策略教學，有關閱讀理解策略中如預測、關鍵詞、摘要、畫線、朗讀、美讀等技巧，較爲陌生，故開學前幾週必須花多一點時間引導。其中「從標題中預測文章內容」，爲臨床教學重點之一，每次上課前皆會以一篇課外文章，進行預測教學活動，透過「學習檔案記錄簿」，觀察、紀錄學生學習情形。

（2）關於筆者教學部分

筆者借用級任老師國語文時間的兩節課，進行課文後半的賞析與寫作，課文前半的準備活動（動機引起）和發展活動的生字新詞教學、作業習寫、評量（因段考需要）等由級任老師擔任。爲使二人如一人教學，筆者課文賞析前會以 3、5 分鐘進行單元主題→單課主題的情境引導，最後做一個統整收束，俾使協同教學發揮最大效益。

五、結語

能力指標轉化模式及其策略，並無孰優孰劣區分，教學者可因人、因事、因地制宜，擇取適合自己班級教學爲考量，尤其是城鄉差距的學校更須如此。而閱讀能力指標的轉化及其策略，目的在於提升教師課室閱讀教學的專業知能。吾人皆知，閱讀教育的重視，已是全球化的課題，教育部十年來視閱讀推動爲教育重大政策，投入相當可觀的經費，不能只看到浮在菜湯上的油花，卻嚐不到實實在在的餡料。閱讀全民化，也不能流於口號，其關鍵，必須落實到教學面—以學生爲中心的學習去思維，從學校行政體系的支持與支援、家長的認知與配合、教師專業知能的進修與實踐，由點而線而面，一步步腳踏實地去做、由家庭、班級、學校、社會全面推動，相信國人尤其是基礎教育的孩子，閱讀力必能提升，閱讀素養必能提高。

參考文獻

教育部：《國民中小學九年一貫課程綱要》（臺北：教育部，2008 年）。

吳清基：〈推動臺灣的閱讀教育—全民來閱讀〉，《研考雙月刊》第 34 卷第 1 期（2010 年 2 月）。

柯華葳：〈台灣閱讀現況-1：PIRLS 說了什麼？〉，《天下雜誌教育基金會・希望閱讀》（2009 年）。上網日期：2012 年 3 月 20 日。網址：http://reading.cw.com.tw/doc/page.jspx?id=40288abc24dd91fa0124e22ae2870001。

陳昭珍、李央晴、曾品方：〈發展適用於我國兒童之閱讀知能指標與評量之研究〉，《研考雙月刊》第 34 卷第 1 期（2010 年 2 月），48-61。
楊思偉：〈基本能力指標之建構與落實〉，《教育研究月刊》第 96 期（2002），17。
李坤崇：《教學目標、能力指標與評量》（臺北：高等教育文化，2006）。
余民寧：〈基本能力指標的建立與轉換〉，《教育研究月刊》第 96 期（2002），11。
劉榮嫦：「國中國語文學習領域閱讀能力指標與閱讀教學策略之研究」，國立臺灣師範大學教育學系在職進修碩士班碩士論文，2006。
梁婉媚：「九年一貫國語課程第二學習階段閱讀能力指標與內容深究之分析研究」臺北市立教育大學課程與教學研究所碩士論文，2007。
葉連祺：〈九年一貫課程與基本能力轉化〉，《教育研究月刊》第 96 期（2002），49-63。

閱讀能力指標轉化與故事結構教學策略之運用

周美香[*]

一、前言

九年一貫新課程實施已有十年，這波教育改革的核心精神是「教育權的下放、自主權的上升」，其中課程的變革是最重要的一環，影響的層面也最廣。

將新課程與舊課程對照觀察，舊課程強調的是「教材」；新課程則是「教學」。因此舊課程的本質是以「課程標準」來揭櫫；新課程則以「課程綱要」來引領。「課程標準」鉅細靡遺地將教材內容規範得詳細清楚，教師必須依照國立編譯館編的課本（教材）進行教學，才可達成教學目標。而新課程提出的僅是原則性的能力指標，留有相當大的空間與彈性，由學校教師依專業而得以自主，擁有改編或自編教材的權力（需經課發會通過）。

然而一個歷經舊課程的教師，面臨新課程的改革，雖然制度上是獲得了教學自主的權力；實際上卻產生了無所適從或能力不足的現象。因為在以往的師資養成過程或舊課程裡的實務經驗，教師普遍缺乏自編教材的能力。新課程實施以來，絕大多數的學校教師還是依賴教科書教學，不同的只是教科書改由民間出版社編輯。對於自編教材的能力，教師們好像並沒有感到迫切需要。直到最近兩年，教師專業評鑑的試辦與未來法制化的可能發展，逼著教師得面對必備的專業能力評鑑項目，教師應該勇敢面對能力不足的部分，趕緊加快腳步補足。

新課程中指標化的課綱如何轉化為「以學生為主體、以生活經驗為重心」的教學活動，如何將簡單條列而語意籠統的目標語句，轉化為實際可行的教學活動，端賴教師發揮其學科專業知識，有系統運用到課堂教學；發展貼近學生生活、設計新鮮有趣的學習情境，如此方能有效達成教學目標；也才能符應課程綱要的上層教育目標。本文即是以此理想—教師自編教材—為目的，嘗試將課綱中語文領域閱讀的能力指標轉化為教學策略，然後發展為教學活動，最後以具體的教案設計〈拼拼書〉為例，呈現課程轉化的實際運作，提供給教學現場的教師參考使用，這種課綱轉化的能力、或者說是個人在課程轉化的實務操練，希望能厚植為教師理當配備的基本能力。

本文嘗試將閱讀的能力指標轉化為故事結構教學策略，運用策略設計具體可行的教學活動。發想動機來自課綱第七項基本能力「規劃、組織與實踐」，對應到語文領域的閱讀項下第三階段第五個能力指標，其內涵為「5-3-5 能運用不同的閱讀策略，增進閱讀的能力」。核心意義為培養學生「組織」能力為教學目標，擬定教學策略時，以「故事結構」策略相當符應 5-3-5 的能力指標項下分項說明一「5-3-5-1 能運用組織結構的知識（如：順序、因果、對比關係）閱讀」。因為

[*] 彰化縣二水國小教師、彰化縣教學輔導團語文領域本土語言輔導小組專任輔導員、台中教育大學語文教育所博士生

「故事結構」本身的內涵就是以故事「組織結構」進行教學的方法，「組織結構」包括了順序、因果、對比等關係，非常適合運用於培養高年級學生的「組織結構」能力。於是依此將能力指標轉化為故事結構的閱讀策略，發展出具體的、可操作的閱讀教學活動設計〈拼拼書〉，以此實際操練能力指標轉化為教學活動的歷程。

二、能力指標轉化與操作

（一）轉化的理論與概念

1、轉化的定義

在課程的層級概念下，國家層級的課程綱要能力指標與實際（運作）課程間的落差需要依賴「轉化」的程序。「轉化」的定義，本文是採用葉連祺〈九年一貫課程與基本能力轉化〉使用的三個意涵[1]：

（1）忠實觀：形式雖變但本質不變，較關注將能力指標（改寫）變成實際可行的教學活動。

（2）調適觀：不談形式只論內涵可小變，在合理容許範圍內，適度調整文字的意涵，其強調能力指標與活動不盡然是對等符應的關係。

（3）批判創造觀：著重本質合宜性的思考，認為本質可變，形式亦可變，能力指標僅是教學目標和活動的參考來源之一。

「轉化」的定義：「造成某物在形式、性質、內涵等方面，產生某種程度差異變化的歷程，此變化多由增減、修改等方式，而產生從抽象變具體、簡單變複雜、隱晦變鮮明等情形。」[2]

「轉化」是由抽象轉變為具體的歷程，也是對某物進行修改的歷程；因此「課程轉化」就是針對某一抽象層次的課程，將之轉變為另一個具體層次課程的歷程，包括目標、內容、活動與評量多面向的轉變[3]。

2、轉化相關概念

葉連祺提出轉化的三種本質：決定、比較、生產。繼而推論出轉化的四項特色：人員意圖性、目標導向性、成果變化性、情境依賴性[4]。這對我們了解轉化的相關概念有提綱挈領之效。從教導者和學習者及其互動角度思考，可形成課程轉化、教學轉化、學習轉化、評量轉化、能力/能力指標轉化等概念，在本文所採用的是狹義課程轉化概念，主要是「將抽象物變具象物，應然變實然」[5]。

---

1 葉連祺：〈九年一貫課程與基本能力轉化〉《教育研究月刊》第 96 期（2002 年 04 月），頁 50。
2 同前註，頁 51。
3 施良方：《課程理論：課程的基礎、原理與問題》（高雄：麗文文化，1997 年），頁 8。
4 葉連祺：〈九年一貫課程與基本能力轉化〉《教育研究月刊》第 96 期（2002 年 04 月），頁 52。
5 葉連祺：〈九年一貫課程與基本能力轉化〉《教育研究月刊》第 96 期（2002 年 04 月），頁 53。

（二）轉化的類型與策略

1、轉化的類型

前述各種層級的課程之間存在相當的差距，必須經由轉化才能達到最後的經驗課程，得以實現教學之目標。轉化除了層級的轉化之外，也含有更廣義的轉化類型，分述如下：

（1）層級轉化：國家層級的能力指標必須經過轉化、解讀到學校層級的學習目標。

（2）教科書轉化：教科書內容不見得適合全國各地的的學校師生，這時教師可透過轉化，將教科書內容適度調整修改轉化成為適用的教學活動。

（3）本位轉化：解讀能力指標時，可能因為專業素養、學生特質、社區背景的差異而導致解讀結果不盡相同。透過轉化可以展現尊重差異；發展本位課程與地區特色。本文在轉化類型上應屬「層級轉化」。

2、轉化策略之運用

本文的能力指標轉化的策略，採用了葉連祺提出的六種策略[6]當中的三種：一為替代策略（一對一），二為拆解（一對多），三為「聚焦」策略（多組一對一）。首先將「5-3-5 能運用不同的閱讀策略，增進閱讀的能力。」轉化（拆解）為兩條的教學目標。然後再將分項說明「5-3-5-1 能運用組織結構的知識（如：順序、因果、對比關係）閱讀。」轉化（拆解）為兩條教學目標。然後是連結說話（一對一替代）與寫作（一對一替代）的教學活動。最後將閱讀、說話、寫作三組轉化聚焦於故事結構閱讀教學活動，完成單元主題〈拼拼書〉的教案設計。

（三）轉化的具體操作

1、能力指標解讀原則

透過教師間的專業對話，將能力指標的核心概念逐一確立。在解讀能力指標時參考了上下同學習階段的縱向聯貫，以及同基本能力橫向的銜接，以全面且完整的思維進行能力指標解讀。

先將課綱中與單元主題〈拼拼書〉教學活動有關的能力指標擷取表列（表一）觀察之。

表一：語文領域基本能力與分段能力指標的表列

能力指標＼基本能力	分段能力指標					
	課程目標	能力指標項目	第一階段（1-2 年級）	第二階段（3-4 年級）	第三階段（5-6 年級）	第四階段（7-9 年級）

[6] 六種策略為替代(一對一)、拆解(一對多)、組合(多對一)、聚焦(多組一對一)、聯結、複合。

1. 瞭解自我與發展潛能	應用語言文字，激發個人潛能，拓展學習空間。	說話能力	3-1-1-1 能清楚明白的口述一件事情。	3-2-1-1 在討論問題或交換意見時，能清楚說出自己的意思。	3-3-1-1 能和他人交換意見，口述見聞，或當眾作簡要演說	3-4-1-1 面對不同意見時，能舉證事實，有條理的進行論辯。
4. 表達、溝通與分享	應用語言文字表情達意，分享經驗，溝通見解。	寫作能力		6-2-7-4 能配合閱讀教學，練習撰寫心得、摘要等。	6-3-4-4 能配合閱讀教學，練習撰寫心得、摘要等。	6-4-7-1 能透過電子網路，與他人分享寫作的樂趣。
7. 規劃、組織與實踐	應用語言文字研擬計畫，並有效執行。	閱讀能力	5-1-7-3 能從閱讀的材料中，培養分析歸納的能力。	5-2-14-3 能從閱讀的材料中，培養分析歸納的能力。	5-3-4-4 能將閱讀材料與實際生活經驗相結合。 5-3-5-1 能運用組織結構的知識（如：順序、因果、對比關係）閱讀。	5-4-2-4 能從閱讀過程中發展系統性思考。

2、能力指標的解讀到轉化

參考李坤崇教授的能力指標解讀轉化整合模式的歷程[7]，將能力指標就「解讀」與「轉化」兩個階段的運作歷程表列（表二）陳述：

（1）解讀

工具意義（尋找核心概念）→溝通意義（剖析動/名詞、辨別重心）→解放意義

（2）轉化

行動意義（研擬學習目標/設計學習活動）→回饋意義（檢核學習目標/評量）

[7] 李坤崇：《能力指標轉化教學、評量理念與實例》（臺北：高等教育，2006 年），頁 157-160。

能力指標	解讀			轉化		
歷程 指標 內涵	工具意義 （尋找核心概念）	溝通意義 （剖析動/名詞、辨別重心）	解放意義 （批判性知識的思考與詮釋）	轉化策略		行動意義 （研擬學習目標）
5-3-5 能運用不同的閱讀策略，增進閱讀的能力。	運用策略增進閱讀能力	動詞： 運用/增進 名詞： 閱讀策略/閱讀能力	尋找不同的閱讀策略，增進閱讀的能力。參考基本能力「規劃、組織與實踐」及分項說明5-3-5-1後，選定故事結構策略。	拆解	聚焦	1.（認知） 認識故事結構閱讀策略的意義與方法。 2.（情意）能養成運用故事結構閱讀策略增進閱讀理解的積極態度。
5-3-5-1 能運用組織結構的知識（如：順序、因果、對比關係）閱讀。	閱讀時能運用組織結構的知識	動詞：運用 名詞：組織結構（順序、因果、對比關係）	故事結構中的角色人物可視為對比關係，故事發生的過程就有順序、因果關係。	拆解		3.（技能）學會在閱讀歷程中運用故事（組織）結構分析。 4.能運用組織結構的順序、因果與對比關係將閱讀教材重新組織。（技能）
3-3-1-1 能和他人交換意見，口述見聞，或當眾作簡要演說。	能與他人溝通（口述或演說）	動詞：口述/演說 名詞：意見/見聞	閱讀後，能運用組織能力與人溝通、交換意見，口述故事大意。	替代		5.學生能口頭講述閱讀過的故事書內容大意。
6-3-4-4 能配合閱讀教學，練習撰寫心得、摘要等。	閱讀後能寫出摘要或心得	動詞：撰寫 名詞：心得/摘要	閱讀後，能運用組織能力寫出故事大意。（故事結構分析表學習單）	替代		6.學生能寫出閱讀過的故事書內容大意。

表二：能力指標轉化整合模式的歷程

三、閱讀教學策略運用—故事結構

（一）閱讀策略相關研究

1、閱讀與閱讀教學策略

閱讀的定義是：「透過視覺系統，接收外界書面資料的信息，在大腦裡進行加工，理解書面語言的意義和內容；這就是閱讀。」[8]故事書的閱讀，涵蓋了圖像和文字，這兩種刺激透過視覺傳達到大腦，學生在閱讀歷程中建構對故事的理解。本文將閱讀的教材刻意打散後，提供學生在零散中閱讀，這樣的閱讀多了重新組織與思考其前後因果與關係的程序，這樣的過程正是訓練學生的組織能力。

「閱讀教學」在本文中是屬於「閱讀理解策略教學」，是指在閱讀理解的教學中，根據閱讀理解基模、後設認知及文體結構等理論，發展特定的閱讀理解策略，協助學生掌握文體的結構特色，增進閱讀理解成效[9]。在教學設計中透過教師的引導與選用「故事結構」策略，有效增進學生閱讀的理解，並達成課綱基本能力的培養。

策略（strategy）是個人爲達某特定目標所採取一系列有計畫的方法和行動。所以說閱讀策略是讀者在閱讀過程中，爲達閱讀目的而自覺運用的認知活動和方法，並能隨時調整策略以實現閱讀理解的目標[10]。在閱讀教學活動歷程中，學生需要運用各種不同策略，如果在教學前教師能根據閱讀教材的內容先引導或選用適合的教學或閱讀策略，相信更能確保教學的效率，確實達成教學目標。

2、故事結構教學策略

本文選擇以語文領域國語文課綱基本能力的第七項「規劃、組織與實踐」轉化發展學生的「組織結構」能力。選擇故事結構的教學策略運用於閱讀教學，同時達成「組織結構」能力的訓練。

故事結構係從 1900 年代初期人類學家分析民間傳說中演變而來的。它們發現儘管文化不同，人們在敘述故事時都遵循著某種形態-故事中多包括主角、問題或衝突、主角試圖解決問題的經過及結局，這些元素被稱爲「故事結構」[11]。故事結構中的故事發生的順序、因果關係、人物主角對比關係，正好都可以符應課綱能力指標的標的。使用故事體的閱讀教材是更能引起學生的興趣；一個故事的組成、內容、形式都是學生較易掌握的思考與理解的方式。

（二）故事結構教學策略運用

故事體的圖書是學生閱讀時最容易理解的文體形式。故事體的結構大約包

---

8 何三本：《九年一貫語文教育理論與實務》（臺北：五南書局，2002 年 7 月初版二刷），頁 131-132。
9 王珩等：《國語文教學與應用》（臺北：洪葉文化，2010 年），頁 245。
10 同前註，頁 245。
11 王瓊珠：《故事結構教學與分享閱讀》（臺北：心理出版，2010 年），頁 43-44。

含以下幾種主成分：主角（及主角特點）、情境（時間、地點）、主要問題或衝突、解決問題的經過以及結局或啓示[12]。本文將課綱基本能力當中的「組織能力」轉化爲故事結構策略，運用故事結構分析表讓學生能夠依照表上的結構組織、因果、順序逐步重組（重新組織）了閱讀教材的原來結構，同時也完成閱讀與理解的歷程。

1、故事結構閱讀教學

經過解讀與轉化，將能力指標聚焦到閱讀教學目標「組織能力」的操練，運用「故事結構」策略，發展出「故事結構」的教學活動，依學生程度（年段）選擇難度不同的篇章或課外讀物，教學前刻意處理（打散）閱讀材料，透過教師的逐步引導，學生運用「故事結構」策略於閱讀理解之後能夠重新組合該篇章或該書籍。閱讀過程中，重組的操作方式類似拼圖，學生學習並操練「組織結構」的能力。

祝新華提到（中）小學生的閱讀能力因素結構有六種：1.語言解碼能力 2.組織連貫能力 3.模式辨別能力 4.篩選貯存能力 5.語感能力 6.閱讀遷移能力[13]。本教學活動旨在培養學生的「組織連貫能力」。對於國小學童而言，眾所周知玩拼圖可以訓練組織能力（屬於圖像的），故事結構教學活動是將一篇文章或一本故事書視爲一個結構，然後先行解構之後，讓學生閱讀理解各結構元素，學生在閱讀歷程中，能夠運用故事結構策略閱讀，然後重新組織文章或故事書，進而達成教學目標，培養課程綱要「規劃、組織與實踐」的基本能力，正是本文教學活動設計的核心概念。

2、教學活動設計原則

故事結構閱讀教學的活動設計，在擬定教案時有幾個原則可供參與：

（1）鷹架學習：教師逐步引導使用鷹架學習的概念，運用故事結構策略進行閱讀，可依小組（或個人）分散閱讀並討論後，學生要能夠自行重新組織閱讀教材。

（2）解構與建構：每一篇文章或每一本故事書都可視爲一個組織結構，故事結構閱讀教學設計在形式上是先將故事書分解（解構）後，讓學生進行個別單頁的閱讀，然後運用故事結構策略，在實際的閱讀歷程中再去建構（重組）故事，最後將故事書恢復原來結構，同時也完成閱讀。

（3）教材選擇：考量個體基模形式因年齡不同而異，年長孩子的故事組織性比年幼孩子強，高年級學生比低年級學生可以理解更複雜的故事內容[14]。本教學活動選擇《敖幼祥幼教童話系列》1.口水龍 2.肉麻王子 3.花木蘭 4.鬧鐘雞 5.虎警長 6.近視鷹 7.公平貓 8.錯錯國王 9.大頭鸚鵡等 9 本故事書爲閱讀教材示例。許多相關單位都有提供閱讀素材可供教師使用，例如：中央大學學習與教學研究所

---

[12] 王瓊珠：《故事結構教學與分享閱讀》，頁 18。
[13] 何三本：《九年一貫語文教育理論與實務》，頁 135。
[14] 王瓊珠：《故事結構教學與分享閱讀》，頁 45。

閱讀與學習研究室 http://140.115.78.41/index.htm。甚至網路上版權無慮的素材也可以列印使用。還有一些簡章或宣導之類的表格文案也都可以當成教材，加以改編後達到訓練學生閱讀理解的教案。

（4）主題單元

本教學活動是依據課綱的能力指標分段，以高年級爲教學活動的對象，連同說話與寫作活動組合成一個三節課共 120 分鐘的課程單元。單元主題爲〈拼拼書〉，源自於拼圖的概念。把書拆解後，運用組織結構策略將故事書重新組織。

（5）個別與分組：本教學活動可以單本/多本的個人閱讀，以及單本/多本的分組閱讀方式進行教學，教師可視學生程度與學生人數來規畫設計教案。

3、〈拼拼書〉教案設計（附件 1）

4、評量與學習單（附件 2）

故事結構教學活動歷程中隨時可進行學生的形成性評量，搭配故事結構分析表的使用，可以清楚的掌握學生學習的狀況。第一節課開始教師引導認識故事結構分析，透過幾個耳熟能詳的故事，例如小紅帽、虎姑婆、龜兔賽跑……等，讓學生先練習故事結構的分析。第二節課則以故事結構教學活動的閱讀教材開始，學生經由分散閱讀與小組討論，運用故事結構策略完成閱讀歷程，並且能夠填寫故事結構分析表，最後一節則依照故事結構分析表的順序、組織、內容來進行口頭報告以及摘要大意的寫作，同時也是單元教學後的評量。

（1）閱讀後的口頭發表與說話連結

語文領域的學習本來就不可能是單一項目的教學，基本上都包含了聽、說、讀、寫，所以雖然本教學活動起初課綱轉化的項目是閱讀，但是在教學活動的單元設計時，則必須結合說話和寫作教學，同時也透過口頭發表來檢視閱讀教學活動的學習成效，視同評量的功用。

（2）故事結構分析表與寫作連結

學生學會運用故事結構策略以提升故事的閱讀理解能力，等到逐步熟練故事結構策略後，參考故事結構分析表加入寫作的活動，讓大意寫作變得簡單易行。課程單元設計中仍需分爲三個階段，即先熟練閱讀策略運用分析表，然後口頭發表，最後再加入寫作，期待能達到彼此類化的增強效果[15]。

四、結語

身爲一個小學教師，面對新課程的改變，有些人也許會選擇以不變應萬變的消極心理，但是每天要面對時時在成長變化的學生，教師怎可能「不變」呢？「改變」最需要的是「勇氣」，然後才是「能力」。新課程是要培養學生帶得走的能力，教師則需要先培養課程轉化的能力。新課綱提供了課程的大方向，教師只須依此

[15] 王瓊珠：《故事結構教學與分享閱讀》，頁 48。

方向來轉化，可以是課綱轉化；也可以是教科書轉化……等。本文選擇了課綱中「組織」能力的閱讀能力指標，然後轉化爲「故事結構」閱讀教學策略，設計規畫了〈拼拼書〉的主題單元，設計故事結構的教學活動。就個人而言，本文的完成是課程轉化能力的一次歷鍊，培養了自編教材的能力，未來不只是閱讀教學，也能將此能力運用於其他領域。具體歸納本文完成之際，筆者的收穫與結語如下：

（一）從覺知到行動

教師覺知「改變」的重要，積極培養課程轉化的能力，才可能實現自編教材的專業自主。普遍而言，教師將能力指標轉化爲教學目標的能力仍待加強[16]，本文的撰寫過程中體認到轉化點最爲困難（能力指標轉化爲教學目標），依循著專家的指導與參考資料的運用，終能踏出的自己教學能力成長的一步。

（二）課綱轉化與策略運用的能力

教師習慣使用教科書，已經到「依賴」的地步。如何激發教師願意增加一些自編或改編的教材在教學的歷程中，開始去思考課綱中一些具體且重要的能力，如何落實到教材的實踐中，本文試圖讓教師們相信這一個「轉化」過程並不難，只要一次的教案設計模式，即可以調整不同年級，年年可重複使用。

PIRLS 2006〈臺灣四年級學生閱讀素養報告書〉中提到教師在閱讀教學上是比較不重視閱讀策略教學[17]的，本文運用故事結構策略於閱讀教學，確實是提升閱讀理解的好方法。從王瓊珠《故事結構教學與分享閱讀》的研究結果顯示：故事結構教學對學生的故事結構能力、故事理解能力、口語重述及書寫故事能力都有所提升。希望本文在能力指標轉化爲教學策略實作操練上的經驗，刺激教師積極去認識更多的教學策略，以期在課程轉化時能運用自如，相信出入無不自得的教學境界也就不遠了。

（三）多元閱讀培養多樣能力

PIRLS 2006 臺灣四年級學生閱讀素養評比在國際間算中等，但還是有相當需要加強的空間[18]。現代閱讀的範圍不再限於教科書紙本的篇章或圖書，多元的閱讀教學是教師要嚴肅去思考並落實的重要課題，更是提升學生閱讀素養的有效途徑，本文提供了多元的閱讀教學能力操練示例。

（四）完整有效的語文單元教學

---

16 李坤崇：《能力指標轉化教學、評量理念與實例》（臺北：高等教育，2006 年），頁 168。

17 柯華葳：〈臺灣四年級學生閱讀素養（PIRLS 2006 報告）〉（2009 年 3 月），頁 91。

18 柯華葳：〈臺灣四年級學生閱讀素養（PIRLS 2006 報告）〉（2009 年 3 月），頁 91。

雖然本文課綱轉化是由閱讀教學開始，但是任何一堂語文教學的課程其實都涵蓋了聽、說、讀、寫、作的分項能力，在本文的教學活動設計上雖然是運用故事結構的閱讀教學爲例，但在評量階段卻又是說話和寫作教學活動的歷程。語文的教學活動應該是以完整的單元；超過一節課的整體規畫爲恰當。當然如果能從教科書的教材來設計轉化，相信會是更方便於共同的教學進度與段考安排，教師也更樂於將此轉化能力隨時運用於現有教材。

（五）拓展視覺圖像的閱讀

動手操作的〈拼拼書〉教學活動設計選擇故事體的圖畫書，用類似拼圖的概念去重組閱讀教材，除了閱讀文字的歷程之外，其實還可以從圖像的角度啓發另一種圖像形式的閱讀，透過圖像傳達的訊息，在閱讀歷程中時時與文字互相刺激閱讀者，相信這是有助於閱讀理解的，圖像甚至是更先於文字吸引閱讀者的興趣，尤其是越來越被看重的視覺圖像的閱讀環境。

參考文獻

1、葉連祺：〈九年一貫課程與基本能力轉化〉，《教育研究月刊》第 96 期（2002 年 4 月），頁 49-63。

2、陳新轉：〈社會學習領域能力指標之「能力表徵」課程轉化模式〉，《教育研究月刊》第 100 期（2002 年 8 月），頁 86-100。

3、楊雲龍、徐慶宏：〈社會學習領域教師轉化教科書之研究〉（2007）《新竹教育大學教育學報》第 24 卷第 2 期，頁 1-26。

4、秦葆琦：〈生活課程在地化教學示例〉（臺北：國家教育研究院，2009 年）。

5、施良方：《課程理論：課程的基礎、原理與問題》（高雄：麗文文化，1997 年）。

6、王珩等：《國語文教學與應用》（臺北：洪葉文化，2010 年）。

7、李坤崇：《教學目標、能力指標與評量》（臺北：高等教育，2006 年）。

8、何三本：《九年一貫語文教育理論與實務》（臺北：五南書局，2002 年 7 月初版二刷）。

9、張清濱：《教學原理與實務》（臺北：五南書局，2009 年 2 月初版一刷）。

10、王瓊珠：《故事結構教學與分享閱讀》，（臺北：心理出版，2010 年）。

附件 1

設計者姓名	周美香	適用 年級	五年級
學習領域	本國語文領域	單元 名稱	拼拼書 （故事結構策略教學）
教學節數	本單元教學節數共 3 節	教材 來源	《敖幼祥幼教童話系列》9 本 1. 口水龍 2. 肉麻王子 3. 花木蘭 4. 鬧鐘雞 5. 虎警長 6. 近視鷹 7. 公平貓 8. 錯錯國王 9. 大頭鸚鵡
課程結構 要素	1. 形式上的結構要素：故事書、學習單。 2. 內容上的結構要素：以故事體的圖書引導學生運用故事結構策略閱讀後能重新組織該本故事書，並能夠口頭講述及寫作故事書內容大意。		
課程設計 理念	1. 故事人人愛聽，故事書更是孩子的最愛。培養孩子的閱讀興趣與習慣更是語文教學的重點，習慣上由大人提供的故事書都是完整的一本書，本課程設計的第一個理念是要突破這樣的習慣。由教學者在課前的準備工作裡，先將故事書拆解然後將頁數刪去。將分散的故事書讓孩子閱讀後，以類似拼圖的方式將故事書重新組織成完整的一本書。（每頁書可護貝後重複使用） 2. 對應課綱能力指標培養學生的「組織結構」能力，選擇以「故事結構策略」進行閱讀教學活動。學生從分散的閱讀教材中進行閱讀、思考其順序、因果或對比的關係後，能重新組織閱讀教材。透過具體操作書籍的復原重組過程中，操練了組織結構的能力。 3. 當故事書重組完成後也是閱讀理解完成時，可以口頭重述故事大意以及依照故事結構分析表寫出故事大意做為總結性評量。（與說話/寫作教學連結）		
教學重點	1. 引導學生認識故事結構的閱讀策略與運用。 2. 教師說明故事結構的內容，學生運用故事結構策略進行（分組）閱讀並重組故事書。 3. 學生參考故事結構分析表，分組講述/寫作故事書的內容大意。		
教學準備	1. 提供適合學生程度閱讀的故事書籍，然後將書籍拆解、頁碼刪去，可以護貝重複使用。 2. 設計故事結構分析表學習單。 3. 學生分組以 3-5 人為宜。		

課程目標		
能力指標	單元目標	具體目標
5-3-5 能運用不同的閱	1. 認識故事結構閱讀策略	1-1 學生知道故事結構閱

讀策略，增進閱讀的能力。 5-3-5-1 能運用組織結構的知識（如：順序、因果、對比關係）閱讀。 3-3-1-1 能和他人交換意見，口述見聞，或當眾作簡要演說。 6-3-4-4 能配合閱讀教學，練習撰寫心得、摘要等。	的意義與方法。（認知） 2. 能養成運用故事結構閱讀策略增進閱讀理解的積極態度。（情意） 3. 學會運用故事組織結構策略閱讀。（技能） 4. 學會運用故事結構策略閱讀後，能口述故事大意。 5. 學會運用故事結構策略閱讀後，寫出故事大意。	讀策略的意義與方法。 2-1 學會在閱讀歷程中運用故事組織結構分析。 3-1 能運用組織結構的順序、因果與對比關係將閱讀教材重新組織。 4-1 學生能口頭講述閱讀過的故事書內容大意。 5-1 學生能寫出閱讀過的故事書內容大意。

具體目標代碼	教學活動	時間	教學資源	學習效果評量
1-1	**一、引起動機** 教師介紹故事結構的意義與運用的方法。 1. 教師引用數則常聽的故事，如龜兔賽跑/虎姑婆/小紅帽等，然後問學生一則一則的故事中有哪些共同的地方？ 引導學生思考與歸納後，才提示：比如說每個故事都有人物（角色），都在講一件事情或發生什麼事情，最後怎樣了…？ 教師引導後歸納出故事結構的基本元素：角色/故事內容/結果。 2. 教師說明故事結構策略更詳細的內容與方法。 （1）教師講述一個故事，學生練習歸納出故事中的元素。 （2）教師依照故事結構分析表的順序，將故事相關元素與內容填寫入海報中。 （3）由學生依照填寫完的故事結構分析表，發表（口頭講述故事大意）。 3. 教師介紹故事結構策略運用於閱讀。 ~第一節結束~ **二、發展活動** 教師以故事結構閱讀策略，引導學生進行故事結構的閱讀教學。	10' 15' 10' 5' 2'	各種常聽的故事圖片 故事結構分析表全開海報	學生回答問題 學生發表

2-1 3-1	1. 教師提問：你拿到的書怎麼了？ 學生回答：散掉了。 2. 教師提問：請從分散的書頁中閱讀並理解這本書是在說誰的故事？ 學生回答：（老虎/貓/王子/國王/花木蘭/老鷹/龍/雞/鸚鵡） （學生透過書頁中的圖像，可以輕易的找到故事書的主角）。 1. 教師提問：想不想知道故事書裡的內容？ 2. 引導閱讀：從類似拼圖的經驗引導學生，從零散的教材中閱讀、思考其順序、因果或對比的關係後，能重新組織該閱讀教材。 （有沒有玩過拼圖？拼拼圖時你會先拼哪部分？） 5. 重組結構：請學生將分散的書頁逐一閱讀後，參考故事結構分析表，試著將故事書拼回原來的樣子。 6. 鼓勵小組討論並提出對重新組織的看法與意見，每位小組成員都能發表重組後的故事內容或大意。 ~第二節結束~	3’ 25’ 10’ 10’	故事結構分析表（學習單）	
4-1 5-1	**三、綜合活動** 1. 在小組閱讀完教材後，根據閱讀理解完成故事結構分析表中空下的部分。 2. 請小組推派一人（或多人輪流）講述故事書的內容大意。主報告者若講得不完整，可由該組同學補充報告或於講述過程中提醒之。（每組5分鐘） 3. 參考故事結構分析表，寫出（重組閱讀）故事書的內容大意。 ~第三節（本單元）結束~	20’ 10’	與說話連結 與寫作連結	學生能講述故事大意 學生能寫出故事大意

附件 2

<table>
<tr><td colspan="4">故事結構分析表</td></tr>
<tr><td>故事名稱</td><td></td><td>出版社</td><td></td></tr>
<tr><td>作者</td><td></td><td>故事主題</td><td></td></tr>
<tr><td>主角</td><td colspan="3"></td></tr>
<tr><td>情境</td><td colspan="3"></td></tr>
<tr><td>主要問題</td><td colspan="3"></td></tr>
<tr><td>事情經過</td><td colspan="3"></td></tr>
<tr><td>故事結局</td><td colspan="3"></td></tr>
<tr><td>主角反應</td><td colspan="3"></td></tr>
</table>

出自王瓊珠《故事結構教學與分享閱讀》，2010，頁 231。

國中國語文教科書轉化課程綱要之現狀觀察

——以能力指標量的分析為主的探究

黃志傑[*]、陳恬伶[**]、葉書廷[***]

摘要

本文欲探究現行教科書轉化課程綱要之情形。故在文獻探討中先從課程綱要開始，簡述課程綱要重點，作爲轉化起始之基礎；其次建立教科書轉化課綱之觀點，藉以確立教科書轉化課綱忠實與否之立場；最後確認教科書與課綱的轉接點，由此轉接點處對應課綱能力指標的情形，判定教科書轉化之成果。

論述核心是以現行三種版本之教科書爲分析對象，而以相應於教科書所編寫的課程計劃爲主要分析材料。依據各版本的課程計劃，記錄一屆學生三年所學的七十餘篇課目中，各課對應能力指標的情形。再以這些記錄經過統計，計算出各個版本課程計劃中所呈現相對於十大基本能力的次數及比重；以及在國語文的注音、聽、說、讀、寫、作等六個面向的分布情形與比重。最後再由這樣的統計資料，分析比較各版本的側重面向。由此進一步檢討現行教科書對於課綱轉化的優勢與不足之處，並提出建議。

希望經此分析比較之後，對於居於課程轉化重要位置的教科書，能在整個課程轉化的過程中，扮演適切且有效的角色。

關鍵詞：國語文課程綱要、國語文教科書、課程轉化、教學轉化、課程計畫

一、前言

教科書作爲傳輸課程內容的最主要途徑，也是課程內容轉化的重要承載體之一（楊國揚、林信志，2011）。甚至有取代課程綱要之趨勢，而被視爲一種「代理課程」（楊雲龍、徐慶宏，2007）。教科書既然是課程轉化過程中最主要的成品，也是最接近現場教學的轉化產物。換言之，它是介於課程綱要與現場教學中間最關鍵的位置。那麼，查究教科書對於課程綱要的轉化情形，或許可以說是教師是否能在課堂教學落實課程綱要的先決條件。

轉化有多種觀點，有忠實觀、有調適觀、有批判創造觀。各種觀點對於轉化

[*] 新北市立明德高中教師、新北市國中國文輔導團團員

[**] 新北市立江翠國中教師、新北市國中國文輔導團團員

[***] 新北市立新埔國中特教組長、新北市國中國文輔導團團員

結果的評價皆不相同。那麼，面對教科書的轉化，應該採取什麼樣的觀點較爲妥適，是研究者首先必須解的問題。

其次，要查究教科書如何轉化課程綱要，就必須找出連接二者的轉接點。但是，從教科書中，很難確切地指出哪些內容對應了課綱中的哪些指標。而每課的學習重點，也並非以指標系統來敘寫，故對應性仍須再作琢磨。因此，這個轉接點就必須提到教科書之外去尋找。什麼樣的轉接點連接著教科書與課綱能力指標？什麼樣的線索明確地說出教科書符應課綱的情形？這個問題也就成爲研究者必須解決的當務之急。

接著，研究者意欲採取以量爲主的觀察，所以就必須將主要觀察的面向分爲二部分：一是教科書所對應的課綱能力指標的總量；二是教科書的對應指標在六項國文特質與十大基本能力中分布的情形。從對應指標的總量與分布情形，來判定該版教科書轉化課綱的妥適度。

最後依據觀察討論，作出觀察結論，並對教科書編者提出研究者的建議。

二、文獻探討

本文意在探討現行教科書有否符應部頒之能力指標。換個角度看，也就是查看能力指標轉化成教科書的實際樣態。故本節依據這樣的意圖，先察究轉化動作發生之前的課綱原初樣態，確知了課綱的重點，才能看出轉化之後的教科書到底有沒有完成轉化的成果。其次必須建立教科書轉化課綱的觀點，確認觀點才能在有規定的範圍內討論現行教科書轉化的實際樣貌。最後須確認教科書與課綱的交接處、轉折點，由這個上通下達的交接點，明確地統計出轉化的實況。以下分說：

（一）分析課程綱要的基本內容

本文所謂的課程綱要（簡稱課綱），指的是「國民中小學九年一貫課程綱要語文學習領域（國語文）」。在《國語文課程綱要》中，不僅闡明了國民中小學語文教學的特質、目的要求，還指出了進行新課程，語文教學必須遵循的方向和方法，要達到什麼內涵都呈現《綱要》裡。具體考察《綱要》的基本內涵，可以發現其中蘊藏許多方面的內容，諸如學科特質、教學目標、育人功能、教學體系等（馮永敏 2001）。對於本文而言，所要探討的是在「教學目標」一項。也就是在這些現行的教科書編者的規劃中，教科書符應課綱所要求的教學目標的實際情形如何。

詳察課綱所列，關於「教學目標」的內容，概有兩大面向：一是課程目標，它是相應於十大能力指標所設定的分科課程目標，二是分段能力指標，又分爲注音、聽、說、讀、寫、作六大面向能力。以下分說：

首先，課程綱要訂定之目的是要培養學生十大基本能力，故而各學科皆以十大能力爲基準，另定學科之課程目標。在國語文而言，基本能力與學科課程目標之關係如下表：

【表一】

課程目標 基本能力	本　國　語　文
一、了解自我與發展潛能	應用語言文字，激發個人潛能，發展學習空間。
二、欣賞、表現與創新	培養語文創作之興趣，並提升欣賞評析文學作品之能力。
三、生涯規劃與終身學習	具備語文學習的自學能力，奠定終身學習之基礎。
四、表達、溝通與分享	應用語言文字表情達意，分享經驗，溝通見解。
五、尊重、關懷與團隊合作	透過語文互動，因應環境，適當應對進退。
六、文化學習與國際了解	透過語文學習，體認中華文化，並認識臺灣不同族群文化及外國之文化習俗。
七、規劃、組織與實踐	應用語言文字研擬計劃，並有效執行。
八、運用科技與資訊	結合語文與科技資訊，提升學習效果，擴充學習領域。
九、主動探索與研究	培養探索語文的興趣，並養成主動學習語文的態度。
十、獨立思考與解決問題	應用語文獨立思考，解決問題。

資料來源：教育部

其次，以國文學科特質而言，學生在國文課應該習得六種能力，分別是「A 注音符號應用能力」、「B 聆聽能力」、「C 說話能力」、「D 識字與寫字能力」、「E 閱讀能力」、「F 寫作能力」等。

在此可以發現，課綱所呈現的先是依據十大基本能力要求所訂定的國語文課程目標，然而其後並未依課程目標來設定分段能力指標，而主要的是依據國語文特質的聽、說、讀、寫等作爲分段能力指標的綱目。

當然，課綱稍後也設計了「分段能力指標與十大基本能力之關係」表，將十大基本能力與分段能力指標做一連結。

總之，在課綱所呈現的教學目標，概有兩種分類系統，一是十大基本能力轉換成的國文學科課程目標，另一是依據國文學科特性所制訂的以聽、說、讀、寫等為綱目的分段能力指標。在此確立課綱的教學目標，作為後續分析教科書是否相應於課綱之依據。

（二）建立教科書轉化課綱之觀點

何謂課程轉化？它是指課程發展的層層步驟中，課程理想經逐步轉型變化，最後化為可供師生使用的具體教學材料，其中各步驟所採取的轉型變化作為，使得理想化為實作，抽象化為具體，宏觀化為微觀，單純化為複雜，上位概念化為下位概念；這些轉型變化之作為，即所謂「課程轉化」（張芬芬、陳麗華、楊國揚 2010）。這是以全景觀察的角度來看待「課程轉化」，所以課程是由上而下一路轉型變化下來，直到學生的學習為止。

布洛菲（Jere E. Brophy）認為課程實施是一個不斷層層轉型變化的過程，這其中的層級有「州或地方的官方課程」、「校長或教師委員會對官方課程的解釋」、「學校採用的正式課程」、「教師對學校課程的解釋」、「教師預定採用的課程」、「教師實際教學所實施的課程」、「學生經驗的課程」。在這樣層層課程的承接傳續下，課程不斷地被縮減與曲解的過程就是「轉化」（楊雲龍、徐慶宏 2007）。這樣的觀點，不但認為課程會因層層下轉而有變化，更認為這些變化會離原初課程愈來愈遠，所以說是縮減與曲解。

綜合上述兩個觀點，一是課程實施的過程是層層下轉；二是在轉化過程中會層層縮減與曲解。然而，以教育單位的立場而言，當然希望經過專家學者深思熟慮所製定的最能使學生獲得最佳學習效果的官方課程，能夠忠實地在教育現場原貌呈現。所以，雖然客觀地來看，課程因為層層下轉，必定會有轉型變化，但教育單位總是主觀地希望這種轉型變化能控制在最小範圍，於是，就有了監控機制。

國家層級的課程發展為確保課程理想能夠最大程度地被實現，會安排一些課程轉化的控制機制。以「九年一貫課程」為例，最主要的課程轉化控制機制有三：一是訂定課程綱要，其中含括必須遵行的剛性規定，與參考用的柔性規定；二是實施教科書審查；三是實施課程評鑑。如果控制機制的功能發揮得越充分，轉化後的品質就越好（張芬芬、陳麗華、楊國揚 2010）。這裡所謂的「好品質」，指的當然就是最符合課綱原意之轉化成果。而本研究就是以「好品質」為要求，查看現行教科書轉化課綱的實際情形。

葉連祺綜合課程轉化的相關論述後，認定轉化一詞大致有三種意涵：一是忠實觀，即形式雖變但本質不變，較關注將能力指標（改寫）變成教學目標；二是調適觀，強調能力指標和教學目標與活動不盡然是對等符應的關係；三是批判創造觀，認為本質可變，形式亦可變，能力指標僅是教學目標和活動的參考來源之一（葉連祺 2002。楊國揚、林信志 2011）。

客觀地觀察課程實施過程，或許有如布洛菲所言，是層層下轉，且縮減與曲解。但是以主觀的觀點來看，教育單位並不希望所制定的課程被縮減與被曲解。而是希望下一層能完全傳承上一層的課程目標，所以才會設計了監控機制。於是，從教育單位制定課程的初衷來看，課程之落實，最重要的不是課程轉化了多少次、或轉化成什麼形態，而是必須保證該課程在層層的轉化中形式改變而本質不變。此「形變而質不變」，就是轉化的忠實觀。

另一方面，張芬芬等認爲：課程發展過程中，產生的具體成品主要有三，即：課程總綱、各學習領域課綱與教科書。而其中教科書是教學材料中使用最普遍與最重要者，因此也是課程轉化過程中最主要的發展成品。其中教科書是傳遞課程內容最主要途徑，教師及學生於教育過程中高度依賴教科書之現象，在中小學教育中已是一個不爭的事實。一本好品質且符合國家課程要求的教科書，對於教學繁重、校務繁忙的中小學教師，已成爲最方便、最重要的工具（高新建 2007。張芬芬、陳麗華、楊國揚 2010。楊國揚、林信志 2011）。

教科書既然是課程轉化過程中最主要的成品，也是最接近現場教學的轉化產物。換言之，它是介於課程綱要與現場教學中間最關鍵的位置。那麼，查究教科書對於課程綱要的轉化情形，或許可以說是教師是否能在課堂教學落實課程綱要的先決條件。

是以，教科書轉化課綱的認知上，必須採取忠實觀。而本研究也就是以這個立場來察看各版教科書對課綱之轉化是否妥適。

綜合上述，課程轉化是必然的，然而轉化有多種面向，其中包括形質皆變的批判創造觀點。但是對於課綱的轉化而言，必須用監控機制維持好品質的轉化，才能保障專家學者所擬定的課程，能忠實地教給每位學生。另一方面，教科書是現今教師用以實施教學的最大依據，那麼教科書轉化課綱能否維持好品質，就必須詳加追究。是以本研究即站在這樣的立場，對現行教科書轉化課綱的實際樣貌進行探究。

（三）確認教科書與課綱的轉接點

一本教科書裡，哪些地方可以看出與課綱的連結？或說，教科書當中轉化課綱的轉接點在何處？要追查這樣的線索，就應該先探究教科書編成的實況。

國中國文教科書的編成是一個複雜且多向度的思考折衝過程。暫不論教科書監控機制的來回往復審查與修正的繁瑣，僅就出版社編者編成教科書的歷程，足堪謂之複雜多向。

簡單地說，國中國語文教科書的編者要編纂教科書時，必須先掌握兩項材料：一是課綱；二是選文。這兩樣都不是編者所創造，而編者必須把這兩項材料緊密地結合。也就是編者一方面解讀了課綱內容，一方面搜尋能夠符應課綱的文章，把這些能符應課綱的文章編串成冊，於是就形成教科書。

具體地說，是教科書編者依照課綱所列，思考如何在國中三年，將十大基本能力，以及六項國語文特質面向（注音、聽、說、讀、寫、作），周延地、次第地、螺旋上升地規劃成三年一貫課程。再依此課程計劃，設計成為單元課程。每一單元選錄數篇名家篇章，每篇文章定出教學目標或學習重點來呼應課綱指標，最後編組纂寫而成教科書。

是故，課綱與選文本來是不相關的二物，都是編纂者主觀意念的驅動才會將此二者結成教科書。那麼在教科書中哪些地方呈現課綱與選文的連接點呢？或說課綱轉化為選文形式來授課，其中轉化的線索在何處？於此，我們須再討論教科書的組成方式。

細查一課編製，國中國文教科書一課之內，大致包含題解、作者、課文、注釋、賞析、問題討論、應用練習、語文小視窗……等。依照這些內容的屬性，綜合分析之下，概略可分為選文系統、助讀系統、知識系統與作業系統四大類內容。選文多選用早已問世之文章，故另有作者；後三者為編者所纂，作為輔助教學之用，姑且統稱為輔教部分。詳究之下，這些輔教部分都是編輯者有所依據、有所目的而撰寫出來的教科書內容，這個依據就是課綱，這個目的就是授與學生基本能力。所以可以這麼說：輔教部分其實就是針對課綱來編寫的，而以選文的內容為媒介，來達成教學目的（黃志傑、陳恬伶 2011）。所以，我們可以藉由分析每一課的輔教系統，看它到底訓練了學生什麼能力，來判斷這一課是否符應了課綱的要求。只是這樣的查對，可能曠日廢時、事倍功半。因為由第三者來察看輔教系統之後，再回溯能對應何種指標，等於是要追尋編者的思路，在 106 條能力指標中去一一檢尋，如此做法常會漫漶而無所標的，況且這種逆求的方式能不能忠實回歸編者原意，不無懷疑。

既然不方便由教科書的輔教系統中查對能力指標，就必須提高個層次，而由編者自謂本課欲達到什麼教學目的的「學習重點」中去查對，或較可行。「學習重點」表達編者的意圖，意欲此課能達到某種教學效果，此種教學效果也就是學生所能學習到的能力。然而，詳看課本中的學習重點多未表明實際符應的能力指標，反而是多用「認識」、「了解」、「運用」、「應用」、「培養」、「體會」等動詞來表達學生該達成的目標。簡單說，教科書內的「學習重點」是用了另一套分類來表達學生該從此課獲得的學習內容，這套分類就是認知、技能、情意的分類方式。於是，研究者又必須從這些以認知、技能、情意分類的學習重點中，去反推如何與課綱能力指標對應的關係，這又會重蹈上述漫漶無的之覆轍。

於是，我們必須再上翻一個層次，去查對課程計劃。依照課程層層轉化而至完成教科書的邏輯順序，應該是：課程綱要→學科課程目標→出版社課程計劃→教科書。其中「出版社課程計劃」指的是出版社在編輯教科書之初，已預先解讀課綱與學科課程目標，由此轉化規劃成三年的課程，這個課程應將能力指標訓練的進度一一規劃，不能有部分指標太過與不及的情形，最後再搜編選文，符應指標要求，並賦予每一課的學習目標，如此完成一個周延地轉化課綱的課程設計。換言之，出版社的總體課程規劃是在教科書編纂之前就應該設計妥善的，必須忠實地轉化課程綱要，而課綱的能力指標之對應情形也應在此處明確地呈現。所幸各版課程計劃皆有對應能力指標一欄，由此去查對課綱能力指標，雖然繁複[1]，卻最為準確無誤。

依據上述理路，研究者認為，要探查教科書是否形變而質不變地轉化課綱，可以由三種路徑進行詳查。一是從每課的助讀系統、知識系統、作業系統等輔教部分入手；二是由每課的學習目標（教學目標）進行查對；三是以教科書所列課綱指標的對應情形來判定。

當然，要全面地、周延地追查教科書是否符應課綱，最佳的方式就是依照上述三條路徑，全面清查。但是這樣一來難免長篇累牘、卷帙浩繁。是以本文僅選擇第三條路徑，進行研究。

三、研究設計

本研究乃依據出版社所編寫的課程計劃，從中察看所列能力指標分布情形，以此判斷教科書符應課綱能力指標是否妥善。因此之故，本文對於所欲探求之問題、所能討論之範圍、所採研究之方法，必須先在此一一闡述清楚，以利後論。

（一）問題設定

本研究重在觀察，也就是運用統計數字，實際地呈現教科書符應課綱能力指標的現狀。故提出下列幾項問題，作為研究進行之目標與方向。

1、現行教科書所運用的能力指標數，實際對應課綱能力指標的情形如何？在總指標量上有無可議之處。

2、現行教科書所列的指標中，在注音、聽、說、寫、讀、作國文六項特質能力上分布的情形如何？有哪些指標遭到忽視或過分重視，意即有哪些能力不被注重或過度學習。

3、現行教科書所列的指標中，在十大基本能力上分布的情形如何？有哪些指標遭到忽視或過分重視，意即有哪些能力不被注重或過度學習。

4、現行教科書符應課綱能力指標的實際狀況，在課綱轉化的過程中，呈現出什麼意義？

[1] 單版全冊 77 課，三版共 231 課，計兩千餘條能力指標。

（二）研究範圍

研究範圍包含：授課時間的範圍——即學生屆次的問題；教科書版本的範圍——即出版年份的問題；被分析物的範圍——即資料選用出處的問題；課程綱要的範圍——即部定課程綱要的版本問題。以下分說：

1、授課時間範圍

以現今（民國 101 年）國中三年級這一屆[2]（後文簡稱為 101 年班）的學生在校所學為範圍。也就是以 101 年班學生分別在國一、國二、國三這三年中所受教的課程為範圍來進行研究。這樣的安排才能呈現三年一屆課程的完整性。基於這樣一個完整性的課程，才能探究其所呈現出的相對應於能力指標的完整性與周延性。

2、教科書版本範圍

依據前述這樣的設定，101 年班學生所使用的教材應是 98 學年的一、二冊教材；99 學年的三、四冊教材；100 學年的五、六冊教材。

研究者發現，教科書內容的增刪或課次前後的變動，在近幾年的審定版教科書中司空見慣。所以，如果以同一學年度六冊教材進行研究，就可能發生同一課或同一單元出現兩次，而某一課或某一單元遺漏未列。例如南一版 100 學年第四冊出現修辭法（上）、修辭法（下）的單元，而同樣是 100 學年的第五冊也出現修辭法（上）、修辭法（下）的單元。又如康軒版 100 學年第二冊第八課為〈愛蓮說〉，同樣的 100 學年第三冊第五課也是〈愛蓮說〉。這並不是出版社編輯的錯誤，而是不同屆學生的課程安排課次順序之差異。因此以一屆學生三年一貫的課程來分析研究，應是較周延妥當的範圍。

3、資料範圍

本文雖以教科書之編排設計是否符應課綱要求為研究核心，但是遍查教科書全書，並未明載符應課綱之敘述。是以該版之教科書對應能力指標之資料，須從該出版社所編課程相關資料中獲得。

研究者翻查各出版社相關資料後，在各出版社所編寫之「年度課程計劃」及「教師手冊」中，獲得課程對應能力指標之資料。在深入比對之後，發現三家出版社之課程計劃所呈現之對應指標狀況較為一致，而教師手冊中所呈現的能力指標對應狀況繁簡不同。為求減少變因，故以三家出版社所公告之年度課計劃所列之能力指標對應關係作為統計分析之主要對象，間或再輔以教師手冊以為核對。

---

2 本屆學生將於民國 101 年 6 月畢業，本文即稱此屆為「101 年班」學生。以此明確所指涉之對象。

4、課程綱要的範圍

第101年班學生自98年9月入學國中一年級，所適用的課程綱要版本應是「中華民國 92年 1月 15日台國字第 092006026號」所發布的課程綱要，也就是俗稱的「92課綱」。至於其後的97年微調版甚至100年修正版課程綱要，都不適用此屆學生。

察諸三個版本的課程計劃中所對應的能力指標，也都是92課綱。所以，本文在分類統計三個版本的能力指標對應情形時，就以92課綱所標示的能力指標作爲分析依據。

（三）研究方法

1、文件分析

文件來源有三：一是教育部所頒之課程綱要；二是專家學者研究成果；三是出版社所編寫之教科書及課程計劃。

分析課綱之內容包括能力指標總量以及各項分量，以作爲後續查對各版符應能力指標數之依據。

引用專家學者研究結果，一則釐清教科書轉化課綱之目的及吾人查究教科書轉化課綱時所應堅定之觀點，二則藉以搜尋教科書轉化課綱之線索或轉接點，據此轉接點方能精確判定教科書符應課綱之程度如何。

選取同屆三年之各版教科書及其課程計劃，查對其所使用之課綱年分，統計其所列之能力指標，藉設想量之基準，進行判讀。

2、歸納統計法

本研究以量的統計爲主，欲從量的統計中，分析各版本在總指標量符應課綱的情形，也從各項的統計中，察看各版的輕重偏廢樣貌。

首先統計分析課程綱要之能力指標，分別以十大基本能力以及國文六項特質歸納之，得出課綱能力指標分布表。

其次，以三個版本之課程計畫爲主要資料來源，統計其中所有對應之能力指標。分別統計出各版之十大能力指標分布次數及比重，以及各版本之國文六項特質能力之能力指標分布次數與比重。並分別以設想量爲基準，判定各版本符應情形之多寡有無。最後再歸納統計三個版本都未運用的指標數量，並計算比重。

四、研究發現與討論

本研究從三個版本，每版本各六冊中，分類統計對應能力指標之情形。原始統計結果篇帙浩繁，不便詳錄。故本文之論述乃從統計資料中，整理出所要討論與解決的問題向度相關資料，以利後續分析討論。

（一）適當指標量之設想

在統計分析教科書所含指標量之前，先統計課綱的能力指標的分類編排方式以及其指標數量和分布情形。以作爲後續各版教科書統計分析之參照。

再進一步設想各個分類恰當的指標數量，以此設想之基準量，查究核對教科書所對應的指標數量與分布情形，以此做爲判定教科書轉化課綱妥善與否之依據。

1、課綱指標量之統計

仔細觀察，必定能發現，不論是十大基本能力的十個分項，或是國文六項特質能力的六個分項，每個項目所分配到的指標量都不一樣。以表格整理如下：

【表二】

基本能力／國文特質分項／指標量	一、了解自我與發展潛能	二、欣賞表現與創新	三、生涯規劃與終身學習	四、表達溝通與分享	五、尊重關懷與團隊合作	六、文化學習與國際了解	七、規劃組織與實踐	八、運用科技與資訊	九、主動探索與研究	十、獨立思考與解決問題	合計	比重%
A 注音符號應用能力	1	0	1	0	0	0	0	0	0	0	2	1.87
B 聆聽能力	0	1	3	2	4	2	1	1	3	1	18	16.98
C 說話能力	4	3	1	5	3	2	2	4	3	2	29	27.36
D 識字與寫字能力	4	6	2	0	0	1	0	0	0	0	13	12.26
E 閱讀能力	5	5	2	0	5	0	1	1	1	3	23	21.70
F 寫作能力	4	2	1	5	1	1	2	2	2	1	21	19.81
合　計	18	17	10	12	13	6	6	8	9	7	106	100.00
比重%	16.98	16.04	9.43	11.32	12.26	5.66	5.66	7.55	8.49	6.60	100.00	

（表格來源：研究者自製）

研究者的基本假設是這些指標都應在國中三年的授課過程中被達成。換言之，課綱所列出的 106 條能力指標，都應該在國中三年國語文授課過程中被列爲教學所欲達成的目標。

2、國文六項特質能力妥善指標量之設想

上述既然以課綱指標皆須作爲教學重點爲構想，那麼每個指標出現的次數也應有所設想。換言之是每個指標被作爲教學重點的次數或許也應有所規範。

基於這樣的要求，研究者繼續做如下之推想：根據統計，全冊教科書約 77 課（語文常識算一課）。在每課中希望能訓練學生 5～10 條能力指標[3]，那麼就必須有 385～770 條能力指標被列爲教學目標[4]。取其中間量爲 578 條。

將上述理想中指標必須出現的次數除以課綱的指標量，得出下表：

【表三】

量次＼量別	最低量	最高量	中間量
設想全冊指標量	385	770	578
課綱指標量	106		
設想單一指標出現次數	3.6	7.3	5.5

（表格來源：研究者自製）

然而，研究者繼而認爲，將每個單一指標作這樣的設限，或許太過僵化且瑣碎，況且課綱能力指標在國文特質分項時，大方向地以注音符號應用、聆聽、說話、識字與寫字、閱讀、寫作等六大項分類之。因此，上述指標出現次數之計算，或許不應以單一指標出現次數來計算，而以分項整體指標出現次數來計算較爲恰當。

進而又想，以該項指標在課綱中所列的條目數來認定該項特質必須訓練的重要性，仍舊不妥。例如說話能力有 29 條指標，閱讀能力有 23 條指標，就此認定說話能力之訓練比重必須高過閱讀能力的訓練，這樣的推論，研究者認爲甚少教師或學者能夠接受。

因此，必須針對這六項特質能力訂定一個指標量的基準。研究者審視六項特質能力，發覺可以將之分爲三個組群。一是注音符號應用能力與識字與寫字能力；二是聆聽能力與說話能力；三是閱讀能力與寫作能力。

這三組的關係，或可作這樣的聯結：聆聽能力與說話能力主要的基礎能力來源是注音能力；閱讀能力與寫作能力主要的基礎能力來源是識字與寫字能力。而聆聽與說話能力多是語言形式的輸入與輸出；閱讀與寫作能力則多是文字的輸入與輸出（何文勝 1996）。

---

[3] 研究者認爲，教科書中之每一篇文章，基本上都可以呼應課綱每一項能力指標。換言之，若要將某一篇文章認真的去對應所有能力指標， 將所有能力指標在一課內盡數授過一遍，並非不可能。只是這樣一來，爲了設計 106 條指標都列入該課教學重點，勢必授課節數無限冗長，不切實際。故依據研究者經驗，並採寬泛地認定，一課之對應能力指標以 5～10 條爲恰當。這樣的想法也配合一課用 5 堂課授課，每堂課有 1～2 條教學重點的設想。

[4] 換個計算方式，依據出版社之課程計劃所列，每課授課 5 堂課，所以得出全冊授課 385 堂課。以每堂課著重 1～2 個能力的訓練爲範圍，那麼 3 年下來，必須有 385～770 條能力指標被列爲教學目標。

認同上述的關係，就應該可以認同注音能力與識字寫字能力既然屬於聽、說、讀、寫能力的基礎，那麼在國小階段就應已經有了深厚的基礎。以此基礎，在國中階段才能據之以發展更精深的聽、說、讀、寫技能。推想可知，在國中階段，注音與識字寫字教學的比重，應該相對比其他四項更低。但並不表示此二者無須重視。以識字爲例，據「識字與寫字能力」項下能力指標顯示：「D-2-1 能認識常用中國文字 2,200-2,700 字。」、「D-3-1 能認識常用中國文字 3,500-4,500 字。」換言之，國小畢業約認識 2450 字，國中畢業約能認識 4000 字，相差 1550 字。分配在三年 77 課中，每課約需學習 20 個新字。當然，實際的狀況下，每課不一定有 20 個新字，而學生並也不是只能從國文教科書中獲識新字，只是在這樣的規定下，1550 字的新字量，在國中的教學中雖不必像聽、說、讀、寫能力那麼注重，但在學習重點中佔一定的份量，應是可以接受的安排。

至於聽、說、讀、寫四者孰輕孰重？若以教學言，四者應該並重（何三本 2002）。但若以教科書擔負的任務言，研究者認爲，應該還是可以做出區別。教科書是書面教材，而書面教材較方便運用於閱讀教學應可理解。當然，教學者要將此書面教材運用於聽說教學，亦非不可。但那可能已涉及教學法的使用或教室層級的課程設計的考慮，非教科書編輯者編纂時所能顧及的範圍了。簡單地說，編輯者據所編教科書選文的狀況，所計劃的課程多注重在閱讀與寫作教學而輕帶過聆聽與說話教學，應是可以理解的事實。當然，如同注音應用與識字寫字能力，聆聽與說話教學在此比重雖相對較輕，卻也非毫不重視。

是故，根據上述：注音與識字寫字輕於聽、說；聽、說輕於讀、寫的認定，研究者設想教科書所列能力指標對應六項特質能力暫時設想爲「1 比 2 比 3」的比重，詳表如下：

【表四】

國文特質分項 ／ 設想量 ／ 設想項	總量	A 注音符號應用能力	B 聆聽能力	C 說話能力	D 識字與寫字能力	E 閱讀能力	F 寫作能力
比重	12/12	1/12	2/12	2/12	1/12	3/12	3/12
百分比重	100.00	8.33	16.67	16.67	8.33	25.00	25.00
設想最低量指標數	385	32.1	64.2	64.2	32.1	96.3	96.3
設想最高量指標數	770	64.2	128.3	128.3	64.2	192.5	192.5
設想中間量指標數	578	48.2	96.3	96.3	48.2	144.5	144.5

（表格來源：研究者自製）

以上設想，目的在於選取一基礎數值，以作為分析教科書符應能力指標時，其各項指標數量之安排妥當與否之參照依據。故僅是參照之基礎，非客觀之標準，因此，8.33%等等之比重設定，僅是本文用來作為區別判定之權宜，非理論上之判定。至於實際教學中，各項國文特質或十大基本能力，何者須加強、何者應稍緩，端看教學者面對教學現場之判斷，合理與否，自有其討論空間，非在本文討論範圍。

3、十大基本能力妥善指標量之設想

同於上表，研究者依據十大能力之分類，應可研製出另一類似之統計表。然而，十大基本能力之各能力的重要性，與國文特質之項目重要性的分類應有不同。換言之，研究者認為，國文特質分項因學習進程的變化可以有所側重，但十大基本能力的重要性應該是樣樣皆重，各各等值。也就是說每一個指標被對應的次數、所佔有的比重都應該一樣。

依據這樣的設想，研究者認為，關於十大能力指標量的設想應如下表：

【表五】

十大能力 / 次數 / 設想	總量	一、了解自我與發展潛能	二、欣賞表現與創新	三、生涯規劃與終身學習	四、表達溝通與分享	五、尊重關懷與團隊合作	六、文化學習與國際了解	七、規劃組織與實踐	八、運用科技與資訊	九、主動探索與研究	十、獨立思考與解決問題
比重	10/10	1/10	1/10	1/10	1/10	1/10	1/10	1/10	1/10	1/10	1/10
百分比重	100.0	10.00	10.00	10.00	10.00	10.00	10.00	10.00	10.00	10.00	10.00
設想最低量	385	38.5	38.5	38.5	38.5	38.5	38.5	38.5	38.5	38.5	38.5
設想最高量	770	77.0	77.0	77.0	77.0	77.0	77.0	77.0	77.0	77.0	77.0
設想中間量	578	57.8	57.8	57.8	57.8	57.8	57.8	57.8	57.8	57.8	57.8

（表格來源：研究者自製）

以上為設想中較為妥適之指標量，表列於此，作為下節討論現行三版教科書所列指標量妥適與否之參考。

（二）各版本能力指標符應國語文特質項目之統計分析

本段目的在統計各版本課程計劃所列相關於六項國文特質能力的指標數量，

據以分析該統計數值之意義，並稍作檢討。

1、統計結果

【表六】

各版 \ 分項		A 注音符號應用能力	B 聆聽能力	C 說話能力	D 識字與寫字能力	E 閱讀能力	F 寫作能力	總計
南一版	1、2冊	7	19	30	5	74	27	162
	3、4冊	14	12	16	16	52	36	146
	5、6冊	8	13	18	6	42	28	115
	合計	29	44	64	27	168	91	423
	比重%	6.86	10.40	15.13	6.38	39.72	21.51	100
康軒版	1、2冊	8	5	15	8	106	39	181
	3、4冊	1	7	20	6	107	55	196
	5、6冊	2	2	13	2	87	32	138
	合計	11	14	48	16	300	126	515
	比重%	2.14	2.72	9.32	3.11	58.25	24.47	100
翰林版	1、2冊	25	13	73	47	312	58	528
	3、4冊	20	14	29	27	203	49	342
	5、6冊	10	15	44	18	239	31	357
	合計	55	42	146	92	754	138	1227
	比重%	4.48	3.42	11.90	7.50	61.45	11.25	100

（表格來源：研究者自製）

2、分析與檢討

（1）A 注音符號應用能力

①A 項各年段分析

南一版各年段的指標分布量分別是 7、14、8 次。國二是國一、三的兩倍左右。

康軒版各年段的指標分布量分別是 8、1、2 次。國一與國二、三相差懸殊。

翰林版各年段的指標分布量分別是 25、20、10 次。有逐年減少的趨勢。

研究者認爲，以國一初離國小，故多有注音能力之要求，而國二、國三則相對較少，如此安排或較恰當。

②A 項全冊分析

本項的指標量南一版 29 次，比重 6.86%。康軒版 11 次，比重 2.14%。翰林版 55 次，比重 4.48%。設想指標量爲 32.1～64.2 次，中間量 48.2 次，比重 8.33%。

在次數方面，南一版接近設想最低量，康軒版僅設想中間量的四分之一。翰林版則相對妥當。

在比重方面，南一稍低、康軒最低，翰林爲中間量之一半。

綜合而言，三版在本項數值均偏低。或許是本項設想值太高以致如此，亦有可能。

（2）B、聆聽能力

①B 項各年段分析

南一版各年段的指標分布量分別是 19、12、13 次。國一明顯偏多。

康軒版各年段的指標分布量分別是 5、7、2 次。國三相對較少。

翰林版各年段的指標分布量分別是 13、14、15 次。平均分布。

研究者認爲，聆聽能力之訓練，隨著學生理解能力的增加而加深，故每一學年段都應該有符合該年級程度之適量訓練。是以各年級之訓練量應相當，而難度增加。

②B 項全冊分析

本項的指標量南一版 44 次，比重 10.40%。康軒版 14 次，比重 2.72%。翰林版 42 次，比重 3.42%。設想指標量爲 64.2～128.3 次，中間量 96.3 次，比重 16.67%。

在次數方面，南一、翰林二版，約設想中間量之一半，而康軒版更是設想中間量的七分之一。

在比重方面，康軒版在本項比重偏低，僅達總指標的 2.7 個百分點。翰林版在次數上雖不輸南一，但比重上僅南一的三分之一。

從上述可知，偏低的數據顯示三版對聆聽能力的訓練嚴重忽視。而且三版的比重相差三、四倍，也顯示了出版社對聆聽能力訓練上的重大歧異。

（3）C、說話能力

①C 項各年段分析

南一版各年段的指標分布量分別是 30、16、18 次。國一爲國二、三之兩倍左右。

康軒版各年段的指標分布量分別是 15、20、13 次。國二稍多。

翰林版各年段的指標分布量分別是 73、29、44 次。國一爲國二之 2.5 倍。

研究者認爲，說話能力亦應隨著年級增長而加深，所以各學年段都應有適量之訓練，不宜差距過大，且各年段之訓練，難度應隨之增加。

②C 項全冊分析

本項的指標量南一版 64 次，比重 15.13%。康軒版 48 次，比重 9.32%。翰林版 146 次，比重 11.90%。設想指標量爲 64.2～128.3 次，中間值 96.3 次，比重 16.67%。

在次數方面，本項南一版恰好在設想最低量上、康軒版明顯過低，僅設想中間量一半。翰林版則高於最高設想量。

在比重方面，南一版差距不大。翰林版雖然次數太高，比重卻不足。康軒版比重則約爲設想中間量的一半左右。

綜合言之，康、翰二版顯然太低，而南一版雖然在比重表現上尚可，但在次數上僅達最低量的事實，透露了說話能力項目的訓練，在現階段的教科書中，重視度仍然不足。

（4）D、識字與寫字能力

①D 項各年段分析

南一版各年段的指標分布量分別是 5、16、6 次。國二明顯偏多。

康軒版各年段的指標分布量分別是 8、6、2 次。依次遞減。

翰林版各年段的指標分布量分別是 47、27、18 次。依次遞減。

研究者認爲，識字與寫字能力中的「識字」在國中雖仍須訓練，但隨著年級增加，列入每堂課教學重點之次數應逐年減少。

②D 項全冊分析

本項的指標量南一版 27 次，比重 6.38%。康軒版 16 次，比重 3.11%。翰林版 92 次比重 7.50%。設想指標量爲 32.1～64.2 次，中間量 48.2 次，比重 8.33%。

在次數方面，南一版稍低，康軒版太低爲中間量的三分之一，而翰林版卻又高出設想中間量一倍。

在比重方面，翰林版差距不大，南一版已明顯不足，康軒版更僅爲設想值的三分之一左右。

暫不管寫字（書法）之訓練，僅以識字量而言，前文曾述，依據指標，識字與寫字能力在國小第二階段須達 2200～2700 字，而國中階段須達 3500～4500 字。識字量差距 800～2300 字。取中間量爲 1550 字。平均在 77 課中，則每課約需新識字 20 字。以這個識字量來認定本項的訓練量應佔六項能力中的 8.33%，應屬合理。故可推言，三版對本項之重視仍然不足。

（5）E、閱讀能力

①E 項各年段分析

南一版各年段的指標分布量分別是 74、52、42 次。依次逐漸減少。

康軒版各年段的指標分布量分別是 106、107、87 次。尚屬平均。

翰林版各年段的指標分布量分別是 312、203、239 次。國一與國二相差較大。

研究者認為，閱讀為語文教育之核心，訓練量應相較於其他項目為多，而各年級之訓練量應相當，只是難度須逐漸加深。

②E 項全冊分析

本項的指標量南一版 168 次，比重 39.72%。康軒版 300 次，比重 58.25%。翰林版 754 次，比重 61.45%。設想指標量為 96.3～192.5 次，中間量 144.5 次，比重 25.00%。

在次數方面，南一版稍高於設想中間量。康軒版則高於設想中間量一倍，翰林版最多，達設想中間值之 5 倍有餘。

在比重方面，南一佔總指標量四成比重，翰林與康軒則佔總指標量約六成左右。

以上顯示了三個版本都重視閱讀能力的訓練。只是單單閱讀一項即佔六成訓練量，其他聆聽、說話、寫作的訓練相對就有所不足了。若以次數的角度看，翰林版的 754 次閱讀指標，除以 385 堂課[5]，則每堂課必須擔任兩則相關閱讀的能力指標之訓練，雖然呈現重視閱讀的用心，但在實際教學操作上，能否達成，不無懷疑。

（6）F、寫作能力

①F 項各年段分析

南一版各年段的指標分布量分別是 27、36、28 次。各學年尚屬平均。

康軒版各年段的指標分布量分別是 39、55、32 次。國二最高。

翰林版各年段的指標分布量分別是 58、49、31 次。三年依次遞減。

研究者認為，各年段之寫作訓練量應相當，只是難度加深。

②F 項全冊分析

本項的指標量南一版 91 次，比重 21.51%。康軒版 126 次，比重 24.47%。翰林版 138 次，比重 11.25%。設想指標量為 96.3～192.5 次，中間值 144.5 次，比重 25.00%。

在次數方面，南一版稍低於最低設想量。康軒、翰林二版適中。

在比重方面，南一太低。康軒版恰當。翰林雖然指標量最多，在比重上卻僅是設想值的一半不到。

翰林版的訓練次數達設想的理想範圍，但比重過低，顯示全版總指標量過多的後遺症。也就是本項的訓練次數雖然達到，但他項的訓練次數卻也極高，這樣高量學習重點在實際教學中能否達成，需再考慮。

[5] 全冊計 77 篇課文，每課以 5 堂課授課，則有 385 堂課。

（三）各版本能力指標符應十大基本能力之統計分析

本段目的在統計各版本課程計劃所列相關於十大基本能力的指標數量，據以分析該統計數值之意義，並稍作檢討。

1、統計結果

【表七】

各版 ＼ 指標數 ＼ 十大基本能力		一、了解自我與發展潛能	二、欣賞表現與創新	三、生涯規劃與終身學習	四、表達溝通與分享	五、尊重關懷與團隊合作	六、文化學習與國際了解	七、規劃組織與實踐	八、運用科技與資訊	九、主動探索與研究	十、獨立思考與解決問題	合計
南一	指標量	103	96	48	37	45	16	15	23	25	15	423
	比重%	24.35	22.70	11.35	8.75	10.64	3.78	3.55	5.44	5.91	3.55	100.0
康軒	指標量	100	159	16	28	47	4	22	14	38	87	515
	比重%	19.42	30.87	3.11	5.44	9.17	0.78	4.27	2.72	7.38	16.89	100.0
翰林	指標量	295	243	140	60	143	12	70	57	87	120	1227
	比重%	24.04	19.80	11.41	4.89	11.65	0.98	5.70	4.65	7.09	9.78	100.0

（表格來源：研究者自製）

2、分析與檢討

依據前文，十大能力之單項能力設想指標量爲 38.5～77.0 次，中間值 57.8 次，單項能力佔總指標量比重 10%。以此作爲以下討論之依據。

（1）「一、了解自我與發展潛能」——「應用語言文字，激發個人潛能，發展學習空間。」

在次數方面，南一版與康軒版的次數約是中間值兩倍，翰林版則明顯是中間值五倍餘。

在比重方面，翰林版的次數雖然是另兩版之三倍，但是從比重上看，卻與南一版相當。依照研究者設想的比重，各大能力皆應佔 10%左右。這樣看來，則此三家比重皆太重，而翰林版因爲全部的指標量太大，所以呈現次數多，比重卻不高的狀況。

綜合來說，各版指標值皆是設想中間值的兩倍甚至兩倍半，那麼對其他九項能力而言，極可能因爲本項之比重過大而產生影響它項比重之情形。且以翰林指標量 295 次來看，全冊 77 課，每課必須重複訓練學生本項基本能力達四次左右，顯然太多。

（2）「二、欣賞表現與創新」──「培養語文創作之興趣，並提升欣賞評析文學作品之能力。」

在次數方面，南一版約爲設想量的二倍，康軒版爲設想量之三倍，而翰林版高達設想量之五倍餘。

在比重方面，三版都達兩成以上。尤其康軒版在此項佔總指標量三成，則可推想其他九項基本能力僅能佔七成，極不平衡。

本項三版之指標量明顯過多、指標比重明顯過高，與前項相似。但本項重在欣賞與創新，對應在國語文教學，正是國語文的人文性所要求的鑒賞與創作內容。或許正因爲如此，所以各版在此項都給予高比重的安排。研究者並不反對本項基本能力需要高於它項的比重，但高出多少？會不會排擠其他項目？等等問題，都須再詳加考慮。

（3）「三、生涯規劃與終身學習」──「具備語文學習的自學能力，奠定終身學習之基礎。」

在次數方面，南一版在設想量的可接受範圍內。康軒太少，翰林則太多。

在比重方面，康軒明顯太輕，南一與翰林之比重則可接受，但是翰林之次數太多，推究其因，仍是因爲翰林之總指標量太多之故。

由翰林版之例可以明顯看出，次數與比重之不相協調。追究原因，是因爲總指標量的原故。南一總指標 423 次，康軒總指標量 515 次，而翰林總指標量達 1227 次，相對於設想指標量之中間量 578 次而言，康軒差距不大，南一勉強接受，但翰林則多出一倍有餘。所以在翰林而言，常有合了次數卻離了比重的狀況發生。這也就是本研究需要以次數與比重兩個面向一起討論的原因。

（4）「四、表達溝通與分享」──「應用語言文字表情達意，分享經驗，溝通見解。」

在次數方面，南一版勉強達低設想量程度，康軒太低，至於翰林則在中間值。

在比重方面，康軒太低，翰林更低，僅設想中間值之一半。因此，翰林之次數雖達設想中間量，也果真如此執行教學，則其它能力項目也必須如規劃之指標量教學，那麼教學者之負擔將異常重大，故其能否於教學中確實執行，不無懷疑。

本項在訓練學生表達溝通，表達溝通本來就是語文的基本功能。對於語文的基本功能的訓練，三版都落在設想中間量以下，實在值得商榷。

（5）「五、尊重關懷與團隊合作」──「透過語文互動，因應環境，適當應對進退。」

在次數方面，南一與康軒尚稱妥適，翰林則明顯太多。

在比重方面，三版比重盡皆妥當，唯翰林需與次數合併來看，仍有改善空間。

本項爲難得見的與設想值相近的一項。

(6)「六、文化學習與國際了解」——「透過語文學習，體認中華文化，並認識臺灣不同族群文化及外國之文化習俗。」

在次數方面，三版明顯都偏低，尤其康軒版，不到設想中間值十四分之一。

在比重方面，南一僅設想中間值之三分之一。康軒、翰林更低，甚至不到十分之一。

本項可以說是十大能力與國文學科最相關的項目之一，但觀察三版所設定之比重，卻是最輕。語言文字是文化的載體，這是不爭的事實，甚至說語言文字本身就是文化的代表，也不爲過。因此，本項的「文化學習」云云，應是語文課程的重中之重才對。但事實結果卻是三版在十大能力中符應最少的一項，此中或許該再深深檢討。

(7)「七、規劃組織與實踐」——「應用語言文字研擬計劃，並有效執行。」

在次數方面，南一僅設想中間量的四分之一，康軒稍好，但也僅爲設想中間量的二分之一不到。翰林則在妥適範圍之內。

在比重方面，三版均在設想量的三分之一到二分之一中間。普遍表現出規劃不足現象。

以教科書的任務而言，要達成訓練學生本項能力，較難全面。如訓練學生「有效執行」能力云云，可能在教學過程中的課程安排或評量安排中較易達成，因此之故，研究者認爲，教科書符應本項指標的狀況，或許在設想中間量以下、最低設想量以上，即可接受。

(8)「八、運用科技與資訊」——「結合語文與科技資訊，提升學習效果，擴充學習領域。」

在次數方面，南一、康軒明顯太低，僅及設想中間量之三、四成。翰林適中。

在比重方面，三版比重皆明顯偏低，尤其康軒僅設想中間值之四分之一。

語文結合科技資訊，在國語文教科書中要全面呈現，難度稍高。所以本項三版之次數及比重相對較低，可以理解。但是，低到設想中間值的五成以下定然不妥。當然，應該低到什麼樣的程度才算合理，可以再討論。

(9)「九、主動探索與研究」——「培養探索語文的興趣，並養成主動學習語文的態度。」

在次數方面，南一太低，康軒勉強進入設想最低量，翰林則稍高。

在比重方面，三版皆在設想中間值之六、七成左右。

本項重在培養探索的興趣與養成主動的態度，這本來就是能否深入國語文殿堂的重要能力，因此研究者認爲，以平均的設想量、設想值來做要求，應屬合理。

（10）「十、獨立思考與解決問題」——「應用語文獨立思考，解決問題。」

在次數方面，南一在本項嚴重不足，僅設想中間值之四成不到。康軒則難得見的過量，甚至超過設想之最高量 10 次。翰林版超過設想中間量一倍餘。

在比重方面，南一爲設想中間值之三分之一。康軒則超過近七個百分點。翰林最接近設想值，但考慮了次數部分卻顯得需再商榷。

人的思維是通過語言文字轉化外顯，離開語言文字，人們無法進行思維活動，而語言文字運用的準確和靈活，正反映了思維的準確性的靈活性，語言文字實際上離不開思維（馮永敏 2001）。因此研究者認爲，本項之比重，或可超出設想中間值，以凸顯思維訓練之重要。當然，同樣的，本項該超出設想中間值多少才算是合理，可以再討論。

（四）討論

本小節主要是藉由上述之研究結果與分析，進一步討論其中所呈現的問題，以期能釐清問題之範限與掌握問題之核心。

1、教科書所含能力指標總量之討論

本研究採高、低設想量作爲妥適之範圍，再以此高、低量之中間值爲基準，進行課綱總量之討論。以全冊 77 課來算，得出全冊最低必須對應能力指標 385 次，最高 770 次，以這二者之間作爲寬範圍；取此二者中間量 578 次，作爲基準。另外算出課綱的能力指標總量是 106 條。以設想中間量爲基準，以高低設想量爲範圍，來察看現行教科書實際的符應指標數，由此可以比較出現行教科書在能力指標的呈現上有否再改進的空間。

根據統計，三版的總指標量分別是：南一版 423 次、康軒版 515 次、翰林版 1227 次。

相較於研究者設定的設想中間量 578 次而言，康軒版的總指標量較爲妥適。但是也少了設想中間量達 63 次，平均放在 77 課上，每課將近少了一個指標量。也就是說，若一課課文以五堂授課來算，每一堂課須訓練學生的指標數，由設想的中間量 1.5 降到了 1.3 個能力指標。當然，這是以作爲基準的設想中間量來看，若以寬範圍總量 385～770 次（每課 5～10 條，或每堂課 1～2 條指標）來看，則康軒版的總指標量頗爲符合設想量。

南一版指標量落在設想最低量與中間量之間，比設想中間量少 155 次，平均一課少 2 次。也就是說南一版的教科書每一課平均僅對應 5.5 個指標，每堂課就只須著重 1.1 個能力指標的訓練，是否過少，值得討論。

翰林版指標量遠遠落在最高設想量之外，超過設想中間量 649 次，平均一課須多分配 8.4 次。亦即翰林版教科書設計了每一課課文必須對應 16 條能力指標。平均每堂課必須著重 3.2 條能力指標的訓練。這樣的多量重點、高量任務的教學，教師能否達成、學生能否吸收，值得商榷。

2、教科書所含能力指標分布之討論

（1）關於六項國文特質指標之分布

三版的共同特點是閱讀加寫作能力的比重都佔六成以上，南一有六成一、翰林約七成三、康軒近八成三。相對的三版的聆聽能力與說話能力的比重都僅佔三成以下，南一約二成五、翰林近一成五、康軒僅一成二。

以設想量作爲基準來看，佔了五成的閱讀與寫作設想量，在三版的規劃下都大幅提高到七、八成；佔了三成三的聆聽和說話設想量，在三版的規劃下都大幅降低到一、二成；由此可以看出，教科書在對學生的聽、說、讀、寫能力的訓練上，配置極不平衡。研究者不否認讀寫的訓練必須大過聽說，但是動輒五、六倍的差距，看出國內教科書極重讀、寫而極輕聽、說的現狀。

總的來說，現行教科書在國文六項特質能力的訓練上，仍顯極度的不平衡。尤其聽、說二項的訓練比重偏低，實在值得深切討論。

（2）關於十大基本能力指標之分布

本研究之基本設定是十大基本能力項項均值。以這個設定出發，則每個項目在教學中所應被訓練的時間、次數等應該相當。放在教科書範圍來看，就是教科書所能對應的能力指標量應該相當。則十大基本能力，每一項的指標量都應該佔總指標量一成。

南一版的狀況大約可以分爲三群。第一群「能力一、二」合計約佔總量將近一半；第二群「能力三、四、五」每項約佔總量一成；第三群「能力六、七、八、九、十」合計約佔總量二成。

康軒版的情況也同樣以「能力一、二」爲重點群，總量佔五成有餘。而「能力三、四、六、七、八」合計約佔總量一成六，不平衡狀況比南一版更嚴重。

翰林版同樣有重點群「能力一、二」，共佔四成四。「能力三、五、十」每項約佔總量一成。「能力四、六、七、八、九」合計約佔總量二成三。相形之下，稍微平衡。

由上述數據表示可以發現，各版的訓練皆重在「一、了解自我與發展潛能」

與「二、欣賞表現與創新」，光是這兩項就佔了一半的分量，其它能力的訓練分量相對低落，可想而知。除此之外，較特殊的是康軒版對「十、獨立思考與解決問題」約佔一成七的比重，值得注意。而康軒版與翰林版在「六、文化學習與國際了解」項目，竟然佔不到一個百分點，著實令人費解。

總的來說，現行教科書對十大基本能力的轉化，凸顯兩個訊息：一是三版皆同，偏重能力一、二，而有一半基本能力極度地不被重視。二是同版之內十大能力被重視與忽視的差距，令人咋舌，如康軒版能力二達 30.87%的比重，能力六僅 0.78%的比重，相差近 40 倍。如此分配不均、極度不平衡的狀態，各版本或應有所檢討。

3、教科書所含能力指標限制之討論

（1）關於學科特性的限制

本研究以各佔一成的設想值來分派十大基本能力的比重，出發點是認定十大能力皆均質等重，不應有所偏廢。然而實際的操作上，因學科特性使然，概難在指標對應上等重，因此部分指標或重、部分指標或輕，實勢之所趨。

繼而吾人就該推想，十大基本能力在國文學科中哪些能力該高比重？哪些該低比重？又高低之界限如何訂定？研究者認為，這可能需要全科學者共同討論，哪些基本能力在哪些學科中多佔些比重，分配清楚。繼而該科學者可以依據學科特性，將十大基本能力，各訂出一個妥善的限範（如本文所使用的高低設想量），以作為教科書編輯者之依循。

（2）關於教科書教學運用的限制

教科書不能涵蓋國文教學的全部範圍，這是不爭的事實。進一步說，是教科書所能對應的指標，有所限範；且教科書所能對應的指標量，必須限制。前者如書法部分，教科書就難達成，必須由學校或教師另覓教材；後者指每堂課能授給學生的教學重點有限，不可能在課程計劃上大量填寫該課的對應指標，徒增華而不實之憾。

另外能力指標的達成，不只是在教科書或者教材中完成，在教學法中亦應有相關之指標。如基本能力「五、尊重、關懷與團隊合作」，藉由閱讀教學的文學圈學習法中，或許較能達成訓練學生該能力的目的。

因此，課綱的轉化，不只是在教科書或教材上，有一部分是在教學法上的現場操作，甚至課程設計上的安排處理。這是教科書在教學運用上的限制，影響的當然就是未能符應部分能力指標。

不過，上述所言的學科特性或是教學安排，並不能掩蓋教科書本身幾乎被視為「代理課程」的事實。以教科書身為代理課程的重要性而言，應全面地顧及指標的均衡性。縱使部分的指標在教科書的立場較難符應，但教科書可以以大區塊的分項爲區別，去符應該項指標，而不必拘泥於單一條目指標之對應與否。力求各項指標得妥是對應數量，應該是課綱轉化爲教科書維持形變而質不變的先決條件。

4、能力指標本身的限制之討論

十大能力指標與六項國文特質連動，造成顧此失彼之情形。例如十大基本能力中的「六、文化學習與國際了解」，在 106 條指標中，僅佔 6 條，明顯少於 10.6 條的平均量。更何況這六條中與國文特質中的六項分類交錯排列結果，對應在閱讀能力群中的指標數竟然是零。

課綱的能力指標數即使僅有一條，編者也還能有所據之以符應該能力，只要多課多次使用，則該條目比重自然不差，但若是零，則連對應的機會都沒有。更進一步看，各版的六項國文特質能力，重點多在閱讀能力的訓練上，恰好閱讀能力與十大基本能力之六的對應是零，所以造成這樣的結果。

再者，教科書編者對於能力指標的對應，推測應是以六項國文特質的對應爲考慮，根本忽略了十大能力之對應，才會有此情況。

因此，教科書轉化課綱時，對應的能力指標呈現不均的現象，有很大一部分是因爲六項國文特質與十大基本能力連動的關係所造成。

五、結論與建議

（一）結論

1、各版教科書符應能力指標的現況差距頗大

現行三版教科書在符應課綱能力指標時，所對應的指標數量差距頗大，最低南一僅 423 次，最高翰林則達 1227 次。這樣巨大的差別，在課綱轉化必須形變而質不變的立場來看，很難兩者兼容地認定這是一綱多本所容許的範圍。

2、教科書對應的能力指標在國文六項特質能力上分布的情形並不平均

閱讀與寫作能力約佔七、八成指標量，聆聽與說話約佔一、二成指標量。顯示閱讀與寫作能力被極度地重視，而聆聽與說話能力被極度地忽視。這樣事實，呈現教科書轉化課綱未達形變而質不變的要求。

3、教科書對應的能力指標在十大基本能力上分布的情形也不平均

十大能力中的「一、了解自我與發展潛能」、「二、欣賞、表現與創新」，在各版的指標中均佔了一半以上的指標量。而各版皆有五項合計不到指標量兩成之情

形。甚至「六、文化學習與國際了解」一項，竟有不足一個百分點比重之狀況。顯示教科書在轉化課綱的過程中，多未能以十大基本能力爲考量因素，以致有此結果。

4、現行教科書符應課綱能力指標的實際狀況，未能完全實現在課綱轉化的要求。

從指標總量的觀點來看，除了翰林版明顯太多之外，另二版可勉強接受。從指標分布的情形看，不管是六項國文特質能力或是十大基本能力，現行的三版教科書在分布上都顯得極不平均。但是，不管是勉強接受或是極不平均，以轉化的忠實觀立場，教科書對課綱形變而質不變的要求必須無誤地傳遞。更何況在監控機制運作下，教科書應該可以做到精確的指標總量的要求以及分布的均衡。

（二）建議

依據上述討論與結論，提出下列建議：

1、忠實的轉化是以課綱的下轉爲主，非以教科書的上迎爲要

轉化可以是由上而下的層層下轉，也可以是由下而上的步步上迎。研究者認爲，忠實的轉化應該是以課綱爲出發點，由課綱能力指標的角度去尋找適合的選文來詮釋這個指標。換言之，文章是工具，它用來訓練學生學會國文特質的六項能力，或訓練學生學習十大基本能力。教科書編者應以課綱下轉的角度來編纂教科書，如此轉化的效果才能維持形變而質不變。

2、規劃指標課程地圖以期周延地對應能力指標

教科書編者在編輯教科書之前，應規劃一份指標課程地圖，這個指標課程地圖須周延地考慮所有的能力指標被應用的次數及出現的時機，以此立場去設計規劃教科書，就不會有能力指標總量太多或不足、能力指標分布偏重或輕忽的狀況發生。

進一步說，教科書編者應規劃全般的課程地圖，這個課程地圖包括每個階（年）段該達成的能力指標、須學習的學科內容、能對應的選文篇章等。統籌規劃，以期周延而圓滿妥善。

3、編製配合教學法的教科書以期全面地符應課綱能力指標

對於部分能力指標較難在教科書編纂時就給予適當的安排，而必須在教學法中呈現較爲妥適者，教科書也並非沒有解決之道。例如將講讀、導讀、自讀課程編成一單元，各含一、二篇選文，讓學生學習時有精讀、略讀、自學的不同學習方法，或者教師教學時有精講、提點、引言後由小組合作發表等方式進行。這樣配合教學法而編成的教科書相信更能周延地符應課綱能力指標，也就是更能忠實

地轉化課綱，達到形變而質不變的課綱轉化要求。

參考文獻

何文勝（1996）。語文結構能力初探。摘自香港教育學院，何文勝博士網頁 http://home.ied.edu.hk/~msho/，2012.03.30。

高新建（2007）。課程改革：理念轉化與省思。國立臺灣師範大學。

唐淑華（2011）。眾聲喧嘩？跨界思維？—論「教學轉化」的意涵及其在文史科目教學上的應用。教科書研究，4（2），87-120。

教育部（民 100）。國民中小學九年一貫課程綱要語文學習領域（國語文）。

張芬芬、陳麗華、楊國揚（2010）。臺灣九年一貫課程轉化之議題與因應。教科書研究，3（1），1-40。

馮永敏（2001）。試論九年一貫《國語文課程綱要》內涵與特色。應用語文學報（北市師），3，167-186。

楊國揚、林信志（2011）。九年一貫課程綱要轉化教科書之困境與因應策略。研習資訊，28，5-11。

楊雲龍、徐慶宏（2007）。社會學習領域教師轉化教科書之研究。新竹教育大學教育學報，24，1-26。

葉連祺（2002）。九年一貫課程與基本能力轉化。教育研究月刊，96，49-63。

劉占泉（2004）。漢語文教材概論。北京：北京大學。

鄭雅丰、陳新轉（2011）。能力概念及其教育意義之探討。教育研究與發展期刊，7（2），27-55。

盧雪梅（2001）。九年一貫課程能力指標知多少。教育研究月刊，85，66-75。

黃志傑、陳恬伶（2011）國文教科書在閱讀教學中的轉化現象——以讀者中心論爲主的探討。發表於 2011.11.11～12 日，台北市立教育大學主辦之「2011 教科書轉化與精進教學議題國際學術研討會」。

國語文領域課程綱要轉化之閱讀教學研究
——以《我們叫它粉靈豆：Frindle》為例

陳月雲*

摘要

九年一貫課程綱要給老師選擇教材與彈性設計課程的空間，如何將抽象的能力指標轉化爲具體的教學活動，以培養學生課綱規範的基本學習能力，則有賴教學第一線的老師掌握課綱精神，發揮專業與創意，選擇適當教材，做有效的課程設計，循序漸進引導學生學習。

本文旨在探究如何將抽象的國語文領域課程綱要轉化爲具體教學的活動，以培養學生基本學習能力。研究者以服務學校六年級 25 位學生爲對象，以國語文領域課綱閱讀基本能力指標爲主，其他能力指標爲輔，挑選著名校園小說家安德魯・克萊門斯暢銷小說《我們叫它粉靈豆：Frindle》爲教材，進行 6 週課綱能力指標轉化的閱讀教學研究。研究結果顯示藉由閱讀策略的指導，引導學生思考、同儕觀摩學習與反覆操作練習，透過 4 種不同寫作形式的訓練，確實能提升學生邏輯思考、詮釋整合、批判思考以及摘要能力。根據研究的結果，研究者提供教學省思與建議，作爲有志於閱讀教學之教師參考。

關鍵詞：國語文領域課程綱要能力指標轉化、閱讀策略教學、摘要教學

一、前言

教育的良窳關係國民的素質與國家的競爭力，因此需要詳細的評估與縝密的規劃，以確保國民教育的品質。國民中小學九年一貫課程綱要歷經時代的變革與呼應社會的需求，在 97 年與時俱進的作了微調。九年一貫課程綱要給老師選擇教材與彈性設計課程的空間，如何將抽象的能力指標轉化爲具體的教學活動，以培養學生課綱規範的基本學習能力，則有賴教學第一線的老師掌握課綱精神，發揮專業與創意，選擇適當教材，有效的課程設計，循序漸進引導學生學習。

國民中小學九年一貫課程綱要語文學習領域（國語文）[1]基本理念第 2 點提及：「培養學生有效應用國語文，從事思考、理解、推理、協調、討論、欣賞、創作，以融入生活經驗，擴展多元視野，面對國際思潮。」同時，在實施要點的閱讀能力教學原則中揭示：「語文教學以閱讀爲核心，兼顧聆聽、說話、作文、寫字等各項教學活動的密切聯繫。以學生爲主體，宜依文章的性質類別，指導學

* 彰化縣田中鎮三潭國民小學教師、彰化縣九年一貫課程教學輔導團國語文領域專任輔導員

1 教育部 100 年 4 月 26 日修正之〈97 年國民中小學九年一貫課程綱要語文學習領域—國語文〉。

生運用不同閱讀理解策略，培養其獨立閱讀能力。」

語文是所有學習的基礎，閱讀又是語文教學的核心。PIRLS 和 PISA 開啓了閱讀教學新思維，基測命題也有注重長文閱讀和閱讀理解的趨勢。閱讀既然是一項重要的能力，也是終身學習的必備技能，如何提升學生高層思考與活用閱讀策略幫助理解，成爲重要的課題。因此，研究者以服務學校六年級 25 位學生爲對象，以國語文領域課綱閱讀基本能力指標爲主，其他能力指標爲輔，挑選著名校園小說家安德魯・克萊門斯暢銷小說《我們叫它粉靈豆：Frindle》[2]爲教材，進行課綱能力指標轉化的閱讀教學研究。

二、能力指標及解讀

（一）能力指標

本課程的轉化設計奠基於第二階段習得的能力，以學生在第三階段應習得的閱讀基本能力爲出發點，兼及寫作能力，進行以下學習能力的培養：

1、閱讀能力：5-3-5 能運用不同的閱讀策略，增進閱讀的能力。

5-3-5-1 能運用組織結構的知識（如：順序、因果、對比關係）閱讀。

5-3-5-2 能用心精讀，記取細節，深究內容，開展思路。

5-3-6-2 學習資料剪輯、摘要和整理的能力。

5-3-10-1 能夠思考和批判文章的內容。

2、寫作能力：6-3-4-4 能配合閱讀教學，練習撰寫心得、摘要等。

（二）解讀說明

能力指標指引教學方向與欲培養的能力，各指標關鍵詞語如下：

5-3-5 能**運用**不同的**閱讀策略**，增進閱讀的能力。

5-3-5-1 能**運用組織結構的知識**（如：順序、因果、對比關係）閱讀。

5-3-5-2 能用心精讀，記取細節，**深究內容**，**開展思路**。

5-3-6-2 學習資料剪輯、**摘要和整理**的能力。

5-3-10-1 能夠**思考和批判**文章的內容。

6-3-4-4 能配合閱讀教學，練習**撰寫心得**、**摘要**等。

就以上能力指標關鍵詞語，進一步分析其能力表現爲：「閱讀時，能活用各種閱讀策略幫助閱讀理解，提取文本重要訊息整合作成摘要，並做系統性的思考後，表達自已的觀點。」研究者依此，設計閱讀教學課程，設定教學目標如下：

1、能運用「預測」策略，依線索，猜測故事內容。

---

[2] 安德魯・克萊門斯（Andrew Clements）著，王心瑩譯：《我們叫它粉靈豆：Frindle》（台北市：遠流，2008 年 6 月）。

2、能判斷關鍵詞重點句，整合篇章訊息做摘要。
3、能詮釋整合文本訊息，並有條理做結論。
4、能思考文章內容，提出個人觀點做回應。

三、教學設計與實施過程

（一）《我們叫它粉靈豆：Frindle》文本分析—找到教學亮點

1、人物

（1）主要人物：鬼靈精怪，創意十足的小學五年級學生—尼克、令人敬畏且對字典尊崇與狂熱的英文老師—葛蘭潔。

（2）次要人物：佩妮・潘區太太、尼克的同學、尼克的父母、《西田報》記者茱蒂・摩根、腦筋動得快的商人—巴德・羅倫斯、哥倫比亞廣播公司新聞記者愛莉・盧德森。

2、事件

（1）尼克為了妨礙葛老師上課，拖延上課時間，故意提問「字的起源？」。葛老師要尼克自己找答案做報告，於是，尼克開始查資料探索文字的起源與意義。

(2)葛老師告訴尼克是我們每一個人決定字典的內容，引發尼克創造「frindle」的靈感。

（3）尼克擬定「frindle」取代「pen」的系列計畫，引爆與葛老師之間對文字的戰爭。葛老師找尼克溝通並請尼克在她寫的一封信的信封上寫下日期和簽名。

（4）在報社與電視新聞記者的報導及商人製作「frindle」系列產品的推波助瀾下，「frindle」一詞逐漸由小鎮推廣至全世界。

（5）十年後，尼克收到葛老師十年前寫的信和已將「frindle」收錄於內的大字典。

3、敘事手法：順序式

綜合以上，尼克和葛老師雖然有強烈對比的性格，但若無葛老師對語言文字嚴格的要求，怎會激發尼克創造出「frindle」呢？所以葛老師的角色形塑、文字起源的探討、「frindle」創造及推廣過程和出乎意料之外又令人感動與深思的結局成為本課程教學活動設計的亮點。

（二）教學流程

PIRLS 2006 研究報告指出台灣學生在詮釋理解歷程（包含詮釋整合與檢驗評

估的能力）表現較差，因此本課程雖以故事內文長達 140 頁的《我們叫它粉靈豆：Frindle》為教材，但是教學活動設計採封面、目錄、1 個章節、2 個章節、8 個章節到全書，由小範圍的運用組織結構的知識協助閱讀理解、擷取重點、詮釋整合做摘要到發表個人評論，依序引導學生在閱讀活動中，逐步培養高階的閱讀能力。本研究文本內容、教學活動及閱讀理解歷程，如表 1。

表 1　文本內容、教學活動及 PIRLS 閱讀理解歷程對應表

使用的文本	教學活動名稱	PIRLS 閱讀理解歷程
封面＋目錄	預測故事	直接推論
第 2 章	葛老師的自我介紹	詮釋整合觀點及訊息
第 4-5 章	字的起源與意義	詮釋整合觀點及訊息
第 6-13 章	Frindle 的歷史年表	詮釋整合觀點及訊息
第 15 章	寫給葛老師的一封信	檢驗、評估與批判內容

本研究國語文課綱能力指標與轉化的教學活動，見表 2。

表 2　能力指標與轉化的教學活動對應表

國語文能力指標	轉化的教學活動
5-3-5 能運用不同的閱讀策略，增進閱讀的能力。	預測故事
5-3-5-1 能運用組織結構的知識（如：順序、因果、對比關係）閱讀。	字的起源與意義 Frindle 的歷史年表
5-3-5-2 能用心精讀，記取細節，深究內容，開展思路。	預測故事 葛老師的自我介紹
5-3-6-2 學習資料剪輯、摘要和整理的能力。	葛老師的自我介紹 字的起源與意義 Frindle 的歷史年表
5-3-10-1 能夠思考和批判文章的內容。	字的起源與意義 Frindle 的歷史年表 寫給葛老師的一封信
6-3-4-4 能配合閱讀教學，練習撰寫心得、摘要等。	葛老師的自我介紹 字的起源與意義 Frindle 的歷史年表 寫給葛老師的一封信

本研究完整教學活動設計架構圖，見圖 1。

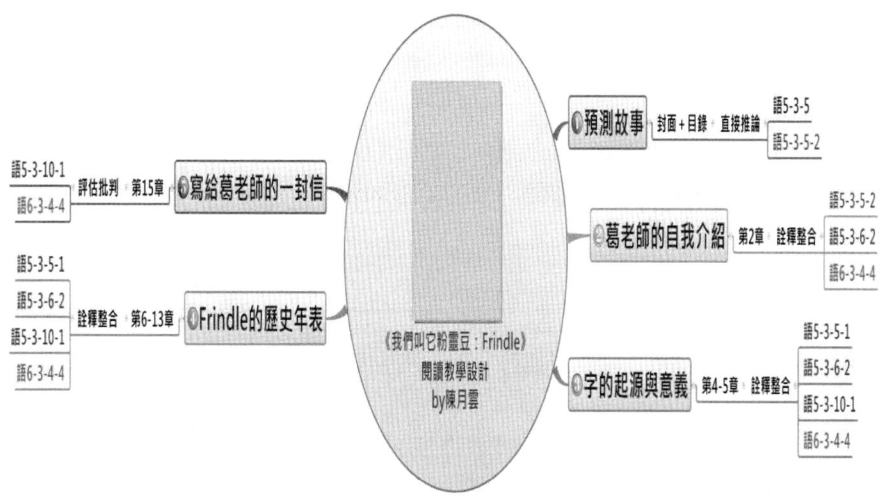

圖 1《我們叫它粉靈豆：Frindle》教學活動設計圖

1、預測故事內容

配合能力指標：5-3-5 能運用不同的閱讀策略，增進閱讀的能力。

5-3-5-2 能用心精讀，記取細節，深究內容，開展思路。

（1）從封面，做預測：在電子白板上呈現《我們叫它粉靈豆：Frindle》的封面，請學生仔細觀察封面，找出線索，預測故事內容。

S07：這本書在說一種很靈驗的豆子的故事。
T　：你的線索是……
S07：粉靈豆。
S09：有一個很兇的老師，常常逼學生考試。
T　：你的線索是……
S09：老師的打扮看起來很兇，學生手上都拿著一支筆。
S14：每個學生手上都拿著一根很像魔法棒的東西，我猜這個故事應該在說學生在魔法學校學習法術的故事。
T　：「frindle」是什麼？
S18：是筆嗎？
T　：為什麼你認為是筆？
S18：因為每個人都拿了一支筆。
T　：這個故事的主角是一位叫做尼克的小孩，封面上哪一個人是尼克？
S　：黃頭髮、戴眼鏡的。（學生多人七嘴八舌的說）
T　：為什麼你們認為他是尼克？
S20：因為他的顏色最突出、最明顯。

由於這一班的學生研究者已上過一年的閱讀課，已具備基礎閱讀理解的知識，從學生的回答，可發現他們已脫離天馬行空任意式的回答問題，而能仔細觀察封面圖文，依據線索，運用預測策略來做答。

（2）從目錄，做預測：發下《我們叫它粉靈豆：Frindle》，每位學生人手一本，要求僅能翻到目錄處。學生仔細閱讀目錄上 15 個章節的標題後，進一步預測故事內容。本書 15 個章節標題分別是：1.尼克登場 2.葛蘭潔老師 3.問題來了 4.探索文字的意義 5 上台報告 6 驚天動地的妙點子 7 發動文字大戰 8 文勝於武 9 西洋棋賽 10 新聞自由 11 號外！號外！12 無遠弗屆的電波 13 餘波盪漾 14 尼克的內心深處 15 優勝者是……。由 1-5 章標題，學生熱烈討論後，預測結果歸納如下：

葛蘭潔老師要尼克上台報告文字的起源。

研究者進一步提問，引導學生思考，預測故事情節。

T　：從第 6-15 章標題，預測故事的發展是……，請說出支持的理由。

S18：從第 7「文字大戰」、第 14「尼克的內心深處」和第 15 的「優勝者」，我預測尼克和某人展開文字大戰，比賽誰是優勝者。

T　：「某人」可能是誰？

S18：葛蘭潔老師。

T　：你怎麼知道是葛蘭潔老師？

S09：因為葛蘭潔老師要求尼克要做文字意義的報告。

T　：第 10-12 章標題，和故事內容有什麼關係？

S02：是不是和新聞報導有關係？因為有「新聞」和「電波」。

T　：請統整剛才由 1-15 章標題同學預測的結果，完整預測這本書的故事內容。

S03：葛蘭潔老師要尼克上台報告文字的起源，二人展開文字大戰，新聞媒體也加入戰局。

經由提出個人預測的結果，透過同儕共同討論激盪，讓故事情節隱然若現，有了初步的樣貌。

2、葛蘭潔老師的自我介紹

配合能力指標：5-3-5-2 能用心精讀，記取細節，深究內容，開展思路。
5-3-6-2 學習資料剪輯、摘要和整理的能力。
6-3-4-4 能配合閱讀教學，練習撰寫心得、摘要等。

（1）學生閱讀第 2 章〈葛蘭潔老師〉，由第 53-60 頁共 8 頁的文字中，仔細閱讀與葛蘭潔老師相關的內容，判斷關鍵詞和重點句，摘要整理後，化身為葛蘭潔老師，對升上五年級的學生做自我介紹，在閱讀思考單上完成「葛蘭潔老師的自我介紹」。

（2）第 2 章與葛老師有關的文本分析：

頁 54：葛老師的外表與穿著打扮。

頁 55：葛老師的透視眼與對紀律的要求。舉偷嚼口香糖為例。

頁 56-59：葛老師崇拜字典，喜歡叫學生查字典。有「每日一字」的作業規定，違者送你「特製作業」——「每日二字」。

依上述分析，葛蘭潔老師對學生做的自我介紹內容，最重要的重點應擺在與查字典和作業規定相關之處，其次，是對紀律的要求。她的外表和穿著打扮，與教學無關，不需要對學生說明。因此，本活動評量重點在學生是否能正確判斷何者為重要句，並以葛老師的身份寫出文意通順、完整的自我介紹稿。見圖 2-圖 5。

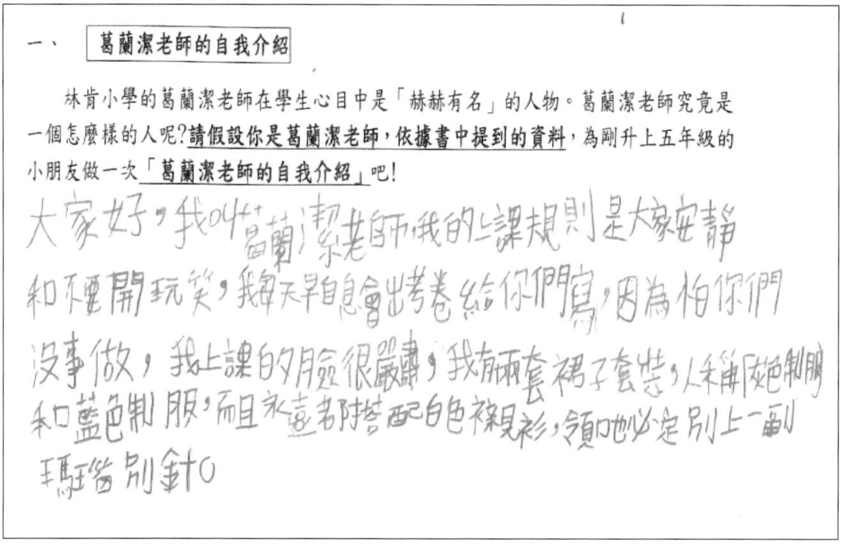

一、 葛蘭潔老師的自我介紹

林肯小學的葛蘭潔老師在學生心目中是「赫赫有名」的人物。葛蘭潔老師究竟是一個怎麼樣的人呢?**請假設你是葛蘭潔老師，依據書中提到的資料**，為剛升上五年級的小朋友做一次「**葛蘭潔老師的自我介紹**」吧!

大家好，我叫葛蘭潔老師，我的上課規則是大家安靜和不要開玩笑，我每天早自息會出考卷給你們寫，因為怕你們沒事做，我上課的臉很嚴肅，我有兩套裙子套裝，人稱咖啡色制服和藍色制服，而且永遠都搭配白色襯衫，領口必定別上一副瑪瑙別針。

圖 2　雖有提到每天早晨的「每日一字」（不是考卷）和嚴肅的態度，但是穿著打扮並不需寫出來。

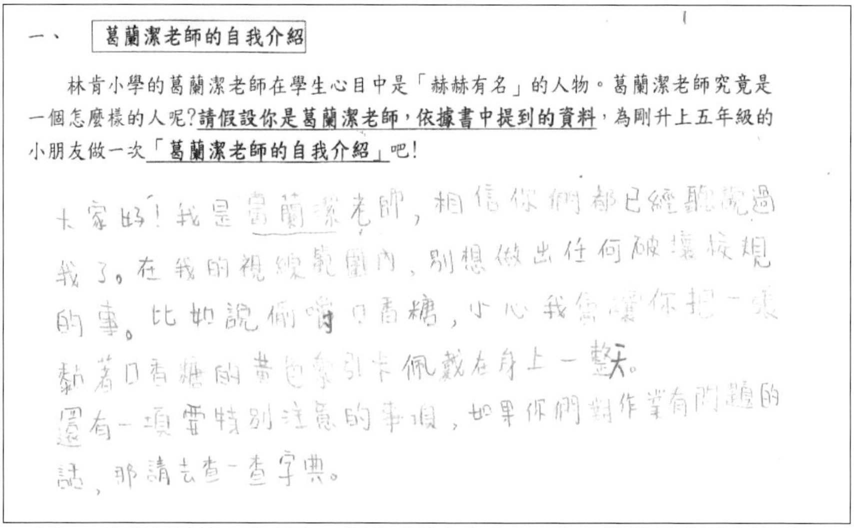

一、 葛蘭潔老師的自我介紹

林肯小學的葛蘭潔老師在學生心目中是「赫赫有名」的人物。葛蘭潔老師究竟是一個怎麼樣的人呢?**請假設你是葛蘭潔老師，依據書中提到的資料**，為剛升上五年級的小朋友做一次「**葛蘭潔老師的自我介紹**」吧!

大家好！我是葛蘭潔老師，相信你們都已經聽說過我了。在我的視線範圍內，別想做出任何破壞校規的事。比如說偷嚼口香糖，小心我會讓你把一張黏著口香糖的黃色索引卡佩戴在身上一整天。
還有一項要特別注意的事項，如果你們對作業有問題的話，那請去查一查字典。

圖 3　穿著打扮捨棄未列入，部分重點有寫出來，但欠缺作業的規定說明。

一、 葛蘭潔老師的自我介紹

林肯小學的葛蘭潔老師在學生心目中是「赫赫有名」的人物。葛蘭潔老師究竟是一個怎麼樣的人呢?**請假設你是葛蘭潔老師，依據書中提到的資料**，為剛升上五年級的小朋友做一次「葛蘭潔老師的自我介紹」吧!

各位同學你們好，我是葛蘭潔老師。英文是我最喜歡的科目。我在教英文時，最不想看到得動作是大家一直東張西望。為了讓學生了解更多英文字彙，我建議請家長買本字典。另外，我會請各位同學每天寫「每日一字」，如果你沒寫，被我發現，我會請你寫「每日兩字」整整一星期。

圖 4　簡要的寫出重點。

一、 葛蘭潔老師的自我介紹

林肯小學的葛蘭潔老師在學生心目中是「赫赫有名」的人物。葛蘭潔老師究竟是一個怎麼樣的人呢?**請假設你是葛蘭潔老師，依據書中提到的資料**，為剛升上五年級的小朋友做一次「葛蘭潔老師的自我介紹」吧!

大家好，我是葛蘭潔老師，每個人都要有一本好字典，這樣才能做好家庭作業。每位學生都該擁有良好的拼字能力、良好的文法概念和良好的文字運用技巧。良好的語言能力有助於培養清晰的思考，而對每一個女孩和男孩來說，五年級正是增加字彙能力的最佳時機。每天早上黑板上都有「每日一字」，如果你哪一天決定偷懶一下，沒把每日一字抄下來、查查字典學會那個字的意思，我遲早都會逮到你，然後我會送你特製作業；那整個星期每一天都會有「每日兩字」。

圖 5　不但融入給家長的信件內容，正確掌握重點，而且文句通順，內容完整。

學生作業批閱後，研究者挑選不同程度學生作品，利用數位影像提示機呈現內容，與學生共同討論作品的優缺點與改進之處，藉由同儕共同討論學習，提升抓取重點的能力。

3、探索字的起源和意義

配合能力指標：5-3-5-1 能運用組織結構的知識（如：順序、因果、對比關係）閱讀。

5-3-6-2 學習資料剪輯、摘要和整理的能力。

5-3-10-1 能夠思考和批判文章的內容。

6-3-4-4 能配合閱讀教學，練習撰寫心得、摘要等。

尼克提問「字的起源」，葛蘭潔老師要他回去整理後上台報告。第 4 章〈探索文字的意義〉和第 5 章〈上台報告〉描述尼克查閱資料、上台報告與葛老師對於文字的起源和意義的回應。本活動教學重點在引導學生統整 2 章的內容，擷取有用的訊息做成摘要。

（1）研究者提醒學生閱讀時，注意書中如何描述「文字的起源和意義」。接著，全班共讀第 4 章和第 5 章。

（2）學生分組討論找出第 4 章符合要求的文字敘述，並報告結果，全班再參與討論。在第 69 頁出現字典序文，標題是「文字的起源」：

> 無庸置疑，這是有史以來內容最豐富、最詳盡的現代美語字典，對於字源之詳盡敘述無人能出其右，不僅反映出字彙編纂方面傑出學術成就，也集合了數千年來數百萬人的想像力、語言能力與創造才能。每個曾經口說英文、書寫英文的人，都對英文的創造過程貢獻了一己之力。[3]

有的組別認爲整段都是重點，但是有的人認爲只有最後一句略有相關，也有人認爲整段敘述都未提及「文字的起源」。

（3）學生分組討論找出第 5 章符合要求的文字敘述，並報告結果，全班參與討論。學生找到與題意相關的文字包含：

頁 76-77：談及最早的英文字典----約翰生字典的特點。

頁 80：尼克朗讀字典第一頁。

頁 83 和 85：葛老師回應尼克「誰規定字的意義」。

（4）老師指導學生進一步找出「字的起源和意義」更精準的敘述，並以條列方式歸納尼克報告的內容及葛蘭潔老師的回應。（圖 6）

二、 字的起源和意義

尼克提問「字的起源」，葛蘭潔老師要他回去整理後上台報告。請以條列方式歸納尼克報告的內容及葛蘭潔老師的回應，究竟「字的起源和意義」是什麼？

1. 字是由我們共同決定的。
2. 字典是由很多有智慧的人花了很多年編寫而成的。
3. 需要修改時可修改字與創造字。

圖 6　學生歸納「字的起源和意義」

[3] 同註 2，頁 69-70。

4、Frindle 的歷史年表

配合能力指標：5-3-5-1 能運用組織結構的知識（如：順序、因果、對比關係）閱讀。

5-3-5-2 能用心精讀，記取細節，深究內容，開展思路。

5-3-6-2 學習資料剪輯、摘要和整理的能力。

5-3-10-1 能夠思考和批判文章的內容。

6-3-4-4 能配合閱讀教學，練習撰寫心得、摘要等。

尼克自創的「Frindle」，如何從小範圍擴展到全世界？如何從一個人的發想，最後成爲被多數人接受且列入字典的新字？學生閱讀本書前，已提醒注意此部分。細讀本書，理出頭緒，並依事情的因果與事件先後順序，重新組織成一張「Frindle 的歷史年表」，爲本活動課綱轉化教學重點。此外，閱讀思考單敘寫空間有限，學生必須理解文本脈絡，詮釋整合後，重新歸納敘寫自己整理的結果。

（1）認識年表：研究者從網路擷取三則不同內容，但依時間順序排列的表格，讓學生瞭解表格化的年表形式與記錄方式。

（2）討論與示範：研究者帶領學生共同找出小說中「Frindle」第一次出現的地方，全班共同閱讀該部分文字後，討論用簡短的句子摘要說明，研究者將學生討論的內容書寫於黑板上。接著，討論「Frindle」拓展的過程，以圖示方式呈現在黑板上，並指導學生一起找出出現的頁數與歸納成簡短的句子。（圖 7）

圖 7　共同討論「Frindle 的傳播途徑與過程」。

（3）學生自製年表：經過示範與帶領實作後，學生個別查閱小說，依自身對文本的理解，重新詮釋整合後，書寫於閱讀思考單上，完成「Frindle 的歷史年表」。（圖 8）

（4）評論誰是 Frindle 的最大功臣：學生各自完成年表後，研究者請學生依據自製年表，發表「促成 Frindle 最後成爲字典中新字的最大功臣是……？」多數學生認爲媒體（西田報、電視台）的影響力最大；也有人認爲將 Frindle 做成商品行銷全球的商人巴德・羅倫斯功勞也不小；也有人獨排眾議，認爲當年阻止學生使用 Frindle 的葛蘭潔老師，才是讓大家注意到這個字的關鍵人物。無論學生觀點爲何，多能依據小說內容，提出個人的見解做討論。

Frindle的歷史年表

（六）年（乙）班（16）號　　閱讀思考單設計者：陳月雲

姓名：（　　　　　　　　　）

◎「Frindle」這個由林肯小學五年級的尼克所創造的字，最後真的成為字典裡真正被大眾接受的字。請為「Frindle」製作一張創造起源、流傳方式、成為真正被接受的字……的歷史年表。

頁數 編號	內容
90	尼克撿起珍妮的筆，脫口而出「frindle」
91	尼克到潘區太太的店買筆(frindle).
92	第2～6天每天都派一人到店裡向潘區太太買frindle.
95	尼克告訴葛蘭潔老師忘了帶frindle
96	老師跟全班同學都知道frindle是指筆。
100	攝影師要拍團體照，大家大喊frindle。
100	全校學生熱烈討論frindle.
101	葛老師規定只要有人說frindle就放學後留校察看。
119～130	茱蒂・摩根得知林肯小學有一群學生在說frindle所以她去採訪
132	茱蒂・摩根的報導讓全鎮都知道frindle這個詞.
137	巴德・羅倫斯推出印有「frindle」字樣的塑膠原子筆。
144	哥倫比亞廣播公司的晚間新聞播出frindle相關採訪報導。(全國都知道了)
151	巴德・羅倫斯向尼克爸爸徵求商標申請文件的同意。
156	巴德・羅倫斯推出許多frindle相關產品，使得全球皆知。
171～172	十年後，葛蘭潔老師送了《韋氏大學字典》給尼克，字典上已有「frindle」。

圖 8　學生自製「Frindle 的歷史年表」

5、給葛老師的一封信

配合能力指標：5-3-10-1 能夠思考和批判文章的內容。

6-3-4-4 能配合閱讀教學，練習撰寫心得、摘要等。

安德魯‧克萊門斯在小說的最後一章安排充滿劇情張力、有創意又溫馨感人的結局。十年前那位不苟言笑、嚴肅令人敬畏的葛老師在 Frindle 真正成爲被眾人接受的新字過程中，竟然非常有遠見且用心良苦的扮演大反派的角色，看似不斷打壓，其實暗助尼克一臂之力。當尼克已成長爲大學三年級的學生，突然收到葛老師送的已收錄 Frindle 爲新字，且註明原創者爲尼克的字典時，可想見尼克有多麼的驚訝！當他用顫抖的雙手，慢慢閱讀十年前葛老師寫給他的那封信，瞭解葛老師的心路歷程和事情的真相，尼克心中必定有許多感觸與想法。作者在此留下讓讀者自己想像的空間，未對尼克閱讀信件後的心情感受多做描述。研究者希望學生閱讀完這本小說，對故事內容已有整體的概念，也能掌握情節發展的關鍵後，再次細讀第十五章十年前葛老師寫給尼克的一封信，針對信件內容，化身爲尼克，表達自己的想法，回一封信給葛老師，同時做爲本課程的總結。

每個學生閱讀葛老師的信件，因關注的焦點不同，思考的地方也有差異，寫出來的作品，呈現多角度思維的現象。

> 親愛的葛老師：
>
> 沒想到您會這麼贊同我的看法，我很愛思考，所以經常惹出很大的麻煩讓老師頭痛，真對不起。我個人認為「文字」並不是只用一種方法形容「它」，您想對吧！
>
> 你的學生尼克 敬上

s26 在最後一句，提出個人對「文字」的看法。

> 親愛的葛蘭潔老師：
>
> 謝謝你告訴我「frindle」這個字已經被收錄在字典裡了。其實一開始，我會發明這個字，是因為想到您說的話。而且因為年紀小又頑皮，您越是反對，我們越是唱反調。但沒想到，「frindle」這個字反而成為大家一時流行的單字，還登上了報紙，出了商品，而真正的大功臣就是你，我真心的感謝你。
>
> 你的學生尼克 敬上

s17 點出老師的一句話，開啓學生創意的想法，亦指出老師對學生的影響很大。

> 親愛的葛老師：
>
> 很感謝葛老師祝福我創造「frindle」這個文字，還告訴我這些有道理的事。你告訴我每個人都需要用到文字，我們用文字來書寫、作夢、盼望和祈禱，這正是你熱愛字典的原因。看了這封信，我也開始熱愛字典，再度感謝葛老師。祝你身體健康，加油吧！
>
> 你的學生尼克 敬上

S8 能反思文字和字典的意義。

> 我敬愛的葛蘭潔老師：

當我看到你寄給我的信時，我才懂得感激你。謝謝你阻擋我們，讓我們有繼續發明這個字的念頭，才有這個字留在字典的機會。妳是發明這個字不可或缺的一部分，謝謝妳。 祝身體健康　萬事如意 學生尼克 筆

S3 理解葛老師、frindle 和字典之間的關係。

葛老師： 謝謝您告訴我「frindle」這個字，已經在字典裡出現了。我知道如果大家一直用「frindle」這個字的話，那麼「pen」這個字可能會被大家給遺忘掉了，說不定下一次也有人會發明其它的字。因為是您說的，字典也會不斷改變、不斷成長。 妳的學生　尼克

S6 認爲文字不常使用會被新創的字取代。

四、教學上的省思與建議

（一）教學上的省思

1、運用預測與推論策略能協助文章的理解

Goodman 在《談閱讀》一書中指出：閱讀是一種讀者與文章（以及作者）交易的過程。讀者依據其認知背景，運用文章裡的線索，使用猜測與推論的策略，以幫助文章的理解。

> 他們「猜測」文章接下來寫什麼，做預測並下推論；他們選擇性地使用文章線索，遇到相衝突的線索時會修正他們的「猜測」。因此有效的閱讀（effective reading）並非精確地辨認單字，而是了解意義；而高效的閱讀（efficient reading）是指依據讀者現有的知識，使用剛好足夠的可用線索去讀懂文章。[4]

從封面及目錄預測故事內容的活動中，可以發現因學生的背景知識和經驗的不同，預測的結果也有差異。但是運用文本裡的線索，使用猜測與推論的策略，並適時的修正原先的想法，較能幫助學生理出頭緒，提升文章的理解。

2、教師示範引導的重要性

多數的學生習慣被動的等待或接受標準答案的教學模式，然而，在研究者的閱讀課室中，希望培養學生主動探索與思辨的能力，沒有「標準答案」，學生的回應或閱讀思考單的敘寫，只有「比較好」和「非常棒」的差異。又因本課程詮

[4] 見洪月女譯，Ken Goodman 著：《談閱讀》（台北：心理，民國 87 年 11 月），頁 12。

釋整合作摘要均以「章」爲最小單位，和國語課文的段落大意及課文大意相較，難度較高。因此，教師一開始須給明確的指令，讓學生瞭解工作目標。接著，教師先示範帶領學生從文本中找到線索，判斷何者爲有用的訊息，何者爲無關的資料，再引導學生試著自己找答案，確認學生已有概念後，讓他們自己大展身手完成作業。在老師示範－全班討論共同實作－修正－學生個別實作的模式下，明顯提升學習的成效。

3、同儕觀摩、互相幫助，提攜落後學生

由於學生必須對全書有整體的概念才能完成「Frindle 的歷史年表」，經過討論與教師帶領學生找答案和示範摘要成短文後，學生開始各自完成閱讀思考單。理解能力較強的學生，很快的就翻到該頁（或該章），再次閱讀後，寫下摘要。理解力較差的學生則停留在逐頁翻閱找答案的困境中。因此，研究者提醒可以互相討論答案可能在書中第幾頁，減少查閱的時間和縮小閱讀的範圍。但是，仍然必須閱讀後，自己整理作摘要。每個學生做成的歷史年表摘要內容雖然有差異，但是因爲已事先討論過基本架構，並且在小組互助之下，均能在課堂上完成作業。

4、循序漸進的系統性教學，提升詮釋整合的能力

挫敗的經驗，產生悲觀的想法；成功的經驗，帶來樂觀的思維。爲了讓學生在成功的基礎上踏穩台階，願意朝下一階邁進，而非原地不動，甚至打退堂鼓，研究者教學範圍由小而大，作業由易至難，閱讀策略反覆練習，幫助學生習得運用組織結構、推論等策略幫助理解文本，逐漸內化成爲能力，最後達到精熟與靈活運用策略提升高階閱讀能力。

5、教學上的建議

（1）閱讀理解要回到文本尋找線索進行預測、推論，以提高其思考能力。因此老師必須要求或提醒學生緊扣文本，避免天馬行空的作答。當學生發表他的預測或推論時，老師可追問其線索爲何？除檢核學生確實依文本訊息作回應，亦可了解學生是如何進行思考的。

（2）閱讀是由背景經驗不同的讀者，與文本、作者所欲傳達的意義互動的歷程。在閱讀的歷程中，讀者不是被動的接受者，而是主動的詮釋者。老師在閱讀教學中應扮演引導者而非指導者的角色。我們應給予學生自我解讀文本與建構意義的機會，鼓勵學生大膽說出自己的想法，不必揣測老師心中的答案或老師喜歡的回答。對於學生的回答，即使與老師預設的答案有出入，不要立即評論對錯，只需再邀請其他的學生參與對話和討論，學生在聆聽他人的感想敘述時，可能改變自己對文本的既有觀感，而修正原先的看法，這是培養有思辨能力的閱讀者必經的過程。

（3）若學生閱讀理解能力尚停留在直接提取訊息的階段，應由字數較少的短篇文章甚至一段文字入手，指導運用策略做成摘要。同時，教師一個步驟一個

步驟的示範指導搭配學生一個步驟一個步驟的實作練習，鞏固其習得的能力，再進入長篇文章運用策略做摘要，成功機率較高，對學生的學習成效較有助益。

（4）課綱能力指標轉化為具體教學活動，最終目標在培養學生基本能力，因此，教學者應先評估學生不足或欠缺的課綱基本能力為何？並掌握優先順序，依此設計課程內容。每堂課或每個教學活動教學應有重點，不宜在一堂課中放入太多能力指標，使教學無法聚焦，影響學生學習成效。

五、結論

由於教科書出版社競爭激烈，提供老師們許多的教材與備課用書。老師們認真的執行出版社編寫的教材，而忽視課綱的存在及其意義。長此以往，課程綱要希望學生培養的基本能力，是否在各階段學習後確實具備，令人質疑？教育不是注滿一桶水，而是點燃學習之火。課程綱要既已提出各領域各階段學生應習得的基本能力，且開放老師設計課程的空間，如何發揮教師專業能力將抽象的課綱能力指標轉化為具體且有效能的教學活動，則有賴教育工作者一起努力。

參考文獻

安德魯・克萊門斯（Andrew Clements）著，王心瑩譯：《我們叫它粉靈豆：Frindle》（台北市：遠流，2008 年 6 月）。

洪月女譯，Ken Goodman 著：《談閱讀》（台北：心理，民國 87 年 11 月）。

教育部：〈97 年國民中小學九年一貫課程綱要語文學習領域--國語文〉，http://www.edu.tw/eje/content.aspx?site_content_sn=15326。

國小五年級口語表達教學之行動研究

蘇芳儀[*]、孫劍秋[**]

一、前言

語言和文字，都是人類表達情意的符號，更是傳遞生活經驗和延續民族文化的主要工具。現今社會口語表達能力成了人們越來越重要的能力，許多場合需要人們用口語而不是書面陳述觀點，用以說服人、感動人。而口語表達能力更是一個人知識、智慧、能力、素質、內涵的整體表現，況且當前科技昌明，資訊蓬勃，地球村的意識，早已構成空間距離的縮短，人與人之間的交往，於是更加頻繁，口語表達能力的養成，越顯得有其迫切性[1]，因此培養學生的口語表達能力，是學生自身發展的需要，也是社會發展的需要，更是語文教育不可忽視的一環。

國小語文教育的任務之一，乃是培養兒童正確理解和靈活應用本國語言文字，而期使學生具備良好表情達意的聽、說、讀、寫、作等基本能力，並能使用語文，充實生活，陶冶性情，啓發心智，解決問題。依照教育部《國民中小學九年一貫課程綱要語文學習領域》的說法：有會話、問答、報告、故事講述、討論、演說、辯論、會議、訪問、表演等，黃瑞枝指出：「口語行爲，是指聽和說，是動態非靜態，包含聽和說在內的整個行爲和過程……」[2]，因此加強口語表達課程的訓練，是提升學生學養的最佳途徑。

本研究針對臺北市某國小五年級學童進行口語表達教學活動的設計，藉以確切了解經此教學對學童口語表達能力的影響，提供教師進行口語表達教學時的參考。因此，本研究的研究目的分述如下：

（一）探討「口語表達能力教學」的教學方法和學生學習過程與成效。

（二）瞭解「口語表達能力教學」課程實施省思與修正歷程。

（三）評估「口語表達能力教學」自編課程，普遍推廣的可行性？

二、研究方法及限制

（一）研究範圍

本研究的範圍爲臺北市某私立國民小學。研究的主要對象是以該國小五年級學童爲研究的樣本。

---

[*] 臺北市天主教私立小學專任教師

[**] 國立臺北教育大學語文與創作學系教授兼教育部國語文課程與教學輔導諮詢團隊召集人

[1] 黃瑞枝（1997）。**說話教材教法**。臺北市：五南圖書出版，頁 1。

[2] 黃瑞枝（1997）。**說話教材教法**。臺北市：五南圖書出版，頁 57。

（二）研究方法

本研究採取行動研究（Action Research），探討經此課程設計之實驗方案，學生口語表達能力提升的情況及學生對課程的興趣及反應。

研究的對象爲就讀本校五年某班的學生，依意願與程度挑選出六名學生，取得家長同意後，利用中午午休時間進行，每週二天，一天四十分鐘，從研究者班上挑選有意願且不同程度的學生進行十五週的口語表達教學，進行爲期十五週的口語表達教學。課程設計爲口語表達教學三部曲，及分成三大教學單元，加上前測與後測共計三十堂課。

（三）研究限制

由於「口語表達能力」是一種相當抽象、主觀性高、難以單憑數字便能衡量出其高低的一種學童學習能力；加上學童的學習成長，並不能單以最後的「總結性評量」作爲唯一標準，學童在學習過程中的點滴變化、修正、回饋……等，都値得研究者一一記錄下來，作爲下次教學活動時的參考，以期能在與學童的教學活動過程中，達到教學相長的目的。因此，本研究的進行採「行動研究」，探究學童的口語表達能力在「量」方面的變化之外，全程以攝影機紀錄下學童學習的過程以得到學童的口語表達能力在「質」方面的變化情形。

口語表達所包含的範圍很大，例如說故事、演講、朗讀、相聲、自我介紹、戲劇……等都是常用來訓練或是測驗口語表達能力的方式。本研究由於學生參加的意願爲主觀因素，爲不可類推，再加上每個孩子的先備知識、經驗不同，因此未採取對照組做比較，僅就每個學生上課學習的表現做爲觀察紀錄，爲瞭解掌握全程，教學期間將以 V8 拍攝教學實況，用以分析課程單元內容及深入檢討教學實驗得失，並依前後測量表，分析學習成效。由於本次研究的樣本是一群剛從四年級升上五年級的國小學童，本身所具備的口語表達能力及曾經接受過的相關訓練有限，一些屬於較高層次的口語表達方式，如相聲、演講、戲劇等，實不適宜作爲評量學童口語表達能力的測驗方式。因此，本研究採用「朗讀」作爲國小五年級學童口語表達能力前、後測驗的方式。

三、研究設計

（一）研究者本身

研究者這幾年指導臺北縣的國語文競賽朗讀比賽獲得第五名、指導 98 及 99 學年度臺北市國語文競賽朗讀比賽獲得第一名，深耕閱讀計畫小小說書人獲得特優的佳績。

（二）設計及規劃

「口語表達教學三部曲」課程實施日程一覽表

	活動主題	預定日期	教材	課程內容
	徵選活動	10/15（五）		在班上挑選 10 名對口語表達有興趣的學生進行甄選，甄選過程邀請本校楊老師、李老師協助評選。
	課程說明	10/19（二）	「口語表達教學三部曲」課程實施日程表	說明本次口語表達教學課程內容與方式。
前測	口語表達能力前測	10/22（五）	散文：《媽媽的眼睛》（2006）	對六位學生進行前測，選一篇散文進行評量，給學生八分鐘準備，上臺朗讀四分鐘。
口語表達訓練第一部曲	聲音萬花筒（一）人物聲音表情	10/26（二）	散文：《虱目魚湯》（2000）	給學生八分鐘準備，上臺朗讀四分鐘。
	聲音萬花筒（二）字詞表情	10/29（五）	散文：《發嫂和他的店》（2003）	◎各種情緒語詞練習。 ◎給學生八分鐘準備，上臺朗讀四分鐘。
	聲音萬花筒（三）句子表情	11/02（二）	自編教材	◎各類修辭句子練習。
	聲音萬花筒（三）句子表情	11/05（五）	＊散文：《月光下的歌聲》（2001） ＊自編教材	◎各類修辭句子練習。 ◎給學生八分鐘準備，上臺朗讀四分鐘。
	聲音魔法師（一）句讀讀法	11/09（二）	自編教材	◎標點符號停頓介紹。
	聲音魔法師（二）記號介紹	11/12（五）	＊散文：《海底溫泉》（2001） ＊自編教材	◎認識各種朗讀記號，並擬出適合自己的符號。 ◎給學生八分鐘準備，上臺朗讀四分鐘。
	聲音魔法師（三）記號運用	11/16（二）	自編教材	◎時間的長短、語調上的高低抑揚，速度的輕重緩急、文情與聲情的配合。
	字正腔圓（一）正確的發音	11/19（五）	自編教材	◎進行注音符號教學指導。
	字正腔圓（二）繞口令練習	11/23（二）	自編教材 繞口令講義	◎利用繞口令作爲讀音的練習。
	小主播練習	11/26（五）	聖經故事	結合口語表達技巧（語音、語調、肢體動作、臉部表情……） 朗讀文章。

口語表達訓練第二部曲	小主播練習	11/30（二）	聖經故事	結合口語表達技巧（語音、語調、肢體動作、臉部表情......） 朗讀文章。
	表情達意（一） 音量訓練	12/03（五）	散文：《山中夜》（2001）	◎在網路上搜尋發音方法，指導學生使用正確的位置發音。 ◎給學生八分鐘準備，上臺朗讀四分鐘。
	表情達意（二） 語速練習	12/07（二）	散文：《虹堡手記》（2004） 97、98 臺北市及全國語文競賽朗讀影片。	◎觀摩 97、98 臺北市及全國語文競賽朗讀影片。
	表情達意（三） 升降練習	12/10（五）	＊97、98 臺北市及全國語文競賽朗讀影片。	◎觀摩 97、98 臺北市及全國語文競賽朗讀影片 ◎教師針對個別問題進行指導與建議。
	聲調練習（一） 四聲練習	12/14（二）	＊97、98 臺北市及全國語文競賽朗讀影片。 ＊自編教材	◎教師針對個別問題進行指導與建議。 ◎語音指導：藉由朗讀散文，指導正確的聲、韻、調。
	聲調練習（二） 輕聲練習	12/17（五）	輕聲調講義。	◎教師針對個別問題進行指導與建議。 ◎語音指導：藉由朗讀散文，指導正確的聲、韻、調。
	聲調練習（三） 兒化韻練習	12/21（二）	兒化韻講義。	◎教師針對個別問題進行指導與建議。 ◎語音指導：藉由朗讀散文，指導正確的聲、韻、調。
	比手畫腳（一） 超級配音員	12/24（五）	網路資源	利用廣告畫面讓學生體驗聲音的表情。 身體姿勢、動作、臉部表情、眼神的指導。
口語表達訓練第三部曲	神采飛揚（一） 朗讀比賽觀摩 （進場、退場）	12/28（二）	＊97、98 臺北市及全國語文競賽朗讀影片。	觀摩 97、98 臺北市及全國語文競賽朗讀影片。
	神采飛揚（二） （儀容）	12/31（五）	97、98 臺北市及全國語文競賽朗讀影片。	教師針對個別問題進行指導與建議。
	戲劇排演 （阿明的寒假生活）	1/07（五）	自編劇本	結合口語表達技巧，訓練學生把握說話重點，運用自己的想法或加上自己的創意播報新聞。
	戲劇排演 （阿明的寒假生活）	1/11（二）	自編劇本	教師針對個別問題進行指導與建議。
	戲劇排演 （阿明的寒假生活）	1/11（二）	自編劇本	教師針對個別問題進行指導與建議。
	第三階段成果發表 口語表達訓練後測	1/17（一）	散文：《媽媽的眼睛》（2006）	選一篇散文進行評量，給學生八分鐘準備，上臺朗讀四分鐘。

	小主播廣播	1/18（二）	聖經故事	結合口語表達技巧（語音、語調、肢體動作、臉部表情......）朗讀文章。
	小主播廣播	1/19（三）	聖經故事	結合口語表達技巧（語音、語調、肢體動作、臉部表情......）朗讀文章。
	戲劇演出（阿明的寒假生活）	1/20（四）	自編劇本	結合口語表達技巧，訓練學生把握說話重點，運用自己的想法或加上自己的創意播報新聞。

備註：上述教學日期將視實際教學情況並配合學校行事彈性調整

（三）研究工具

研究者在指導校內國語文競賽選手時，經由研習及多年的資料蒐集將訓練的重點整理成一本上課講義，但口語表達所涵蓋的定義很廣，已不限於國語文競賽的項目，此份講義雖然不是本次研究的重點，但是仍可做爲上課教材之一。

根據研究目的與需要，本研究工具可分爲質與量兩部分。質的部分有教學札記、訪談紀錄、問卷調查表；量的部分，主要爲前測、後測所使用的「學生口語表達能力評定量表」。再加上數位器材的輔助，藉這些工具得以瞭解，課程教學前後與教學過程中學生的口語表達能力改變的情形。

本量表內容包含：語音、內容、儀態等三大評量類別，而三大評量類別又細分 4 個細項，內容詳述如下：

1、語音：發音正確、語調自然、語速恰當、音量適中。

2、聲情：抑揚頓挫適中、聲音表情切合意旨、文句忠於原文、句讀與斷句適當。

3、儀態：態度從容穩健、臉部表情切合意旨、適當的眼神接觸、服裝儀容整齊。

（1）評分等級

評分者依評分說明給分。評分等級爲：表現「極佳」給 5 分；表現「佳」給 4 分；「尚可」給 3 分；「需改進」給 2 分；「極需改進」給 1 分。

（2）評分方式

此口語表達能力評定量表共有個 12 細項，每個細項採 5 等分法。給分爲 1-5 分。計分方式爲：語音和聲情各佔總分 40% ，儀態佔總分 20% 。因此總分是依據這三大項目，換算爲百分等級後，語音及內容的得分分別乘以 40% ，儀態乘以 20% ，三者加總即爲該生總得分。

研究者將六位學生前後測時的內容，由研究者與兩位協同觀察者逸老師、源老師分別評分，以三位評分者評定結果，進行資料分析，研究數據以 SPSS 統計套裝軟體，進行成對樣本 t 考驗，比較前後測數據之間有無顯著差異（P＜0.05）。

四、教學實施與省思

本行動研究的教學歷程分爲以下的階段：口語表達教學前測、口語表達教學三部曲、口語表達教學後測。

（一）口語表達教學前測

上臺前我僅說明上下臺的方式及站立的位置，即進行口語表達教學前測。學生依照編號上臺，整個過程大約歷時二十八分鐘。六位學生中竟沒有一位學生在朗讀前問候在場觀眾，開場報題也僅有三位學生做到。

（二）口語表達三部曲

1、「第一部曲」教學課程省思修正的歷程

（1）教材選取

在教材方面，當初的規劃設計是改編國語文競賽指導老師培訓時的講義，但在實施時發現學生對句子，及短文不熟悉，除了唸順外，還要加上聲音表現的變化，對口語表達的初學者來說，著實不易，因此，研究者改用本校的老師曾針對上課用書，再整理編制一本自編的補充教材，其內容包含各課的文體、大意、解釋、字音字形辨義及修辭的整理，這本是上課及考試用書，因此是學生最熟悉的學習教材，利用裡面的字音字形辨義，來學習「詞」的聲音表達，用修辭來學習句子，甚或短文、人物的聲音表達，如此一來更貼近學生的學習。

（2）教學內容與教學方式

課程計畫的教學內容雖有階段性的任務與目標，但在實際進行課程時，三階段的教學內容卻是不斷的融合與重疊，在學生的反應與回饋中，衡量上課的教學重點。教學計畫是我從事教學的主要藍圖，但學生的學習需求才是我進行教學的主要指標。在教學內容的調整與修正上，除了讓每一堂課的學習能相互銜接與延伸外，我將另外教學方式隨著教室情境與學生的學習情況也隨機調整，爲了達到教學既定的目標，我除了加入「課後練習」學習策略，以輔助學習成效外，也運用「合作學習」，透過互動，進行有意義的學習，從同儕的合作學習中，分享學習心得，檢視彼此的表現。

在實施「字正腔圓」教學課程時，研究者利用字音字形的講義，音具有辨意作用，讓學生感受到何謂「字正腔圓」的重要性。除此之外利用觀摩國語文競賽比賽的光碟片，從中學習參賽者的優點。研究者選擇的多媒體教材是「九十八學年度臺北市南區朗讀比賽」的 VCD，觀看的途中研究者也隨時加以補充說明，提醒六位學生要注意哪些重點。好的口語表達時要發出正確的字音及聲調，佔很重要的部分，所以要念對的音，把每一個音都念得清清楚楚，不可以含糊不清。

2、「第二部曲」教學課程的省思與修正的歷程

「第二部曲」的教學課程是主要指導學生在口語表達時「聲情」部分的能力，研究者在課程主題、教學時間、上課教材、教學重點及引導方式，都做了調整與修正。

（1）教材選取

在計畫之初，本階段的上課教材選用六篇文章，但實際教學時，發現六位學生毫無參加國語文競賽，所以研究者選取上課教材時，做了些調整。在朗讀文章方面，研究者只選出四篇文章，分別是「虱目魚湯」、「發嫂和他的店」、「月光下的歌聲」、「海底溫泉」。「海底溫泉」，讓學生練習句讀和長句的讀法；讓學生練習朗讀記號的運用，且配合研究者之前所蒐集編製的「朗讀教學指導教材」做教學指導；讓學生練習人物語氣的情感表達。

（2）教學內容與教學方式

課程設計的初步構想，是以增進「聲音表情」部分的能力爲主，達到「抑揚頓挫適中、聲音表情切合意旨、文句忠於原文、句讀與斷句適當」的教學目標。然而在課程進行前所做的朗讀能力前測，研究者觀察到六位學生在語速方面急需改進，否則文章的情感會完全無法充分表達出來。因此研究者將課程主題的前後順序做了調整。

3、「第三部曲」教學課程的省思

（1）教材選取

在教學過程中，研究者也觀察到：播放國語文競賽的 VCD 光碟時，學生對於參賽者的表現會「見賢思齊」，進而檢討自身缺失；而看到、聽到錄影機、錄音筆播放片段，也能看出自己和同學的優缺點，加以立即回饋和修正；網路影音資源、音樂 CD 的運用也引發他們的學習興趣，可見在這個行動研究課程中，多媒體融入是一個有效教學策略。

配合學校訓導處期末宣導活動用戲劇的方式演出「阿明的寒假生活」，感謝班上的愛心媽媽一起協助自編創意十足的劇本及精美製作道具，表演當天獲得廣大的迴響。

（2）教學內容與教學方式

研究者所任教的學校是一所天主教的教會學校，對於生命教育及生活常規極爲重視，常會利用中午午休時間的小主播活動，進行聖經故事的分享，因此研究者構思讓六位學生將所學與實務經驗結合，因此接下這份訓練工作。

學期末訓導處舉辦寒假活動的宣導，因在之前的小主播活動在全校廣播後，得到不錯的迴響，因此，訓導處想藉由這幾位訓練的學生及愛心媽媽的協助下，以戲劇表演的方式將寒假生活的規劃融入表演中。

五、口語表達能力教學成效分析

（一）口語表達能力評量表前、後測量化分析

學生代號	前後測驗	語音				聲情				儀態				總分
		發音正確	語調自然	語速恰當	音量適中	抑揚頓挫適中	聲音表情切合意旨	文句忠於原文	句讀與斷句適當	態度從容穩健	臉部表情切合意旨	適當的眼神接觸	服裝儀容整齊	
S1	前測	1.67	1.33	1.67	2	1.67	1.33	1.67	1.33	2.33	1.33	1.33	2.67	20.33
	後測	3.67	3.67	4	3	3.33	3.33	3.33	3.67	4.33	3.33	3.67	4.33	43.66
S2	前測	3	3	2.33	3	3	2.67	2.67	3	2.67	2.67	2	3	33.01
	後測	4.67	4.67	4.67	4.67	5	5	5	5	5	4.33	4	4.67	56.68
S3	前測	1.33	1.33	2.67	2	1.33	1.33	1.33	1.67	1.67	1.33	1.33	2.67	19.99
	後測	3.67	4	4.33	4.67	4	4	4	3.33	4.33	4.33	3.33	4.67	48.66
S4	前測	2.33	2.67	2.33	3	2.67	2	2.67	2	2.67	2	1.67	3	29.01
	後測	4.33	5	4.33	4.67	4.67	5	4.67	4.67	5	5	4	4.67	56.01
S5	前測	1.67	1.33	1.33	1.67	1.33	1.33	1.67	1.67	2	1.33	1.33	2.67	19.33
	後測	3.67	3.67	3.67	3.33	3.67	3.67	3.67	4	3.67	3.33	3.33	4.33	44.01
S6	前測	1.67	1.67	1.67	2.67	2	1.67	2.33	2	1.67	1	1	2.67	22.02
	後測	4.33	4	4	3.33	4.33	4.33	4.33	4.33	3.67	3.33	3.33	4	47.31

**學生口語表達能力前、後測評量成績

所呈現的量表分數，都是由研究者與本校協同評分的兩位老師（逸老師、源老師），在看過六位學生前、後測表現所紀錄的分數，每一個評分項目的成績是三位位老師的給分平均而來。

六、結論與建議

（一）結論

1、「口語表達能力三部曲教學」可明顯提升學生的口語表達能力

（1）語音方面

口語表達能力教學活動進行前，學童的語言能力實不盡理想，聽完學童前測，常常是ㄔ、ㄘ不分，ㄢ、ㄤ不清、音量過小、語調平淡無味、聲音含糊不清的情況。但經過三階段的口語表達能力教學課程以後，課程中有相關的語言能力培養與正確觀念的奠基，學童也有一次次練習的機會，在「聽」與「說」交互的學習與觀摩中，學生的語音部分有很明顯的進步。在三十堂的訓練課程後，學生的後測表顯有明顯的進步，發音方面的問題雖然無法達到百分之百的矯正，至少能做到字字清晰，讓觀眾聽的清楚，語速與音量的掌握也有提升，而語調的變化和聲音表情的呈現對許多學生而言，也已經往上跨越了一大步，一個學期的訓練課程可說是帶領學生踏出他們的第一步，爲口語表達能力的培養與學習打下基

礎。

（2）聲情方面

口語表達能力教學活動進行前，六位學生在前測的抑揚頓挫表現上，都有語氣過於平板，所表現出來的語調幾乎都是平淡和緩，沒有高低強弱變化的問題；聲音表情切合意旨表現上，都有語氣過於柔順，無法讀出文中人物的語氣變化，聽不出文章所要表達的主旨的問題；也都有漏字、加字、重複、顛倒、唸錯字、割裂、結巴等文句不忠於原文的問題；句讀與斷句適當表現上，標點符號處幾乎都沒有停留，長句沒有適當的斷句、兩段中間沒停頓、隨意斷裂字詞讓聽者感受不到文氣的問題。經過三階段的口語表達能力訓練課程之後，學生聲情部分有很明顯的進步，且依據成對樣本 t 考驗的結果，可以看出學生的後測成績都比前測成績明顯進步，其中又以抑揚頓挫適中、聲音表情切合意旨、文句忠於原文、句讀與斷句恰當等方面的進步達非常顯著差異標準。

（3）儀態方面

口語表達能力教學活動進行前，大部分的學童都十分害怕上臺說話，上臺時緊張不安的神情，眼神東飄西盪、僵硬的肢體，甚至會呈現身體東搖西晃，有相當大的努力空間。而在口語表達能力教學活動實施的過程中，學童必須面對一次一次上臺說話的練習，也許是朗讀教學、也許是繞口令、也許是擔任小主播、也許是廣告配音，總而言之，在這樣的練習過程中，學童「上臺說話」的經驗增加，緊張的情緒也漸漸減少。

2、教師應用朗讀教學策略，可明顯提升學生在口語表達能力的表現

朗讀是眼、口、目、腦並用的閱讀活動，朗讀的要求是「正確、流利、有感情」在課堂教學中教師的教學策略之一就是讓學生朗讀，教師可以根據學生朗讀得是否正確、流利，感情的流露是否自然，在技巧上是否處理好了重音和停頓、是否正確運用適當的語調、速度和節奏等來衡量學生對課文的理解程度和閱讀能力的發展，學生在經過「口語表達能力訓練」課程的教學後，在朗讀及擔任小主播時的發音、語速、聲調、音量的表現的進步達非常顯著水準差異水準。

由於口語表達能力包含諸多向度，爲了引領學生走入公開表達的大門，以朗讀的技巧作爲教學的基本。

3、「口語表達能力教學」課程，可於班上綜合活動實施

從教師的訪談中可知，多數老師反應現今學生的口語表達能力不足，但目前的語文課程又無法挪出多餘的時數進行口語表達之相關教學，因此若能利用綜合活動、空白課程或晨讀時間來實施，應能突破現今語文課程時數不足的困境。

（二）建議

1、對國小教師的建議

（1）提升自己的口語表達能力

語文教育是所有學科的基礎，語言能力的培養更是語文教育的核心。身爲教育工作第一線的教師，一言一行都是學童模仿的目標，教師語言能力的優劣，也關係著學童語言能力的發展。一個對於說故事、朗讀、演說等口語表達，一竅不通的教師，是無法給予學童在語言能力方面，正確而充分的培養。因此，研究者建議，國小教師應努力提升自己的口語表達能力，才能夠成爲學童最佳的學習對象，學童也能在課業的學習、人際的相處、潛移默化間，擁有良好的口語表達能力。

（2）應將說故事活動廣施於所有學童，而非僅限於少數參賽選手

各國小每年都會針對中低年級學童舉辦說故事、詩歌朗誦等比賽，對中高年級學童舉行校內國語文的競賽，教師也會根據比賽的需要，訓練參賽選手口語表達的技巧。根據本研究的觀察，曾經接受過比賽訓練的學童，在往後的口語表達上，能力較一般學童出色許多。由本研究的結果證實，透過有計畫的口語表達教學活動，讓原屬低程度的學童，有了很大的進步潛力與空間。因此，研究者建議，口語表達教學活動應該廣施於所有學童，學校應鼓勵教師利用綜合活動時間，讓所有的學童都有接受口語表達能力培養的機會。如此，每一位學童都能自小開始學習上臺說話的技巧。這樣的教學，比單單只訓練少數選手而言，更能普及提升多數學童在口語表達能力上的發展，也更符合九年一貫中給學生「帶得走能力」及「不放棄任何一個學童」的教育宗旨與精神。

（3）將口語表達教學融入在語文領域及其他學科的教學中

一般而言，大多數的教師，只有在國語課和英文課時，才會進行口語表達能力的學習活動。然而口語表達能力不只是語文領域的需要，口語表達能力對於其他學科的學習也有很大的幫助。例如：社會課時的上臺報告，介紹有關歷史人物的生平事蹟介紹，如何表達生動吸引眾人目光，在自然課、數學課回答問題時，發音清楚、正確，在日常生活與人交談時展現的「精神活力」及自信心，都是學習課題。因此，研究者建議，教師應儘可能將口語表達能力的培養融入在語文科及其他學科的教學中。

2、對課程安排及教材的建議

（1）對課程安排的建議

日後的研究者可在顧及學生能力和研究時間的前提之下，延續本行動研究未竟之處，將三個教學階段的課程加深加廣，善加利用更多元的教學策略、更多元的輔助工具、讓教學及課程多樣性，本研究試著嘗試運用了多媒體教材融入口語表達指導中，其運用與否，著實影響了教學的氣氛。例如：在廣告配音的活動中，利用貼近學生日常生活的廣告影像，吸引學生的目光及興趣，因此日後在口語表達教學時，適時地利用多媒體教材做結合，來引發學生的學習興趣。再者在繞口令教學活動中研究者將學生要練習的文章或講義，製作成 PowerPoint 簡報，與學生做討論，他們都表示可以更清楚研究者的上課內容和進度，一有疑問也可立即

進行全體互動討論，達到教學效果；觀摩朗讀比賽的光碟片，讓他們聽聽現場各校選手們的優異語音表現，以及評判老師精闢的解說講評，也使學生見賢思齊，更甚者還可延伸用於說故事、即席演說、心得報告等等，多元的課程安排讓口語表達的教學活動更有興趣，使學生的口語表達能力更上一層樓。

（2）對教材的建議

教學現場的老師，有著教學進度及班級經營的壓力，若再要求老師額外自編一套口語表達教學課程的教材，無非加諸老師的負擔，然而，每年的教科書都是經由教育部審定過的教材，因此，研究者建議，口語表達的教學重點應放在技巧的培養，教學的教材應利用教師及學生都能方便取得且熟悉的教科書。

（3）研究變項上的建議

影響學童口語表達能力的因素相當多，舉凡學童的生長環境、家長的社經背景、網路媒體的刺激、學童的語文成績表現等，都對學童的口語表現有所影響。在不一樣的學習情況下，口語表達能力的差異情形，以爲教學與研究時的參考。

參考文獻

（一）中文部分

1、專書

林寶貴（1994）。《**語言障礙與矯治**》。臺北市，五南圖書出版公司。

教育部（2003）。《**國民中小學年一貫課程綱要語文學習領域**》。臺北市，教育部。

教育部（2011）。《**國民小學課程標準**》。國民中小學九年一貫課程綱要語文學習領域。臺北市，教育部。

陳美如（2001）。《**真實情境中的說話教學**》。臺北市，臺灣省國民學校教師研習會。

黃瑞枝（1997）。《**說話教材教法**》。臺北市：五南圖書出版。

黃瑞珍主編（2002）。《**何謂溝通言語語言**》。臺北市市立師範學院九十一學年度溝通技巧訓練專輯。臺北市，臺北市市立師範學院。

羅秋昭（2003）。《**國小語文科教材教法**》。臺北市：五南圖書出版公司。

2、期刊

王玟珍（2007）。大學「口語表達訓練」通識課程之教學探究 ——以演說、朗讀之表達技巧爲例。《**國立嘉義大學通識學報**，5，213-241》。

張淑娥（1993）。淺談國民小學的說話教學。從說話談起。《**國教之友**，45（1），5-10》。

戴曉東（1994）。淺談口語訓練的意義和途徑。《**自貢師範學報**，4》。

3、論文

石兆蓮（2002）。《**合作學習對兒童溝通表達能力影響之實驗研究**》。臺北市師範大學教育心理與輔導學系博士論文。未出版。

陳琇芬（2010）。《**多媒體融入朗讀指導之行動研究**》。國立臺北教育大學，語文與創作學系語文教學碩士班碩士論文。未出版。

4、網路資源

YouTube（貼版日期未明）。京都念慈庵-枇琶潤喉糖-丫房宮。線上檢索日期：2010 年 11 月 24 日。http://www.youtube.com/watch?v=kuCuzcTa33s&feature=related。

YouTube（貼版日期未明）。維力炸醬麵廣告 2010 年里長。上檢索日期：2010 年 11 月 24 日。http://www.youtube.com/watch?v=gu9xPsleI78。

YouTube（貼版日期未明）。燦坤空調代言人豬哥亮電視廣告。線上檢索日期：2010 年 11 月 24 日。http://www.youtube.com/watch?v=J5l4-0e-5Zo。

中文教育網---表達能力與課業爲主寫作教學法 http://www.chineseedu.hku.hk/other/sitemap.htm。線上檢索日期：2011 年 1 月 22 日。

中國期刊服務。http。//www.ceps.com.tw/ec/echome.aspx。線上檢索日期：2011 年 1 月 10 日。

邱鳳娟（1999）。出聲的思維---口語表達訓練淺談。中國期刊服務 http://www.ceps.com.tw/ec/echome.aspx。線上檢索日期：2011 年 1 月 10 日。

教育部國教專業社群網。http。//teach.eje.edu.tw/nologin_index/index.php。線上檢索日期：2011 年 1 月 10 日。

（二）西文部分

Canale,M.&Swain,M.（1980）*Theoretical Bases of Communicative Approaches to Second Language Teaching and Testing* [J].Applied Linguistics,1（1）:1～47.

附錄：【口語表達訓練指導教材】

天龍八部（簡略版）

第一部　上台訓練

＊小技巧：

（1）　準備好一本慣用又好用的字典，要能迅速又正確的使用，最好在翻書處按照注音符號貼上索引。

（2）　準備多種顏色的筆，方便在文章中做筆記。

（3）　要常在全身鏡之前練習，要求自己站立的姿勢要挺直，建議一天二十分鐘貼牆壁訓練站姿。

（4）　要有自信，常告訴自己是最棒的，把最好的一面秀給大家看。

（5）　在家練習題材：國小五年級的國語課本或是 800 字小語（文經社出版）。

（6）　上台前，要把紙本用右手夾在身側，自然放在離胸部約 20 公分的地方，注意不可亂晃動東張西望。

（7）　姿勢要挺拔：站立姿勢要抬頭挺胸，站的位置要在臺子中央，不偏不倚。腳跟不必完全靠攏，雙腳可微微放開，可微微張開兩腳約成六十度，（但是不要張得太開，以免使身體看起來比實際身高略矮。）找到輕鬆自然的感覺，聲音才不會受到影響，站定位以後就不要再亂動，更不要規律性的左右搖擺。

（8）　態度要自然：如果過分緊張，表情僵硬，態度就不自然了。要克服緊張可以深呼吸，或利用肌肉鬆弛法，或對自己心理建設（如：把觀眾想像成沒有生命的物體；或把自己視爲口若懸河的演說家；或假裝自己是別人，把觀眾都看成陌生人，選用最能增強自己自信心的方法。）

第二部　下臺訓練

＊小技巧：

下臺要從容：通常上臺較從容，下台時有人會顯得匆忙，甚至有點落荒而逃的樣子。如果再吐一下舌頭，那就更顯的沒有自信了。

第三部　語音篇

（一）咬字清晰（技巧是念每個字，嘴巴要張的夠開）：每一個字的音都要唸的清清楚楚，不可以含混帶過，沒有把握的字一定要查字典。

（二）音量適中：以全場能聽到的音量爲準，唸到激昂的地方不可用尖叫，而唸到低沉微弱時，氣不可以斷掉，更不能小聲到變成「低不可聞」。

（三）聲符和韻符要讀清楚：在注音符號中，有好幾個發音是很接近的，甚至有些音本身容易混淆，要平日就多練習，特別將他們分辨出來，剛開始練習時自己加上注音唸唸看，例如：

＊　『ㄓ』和『ㄗ』：蜘蛛、組織、主宰、子姪、左轉、沼澤、族長、尊重、。

＊　『ㄔ』和『ㄘ』「ㄙ」「ㄅ」「ㄌ」「ㄖ」：擦窗、儲存、吃醋、楚辭、促成、採茶、初次、出錯、辭呈、長才。

＊　（四）調號：標準國語的上聲調調值是 21114，簡記爲 214:。說話的時候，國語的四聲往往錯雜並用。遇到上聲調，如果依照原來的音長與調型說出來，勢必會顯得時間太長久，爲求語言的流利，上聲就有了變調情形。（全上、前半上、後半上）

（五）流暢正確：讀一篇文章，除了一些技巧外，至少要做到：忠於原文、不漏字、不加字、不念錯字、不跳行的基本要求，如果唸錯字或跳行就很自然的讀下去就好，不要回頭重讀。

第四部　音調篇

＊小技巧：

將感情放入文章

祈使句、直述句、否定句、疑問句、肯定句都必須在語調上作出分別

肯定句要唸得卓實

否定句要唸的堅決

情感（以「輕重、緩急、仰揚、頓挫」來表達，朗讀是聲音的演戲）

第五部　氣勢篇

＊小技巧：

（1）　朗讀是朗誦別人的作品（朗讀視代替作者表達他的心聲），因此在讀的時候，朗讀者必須尊重作者的原味。依據內容的段落、詞句所包含的主旨與情感，原原本本的運用語言的技巧，把原作品詞句的意態、語氣，生動的表現出來。

（2）　目光要照應：除了看文章內容外，目光還要適時環視全場。但是要注意不要因爲這樣而在收回眼光時接錯地方，這是必須要平時多加練習。（眼視要與台下的觀眾做交流）

（3）　拿文章捧讀時要略低於眼睛，不要擋住目光，甚至把整個臉都遮住了。（不可擋住臉）

（4）速度跟停頓一樣，也不是堅守原則一成不變，要靈活運用。正如唱一首歌一樣，有人能把歌曲的速度和該停頓的地方處理得宜，也就是詮釋得很恰當，就能引起聆賞者內心的共鳴。（抒情文可藉由聲音、情感、眼神來表現）

第六部 記號篇

朗讀符號並沒有統一的規定，以下介紹常用的記號。

（1）　長句時，用【、】來代表斷句。

（2）　【一一一】代表語氣拉長，說話速度稍慢。

（3）　【---------】代表語氣緊湊，速度稍快。

（4）【●】 代表要重重的讀。
（5）【~~~】代表要輕輕的讀。
（6）【<】 代表要有漸強的感覺。
（7）【>】 代表要有漸弱的感覺。
（8）【V】 代表要換氣。
（9）【↗】 代表升調提高。
（10）【↘】 代表聲調降低。
（11）【—】代表聲調不高不低〔平常調〕。
（12）【ˊ ˇ】要注意聲調，通常在句號前的第二聲和第三聲都要唸完全。
（13）注意臉部表情或肢體動作【△△△△】。
（14）【ㄓ ㄔ ㄕ ㄖ】翹舌音，要注意發音。
（15）【ㄗ ㄘ ㄙ】不翹舌音，要注意發音。
（16）【ㄥ ㄣ】要注意發音
（17）【ㄋ、ㄌ】要注意發音

第七部　句讀篇

＊小技巧：

1.朗讀是一句一句地讀，要擴張視音距，而非一字一字地讀。要讀出標點符號來，驚嘆號的讀法與問號有別，句號讀法當然與逗號不同。

2.有的時候，逗點可以不用停頓太久，甚至可以直接連貫得唸下去。

第八部　表情篇

＊小技巧：

（1）可以看參考歌唱選秀節目，選手在唱歌時歌詞與動作的配合。
（2）可以看參考鄉土劇演員的演出表現。
（3）表情要與文章配合（ex：唸到悲傷的句子時，表情最好也是悲傷的，不要還繼續微笑）
（4）下臺時臉部表情最好不要比起最後的表情，情感有太大的變化（ex：本來在唸悲傷的句子，臉部表情也很悲傷，結果一聽到鈴聲，馬上眉開眼笑，開開心心的謝謝大家）

SQ3R 閱讀理解策略結合批判教育學觀點之行動研究

陳孟訓*、蔡瓊賢**、王建堯***

摘要

閱讀教育的推動乃是基礎教育，是教育部近年來重要的措施之一，同時也是各級學校如火如荼推動的目標，更是世界各國爭相較勁的指標，而「閱讀理解力」在閱讀教育中扮演著極重要的角色，本文試著從國內閱讀教育推動的現況、相關研究與實務推動工作者之實證研究出發，透過批判教育學的觀點，試著發展出一套閱讀理解的策略，並進行實徵性的初探，希望藉此提升學童閱讀理解力，並提供第一線教育現場教師一套可供參考性的閱讀理解策略。

關鍵詞：閱讀理解、SQ3R、批判教育學

An Action Research on Integrating The View of Critical Pedagogy into Teaching Process of Reading with SQ3R Strategy

Abstract

The promoting for reading education are important measures for the Ministry of Education in recent years, they are also the goal to strive for at all levels for schools. Moreover, they are the target all countries in the world struggle for. Reading comprehension play an important role in reading education. This article reported the current status of reading education, research and empirical studies, finally developed a strategy of reading comprehension with the view of critical pedagogy. We hope it will improve students' reading comprehension, but also provide teachers a referable strategy of reading comprehension.

Key words：reading comprehension, SQ3R, critical pedagogy

一、緣起

不只在臺灣，閱讀活動已經成爲各國教育的重點，更成爲投資未來最重要的項目之一。閱讀能力之重要，在於它是通往其他能力的大門，而且需要趁早打好

* 臺南市東區裕文國民小學教師
** 中華醫事科技大學幼兒保育系講師
*** 臺南市南區新興國民小學總務主任

基礎，更在美國的研究指出，如果孩子不能在小學『三年級』時具備基本的閱讀能力，在往後的學習過程中，將會遇到巨大的困難（天下雜誌，2006）。對於在籍的學生，閱讀更是不陌生。現行的教學活動以教科書爲主的情況下，學生憑藉著「閱讀」來獲得書本中的知識乃是最重要的學習活動，而學校教學仍以『教材』爲中心，培養閱讀能力的教學活動卻少見於學校教學中（劉兆文，1999），又從批判教育學的角度來看，Joan Wink 認爲讀寫能力是構成認知方式、思考方式以及創造複雜意義之方式的基礎。我們每個人在學習閱讀文字時以及在閱讀這個世界的同時，帶著屬於自己的世界（黃柏叡、廖貞智譯，2005），有此可見，閱讀對於孩子的學習可說是刻不容緩的，它不僅是協助孩子通往其他能力的大門，亦是孩子閱讀複雜世界的基礎。

2006 年教育成就評鑑協會（IEA）所進行「促進國際閱讀素養研究」（PIRLS）調查結果顯示，臺灣學童於高層次解釋理解閱讀部分，其通過率爲 49%，遠低於低層次的直接理解部分，有鑑於此，教室裡的閱讀教學有重新檢視與調整之必要性，因而於報告出爐後，國內積極的推動閱讀活動，亦透過多元的管道推展閱讀爲主要推動面向，但根據研究者的觀察，大多數教育現場仍以「量」爲主，鼓勵孩子多讀多借，即使教育部於 2009 年 7 月 29 日舉辦了一系列的閱讀教學策略開發與推廣計劃研討會。

基於上述，本研究嘗試以基層教師的角色，並以「教科書」爲主要教學教材，朝重「質」方向推動，並融入批判教育學的觀點於系統性 SQ3R 閱讀理解策略中，藉此探討此策略對學生的閱讀學習影響爲何？

二、文獻探討

（一）『批判教育學』視框下談『閱讀理解』

有別於文化再製（cultural reproduction）的悲觀性結構論，批判教學論強調個人價值觀解放與社會重建功能（姜添輝，2010），認爲既存制度與知識是權力建構的產物，並可能形成壓迫性的社會情境，致使壓縮個體的反思能力（Freire，1990），再則，科技著重實務面的問題解決及效率的提升，意即著重於方法與結果之間的實證關係，如同 Giroux 所認爲的「將知識窄化到科學技術的形式」，而這種種的現象俾使現今學童對於思辨的怠惰，轉而追求實證科學所強調的唯一解，卻因此而失去了追求知識的思辨與創新。姜添輝（2010）於「批判教育學理論要點及其對師生互動啓示」一文中提及，學校的課程往往篩選自既存社會文化，所以從某個角度而言，教育成爲傳遞上述政治意圖的工具，課程內容被化約爲客觀與必須的知識，囤積式（banking）的傳統教學將教育視爲不可挑戰的知識，而教學僅是傳遞預先決定的知識，學生被視爲知識的接受器，學習變成記憶而非探索與創造。

上述分析顯示，教育成爲傳遞來自於既存文化下的制度、知識或學校課程的工具，形塑出「囤積式」的傳統教學，以致將教育視爲不可挑戰的知識，壓縮了學童思辨的能力，因此，如何在既存制度、知識或課程內容的架構下，增進學童思辨的能力，是本研究欲達成的目標。台灣參與國際組織（PIRLS、PISA）舉辦之閱讀評比，學童在高層次的閱讀理解表現普遍不佳，高層次評比的向度爲文本的詮釋、比較、評估，而此能力在現有既存的課程內容架構下，係較被忽略的一環，卻是重要的部分，唯有重新解構、再建構學童的閱讀認知，才能提升學童在高層次的理解力。提問式教育處於如同是根本地位，受支配的人們必須爲他們的解放作奮鬥（Freire，1990），即提問式的教學（problem-posing），其功能是發展學生獨立思考的能力，姜添輝（2010）提及，此種提問式教學具有開放辯證的特點，參與者免除情境的束縛，因而能進行自由對話，進而發展參與者的批判意識，故本研究之課程設計各階段即參酌提問式教學法，以達到重新解構、再建構教學，進而提升學童高層次的理解能力。

（二）閱讀理解的理論基礎

1、閱讀理解的意義

閱讀是一項複雜的心理歷程，其狹義的定義爲閱讀文字上的識別；廣義的定義認爲閱讀是日常生活中，讀者試圖了解以書寫文字及符號所表達的意義（廖鳳伶，2000），柯華葳（2003）亦提出閱讀是極爲複雜的認知歷程，世界上所有的文字不論是拼音文字系統或非拼音文字系統，都可以將閱讀分爲識字（word recognition）與理解（comprehension）兩大部分，識字是理解的基礎，而理解是閱讀的最終目標。Goodman 認爲閱讀是個心理語言的猜測遊戲，讀者在使用文章裡的線索時，會帶來他們對世界的知識與認識，以幫助文章的理解（洪月女譯，1998）。

對於閱讀理解的定義，諸位學者各有不同的看法，林怡君（2010）將其整理後，分別從傳統觀點、認知建構觀點及測量觀點論述。傳統的觀點將閱讀者視爲被動角色，強調理解的表現爲技能展現；認知建構觀點則強調知識建構的認知歷程；測量觀點進一步將理解定義延伸，從操作性的向度界定閱讀理解。

本研究的目的係嘗試以批判教育學的觀點融入閱讀理解策略中，藉此了解理解策略對孩子閱讀學習的影響，而現今學習的觀點已從行爲學派的「刺激—反應」轉變成認知學派「認知建構」的觀點，強調知識建構的認知歷程，且訊息處理論把人看成是一個訊息處理的系統，係強調人類的心智，應從其內部的心理運作（mental operation）去了解（鄭昭明，2009），因此，研究者將以「認知觀點」定義閱讀理解，並以批判教育學的觀點融入 SQ3R 的閱讀策略，重新解構、再建構孩子的閱讀認知。

2、閱讀理解的模式

綜合國內外學者（Goodman，1967；Gough，1976；Lipson & Wixson，1991；

林怡君，2010；曾世杰，2004；林佩菁，2003；林寶貴、錡寶香，2000；姚崇昆，1999）的觀點，研究者將閱讀歷程分為四類，分別為由下而上模式（bottom-up model）、由上而下模式（top-down model）、互動模式（interactive model）及循環模式（recycling model），分別簡述臚列於下。

（1）由下而上模式（bottom-up model）

此模式著重於「解碼」過程，強調文意的理解係建立在識字的基礎上，意即文章所提供的訊息比讀者本身所擁有的先備知識更重要，當讀者眼睛看見文字符號時，大腦就會將文字符號轉換成意義儲存起來，當需要訊息時，再取出使用，故又稱為資料驅動模式（data-driven model），屬於直線的理解模式。Grough（1976）認為閱讀的歷程是一連串步驟所組成，首先由辨認字母開始，進而到每一個字、每一個句子，直到獲得全文的意義為止。

（2）由上而下模式（top-down model）

此模式著重於「理解」，同屬於直線的理解模式，以讀者的先備知識與個人經驗為基礎，重視理解在閱讀中的重要性以及讀者先備知識對閱讀理解的影響，強調儲存於讀者記憶中的既有知識會對閱讀理解產生引導，又稱為概念驅動模式（conceptually drivenmodel）。Lipson & Wixson （1991）提及，閱讀開始於讀者一接觸文章時，就用本身已有的先備知識來同化或理解文章的新訊息，再對所處理過的訊息作暫時性的推測，最後由後續的閱讀過程中去證實猜測是否正確。

（3）互動模式（interactive model）

Stanovich（1980）指出，互動模式強調任何層次理解上的缺陷可以互相填補（引自柯華葳，1993）。在閱讀的歷程中，讀者理解文章的方式並非單一順序性，而是讀者內在的先備知識與文章訊息互動的過程，由下而上、由上而下不同層次的處理會同時發生，也相互填補。

（4）循環模式（recycling model）

Just & Carpenter （1980）認為閱讀理程中，解碼認字、形成命題和統整之間會相互循環不已的進行，直到讀者自認為已理解整篇文章的意義，循環模式強調閱讀的歷程是一種循環而非直線的運作過程。

「由下而上模式」強調文意的理解係建立在識字的基礎上，全文的意義係由認字母、字、句與資料驅動模式所獲得，但學童皆帶著既有的知識進到教室，他們既存的先備知識與個人經驗定會與文本產生互動而產生對文意的理解，而非單純從資料驅動所獲得，而以讀者先備知識與個人經驗為基礎的「由上而下模式」亦有所偏頗，於是 Stanovich（1980）提出「互動模式」以填補上述兩者的缺陷，但閱讀是經由視覺、感知、語法、語意等階段不斷循環的歷程（Goodman，1994，1996），而非以直線閱讀理解模式或者是同時兼具兩者的互動模式能加以解釋複雜動態的閱讀歷程，因此，Just & Carpenter （1980）所提「循環模式」強調閱讀的歷程非直線運作而是一種循環歷程，較符合閱讀階段不斷的循環歷程，故本研究之課程設計即以「循環模式」的閱讀歷程做為主軸參考。

3、閱讀理解的學習策略

透過閱讀來學習（Read to Learn）是閱讀的最終目標，國民的閱讀力更成爲國家競爭力的評鑑指標，因此，世界各國政府及民間莫不積極推動閱讀活動，因此「閱讀理解的教學」並非新興議題，諸位學者((Robinson，1964；Eanet & Manzo，1976；Manzo，1969； Stauffer，1969）亦提出各種閱讀策略教學方案，分別簡略介紹如下：

（1）SQ3R 閱讀策略模式

「SQ3R 閱讀策略模式」係美國俄亥俄州州立大學 Robinson 於 1964 年提出的閱讀策略，策略步驟包括概覽（Survey）、質疑（Question）、精讀（Read）、重述（Recite）及複習（Review）五步驟爲基礎。

（2）「ReQuest」閱讀策略模式

「ReQuest 閱讀策略模式」是 Manzo 於 1969 年提出，老師和學生同時默讀一篇文章，然後輪流互相詢問對方有關此篇文章內容的問題。在問問題時可以看文章，但回答問題時卻不可以看文章。在進行閱讀之中，老師要幫學生回顧其問題類型，必要時要先進行示範，以免學生僅問一些瑣碎的問題。

（3）REAP 閱讀策略模式

「REAP 閱讀策略模式」是 Eanet & Manzo 於 1978 年提出，策略步驟包括閱讀（read）、編碼（recode）、註解（annotate）、審思（ponder）四步驟，訓練閱讀者以自己的話來重述文章的內容。

（4）DRTA 閱讀策略模式

Stauffer 於 1969 年提出「引導閱讀與思考活動」(Directed Reading and Thinking Activity)，策略步驟包括預測（predict）、細讀（read）和查驗（prove）三個步驟。

上述四種閱讀策略教學方案，在國外皆有實徵性研究（Adams，Camine & Gerten，1982；Eanet & Manzo，1976；Stauffer，1969；Manzo，1979），結果顯示接受過這些閱讀教學策略的學生們可記憶較多重要的訊息。顯然的，學生可以被教會如何使用閱讀以增進他們回答事實問題的能力（引自劉兆文，1999），另研究者參酌批判教育學觀點對促進學童思辨能力的論述，以此爲視框檢視上述四種閱讀策略，研究者發現 SQ3R 閱讀策略中的質疑（Question）係爲批判思辨所欲培養的基礎能力，透過質疑的策略閱讀文本可引發學童思辨的動機，進而提升其閱讀的層次，再則，國內 SQ3R 策略被應用於教學現場之實徵性研究（林姵瑩，2011；賴苑玲、劉瑩、鄭玟玟、唐洪正、呂佳勳，2009），結果顯示對於提升學童閱讀理解力上皆有顯著差異，故本研究除採用系統性的 SQ3R 策略教導學童如何有效閱讀文本外，更融入批判教育學的觀點，冀望提升學童的閱讀理解層次，對國內教育現場的實徵性研究有所貢獻。

（三）研究方法與設計

1、研究對象與研究情境

研究者所任教的學校係位於臺南市文教區，該區域的家長對於孩子的課業極爲重視，孩子除了完成學校的課業外，課後亦參與坊間補習班所開設的各種課業加強班與才藝增能班，係屬課業掛帥的學區，而本研究的對象爲便利取樣選取研究者所任教的班級的學生，扣除資源班的學生，一位閱讀障礙，共選取 22 人參與本次的研究。

2、研究成員

（1）研究者 R1

研究者爲服務 7 年的中生代的教師，臺東師範學院數理教育學系畢業，98 年畢業於國立臺南大學數學教育系碩士班。在教學經驗方面，畢業分發於高雄縣旗山國民小學，擔任高年級自然領域專任教師半年，高年級導師 3 年，98 申請調動至臺南市南區新興國小，擔任高年級導師 1 年，99 年調動至臺南市東區裕文國小，擔任高年級師 1 年。研究者深感教育現場複雜多變，藉著不斷的進修與擴展多元的學習領域，更參與校內閱讀理解社群，期待能更精進自己的教育知能，並希望理論能與實際結合。在整個研究過程裡，研究者將自己定位在「教師即研究者」的角色，不只參與設計教學活動、進行批判式教育觀點融入 SQ3R 閱讀理解策略教學，還同時進行教學資料蒐集並閱讀相關文獻資料，藉由現場教學錄影、反思札記與研究的合作伙伴間的相互討論及與學生的互動來進行教學的反思及研究。

（2）研究伙伴 R2

研究伙伴 R2 是本校閱讀理解社群的指導老師，引領閱讀理解社群教師專業的成長。在整個研究過程裡，協助研究者進行量化的施測，實驗教學過程中與研究者有許多的對話，和其他教師也有許多的溝通與討論。透過這些對話、溝通，我們不斷的修正課程的進行方式，同時也讓研究者不斷地澄清、分析自己的想法或問題，或是從中獲得新的觀點、批判、支持或建議。

（3）研究伙伴 R3

研究伙伴 R3 是畢業於台灣師範大學教育系博士班，對於「閱讀理解」有相當的見解。在整個研究過程裡，時常與研究者進行多面向的對話、溝通，藉此不斷的修正課程的進行，同時亦讓研究者澄清、分析本身的想法或問題，進而從中獲得新的觀點、批判與建議，使本研究更臻完備。

3、研究設計

本研究旨在探討批判式教育觀點融入 SQ3R 閱讀理解策略對學童閱讀理解能力的影響，目的在探究此教學策略下學童學習的歷程與其成效。教學現場原本就是複雜多變且獨特，況且教學與學習並非僅是開始與結果單純的線性相關。在此一動態歷程中，若要單純以量化研究來分析個體與所處環境之複雜互動及觀察行為改變，實有相當程度的困難，更何況教學模式的創新原本就是一個不斷修正與精鍊的過程。因此，研究者採用行動研究的方式。行動研究是一種具有實踐特質的科學研究典範，強調知識生產與實務運用必須結合。研究者一方面透過研究來解決實務問題，一方面也透過實踐過程不斷對實務現況進行反省式的思維（Mckernan,1991）。

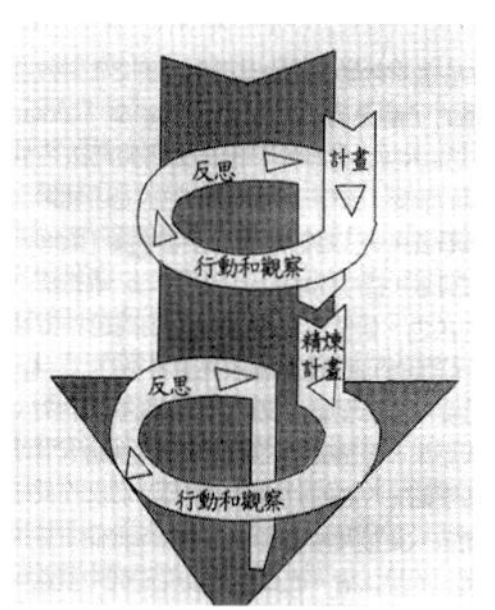

本研究引用 Atweh（2000）的行動研究架構，如圖 3-2-1。在這個行動環當中呈現了行動研究中計畫、行動、觀察和反思的基本循環架構；在四個重要環節之下呈現的是參與者彼此之間的互動及互動的內涵。在本研究過程中，參與者彼此之間的互動分為兩部分：研究者（即教師）與研究伙伴的互動及研究者與學生之間的互動。

（四）研究流程

研究者將研究流程區分為以下六個階段，並分述各階段工作的內容，如表 3-3-1：

表 3-3-1　研究流程表

階段	時間	工作內容
醞釀期	100.6~101.8	與研究伙伴開始構思要用什麼樣的模式與文本介入閱讀理解的教學
跌跌撞撞期	100.8~101.1	嘗試以「教科書文本」與「提問策略」教學。
正式探索期	101.1~101.2.15	以「批判教育學觀點融入 SQ3R 閱讀理解策略」與「教科書文本」嘗試設計課程與教學
修正期	101.2.16~101.2.28	檢討改進課程設計、教學的方式
再次探索期	101.3.1~101.3.8	再次以修正後的課程設計進行教學
省思期	101.3.9~101.3.30	回顧整個歷程，並整理與分享

（五）閱讀策略

本研究參酌 SQ3R 閱讀策略來進行文本閱讀活動的行動研究，另外再融入批判教育學的觀點，教師透過質疑文本的提問式教學方式引導學生討論，挑戰學生原本的知識與認知，藉此讓學童重新解構、再建構孩子的閱讀認知，冀望提升孩子的閱讀理解層次。本研究閱讀教學模式程序分成 S、Q、3R 五步驟（鄭昭明，2006；賴苑玲等，2009；江宗瑾 2010），如圖 3-4-1 所示：

1、步驟 1-S

S 是 Survey 的字頭，即是「概覽或瀏覽」。在精讀一本書或一篇文章前，宜先對全書或全文作一番瀏覽的工作，主要是掌握文章的結構以及作者安排文章結構的邏輯，俾便對全文有初步的了解。本研究步驟將引導孩子概覽文本時，遇到生詞做上記號，教師於孩子概覽完後，做簡單說明。

2、步驟 2-Q

Q 是 Question 的字頭，即是「質疑或提問」，因本研究融以批判教育學的觀點，故採以「質疑」來翻譯 Question。閱讀應該採取主動、批判的態度，而不是被動的、接納的態度。使用自己的經驗、知識與邏輯，去質疑書中的論點是否正確，可達到主動與批判的目的。本研究步驟進行分為兩部分，一為學生分小組練習使用六何法提出問題，此部分係引導學童對文本大意的掌握，二為教師提出質疑書中論點的鷹架式提問，此部分係教師引導學童進行高層次的文本理解，亦是本研究的目標之一──提升學童的閱讀理解層次，兩者皆作為下一步驟「精讀」的引導。

3、步驟 3－R

R 是 Read 的字頭，即是「精讀」，指根據先前提出的問題，從閱讀文章中找出答案，並且將答案簡要用自己的話寫下來。有了問題的導引，閱讀會比較有方向感，也較能展現讀者的主體性，有助於理解與記憶。本研究步驟進行，將針對先前的提問，引導學生對文本做進一步的精讀，搜尋提問的答案。

4、步驟 4－R

R 是 Recite 的字頭，即是「重述」，讀完每個段落後，看著所擬的問題，試著將每一段的重點銘記在心。本研究步驟進行，將藉由「閱讀理解自我提問單」整理「精讀」文本後所獲得的認知，幫助於學童記憶與理解文本的意涵。

5、步驟 5-R

R 是 Review 的字頭，即是「回顧」，讀完之後，將書本闔上，回想文章的架構、提出的問題，看看能不能答出答案。本研究步驟進行，將藉由「心智圖」的繪製，整理閱讀文本後所獲得的認知，以整體的觀點重新「回顧」文本，意即「穩固學習」。

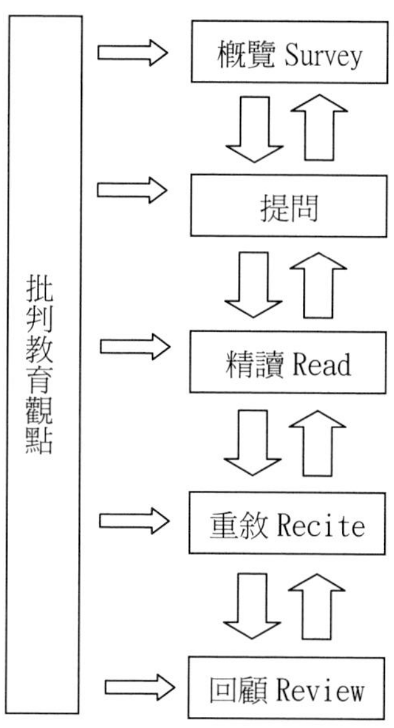

圖 3-4-1　批判教育學觀點融入 SQ3R 閱讀理解策略

（六）閱讀教學活動

1、文本的選擇

本研究除引導孩子透過 SQ3R 系統性閱讀策略掌握文本的理解外，更著重於提升學童理解的層次，故高層次的理解是本研究的目的，有鑒於研究參與者對於 SQ3R 閱讀策略的不熟悉，爲不再增加學童認知上的負荷，文本將選取現行教科書中的文章，而文體採學童較熟悉的記敘文，再則，爲提高提問的層次，文章的選擇將考量隱涵意的多寡，據此，本研究共選擇下列二篇文章做爲此次閱讀的文本：

表 3-4-1　文章題材概述

文章題材	作者	文章大意	文本形式
康軒文教事業 100 學年度 6 下 第二課 我的夢想	沈心菱	作者沈芯菱的「草根臺灣臉譜」展出時，很多人受到感動，以為拍攝者是天才。她回想小時候家裡雖然窮困，但是父母注重教育，為了她的興趣，想辦法買一部電腦。	記敘文

		後來學會架設網站，不但穩定家計，也幫忙農民賣農產品，還架設免費教學網，並參與公益活動。	
康軒文教事業 100 學年度 6 下 第三課 山村車輄寮	向陽	作者向陽介紹自己的故鄉車輄寮，從自然景色的摹寫中，描繪山村早晨、午後的景致，夜晚月光、星空、螢光的美麗，並敘述童年歲月的生活樣貌和難忘的幸福感。	記敘文

（七）資料蒐集與分析

本研究採行動研究，在實驗教學前後，以「國民小學（二至六年級）閱讀理解困難篩選測驗」前、後測，進行量化資料的蒐集與分析，並輔以「閱讀理解自我提問單」、「心智圖」、「教師省思筆記」、「研究伙伴間的對話」資料，進行質性資料蒐集與分析，分別敘述如下：

1、國民小學（二至六年級）閱讀理解困難篩選測驗

（1）試題編製

本測驗係柯華葳、詹益綾（1999）所編製，旨在評估學童閱讀理解能力，此篩選測驗的問題沒有複本以及只有兩份測驗，一份供二至三年級學生使用，一份給四至六年級學生使用。雖然測驗可以分辨年級與能力間的差異，但測驗實施者皆認爲若有複本，需要再測驗時可以不擔心「練習」效果，若能以年級爲單位編製測驗，更能說明受測者在所屬年級上的程度。每個年級皆有複本 A 卷和 B 卷，除了小二題本僅有命題組合、句子理解和短文理解之外，其餘各年級測驗皆有四類題型：多義字題、命題組合、句子理解和短文理解。本測驗主要在測試學生的閱讀理解能力，施測時間爲 25 分鐘，每題 1 分。

A、常模樣本

（a） A/B 複本

A、B 複本經全國性的大樣本施測，分析結果顯示每個年級 A、B 兩卷沒有統計上的差異（小二：$F_{(1538)}$=.59，P>.05；小三：F（1551）=1.98，P>.05；小四：F（1510）=1.24，P>.05；小五：F（1532）=3.44，P>.05；小六：F（1541）=0.12，P>.05），因此，每年級的 A、B 複本對每個年級的學生難度相當。

信度與效度

（1）內部一致性信度

經項目分析顯示本測驗的內部一致性信度係數介於.70 至.86，且 Garmines & Zeller （1979）提到，一份優良的教育測驗至少應該具有.80 以上的信度系數值，才比較具有使用的價值（引自余民寧，2004），故在可接受的範圍內。

（2）再測信度

以每隔兩星期的時間，讓相同學生做同一份測驗，建立每份測驗的再測信度，係度係數.70 至.94，皆在可接受的範圍內。

（3）效度（內容效度&效標關聯效度）

本測驗根據閱讀理解成份編製，分別為多義字題、命題組合、句子理解與短文理解，因此具有「內容效度」。全國常模，不同年級 A、B 卷顯示本測驗與圖畫式聽覺理解測驗、聽覺理解測驗與識字量評估測驗皆有.34 至.70 的顯著相關，花東常模顯示本測驗與圖畫式聽覺理解測驗、聽覺理解測驗與識字量測驗評估有.21 至.78 的顯著相關。本測驗也與注音符號有關的測驗，如聲母辨識、聲韻覺識的相關達統計學上的顯著水準。另外，除花東二年學生的部件辨識，本測驗與學生利用聲旁、部首與部件的能力也有顯著相關。這些相關分析指出本測驗所測得的閱讀理解能力與絕大部分閱讀相關測驗所測得的能力有部分重疊處。因此，本測驗具有良好的「效標關聯效度」，確實有測量到學生的閱讀能力。

B、閱讀理解自我提問單

提問單內容主要分為兩個部分。第一個部分係由學童依據文本內容與六何法（5W1H）的提問方式，完成六題提問，並試著回答，以達到文本的初步了解；第二個部分為教師提出質疑書中論點的鷹架式提問，引導學童進行高層次的文本理解。透過自我提問與教師鷹架式的提問，以達到幫助於學童記憶與理解文本的意涵。

C、心智圖

透過教師的引導，學童了解心智圖的繪製方法，於課後完成「心智圖」的繪製，整理閱讀文本後所獲得的認知，以整體的觀點重新「回顧」文本。

D、教師省思筆記

在研究進行中，研究者利用省思筆記，記錄自己及對課程執行的省思、教學活動進行所遭遇到的困難、教學中的發現和同學的特殊表現，以及與同事、教授之間對談後的反應，視為重要的研究資料之一。

E、研究伙伴間的對話

研究期間，研究者與研究伙伴間的對話係用以釐清研究者的概念，精煉研究結果與發現。

四、研究結果與分析

（一）批判教育學融入 SQ3R 閱讀教學策略之成效

本研究以「國民小學（二至六年級）閱讀理解困難篩選測驗」做為前後測題本。經統計發現：

1、前、後測分數的折線圖比較上，後測分數明顯高於前測分數，成績有明顯的進步。

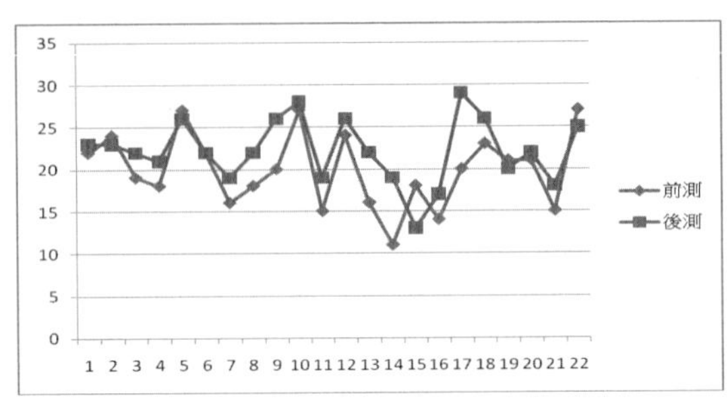

圖 4-1-1　前、後測分數折線圖

2、前、後測分數經相依樣本 t 檢定，結果如下：

表 4-1-1　前、後測分數摘要表

Paired Samples Statistics

		Mean	N	Std. Deviation	Std. Error Mean
Pair 1	前測	19.9091	22	4.41760	.94183
	後測	22.1818	22	3.86235	.82346

表 4-1-1 呈現前、後測平均分數與標準差，可以發現後測分數平均高於前測分數，且標準差低於前測，成績分佈較前測集中，但敘述性統計數據呈現，無法了解前、後測的分數是否達顯著差異，因此以下再對前、後測進行相依樣本 t 檢定，其結果如表 4-1-2 所示：

表 4-1-2　前、後測分數相依樣本 t 檢定摘要表

Paired Samples Test

	Paired Differences					t	df	Sig.（2-tailed）
				95% 信賴區間				
	Mean	Std. Deviation	Std. Error Mean	Lower	Upper			
Pair 1 前測 － 後測	-2.27273	3.29764	.70306	-3.73482	-.81063	-3.233	21	.004

由表 4-1-2 可知，前後測分數在 95%的信賴區間之相關為.004，達.05 顯著水準，表示前、後測分數有顯著相關，又由表 4-1-1 前後測平均數與標準差摘要表

得知，後測平均分數高於前測，由此可以說明，批判教育學觀點融入 SQ3R 閱讀理解策略確實能有效提升學童閱讀理解力。

2、教學歷程的轉變

研究者依據研究流程時間序敘述方式，將教學歷程的轉變分為六部分討論：醞釀期、跌跌撞撞期、正式探索期、修正期、再次探索期、省思期。

（１）醞釀期（100.6~100.8）

國內的語文教育在 PIRLS 與 PISA 國際評比的結果出爐後，掀起了國內教育界的眾聲喧嘩，教育有關單位紛紛開始重視閱讀，推動各種閱讀教學的方案，不外乎「提高閱讀量」、「書寫閱讀心得單」、「額外的閱讀活動」等，但研究者發現，學生在閱讀的層次上似乎仍停留在文章表面的認知與理解，而研究者所任教的學校也開始重視這個問題，在校長的推波助瀾下，成立了「閱讀理解工作坊」，並邀請研究伙伴 R2 擔任工作坊的指導教授，研究者與工作坊的同事在研究伙伴 R2 的指導下開始摸索「閱讀理解的教學」。

在醞釀期裡，研究者除參與工作坊的教師專業成長課程外，亦投入地方教育局所辦理的有關研習課程，以提升研究者的專業知能，並找尋適切的教學模式與介入的文本。文本的選擇上，經這段期間的摸索，我們為不加重「教」與「學」的負擔，選擇以「教科書」為文本，而在策略的選擇上，則以較易操作的「提問策略」介入。

（２）跌跌撞撞期（100.8~101.1）

研究者嘗試參照「PIRLS 的提問層次」，並以「教科書」為文本設計提問單，於研究者所任教的班級進行嘗試性「提問策略」教學。起初於「閱讀理解提問單」的設計上，研究者與工作坊的伙伴經由多次的小組討論，修正並精煉提問的方式，修正後回到班級進行試教，並於試教後，與工作坊的伙伴進行省思與修正，會後更與研究伙伴進行對話，以釐清研究者的省思與發現，以下是與工作坊伙伴間的對話：

> R：「詮釋整合」的提問方式好像都會加上「請從文本中找證據支持看法」。
> 工作坊伙伴：我也是有這樣的發現，我還察覺到「比較評估」的提問方式會加上「這篇文章主要想告訴我們什麼？」或者是「下列哪一句詞語或成語最能夠形容這個故事？」
> R：但有時候某些提問我會覺得很難分辨是屬於「詮釋整合」，還是「比較評估」。
> 工作坊伙伴：我們可以再試著回去歸納整理，或者找找相關文獻看看，或許可找到一些規則。
> （教師省思筆記：100.08.21）

在跌跌撞撞期裡，研究者從對提問策略的陌生到漸漸了解提問層次的差異；

從教學的歷程中，體會到學生面對提問作答的困難點；從學童的作答中，察覺到學童對於圍繞文本作答的無所適從。因而研究者開始思考「提問策略固然可引導學童進行深層思考，但是否有系統系的教學策略可減輕學童在面對圍繞文本作答的無所適從？」經與研究伙伴討論及文獻分析後，研究者選擇「SQ3R」系統性的教學策略，除考量其系統性外，亦連結本期嘗試性「提問策略」以減輕學童的負荷，再借鏡「批判教育學的觀點」以提升學童的理解層次，決定採行「批判教育學觀點融入 SQ3R 教學策略」做爲正式的教學模式。

（3）正式探索期（101.1~101.2.15）：沈心菱我的夢想

研究者考量文章隱涵意的多寡，選擇以沈心菱我的夢想做爲文本，進行初次的課程設計與教學，在初次嘗試「批判教育學觀點融入 SQ3R 策略教學」中，研究者（教學者）透過步驟性的教學，讓學童熟習每個步驟的操作模式。透過研究者的引導學童隱約能夠瞭解「六何法的提問」，但同學實際操作時，卻發生提問句不完整的狀況，意即「沒頭沒尾，不知道他在問什麼？」此時，研究者適時的介入引導，學童漸漸瞭解一個完整的提問問句應該怎麼問：

> S1：他是怎麼做到的？
> R：你的問句似乎不夠完整，他是誰？做到什麼事？一個完整句子的組成最基本要有三個要素：主語、述語、賓語，例如：小明如何搭公車到學校？
> S1：喔！所以我應該這樣問，沈芯菱如何獨自完成「草根臺灣臉譜」的拍攝？
> （教師省思筆記：101.02.09）

任務一、六何法 5W1H(Who? What? Where? When? Why? How?)是最常被使用來提問的開頭，請各位小朋友試著利用這些開頭的方式，各寫出一道問句，並試著寫下回答。

Who?

⇨ 誰讓作者努力奮發向上？

A:她的母親，因為當母親在當金飾時不捨而堅定的神情讓作者永遠記住。

good point

小同原案

從上面的對話當中，研究者發現學童對於問句的完整性概念不清楚，因此會有「沒頭沒尾」問句出現，不僅如此，在自我提問單中的回答發現，部分學童仍習慣以簡單的回答帶過或者以個人經驗回答，顯然不習慣以文本內容找支持來回答：

小文原案

正式探索期裡，學童在研究者的引導下，有別以往，透過同儕的提問與研究者鷹架式提問的引導，學童深入文本做討論，確實對提升學童的理解層次有幫助。對於文本的整體性掌握度可從學童最後回顧步驟「心智圖」中發現，雖未達臻至，但主要概念都能夠掌握：

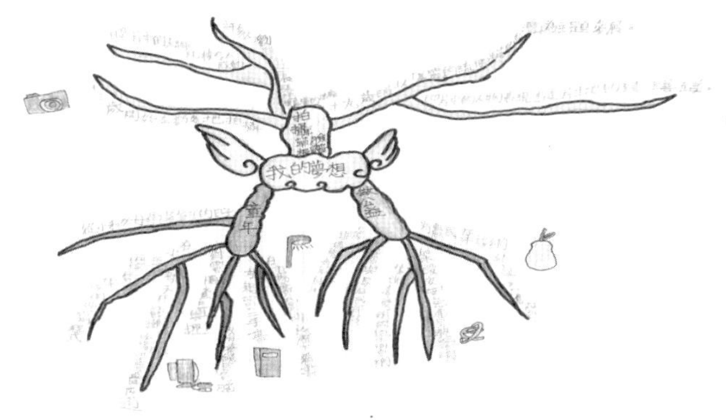

小倩原案

（4）修正期（101.2.16~101.2.28）

在初次課程教學後，研究者發現學童已慢慢熟悉本研究的閱讀策略，但在提問的深度上仍稍嫌不足，大都停留在「直接提取」的層次，僅研究者鷹架式提問較爲深入，因此，研究者開始思索下一階段是否增加鷹架式的提問以提高提問的層次，以提高學童理解的層次。

（5）再次探索期（101.3.1~101.3.8）：向陽 山村車輒寮

除正式探索期的六何法提問外，研究者於課堂討論中增加鷹架式的提問層次，學童對提問層次提高的反應出乎研究者的意料，課堂上出現了熱烈的討論，甚至紛紛提出證據支持看法，而研究者此時扮演從旁協助的角色：

R：作者描述這篇文章的季節可能是？（請同學在文章中找證據）

全班：???????

R：老師提供一個線索給各位同學，文章中提到「北斗熠耀，七星閃爍」，我們能看到北斗七星的季節是？

S2：春、夏。

R：沒錯！那再請各位同學就文章的內容找證據證明是春天還是夏天？

S3：春天，因為文章中提到「綠色的稻穗」。

S4：不對，是夏天，因為文章中提到「金黃色的稻穗」，應該是夏末秋初。

S5：我也認為是夏天，因為螢火蟲的出現是在四月初到五月中旬。

（教師省思筆記：101.03.03）

再次探索期裡，研究者增多了鷹架式的提問層次，扮演引導的角色，帶領學童進行深層次的理解，從上面的對話中，讓研究者更相信學童經由適當的引導是可以對文本做深層的理解，對於文本掌握也會更為完整：

任務二、請抄下老師的提問，試著以自身的經驗在文章中找到蛛絲馬跡，並寫下提問的答案？

1.中央山脈在課文中出現兩次，那作者的用意是？
因作者從小時候都看見它站立在眼前，也自然的對它產生情感。
guud answers

小培原案

你猜測作者寫這篇文章的用意是什麼？(從文)
「這山村曾在歷史的長廊中…直到我高中時都還歷歷在目」 guud answers
作者先回憶童年，感嘆現今已和以往大不同。
回憶底下暗示著目前小孩多半在補習班、高科技下度過，
沒有淳樸的童年。(以前因為沒有補習，因此朋友很好約…)
↑
非答案一部份。

小琪原案

（6）省思期（101.3.9~101.3.30）

回顧整個歷程，研究者覺得有二個面向值得咀嚼再三。一是「概覽」階段，由學童主動提出文章中語詞、句子的疑惑，再由研究者（教學者）協助其釐清疑

惑，再回到全文的概覽，這不就是以學生爲主體的教學嗎？在教育現場裡，老師往往講得時間比學生發表的時間來得多，深怕哪個環節沒有講仔細，於是忽略了孩子才是學習的主體，一昧的灌輸孩子知識，所形塑出的是「囤積式」的傳統教學，以致將教育視爲不可挑戰的知識，壓縮了學童思辨的能力。在「再次探索期」階段，學生對於高層次提問上的思辨，更是讓研究者感到驚艷，一個深度問題的拋出，竟會帶來如此的大迴響，學生臉上呈現的是一種喜悅的表情，是一種充實的滿足感，而研究者（教學者）雖然只拋出了一個提問，但所獲得卻是更多，這是我第二個覺得彌足珍貴的地方，以下是與研究者 R2 間的談話摘錄：

R：我班上上國文課時在爭論一個提問？
R2：什麼樣的提問？
R：我問小朋友可不可以告訴我文章（山村車輒寮）描述的季節是？
R2：結果呢？
R：大伙討論得非常熱烈，甚至差點吵了起來。
R2：你如何引導這些孩子討論？
R：我請孩子在回答答案時，必須找到文章中的內容佐證？
R：孩子突然一片鴉雀無聲。
R：於是我給了一個提示，文章中有提到北斗七星，北斗七星會出現的季節是？
R：而這個提示好像是開關一般，啟動了孩子們熱烈的討論，紛紛提出各自的看法。
R2：這就是高層次提問的魔力，可以讓學童更深層的了解文本。
（與 R2 間的對話 2012.3.19）

（五）結論與建議

批判教育學觀點融入 SQ3R 閱讀理解策略，透過「概覽（Survey）」、「提問（Question）」、「精讀（Read）」、「重述（Recite）」、「回顧（Review）」等系統性的步驟，並融入批判教育學的觀點，協助學童理解文本，係爲可行的教學模式，透過這樣的教學模式，不僅有效提升學童的閱讀理解力，更使得教學者的教學信念有了改變。研究者堅信，這樣的教學模式才是真正把學習的鑰匙交到學生的手上，由學生主動開啓學習的寶庫，教學者僅需從中扮演協助者的角色，在適當時機給予適時的引導，看似講得少，但學生卻是獲得更多。

在整個實施過程中，教師扮演極爲關鍵性的角色，能適時的提出鷹架式的提問引導學童進行討論，學童的學習成效自然能有所精進，但「鷹架」始終是必須有卸下交給學童的時候，「如何提升學童的自我提問層次」係本研究並未多加著墨的地方，這也是我們未來的研究方向。

參考文獻

甲、中文參考文獻

1. 江宗瑾（2010）。SQ3R 教學策略融入網路讀書會對提升國小學童閱讀素養成效之研究。臺東大學教育研究所碩士論文，未出版。
2. 余民寧（2004）。《心理與教育統計學》。台北市：三民書局。
3. 林寶貴、錡寶香（2000）。中文閱讀理解測驗之編製。特殊教育研究學刊，19，79-104。
4. 林佩菁（2003）。故事架構教學對國中學習障礙學生閱讀理解表現之研究。國立彰化師範大學特殊教育學研究所碩士論文，未出版，彰化市。
5. 林怡君（2010）。以 NAEP 架構建置國小高年級閱讀理解測驗。國立屏東教育大學教育心理與輔導學系碩士論文，未出版。
6. 林姵瑩（2011）。應用 SQ3R 策略於國小六年級閱讀教學歷程之行動研究，國立臺中教育大學課程與教學研究所碩士論文，未出版。
7. 天下雜誌（2006）。閱讀全面啓動學習潛能。《天下雜誌 2006 年教育專刊》，30-33。
8. 洪慧萍（2002）。合作學習融入閱讀教學教學模式對六年級學生閱讀理解、後設認知、閱讀動機之研究，國立屏東師範學院國民教育研究所碩士論文，未出版。
9. 洪月女（2010）。以古德曼的閱讀理論探討中英文閱讀之異同。新竹教育大學人文社會學報，3（1），87-114。
10. 柯華葳（1993）。語文科的閱讀教學。載於李詠吟主編：學習輔導，307-349。臺北：心理。
11. 俞曉貞（1999）。*A Study of the Effect of the SQ3R Reading Method*，中正嶺學術研究集刊，18，245-268。
12. 姜添輝（2010）。批判教學論的要點及其對師生互動的啓示。教育資料與研究雙月刊，95，1-26。
13. 姚崇昆（1999）。閱讀理論與英語教學之探究。人文及社會學科教學通訊，10（4），14-31。
14. 符碧真（2009）。有效閱讀的方法：SQ3R。國立臺灣大學教學發展中心電子報，63。
15. 張貴琳、黃秀霜、鄒慧英（2009）。從國際比較觀點探討台灣學生 PISA 2006 閱讀素養表現特徵。課程與教學季刊，13（1），21-46。
16. 曾世杰（2004）。《聲韻覺識、念名宿杜與中文閱讀障礙》。臺北市：心理出版社。
17. 黃柏叡、廖貞智譯（2005）。Wink J.著。《批判教育學・來自真實世界的記錄（*Critical Pedagogy Notes from the Real Word*）》。臺北市：巨流出版社。

18. 廖鳳伶（2000）。直接教學與全語教學對國中低閱讀能力學生閱讀理解表現之研究。國立彰化師範大學特殊教育研究所碩士論文，未出版，彰化市。
19. 劉兆文（1999）。從閱讀的認知歷程談有效教學策略。教師天地，102，78-85。
20. 賴苑玲（2002）。當前國小推廣閱讀活動及師生反應之研究。台中師院學報，16，287-288。
21. 賴苑玲、劉瑩、鄭玟玟、唐洪正、呂佳勳（2009）。以 SQ3R 爲基礎之閱讀教學策略的開發與實驗—以臺灣中部地區國小四年級實施「心智圖」及高年級學生實施「數位閱讀教學策略」。教育部閱讀教學策略開發與推廣計劃成果發表會教學示例彙編，255-284。
22. 謝宗翰（2010）。用 SQ3R 閱讀引導機制促進英文閱讀之理解。國立中山大學資訊管理學系研究所碩士論文，未出版。

乙、外文參考文獻

23. Goodman, K.S.（1967）.*Proceeding：A psycholinguistic guess game*. Journal of the Reading Specialist, 6,126-135.
24. Gough, P. B. （1976）. *One second of reading*. In E. Kavanagh & I. G. Mattingly（eds.）,Language by ears and by eyes, 331-358. Cambridge, MA: MIT press.
25. Just, M. A., & Carpenter, P. A（1980）. *A theory of reading: From eye fixations to comprehension*. Psychological Review，87，329-354.
26. Lipson, M.Y. & Wixson, K.K.（1991）. *Assessment and Instruction of Reading Disability : An Interactive Approach*. New York: HarperCollins Publishers Inc.
27. Mckernan, J. （1991）. *Principles of procedure for curriculum action research*. Curriculum, 12（3）,p156-164.
28. Richard E Mayer（1986/1990）。*Educational Psychology*。林清山（譯）。教育心理學。台北：遠流。

運用提問策略提升學生閱讀理解能力之研究

陳惠珍*

摘要

本研究主要目的在探討「閱讀提問策略」對國小四年級學生在故事體和說明文閱讀理解能力的影響。研究者嘗試以國語教科書爲閱讀素材引導學生學習提問策略，利用每週的綜合、彈性時間和閱讀課進行爲期九週共二十六節課的教學；課程設計方面，先進行閱讀素材之文本重點分析，再依據所整理歸納出故事體和說明文閱讀理解四層次的提問題幹句型將教科書內容實際轉換爲提問題目；實施教學時採學習責任轉移方式，先透過教師提問時的「楷模學習」，小組討論時同儕團體的互爲鷹架及個別獨立閱讀的提問練習，希望能奠定學生自我提問能力的基礎。

關鍵字：閱讀提問策略、閱讀理解、故事體、說明文

一、前言

研究者長期擔任國語課程教學，深刻感受到教學現場老師在進行閱讀教學時的壓力，因學校有其既定的領域教學進度，又需負責推動班級閱讀，若要進行閱讀理解策略教學就要利用其他上課時間，所以一般老師對於閱讀教學備感壓力。有鑑於此，研究者乃嘗試以國語課文爲本位進行閱讀提問教學，期能不增加老師教學的壓力也能達到提升學生理解能力的目的。

在眾多的閱讀理解策略中，「提問」是現場老師最常使用的策略，透過「提問策略」，學生在閱讀時提出問題來幫助理解及澄清迷思，當其進行提問和嘗試尋找答案的同時，也正是啓動監控自己學習的引擎。所以教師在閱讀教學時如何設計不同層次的問題，以示範引導學生與文本進行高層次的對話與思維，是提升學生閱讀理解能力的關鍵所在；依據九年一貫課程綱要國語文閱讀分段能力指標 5-2-14-4 的說明，其能力表現爲「學會自己提問，自己回答的方法，幫助自己理解文章的內容。」正是希望能培養學生帶得走的自我提問能力，是以本文嘗試以國語教科書爲閱讀提問策略教學的素材，分別設計出故事體和說明文的提問題幹句型，並分四層次循序漸進，以引導學生運用不同題幹句型進行提問，期能透過老師提問的楷模學習、小組討論互爲鷹架和個別提問練習的歷程，奠定學生自我提問能力的基礎。

二、閱讀理解之內涵層次

* 苗栗縣銅鑼國民小學教師

閱讀理解是讀者主動建構意義的複雜動態歷程，在建構意義的過程中，讀者、文本與作者三者間彼此互動，其目的在獲取意義。研究者蒐集不同學者之閱讀理解理論與閱讀測驗評量實務等兩個層面，將閱讀理解內涵的層次整理如表1-1：

表 1-1 不同學者及閱讀測驗評量對於閱讀理解內涵層次綜合分析表

<table>
<tr><th>學者或測驗評量名稱</th><th colspan="6">層次低 ——————→ 層次高</th></tr>
<tr><td>研究者</td><td>文章的文字處理</td><td>文章的表面意義</td><td>文義的推論理解</td><td>文本的整合解釋</td><td>文本的比較評價</td><td>讀者自我理解監控</td></tr>
<tr><td>Gagné[1]</td><td>解碼</td><td>文義理解</td><td colspan="2">推論理解</td><td></td><td>理解監控</td></tr>
<tr><td>Pearson 和 Johnson[2]</td><td></td><td>表層文義的理解</td><td>深層文義的理解</td><td>牽涉到個人經驗的理解</td><td></td><td></td></tr>
<tr><td>Evans & Mercer 和 Swaby[3]</td><td></td><td>字義的理解</td><td colspan="2">推論的理解</td><td>評鑑及批判的理解</td><td></td></tr>
<tr><td rowspan="2">胡永崇[4]</td><td rowspan="2">文字的處理</td><td colspan="2">文義的推理</td><td rowspan="2" colspan="2"></td><td rowspan="2">理解監控處理</td></tr>
<tr><td>文意理解</td><td>推論理解</td></tr>
<tr><td>PISA[5]</td><td></td><td>擷取訊息</td><td>形成廣泛普遍的理解</td><td>發展解釋</td><td>省思並評鑑文本內容</td><td></td></tr>
<tr><td>PIRLS[6]</td><td></td><td>直接提取</td><td>直接推論</td><td>詮釋整合</td><td>比較評估</td><td></td></tr>
<tr><td>NAEP[7]</td><td></td><td>形成一般了解</td><td>發展詮釋</td><td>讀者與文本連結</td><td>檢視內容和架構</td><td></td></tr>
</table>

資料來源：研究者自行整理

依據表 1-1，研究者將閱讀理解內涵分為以下六個層次：

1、文章的文字處理

---

[1] E.D.Gagne,C.W.Yekovich & F.R. Yekovich 著 岳修平譯：《教育心理學-學習的認知基礎》（臺北：遠流，1998 年）。

[2] Pearson,P.D., & Johnson, D.D.：《*Teaching reading comprehension.*》，（New York：Holt,Rinehart,and Winston，1978 年）。

[3] 藍慧君：「學習障礙兒童與普通兒童閱讀不同結構文章之閱讀理解與閱讀策略的比較研究」（臺北：國立臺灣師範大學特殊教育研究所碩士論文，1991 年）。

[4] 胡永崇：閱讀理解的教學評量方式。（屏師特殊教育，16，1-9。2008 年）。

[5] 臺灣 PISA 國家研究中心：《臺灣 PISA2009 精簡報告》。（2010 年，12 月 23 日，取自：http://pisa.nutn.edu.tw/download_tw.htm）。

[6] 柯華葳、詹益綾、張建妤、游婷雅：《台灣四年級學生閱讀素養 PIRLS2006 報告》。（2010 年，12 月 2 日，取自：http://140.115.78.41/Facts_2006.htm）。

[7] 盧雪梅：美國「全國教育進展評量」（NAEP）的閱讀和寫作評量架構（教育論叢，2 期，2003 年）。

是指讀者對於書面文字的辨識理解。

2、文章的字面意義

文章內容提供了明顯的訊息，讀者只需將相關資料辨識及抽取，重點在於語詞及句子的認識，即讀者閱讀完文本後，能直接從文本內容擷取訊息。

3、文義的推論理解

推論是理解文章的關鍵，讀者依據文章中的詞彙及句子等表層訊息爲線索，連結已知的知識，推論文章字裡行間所潛藏的意義。

4、文本的整合解釋

文章細節的辨識與隱含內容的推論後，讀者需要運用自己的知識去理解整合成一個完整的架構，透過思維運作以自己的話解釋。

5、文本的比較評價

讀者理解意義後，將文本內容與自己真實經驗的知識作比較，並做批判性的判斷、比較和對比。

6、讀者自我理解監控

讀者以旁觀者的角度檢驗自己在閱讀過程中是否真正理解文章的意涵，於閱讀歷程中持續監控自己對文本的理解，且調整修正閱讀行爲以達到獨立閱讀之目標。

閱讀理解內涵包含上述六個層次，其中第一層次涉及字的解碼，第六層次爲讀者閱讀時之後設認知，但本研究聚焦閱讀理解能力的研究，不做字彙教學，且限於研究時間的考量，將只針對第二到第五層次的理解內涵做探討。爲便於課堂上教學生辨認及提出第二層次到第五層次的問題，本研究中乃將文章的字面意義稱爲第一層次、文義的推論理解稱爲第二層次、文本的整合解釋稱爲第三層次、文本的比較評價稱爲第四層次。

三、閱讀提問策略

本小節將從閱讀提問策略之意涵、閱讀提問策略之類型、故事體和說明文的提問策略與敘述題幹三個方面分述之。

（一）閱讀提問策略之意涵

「閱讀提問策略」是指透過對文本內容的重點分析，有系統提出不同層次閱讀理解問題，以進行思考與澄清，詮釋與批判，感悟與覺知。其目的是爲了培養學生之問題意識，幫助其監控自己所讀的內容，提取先備知識與文本深層互動，以建構出自己所理解的意義。

本研究的閱讀提問策略是指教師閱讀文本後先做重點分析，再依據研究者蒐集 6W 提問策略、題幹式提問策略、推論式提問類別及 PIRLS 閱讀理解歷程評量問題類型，經分析整理建構出一套有層次的提問題幹句型進行提問設計，先以學生的記憶和了解爲主，再慢慢循序漸進，進展到較高層次的思考，以引導學生對於文本進行思考，進而提升其閱讀理解能力。

（二）閱讀提問策略之類型

不同學者對閱讀提問策略的類型有不同的看法，以下將從 6W 提問策略、題幹式提問策略、推論式提問類別及 PIRLS 的提問策略等類型進行分析與綜合。

1、6W 提問策略

6W 提問策略又稱爲六何法或 5W1H，包含 What（做什麼）、When（時間）、Who（人物）、Where（地點）、Why（爲什麼）、How（怎樣做／結果怎樣），各有其所欲探詢的主題。

2、題幹式提問策略（generic question stems）

題幹式提問策略是指由 Alison King（1989）[8]所設計的提問策略，依據不同的認知理解歷程提出了提問題幹：理解性（comprehension questions）與聯結性（connection questions）的提問。聯結性的提問又區分爲概念性聯結（lesson-based questioning condition）與經驗性聯結（experience-based questioning condition）。

3、推論式提問類別

張雅如與蘇宜芬（2004）[9]整理並分析近十年來的推論理解相關理論中所涉及的重要核心成分，彙整出五種推論理解成分，包括指稱推論（referential inference）、因果關係推論（causal inference）、摘取大意（summarization）、精緻化（elaboration）、類比（analogy）。

4、PIRLS 的提問策略

PIRLS 閱讀理解測驗中將「閱讀理解歷程」分爲「直接理解歷程」和「解釋理解歷程」。「直接理解歷程」包括「提取訊息」和「推論分析」；「解釋理解歷程」包括「詮釋整合」和「比較評估」（柯華葳，2008）[10]。

研究者將上述四種閱讀提問策略的類型整理如表 1-2：

表 1-2 四種閱讀提問策略綜合對照表

PIRLS		6W 提問策略	題幹式提問策略	推論策略
直	與特定目標有關的訊息	what	理解性提問：分析文本中明	

[8] 孫曉雯：「題幹式與 6W 提問策略對不同閱讀理解能力之六年級學生在閱讀理解歷程與布題能力之影響」，（新竹市：國立新竹教育大學語文教學碩士論文，2010 年）。

[9] 張雅如、蘇宜芬：《國小學童推論理解測驗之編製與研究》（行政院國家科學委員會大專學生參與專題研究計畫研究成果報告，編號：NSC92-2815-C-003-025-H，2004 年）。

[10] 同註 6。

接提取		who	示或暗示的步驟或內容，引發學生對文章中的材料產生推論、解釋與特定觀點，引發批判性思考。	
	特定的想法、論點	what		
	字詞或句子的定義	what		
	故事的場景，例如：時間、地點	when where		
	找出文章中明確陳述的主題句或主要觀點	what		
直接推論	推論出某事件所導致的另一事件	how why	概念性聯結提問：綜合觀點，基於內容的呈現引導出結論	因果關係之前因推論和後果推論
	在一串的論點或一段文字之後，歸納出重點	what	理解性提問：定義文本中明示或暗示的中心意旨	摘取大意
	找出代名詞與主詞的關係	who	理解性提問：分析文本中明示或暗示的步驟或內容，引發學生對文章中的材料產生推論、解釋與特定觀點	指稱
	歸納本文的主旨	what	理解性提問：定義文本中明示或暗示的中心意旨	摘取大意
	描述人物間的關係	what	理解性提問：分析文本中明示或暗示的步驟或內容，引發學生對文章中的材料產生推論、解釋與特定觀點	精緻化之狀態推論

PIRLS		6W 提問策略	題幹式提問策略	推論策略
詮釋整合	歸納全文訊息或主題	what	概念性聯結提問：綜合觀點，基於內容的呈現引導出結論	摘取大意
	詮釋文中人物可能的特質、行為與做法	how why what		因果關係之行動推論
	比較及對照文章訊息	why what	概念性聯結提問：對兩個觀點進行分析、比較	類比
	推測故事中的語氣或氣氛	how why	經驗性聯結提問：將先備知識與文本資料產生結合以進行預測	精緻化之角色情緒
	詮釋文中訊息在真實世界中的應用	how why	概念性聯結提問：分析與整合概念	類比

比較評估	評估文章所描述事件確實發生的可能性	how why	概念性聯結提問：基於證據與標準進行評估	
	描述作者如何安排讓人出乎意料的結局	how why		
	評斷文章的完整性或闡明、澄清文中的訊息	why	概念性聯結提問：基於證據與標準進行評估	
	找出作者論述的立場	What why	經驗性聯結提問：將先備知識與文本資料產生結合以進行預測	

資料來源：研究者整理

（三）故事體及說明文的提問策略與敘述題幹

根據上述四種提問策略，以下分別就故事體及說明文分析其適用的提問策略：

1、故事體文章要素[11]與四種不同提問類型之綜合整理

故事體文章的要素包含主角、情境、主要問題、事情經過、故事結局、主角反應等，此六項故事結構元素協助學生理解與掌握故事後，進一步內化故事結構成為故事基模，成為閱讀理解的工具，做為分析故事體文章的策略。在本研究並加入啓示與文本形式，以提升學生解讀文本的層次。以下將故事體與四種不同提問類型之綜合整理於表 1-3。

表 1-3 故事體文章的要素與四種不同提問類型之綜合整理

故事體文章要素	6W 提問策略	題幹類型	推論式提問策略	PIRLS
主角	Who	理解性提問	指稱、精緻化	直接提取 直接推論
情境	Where When		摘取大意、精緻化	
主要問題	what		摘取大意、因果推論	
事情經過				
故事結局				
主角反應	What why	理解性提問 概念性聯結提問	指稱、因果推論 精緻化	直接推論 詮釋整合
啟示	How why	概念性聯結提問 經驗性聯結提問	因果推論、類比	詮釋整合 比較評估
文本形式	What why			比較評估

資料來源：研究者整理

[11] 王瓊珠：《故事結構教學與分享閱讀》（臺北：心理出版，2010 年）。

2、說明性文章結構[12]與四種不同提問類型之綜合整理

說明文是把事物或道理說明清楚的文體，目的是要使別人了解文章的主題。常見說明文文章包含主題描述/列舉、序列、比較對照、因果/問題解決等四種結構，以下將說明性文章結構與四種不同提問類型之綜合整理如表 1-4。

表 1-4 說明性文章結構與四種不同提問類型之綜合整理

說明性文章結構	6W提問策略	題幹式提問策略	推論式提問策略	PIRLS
主題描述/列舉	What Why	理解性提問	指稱　摘取大意 精緻化	直接提取 直接推論
序列	What When Why			直接推論
比較對照	What Why	概念性聯結提問	類比	詮釋整合
因果/問題解決	What How Why		因果推論	直接推論
主題、序列、比較與對照、因果/問題解決		經驗性聯結提問	指稱　摘取大意 精緻化	

資料來源：研究者整理

3、故事體及說明文提問題幹的建構

依據上述表 1-2、表 1-3、表 1-4，並結合本研究所歸納閱讀理解的四層次，研究者自行建構出故事體及說明文提問的題幹如表 1-5。

表 1-5 教科書中故事體及說明文提問題幹句型

提問題幹句型		
	故事體	說明文
第一層次文章字面意義	1. 文章中的主要人物有哪些人？	1. ……的理由（原因）是什麼？
	2. 文章中發生了什麼事情？	2. 文章中發生了什麼事情？
	3. 文章中事情發生的地點在哪裡？	3. 文章中事情發生的地點在哪裡？
	4. 文章中事情發生的時間是什麼時候？	4. 文章中事情發生的時間是什麼時候？
	5. 文章中，事情發生的原因是什麼？	5. 你覺得這篇文章主要描述介紹的主題是什麼？
	6. 說一說事情發生的經過。	6. 「…」有什麼特徵或特別的地方？
	7. 事情的結果是什麼？	7. 當你讀完這一段文章後，你覺得下一

[12] 王瓊珠、陳淑麗：《突破閱讀困難理念與實務》（臺北：心理出版，2010 年）。

		段可能在講些什麼？為什麼？
	8. 句中的「……」是什麼意思？可以用那一個語詞替換？	8. 句中的「……」是什麼意思？可以用那一個語詞替換？
	9. 文章中的主要物品是什麼？	
	10. 當你讀完這一段文章後，你覺得下一段可能在講些什麼？為什麼？	
第二層次文義推論理解	故事體	說明文
	1. ……如何影響……？	1.將文章中描述的事件或主題，依照發生的前後順序寫出來。
	2. 主角如何解決困難完成目標？	2.「…」與「…」不一樣的地方在哪裡？
	3. 說一說文章中事情發生的前後順序？	3. 根據文章描述，「…」的功用為何？請說出兩個功用。
	4. 誰在故事裡有什麼重要性？	4. 誰在文章裡有什麼重要性？
	5. 句中的「他」是指誰？	5. 文章中的「…」是指誰？
	6. 經過這些事後，主角有什麼領悟？	6. 經過這些事後，主角有什麼領悟？
	7. 請說出第…段的段落大意？	7. 請說出第「…」段的段落大意？
	8. 請說出本課大意？	8. 請說出本課大意？
	9. 這篇文章的主旨是什麼？	9. 本篇文章的主旨是什麼？
	10. 說一說文章中解決問題前後共使用了那些工具？	
第三層次文本整合解釋	故事體	說明文
	1. 你在這篇文章裡主要學習到什麼？	1. 你在這篇文章裡主要學習到什麼？
	2. 讀完文章後，請為文章另外訂一個標題（根據主旨訂標題），並說明理由。	2. 讀完文章後，請為文章另外訂一個標題（根據主旨訂標題），並說明理由。
	3. 文章中的主要角色是個怎樣的人？有哪些特質（使用形容詞來表示）？請從故事中找出證據。	3. 文章中的主要角色是個怎樣的人？有哪些特質（使用形容詞來表示）？請從故事中找出證據。
	4. 如果你是文中的…，你將會如何做？請從文章中找出支持你這樣做的理由。	4. 想像一下，如果你是文章中的「…」，請從文章中的資料，說明當「…」的好處和壞處各一項及原因。
	5. …歷經了這些事之後心裡有什麼感受？	5. 根據文章內容，請各舉出一個贊成、反對的理由或例子。
	6. 請比較…和…相同和不同的地方？	
第四層次文	故事體	說明文
	1. 你認為作者透過這篇文章要告訴我們什麼？請從文章中找出證據。	1. 你認為作者透過這篇文章要告訴我們什麼？請從文章中找出證據。
	2. 文章中的訊息有沒有不合理的地方？請從文章中找到證據。	2. 作者為何要在文章中舉這些例子，有什麼用意或目的？

本比較評價	3. 你認為這篇文章在寫作上有什麼特別的地方？	3. 你認為這篇文章在寫作上有什麼特別的地方？
	4. 本篇文章是以第幾人稱來敘寫？	4. 本篇文章是以第幾人稱來敘寫？
	5. 請用一個詞語或一句話形容這個故事，並從文中說明為什麼？	5. 請用一個詞語或一句話形容這個故事，並從文中說明為什麼？
	6. 作者為什麼要用這個標題作為文章的標題，請從文章中找出理由。	6. 作者為什麼要用這個標題作為文章的標題，請從文章中找出理由。
	7. 你認為作者贊成或反對文章中所說的嗎？請從文章中找出證據。	

四、課程設計與教學實施

（一）閱讀提問策略的課程設計

1、尋找適合閱讀素材

研究者蒐集四年級上、下學期康軒版、南一版和翰林版的國語課本，經分析發現教科書中以記敘文篇章所占篇幅最多，而說明文則每一冊約出現一至兩篇。記敘文中有含有寫景、狀物等篇章，但依據 PIRLS 測驗文章是以故事體爲主，乃確定本研究記敘文篇章的選擇以故事體爲主，因而選定故事體及說明文各四篇爲課程方案實施的閱讀素材，另故事體與說明文各一篇作爲學生個別提問練習。如表 1-6。

表 1-6 本研究正式選用的八篇課文及學生個別提問練習課文一覽表

編號	課文名稱	出處	文體	字數
第一課	魯班造傘	康軒版四上第九課	故事體	536
第二課	快樂志工	南一版四上第十一課		480
第三課	海倫凱勒的奇蹟	康軒版四上第五課		490
第四課	珍重再見	翰林版四上第九課		495
個別提問練習	兩個和尚	康軒版四下第三課		433
第五課	水滴與大河	南一版四下第三課	說明文	456
第六課	發明與發現	康軒版四下第八課		510
第七課	努力與收穫	南一版四下第十四課		593
第八課	米的魔術師	康軒版四下第五課		685
個別提問練習	動物的葬禮	康軒版四上第七課		504

2、進行文本分析

研究者先就各篇課文內容反覆閱讀，以求深度理解文意，接著進行每一課的文本分析。以下就以故事體第一課魯班造傘爲例進行文本分析如表 1-7。

表 1-7 故事體第一課魯班造傘之文本分析

<table>
<tr><td rowspan="2">背景</td><td>時間</td><td colspan="2">古代。</td></tr>
<tr><td>地點</td><td colspan="2">中國。</td></tr>
<tr><td rowspan="9">主要角色</td><td rowspan="3">魯班</td><td rowspan="2">特質</td><td>追根究柢—觀察戶外工作的人日晒雨淋而建造亭子，但仍覺不便。（第二段）</td></tr>
<tr><td>細心觀察—觀察小孩以荷葉遮陽，靈光一閃製造出可攜帶的傘。（第四段）</td></tr>
<tr><td>功能</td><td>故事的引發者。</td></tr>
<tr><td rowspan="3">魯班的妻子</td><td rowspan="2">特質</td><td>細心觀察—發現可攜帶的傘仍不便使用，想辦法改造。（第六段）</td></tr>
<tr><td>研究精神—和魯班一同研究將可攜帶的傘改造成可活動的傘。（第六段）</td></tr>
<tr><td>功能</td><td>魯班造傘過程中提供建議及協助研究者。</td></tr>
<tr><td rowspan="2">魯班的爺爺爸爸</td><td>特質</td><td>木匠。（第一段）</td></tr>
<tr><td>功能</td><td>故事中主角的模範。</td></tr>
<tr></tr>
<tr><td rowspan="7">段落大意</td><td>第一段</td><td colspan="2">魯班受到家人影響，從小喜歡思考、實驗，設計許多工具。</td></tr>
<tr><td>第二段</td><td colspan="2">魯班看到人們在戶外工作的不便，所以想為大家做一個能擋雨遮陽的東西。</td></tr>
<tr><td>第三段</td><td colspan="2">魯班先在路邊造亭子，但發現亭子不能隨身攜帶的問題。</td></tr>
<tr><td>第四段</td><td colspan="2">魯班看到小孩子用荷葉來擋太陽，得到改良亭子的靈感。</td></tr>
<tr><td>第五段</td><td colspan="2">魯班用竹子和羊皮造出可隨身攜帶傘。</td></tr>
<tr><td>第六段</td><td colspan="2">魯班和妻子一起研究改良，終於造出了可以活動的傘。</td></tr>
<tr><td>第七段</td><td colspan="2">魯班發明傘對世界文明是一大貢獻。</td></tr>
<tr><td colspan="2">全文摘要</td><td colspan="2">相傳中國古代巧匠魯班，為了使人們在戶外工作時，不再日晒雨淋，於是動腦筋，建造了亭子，發明了擋雨的傘，經過不斷改進、創造，終於發明了可以活動的傘，是對世界文明的一大貢獻。</td></tr>
<tr><td colspan="2">重要語詞</td><td colspan="2">耳濡目染、日晒雨淋、亭子、收攏。</td></tr>
<tr><td colspan="2">主旨</td><td colspan="2">學習發明家仔細觀察，認真思考、實驗的精神。</td></tr>
<tr><td colspan="2">寫作特色</td><td colspan="2">1. 採順序法描寫，藉由魯班造傘過程中歷經三次不斷追求改造的精神，凸顯觀察、思考和實驗的重要。
2. 第三人稱敘寫。</td></tr>
</table>

重點分析			
	背景	中國古代巧匠魯班受到爺爺爸爸的耳濡目染，從小就喜歡思考實驗。	
	經過	問題一	人們在戶外工作日晒雨淋
		經過	魯班找木匠建造亭子
		結果	發現亭子若可以隨身攜帶就更方便了
		問題二	想發明可以隨身攜帶的亭子
		經過	觀察小孩以荷葉遮陽，引發魯班創意思考
		結果	魯班用羊皮和竹子做了可移動的傘
		問題三	魯班妻子發現可移動的傘仍不方便
		經過	魯班和妻子一同研究改造
		結果	發明可活動的傘
	貢獻	使人類生活更便利，更是世界文明的一大貢獻	

3、進行提問設計

待文本重點分析後，接著將教科書內容實際轉換爲四層次的提問，寫出各層次的提問題目及參考答案，並註明提問出自於哪一個段落。但並非每一篇文章皆能提出四層次中所有題幹的題目，須依文章內容實際進行轉化及運用。表 1－8 是以故事體第三課海倫凱勒的奇蹟爲例，說明如何將題幹句型實際運用到教科書中之提問。

表 1－8 故事體第三課海倫凱勒的奇蹟之第三層次提問示例

故事體				
	題幹句型	提問	回答	段落出處
第三層次文本整合解釋	1. 你在這篇文章裡主要學習到什麼？	你在這篇文章裡主要學習到……？	付出、感恩	全文
	2. 讀完文章後，請為文章另外訂一個標題（根據主旨訂標題），並說明理由。	讀完全文後，請為全文另訂一個標題（根據主旨定一個標題），並說明理由。	愛的奇蹟，蘇利文老師的愛創造了海倫的「奇蹟」。	
	3. 文章中的主要角色是個怎樣的人？有哪些特質（使用形容詞來表示）？請從故事中找出證據。	故事中的海倫、蘇麗文是個怎樣的人？有哪些特質？請從故事中找出證據。	**1. 海倫凱勒** （1）勇敢—面對身體的障礙，勇敢克服並致力服務殘障人士的精神。 （2）感恩--把老師給她的愛，散播給所有不幸的人，給他們光明和希望。 **2. 蘇利文：** （1）細心耐心的好老師--用盡一切方法教導海	

			倫凱勒靠著觸摸了解世界，幫助海倫克服了失明與失聰的障礙，完成大學學業。 （2）因材施教—針對海倫的狀況，給予不同的學習指導。 （3）有教無類—長期細心的照顧，與不厭其煩的指導下。	
	4. 請比較…和…相同和不同的地方？	面對海倫的殘疾，蘇利文老師和其他人的反應和處理方式有什麼不一樣？	蘇利文—用方法細心耐心。 其他人—認為海倫沒有希望。	
		如果海倫沒遇見蘇利文，她的人生將會有什麼不一樣？	可能一輩子活在絕望之中。	
		你覺得蘇利文老師比較偉大還是海倫比較偉大？請比較他們相同和不同的地方？	1. 蘇利文—沒有蘇利文老師的用心教導，就沒有後來的海倫凱勒 2. 海倫—他把蘇利文老師對他所付出的愛傳下去，鼓舞更多殘障人士	
	5. …歷經了這些事之後心裡有什麼感受？	描述一下海倫一生歷經了那些轉折？	生命的誕生—疾病折磨絕望—蘇利文老師帶來希望—學習的辛苦與喜悅--終身致力服務殘障人士	全文
	6. 如果你是文中的…，你將會如何做？請從文章中找出支持你這樣做的理由。	如果你是蘇利文，面對海倫的殘缺，你將會如何做？你的方式和蘇利文有何不同？	學生自行作答	

（二）閱讀提問策略的教學流程

閱讀提問策略是透過教師的講解、示範與說明，讓學生學習如何從文本中運用提問來辨識文章中重要的訊息，因此研究者在每一課的教學進行時希望藉由老師的示範引導讓學生明瞭四層次的提問句型，並能將所學到的提問句型運用於所閱讀的文本，以提升學生閱讀理解能力，教學流程分述如下：

1、發下文本學生小組自由提問

（1）發下文本請學生閱讀課文二遍，第一遍將不懂意思的地方用鉛筆圈起來，第二遍將覺得重要的地方用螢光筆圈起來！

（2）學生小組自由提問，請學生提問題目並找出答案，依找出答案的方式教導學生將提問題目分類，師生共同分析歸納學生所提之題目層次深淺，讓學生了解理解文本的提問有層次的深淺之別。

2、教師說明不同層次之問題區分

教師說明不同層次之問題區分，並針對該課所要引導學生學習的閱讀理解內涵之層次詳細舉例說明。

（1）第一層次：看一看，課文明顯可看到答案的問題，即文章的字面意義。

（2）第二層次：找一找，課文沒有辦法直接看到答案的問題，需要仔細找一找段落內或段落間的關係，即文義的推論理解。

（3）第三層次：比一比，自己問自己有沒有這樣的經驗，和課文裡的敘述有什麼一樣或不一樣？即文本的整合解釋。

（4）第四層次：想一想，想想作者寫這課的目的是什麼？寫作的方式有什麼特別的地方，即文本的比較評價。

3、教師示範提問

教師以放聲思考方式逐段示範該課的問題層次提問，請學生找出答案，依找出答案的方式教導學生不同層次的提問問題。

4、學生小組逐段練習提問，完成提問學習單

（1）老師從旁引導小組進行提問練習

（2）師生共同檢討學生實作之提問題目與問題層次區分

五、課程實施後學生的學習成果表現

本研究在資料的蒐集上運用多元的方式，課程實施過程中蒐集的資料包含量化與質性的資料。量化資料主要是 PIRLS2006 閱讀理解測驗（前、後測）、學生提問自我檢核表、學生回饋問卷。質性的資料則包括教學觀察、訪談資料（學生與研究夥伴）、文件分析（學生小組與個別提問學習單、教師課程教學省思札記、課堂教學觀察紀錄）。茲將課程實施後學生的學習成果表現詳述如下：

（一）學生整體閱讀理解的學習成果

1、透過課程實施學生在故事體的閱讀理解力有顯著進步，說明文則未有顯著進步

學生在接受閱讀提問策略課程方案後，故事體進步總分共 96 分，每人平均進步 3.55 分，說明文進步總分共 29 分，每人平均進步 1.08 分。再將 27 個學生在接受閱讀提問策

略的教學前與教學後的分數進行 t 考驗，結果發現此課程方案實施後，學生在故事體閱讀理解的進步達顯著的效果，在說明文閱讀理解前後測沒有差異。顯示此課程方案實施後，學生在故事體的閱讀理解力有顯著進步，說明文則未有顯著進步。

2、不同閱讀能力組學生在閱讀理解四個層次的表現各有不同

（1）在文章字面意義理解層次中，故事體以中閱讀能力組進步較多，說明文則以高閱讀能力組進步較多。

（2）在文義推論解釋理解層次中，故事體和說明文皆以低閱讀能力組進步較多。

（3）在文本整合解釋理解層次中，故事體以中閱讀能力組進步較多，說明文則以低閱讀能力組進步較多。

（4）在文本比較評價理解層次，故事體以中閱讀能力組進步較多，說明文則以低閱讀能力組進步較多。

（二）從課程實施前和實施後的個人提問單可看出學生在提問層次量的增加與質的提升

以下呈現低閱讀組學生 S21、中閱讀組學生 S5 在閱讀提問策略教學前後，其提問能力的改變。

S21在提問課程實施前、後在故事體—兩個和尚的提問單內容

	提問課程實施前之提問單	**提問課程實施後之提問單**
S21	故事的主角是誰？	這篇文章的主角是誰？
	窮和尚走了多久的路才到南海？	窮和尚走了多久才到南海？
	窮和尚去哪裡拜佛？	窮和尚要去哪裡拜佛？
	窮和尚走山路累的時候他在哪裡休息？	富和尚和窮和尚住在哪？
	窮和尚回來時，帶什麼來看富和尚？	窮和尚帶什麼東西去拜佛？
		「翻山越嶺」是什麼意思？可以用什麼詞代替？
		第四段的段落大意是什麼？
		「他一路上翻山越嶺，歷經許多風霜雨雪。」句子裡的「他」是指誰？
		你在這篇文章裡主要學習到什麼？
		「兩個和尚」還可以訂成什麼標題，為什麼？
		如果你是窮和尚你會怎麼做？請從文章中找出支持你這樣做的理由。
		如果你是富和尚你會怎麼做？請從文章中找出支持你這樣做的理由。

資料來源：S21學生個人故事體提問單

S5在提問課程實施前、後之說明文—動物的葬禮的提問單內容

	提問課程實施前之提問單	**提問課程實施後之提問單**
S5	老象死掉他們會怎樣？ 老猴子死掉小猴子會怎樣？ 烏鴉同伴死亡烏鴉會怎樣？ 野山羊死亡同伴會怎樣？	主角有誰？ 老象死掉後誰會用象牙掘鬆地面的土？ 老猴子斷氣後，誰會把牠的尾巴留在外面？ 象和猴子的同伴死掉後，他們會怎麼做，有不一樣嗎？ 除了動物的葬禮這個題目，還可以訂成什麼題目？為什麼？

資料來源：S5學生個人說明文提問單

六、結論與建議

本研究採螺旋式提問課程設計，有層次的逐步引導學生解讀文本，理解文本，研究結果發現閱讀提問策略教學有助於提升學生閱讀理解能力，根據研究的發現與結果，歸納提出綜合性結論與建議。

（一）結論

1、在課程設計方面

（1）本研究以國語教科書爲閱讀提問策略教學的素材，引導學生運用不同題幹句型進行提問，透過行動歷程發現此設計具可行性，可作爲教師日後在國語課程提升學生閱讀理解能力之參考。

（2）確定閱讀理解的提問內容，針對不同文體分別設計出故事體和說明文的題幹句型，並分四層次循序漸進。

2、在課程實施方面

（1）四層次的提問採螺旋式進行教學，逐次提升學生理解深度，有助於學生由易而難漸次學習學習有如登階，新一層次的提問教學皆須奠基於前一層次的基礎之上，故每進行新一層次的提問教學，宜先複習前面所學之題幹句型，且藉由這些題幹句型的提問促進學生對於文本內容的理解。

（2）提問策略的實施採學習責任轉移方式，逐步建立學生個別提問的能力

本提問策略教學之進行是先經由教師楷模學習、小組合作討論等搭建起學生的學習鷹架，再將學習的責任逐漸轉移至學生個人提問，最終才能逐步建立起學生個別提問的能力。

（3）課程實施方式以小組合作方式進行提問題幹句型之練習，搭建起學生學習的鷹架對低閱讀能力的學生而言，藉由小組內的同儕搭建起學習的鷹架，更有助於其理解能力的提升，透過組員間的討論分享可更加理解文本，並觀察學

習別人問問題和推論答案的方式。

（4）進行閱讀提問四層次教學時掌握各層次的教學重點

在閱讀的歷程中讀者、文本和作者三者不斷互動，學生透過閱讀文本與作者對話，教師宜引導學生在閱讀文本時可以從讀者、文本、作者的角度進行解讀，甚至跳脫文本框架來評價文本，以下爲每一層次之題幹教學時所該注意之教學重點。

①第一層次是文章字面意義的提問，一般學生在此層次的提問不會有太大的困難，但在詞語理解的提問上，因牽涉到學生背景詞彙量的多寡，可引導學生從文章的上下句或脈絡進行。

②第二層次是文義推論理解的提問，教師須引導學生逐段讀出段意，並將之整合爲本課大意，再歸納出文章主旨，讀出人物間的關係、事件間的關係、段落間的關係、主題間的異同與功用。

③第三層次是文本整合解釋的提問，此層次的提問乃是從讀者的角度出發，在解讀文本的同時亦加入了讀者個人的經驗與先備知識，學生的回答需要言之有據、言之有序，所以須要求學生讀文章時，宜從多個角度思考，在回答時能從文本中找到具體的證據或例子來證明。

④第四層次是文本比較評價的提問，此層次的提問乃是從跳脫文本的框架來評價文本創作的特色及作者創作的意圖，對於一般教師而言要評價文本創作的特色及解讀作者創作的意圖並非容易的事，何況是無此經驗的學生，故教師除了要加強精進自己此層次的解讀文本能力外，宜多加示範自己如何進行此層次的提問，其思維脈絡爲何？論點引據何在？以引導學生運用第四層次進行提問。

⑤因課程規劃之教學時間太短、選文太多，實施過程過於緊湊，以致於學生無法完全精熟每一層次的題幹句型。

3、學生學習表現

（1）透過課程實施學生在故事體的閱讀理解力有顯著進步，說明文則未有顯著進步。

（2）整體而言故事體的閱讀理解以中閱讀能力組的學生進步較多，說明文則以低閱讀能力組的學生進步較多。

（3）從課程實施前和實施後的個人提問單可看出學生在提問層次量的增加與質的提升，顯示學生在自我提問能力的成長與改變。

（二）建議

1、對國小國語教科書選文的建議

（1）教科書宜增加說明文課數，並依結構逐冊出現

若欲提升學生在說明文的理解能力，則必須增加其閱讀說明文的機會，所以

建議現行國小教科書中可增加說明文的課數，且其內容宜貼近學生生活經驗，為讓學生熟悉說明文之題幹句型，建議教科書中的說明文可依結構類型分冊出現，以利學生練習精熟提問題幹。

（2）故事體增加文長但結構需嚴謹，說明文可加圖例輔助說明

現行國小四年級國語教科書每冊約 12～14 課，每一課的文長約為 400～500 字，最長篇幅約 600 餘字，但檢視 PIRLS 的測驗選文可發現，其文長約 1200～1600 字，文長相距兩倍餘，故建議隨著學生年級的增長，其閱讀的故事體文本長度可酌予加長，但故事體之結構宜嚴謹而完整，以利於學生學習與理解，說明文文本可加入圖例，一方面可輔助說明，另一方面亦可增加學生讀圖的能力。

2、對教師教學上的建議

（1）教師宜精進自己文本分析與高層次提問的能力

傳統教學上教師總是將教學指引視為最高指導手冊，認為只要照著指引教就不會出什麼大錯，久而久之便荒蕪自己教學上的專業能力，其實教學是一門藝術，端視教學者的用心與方法，教師備課功夫做得紮實，清楚本節課的教學目標，知道自己希望學生在這節課學到的是什麼，用心閱讀文本，讀出文章所要傳達的意思，讀出作者所要傳達的意念，清楚本課的教學重點，做好文本分析，再依據四層次的題幹句型進行提問設計，必能精進自己文本分析與高層次提問的能力，解讀文本的敏銳度亦將有所提升，最後將之實施於課堂之中，則最大的受惠者將是學生與教學者本身。

（2）增加學生個人提問練習的機會，以利精熟題幹句型

題幹句型先理解後運用，本研究在課程的時間上為一課課文安排三節課，同時每一層次的提問教學只用一篇文本，建議日後教師在教室操作，可於同一層次的提問練習時，多增加文本篇數練習，以增加學生對策略的精熟度。

參考文獻

一、中文部分

王瓊珠（2010）。《**故事結構教學與分享閱讀**》。台北市：心理。

王瓊珠、陳淑麗（2010）。《**突破閱讀困難理念與實務**》。台北市：心理。

岳修平（譯）（1998）。E.D.Gagne,C.W.Yekovich & F.R. Yekovich 著。《**教育心理學——學習的認知基礎**》。臺北：遠流。

柯華葳、詹益綾、張建妤、游婷雅（2008）。《**台灣四年級學生閱讀素養 PIRLS2006 報告**》。2010 年，12 月 2 日，取自：http://140.115.78.41/Facts_2006.htm。

洪月女（譯）（1998）。Ken Goodman 著。《**談閱讀 on reading**》。台北市：心理。

孫劍秋（2009）。《**閱讀教學理論與實務**》。台北市：五南。

孫劍秋（2012）。**《創新教學與課室觀察》**。台北市：五南。

孫曉雯（2010）**題幹式與 6W 提問策略對不同閱讀理解能力之六年級學生在閱讀理解歷程與布題能力之影響**，國立新竹教育大學語文教學碩士論文，未出版，新竹市。

張玉成（1999）。**教師發問技巧**。台北市：心理。

張雅如、蘇宜芬（2004）：國小學童推論理解測驗之編製與研究。**行政院國家科學委員會大專學生參與專題研究計畫研究成果報告**（編號：NSC92-2815-C-003-025-H）。

盧雪梅（2003）。美國「全國教育進展評量」（NAEP）的閱讀和寫作評量架構，**教育論叢，2 期。**

賴榮興（2007）。**自我發問教學對國小五年級學生發問與閱讀理解表現之研究**。國立花蓮教育大學國民教育研究所碩士論文，未出版，花蓮市。

藍慧君（1991）。**學習障礙兒童與普通兒童閱讀不同結構文章之閱讀理解與閱讀策略的比較研究**。國立臺灣師範大學特殊教育研究所碩士論文，未出版，台北市。

二、英文部分

Gagne, E. D., Yekovich, C. W.. & Yekovich, F. R.（1993）. *The cognitive psychology of school learning.* New York：HarperCollins College Publishers.

Pearson,P.D., & Johnson, D.D.（1978）.*Teaching reading comprehension.*New York：Holt,Rinehart,and Winston.

六何法對五年級學童閱讀理解能力之研究——以讀報教學為例

鄭竹涵*、孫劍秋**

摘要

本論文旨將「六何法」運用於讀報教學中，透過畫線策略和摘要策略，引導學童進行讀報活動，並擬定一套具體可行之活動方案，藉由八篇報導文章作爲教學材料，進行實驗。

本研究以○○國民小學五年級 18 位學童爲研究對象，依據行動研究法，展開兩階段的實驗過程，在教學前後皆施行測驗，用以評析學童學習成效，並輔以教學省思札記、參與觀察紀錄、學生作品、訪談紀錄，和六何法教學前後測問卷，瞭解學童想法，作爲六何法對五年級學童閱讀理解研究之參考。

運用六何法於讀報教學研究，經實驗後，結論爲以下四點：

一、運用六何法於讀報教學，可提升學童閱讀理解能力

二、六何法融入「畫線策略」可呈現六何法教學的成效

三、六何法融入「摘要策略」可增進學童掌握文章立意取材與組織結構力

四、六何法教學歷程能提升讀報教學之專業技能，可提供國小教師參考

關鍵詞：六何法、讀報教學、畫線策略、摘要策略、閱讀理解

一、前言

（一）研究背景

讀報教育，歐美國家稱爲「NIE」（Newspaper In Education），這是以報紙爲教材，引導孩子學習新知的教育。NIE 開始於 1930 年代的美國，吳清山、林天祐（2008）解釋：

> 當時由美國《紐約時報》協助推動大學的活用新聞活動，提供師生免費學習資源；至於國際性讀報教育方案，是從一九五五年開始，當初學校利用報紙，主要目的在增進學生閱讀、拼音、寫作能力，以及幫助老師利用報紙配合班級課程目標。[1]

---

* 臺北市信義區三興國民小學教師

** 國立臺北教育大學語文與創作學系教授兼教育部國語文課程與教學輔導諮詢團隊召集人

[1] 吳清山、林天祐：〈讀報教育〉，《教育研究》第 175 期（2008 年），頁 175。

目前全世界有 50 多個國家加入 NIE 運動，亞洲地區至少有 11 個國家參與其中，國語日報社（2008）報導：

> 日本推動 NIE 已有二十年歷史。日本報業很早就注意到兒童出現遠離文字閱讀的傾向，因此向歐美取經，並由報業合作成立 NIE 的專門組織。日本曾多次針對進行 NIE 教學的兒童，進行有規模的調查，確認了 NIE 具有提升閱讀能力、思辨能力、溝通表達能力等成效。[2]

相對於歐美國家，讀報教育在臺灣是一種新興的教育方式，教育部於 2002 年公布的《媒體素養教育政策白皮書》，書中指出：

> 媒體已經成為臺灣青少年和兒童的第二個教育課程，甚至直逼「學　校」，有取而代之成為第一個教育體制的可能，傳播媒介已經成為年輕一代建立世界觀及價值觀的最重要來源，教育工作者如何建設性的面對資本主義下的流行文化與學習者文化的關係，尤其是如何積極培養學習者思辨資訊，已變成不能忽視的教育新課題。[3]

臺北市政府教育局近幾年陸續試辦讀報教育活動，在 99 學年度國民小學試辦讀報教育實施計畫提及：

> 「2006 年學生基礎素養國際研究計畫」（PISA）及「促進國際閱讀素養研究」（PIRLS）結果顯示，下一步除應持續培養學生閱讀興趣及習慣外，更致力提升學生閱讀理解、閱讀素養及批判思考能力。為了豐富閱讀素材，拓展學生學習視野，鑑於讀報有助於提升閱讀之深度及廣度，且報紙與日更新，可培養天天閱讀的習慣；資訊多元，可彌補教科書的不足；報導時事，可刺激學生思辨探究。[4]

在2006年PISA測驗中，全球共有57國參加，臺灣是第一次參加調查，受測對象是臺灣15歲學生，閱讀方面拿到第16名的成果；而在2009年PISA測驗中，全球共有65國參加，臺灣排名爲第23名；另外，以小學四年級學生爲研究對象的2006年PIRLS成績顯示，臺灣學生在全部45個參加地區及國家中，排名第22名。陳靜雅指出：

---

[2] 國語日報社：〈讀報　打開眺望世界的窗〉《讀報教育指南【時事篇】》（臺北市：國語日報社，2008 年），頁 2。

[3] 媒體素養教育政策白皮書網站：取自 http://homepage.ntu.edu.tw/~floratien/gen_whitepaper.files/mediaequipment.pdf，頁 3，2011/04/23 查閱。

[4] 讀報教育在臺北網站：臺北市國民小學 99 學年度試辦讀報教育實施計畫，取自 http://ekids.mdes.tp.edu.tw/2010newsreading/01_plan099_taipei.html，頁 1，2011/04/23 查閱。

> PIRLS研究結果顯示，臺灣學生直接歷程理解的表現優於解釋歷程表現。PIRLS評量閱讀素養包括四個能力：提取特定的觀點、推論、詮釋並整合訊息和觀點以及檢驗或評估文章的特性。前兩者稱直接歷程，指直接由書面取得訊息；後兩者稱解釋歷程，需要讀者在較不明顯的敘述中推理。[5]

由上述觀點可知，讀報教學可豐富學童閱讀素材，彌補教科書不足之處，而報紙與日更新，提供國內外新聞時事，可培養學童思辨能力，在美、日等國領先推動下，臺灣應順應世界潮流，共同加入讀報教學行列。

（二）研究動機

1、實驗班教學者角度

在一次批閱讀報作業過程中，研究者發現學童在閱讀理解報紙文句時有閱讀理解困難，兩位學童不約而同誤解報導文章的文句，這篇報導標題爲「跨越種族歐巴馬當選美國總統」，報導中提及：「……歐巴馬提出的『是的，我們可以改變！』改革口號，獲得今年諾貝爾經濟獎得主克魯曼、前國務卿鮑爾等人相挺。」兩位學童將該段內容摘要寫爲：「諾貝爾獎得主歐巴馬提出改革口號……」在這段稍長的文章敘述中，兩位學童對於「誰」（who）提出口號概念模糊，讓研究者開始思考：學童使用六何法答題時，產生閱讀理解困難原因爲何？

2、學術研究角度

在閱讀相關文獻中，研究者發現楊子嫻（2009）提出問題：「由於有些學生在讀報教育過程中，在回答 5W1H 的問題時，有些障礙，因此我和君君老師都很想知道學生的閱讀障礙為何？」[6]增強研究者研究動機，希望能歸納整理學童使用六何法時產生哪些閱讀理解困難？是故開始著手研究。

（三）研究目的

本論文主要的研究目的有三：

1、瞭解藉由六何法實施讀報之教學過程。

2、設計並驗證一套具體可行的六何法於讀報之活動方案。

3、分析六何法對增進五年級學童讀報的成效。

---

[5] 陳靜雅：〈讀報教育一讓孩子跟上時代的動脈〉，《師友月刊》第 496 期（2008 年），頁 64-65。

[6] 楊子嫻：《運用分享式閱讀教學於讀報教育之行動研究》（臺北：國立臺北教育大學語文與創作學系碩士論文，2009 年），頁 108。

（四）名詞釋義

「六何法」即 5W1H，分別代表 Who（誰）、What（什麼事情）、When（什麼時間）、Where（什麼地方）、Why（什麼原因）、How（經過如何）。六何的概念最早由曾擔任記者工作的拉雅德·吉普林於 1902 年，他在寫給兒子的書《跟鱷魚拔河的小象》（The Elephant's Child）（2006）中寫下如下詩句：「我養了六名忠實的僕人：（我所知道都是他們教的）他們名字叫何事與為何與何時，與如何與何地與何人。」[7]

二、讀報教學與閱讀理解的相關理論基礎

（一）讀報教學相關研究

1、國外讀報教學發展

NIE 運動遍及世界各洲，諸如亞洲、美洲、歐洲、非洲或太平洋地區。而各國施行 NIE 運動的目標多元，新加坡教育部中學華文課程規劃員陳慧蓮是讀報教育課程框架的主要策劃人，陳慧蓮指出：「臺灣的讀報教育偏向培養語文素養，美國的讀報教育則側重媒體素養。」[8]此外，歸納新加坡和南非兩個多元族群融合的國家，實施 NIE 活動的目的除了培養學童的閱讀習慣，提升學童的閱讀能力之外，還有學習母語之外的第二語言功用。由此可見，國外推動讀報教育運用層面廣泛，並與課程作結合，適時融入教學情境中，透過報社、政府與學校交流合作，促使讀報教育有更多發展的空間。

2、國內讀報教育發展

國內目前推動讀報教育的五個縣市分別為：臺北市、桃園縣、彰化縣、澎湖縣和新北市，其大抵至 97 年開始實施讀報教育（桃園縣在 96 年開始規劃，97 年正式施行）。研究者將其共同的計畫目標歸納為以下四點：

（1）培養學童閱讀習慣

（2）消弭城鄉學習落差

（3）提升學生公民素養

（4）強化批判思考能力

在教材選取方面，五縣市皆可採用國語日報，彰化縣也可自由選用人間福報、好讀週報，臺北市則未明文限制選用的報紙。由於國內專為兒童設計出版的報紙選擇性較少，又目前推行讀報教育縣市多採用國語日報為教學材料，因此本研究亦選用國語日報為教學教材，進行研究。

---

[7] 拉雅德・吉普林：《跟鱷魚拔河的小象》（臺北：東西出版有限公司，2006 年 8 月），頁 39。

[8] 陸建國：〈實施班級閱讀的作法〉《國教輔導》第 43 期（2004 年），頁 43。

3、近來相關研究

近來與讀報議題研究相關論文共有二十九篇（2007~2011），當中與兒童讀報相關資料則有十七篇，研究者從中發現以下三點：首先，觀察研究時間，讀報教育爲近幾年新興的閱讀教學活動，相關論文集中在近四至五年內，是一可再進一步開拓，有待投入研究的新興領域；其次，以研究地域而言，這些論文多數集中在中部以北地區；第三，觀察研究內容，研究者進行讀報教育研究，多以《國語日報》爲研究素材，迄今具有小型的研究成果，而研究者也選定《國語日報》作爲學童的教學材料。

（二）閱讀理解相關研究

1、閱讀的定義

閱讀是一項複雜的認知歷程，可視爲從書面資料提取意義的過程；除此之外，閱讀也是一種智能活動，可從文字中獲取資訊，藉以解決問題或學習新知的途徑；若是細部探究閱讀的過程，閱讀可分爲解碼和理解兩個主要成分，透過「字的解碼」再轉化爲內在認知的「閱讀理解」；若進一步探討高效的閱讀，則閱讀並非只是精確的辨認單字，而是瞭解文章意義，甚至可以對文章進行預測或推論，讓讀者從文章中建構自己的看法。

2、閱讀理解的歷程

閱讀理解的歷程具有層次性，不同學者對於閱讀理解歷程有不同觀點，研究者將閱讀理解歷程歸納整理爲兩大部分：

（1）第一部分

依據PIRLS 2006 國際報告書的分類方式，第一部份爲直接理解歷程，也就是Gagne'理解歷程中的第一、二階段：解碼和字義理解、Pearson和Johnson閱讀理解的第一層次：字義理解，直接理解歷程乃是讀者對文字的辨識，並使之意義化，這是從文句中找出文字的意義。

（2）第二部分

依據PIRLS 2006 國際報告書的分類方式，第二部分爲間接理解歷程，即Gagne'理解歷程中的第三階段：推論理解、Pearson和Johnson閱讀理解的第二層次：推論理解，間接理解歷程乃是讀者需透過整合、摘要、檢驗或評估文本內容等方式，間接由文章提示的線索推論，獲得新的詮釋。

3、影響閱讀理解相關因素

影響閱讀理解能力的因素諸多，王瓊珠（2004）指出：讀者和文本是最直接影響閱讀的兩項因素，而環境變項則是間接因素。[9]本研究所採用的文本爲《國語日報》，以教師設計的閱讀教學方案如何影響讀者爲變項，探討此變項與讀者閱讀理解能力間的關係。

（三）閱讀理解與讀報教育的教學策略

透過諸多文獻探討可以發現無論使用何種閱讀的技巧，至少包括二至三種閱讀策略，針對閱讀不同的文本，所採用的策略也不盡相同，因此，配合本研究所使用的文本——報紙，並請詣專家學者和教學現場教師後，研究者決定參考 Grant（1993）、Mckeachie（1987）和 Chamot et al.（1993）、張春興和許美華，五位學者提出閱讀策略中的「畫線」策略及「摘要」策略，作爲本研究的教學策略。本研究的閱讀教學策略分述如下：

1、畫線策略

Mckeachie（1987）和 Chamot et al.（1993）[10]認爲：畫底線是在重點的文句底下畫線；張春興[11]提出：畫線是將特別重要或關鍵的段落語句標記出來，表示讀者對於重點的理解；而畫線處留下的資訊，也有利於下次的複習。統合學者們的觀點，畫線策略主要在標記文章重點，而讀報教學中，一篇報導文章的重點在 5W1H 中幾乎涵蓋，因此找到六何代表已初步掌握報導文章的大意與重點，所以透過畫線策略，將報導文章中的 5W1H 畫線標記重點，是適合本研究的策略之一。

2、摘要策略

Grant[12]（1993）指出：將重要的內容畫線後，找出和每一段落標題相關的文章內容後，將標題寫下並能不看文章寫出段落大意；Mckeachie（1987）和 Chamot（1993） et al.[13]認爲：摘要是寫下或在心中形成文章大意；張春興[14]提出：筆記摘要的內容是摘要文章重點和概念。將文章中的重點和概念透過自己的話語記錄下來，可以將接收的訊息轉化爲自己所認知的知識，對於文章有更進一步的理解；Hidi 與 Anderson（1986）指出：摘要是濃縮資訊以代表文章概要的簡短敘述，它可以幫助學習者理解閱讀材料，並且表現學習者的組織能力[15]；Malone 與 Mastropieri（1992）[16]以及 Weisberg 與 Balajthy（1990）[17]等學者以「摘要策略」（listing）

---

9 王瓊珠：《故事結構教學與分享閱讀》（臺北：心理出版社，2004 年），頁 13-15。

10 McKeachie, W. J., et al. （1987）. Teaching and learning in the college classroom. A review of the research literature （1986） and November 1987 supplement. MI: *National Center for Research to Improve Postsecondary Teaching and Learning, Ann Arbdr.*

11 張春興：《怎樣突破讀書的困境》（臺北：東華出版社，1988 年），頁 60-69。

12 同註 9。

13 同註 10。

14 同註 11。

15 Hidi, S., & Anderson, V. （1986）. Producing written summaries: task demands, cognitive operations and implications for instruction. *Review of Educational Research, 56（4）*, 473-493.

16 Malone, L. D., & Mastropieri, M. A.（1992）. Reading comprehension instruction: Summarization and self-monitoring training for students with learning disabilities. *Exceptional Children, 58*, 270-279.

進行閱讀教學，結果顯示學習此策略學生的閱讀理解成績顯著高於控制組，因此認爲摘要策略能夠幫助學生提增監控閱讀過程的能力；鄭麗玉提及：閱讀後做摘要是很重要的後設認知策略之一，它迫使學習者深層地處理文中較重要的訊息，並使學習者察覺學到什麼。[18]

綜合上述觀點，研究者將採用「畫線策略」協助學童標記文章重點，並透過「摘要策略」進一步檢視學童，是否能將六何的重點透過自己的話語加以表達與詮釋，此意味學童能將接收的訊息內化，產生對文章更深層的理解。

（四）六何法的發展與功用

檢視六何法的發展和功用，可彙整爲以下兩點：

1、六何法可作爲「發問」及「檢討」方法

六何法爲一閱讀策略，此閱讀策略主要透過發問或檢討達到閱讀理解之成效，而本研究將採用此法進行讀報活動。

2、六何法具有延伸性

從上述文獻中，可得知六何法具有延伸性，向內濃縮可變爲 5W，省略經過一項，向外延伸加上結果是什麼（New）、希望（Wish）可成爲八何法，於本研究中探討多數研究者採用之六何法進行探究。

二、研究工具與方法

（一）研究背景

○○國小是位在臺北市區的一間中型小學，全校共有 58 班。學校雖位處臺北市精華地段，但學區包含夜市地區，因此學生組成成分較爲多元複雜。

研究者的研究場地在五年四班教室，學童座位設計分爲四排，每排 4 至 5 人，使學童能同時進行個人的思考活動，也能在必要時依各排排數進行分組討論。

（二）研究工具

本研究工具，包含六何法應用於畫線及摘要策略的學習簿、畫線策略評析規準、摘要策略評分標準和六何法教學前後測問卷。

1、六何法應用於畫線及摘要策略的學習簿

研究者設計在學習簿中貼上八篇文章，以幫助學童學會使用六何法，掌握文章大意，提升閱讀能力爲目標。

---

[17] Weisberg, R., & Balajthy, E. （1990）. Development of disabled readers' meat-comprehension ability through summarization training using expository text: Results of three studies. *Reading, Writing, and Learning Disabilities, 6*, 117-136.

[18] 鄭麗玉：《認知心理學：理論與應用》（臺北：五南圖書出版公司，2009 年），頁 306。

2、畫線策略評析規準

畫線策略主要目的在檢驗學童後設認知能力是否提升，研究者針對此六個向度的書寫內容是否符合理想的回答作爲評析標準，並針對畫線策略前後測結果的差異進行比較。

3、摘要策略評分標準

本摘要評分標準歸納彙整自教育部公布99年國民中學學生基本學力測驗寫作測驗評分標準[19]，與臺北教育大學孫劍秋教授、吳偉賢教授、楊志強教授，及新北市國民教育輔導團團員修訂的新北市國語文寫作能力檢測評分規準[20]，諮詢專家建議後，經修正後作爲學童完成摘要後的評量依據。評分項目分爲立意取材、結構組織、遣詞造句和錯別字及標點符號四個面向。每一面向皆有六個級分，其評分要項有三點：

（1）評分教師有三人，分別以A教師、B教師、C教師爲替代名稱，三位教師以摘要評分標準爲依據，視學生第一次作答狀況與以評定等級，學童後來修正部分不列入計分，每位學生各有八篇作品，作爲學習表現參考依據。

（2）完成第一篇摘要作品後，將第一篇作品的學習評量結果輸入電腦，採用SPSS軟體中的Pearson相關係數分析，檢驗三位教師的評分結果是否具有一致性。

（3）此摘要評分標準分四個構面，所占配分比例如下：立意取材占30%、結構組織占30%、遣詞造句占30%、錯別字及標點符號占10%。每份作品依總分加總後，再求三位教師的平均數。學生的平均級分數取至小數第二位，5.29級分以上爲高表現作品，4.44至5.28級分爲中表現作品，4.43級分以下爲低表現作品。

4、六何法教學前後測問卷

本問卷調查乃針對學生學習內容和教學目標而設計，並請教授與教學現場教師給予指教和建議，加以修正。透過量化的數據分析，評估學童經由本教學後，是否增進讀報的閱讀理解能力，並透過學生填答內容，了解學童於讀報教學過程中的態度與能力。本問卷分爲前測問卷與後測問卷兩個階段，前測問卷有 23 題勾選題，1 至 10 題研究學童讀報態度，可分爲讀報意願、讀報認知、讀報練習與讀報歷程四個面向進行探討；11 至 23 題研究學童讀報能力，分爲讀報方法運用、六何法運用及六何法融入摘要策略運用三個面向深入分析了解；後測問卷除了包含前測 23 題勾選題，另有第二部份畫線策略和摘要策略半開放式問卷各 6 個問題，從學童的回答中探究其學習成效。

[19] 國民中學學生基本學力測驗全國試務委員會：取自 http://www.bctest.ntnu.edu.tw/，2011/04/23。

[20] 梁惠玲：《改良式選擇題題型測驗應用於評量國小高年級學童作文能力之相關研究》（臺北：國立臺北教育大學語文與創作學系語文教學碩士論文，2008 年），頁 15-16。

（三）活動方案

在活動方案上，研究者將透過四個活動設計教案與教學進度表循序漸進實施課程計畫，鄭麗玉指出：後設認知在閱讀過程中一般可指三種技能：覺知、監控及開展補救策略[21]，因此在實施計畫後，當學童遇到問題時將進行補救教學策略：

1、

活動名稱	讀報十分鐘
教學年級	五年級
活動時間	每日早自修或課間活動時間
實施時程	6 個月（99 年 9 月中至 100 年 3 月中）
使用教材	《國語日報》第一版至第十六版
教學目標	1.能養成閱讀報紙的習慣。 2.能學會翻閱報紙透過版名、刊頭、標題等，擷取報中資訊。
	利用每日早自修或課間活動時間，讓學童自行翻閱《國語日報》，進行讀報活動，實施時程共六個月。
課後補救方式	透過觀察法發現未確實閱讀者，則利用午休時間讀報閱讀十分鐘，再由訪談法了解學童是否能區辨版名、刊頭、標題等，及從報中擷取了哪些資訊，若無法理解，則以一對一教學方式進行補救教學。

2、

活動名稱	認識六何法
教學年級	五年級
活動時間	兩堂彈性課程和兩堂綜合課程
實施時程	1 個月（99 年 11 月中至 99 年 12 月中）
使用教材	兩篇選自《國語日報》的文章
教學目標	1.能認識構成報導文章六元素 5W1H。 2.能瞭解 5W1H 代表的意義。 3.能利用 5W1H 發現文章重點。
	在前兩堂課程，先教導學童認識何謂 5W1H，以及示範如何在一篇報導文章中搜尋此六大元素；在後兩堂課程實際發給學童一篇報導文章，給予學童時間搜尋 5W1H，以及訂正和修改其課堂練習單。
課後補救方式	透過學童的紙筆練習資料分析其學習狀況，若學童未能達到教學目標，將在其訂正和修改課堂學習單時，利用訪談法了解學童學習情況，並予其指導，確定其能理解與運用 5W1H 法進行讀報活動。

3、

[21] 鄭麗玉：《認知心理學：理論與應用》（臺北：五南圖書出版公司，2009 年），頁 306。

活動名稱	畫線策略
教學年級	五年級
活動時間	每週一節的綜合課程及彈性課程
實施時程	兩個月（99 年 11 月中至 99 年 12 月中）
使用教材	八篇選自《國語日報》的文章
教學目標	1.能透過畫線策略發現 5W1H。 2.能透過畫線策略正確標記 5W1H。 3.能透過畫線策略寫出文中的 5W1H。
實施方式	依據教學進度表要求學童剪報貼在學習簿上，拿出有色原子筆在 5W1H 關鍵詞句旁畫線，並在學習簿另一側將 5W1H 關鍵詞句寫下，目的在了解學童對 5W1H 認知程度。
課後補救方式	透過學童練習資料分析其學習狀況，若學童未能達到教學目標，將在其訂正和修改答案時，利用訪談法了解學童學習情況，並予其指導，確定其能理解與運用畫線策略進行讀報活動。

4、

活動名稱	摘要策略
教學年級	五年級
活動時間	每週一節的綜合課程及彈性課程
實施時程	一個月（99 年 12 月中至 100 年 1 月中）
使用教材	八篇選自《國語日報》的文章
教學目標	1.能延續畫線策略判斷文章重點。 2.能透過摘要策略歸納統整文章重點。 3.能透過摘要策略寫出流暢通順的約 60 字摘要。
實施方式	延續「畫線策略」，5W1H 關鍵詞句出現的旁邊畫線後，請其根據畫線處以及對文章閱讀理解程度，寫下約莫 60 字的文章大意，從中觀察學童對文章題旨的掌握和對 5W1H 的理解程度。
課後補救方式	透過學童練習資料分析其學習狀況，若未達教學目標，將利用訪談法了解學童學習情況和指導，確定其能運用摘要策略進行讀報活動。

三、綜合討論與分析

（一）畫線策略教學實施歷程與成效分析

1、畫線策略教學實施歷程

本研究考量學童學習成效和配合有限的教學時數，以《國語日報》第十六版〈兒童新聞版〉的八篇文章爲教學材料，在教學實施過程分爲四個階段加以探究：

（1）第一階段：以第一篇文章進行前測與作品分析。

（2）第二階段：以第二、三、四篇文章進行畫線策略、摘要策略的課程實驗和作品分析。

（3）第三階段：以第五、六、七篇文章進行畫線策略、摘要策略的課程實驗和作品分析。

（4）第四階段：以第八篇文章進行後測與作品分析。

依據出版時間順序，八篇文章的篇名、課程設計和評鑑方法如下：

表 4-1-1　六何法應用於畫線與摘要策略課程表

<table>
<tr><th>期程</th><th>篇名</th><th>課程設計</th><th>評鑑方法</th></tr>
<tr><td>前測</td><td>運動會午餐
由學生票選</td><td>學生依自己的認知方式進行畫線和摘要策略活動</td><td rowspan="8">一、畫線策略評鑑方法：能精確寫出
1.誰
2.時間
3.地點
4.做了什麼事
5.原因
6.經過
二、摘要策略評鑑方法：完成約 60 字摘要，摘要評分標準爲
1.立意取材占 30%
2.組織結構占 30%
3.遣詞造句占 30%
4.標點符號占 10%</td></tr>
<tr><td rowspan="3">第一階段實驗課程</td><td>下田種胡蘿蔔
三人分工</td><td rowspan="6">一、畫線策略
學童需在文中找出 5W1H 並在文句上畫線，並謄寫在簿本上。
二、摘要策略
學童將運用六何法找出文章重要訊息，將找到的訊息統合歸納，以約 60 字撰寫文章摘要。</td></tr>
<tr><td>中小學生聯手
彩繪兔子模型</td></tr>
<tr><td>學童訪溼地
探鹽田看水鳥</td></tr>
<tr><td rowspan="3">第二階段實驗課程</td><td>剝皮寮導覽
小志工倒背如流</td></tr>
<tr><td>釋迦果加紙黏土章
魚哥再現</td></tr>
<tr><td>校園賞畫看書
學當米勒通</td></tr>
<tr><td>後測</td><td>學童扮小丑
秀默劇練臺風</td><td>學生能運用畫線策略與摘要策略所學的經驗，從文章中找出 5W1H 和完成摘要。</td></tr>
</table>

資料來源：研究者自行設計

2、畫線策略成效分析

（1）前測

學童進行前測的第一篇文章爲「運動會午餐　由學生票選」，透過學童作答內容分析，可發現學童在前測時出現的問題和解決方式如下：

①採用重讀策略

學童在六何法中的「誰」、「時間」和「地點」產生的問題，透過教師與學生進行對話與討論，以重讀策略，帶領學童找出文本中的「誰」、「時間」和「地點」。

②判斷因果句

學童在六何法中的「爲什麼」產生問題，研究者認爲學童需培養推論能力，加強邏輯思考，學童在「爲什麼」中產生的問題爲「因果關係混淆」和「爲什麼（Why）和經過（How）混淆」，所以透過判斷因果句，由簡單的「因爲……，所以……。」句型，訓練學童檢討文章脈絡的邏輯性，進行推論理解，藉以解決問題。

③使用概念圖（concept maps）

學童在六何法中的「經過」產生的問題，研究者搜尋經過需要具有詮釋、整合觀點和訊息的能力，運用概念圖中的節點（又稱結點）、連線和連接詞三個部分，將事件發生的先後順序串聯起來，讓不知從何處著手的學童，可以寫下經過的概要，再透過連接詞將文句串連，寫出事件發生過程，藉以解決問題。

（2）第一階段

表 4-1-2　第一階段畫線策略歷程問題與因應策略表

篇數	篇名	產生問題		因應策略
第二篇	下田種胡蘿蔔　三人分工	誰	回答問題不完整	1.訓練專注力：研究者詢問學童爲何出現跳行抄寫情形，學童答其分心所致，非閱讀障礙的問題。 2.瀏覽題目：閱讀文章題目，將文章內容和題目進行連結，再分析句子和句子間的關係。
		時間	1.誤以當天的出版日期爲事件發生日期 2.書寫日期和星期不符	
		地點	誤將相關名詞視爲地點	
		做了什麼事	無	
		爲什麼	1.因果關係混淆 2.爲什麼和經過混淆 3.跳行抄寫	
		經過	1.未發現文章重要訊息 2.陳述事件非描述經過 3.沒有理解文意	
第三篇	中小學生聯手　彩繪兔子模型	誰	回答問題不完整	1.閱讀第一步驟爲瀏覽題目，發現主標題，再自我提問：「從題目中可以發現哪些影響事
		時間	書寫日期和星期不符	
		地點	無	
		做了什麼事	無	

		爲什麼	1.回答問題不完整 2.爲什麼和經過混淆	件的原因呢？」 2.從文本內容找到和標題相關線索，進行推論。
		經過	經過和爲什麼混淆	
第四篇	學童訪溼地　探鹽田看水鳥	誰	回答問題不完整	1.運用資源：學童應運用周遭資源，如：查字典、工具書或詢問他人來解決問題。 2.報社加註私名號：學童對地名不熟悉，源自生活經驗不足外，報社編撰報紙時，不加註私名號也有影響。 3.運用重讀策略、瀏覽題目及自我提問策略。
		時間	書寫日期和星期不符	
		地點	1.回答問題不完整 2.沒有理解文意 3.生活經驗不足	
		做了什麼事	無	
		爲什麼	爲什麼和經過混淆	
		經過	1.回答問題不完整 2.陳述事件並非經過	

資料來源：研究者自行設計。

（3）第二階段

表 4-1-3　第二階段畫線策略歷程問題與因應策略表

篇數	篇名	產生問題		因應策略
第五篇	剝皮寮導覽小志工倒背如流	誰	回答問題不完整	1.澄清策略一：釐清主標題與副標題 一篇文章中，有時同時陳述不同事件，學童應具判斷力，區分主標題與副標題。 2.澄清策略二：釐清整體和個人經驗 一篇文章中，除了記者撰寫的內容外，還有受訪者的話，學童在引用時應註明是誰的經驗談，勿將整體經驗和個人經驗混淆。
		時間	1.沒有理解文意 2.誤以當天的出版日期爲事件發生日期 3.回答問題不完整	
		地點	1.主標題和副標題概念不清 2.沒有理解文意	
		做了什麼事	無	
		爲什麼	1.陳述事件並非原因 2.沒有理解文意 3.爲什麼和經過混淆	
		經過	1.以個人經驗取代整體經驗 2.回答不完整	
第六	釋迦果加紙黏土章魚哥	誰	1.找不到主角或核心人物	1.聯想策略：第六篇文章的題目雖標題

篇	再現		2.回答問題不完整 3.生活經驗不足 4.以個人經驗取代整體經驗	聳動，但未能涵蓋文章大意，因此研究者讓學童發揮想像力，自訂題目。 2.運用資源：學童應運用周遭資源，如：查字典、工具書或詢問他人來解決問題。 3.報社附註專有名詞之全名：報社在編製兒童報紙時，應考量是否使用「縮寫字」，以免造成學童因生活經驗不足而產生的誤解。
		時間	1.沒有理解文意 2.誤以當天的出版日期爲事件發生日期 3.回答問題不完整 4.「一週」定義不同	
		地點	回答問題不完整	
		做了什麼事	回答問題不完整	
		爲什麼	回答問題不完整 爲什麼和經過混淆	
		經過	1.以個人經驗取代整體經驗 2.回答問題不完整	
第七篇	校園賞畫看書 學當米勒通	誰	1.找不到主角或核心人物 2.回答問題不完整	採用「做筆記」策略，先將文章大意記錄下來，再做統整歸納。
		時間	1.誤以當天的出版日期爲事件發生日期 2.認爲文中未有明確時間	
		地點	無	
		做了什麼事	無	
		爲什麼	1.回答問題不完整 2.爲什麼和經過混淆	
		經過	1.回答問題不完整 2.經過和時間混淆	

資料來源：研究者自行設計。

（4）後測

第八篇文章「學童扮小丑　秀默劇練臺風」爲學童進行後測的材料，學童在回答 5W1H 的各項提問都有顯著進步，但在判斷文章的主標題和副標題概念仍有四位學童不甚熟悉，研究者認爲往後在進行活動當中，除了讓學童找出主標題外，亦可訓練學童找到副標題，藉以改善此現象。

六何法融入畫線策略的讀報教學方式，於學童進行八篇文章的畫線練習後，研究者從學童作品分析中可發現學童們普遍產生的問題，誠如行動研究的宗旨：

這是一個以螺旋式不斷修正反省的教學過程，研究者在規畫、行動、觀察、反省中不斷反覆進行，由於每位學童的語文能力不同，多數學童在八篇文章的學習歷程中，能逐步發現畫線策略技巧，有效完成作品；而有少部分學習能力緩慢的學童，能從不知如何下筆或完全不能理解文意，慢慢進入採用六何法融入畫線策略的讀報方式，整體而言，從學童的作品可見其運用六何法融入畫線策略的進步。

（二）摘要策略教學實施歷程與成效分析

1、摘要策略教學實施歷程

報導文章的文章結構組織和一般文體不同，其文章重要訊息多出現在導言和第一段，因此學童在撰寫摘要時，若能緊扣題目，由文章前兩段開始，透過六何法找到文章大意，並將資料加以整合歸納，以約六十字的摘要呈現文意，便能更有效率、更準確的表達文意。

（1）前測：摸索期

學童初次接觸以約六十字撰寫一篇報紙的摘要，或可依據報紙題目，闡述和文章大意相關的內容，卻時有忽略主標題，突顯副標題的現象，如：中表現 S16 在摘要中提及「午餐內容」、S15 提及「驗票員工作細項」，此爲文中次要的重點；此外，在語詞的選用、文句的掌握、文章脈絡的規畫和標點符號註記上，都有不少的困難要克服，由第一篇的前測中可發現多數學童尙在尋找方法，讓撰寫的摘要能符合文章大意。

（2）萌芽階段：學習以六何法架構全文

學童撰寫第二篇文章摘要時，尙處於萌芽期，對於將找到的重點濃縮成約六十字摘要還不熟稔，有些學童尙不知可透過六何法架構摘要，因此處於此時期的學童應加強學習基礎，確實掌握文章重點，再進行摘要撰寫。

（3）模仿階段：學習變化句型與釐清思路

學童撰寫第三篇文章摘要時，漸漸進入模仿期，學童可以掌握部分文章重點，但在撰寫過程中往往只能照抄原文，文句顯得僵滯，且在文句轉折處不甚連貫，應善用連接詞，並釐清思路再下筆，可減少摸索和嘗試時間。

（4）成長階段：學習面面俱到與突破弱點

學童撰寫第四篇摘要時，爲一成長階段，此期學童漸能掌握撰寫摘要的方法，但是未能注意細節，往往語意表達上有所缺漏，研究者從中發現，六何法中的原因和經過爲學童行文關鍵點，也是學童需要突破的弱點。

（5）定型階段：學習客觀角度表達文意

學童撰寫第五篇文章摘要時，部分高表現學童，已進入定型階段，發展一套撰寫摘要的固定模式，顯示其練習的純熟度；然而部分學童在撰寫摘要時因用受訪者訪談內容，表達立場不夠客觀，取材時應避免此情形出現。

（6）兩極化階段：學習出現經驗不足瓶頸

學童撰寫第六篇文章摘要時，研究者觀察中高表現學童能迅速有效撰寫摘要，相較之下低表現學童雖有所成長，但需要較長的時間閱讀和書寫，有些低表現學童因此心情受到影響，教師應適時安排中高表現學童從事其他讀報活動，讓低表現學童能專心撰寫；此外，在此階段學童也面臨生活經驗不足的瓶頸，需透過外界的資源輔助加以克服問題。

（7）歸零階段：學習主動自我監控與反省

學童撰寫第七篇摘要時，研究者認爲此時期是歸零階段，多數學童已學會如何用六十字撰寫一篇文章摘要，然而此時期的學童應回歸到自己本身，檢視自己是否能主動檢查摘要是否符合文意、表達是否清晰、文句是否流暢及是否有錯別字等，避免無謂的錯誤產生。

（8）後測：穩定期

綜看學童八篇的摘要策略，整體而言，學童在最後一篇文章的取材立意、組織結構、遣詞造句和標點符號使用上有明顯的進步，在學童的成績表現上亦可看到進步情形。

六何法融入摘要策略的讀報教學方式，在學童撰寫八篇文章摘要後，研究者從學童作品分析中可見學童的進步，可見其運用六何法融入摘要策略的進步與收穫。

2、摘要策略成效分析

（1）質性分析

摘要策略前後測作品的質性分析分為四個構面進行，分別爲文章的取材立意、組織結構、遣詞造句、錯別字及標點符號。

①取材立意

由取材立意的構面分析學童前測表現，因是第一次尋找報導文章重點訊息並以摘要的方式呈現，尚處於摸索期，低表現學童未能瀏覽題目、依循線索掌握文章大意，摘要內容有離題或偏題的情形，而部分中表現學童摘要內容尚有偏離主題現象，無法釐清主標題與副標題的差異，造成取材失焦；至於高表現學童也因是第一次撰寫摘要，雖作品能緊扣文章重點且取材適當，但仍需進行長期觀察，確定其閱讀理解程度。

學童在後測表現上，低、中、高表現學童皆能透過六何法呈現報導文章重點，並學會瀏覽題目找出文章大意，但在釐清文章主標題與副標題方面，仍有學童無法正確區辨而表現不理想。

②結構組織

學童的前後測作品在結構組織表現上進步不少。在前測作品表現上，學童初次接觸撰寫一篇報導文章摘要，因此中、低表現學童剛開始時將關鍵字或重要文句放入摘要中，未適當剪裁或考慮連接詞的使用，造成文章形式僵滯、上下文銜接不連貫及文章脈絡不明晰等問題，而部分低表現學童甚至只能依樣畫葫蘆，將文章中的文句原封不動抄寫下來，未有考慮過文章結構組織的問題。

在後測表現上，高表現學童不僅能寫出條理分明，脈絡清晰的摘要，甚至漸漸發展出特有的寫作模式，如：S12 撰寫的順序多爲先寫事件發生原因，再敘寫誰在某一時間某一地點，進行某一事件，學童歷經摸索期、萌芽期而自行發展的撰寫模式，象徵其摘要練習臻達純熟；至於中表現學童在邏輯思考和文章流暢度上有所進展，學童在撰寫完摘要後能檢查其文章流暢度與反覆誦讀，降低流暢度不足的問題；而低表現學童雖有所進步，但文章結構顯得鬆散，在連接詞銜接上下文方面仍需加強。

③遣詞造句

學童在遣詞造句上的前後測表現進步程度尚可，研究者認爲學童語感訓練非短期可以達成，因此在遣詞造句上的成長有限。在前測表現上容易出現的造句問題是：在文中出現「漏字」或「贅字」；在遣詞上則是用詞不夠精準或用語過於口語化。

在後測表現上，高表現者語彙使用活潑，可自由增加或縮短語詞，如：「看丑劇」原意是「看小丑表演戲劇」，且高表現者句型也富有變化性；中表現者的進步在於能平鋪直述的寫出流暢的語句，但仍有「漏字」或「贅字」的情形；低表現者在後測的改變幅度不大，遣詞仍不夠精確和有口語化現象，造句上則不夠流暢、語意表達仍不夠完整。

④錯別字及標點符號

學童在錯別字及標點符號的前後測表現上有些微差異，在前測表現上，學童雖將報紙內容抄寫到練習簿上，但在抄寫過程中，會出現一些共同的錯別字，如：中表現 S7、S13 和 S12 在「選務人員」的「務」字上犯相同錯誤，三人在部件「矛」字中皆少寫最後一撇，研究者推論此爲學童個別書寫習慣造成，較難改變或根治；在標點符號使用上，有些報導文章的文句較爲冗長，學童抄寫下來卻未審慎思考斷句問題，學童通常需要修改的地方是在文中插入「逗號」，以區隔上下文。

在後測表現上，學童雖然有過前測經驗，但仍無法避免慣性上犯的錯別字，如：「秀默劇」的「劇」字，低表現 S9、中表現 S17 和高表現 S11 在部件「豖」字上皆少寫最後兩畫，錯誤的地方相同；而標點符號使用上除了低表現學童外，其他學童有進步的跡象。

（2）量化分析

以下主要探討學童在摘要歷程上的整體表現，透過學生各篇摘要低中高標表，藉以了解學童整體表現，觀察六何法教學對學童閱讀理解的成效。

表 4-2-1　學生各篇摘要低中高標表

	第一篇（前測）	第二篇	第三篇	第四篇	第五篇	第六篇	第七篇	第八篇（後測）

01	中	低	低	低	高	中	中	低
03	中	中	高	高	高	高	中	高
04	中	中	中	高	高	高	高	中
05	中	中	中	高	中	中	中	高
06	中	高	中	低	高	中	中	高
07	中	中	中	中	中	低	低	中
08	中	中	中	中	中	中	高	高
09	低	低	低	低	中	低	中	低
10	中	中	中	中	中	中	中	高
11	中	中	中	高	中	中	高	高
12	中	高	中	中	高	中	高	高
13	中	中	中	低	中	低	低	中
14	中	中	中	低	高	高	中	低
15	低	中	中	高	中	中	中	中
16	中	中	中	中	中	中	高	高
17	中	中	中	高	中	中	中	中
18	高	高	中	高	中	中	中	高
19	中	高	中	中	高	中	中	中

由上表可知學童在各篇作品的表現情形，第一篇前測作品中，低、高標人數鮮少，多數學童在中等程度，隨著實驗課程的練習，表中可見高標學生人數增加，由前測的一人，增加到後測時的九人，顯示學生程度提升；相較之下，前測時低標學生人數二人，但在後測時卻變爲三人，分別是 S1、S9 和 S14，而三人的八篇作品整體平均數分別是：S1 爲 4.32 分、S14 爲 4.65 分、S9 爲 3.49 分，當中 S14 的表現起伏波動大，回顧 S14 整體表現，其平均數顯示爲中標學生，因此研究者認爲 S14 雖在後測表現不理想，可視爲個別狀況，仍應參考其整體表現，予以客觀評價。此外，研究者找出 S14 在後測中表現不佳的主因爲主標題和副標題概念不清，透過補救教學後，其能釐清文中主標題和副標題，順利找到文中的 5W1H；至於 S1 在進行後測前一天因病請假，隔天在施測表現上受到影響，此外，研究者分析其表現不佳主因，亦爲主標題和副標題概念不清，透過補救教學後，S1 可釐清文中主標題和副標題，找出文中的 5W1H；至於 S9 本身爲輕度學習障礙學童，在找出原因和經過方面需透過師長引導，方能順利寫出正確答案，而 S9 透過師長反覆引導與練習後，亦能找出原因和經過。

整體而言，學童在六何法教學中，能藉由 5W1H 找尋文章大意，歸納統整爲摘要，而多數學童隨著實施課程的進程有所進步，其中在「組織結構」一項進步最多，顯示學童能安排摘要內容的條理與順序，其次爲「立意取材」，透過六何法學童更能有效找出文章大意，顯示其在閱讀理解能力上的進步。

（三）問卷分析

本研究除了透過學童作品評析外，為使研究更趨完善，亦透過六何法教學前後測問卷，對學童進行讀報態度和讀報能力的問卷調查，並於六何法教學後測問卷上，擴增第二部分的調查，分析學童在使用「畫線策略」與「摘要策略」的歷程，最後將學童問卷中填寫的資料進行統計分析，透過表格加以呈現。

1、讀報態度問卷分析

本問卷請學童依據真實感受勾選非常同意、同意、不同意或是非常不同意，依勾選答案，分別給予 4、3、2、1 分，經由讀報態度前後測分數個別加總平均後，得到前測平均數為 52.2 分，後測平均數為 57.2 分，前後測相差 5.0 分，從中可見學童讀報態度的改善與提升。

表 4-3-1　學童讀報態度前後測問卷統計表

讀報態度		非常同意	同意	不同意	非常不同意	總分
1. 我喜歡閱讀報紙。	前測人數	5	10	2	1	55
	前測百分比	28%	55%	11%	6%	100%
	後測人數	5	10	3	0	56
	後測百分比	28%	55%	17%	0%	100%
2. 日常生活中，我曾經主動翻閱過報紙。	前測人數	8	4	5	1	55
	前測百分比	44%	22%	28%	6%	100%
	後測人數	9	5	2	2	57
	後測百分比	50%	28%	11%	11%	100%
3. 我覺得能讀懂報紙很重要。	前測人數	3	11	3	1	52
	前測百分比	17%	60%	17%	6%	100%
	後測人數	11	4	3	0	62
	後測百分比	60%	22%	17%	0%	100%
4. 讀報對我而言是一件容易的事。	前測人數	5	7	5	1	52
	前測百分比	28%	38%	28%	6%	100%
	後測人數	8	7	2	1	58
	後測百分比	44%	38%	11%	6%	100%
5. 若進行讀報的紙筆練習，我會努力完成。	前測人數	4	9	3	2	51
	前測百分比	22%	50%	17%	11%	100%
	後測人數	10	5	2	1	60
	後測百分比	55%	28%	11%	6%	100%
6. 在完成一	前測人數	3	11	3	1	52

篇紙筆練習後，我會重新檢查與修改錯誤。	前測百分比	17%	60%	17%	6%	100%
	後測人數	8	6	3	1	57
	後測百分比	44%	33%	17%	6%	100%
7. 對於老師給我的紙筆練習意見我會欣然接受	前測人數	6	8	3	1	55
	前測百分比	33%	44%	17%	6%	100%
	後測人數	13	4	1	0	66
	後測百分比	72%	22%	6%	0%	100%
8. 閱讀報紙時，如果有不懂的地方，我會詢問別人	前測人數	6	10	2	0	38
	前測百分比	33%	56%	11%	0%	100%
	後測人數	12	4	2	0	64
	後測百分比	67%	22%	11%	0%	100%
9. 在閱讀報紙時，我會因為讀不懂而生氣。	前測人數	1	3	6	8	60
	前測百分比	6%	17%	33%	44%	100%
	後測人數	1	2	5	10	60
	後測百分比	6%	11%	28%	55%	100%
10. 我覺得透過學習可以讓我讀報讀得更好。	前測人數	8	8	1	1	59
	前測百分比	44%	44%	6%	6%	100%
	後測人數	10	6	2	0	62
	後測百分比	56%	33%	11%	0%	100%

2、讀報能力問卷分析

透過讀報能力問卷分析，從中可見讀報能力前後測分數個別加總平均後，得到前測平均數爲 46.92 分，後測平均數爲 57.62 分，前後測相差 10.7 分。

表 4-3-2　學童讀報能力前後測問卷統計表

讀報能力		非常同意	同意	不同意	非常不同意	總分
11. 在閱讀報紙時，我會先看文章標題。	前測人數	8	9	0	1	60
	前測百分比	44%	50%	0%	6%	100%
	後測人數	10	6	2	0	62
	後測百分比	56%	33%	11%	0%	100%
12. 閱讀報紙時，我會使用	前測人數	1	11	5	1	48
	前測百分比	6%	60%	28%	6%	100%

一些有效的讀報方法。	後測人數	11	3	2	1	58
	後測百分比	60%	17%	11%	6%	100%
13. 我會使用六何法找出一篇文章的重點。	前測人數	1	6	8	3	41
	前測百分比	6%	33%	44%	17%	100%
	後測人數	8	8	0	2	58
	後測百分比	44%	44%	0%	11%	100%
14. 閱讀報紙時，我能找出文章的主要人物。	前測人數	4	11	2	1	54
	前測百分比	22%	60%	11%	6%	100%
	後測人數	12	5	1	0	65
	後測百分比	66%	28%	6%	0%	100%
15. 閱讀報紙時，我能找出事件發生的時間。	前測人數	2	11	4	1	50
	前測百分比	11%	61%	22%	6%	100%
	後測人數	11	6	1	0	64
	後測百分比	61%	33%	6%	0%	100%
16. 閱讀報紙時，我能找出事件發生的地點。	前測人數	2	14	2	0	54
	前測百分比	11%	78%	11%	0%	100%
	後測人數	11	7	0	0	65
	後測百分比	61%	39%	0%	0%	100%
17. 閱讀報紙時，我能找出發生了什麼事。	前測人數	3	11	4	0	53
	前測百分比	17%	61%	22%	0%	100%
	後測人數	10	6	2	0	62
	後測百分比	55%	33%	11%	0%	100%
18. 閱讀報紙時，我能找出事件發生的原因。	前測人數	0	8	9	1	43
	前測百分比	0%	44%	50%	6%	100%
	後測人數	7	8	3	0	58
	後測百分比	38%	45%	17%	0%	100%

19. 閱讀報紙時，我能找出事件發生的經過。	前測人數	0	8	9	1	43
	前測百分比	0%	44%	50%	6%	100%
	後測人數	4	10	3	1	53
	後測百分比	22%	55%	17%	6%	100%
20. 我能找出一篇報紙的大意或重點。	前測人數	0	8	8	2	42
	前測百分比	0%	44%	44%	22%	100%
	後測人數	2	13	1	2	51
	後測百分比	11%	72%	6%	11%	100%
21. 我能有條理的寫出報導文章的摘要。	前測人數	0	3	12	3	36
	前測百分比	0%	17%	66%	17%	100%
	後測人數	4	7	4	3	48
	後測百分比	22%	39%	22%	17%	100%
22. 我能透過適當的文句清楚表達報紙內容。	前測人數	0	9	8	1	44
	前測百分比	0%	50%	44%	6%	100%
	後測人數	2	13	3	0	53
	後測百分比	11%	72%	17%	0%	100%
23. 讀報後撰寫摘要時，我能透過標點符號適當的斷句及避免寫錯別字。	前測人數	0	10	4	4	42
	前測百分比	0%	56%	22%	22%	100%
	後測人數	3	11	3	1	52
	後測百分比	17%	60%	17%	6%	100%

3、畫線策略相關調查

本部分透過探討畫線策略相關問題，藉以了解學童的學習成效，經由匯整後，以下有 4 個問題，分別透過表格以及學童的紙筆回答進行研究。

（1）你覺得六何法運用在畫線策略中，最難找出的要素是哪一項？

六項要素	誰	時間	地點	做了什麼事	爲什麼	經過
人數	0	1	1	0	2	14
百分比	0%	6%	6%	0%	11%	77%

（2）你覺得運用畫線策略在讀報上的優點是什麼？

學童認爲使用六何法融入畫線策略於讀報的優點有以下三點：

①方便讀報

學童透過畫線策略將重點標記下來，可方便學童讀報，或提高讀報的效率。

②發現文章重點

學童透過畫線策略將文章重點標記下來，下次再看文章時，可依憑標記處發現文章重點。

③可續寫摘要

學童透過畫線策略標記重點後，可從標記重點中選擇合適材料放入摘要中。

（3）學會畫線策略後，我現在比較喜歡讀報了。

	非常同意	同意	不同意	非常不同意
人數	6	7	2	3
百分比	33%	38%	11%	17%

由上述統計數據得知，有 71%的學童在學會畫線策略後，對於讀報的興趣更加濃厚。

（4）以後在進行讀報時，我會繼續使用畫線策略。

	非常同意	同意	不同意	非常不同意
人數	6	9	1	2
百分比	33%	50%	6%	11%

由上述統計數據得知，有 83%的學童在學會畫線策略後，能將此策略運用在未來讀報過程當中。

4、摘要策略相關調查

本部分透過探討畫線策略相關問題，藉以了解學童學習成效，經由匯整後，以下有 4 個問題，分別透過表格及學童的紙筆回答進行研究。

（1）你覺得六何法運用在摘要策略中，最難掌握的要素是哪一項？

	找出文章大意	安排摘要結構	適當的用字遣詞	寫出正確字與標點符號
人數	3	12	1	2
百分比	17%	66%	6%	11%

（2）你覺得運用摘要策略在讀報上的優點是什麼？

①方便讀報

學童透過摘要策略將文章大意記錄下來，可方便讀報，或提高讀報的能力。

②理解文意或重點

學童透過摘要策略將文章大意歸納統整後，能透過摘要理解文意或重點。

③可自我表達文意

學童能透過自己的話寫出文章摘要，代表能將文章內容加以整合吸收並內化，轉換爲自己的語言加以呈現。

（3）學會摘要策略後，我現在比較喜歡讀報了。

	非常同意	同意	不同意	非常不同意
人數	5	8	1	4
百分比	28%	44%	6%	22%

由上述統計數據得知，72%的學童在學會摘要策略後，對讀報興趣更加濃厚。

（4）以後在進行讀報時，我會繼續使用摘要策略。

	非常同意	同意	不同意	非常不同意
人數	5	8	3	2
百分比	28%	44%	17%	11%

由上述統計數據得知，有72%的學童在學會摘要策略後，能將此策略運用在未來讀報過程當中。

依據問卷調查分析，發現學童對於在讀報態度和能力上的前後表現，多數予以正向肯定；在問卷調查後測的第二部分，學童對於使用畫線策略和摘要策略的目的，多能清楚陳述；未來是否持續使用兩項策略上，多數學童表示贊同與肯定。

四、結論與建議

（一）結論

1、運用六何法於讀報教學，可提升學童閱讀理解能力

依學童作品前後測分析數據及六何法教學前後測問卷，可以看出學童閱讀成

效，在六何法融入摘要策略中，學童前測平均爲 4.65，後測平均爲 5.04，進步 0.39 分，顯示學童閱讀理解能力提升；而在六何法教學前後測問卷中，由學童自評可得知，學童於讀報能力前後測分數個別加總平均後，得到前測平均數爲 46.92 分，後測平均數爲 57.62 分，進步 10.7 分，顯示學童自我評估其讀報能力有所進步。

2、六何法融入「畫線策略」可呈現六何法教學的成效

依學童「畫線策略」作品，可發現學童從前測的摸索期，對於六何法各項要素的不熟悉，透過課程實驗第一、二階段，最後於後測時多數學童能獨立找出六個要素，顯示其能掌握六何法融入畫線策略的要領；此外，於六何法教學問卷後測中，學童自認爲能找出六何的比例提升至全班的八成至百分之百，且能具體寫下運用畫線策略在讀報上的優點，如：方便讀報、可發現文章重點或是可續寫摘要，代表學童能了解使用六何法融入畫線策略的目的，並有 83%的學童願意在日後讀報時，繼續使用該項策略。綜上所述，學童由原本不熟悉到能體會六何法融入畫線策略的用意，並將該策略視爲一帶著走的能力，此爲六何法教學的成效。

3、六何法融入「摘要策略」可增進學童掌握文章立意取材與組織結構力

依學童作品表現，其在摘要評量四個構面進步情形如下：立意取材方面，進步 0.43 分；結構組織方面，進步 0.45 分；遣詞造句方面，進步 0.37 分；在錯別字及標點符號方面進步 0.13 分；此外，透過學童自評，其在六何法教學前後測問卷中，四個構面進步最多的爲「立意取材」與「結構組織」兩項。綜上所述，透過客觀分析與學童自我評析，可發現六何法融入「摘要策略」，在文章立意取材與組織結構兩個構面上進步最爲顯著，亦顯示學童於此兩構面最有掌控能力。

4、六何法教學歷程能提升讀報教學之專業技能，可提供國小教師參考

本研究爲一行動研究，在行動研究過程中，不斷透過規劃、行動、觀察、反省四個螺旋步驟，讓六何法教學的實驗課程更趨完善，因此從六何法教學歷程中，漸漸培養一些讀報教學的專業技能，以下將從三方面加以說明：

（1）教師專業與教學心得

自推動讀報教學以來，透過文獻蒐集，開始踏入各家學者與學派的專業領域中，分析文獻過程中，不斷的省思與構想，將資料內化爲教師專業一部分；與夥伴教師研究討論課程設計方向與內容，彼此互相激盪讀報教學火花，此爲難得的寶貴經驗；此外，透過與專家學者晤談，更能將繁雜思緒加以釐清，提升自我思考層次與表達能力，透過多方協助，而有了不斷精進教學的專業能力與動力。

（2）課程設計與理論應用

課程設計若能結合適當的理論基礎，以循序漸進方式建立學習鷹架，則能爲學童築起穩固的學習堡壘。在課程設計當中，教師緊扣「六何法」作爲學童學習理論基礎，再輔以「畫線策略」與「摘要策略」的學習鷹架，建構出學童於讀報教學之閱讀理解能力，透過此模式，將課程設計與理論緊密結合，發揮教學的成

效。

（3）教學實務與學童互動

教師進行教學過程中，除了針對學童作品進行評析，更重要的是與學童的互動關係，學習過程中難免遇到挫折或學童難以突破的困境，教師除了教學過程中，以活潑方式吸引學童注意外，也要適時停、聽、看，確定學童的身心狀態皆有學習意願；在學生作品評析上，學童對於自己未能掌握的難題也會沮喪或因此排斥學習，教師給予意見的同時，別忘了給予孩子正向的鼓勵與微笑。

（二）建議

1、對推行兒童讀報機構的建議

根據本研究學童作品顯示，學童閱讀報導文章時，生活經驗不足爲影響閱讀理解原因之一，國內編製兒童報紙之報社，於編輯報紙時可多考量學童的生活經驗，盡量避免使用「縮寫字」，如：臺東大學附小，以及將人名、地名、朝代名、種族名、國名、機構名等用「專名號」加以標明，藉以減少學童閱讀理解的困難。

2、對教學者的建議

（1）善用教學時數

讀報教學過程中，有效與善用教學時數可爲教師和學童爭取更多互動與交流機會，除了課程開始前精心策劃活動內容外，於教學期間，由於每個學童的閱讀與語文能力不同，因此活動過程中高表現與低表現學童作答時間必有所差異，教師應於一堂四十分鐘的課程中，爲高表現學童安排其他讀報課程，如：自行讀報，或與同學討論新聞時事、特殊議題，同時亦爲中表現或低表現同學創造思考反應空間和省思改正的時間。

（2）適時引導學童

學童於課程實施思考過程中，有時會面臨難以解決的情境，或是陷入無解的僵局中，此時，教師應適時、適當引導學童發現解決問題的切入點，避免學童因爲學習難度過高而產生自我放棄的窘況。而每位學童的思考時間長短不一，但作答快慢有一定頻率，研究者可在每次課程實施過程中，記錄與觀察學童完成作品花費時間，則可進一步掌握學童學習狀況，更能適時的引導學童。

（3）營造讀報情境

本研究以讀報教學爲研究方向，因此教師在教室中可規畫方便舒適的讀報情境，讓學童除了傳閱當天報紙外，也有興趣翻閱以前的報紙，增加閱讀報紙數量與讀報能力，甚至可以月爲單位，每月變化不同角落讀報區，提升學童讀報興趣。

3、對課程設計與實施的建議

（1）閱讀策略運用要循序漸進

①透過讀報十分鐘，奠定讀報教學的基礎

學童在五年級上學期初，開始每天接觸國語日報，透過每天十分鐘的讀報時間，漸漸培養閱讀報紙的習慣，同時熟悉報導文章的敘述方式、教材的版面安排與主題選取，逐漸累積讀報習慣，奠定讀報教學的基礎。

②認識六何法策略，進入讀報教學的殿堂

學童在熟悉閱讀的素材後，便開始下一階段的活動—認識六何法，亦爲本研究的主要探討方向，透過兩篇報導文章的練習，促使學童對 5W1H 有基本概念，以俾接下來的畫線策略與摘要策略進行。

③運用畫線策略標記重點，摘要策略統整文意

學童將六何法融入畫線策略中，從文章中標記重點，透過畫線策略，學童對文章有了初步的認知概念，接著，再透過摘要策略，促使學童經過歸納統整文章重點，撰寫約六十字的摘要，研究者便可經由摘要，評析學童的閱讀理解能力。

（2）補救教學設計要評估檢驗

本研究設計中包含補救教學方案，研究者於教學後進行低表現學童的補救教學，然而在施行上有其困難度，低表現學童除了作品表現需加強外，還有各領域課業上的問題需補救，學童穿梭在級任教師與科任教師間，已是分身乏術，往往需占用到早自修、午休甚至放學時間進行讀報補救教學，因此囿於教學時間和人力的不足，故在設計補救教學課程時，應考慮以下二點：

①教學時間

教師在課程設計中，應考量到進行補救教學的教學時間與地點，讓學童能有一充分時間和安靜空間進行學習。

②教學內容

教師在課程設計中，關於低表現學童的教學內容應分爲主要目標與次要目標，於有限時間中，先完成教學主要目標，次要目標或可延後進行，甚可刪略。

4、未來研究新面向

（1）研究對象

本研究囿限人力與時間不足，因此參與學生只有任教的班級學生，造成樣本數量過小，無法將研究進一步推論。未來研究，可連結同年段學生，一起進行六何法融入讀報教學活動，擴大研究樣本，使研究結果更具研究信度。

（2）研究模式

本研究只有單組實驗呈現量化結果，若能以實驗組和對照組的方法互相檢證，則可提升研究效度。因此建議未來進行研究時，可找尋協同的班級，增設對照組，使研究更具客觀性。

（3）研究主題

六何法融入讀報教學可於橫向主題與縱向對象持續開展延伸。於橫向主題方面，六何法除了運用在讀報教學上，亦可輔助其他語文教學活動，如：運用六何法設計小記者訪問稿，或運用六何法進行寫報教學；於縱向對象方面，本研究主

要針對國小五年級學童進行研究，其年段屬於高年級，六何法於讀報教學可向下延伸至中年級及低年級，中年級於課程實施過程中，可結合畫線策略和心智繪圖法進行探究；低年級可透過教師朗讀、教師提問，建立六何法融入讀報教學的根基。綜上所述，以六何法為核心進行讀報教學的方式是十分多元，依據不同的語文教學活動或不同的研究對象進行研究，是未來值得深入研究的新方向。

參考文獻

壹、專書（按姓氏筆畫排列）

一、中文著作

1、王瓊珠：《故事結構教學與分享閱讀》（臺北：心理出版社，2004 年）。

2、拉雅德・吉普林：《跟鱷魚拔河的小象》（臺北：東西出版公司，2006 年 8 月）。

3、張春興：《怎樣突破讀書的困境》（臺北：東華出版社，1988 年）。

4、鄭麗玉：《認知心理學：理論與應用》（臺北：五南圖書出版公司，2009 年）。

5、國語日報社：〈讀報　打開眺望世界的窗〉《讀報教育指南【時事篇】》（臺北：國語日報社，2008 年）。

二、外文著作

1、Grant, R. （1993）. Strategic training for using text headings to improve tudents' processing of content. *Journal of Reading, 36（6）*, 482-488.

2、Hidi, S., & Anderson, V. （1986）. Producing written summaries: task demands, cognitive operations and implications for instruction. *Review of Educational Research, 56（4）*, 473-493.

3、Malone, L. D., & Mastropieri, M. A.（1992）. Reading comprehension instruction: Summarization and self-monitoring training for students with learning disabilities. *Exceptional Children, 58*, 270-279.

4、McKeachie, W. J., et al. （1987）. Teaching and learning in the college classroom. A review of the research literature （1986） and November 1987 supplement. MI: National Center for Research to Improve Postsecondary Teaching and Learning, Ann Arbdr.

5、Pearson,P.D. ,&Johnson,D.D. （1978） .Teaching reading comprehension. New York: Holt,Rinehart and Winston.

6、Weisberg,R.,&Balajthy,E.（1990）. Development of disabled readers' meat-comprehension ability through summarization training using expository text: Results of three studies. *Reading, Writing, and Learning Disabilities, 6*, 117-136.

貳、論文（按姓氏筆畫排列）

1、梁惠玲：《改良式選擇題題型測驗應用於評量國小高年級學童作文能力之相關研究》（臺北：國立臺北教育大學語文與創作學系語文教學碩士論文，2008年）。

2、楊子嫻：《運用分享式閱讀教學於讀報教育之行動研究》（臺北：國立臺北教育大學語文與創作學系語文教學碩士論文，2009年）。

參、期刊（按姓氏筆畫排列）

1、吳清山、林天祐：〈讀報教育〉，《教育研究》第175期（2008年），頁175。

2、陳靜雅：〈讀報教育—讓孩子跟上時代的動脈〉，《師友月刊》第496期（2008年），頁64-65。

3、陸建國：〈實施班級閱讀的作法〉，《國教輔導》第43期（2004年），頁43-47。

肆、網際網路資料（按字首筆畫排列）

1、國民中學學生基本學力測驗全國試務委員會：取 http://www.bctest.ntnu.edu.tw/，2012/04/30 查閱。

2、媒體素養教育政策白皮書網站：取自 http://homepage.ntu.edu.tw/~floratien/gen_whitepaper.files/mediaequipment.pdf，2012/04/30 查閱。

3、讀報教育在臺北網站：臺北市國民小學99學年度試辦讀報教育實施計畫，取自 http://ekids.mdes.tp.edu.tw/2010newsreading/01_plan099_taipei.html，2011/04/23 查閱。

大意摘要教學於國小三年級閱讀理解教學之行動研究

林素秋*

摘要

本研究運用閱讀理解策略教學之「提問」、「課文結構」、「大意摘要」、「文章標題」等教學策略，以南一版三上第四課〈雪地靈犬〉和第八課〈時間的腳步〉，以及課外教材《巴巴國王變變變‧文字聚寶盆》進行教學。其中，「提問」採用「六何法」；「課文結構」運用基本的「原因、經過、結果」分析；「大意摘要」使用「刪除/歸納/主題句」的原則；「主旨」則以「文章標題」的方式，逐步引導學生深究內容，增進學生摘取大意的能力。

研究者以〈識字量評估測驗〉（國字測驗）之百分等級為依據，分析三年級低分組、一般組和高分組學生所寫的大意摘要，並藉由教學影帶、同儕教學觀察、學生的作品等，省思教學成效。二個循環的行動研究後，學生已學習基本的摘要能力。研究結果與建議如下：

一、以自我提問的「六何法」教學，有助於學生閱讀理解不同形式和內容的文本。

二、使用「刪除/歸納/主題句」的教學策略，對於部分學生雖仍有困難，但普遍能在教師引導下，摘出品質不錯的大意。

三、大意摘要可以適度加上連接詞和轉折詞，讓句子更通順。

四、練習命題「文章標題」，可以檢視學生是否掌握文章主旨。

關鍵詞：大意摘要、閱讀理解教學、行動研究

一、前言

「閱讀」是人類知識文化傳承的主要方式，也是因應終身學習社會的重要途徑。近年來，臺灣參與國際的兩項閱讀能力評量－「國際學生能力評量計畫」(The Programme for International Student Assessment，簡稱 PISA）和「促進國際閱讀素養研究」(Progress in International Reading Literacy Study，簡稱 PIRLS)，學生的閱讀素養表現欠佳，引發許多關於「閱讀教育」的議題。如同 PISA 閱讀專家團隊主持人約翰‧德容表示，臺灣基礎閱讀能力不佳的學生比例很高；PIRLS 的評量結果也顯示我國有 3%未達閱讀低指標。柯華葳（2008）指出，臺灣的閱讀教學活動經常是讓學生自行選擇閱讀書籍，或是閱讀完塡寫學習單。因此，如何掌握有限的教學時間，有效提升學生的閱讀素養，幫助學生學習閱讀，進而從閱讀中學習，是研究者關注與省思的議題。

* 國立屏東教育大學附設實驗國民小學教師兼研究主任

語文教學以閱讀爲核心，兼顧聆聽、說話、作文、寫字等各項教學活動的密切聯繫。課文教學要先概覽全文，然後逐節分析（教育部，2011）。鍾屏蘭（2011）長期觀察國小的國語教學，認爲教得最認真、最好的是生字新詞，但在課文內容方面，比較忽略摘取大意、課文內容討論問答、探求文章主旨、文章結構等解釋歷程的教學。研究者參加閱讀理解策略教學研習時，對於「大意摘要」的「刪除/歸納/主題句」和「故事結構」的摘要教學策略印象深刻，一再省思，學生真的有能力獨立摘取大意嗎？

100 學年度開始，本校調整閱讀教學的師資，從以往主要由級任教師任教的閱讀課，改爲每個年級安排一位專任教師，負責四班的閱讀課程。研究者於國小任教已二十餘年，2008 年負責執行學校申請的教育部「閱讀理解策略教學」之專案，以「摘摘樂－閱讀理解策略開發」實驗研究進行開發摘要策略的教學方法。此外，目前擔任教育部南區閱讀理解工作坊的種子教師，參加過許多場次的閱讀研習，且博士論文是以弱勢學生的閱讀理解教學爲主軸，因此，學校安排我擔任三年級的閱讀課，開啓此次三年級閱讀理解教學的行動研究。

二、文獻探討

本研究以培養學生摘取「大意摘要」的能力爲主要目標，運用「自我提問」、「課文結構」、「摘取大意」、「文章標題」等教學策略，因此，文獻探討聚焦於與大意摘要教學有關的閱讀理解策略。

（一）閱讀理解策略教學

閱讀能力以學生爲主體，宜依文章的性質類別，指導學生運用不同閱讀理解策略，培養其獨立閱讀能力（教育部，2011）。閱讀理解策略教學包括預測、六何法、摘要、文章結構分析、推論、自問自答、錯誤偵測等策略，國內學者研究發現閱讀理解策略的教學對學童閱讀內容的理解有很大的助益（黃瓊儀，2003）。Palinscar 和 Brown 歸納出四項能明顯提升閱讀理解能力的教學策略（引自鄒美華，2003），分述如下：

1、摘述要點（summarizing）：用自己的話陳述文章的主要概念。

2、自問自答（Self-questioning）：對文章的主要概念自己提問題來問自己。

3、預測內文（predicting）：要求學生以先前知識，預測文章的結果。

4、澄清疑慮（clarifying）：閱讀時遇到無法理解時，採取必要的行動以瞭解文義。

上述的「自問自答」可以先由教師提問，指導學生以「六何法」（6W，又稱 5W1H），即何人（Who）、何事（What）、何時（When）、何地（Where）、爲何（Why）、如何（How），培養學生提問的能力，並掌握故事文體的內容。

林佩欣（2004）整理 Richek, Caldwell, Jennings 和 Lerner 針對閱讀的前中後期閱讀理解教學的文獻，在閱讀後「要學生重述或摘要文章大意」、「問其他同學問題」，和「要學生寫下文章中的事實與讀後感想」等，能有效提升閱讀理解。

總之，閱讀理解策略應依學生年齡、理解程度、文章性質類別、閱讀的不同時期等，靈活運用適合的策略，培養學生獨立閱讀能力。研究者以九年一貫課程綱要閱讀能力指標的「5-2-13 能讀懂課文內容，瞭解文章的大意」爲主，交替使用「自我提問」、「摘要」、「文章結構分析」、「文章標題」等教學策略，以逐步提升國小三年級學生的閱讀理解能力。

（二）大意摘要教學

1、大意摘要

吳英長（1998）指出「大意」是把作者說了什麼（What does the author say?）簡短的表達出來。邱上真、洪碧霞（1999）認爲「摘要」是摘取文章的重點，也就是我們所稱的「大意」。楊裕貿（2006）指出，在國內的研究中，文章「大意」常與「摘要」、「要點」替代使用，皆指文章的概要內容，亦即以簡潔的文字扼要敘述篇章或段落內容，本文以大意摘要稱之。

2、大意摘要的能力

張新仁（2009）認爲，閱讀一篇文章或閱讀一本書能找到文章段落的重點並摘取大意，是獲得大量知識不可或缺的後設認知技巧。不過，國小老師限於時間與班級人數等考量，常讓學生抄寫參考書或教師手冊上的大意摘要，或使用填空練習，淪爲練習國字與注音拼寫（方金雅、鍾易達、邱上真，1998）。吳敏而（1994）指出，摘取大意需掌握整體與部分的關係，兼顧歸納與判斷能力的發展，而歸納能力在三年級之後才逐漸發展成熟。蔡雅泰（2006）則認爲：大意摘要的發展是緩慢且漸進的，即使熟練閱讀的成人，也不一定具備精熟的大意摘要技巧。所以，大意摘要的技巧，更應該在小學階段即奠定紮實的基礎，培養獨立摘取文章大意的能力。

3、適合大意摘要教學的文章

邱上真、洪碧霞（1999）指出，文章的長度、類型和複雜度，會影響大意的摘取。文章越長，需注意的線索越多，會增加選擇和濃縮的困難度；對國小學童而言，敘事文體比說明文容易摘要；文章結構愈複雜，愈難精簡正確的濃縮資料。

4、摘要策略教學

Brown 和 Day（1983）提出摘要策略教學的原則，其教學步驟爲：1.刪除瑣碎的細節；2.刪除重覆的訊息；3.以概括性的類別取代一系列的名詞；4.以概括性的類別取代一系列的動詞；5.選擇主題句；6.創造主題句。

總之，課文教學應在概覽全文後，運用適當的閱讀理解策略教學逐段分析。因此，本研究靈活使用提問、摘要、課文結構分析等策略教學，希冀提升學生的閱讀理解能力。

三、研究方法

行動研究強調「付諸行動」，是實務工作者以實際行動改善實務問題所進行的研究。本研究即是實務工作者（小學現職教師），以實際行動（閱讀理解教學），改善實務問題（省思與提升國小三年級學童的閱讀理解能力），符合行動研究包含的雙重目的：「瞭解」與「轉變」（顧瑜君，2004）。研究者參考蔡清田（2010）的教育行動研究循環歷程，進行二個循環的行動研究，說明如下：

（一）第一循環的行動研究（初步行動中的反思）

1、關注與省思本校三年級學生的閱讀理解能力

本校位於文教區，家長的社經地位普遍良好，學生素質被公認爲相當不錯，學校和許多教師也都積極推動閱讀教育。但是學生學習程度的懸殊差異仍然顯而易見，如何藉由閱讀，培養學生自學的能力，讓程度較落後的學生能學習有效的閱讀，並藉由閱讀學習其他領域的內容，是研究者非常關注與省思的議題。

2、規劃閱讀教學行動研究方案

研究者於100年7月起規劃三年級上學期的閱讀教學，期間持續蒐集整理「閱讀理解策略教學」和「行動研究」方面的文獻，並將行動方案分爲二個學期實施。由於本研究聚焦於「大意摘要」，因此，其他教學項目，例如：識字與詞彙教學、閱讀理解策略教學的「推論」、「理解監控」，以及學校規劃的圖書館利用教育、書香列車等，未列入探討範圍。圖一是本研究的教學架構：

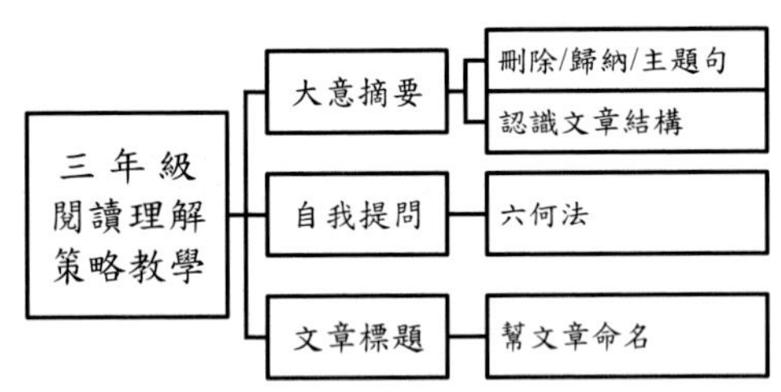

圖一　三年級閱讀理解策略教學架構

本研究運用「大意摘要」、「自我提問」和「文章標題」爲主軸。大意摘要教學以「刪除/歸納/主題句」爲主，「認識文章結構」爲輔。自我提問策略使用「六何法」引導學生分析課文。此外，選擇文本請學生幫文章命名，瞭解學生是否掌握要旨，而最主要目的則是引導學生掌握重點，獨立摘取文章大意。

3、協同合作進行閱讀教學行動研究

研究者進行本研究的閱讀教學，每班計約20節。本研究以質性取向的行動研究爲主，運用文獻探討、教學觀察、同儕與學生回饋、作品分析等方式，蒐集115個三年級學生的作品與資料，進行二個循環的行動研究。研究者邀請三年級4位級任教師協助，並請圖書組長擔任批判諍友，進行閱讀教學專業對話，檢視並省思研究者的閱讀理解策略教學。

4、實施監控閱讀理解策略教學行動研究

教學開始前，先進行〈識字量評估測驗〉（國字測驗），瞭解三年級學生的識字量後，開始進行每班每週一節的閱讀教學。研究期間，採用分析教學影帶、學生作品、和研究夥伴討論等方式，檢視和省思教學成效，並調整教學。

5、評鑑回饋閱讀理解策略教學行動研究

行動歷程中進行「形成性評鑑」，每個循環結束時，再依據資料證據，提出「總結性評鑑」的陳述，說明是否已達成了預定的研究問題與目的。

（二）第二循環的行動研究（初步行動後的再反思）

1、修正問題領域與焦點

根據第一循環行動的反思與總結性評鑑的結果，重新擬定閱讀教學計畫，其重點是再觀察、界定問題，再規劃行動研究方案，進行的時間爲101年1、2月。

2、修正所規劃的閱讀理解策略教學行動研究

根據第二循環的閱讀計畫進行閱讀教學活動，此步驟的時間爲101年2月至3月底。如同第一循環，持續省思，靈活調整計畫。

3、再度尋求合作徵詢建議

再度邀請第一次循環的四位教師參與研究，並持續與批判諍友專業對話，以協助本研究的進行。

4、將所修正的閱讀理解策略教學付諸實行，並且監控蒐集適當資料證據第二循環持續教學、蒐集觀察資料與監控教學。

5、再度評鑑回饋

主要根據第二次行動所蒐集的資料，進行再討論與反省、再修正與評鑑，並進行分析，撰寫研究發現與省思。

本研究始於關注本校三年級學生的閱讀理解能力，規劃擬定閱讀教學方案，進行閱讀理解策略教學，期間持續進行閱讀教學省思、專業對話、調整教學等，共計進行二回合的行動研究，希望開發適合三年級學生「課文教學」的閱讀理解策略教學方案，提升國小三年級學童的閱讀理解能力，並期望能提出建議，作爲國小閱讀教學之參考。

四、本研究使用之教材

本研究使用的教材一部分選自南一版三年級上學期（第五冊）的國語課文，一部分選自本校三年級學生的 80 本班書，見表一：

表一　三年級「大意摘要」教學之教材與教學策略

項	單元名稱	閱讀能力指標	閱讀理解策略教學	教材來源
一	雪地靈犬	5-2-8 能共同討論閱讀的內容，並分享心得。 5-2-12 能培養良好的閱讀興趣、態度和習慣。 5-2-13 能讀懂課文內容，瞭解文章的大意。	(一) 自我提問：六何法 (二) 大意摘要：刪除/歸納/主題句；認識文章結構 (三) 主旨：文章標題	南一版國語三上第四課課文
二	時間的腳步			南一版國語三上第八課課文
三	文字聚寶盆			林世仁著《巴巴國王變變變》

註：評量方式爲參與態度、口頭發表和實作（習寫聊書單）。

五、行動研究分析

如前所述，本研究預期提升國小三年級學童的閱讀理解能力，並提出建議，作爲國小閱讀教學之參考。以下以「自我提問」、「摘要」和「文章標題」分析本研究的教學歷程與結果。

（一）第一循環的行動研究分析

本研究聚焦於「大意摘要」教學，以下以〈雪地靈犬〉和〈時間的腳步〉之大意摘要教學，分析行動研究的歷程和教學成果。

1、〈雪地靈犬〉大意摘要教學

初次指導學生摘取大意摘要，研究者以「提問」、「大意摘要」、基本「故事結構」、「課文標題」方式，逐步引導學生。以下說明教學步驟和分析學生的作品：

（1）提問：使用「六何法」（6W）引導學生分析文本之人、事、時、地、爲何和如何。先引導「誰？在哪裡？做什麼事？」，學生很容易理解各角色的關係。以〈雪地靈犬〉第四段自然段爲例，討論過程爲：

師：這一段的人或動物有哪些？
生：巴利、年輕人、神父。
師：發生在什麼時候？

生：風雪過後的早上。
師：地點在哪裡？
生：山洞裡。
師：發生什麼事？事情的經過是什麼？
生：巴利救了年輕人，但是年輕人把巴利看作狼，拔出刀子刺向他。
師：結果呢？
生：巴利流血過多，倒在雪地上。
師：結果呢？巴利被救活了嗎？
生：巴利被年輕人殺死了。
師：年輕人是故意殺死巴利的嗎？
生：不是，年輕人不小心殺了巴利。

釐清文章裡各角色的關係後，即可引導學生分析文章的「原因、經過、結果」。〈雪地靈犬〉有五個自然段，此時即可導入「自然段」和「結構段」的概念：

「自然段」就是文章自然的分段，前面空兩格的就是自然段。內容相關的自然段合起來就是「結構段」，可以讓我們更容易讀懂文章。

三年級的學生已理解「自然段」的概念，將相關的自然段合併成「結構段」，則需要經過練習。因此，決定以〈雪地靈犬〉開始引入「自然段合併成結構段」的練習，引導學生掌握「原因、經過、結果」。引導及討論過程如下：

第一段和第二段合併，因為是在說明為什麼會有救難犬(救難犬的由來)，就是「原因」；第三段和第四段合併，因為是描述巴利救人的「經過」；第五段是故事的結局，就是「結果」。

（2）以「刪除/歸納/主題句」摘取「原因」的大意：研究者請學生分組討論，第一段和第二段哪些語詞和句子是重要的，可以保留，不重要或重覆的訊息可以刪除，並在白板上寫出「原因」的大意，再分組發表並請同學提出修改意見。剛開始，學生並未掌握要點，有些組幾乎照抄第一、二段的課文，並且發表認爲課文裡每一個字都很重要，不應該刪掉。而有些組又寫得太省略，只寫出第一段或第二段的片斷。再次發表討論後，學生修改「原因」的敘寫方式，並寫入學習單中。以下分析第一班學生識字量低分組、一般組和高分組學生的作品。

①低分組（PR=25～30，識字量 95%信賴區間 1216.28～2223.72）

聖伯納山很美，很吸引遊客，可是有很多人困在那裡，神父為了救受困的人。（20111123 3102）

因為瑞士的山很美，所以很多人會去看，山裡常常會有人受困，所以神父訓練狗去救人。（20111123 3108）

聖伯納山景色優美，吸引許多遊客觀光，但經常有些觀光客困在雪地裡，神父帶著救難犬去救人。（20111123 3113）

3102的大意沒有完整寫出神父做的事（訓練救難犬）；3108 使用「因為…所以…」寫出大意，但「所以」重覆出現，語句也不順暢；3113完整寫出大意，但可以再精簡些。

②一般組（PR=55 ~ 60，識字量 95% 信賴區間 1727.28～2734.72）

聖伯納山很美，山上的大風雪把遊客困在雪地裡。（20111123 3117）瑞士的聖伯納山景色很美，可是常有人受困。（20111123 3120）

3117和3120都只有寫出第一個自然段的大意，應是沒有聽清楚教師的引導語，而在分組討論時，也未能確實投入討論。

③高分組（PR=75 ~ 80，識字量 95% 信賴區間 2186.28～3193.72）

聖伯納山很美，吸引很多遊客，大風雪把遊客困在雪地裡，神父訓練救難犬救助遊客。（20111123 3119）

3119非常精簡的寫出「原因」段的大意，但少了修飾或連接詞，顯得生硬。整體而言，本課第一、二段的生詞新字並不難，且加上注音，適合學生閱讀，只要提醒找出關鍵的語詞，適當引導「刪除/歸納/主題句」，學生應能寫出大意。

（3）以「刪除/歸納/主題句」摘取「經過」的大意：全班共同或分組討論發表，再請同學提出修正意見後，寫在學習單上。以下分析學生的作品：

①低分組

經過一：狗巴利在雪地上，看到有一個小男孩倒在地上，巴利為他保暖，還叫神父救了他。

經過二：巴利救了年輕人，結果年輕人誤殺。（20111130 3102）

經過一：狗隊長巴利帶著救難犬上山，一個小男孩倒在雪地裡，巴利呼叫神父，救了他一命。

經過二：風雪過後的早上，巴利在山洞裡發現年輕人，年輕人不小心把巴利看做狼，就用刀子刺他。（20111130 3108）

經過一：巴利帶著救難犬上山，發現小男孩倒在雪地裡，巴利為他保暖，救了小男孩一命。

經過二：風雪過後的早上，發現年輕人倒在地上，年輕人沒看仔細，拿出刀子刺向他，巴利流血過多，倒在地上，神父看到捨不得放開。（20111130 3113）

②一般組

經過一：狗隊長巴利帶著救難犬上山，巴利嗅啊嗅，發現小男孩倒在雪地上，他貼近男孩，為他保暖，呼叫同伴快去帶神父來，因此救了男孩一命。

經過二：風雪過後的早上，巴利在山洞裡發現年輕人，就跑了過去，救了年輕人，年輕人沒看清楚，把巴利看作狼，就拿刀子刺向巴

利，巴利呼叫神父，神父來了，巴利血流過多，就死了，神父就非常難過。(20111130 3117)

經過一：狗巴利看到一位小男孩昏倒在地，牠馬上為他保暖，因此救他一命。

經過二：巴利看到年輕人在山洞裡，年輕人醒來把巴利看作狼，年輕人拿刀刺向牠。(20111130 3120)

③高分組

經過一：巴利帶著救難犬上山，發現一個小男孩，並為他保暖，呼叫神父，救了他一命。

經過二：風雪過後的早上，巴利在山洞裡發現年輕人，他沒看仔細誤殺巴利。(20111130 3119)

這二段大意較精簡的寫法爲「巴利在雪地裡救了小男孩。」和「巴利在雪地裡救了年輕人，但是被年輕人誤殺而死。」學生能簡要寫出第三、四段共 249 個字的課文重點，有不錯的摘要表現。

(4) 以「刪除/歸納/主題句」摘取「結果」的大意：提醒學生圈出重點：紀念巴利、聖伯納犬，引導學生摘取大意，寫在學習單上。以下摘錄學生的作品：

①低分組

幾天後，為巴利辦一場追思會。(20111207 3102)

年輕人很感激，所以就想要紀念巴利，大家就把跟牠一樣的犬叫聖伯納犬。(20111207 3108)

年輕人為了紀念巴利，所以把一樣品種的救難犬叫「聖伯納犬」。(20111207 3113)

②一般組

年輕人又自責又感激，為了紀念巴利，就把和牠一樣的品種的救難犬叫作「聖伯納犬」。(20111207 3117)

年輕人很難過，過幾天，特地為巴利辦了一場追思會。(20111207 3120)

③高分組

年輕人紀念巴利，大家把和巴利一樣品種的救難犬叫作「聖伯納犬」。(20111207 3119)

3102和3120的大意沒有寫出「聖伯納犬」的由來，不算是完整的大意。此外，多數學生能簡要寫出重點－「聖伯納犬」的由來，已能摘出段落大意。

最後，把原因、經過、結果合起來再潤飾，就是本課的大意了。老師要提醒學生寫出重點，再加上適當的連接詞和標點符號，唸起來通順，就完成高品質的大意了。

（5）文章標題：本校三年級使用康軒版，研究者挑選南一版課文當教材，只提供課文內文，並未附上標題，目的是以學生命名的標題，檢視學生是否能掌握本課的主旨。學生取的標題五花八門，低分組有二個學生寫的是「聖伯納犬」、「紀念狗巴利」，能以主角「巴利」命名，符合本課重點。第三個學生寫的是「巴利的一天」，指的應是巴利被誤殺的那一天，雖以巴利爲主，但範圍侷限於「一天」。一般組二個學生寫的是「聖伯納山的巴利」和「狗隊長巴利」，皆扣緊主角「巴利」；而高分組學生寫的是「狗隊長巴利」，和一般組一個學生相同。

以「文章標題」而言，學生們已能掌握本課的重點－聖伯納犬的由來。本文的標題是〈雪地靈犬〉，115個學生裡，只有一個學生寫出〈雪地靈犬〉，因爲他的媽媽是別校的老師，也是教南一版本，該生看過課文，知道是〈雪地靈犬〉。除此以外，多數學生能寫出〈聖伯納犬〉、〈聖伯納犬的由來〉、〈狗隊長巴利〉或是如〈勇敢的巴利〉、〈救難犬巴利〉等，皆已掌握文章的主旨。

2、〈時間的腳步〉大意摘要教學

學生具備初步的大意摘要能力後，研究者再以「提問」、「大意摘要」的方式，逐步引導學生。以下說明教學步驟和分析學生的作品：

（1）引起動機：復習前課之〈雪地靈犬〉的大意，強調學習「摘要大意」的重要。

（2）提問：以「六何法」找線索，例如：人（姑姑、爸爸、媽媽、弟弟、作者）、事（本課中，家人做什麼事？）、時（11點、11~12點，或強調上午11點等，皆是合理的答案）、地（客廳）、物（咕咕鐘、竿影、日晷、水鐘、單擺鐘、石英鐘、電子鐘等）。

（3）刪除/歸納/主題句：教師再次強調大意摘要可以先把不重要或重覆的訊息刪除，以下以〈時間的腳步〉第二段爲例，說明指導使用「刪除/歸納/主題句」的方法練習找重點：

①指導「刪除」：教師可以用「這一段主要在說什麼？」和「可以刪掉哪些字？」引導學生，待學生充分發表後，刪除部分語句如下：

> ~~「咕咕！咕咕！」咕咕鐘突然叫了起來，只見一隻黃色的小鳥從小門中探出頭來，叫了十一聲，告訴我們現在是十一點鐘了。~~弟弟~~好奇的~~問：「古時候有沒有時鐘~~呢~~？」媽媽~~笑著~~說：「古時候沒有時鐘，可是有別的計時工具。」~~經過媽媽的說明，我們才知道~~古代的人使用竿影、日晷和水鐘來計時，~~他們觀察日影和水位的變化，推測時間的早晚。~~後來才發明單擺鐘和石英鐘，到了現代，又進步到電子鐘。

請學生朗讀上述刪除後的句子，老師問學生句子是否通順，可不可以再刪？再依據討論結果刪除部分語句。

②指導「歸納」：教師引導學生以概括性的類別取代一系列的名詞，將竿影、

日晷、水鐘、單擺鐘、石英鐘、電子鐘歸納爲「計時工具」。

③指導「主題句」：提醒學生把最重要的留下來——弟弟問、媽媽答、古代、現代、計時工具。最後引導出段落大意（參考答案）如下：

弟弟提出問題，媽媽說明古代到現代的計時工具。

或是：

弟弟提出問題，媽媽說明計時工具的演變。

老師可以補充說明「演變」是指從古代到現代的變化，並盡量鼓勵學生提出其他說法。之後，學生習寫第二段的段落大意，教師強調沒有標準答案，但可以練習寫出最符合且精簡的段落大意。接著引導第三段和第四段的段落大意，再把各段的段落大意合起來，成爲大意摘要，再潤飾大意。需注意的是，學生練習刪掉不重要的語詞或句子時，老師應先不評論，耐心聆聽學生解釋「爲什麼這樣刪」？並提醒學生把最重要的留下來。把各段的段落大意合併成大意摘要時，可適度加上連接詞或轉折詞。

研究者搭配教師專業發展評鑑的「教學觀察」，邀請夥伴教師入班觀察，提供回饋，以下摘錄四位級任教師對於閱讀理解教學策略的觀察回饋：

教師準備充分，且能有條理地引導孩子進行閱讀理解活動（摘大意、歸納主題句），能適時澄清、歸納孩子發言內容，讓孩子投入、井然有序地針對老師提問發言，常規維持良好。（20111220 T1）
能循序漸進的指導並歸納如何摘取文章大意。也給予學生正面的回饋，並鼓勵多元的思考，學生積極參與。（20111220 T2）
設計情境讓學生思考何謂重點，讓學生練習掌握重點。能給予學生多次發表機會（如：應刪除什麼？）以增加其練習機會。（20111221 T3）
拋問與互動對答呈現引導思考，並澄清概念或歸納意見，孩子能有效且清楚瞭解。（20111221 T4）

此外，夥伴教師提供學生寫在聯絡簿上的簡短日記，提升研究者教學信心。摘錄如下：

今天下午我們上閱讀課時我看到老師帶好多古董的卡片，老師說答對題目會一張卡，老師說電子鐘為什麼，我就說它有裝電池，我就得到卡片了，這一節課讓我學到好多鐘。（20111221 S1）
今天我覺得閱讀課很有趣，因為老師教我們怎麼讀書，我還得到兩張卡片，一張是水鐘，一張是石英鐘，上面有數字5、6，像撲克牌，石英鐘是

> 圓形，水鐘是長形，還有鬧鐘，我最喜歡的計時工具是竿影，也是最有興趣的。（20111221 S2）

〈時間的腳步〉課文介紹多種計時工具，例如：竿影、日晷、水鐘、咕咕鐘、石英鐘、電子鐘等，如果一一詳細解釋，會花費許多時間，而且模糊掉大意摘要的教學重點。因此，研究者設計各種計時工具的小卡片，當作增強物，不但可以鼓勵學生發表，也可以加深對於計時工具的印象。至於討論各種計時工具，則另使用一節，以語詞的理解監控教學策略帶入探討。研究者欣慰的是，學生能主動在聯絡簿裡寫出關於上閱讀課的情景，雖然沒有具體寫出練習大意摘要的歷程，但能寫出「老師教我們怎麼讀書」，也表達出認爲閱讀課很有趣、學到好多鐘的情形，可見，在帶領〈時間的腳步〉教學過程中，學生是感到生動有趣的。

（二）第二循環的行動研究分析

第二學期延續「大意摘要」閱讀理解策略的教學，不同的是選擇適合三年級學生程度的「課外」教材《巴巴國王變變變・文字聚寶盆》，除了增加閱讀字數和深度以外，也逐漸減少教師的引導話語，逐漸移除鷹架，培養學生自問自答、尋找線索和獨立摘取大意的能力。

1、〈文字聚寶盆〉大意摘要教學

〈文字聚寶盆〉全文約一千字，字數遠超過小學三年級約四百餘字的課文，不過，文本選自本校三年級學生的班書，且對於有些學生而言，所看的文本早已超過這些字數。因此，研究者向學生說明，內容雖然很多，但是故事很好看，而這個故事的確也吸引學生閱讀。上課時先留約五分鐘讓學生安靜閱讀後，才發下聊書單，由學生自行找線索回答聊書單的問題，例如：開始、經過、語詞等，僅預留「插曲」（一陣風吹來）和「結果」（「字」想幫忙）段共同討論。經過簡單引導後，學生寫出「插曲」的大意，摘錄如下：

> 一陣風吹來，把一些字吹出窗外。一個同字在找部首，最後他發現原來他是筒字。（20120222 低分組 3108）
> 一陣風吹來，把一些字吹出窗外，同字進來，忘了他是誰。結果是竹筒的「筒」。（20120222 一般組 3120）
> 一陣風吹來，把一些字吹走，倉頡追出去，字等他回來，同字自己回來了，但它忘了它的部首是誰，原來他是筒。（20120222 高分組3119）

再列出學生寫的「結果」大意摘要如下：

> 「字」想幫忙，部首想要把位置統一，可是倉頡不認識他們，部首少了變化，換回原來的樣子，結果倉頡就可以開始寫故事。（20120229 低分

組 3108）

「字」想幫忙，把部首位置統一，可是倉頡不認識他們，又少了變化，字只好換回原來的樣子，倉頡開始寫故事。(20120229 一般組3120）

「字」想幫忙，把部首位置統一，可是倉頡不認識它們，字換回原來的樣子，倉頡開始寫故事。(20120229 高分組 3119）

學生能找出關鍵語句，摘要出「插曲」和「結果」的大意，雖有程度上的差別，但普遍能寫出重點，已具備摘要的能力。此外，爲了讓學生有觀摩的機會，研究者選取優良作品，製作各班不同的簡報，讓學生能欣賞同班同學的佳作，一來表揚學生的好表現，二來學習同學的優點，且更精進摘要的能力。

2、大意摘要教學之結果與建議

經過二個循環的大意摘要教學後，研究者依據質的資料分析，認爲學生應已學習閱讀的態度與部分技巧，歸納如下：

（1）學生閱讀文本，已習慣以「六何法」分析「人、事、時、地、爲何、如何」，有助於學生閱讀理解不同形式和內容的文本。

（2）每次介紹的文本，學生已養成「好故事、好文章，値得一看再看。」的習慣，不會隨意看過一遍後，就無所事事，而是再仔細看過，尋找線索，分析文本的內容。

（3）多數學生在閱讀時會用不同顏色的筆，整齊的畫出重點，也養成邊讀邊思考的閱讀習慣。

（4）使用「刪除/歸納/主題句」的方法，對於部分學生雖仍有困難，但普遍能在教師引導下，摘出品質不錯的大意。

（5）學生已瞭解「大意」沒有標準答案，其中的語句可以用不同的說法替換。也已學會適度加上連接詞和轉折詞，讓句子更通順，且對於標點符號的運用，也更熟練。

六、結論

這真是一段學習之旅！擔任閱讀課教師，重新思索語文教學；加入閱讀理解工作坊，擔任種子教師；積極參加閱讀理解策略教學研習，並持續與校內外教師切磋琢磨閱讀教學。其實，閱讀理解不但在語文教學，也在各領域的學習中。學習閱讀後，再經由閱讀學習，更能開拓視野，迎接更豐富的學習生涯。這次的閱讀理解教學行動研究，研究者深入探討大意摘要的教學策略，與學生共同學習，也不厭其煩的把每一節課錄影下來，剪輯省思，與校內外教師分享閱讀教學，過程中有懷疑、有困頓，也充滿省思。如同多次對學生說的：「你們進化了，像神奇寶貝一樣進化了。」在閱讀理解策略教學的路途上，我又充滿探索與教學的熱忱，期待精進與分享教學。

參考文獻

方金雅、鍾易達、邱上真（1998）。國小學童閱讀摘要能力評定規範之發展。載於**國小教學評量的反省與前瞻**，頁 123-137。台南：台南師院測驗發展中心。

吳英長（1998）。**國民小學國語故事體課文摘寫大意的教學過程之分析**。台東師院學報，9，149-184。

吳敏而（1994）。摘取文章大意的教材教法。**輯於國民小學國語科教材教法研究第三輯**，93-107。

林世仁（2006）。**巴巴國王變變變**。台北：天下雜誌。

林佩欣（2004）。**交互教學法對國中學習障礙學生閱讀理解學習效果之研究**。國立彰化師範大學特殊教育所碩士論文，未出版。

邱上真、洪碧霞（1999）。**中文閱讀成分與歷程模式之建立及其在實務上的應用：評量與診斷、課程與教材、學習與教學－國語基本能力檢定診斷與協助系統之發展**。（國科會專案報告，計畫編號：NSC88-2614-H-017-F18）。

南一書局企業股份有限公司（2011）。**國民小學國語第五冊**。台南：南一書局企業股份有限公司。

柯華葳（2008）。PIRLS 2006 說了什麼？尋找未來台灣閱讀新方向。**親子天下雜誌特刊，第一期**。臺北：天下雜誌。

張新仁（2009）。台灣閱讀摘要研究回顧與前瞻。**國科會人文處主辦之「台灣閱讀研究回顧與展望」座談會手冊**。

教育部（2011）。**國民中小學九年一貫課程綱要語文學習領域**。臺北市：教育部。

黃瓊儀（2003）。**不同閱讀理解策略教學對國小閱讀理解障礙學生教學成效之研究**。國立台北師範學院特殊教育學系碩士論文，未出版。

楊裕貿（2006）。摘取課文大意之教學策略。**提升中小學國語文能力教學策略**。台北市，教育部。

鄒美華（2003）。**閱讀學習策略教學對國小五年級兒童閱讀理解、後設認知及自我效能之影響**。屏東師範學院國民教育研究所碩士論文，未出版。

蔡清田（2010）。**教育行動研究**。台北：五南。

蔡雅泰（2006）。不能大意的大意教學。**師友月刊，466**，62-65。

鍾屏蘭（2011）。聽說讀寫的多元統整教學－課文深究教學策略析探。**新竹教育大學人文社會學報。第四卷第二期。**

顧瑜君（2004）。**專業工作者與行動研究**。載於謝臥龍主編《質性研究》心理出版社。台北：心理，頁 195-182。

Brown, A. L., & Day, J. D. (1983). Macrorules for summarizing text: The development of expertise. **Journal of Verbal Learning and Verbal Behavior, 22,** 1-14.

閱讀教學的經驗與分享
——以「與春天有約」爲例

張美玉*

摘要

本方案的團隊成員選取一年級下學期有關春天概念的課程，進行各領域的課程統整，包括以國語（南一版）、生活（康軒版）、綜合活動（康軒版）等課程內容，設計「與春天有約」的教學方案。

在教學上，採用「鼓勵閱讀法」，先以「春水滿四溢」活動進行師生問答，引導學生了解常見的文章結構方式、欣賞語文之美。在「聽！這是什麼聲音！」活動中，引導學生以完成句子的方式，連結聲音與詞彙的鋪述，擴展閱讀視野。在「教室裡的春天」活動中，引導學生寫下閱讀心得，並分組討論分享，培養學生閱讀理解能力；進而分組自編故事、角色扮演，鼓勵學生生動活潑的敘述、書寫故事。最後藉由「把想法寫出來」活動，製作主題小書，讓學生學習與人分享的喜悅與成長。

在整個活動過程中，團隊成員們除了經營上述的課程內容外，更隨時觀察學生的參與情形，包括：學習態度、學習效果、討論發表、同儕互動、教室常規等，以做爲教學評量的依據；也在教學中適時鼓勵、肯定每一個學生的多元表現，以提升學生學習動機、增長學生自信心、提升學習成效。

而團隊成員們更透過對談、研討，隨時充實新知，時時激發創意，不但有效促進教師專業發展，更創造親、生、師三贏局面，激盪教育想法與回饋，共同爲教育願景而努力。

關鍵詞：閱讀教學、課程統整、教師專業發展

一、前言

（一）教學草記

當團隊教師在教一年級下學期課程時，曾有學生詢問：「爲什麼不同的課本像國語（南一版）、生活（康軒版）、綜合活動（康軒版），都在介紹春天，卻不把它們寫在一起就好了呢?」爲了回應孩子的問題，引發團隊成員以「與春天有約」爲主題，設計本教學方案。

* 高雄市陽明國小教師

（二）方案成員的組成

由於單打獨鬥的教師在教學上往往容易有盲點，因此爲提高教學格局、幫助學生整體認知，所以本方案邀約同學年的其他教師共同參與，共組教學團隊，進行協同研究。

再者，在學校中運用志工家長，可以彌補學校人力資源的不足，減輕教育的成本負荷，有助於提高學校教育、家庭教育與社區教育的品質。於是團隊教師群也在班親會的溝通機制裡，提出具體作法，邀請班上家長共同參與，而這想法獲得負責班上晨光時間的大愛媽媽、讀經媽媽的支持，於是團隊教師群並結合班級家長資源，藉由討論、反省、集思廣益、發揮截長補短、互相支援的效果，形成教學團隊，提升施教品質。

（三）方案規劃與設計

「當我們翻開書頁，等於開啓了一扇通往世界的窗，閱讀是各科學習的基礎。」[1]是的，閱讀的確是引導學生學習的重要關鍵，因此如何教導學生有意義的學習閱讀就是教學者的重要任務。相信每一位教學者除鼓勵學生閱讀外，對於學生的閱讀方法也多有指導，希望能培養學生終身學習的能力。

是故，配合團隊成員的原始發想主軸，本方案針對 99 學年度一下國語文、生活、綜合活動的課程內容，規劃成主題式閱讀課程，主題名稱訂爲：「與春天有約」，由團隊成員編選教材，實施「鼓勵閱讀法」[2]，並設計方案架構圖，如下圖所示：

圖 1　方案架構圖

---

1 《天下雜誌》第 263 期，頁 46。

2 「鼓勵閱讀法」爲西班牙莎爾特（Montserrat Sarto）女士在 70 年代提出的帶領閱讀指導法。她利用 75 種遊戲方式來培養孩童的閱讀能力、專注力、理解能力等。而這個指導法的三個目標是：「理解」、「樂趣」與「深度思考」。此種指導法共有 75 種遊戲，適用的年齡層可從幼兒到國高中階段。除了在西班牙、法國等圖書館或書店中實施之外，1997 年代引進日本後，被廣泛運用在國語與閱讀教學。註 2 說明轉引自蘇懿禎：〈新型閱讀指導策略——鼓勵閱讀法之實例介紹〉，《圖書教師電子報第 15 期》（2011 年 11 月 3 日出刊）。網址：http://teacherlibrarian.lib.ntnu.edu.tw/index.php?volume=20http://teacherlibrarian.lib.ntnu.edu.tw/index.php?volume=20。

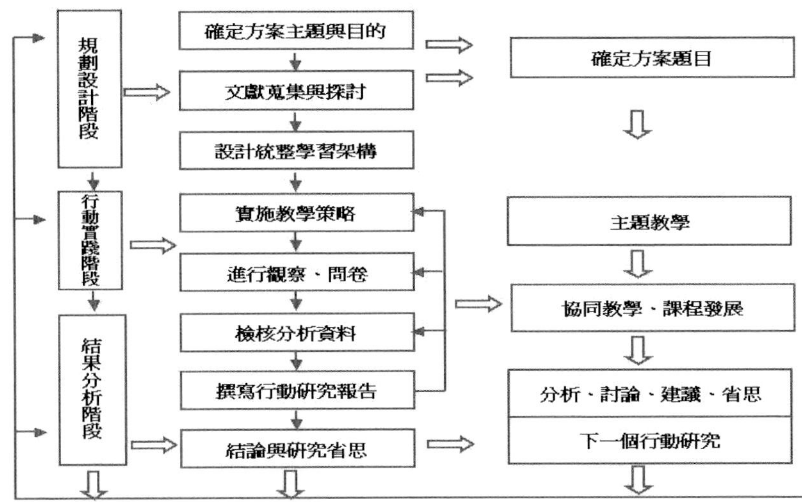

我們在編選教材時，先確定「主題一概念」[3]的主要意涵。由於本方案的主題概念是有關春天的閱讀教學，因此我們先把一年級下學期的課本都找來，發現國語、生活、綜合活動，這些課程內容都談到「春天」，雖然它們只是資料或素材（原型教材），但經過我們設計一些語文遊戲與閱讀概念結合後就變成我們需要的教材（教學教材）。

至於本方案的教學策略，例如：設計理念、教學目標、能力指標、教學計畫、教學活動、活動流程以及補救教學設計和其他說明事項。說明如下：

1、設計理念

（1）增加教育成員，優越學生教育環境

①教育工作僅靠學校力量，效果有限，將家長人力資源引入學校教育中，可以彌補學校教育之不足，擴充學生學習範疇，提升學生整體教育品質，所以我們邀請志工家長共同參與。

②建立其他教師的支援與協助，藉由集思廣益、累積多人智慧，以提升施教品質。

（2）符應教育趨勢，實踐理想的學習

①結合現有教材進行閱讀教學，加深加廣學習的向度。

②發展學生潛能與多元適性的教學活動、增進學生的表達能力、注重小組合作學習與情感教育。

2、教學目標

針對本方案，團隊成員擬定下列教學目標：

[3] 吳英長：〈語文領域的教材編寫——以「感激」的單元主題為例〉，《國立台東師範學院 K-12 語文教育與統整性課程國際學術研討會論文集》（2000 年），頁 220。

（1）認知領域方面

①經由教學互動，能加深學生對常見文章結構安排的認識。

②能閱讀、欣賞語文之美。

（2）情意領域方面

①能培養學生團結合作的精神。

②能提升學生主動閱讀的意願。

（3）技能領域方面

①能培養學生觀察、組織與表達的書寫能力、口語表達能力。

②學生能經過探究與學習，能完成主題小書的製作。

3、能力指標

根據本方案的教學策略，團隊成員考量一年級學生的認知狀況，訂出學生應該學會的能力，並對照《國民中小學九年一貫課程綱要》語文學習領域（國語文）的分段能力指標[4]整理如下表：

表 1 學習能力指標對照表

教學策略	學生應學會的能力	語文學習領域 分段能力指標
◆ 春水滿四溢	◆ 能了解常見的文章結構安排方式	1-1-3 能欣賞並朗讀標注注音的優美語文讀物。 1-1-4-2 能應用注音讀物，擴充閱讀範圍。
◆ 聽！這是什麼聲音	◆ 能聆聽 CD 裡的聲音，並利用所學詞彙造句	2-2-1-1 能養成仔細聆聽的習慣。 4-1-4-6 能配合識字教學，用正確工整的硬筆字寫作業、寫信、日記等。
◆ 教室裡的春天	◆ 能分組自編故事，並進行角色扮演	3-1-3-1 能流利的說故事。
◆ 把想法寫出來 ◆ 收穫的喜悅	◆ 能歸納整理自己想法，並具體化寫出來，做成小書	5-1-7 能掌握基本的閱讀技巧。 5-1-7-3 能從閱讀的材料中，培養分析歸納的能力。

[4] 教育部：《國民中小學九年一貫課程綱要》（台北：教育部，2010 年），頁 22-30。

4、教學計畫

本主題教學的計畫內容，包含下列項目：

(1) 主題名稱：與春天有約

(2) 學習領域：國語文、生活、綜合活動等領域

(3) 實施對象：一年級學生

(4) 實施節數及時間：400 分鐘（共 10 節）

(5) 學習目標與相對應能力指標：詳見表 1 學習能力指標對照表

(6) 教材分析：

①教學觀念：團隊成員認為閱讀教學應不受限於現有教科書的限制，為使教材內容更生活化，更切合主題，應納入生活化的題材統整課程教學。秉持這樣的理念，團隊成員採用「鼓勵閱讀法」，結合多領域課程內容，以閱讀教學活動為主自編教材。

②以學生為發展主體：考量學生的學習能力與學習特性設計教材。

③建立專業人士的角色支援：邀請校內其他老師協助，提供專業支援（如：製作小書）。

5、教學活動

教學活動分為春水滿四溢、聽！這是什麼聲音、教室裡的春天、把想法寫出來和收穫的喜悅等五部分。

6、活動流程

整個教學流程，無論是討論、角色扮演、發表、評量……等，均是以學生活動為主，身為教師的教學者只是引導者、協助者。對於課程，學生有他們自己的想法與理解，各組成員需互相合作、溝通學習。不過學生在建構自己知識之前，仍須擁有的基本觀念，這一部分的學習則依舊仰賴老師的專業指導。

7、補救教學設計

（1）因班上孩童在能力上有個別差異，尤其在具體化描寫的指導上出現高低程度落差大，故教學者針對進度落後的同學另行以下課時間實施補救教學。

（2）結合家長資源，配合大愛、讀經等志工家長，在晨光時間實施說故事與語文能力的練習，以提高孩子的學習興趣和能力。

（3）邀請班上家長每天撥十分鐘陪孩子看書，甚至和孩子們聊聊看完書後有什麼感覺及想法，期望孩子們的語文能力一天比一天進步。

（4）配合學校推行書香王國活動撰寫閱讀記錄卡，加速語文基礎能量的累積。

8、其他說明事項

團隊成員設計的課程，是採班群共同實施，但礙於人力、物力，及為便於觀察與討論的考量，最後是以筆者班上學生為主要討論對象，其他教師班級的實施過程則在團隊聚會中分享實際的教學經驗。

（四）緣起不滅

本方案冀創造「多贏」的局面，一是教學方面：希望能提升孩童的語文能力、分析能力、並養成良好的學習態度；二是志工家長方面：希望能鼓勵家長成為教育合夥人，讓他們樂於參與學校教育、除彌補學校人力不足外、更讓校園充滿活力與溫馨；三是教師專業發展方面，希望能在過程中幫助團隊教師群重新省思教師專業發展的意義。說明如下：

1、就教學方面而言

在本方案中，教師在原本的課程基礎上，幫助學童拋開以往舊有的模式與思維進行觀念、能力統整的學習，充分落實「實作」、「參與」、「體驗」與「思考」等理念[5]，進而推論到教學實踐的信心、重新詮釋對教材意義的理解。特別要提的是現代教育一直在講求創新，但團隊成員認為創新如果失掉傳承的意義，將浪費許多時間重新摸索，所以承襲是創新的基礎根源，創新則是承襲的新價值。本方案結合多領域的既有課程內容，藉由「鼓勵閱讀法」進行各項教學活動。

2、就志工家長方面而言

當賦予家長更多的權力與責任時，家長參與的角色更需要妥善規劃與引導，以本方案為例，透過良性互動，強化親師生關係，以互動方式，例如：大愛媽媽、讀經媽媽投入而不介入，參與而不干預，支持而不把持的角色支援，構成親職教育網絡，進而凝聚家長對班務的向心力，有助於親師合作關係的發展。

3、就教師專業發展方面而言

在透過對談、研討，教師群隨時充實新知，時時激發創意，互相修正教學步調與技巧，體會形成團隊對於教師發展知識創新的能力有所幫助，更能確實掌握實踐知識、專業判斷與課程決策的自主權。

二、方案的開展

（一）教學的準備

本方案在教學準備上，包括理論性的分析與實務面的執行兩部分：

1、理論性的分析

---

[5] 謝秀芬：〈遊戲、活動與討論——介紹幾個建構語文基本能力的教法〉，《翰林文教雜誌》九年一貫課程研究與發展專案，第 9 期（2000 年），頁 6。

爲了讓學生在學習過程中，獲得極大化的有效學習經驗，因此團隊成員審慎分析學生的起點行爲、確定教學目標後，再規劃學習情境與教材教法。說明如下：

（1）分析學生的起點行爲與確定教學目標

關於國小一年級學生的認知狀況，根據專家學者的研究是：爲了遊戲而遊戲，單純享受其中樂趣，但卻能藉此過程中訓練反應、發展技能、或培養團體觀念。爲了強化概念與發展，在過程中我們採用鼓勵閱讀法，重視遊戲的設計，當然遊戲的設計主要不在製作神奇的效果，而在引發認知衝突，並希望透過引導，鼓勵學童進行重複性的觀察、記錄、推論與歸納，進而習得相關概念及技能。

團隊成員在分析學童的學習能力、興趣及需要和學科特性、教材難易度後，配合學童在上學期已有的語文科學習舊經驗，及各領域（語文、生活、綜合活動）的課程活動擬定教學目標，實施教學活動。

（2）學習情境與教材教法的規劃

根據教學目標，我們規劃學習情境，設計本方案「與春天有約」的閱讀教學策略架構圖，如下圖 2 所示：

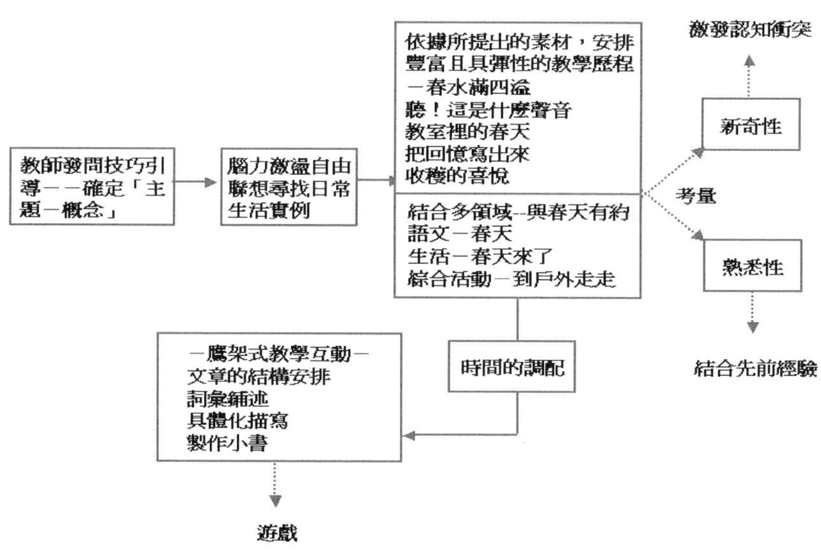

圖 2　「與春天有約」的閱讀教學策略架構圖

1、實務面的執行

本方案的教學準備在實務面的執行上說明如下：

（1）在班群方面

①兼顧各層面的學習經驗，實施統整課程。

②設計多元活動方式，豐富學習內容。

③重視探究取向的學習，關心學童學習成效。

（2）在教師方面

①多方蒐集並整理資料，如：圖片、錄影（音）帶、CD 片、光碟或簡報等。

②於課前準備所需的教學器材（如：錄放影機、電腦、數位電視或單槍投影機）與活動所需的教具。

③隨活動進行教師自我省察，機動調整師生的座位安排。

（3）在學童方面

①建立學童自我表達與相互討論、合作的分組學習。

②運用各種方法（如：去圖書館、上網等）蒐集資料。

（4）在家長方面：善用志工家長的支援、並鼓勵家長參與孩童閱讀學習的指導（在親子相處中隨機教育孩子）。

（5）向校內各領域教師請益，並分享既有的教學資源與研究成果。

（二）教學方案的規劃與省思

團隊成員在教學方案的規劃過程中，提出如下省思：

1、有關課程活動內容的規劃方面

就閱讀教學而言，課程內容的設計並沒有既定的限制，其知識建構的核心來自所選擇的主題。是故，我們事先規劃課程主題，並作適切的課表調整，但爲避免部分家長對挪用正課及調整課程的疑慮，所以決定相關活動均在該領域的課程中進行。茲就活動內容的規劃，提出下列分析與說明：

（1）學童學習能力是可以建構的：在閱讀學習活動中，可逐漸建構孩子的閱讀理解能力。

（2）培養孩子作自己的主人：閱讀課程的活動不宜太多，過程中應預留一些時間給孩子探索、進行思考。

（3）靈活運用學習活動來評量：例如：學習單、口頭發表、戲劇演出……等。

（4）有意義的學習：有計畫的進行、共同督促、耐心的陪伴孩子成長是最有意義的學習。

（5）形成性評量不可忽略：讓孩子在快樂中成長很重要，但孩子究竟在活動中學到了什麼也是學習應注意的事情，所以做紀錄、做檔案資料也很重要。

因班上孩童在能力上有個別差異，爲避免影響其他孩子的權益，教學者針對進度落後的同學另行以下課時間實施補救教學。此外教學者結合家長資源，配合大愛、讀經等志工家長，利用晨光時間實施說故事與語文能力的學習活動，提高孩子的學習興趣與能力。同時邀請班上家長每天撥十分鐘陪孩子看書、或是和孩子聊聊看完書後的感覺及想法，期望孩子的語文能力一天比一天進步。

2、有關團隊成員的參與情形

因時間的限制，難以找到團隊成員共同的空閒時間進行教學觀察，如硬要等到有空，課程順序性會被破壞。於是，團隊成員就課程設計與教學方式，先做進一步討論，（包括學生的年齡、能力、注意力廣度與長度等都是思考的要點），再架設錄影機進行課程錄影，使未能到場做教室觀察的團隊成員可再找空閒時間從事觀察紀錄。接著舉行團隊成員聚會，以對話方式進行研討，在反思與回饋中，彼此相互成長。

3、有關班級學生方面

（1）考慮學生的學習能力或學習特性，提高學生的學習動機

我們相信：教育的終極理想應是在學習習慣的養成，讓學生離開課堂後，仍能保持主動學習的習慣。唯有持續性、精進的學習才能激盪生命不斷向上提升的力量。而會啓發孩子的教師，不是塡鴨，而是引導學生思考，學習如何學習。以一年級的孩子爲例，他們愛動愛遊戲，教師更要能有系統的引導孩子、參與活動、訓練多重感官能力、強調好的修養和群體觀念，這將使兒童獲得更多元的學習。故團隊成員藉由課程設計，提升學童統整教材、生活經驗的能力與學習動機，這縮短學生與課程的距離，進而激發學童的創造力、表達力。

（2）培養學生獨立思考的能力

要讓學生充滿成就感，最簡單的方法就是引導學生探索，讓學生自己動手找資料、整理資料、完成報告。在過程中，讓孩子自己發現資料的侷促性與立場差異性，獨立思考的能力便會被激發。不過學童可能會用不同的方法表達自己的意圖，也許觀念會走偏，這時就要靠教師導正回來，要讓學童「處處在情理中」，符合主流價値觀。

而本方案的小書製作，主要用意除統整學習內容外，更希望學生能透過自己作品，建立自己的學習檔案紀錄，達到知識管理的效果，養成終身學習的習慣。

（三）勇往直前的團隊成員

原先團隊成員是想先規劃設計好課程後，再以教室觀察（包括參與性觀察與非參與性之觀察）收集所需之資料，及藉由詳細的田野筆記，輔以錄影、錄音記錄以補現場田野筆記之疏失、訪談學生和家長，獲取有關的書面資料（如教師手冊、準備上課的筆記、教學日誌……等）深入了解實際情形。然而在實施後，發現「有實際執行困難」－級任老師的科任課空堂很少，大部分的上課時間都重疊，要找固定聚會的時間很難，要能一起做教室觀察更難。

最後幾經討論達成共識：採用上課錄影的方式提供給無法前來進行教室觀察者事後再看教學過程的錄影檔；至於教室觀察期間，觀察筆記只擇要概述，訪談學生與家長的部分改以對學生實施問卷調查及教師群塡寫自評表，和志工媽媽塡寫家長志工反應調查表。接著再收集學生上課的學習單和主題小書。至於團隊成員的課程規劃與問題研討則採不定時聚會方式（視情況而安排時間）而定。我們

就憑著這一股「衝動」、「傻勁」？！一勇往直前！

於是，我們採用「鼓勵閱讀法」教學方式來推展本方案，利用活動方式來培養學生的閱讀力、專注力、理解力，同時讓教師、家長對課程有高度的共識與凝聚力，成爲發展的動力，在點點滴滴的活動歷程中，團隊成員分工合作、互相激盪，反應親、師、生協同合作的氣氛，讓親、師、生的溝通無障礙，形成教學認知、教育價値；在自然愉快的學習環境下，培養學生學習興趣和閱讀能力。

（四）學生的學習成效

團隊成員希望教學計畫能有效提高學生學習成就[6]，故進行相關學習活動時，並同時訂定評量的項目、重點和方式，以檢視學生的學習成效。茲列表說明如下（如表 2）：

表 2　教學活動評量一覽表

教學策略 活動	春水滿四溢	聽！這是什麼聲音	教室裡的春天	把想法寫出來 收穫的喜悅
評量項目	◆ 能了解常見的文章結構安排方式 ◆ 昆蟲頭套製作	◆ 火車遊戲學習單 ◆ 口頭回答問題	◆ 告訴你一件事學習單 ◆ 口頭回答問題 ◆ 編故事 ◆ 角色扮演	◆ 春之書製作
評量重點	1.能口語表達常見的文章結構安排方式 2.從做中學，利用不同素材製作頭套。 3.在實作中培養學生審美觀念，以達成認知、情意、技能之評量。	1.利用完成句子的方式，以達成認知、技能之評量。 2.透過腦力激盪連結聲音與詞彙鋪述，達到認知、技能之評量。	1.看圖寫下自己想法，並分享自己經驗，以達成認知、情意等學習。 2.各組討論故事主題、內容、形式，以達成情意、技能等學習能力。 3.透過角色扮演，讓同學間互相欣賞，以達成認知、情意、技能之評量。	1.利用圖畫與文字概念完成一篇圖文並茂的短文，以達成認知、情意、技能之評量。 2.整合「把想法寫出來」，製作「春之書」小書，達成認知、情意、技能之評量。

[6] 沈翠蓮：〈直接和間接教學策略在國文教學的應用〉，《成功大學中文系國文科數位教學博物館網路學報，國文科教材與教學論文集》（2003 年）。

評量方式	口頭表達（課堂發問、回答問題）、實作評量（昆蟲頭套）	檔案評量（學習單）口頭表達（課堂發問、回答問題）	檔案評量（學習單）口頭表達（課堂發問、回答問題）、動態評量（編故事、戲劇表現）	實作評量（小書作品、成果發表（分享）口頭表達（課堂發問、回答問題）
評量人員	團隊成員與學生。 註：另以方案教學日誌和教室觀察作爲教學改進的憑據。			
評量剪影（學生反應）				
評量結果與運用	有部分學生將做好的頭套，當作是演戲時的道具	學生在習寫換句話說或是語詞接龍時更能得心應手、辭采豐富	演戲是孩子最愛的表現，經常會主動要求要演戲	獨特的小書製作，不但深受學生喜愛，家長的評價也很高

本方案揚棄分數迷思，擁抱多元價值，兼顧多元發展，肯定全人成就。在改進教學評量的發展與應用方面具有全方位的表現與評量功能，例如：

1、實施多樣化教學評量內容

（1）兼顧自我評量、同儕評量與團隊成員評量，重視生活體驗與知、情、意三大層面的評量內容。

（2）採親、師、生共同合作模式進行各項多元評量活動，並先與學童達成評量方式共識後，再納入遊戲規則中，使孩子能理解評量的意義與過程。

2、客觀呈現學生的學習成效

爲深入瞭解學童的學習成效，團隊成員參考洪榮昭[7]提出的創意教學成效指標，包括：知識力、情意表現、理則性思考、聯想性思考、問題發現與解決力、資訊力、創作表達力等方面，設計調查量表，希望客觀呈現學生的學習成效。

在量表設計之初，團隊成員考量學生在資訊力成長方面尙難有具體表現，故決定暫不探討資訊力成長層面，只**針對知識力、情意表現、理則性思考、聯想性思考、問題發現與解決力、創作表達力等層面**，編製 20 道問項，設計調查量表，然後加以預試。由預試結果顯示，因素分析結果的因素組型與原先的分類架構相符，而且總解釋變異量達 51%，具建構效度；又信度分析結果指出，六個因素構面的 Cronbach' s α 値介於 0.70 至 0.85 之間，內部一致性良好，故使用此量表作爲了解學生的學習成效之用應爲可行。

此外，因爲這 20 道問項均爲三等距尺度之問項，是以施測分數應介於 20 分至 60 分之間（因受限於低年級孩子語文理解與表達都不夠成熟，故施測時需由教師解釋題意再請學生作答，答題計分也只採三等距以利學生區別答案的不同意

---

[7] 洪榮昭教授於民國 91 年辦理全國創意教學獎時，提出創意教學成效指標，詳見網頁：www.ccda.org.tw。

義)。至於未實施此教學法的班級(對照組),則採用學習狀況調查表進行成果檢測。經統計因素分析後檢測結果說明如下:

(1)因爲主題教學調查量表是由20題三等距的問項所組成,從否(計予1分)到是(計予3分),因此學生在主題教學調查量表上的得分應該在20分至60分之間。由於實施組學生的平均數爲40.81分(標準差7.08),情形頗佳;而對照組學生的平均數36.74分(標準差6.33),情形略差,故實施組學生的反應似乎優於對照組的學生。

(2)爲確證實施組學生的反應是否真的優於對照組的學生,因此筆者進一步使用 t 檢定加以考驗,結果顯示,實施組學生反應的平均數顯著大於對照組的學生($p < 0.05$),故實施組學生的反應確實優於對照組的學生。

換言之,亦即參與本方案的學生的學習成效明顯優於未參與方案的學生,本方案在有助於提升學童知識力、情意表現、理則性思考、聯想性思考、問題發現與解決力、創作表達力等多項學習成效。

表3　實驗組與控制組學生反應比較之 t 檢定表

組　別	人數	平均數	標準差	t 值
實施組	308	40.81	7.08	3.55**
對照組	392	36.74	6.33	

$^{**}p < 0.01$

註:人數說明:本方案實施組是99學年度一年級學生,對照組是100學年度一年級學生。

(五)本方案的特色

傳統學習著重老師在台上講,學生靜坐台下聽,依著課本教,上不完的課就利用可用時間來趕課。學生學到了知識,卻不知如何運用到實際生活中;課程之間的連貫是切割的、沒有系統。然而在現今社會環境急劇改變下,這樣的方式已不能符合世界潮流。因此思索課程發展方向應朝向學生本位、與生活結合的參與學習方式來編排,教師只居於引導與協助的角色,以此觀之,本方案具有三項特色,包括:主動求知、活用資訊達成閱讀統整化;溝通學習、深思反省達成課程生活化;由親、師、生合作展現教學活動化。

1、主動求知、活用資訊達成閱讀統整化

所謂的統整,有三方面:一是知識上的統整,打破各領域及各單元各自獨立的學習,統整成一主題單元來學習(本方案的「與春天有約」主題課程係統整語文、生活、綜合活動領域而設計);二是學生經驗的統整,將學生個別的能力、經驗及興趣做結合,使之成爲學生的個人意識架構(如能編故事、角色扮演);三是其他能力的統整,連結課程學習與技能等(如製作小書),引導孩子主動求知、活用資訊達成閱讀統整化。

2、溝通學習、深思反省達成課程生活化

教育學者杜威主張教育即生活，學生從生活中出發學習，這樣所得到的生活及學習經驗，才能根植至長期記憶，內化成為自己的知識，與實際生活做結合。尤其讓孩子在生活化的教材中，透過溝通學習、深思反省達成課程生活化，更能提升學生的學習興趣。

3、由親、師、生合作展現教學活動化

將每一教學活動都化為親、師、生共同參與的情境，讓學生每天都快樂的學習和玩遊戲，達成展現自我、悅納他人的活動方式。同時親、師善用統整課程，活用閱讀教學資源，更具學習價值。

（六）團隊成員的學習與成長

關於本團隊成員的學習與成長，可以班級教學、志工家長的成長和教師專業發展等三方面進行說明：

1、班級教學方面

本方案以學生為優先考量，規劃相關情境；著重學生的學習需求，營造親、師、生共同參與的情境，包括：

（1）引入家長資源，讓知識走出書本，讓學習走入生活。

（2）在課程內容上結合多領域課程內容，規劃主題課程，並以鼓勵閱讀法，豐碩學生的學習。

2、志工家長的成長方面

志工家長參與過程中，最深的感動與最高的成就在於團隊成員分享服務學習的體驗與成長的喜悅，尤其在弱勢兒童的溫暖關懷，更成為學子的楷模，備受肯定，也激發志工家長更深的承諾，讓生命重新有了著力點，不但能圓夢展才華，還能實踐教育抱負與理想。

3、教師專業發展方面

團隊教師群在活動過程中省思教師專業發展的意義，走出單打獨鬥的教室學習，進行分享與省思，包括：

（1）教師從分享中反省自己的教學

當團隊討論教學中的知識、技巧與過程時，教師群從中反省自己的教學，尤其是在檢證自己的教學實務之後，會對自己產生一種自我挑戰以及要求改進的意念。在方案進行中，教師群也看到自己的需要，從而激勵自我成長。[8] 像原本已答應加入本方案的生生老師，後來沒加入的原因就像他說的：

---

[8] Kelly,M.Deck,T.&Thomas(1995).Mentoring as a staff development activity.In T.Kerry and A.S.Mayes(Eds.),Issues in mentoring .p253-259.New York:Routledge.

「幾次的討論中，讓我重新省思自己似乎與這個方案不契合，因為我只對資訊教育有興趣，語文領域我根本不熟悉，所以我願意提供協助，但沒辦法加入。」
——1010316 生生教師

而萍萍老師也分享她的想法說：

「分享優秀教師的寶貴經驗。不管是在教學上或級務上，都能給我一些寶貴的意見。這個過程讓我在無形中能慢慢的自我成長，獲得更豐富的經驗。」
——1010320 成員聚會

（2）外來刺激激發教師教學新技巧的轉換

高強華將來自學生授課的刺激解釋為：教學事實上是兼具藝術與科學，必須能知能行，就是在統整個人、專業技藝、理論與命題等知識，並將其融貫統整、知行合一的歷程。[9]這樣的活動歷程確實對教師專業發展頗有助益。例如團隊教師在教到一年級下學期的課程時，會因為有學生詢問：「為什麼不同的課本像國語（南一版）、生活（康軒版）、綜合活動（康軒版），都在介紹春天，卻不把它們寫在一起就好了呢？」而引發團隊教師選擇以「與春天有約」為主題進行閱讀教學設計，就是最好的說明。

（3）自我肯定增長教學信心

對教師而言，本方案重大的回饋之一是團隊成員們感受到自己的地位提升了，以筆者的班級家長說法來呼應：

「以前一天到晚聽到孩子在家說我們老師說(什麼)、我們老師說(什麼)、心中覺得老師就是會帶小孩。但實際參與這項教學和討論後，別人告訴我，我的口頭禪已經變成是張老師說（什麼）、張老師說（什麼），那因為我真的覺得老師有些方法和想法可以跟大家分享呀!」
——1010320 成員聚會

（4）開放心胸有助於吸收新知

本方案的教學者自知團隊成員將觀察教學，也體認到自己的想法與教法並不是唯一最好的，於是促成了自我提升的動力[10]。根據筆者的觀察，團隊教師群在教學活動、班級經營、以及教室布置等方面，都更為積極努力，可見團隊互動有助於提升教師的教學能力。

[9] 高華強：〈樂在學習，樂在工作——談教師的終身學習與事業發展〉，《教師天地》第 57 期（1996 年）頁 33-36。

[10] 同註 5。

（5）團隊合作更有教學創意

當教師在提供教學演示、分享教育理念及教學經驗時，自我本身也獲得建設性的回饋。[11]例如嘉嘉老師在成員分享時曾說過：

「我覺得上一堂課的好、壞，對我的心情影響很大，尤其是有其他教師在場時，特別是透過團隊成員的反應和回饋，所以我會很希望自己的表現都能維持在自己的標準上，也因此自己會多加準備。我更清楚自己該怎麼做會更好。」 ——1010320 成員聚會

（6）研習有助於專業發展

在教學時間之餘，成員們爲了順利進行本方案（能深層分享與反省教學、班級經營經驗），也都再充實教育資訊，包括：傾聽、給予回饋、引起學習動機、同儕輔導、教師評鑑、成人學習理論、溝通理論、人際關係理論等。實如學者說的：「由於組成合作成員，促使團隊成員不斷接觸新的理念，增加自己對課程內容、教學策略、以及班級經營的反省思考。同時也留心在職進修教育中的相關研習活動，這些需求都增加了教師本身在專業上成長的可能性。」[12]但對此玲玲老師也提出她認爲參加研習的「阻力」問題：

「剛開始教書時，我會盡量參加研習活動，但現在一說要去參加研習，便有點退縮、猶豫了，因為雖然研習有助於我們對教育工作的瞭解，但實在是不喜歡參加到那種很爛、沒內容的研習，所以不知道怎樣選擇才能選到一場好的研習，對我們是有幫助的？」 ——1010320 成員聚會

筆者認爲：

「參加研習的確需要運氣，不過像我之前參加小魯舉辦的小書製作營，內容超讚的。現在我在指導孩子製作小書時，就會放入授課老師林美琴老師的想法，所以好的研習歷練的確是能帶給老師成長效益的！」
——1010320 成員聚會

總上所述，本方案提供團隊成員互相觀摩，共同討論、分享經驗、彼此回饋的機會。[13]且在討論、對話以及各種活動的參與過程中，提供教學觀念、教學策略、以及觀摩討論的環境，讓成員間彼此成爲相互成長的推手。

---

[11] 歐用生：〈新制教育實習制度的盲點與突破〉，輯於《師資培育的新課題》（台北：師大書苑，1995 年），頁 103-116。

[12] 施冠慨：〈有效教學途徑之探討〉（台北：水牛出版社）。

[13] Lowney,R.G.(1986).Mentoring teachers:the California model Indiana:Phi Delta Kappa Educational Foundation.(ERIC ED NO.275 646)

三、結論

在整個活動過程中，團隊成員們不但經營上述的課程內容，還隨時觀察學生的參與情形，包括：學習態度、學習效果、討論發表、同儕互動、教室常規等，以做爲教學評量的依據；也在教學中適時鼓勵、肯定每一個學生的多元表現，以提升學生學習動機、增長學生自信心、提升學習成效。

而團隊成員們更透過對談、研討，隨時充實新知，時時激發創意，不但有效促進教師專業發展，更創造親、生、師三贏局面，激盪教育想法與回饋，共同爲教育願景而努力。

正因爲這方案對我們而言是一份親身走過的感情，我們從中深刻體會到啓動團隊的動力，產能是何等的驚人！爲此，筆者寫下這方案與大家分享，希望藉由拙著拋磚引玉，激盪更多卓越的教育想法與回饋！

參考文獻

吳英長：《國立台東師範學院 K-12 語文教育與統整性課程國際學術研討會論文集》（台東：國立台東師範學院，2000 年）。

沈翠蓮：《成功大學中文系國文科數位教學博物館網路學報，國文科教材與教學論文集》（台南：成功大學中文系，2003 年）。

洪蘭：《讓孩子的大腦動起來》（台北：信誼基金會，2009 年）。

高華強：〈樂在學習，樂在工作——談教師的終身學習與事業發展〉（《教師天地》第 57 期，1996 年）。

教育部：《國民中小學九年一貫課程綱要》（台北：教育部，2010 年）。

張美玉：《國民小學教師專業發展之研究：在職進修教育的經驗與反省》（屏東：國立屏東師範學院國民教育研究所碩士論文，2000 年）。

歐用生：〈新制教育實習制度的盲點與突破〉輯於《師資培育的新課題》（台北：師大書苑，1995 年）。

施冠慨：〈有效教學途徑之探討〉（台北：水牛出版社）。

謝秀芬：《翰林文教雜誌，九年一貫課程研究與發展專案，第九期》（台北：翰林文教，2000 年）。

Kelly,M.Deck,T.&Thomas（1995）*.Mentoring as a staff development activity.In T.Kerry and A.S.Mayes（Eds.）,Issues in mentoring* .New York:Routledge.

Lowney,R.G.（1986）*.Mentoring teachers:the California model Indiana:Phi Delta Kappa Educational Foundation.*（ERIC ED NO.275 646）

蘇懿禎：〈新型閱讀指導策略——鼓勵閱讀法之實例介紹〉，《圖書教師電子報第 15 期》（2011 年 11 月 3 日出刊）。網址：http://teacherlibrarian.lib.ntnu.edu.tw/index.php?volume=20http://teacherlibrarian.lib.ntnu.edu.tw/index.php?volume=20。

網路資訊融入閱讀教學之策略與實務

劉和純*

一、前言

加強閱讀能力是語文教學非常重要的一環，因爲沒有敏銳的閱讀能力，則無法正確了解學習的內容，無法確實掌握學習的重點，將使學習效果大打折扣。所以目前全球教育政策都相當重視提升學童的閱讀能力，我國也不例外。國民中小學九年一貫課程綱要國語文學習領域就明定以激發學生廣泛閱讀的興趣，提升欣賞文學作品的能力，以體認本國文化精髓爲基本理念。同時在這網路資訊發達的時代，如何利用網路資訊來配合閱讀教學，也是語文教育必須去研發並推廣的課題。在這個前提下，要如何採取適當的教學策略來提升閱讀能力，更是在教學場域中必須思考並實踐的必要措施。

二、由範文教學帶入閱讀策略

一般來講，目前中小學國語文教材都是根據九年一貫課程綱要來編撰的，因此內容都不會偏離課程綱要的基本理念，所以理應腳踏實地做好範文教學，以加強學生在聽、說、讀、寫、作各方面的基本能力，等到學生在範文教學中學到了主要的基本能力，再設法加入課外的閱讀素材，以加深加廣學生的閱讀能力，拓展學生的閱讀視野。

（一）以精讀方式做範文教學

每一課的範文教學一開始應先讓學生將課文朗讀過，朗讀習慣相當重要，「『朗讀』本來就是『閱讀的一種方式』。閱讀散文篇章時，聲音清楚，情感清楚的將文章念出來，就是朗讀，講究『抑、揚、頓、挫、輕、重、緩、急、停、連』十字訣。」[1]好好朗讀一篇優美的文學作品，對學生來講也是一種情意教學，一種美感經驗。學生在朗讀的過程中，能概覽全文，領略文意及音韻，「好的文學作品，跟美好的音樂一樣，大多具備流暢、靈動的特質。而我們之所以在閱讀文章時感覺良好，往往是因爲它的音樂性強，有節奏感，旋律動人。」[2]老師也可在這個階段從學生的朗讀中，觀察學生對文章文字的熟悉度，找出學生難讀及錯讀字，加以解說。

接著從每一篇範文的全文架構、全文主旨、段落大意、文句理解、詞語，字的形、音、義，逐項詳加說明。文章的風格意境、寫作技巧、修辭也都需要詳細

---

* 台南市立安順國中

[1] 潘麗珠：《閱讀的策略》（臺北：商周出版，2008 年），頁 111。

[2] 廖玉蕙：《文學盛宴:談閱讀，教寫作》（臺北：天下雜誌，2010 年），頁 25。

解說，藉由範文教學去教學生如何去賞析一篇文章，這就是「精讀」文章的作法。尤其應將重點放在逐句解析文句，因爲看懂一篇文章的關鍵句很重要，如果關鍵句的文意能掌握得住，也能連結句子的文義，通常就能看懂一篇文章，閱讀理解不就是把文章看懂嗎?但千萬不能只停留在講解詞意，字的形音義，讓學生以爲只要熟背一些瑣瑣碎碎的片段知識，就是把國文讀好了。

（二）介紹相關閱讀策略

同時若能在範文教學時介紹適用的閱讀策略，可幫助學生有效地吸收課程內容。「閱讀策略指的是，爲了達到某些閱讀目標，所採取的一系列有計畫的閱讀方法和技巧。」[3]應用這些閱讀策略，學生即可在平日的範文教學磨練敏銳的閱讀能力，並將這種能力延伸至閱讀其他的課外讀物，並能廣泛地吸收各類資訊。

好在每一篇國語文範文教材都有一個類似「問題與討論」的單元，教學時可以訓練學生模仿這種模式，在讀完每篇範文時，學習自我提問。因爲自我提問可「提高對閱讀文章的理解程度，透過批判文章的觀點或自己發問提出問題，可以了解自我閱讀理解的狀況。」[4]然爲避免學生過於偏離文章主旨，或對文章內容茫然不知所云，首先介紹一些常見的閱讀策略並舉例說明，幫助學生利用這些閱讀策略作自我提問。以下則針對這些閱讀策略[5]做舉例說明：

1、增進理解能力的策略

（1）審題策略：以各種方式尋找與主題相關的句子

例如：洪醒夫的〈紙船印象〉→本文的主旨在描寫母愛，爲何以紙船印象爲題？

（2）提問策略：提問文章重要內容、概念

例如：余光中的〈車過枋寮〉→作者把〈車過枋寮〉一詩中的雨和路，比喻成戲劇中什麼？

（3）畫線策略找出文章的主旨或重點句

例如：陳黎的〈聲音鐘〉→請畫出本文的主旨句。

（4）摘要策略瀏覽……標示段落句子，標示文章意義段

甲、瀏覽——標示段落句子，標示文章意義段。

乙、刪除——刪除句子或者段落中不重要的訊息，刪除不重要段落。

丙、寫摘要——敘述情節、文章重點。

例如：甘績瑞的〈從今天起〉→「從今天起」這一句話，有兩層意思：一是我們認爲不正當的事，不應當做的事，從今天起，就決定不再去做。二是我們認爲正當的事，應當做的事，從今天起，便開始去做。

（5）推論策略：推論文句觀點(語氣、態度、看法)、推論文句關係(因果、條件)、

---

[3] 同註 1，頁 81。
[4] 同註 1，頁 79。
[5] 閱讀策略定義由台南市國中國語文輔導團閱讀種子工作坊提供。

推論人物特質(性格、動機)、推論人物對話(目的、效果)。

例如：周敦頤的〈愛蓮說〉一文，蓮(荷)花的特質象徵君子的德性(推論文句隱含的觀點)作者雖指出菊和牡丹的人格特質但沒有直接評論，作者的言外之意爲何(推論人物特質、作者寫作意圖)。

（6）結構策略：分析段落及全文文意脈絡的系列或組織全文結構。

例如：分析朱自清的〈背影〉一文的段落大意及內文結構。

（7）詮釋策略

甲、讀注釋——利用注釋理解重要概念、詞語、文句的涵義。

乙、使用工具書——翻查工具書理解重要概念、詞語、文句的涵義。

丙、分析前後文意——利用前後文意理解重要概念、詞語、文句的涵義。

例如：〈絕句選〉一文，「欲窮千里目，更上一層樓。」這兩句詩，除了字面上的解釋之外，你還能想到什麼涵意？請舉例說明。

（8）誦讀策略：藉由個人或團體口誦、吟唱以體驗聲情。

例如：〈律詩選〉能用正確的語音、適度的語調朗讀本課兩首詩，以領略聲情之美。

2、增進分析能力的策略

（1）比較策略：規畫主題——規畫比較主題如人物、寫作技巧、主題等，再進一步做課文內容或不同課文內容的比較。

例如：《三國演義》〈空城計〉中孔明與司馬懿的人格比較。

（2）分析策略：分析文章的例證、結論，統整與某重點相關、不相關的部分分析要素在結構中的適切性和功能(如何取捨材料、如何安排事件、如何支持結論、如何安排例子分析文句寫作特色(修辭、文法)、段落寫作技巧(摹寫、視角)。

例：宋晶宜的〈雅量〉一文，文中開始先舉實例再說明道理，這樣的寫作手法有何好處？請說說你的看法。

以上所舉的例子都是國民中學審定版的國語文課程範文，配合以上介紹的閱讀策略，有些可加強學生的閱讀理解能力，有些則已涉及閱讀分析能力。但還是一併介紹給學生，因爲在常態編班的班級中，學生的閱讀能力落差很大，雖然有些學生只具備低階的能力，但也有一些學生已經能運用到高階能力。在這種情況下，應提供更多的選擇，讓學生能自由選擇他們自己可以運用自如的閱讀策略，讓每個學生在開放的閱讀活動中，以配合自己能力的閱讀策略去吸收應有的閱讀成果。

三、 善用網路閱讀資源

由範文教學介紹這些閱讀策略來提升學生的閱讀能力，然爲了測試學生是否確有能力運用這些閱讀策略，必須指派作業讓他們來練習。可以訓練學生找到一些適合他們程度閱讀的短文，讓學生一面閱讀一面利用這些閱讀策略來做自我提問，由他們提問的問題中，即可檢測他們是否會應用這些閱讀策略。再將這些他們設計好題目的短文，拿來做爲他們閱讀寫作的題材，可謂一舉兩得。

（一）上網搜尋閱讀短文

因此筆者在學校網站開設一個「作業上傳」的網頁，這個網頁是本校教務處資訊組爲方便學生繳交電子作業而設計的，每個專任老師的任課班都有專屬的網頁，老師們可設計作業題目讓學生練習，再將完成的作業掛到網頁上，老師就可以在這個網頁統一收件，相當方便，這個網頁設計可上台南市立安順國中資訊網首頁參考。接著要求學生每個人上網去找一篇「感人的文章」，現在網路上流傳很多膾炙人口的文章，只要打入「文章」的關鍵字，就出現很多網站，還有很多文學性的網站，很多知名作家的部落格，學生可依個人喜好去尋找。找到一篇可感動他的文章並在讀完這篇文章後，爲這篇文章設計三至五個問題（這就是自我提問的策略），然後將這篇文章以電子檔貼到「作業上傳」的網頁上。

提示學生這篇文章是要在班級共讀的，所以要注意文章內容。並且提醒他們，他們所設計的題目將作爲他們閱讀寫作的作業，希望他們注意出題的品質。還要教導他們要明確註明文章出處，尊重網路著作權。

繳交電子檔的好處，是當檢查學生作業時，若有錯誤或不妥之處，可請學生直接在電子檔修改。老師也可以直接在電子檔上批改學生的作業，因爲學生的電腦作業免不了有很多錯別字，或者慣用的網路火星文，皆可在作業電子檔上將這些錯誤以紅色標出，寄回給他們，請她們修改後，再重新繳交。也可在上課時將他們的錯別字、火星文提出來討論，讓他們印象深刻，減少錯誤機率。

接著將他們找來的這些文章整理一下，統一格式以便於閱讀。當所有學生找來的文章整理妥當之後，就成爲他們課外閱讀的教材，以一個班級爲單位，至少可以收集 30 篇左右，拿來作爲一個學年課外閱讀教材綽綽有餘。

爲何要學生自己上網找閱讀題材，則是基於考慮學生的閱讀興趣。學校課本內的教材，是經過專家學者的審定，而且是名家的著作當然是沒問題，但是一學期只有 12 篇，以閱讀的量來說，稍嫌不足。雖然坊間也出版很多閱讀測驗的教材，但這些閱讀測驗教材，大都以選擇題的方式來評量學生的閱讀成效。可能是因爲選擇題的測驗模式，較易於批改，老師們比較樂意選用，再加上基測是採選擇題方式來出題，因此出版社基於市場導向，總是用這種方式來編寫閱讀測驗的教材。然而選擇題通常無法測驗出學生閱讀理解的思考路徑，評量時需要的是每篇文章配備幾題開放性的題目，讓學生一面閱讀，一面作寫作練習。由他們的寫作內容，即可觀察到他們對這篇文章的理解程度，及所得到的啓示，並可以看出每個學生面對問題的思考模式，還可訓練他們的寫作能力。

至於爲什麼要上網去找閱讀題材，因爲網路資訊包羅萬眾。「透過網路上的文學作品，進行課程統整，融入社會生活，語文學習與自然科技。學生利用網路上所提供的豐富資源，進行個別化的學習活動，再加以蒐集、整理和利用，除了增廣見聞並可以學習新知和技能」[6]，既然網路資訊有這麼多的功能，那麼就應該因應時勢所趨，善加利用網路資訊，來提升學生的學習效果。這就符合國民中小學九年一貫課程綱要國語文學習領域所提到的「引導學生利用工具書，結合資訊網路，藉以增進語文學習的廣度和深度」的基本理念。

（二）引導學生選擇閱讀題材

同時將班級學生作異質性分組（每一組有不同能力的學生），讓他們可以互相協助完成這份作業。當然考慮有些學生家裡沒有電腦設備，或者不熟悉如何查詢網路資訊，教學時可向學校借用電腦教室，直接帶到電腦教室，統一教授如何完成這份作業。後來發現現在學生的網路查詢資訊的能力都有普遍的水準，稍加指引，加上旁邊能力較佳同學的協助，大部分同學都能完成這份作業。

還有筆者個人認為閱讀的樂趣，是從自己的興趣出發，即使是一篇名不見經傳的文章，若能讓人感動，引起讀者的共鳴，讀來津津有味，又能對生活產生啓發的作用，那就是一篇好文章。讓學生自己去找閱讀的題材，不但可以了解學生的閱讀興趣，也可以觀察出他們對文學的欣賞眼光。當然他們選出來的文章也必定符合他們理解的程度，也能貼近他們閱讀的需求，自然他們就能陶醉在其中。總之老師還掌握最後一道審核的防線，如果文章內容不妥，就請學生重找一篇，並不費事。但由結果看來，學生其實可以創造更多驚喜，因為誰也不想在所有同學面前示弱，都想盡量找出能讓同學欣賞的文章，在這尋找的過程，有些學生甚至會慎重地看過很多篇文章，再選出最滿意的一篇，這就可以刺激他們大量閱讀。

既然是要配合學生的興趣，那麼學生選擇的閱讀題材，是否要限制?第一次選材時，可以給個範圍，避免學生漫無邊際的找尋，也可以指引較無閱讀習慣的學生一個方向。等到他們有了經驗，並且檢驗過他們找出來的成果，沒有太大的問題，第二次以後，即可開放讓他們自行選擇喜歡的題材來分享。由於每個人興趣不同，有人喜歡記敘文，有人喜歡抒情文，有人喜歡幽默小品，有人喜歡科普文章，有人喜歡報導文學，有人喜歡旅遊文學，也有人喜歡勵志性的文章。總之，30 個學生，就有 30 種可能。

所以在選材方面，老師不需作太多硬性的規定，因為即便是一個很有學養的老師，也會有自己的偏好，自己的盲點，甚至有自己的執著，無論如何很難完全對應到所有學生的需求，既然如此，不如去開發學生的潛能，讓學生去挖掘自己的興趣，30 個人所挖的寶，一定勝過一個人所挖的寶，抱著開放的心，去分享每個學生所帶來的驚喜。後來發現學生在閱讀這些文章時果然感到興趣盎然。

四、 閱讀與寫作的配合

[6] 葛琦霞：〈引導學生進入悅讀的世界—閱讀教學活動設計與帶領探討〉，《圖書館與閱讀運動研討會論文集》（臺北：國家圖書館，2003 年），頁 49。

這種選擇閱讀教材的活動，一個學期可以舉辦一次，利用寒暑假讓學生去找，國中三年就可以辦六次，讓學生養成去找閱讀教材的習慣，有些學生為了跟同學分享這些有趣的文章，便養成上網看網路文章的習慣，這麼一來，他便有了大量閱讀的機會，筆者個人一直認為閱讀跟寫作的能力，不應該是短期訓練出來的，而是需要長期的培養，一個人如果培養出屬於個人閱讀及寫作的習慣，那這個能力是他可以一輩子帶著走的。

閱讀與寫作的能力常常是一體兩面，寫作的能力得力於廣泛的閱讀，閱讀的內容即是他人的寫作成果，閱讀時便可觀摩他人寫作的方法及技巧，因此這兩方面的能力若能一併培養，必能相得益彰。

（一）由閱讀帶動寫作能力

那麼若能提供一篇文章讓學生閱讀，讀完回答跟文章內容相關的問題，並以文字來回答問題，由此就看得出學生是否深入閱讀並思考文章的意旨。如果學生能就問題答出跟內文相關的主旨、重要概念，並能用文字適當和貼切地表達出來，代表學生已具備相當的閱讀能力及寫作能力，這就是以閱讀來帶動寫作的方式。作家廖玉蕙曾說過：「寫作時，若能提供短文，讓學生先據現成題材，練習鋪敘，能省下尋索題材的功夫，在增添情節及裁章謀篇上多所用心，其後，在慢慢全盤開放，分段練習，也是針對初學者可運用的方法。」[7]

現在我們就把學生找來的文章拿來做為他們閱讀與寫作的題材，這些文章因為是他們自己找來的，必定符合他們的興趣，也能配合他們的程度，因此他們閱讀時較能引起共鳴，寫作時也較容易下筆，不會言之無物。以學生找到的一篇網路文章（附錄一）為例，學生讀完這篇文章後，設計了三個問題，第一個問題「若你是文中描述的人，你會選擇將水灌入抽水機或是直接將瓶子裡的水喝掉呢？為什麼?」在這個問題中已經運用了前面所介紹的閱讀策略中的審題策略，因為有找到與主題相關的句子，同時也運用到提問策略，而第二題「你是否曾經也為人、事、物付出過呢？」、第三題「承第二題，付出過後的感覺又是什麼呢?」這兩個題目也運用了前述閱讀策略中的推論策略，並延伸了文章的重要內容、概念。可見這位學生在讀這篇文章時，已能抓住文章的主旨及重要概念，那麼對他而言，這是一次有效的閱讀，藉由他所提的問題，就可檢測他的閱讀理解。

接著將這篇文章印成紙本，拿來跟其他同學共讀。並藉由這篇文章的三個問題，來讓學生作短文寫作練習，再來檢視學生寫作的內容，即可看出學生閱讀理解的程度。做法是發下文章紙本，先請同學朗讀過一遍，並解說短文寫作，每個問題回答至少需寫 50 字以上，因為怕學生三言兩語草草應付了事，50 個字也較能將意思說明清楚。寫完可交給一位他信任的同學互評，互評的機制，會讓學生寫作時較謹慎，因為要互相觀摩。（見附件）

---

[7] 同註 2，頁 176。

（二）互相觀摩閱讀寫作心得

為了讓互動更活絡，也在 Facebook 開了一個網路讀書會，同步將他們練習過的文章貼在讀書會的網頁上，請他們自己上去回應。目的是為了讓他們同時看到更多同學的文章內容，看到大家對同一問題的觀點，學生可以在線上互動，並互相討論。這種網路讀書會的討論方式較為生動，並能留下紀錄，也可練習他們的表達能力，可補課堂時間無法充分討論的不足。不過這個讀書會是自由參加，並不強迫，畢竟不是課堂時間，怕有些同學以此為藉口流連網路，也怕有些學生不習慣公開表達個人意見而感到畏懼。這個讀書會採獎勵方式，回應的同學可在這篇短文寫作加分。這麼一來對參加同學的表達能力，一定有加強的作用。以下即是學生就這篇文章第一個題目的討論內容：

1、若你是文中描述的人，你會選擇將水灌入抽水機或是直接將瓶子裡的水喝掉呢？為什麼？

學生甲：如果是我，我先喝一點點再倒進去，雖然有時候付出沒有回報，但很多事本來就是徒勞無功的，我相信有付出，一定會有用，但有時候我如果得到一些惡意的回報，可能就會放棄了！

學生乙：我覺得文中的這個人很聰明，因為他懂得按照說明來做，指示去做。就是因為他的智慧才可以取到那麼多水。所以我覺得這篇文章給我的啓示，就是給我們學到要做事情前要三思而後行，這才是成功的不二法門。

學生丙：假如自私的為了當下的需要而喝掉整瓶的水，則後面需要的人就無法使用了、無法取水了；再論，都有使用過的人留下的紙條，方法也算是可行的吧！姑且相信也罷。然，若這個方法失敗了，就當作是老天給的一個考驗，天無絕人之路，一定還有地方可以取到水的！人總不能要求有付出就必定要有回報，但絕對不能絲毫不付出便想擁有一切！

學生丁：不能因為一時的自私、而去犧牲他人應有的權利，每個人都有權力可以使用、不能佔有……越佔有自己可能失去的更多吧!那這樣豈不是「賠了夫人又折兵」？每個人都有使用水的權利、不能貪圖一時的利益、而去強占……，人該學會付出，不付出你就不知道那幫助人的滋味。或許吧!「人就是在付出後才會成長」，可是卻不能因為要得到「回報」而去付出、那這樣豈不是喪失了「付出」真正的涵義？付出就是該無怨無悔、不求回報。

學生戊：我覺得大家都講得很好，但我有其他的想法，雖然我不是不相信那個人留下的紙條，但我覺得還是小心為妙，不要冒太大的風險比較好，免得被那個人害死，至少還有你獲救，雖然你們可能覺得我很自私，不過當你們真正面對時還能這樣回答嗎？

學生已：你說的對，當我們真正面對困境時可能會因困境造成的壓力而亂了手腳，無法真正冷靜下來思考，但畢竟我們都沒有面對過這些問題，在寫單子的時候，會照心中希望自己怎麼做而去寫這張單子！

以上是學生在網路讀書會的答題內容，既然是開放性的題目，就要讓學生自由的去發揮個別的觀點，「文學的解讀是一件相當有意思的事。它不像科學講究精確、一絲不苟；好的文學作品，通常有著多元解讀的空間，」[8]所以對學生的答案不要預設立場，也不要期望看到標準答案，因爲閱讀是「逆勢操作的另一種再創作的歷程，它可能順著作者的思維摸索前進，直探原始命意；也可能循著讀者的學養、思考習慣、開闢出另一番風景。」[9]營造一個自由開放的氛圍，讓學生能暢所欲言，不管是正向思維或是負向思維，只要是出自內心的想法，都有其意義。因爲文學往往反應人生，人生則充滿種種可能，除了自己的想法，也存在著其他想法，每一種想法都有它的可能性，所以學生需「學習多角度觀看人生、情意開發和容納異議的襟抱。」[10]事實上，如果看到每一個人對事情的看法一致，答案也都一樣，那感覺一定很無趣！

同時也可在閱讀過程中對學生做情意教學的機會教育。譬如這篇文章的題目是「在取得之前，要先學會付出」，這是一個很嚴肅的主題，但文章內容並非以說教的方式來闡述這個道理，反而以說故事的方式，設置一個兩難的情境來引導讀者思考，這種說故事的方式讓讀者較無防衛性，可以敞開心胸做正向思考或逆向思考，但不管是何種思考模式，畢竟他已進入這個情境去思考，他也可藉這個機會去省視自己的道德觀念及行爲模式，這樣的反省過程可能較諸讓他講一些八股的仁義道德教條還要來得可貴！

五、建立讀書會

《禮記‧學記》篇：「獨學而無友，則孤陋而寡聞。」國民中小學九年一貫課程綱要十大基本能力的第五條也提到：尊重、關懷、團隊合作。雖然閱讀是相當個人化心理活動歷程，但不妨礙團體一起閱讀，如共讀一篇文章、共讀一本書，甚至參與閱讀心得的分享。「就閱讀而言，形成閱讀盟友或例常的讀書會，或者固定的『親子共讀』活動，都是借助『團體』的力量，有助於閱讀興趣的提升」[11]，有了團體的力量，當個人在閱讀時若發生疑問或產生倦怠時，則能有團體的支持，較容易突破瓶頸，因此「閱讀活動能夠呼朋引伴，不但容易持久，也較能夠獲得加倍的效果，不至於困在自己的思考牢籠與行爲模式中。」[12]

（一）以班級爲單位成立讀書會

所以組織讀書會也是一個很好的閱讀策略，「讀書會在國外也稱做學習圈（Study circle），是指由一群人定期聚會，針對一個主題或問題進行有系統的閱

---

[8] 同註 2，頁 17。
[9] 同註 8。
[10] 同註 8。
[11] 同註 1，頁 124。
[12] 同註 11。

讀、有計畫的學習。」[13]我們可以先以班級為單位，成立一個班級讀書會。以本校（台南市立安順國中）為例，本校圖書館統一購置了很多班級箱書，也就是同一本書買了 35 本成為一套，以現在的班級人數來看，即可人手一本，大家可以在同一時間看同一本書。這樣的箱書約有四十多套，這些班級箱書，就是非常好用的班級共讀工具。（見附表一）

有這麼多班級箱書，若能養成習慣，一個月讀一本書，國中三年下來就可以讀約三十本書。老師可以先導讀，等大家一起讀完後，再找時間來開討論會，但不見得需要寫心得報告，因為一整本書寫心得報告，品質很難控制，也許只有一、兩位同學可以寫得好，但大部分的同學會當那是苦差事，那就失去閱讀的樂趣了。如果有人有深刻的感動，也可以請他直接發表在網路讀書會，那麼大家都可以看得到。學校也定期舉辦閱讀心得比賽，可以鼓勵文筆好的同學參加，可以增強其閱讀寫作的興趣及成就感。至於現場討論會，因為彼此之間可以互動，學生參加的意願相當高，經常可以討論得很熱烈。

記得筆者一個已經畢業的導師班學生，他們就曾借過《那些年我們一起追的女孩》那套書，當時共讀時即得到同學們踴躍的回響，年少求學的場景，總有些不謀而合之處，所以他們讀來心有戚戚焉，製造很多趣味的話題。後來他們畢業後，剛好這部書改編成電影暴紅，我們又在網路上再一次熱烈的討論，當時共讀的情景即成為大家共同的回憶，所以班級共讀有助於聯繫同儕之間的情誼，帶來共同的話題，可以是班級經營的一環，也就是說：

> 閱讀活動可以變成一種社交活動，而且是有益的社交活動，有夥伴的互相鼓勵，非但閱讀會更帶勁，人生的道路也會倍感甜美。當今世界的資訊E化與交流，已是常識，不可避免，我們一方面可以形成策略聯盟[14]，一方面可以運用網路相關超連結，用加到『我的最愛』的方式，隨時瀏覽新知。[15]

（二）成立網路讀書會

這就像前面談到的，我們請同學上網去搜尋一些閱讀的題材，再把這些閱讀教材拿來讓大家一起來共讀。「閱讀活動利用『策略聯盟』，也就是把大家的努力匯集成為共享的資源，透過一個固定的平台，可能是讀書會，也可能是特定網站，將資料或心得提供給大家，使各個參與者都能互補、受惠、進而產生更大的

---

[13] 同註 1，頁 126。

[14] 策略聯盟（Strategic Alliances）本來是經濟術語，指產業競爭者之間非市場導向的公司交易，也就是聯結各公司活動的一種方式、長期但並非合併的合作關係。具體來說，策略聯盟包括聯合生產（Co-Production Agreement）、產能互換（Capacity Swap）、聯合行銷（Joint Marketing Agreement）、技術互換（Exchange of Technology）、合資以及間接（證券）投資，都包括在內。使用策略聯盟的基本概念是利用綜合效益，使各個合夥人能藉由互補的方式結合，以產生更大的力量。

[15] 同註 1，頁 124。

力量」[16]，除了閱讀外，這類的短文因為篇幅短，可以設計幾個開放性問題，還可以當做寫作的題材，讓大家一起就相同的題目來回答。這樣的引導寫作其實已經是經過每個人思考後的再創造，而且因為讀的是相同的題材，所以每個人的寫作內容，即是同一問題的不同答案，透過大家的答案，可以看到每個人對同一問題所延伸的不同面向。

在網路上開闢這樣一個網路讀書會，分享大家的閱讀寫作心得，讓「學生也可透過網路，參與線上討論及發表意見與心得，彼此觀摩學習成果，進行互動式的合作學習。」[17] 如此閱讀的效果將會事半功倍，而且這種類型的網路讀書會，也可以打破班級界線，甚至可設計成班群共讀，因為網路的時間、空間比較有彈性。讓有心的同學，能有一個發表的平台，也可以觀摩別人的想法、文筆。因為寫在紙本上的心得報告，只能看到自己的想法，無法看到別人的，但網路上的讀書會就可以看到大家的意見，而且還可以即時互動，確實有它的便利性。然以筆者的經驗來看，一開始還是先以班級為單位，讀書會的品質比較容易控制，等到這個讀書會的分享品質已經穩定，而且運作已經上軌道，再由同學引薦有興趣的同學加入。

六、檢討與改進

之前實驗過很多創意的教學活動，常針對一個主題，周旋很多時間，活動雖然進行得熱熱鬧鬧很有趣味，但受限於學校的教學進度，可能也只能偶一為之。然閱讀寫作能力卻是要點點滴滴持之以恆地去培養的，所以設計這套閱讀教學策略，著眼點在於「大量閱讀」的原理，並考慮這套閱讀教學策略實施的可行性。如果能培養出學生大量閱讀的習慣，那對提高語言能力應有絕對的功效，而且對日後的求學生涯，也會有實質的幫助。只是在執行的過程中，仍然會遇到很多的問題，假若是可以調整、可以解決的問題，都可視為過程中寶貴的經驗，但有些跟現實環境衝突的問題，就會令人感到猶疑。

（一）短文寫作無法因應基測考試

譬如訓練學生短文寫作能力，採開放問答方式，這種問答方式可檢驗學生的閱讀理解程度、思考模式、思考途徑。從學生的答案中，必可觀察出學生對閱讀內容理解的程度，比起選擇題來說，老師較可掌握學生的學習狀況。但是這種開放式的問答，就沒有統一的標準答案，而是容許學生有各種個人見解的答案，這樣的答題方式，對學生的表達能力、創造能力都有幫助。但很多時候也會出現無厘頭、天馬行空的想法，如果沒有偏離主題，其實也無傷大雅，反而可以看出學生的創意。

---

[16] 同註 1，頁 124-125。
[17] 同註 1，頁 49。

但是這種開放式、自由的答題模式卻跟決定學生前途的大考—基本學測答題模式有所衝突，因爲基測是採選擇題模式，講究的是選擇精準的標準答案。對細心謹慎的學生還不成問題，但對一些喜歡另類思考的學生，遇到基測題目，常常自己想當然耳，就會選了個模稜兩可的誘答選項，剛好中了題目設計的陷阱。

考試領導教學，識時務的做法，應該不斷地訓練學生練習選擇題，讓學生熟練選擇題的答題方式，讓學生面對考試較能得心應手。若把時間用來培養學生的短文寫作能力，似乎投資報酬率不高，無法從學生考試成績看出立即成效。但又覺得不管時代如何演進，語文表達能力都是必需具備的，因此有一段時間常對這個問題心生矛盾！

然而面對即將來臨的十二年國教，在第一線上的教育思維更須與時俱進。如果將來學生可以全面免試直升高中職，升學主義不再是綁手綁腳的金箍咒。那不需再把孩子訓練成只會應付考試的考試機器，而是實地找到可以提高孩子語言能力的教學策略來培養學生可以帶得走的能力，以因應未來的時勢所趨，應該是爲人師者在教學時須隨時觀察並念茲在茲的。

（二）網路讀書會須面對網路次級文化

除此外，在網路上開辦讀書會，也是有利有弊。這種網路上的即時溝通，對現在的學生來說，是他們熟悉的方式，很容易上手，他們很快就進入情況，而且也是他們喜歡的方式，但是溝通的內容就有待商榷了。雖然他們要回應的心得已經用紙本先練習過了，只是把紙本上寫的心得，貼到讀書會上，供大家觀摩即可。但因爲現在的學生在網路上嬉笑怒罵幾乎是家常便飯，尤其正值青春期的國中生，常常一語不合，就擦槍走火對罵起來，也不管什麼場合，老師一不注意就出現一大串讓人看了傻眼的對話，不但要及時滅火，還要重新教導他們溝通的技巧。

還有學生也很喜歡在網路上亂抓各式各樣的文章來貼文，或自己興致大發寫一些令人啼笑皆非的留言，一不留心他已經大辣辣地貼了一篇大作在讀書會上，又得去跟他商量，是否刪除這些跟讀書會屬性不合的貼文。總之這些令人又好氣又好笑的情況不時的出現，這些都是成立網路讀書會時會遇到的現實問題。因爲這是學生的次級文化，在他們之間已流通很久。雖然如此讀書會還是要敞開大門歡迎每一位有興趣的同學參加。只是身爲管理者的老師，要隨時注意他們的動向，做及時的輔導，帶領讀書會的參與者學習正向、有效的溝通。

（三）回歸課室教學

網路讀書會原來設定利用課餘時間，以自由參加形式，鼓勵的性質來訓練有興趣的學生加強寫作能力，並增加互相觀摩的機會，但因爲是非強制性的學習活動，實施一段時間之後，發現學生參加的意願很隨興，只有幾個對寫作有熱情的學生響應，本來想若能好好培養幾個熱愛寫作的學生，讓他們的潛能得以發揮，也是一件好事，然受到網路惡質文化影響，幾個無聊的學生上去一攪局，劣幣驅逐良幣，澆熄了正常學生分享的熱情，讓這個網路讀書會無法繼續運作下去。

經過調整後，即決定跳過以紙本練習閱讀寫作的的步驟，以那堂課的時間直接將學生帶到電腦教室，讓班級學生就在線上閱讀文本，並就閱讀習題直接回應，因爲這是課堂上作業，每個同學都有義務參加，筆者也在線上監控，若學生的寫作內容有問題，立即提示他修正，同學們也可以在線上觀摩到彼此的寫作內容，並能互相回應。

這種上課模式相當受到學生歡迎，因爲這原來就是他們喜愛的模式，由於喜愛這種上課模式，學生對老師在讀書會所提出的寫作要求配合度相當高，因有約定在先，若無法達到要求，就取消這堂課，這對他們有達到約制作用，他們甚至會互相要求，互相協助，爲爭取能上到這堂課。

跟同事分享這個教學活動時，有些人對上網跟學生直接溝通不以爲然，但在網路訊息已深植於生活的這個時代，爲人師者也不能自絕於此道，明知學生整天流連於網路，而卻對他們這個現象不聞不問，難免師生之間的代溝愈來愈大。既然知道學生在網路上流傳一些惡質文化，身爲老師就應該親上前線，教導他們如何以正向、合理的方式去跟別人溝通，爲他們開闢一個園地，讓他們觀摩別人理性的表達方式。如果不跟學生站在一起，如何看得到他們所處的環境。而且若對學生的環境一無所知，跟學生溝通時也很難說服他們，反而讓他們竊笑你的狀況外。筆者一直深信跟學生拉近距離，了解學生的生活環境，找到他們可以接受、可以理解的方式來教導學生，絕對是在教育線上能夠事半功倍的不二法門。

七、結論

近年來培養閱讀能力，已爲各國教育單位積極推動的政策，也是教育界眾所周知的概念，因爲閱讀是任何學習活動的基礎，不管哪一門學科，缺乏閱讀能力，就無法窺知那門學科的堂奧，所以閱讀是打開知識寶庫的鑰匙。

了解閱讀的重要性，還要了解有效閱讀的策略，因爲有效的閱讀才能真正取得知識的精華，否則不但無法抓住閱讀內容的重點，甚至有可能因誤解而造成認知錯誤。

所以確實培養閱讀理解能力即是語文學習的當務之急，而循序漸進地培養閱讀理解能力更是語文教學的必要步驟。透過各種閱讀策略漸次地讓學生去摸索屬於自己的閱讀理解方法。同時在這網路資訊發達的年代，年輕人已普遍俱備電腦操作能力，可以他們熟悉的方法，並借重網路的便利性，來培養閱讀理解能力，必能相得益彰。

若能在閱讀理解之後，還能將自己理解的內容表達出來。而且是以有條理、清晰的文字來表達自己，那麼語言能力已經達到應用的層次了，這樣的語文表達能力，也是現今社會須必備的能力。

而整個學習流程，著重於學生的自學能力，學生學習應用自己能夠得心應手的操作方式，老師只要扮演引領、審核、陪伴、勸導的角色，讓學習可以掌握在學生自己的手裡，在這樣的過程中學生所學到的能力，才是真的帶得走的能力。

參考文獻

王文科（2006）。課程與教學理論。台北：五南。

王瓊珠（2004）。故事結構教學與分享閱讀。臺北：心理。

吳明隆（2001）。教育行動研究導論－理論與實務。臺北市：五南。

李家同（2010）。大量閱讀的重要性。台北：五南。

林寶貴、錡寶香（1999）。中文閱讀理解測驗指導手冊、題本。台北：教育部特殊教育工作小組。

林寶貴、楊慧敏、許秀英（1995）。中華國語文能力測驗之編製及相關因素之研究，特殊教育研究期刊，12(1)，1-24。

林玫伶（2008）。深耕閱讀的下一步～培養興趣及習慣、增進理解及思考能力。教師天地，154，27-29。

柯華葳（1993）。語文科的閱讀教學。台北：心理。

柯華葳（1999）。閱讀理解困難篩選測驗。中國測驗學會測驗年刊，46，1-11。

柯華葳、游婷雅（2001）。踏出閱讀的第一步。台北，信誼。

柯華葳（2006）。教出閱讀力。臺北市：天下雜誌。

柯華葳（2007）。台灣四年級學生參加國際閱讀素養調查結果。國科會。

柯華葳（2007）。教出閱讀力——培養孩子堅實的閱讀力，打開學習之門。台北：天下。

柯華葳（2008）。台灣的閱讀現況。閱讀，動起來。78-103。台北市：天下雜誌。

柯華葳（2008）。PIRLS 2006 說了什麼。閱讀，動起來。89-101。台北：天下雜誌。

柯華葳（2009）。培養 Super 小讀者。台北：天下雜誌。

柯華葳（2010）。閱讀的關鍵，在思考。閱讀力動起來 3：閱讀力實戰關鍵。臺北市：天下雜誌。

洪蘭（2001）。兒童閱讀的理念－認知神經心理學的觀點。教育資料與研究雙刊。38，1-4。

孫藝玨（2009）。跨越繪本閱讀橋樑書。吾愛吾家，348，98 年 10 月。

國立臺灣師範大學圖書資訊學研究所閱讀知能與閱讀策略研究團隊（2010）。讀出你的悅讀色彩。台北市：師大出版中心。

張世彗、楊坤堂（2004）。閱讀理解測驗報告。國小特殊教育，37，1-11。

張佳琳（2010）。美國閱讀教育政策發展之探究。教育資料與研究雙月刊。93，183-216。

教育部（2010）。閱讀理解策略教學手冊。臺北市，教育部。

教育部（2011）。閱讀理解-文章與試題範例。新北市：秀朗國小。

教育部（2011）。97 年國民中小學課程綱要。網址：http：//www.edu.tw/eje/content.aspx?site_content_sn=15326。

陳昭珍、趙子萱（2009）。圖書分級—陪伴兒童閱讀的助手。NPO 閱讀聯盟電子報。網址：http：//blog.yam.com/readclub/article/25366059。

陳昭珍、趙子萱（2010）。讀本分級及閱讀者程度評量－Lexile 架構簡介。圖書教師電子報第三期。網址：http：//teacherlibrarian.lib.ntnu.edu.tw/vj-attachment/TL003/TL003-2.pdf。

陳純純 (2008)。閱讀教學經驗分享。教師天地，154，44-46。

富邦文教基金會（2009）。2009 全國兒童媒體使用行為研究調查報告—變動的媒體行動的兒童。網址：http：//www.fubonedu.org.tw/projectActionView.aspx?itemID=new20091216170408P6U。

游婉琪（2010）。培養兒童閱讀，國家更富強。網址：http：//www.lihpao.com/。

黃春貴（1996）。閱讀的理解能力。中等教育，47，70-117。

黃俊鴻、葉凌秀（2011）。閱讀課之我見我思。台灣教育。669，36-38。

葛琦霞（2003）。引導學生進入悅讀的世界—閱讀教學活動設計與帶領探討。圖書館與閱讀運動研討會論文集。台北：國家圖書館。

誠品報告編輯部（2004）。誠品報告 2003 專題十三：在圖與字之間—孩子的閱讀也要有階段性。網址：http：//city.udn.com/54948/2043522。

臺師大「推動國家級閱讀重點研究養成中心」(2009)。閱讀能力指標。網址：http：//nrrc1.cere.ntnu.edu.tw/cboutus.php。

臺師大圖資所閱讀知能與閱讀策略研究團隊（2010）。彩繪閱讀力—閱讀知能指標與檢測。臺北市：臺師大圖書館出版中心。

遠見雜誌（2010）。遠見雜誌 25 縣市閱讀競爭力調查。網址：http：//www.gvm.com.tw/Boardcontent_16717.html。

齊若蘭（2002）。哪個國家學生閱讀能力最強。天下雜誌，263，52-59。

潘麗珠（2008）。閱讀的策略。台北：商周出版。

廖玉蕙（2010）。文學盛宴：談閱讀，教寫作。台北：天下雜誌。

劉兆文（2010）。從閱讀的認知歷程談有效教學策略。網址：http：//tw.myblog.yahoo.com/jw!II9VS.OAERS1pJYJhTVlvigoFch0kQ--/article?mid=330。

蘇宜芬（2004）。閱讀理解的影響因素及其在教學上的意義。教師天地，129，21-28。

謝錫金（2008）。借鏡香港 1。載於閱讀，動起來。(頁 52-60)。台北：天下雜誌。

附表一

	一年級	二年級	三年級
班級共讀箱書	1.打破的古董	3.超越自己(平裝本)	4.讓高牆倒下吧
	2.小太陽	5.青少年的四個大夢（1）	10.海水正藍
	8.佐賀阿嬤笑著活下去	6.青少年的四個大夢（2）	13.城南舊事
	9.媽媽，我好想妳	7.大醫院小醫師	17.超越自己(精裝本)
	11.我的心中每天開出一朵花	15.肯定自己(精裝本)	19.目送
	12.我的天才夢	16.創造自己(精裝本)	20.天地有大美
	14.少年小樹之歌	18.來不及穿的 8 號鞋	21.傲慢與偏見
	26.那些年我們一起追的女孩	22.我在雨中等你	23.寧靜的巨大
	30.我們叫它粉靈豆	28.活出自己	24.永不放棄
	32.這些年，那些事	29.我是康樂股長	25.親愛的安德烈
	33.天作不合	31.成長，勇敢走自己的路	27.愛在生命轉彎處
	36.中國文學四大名著	34.中學生要做的 50 件事	35.青少年理財 39 講
	37.張曼娟唐詩學堂	39.爲自己出征	41.賽德克・巴萊
	38.青春第二課	40.愛・上課	43.柔軟成就不凡(吳寶春)
	44.張曼娟成語學堂	42.認得幾個字	

筆記頁

筆記頁

從多元思維解析國民中學文言文教學活動設計——以陶潛〈五柳先生傳〉為例

耿志堅*

一、 前言

教學活動是一項教師語言表達藝術的教學過程，如何運用多元思維設計教學活動的內容，更是一種挑戰。傳統的教學活動，完全由教師主導，幾乎是不容許學生抬槓，尤其學校的段考，乃至於牽涉到升學的基測，都是要求國文的解讀只能是絕對的、唯一的，否則會引起分析是否正確的疑慮，形成國文課就是一門強記死背的科目，尤其是「文言文」，不但需要強記「語譯」，還需要「默寫」課文，有時連作者、題解也需要牢記，若是再加上教師的課外補充，鮮有學生對它產生閱讀和學習興趣的。

教師在教學的過程裡，如果在一開始就讓學生提不起學習的興趣，那麼整節課都會變得索然無味。因此教師必須明白教學活動設計的藝術。尤其是閱讀思維的多元，需要有「新」的導引來構思。而「新」不是標新立異、强詞奪理，它是要依循邏輯思維，做不同角度的提問或假設，然後再找出證據加以證明，只要言之成理，就能成爲一種自圓其說的看法，如此才能活躍教室裡的學習氣氛。只是教師於教學前的備課，需要有一些精心的安排。

例如，預習指導要能使學生先產生願意學習、願意思索的動機，就是除了活動設計，如網路資料的搜尋、心智圖的製作、教具或表演設計，還需要從多元的角度設計提問，吸引學生做積極的思考，提升學生的學習情緒。有時爲了鼓勵學生提出和以往不同的構思，教師應該依照自己的生活經驗、學習心得，引導學生做多元思考，甚至是突發的奇思妙想，並且積極的提出質疑，鼓勵學生發問。激起學生思索的漣漪，擴充想像的空間。

尤其文言文是屬於早期的文學作品，無論是遣詞用句、語法結構、字句解讀，和現今學生所熟悉的白話文，有一段很大的差異，再加上學生對中國歷史認識的不足，所以對作者的生平事蹟、寫作背景、撰寫目的就更加認識不清。加上教師爲了要解說詳細，在面對教學進度的壓力時，當然也就無法設計多元思維的導引，致使文言文教學顯得更加枯燥。爲了設計新穎的教學內容，化抽象的文句爲具體的、感性的認識，運用多元的創思，啓發學生將思考的範圍不斷的擴大和深化，由淺層的理解，進而從反向、橫向、縱向、擴散、突發的靈感等多角度，發現問題，再由問題的發現，找出對問題的構思，最後將所有的構思，尋求最有可能的解讀，就是把概念加以證實，使它成爲符合邏輯的推論。只是在教師的問題設計，或學生的相互提問時，往往會打破了傳統的思維，或對文句解讀傳統的看

* 彰化師範大學國文系教授

法，教師需要有足夠的包容力，不必急著堅持過去的看法。這樣解析文句的思維，才能夠靈活多變，突破傳統的窠臼，使文章的欣賞可以產生更多的層次，對字句的深究產生更多不同的看法，這樣一篇文言文的範文教學，才能得到更多的回應。

對於文言文範文的解析，在過去幾乎都沒有太大的改變，這也許是基於升學的「基測」，以及每學期的段考，需要依循標準本的緣故，然而隨著十二年國教即將來臨，和國民中學在本國語文科課綱的要求，提出閱讀能力、理解能力的提升。因此以多元思維進行探索與深究，勢必是教學活動的趨勢，是以本論文即試著以國中文言文選文「五柳先生傳」爲例，做以下的多元思維導引設計，其目的並非在考證文句，而是提出多元的看法，爲國中教師提供不同於以往的思維，使教學活動更爲活化。

二、教學設計示例：陶潛〈五柳先生傳〉

這篇文章自早期的國編本，至現今的三家審訂本，一直將之收錄於《國民中學國文課本》裡，顯然它是一篇在各個不同時期編輯委員的心目中，公認爲是值得被選錄爲國民中學階段，在本國語文裡重要的教材。

對於這篇文章文意的分析：民國 76 年國編本《國民中學國文・第二冊》題解云：「等於是作者的自況，寫他自己的個性、愛好和生活。他這種不慕榮利的高潔品格和任真自得的曠遠懷抱，是最令人景仰的。」[1]87 年版國編本《國民中學國文，第二冊》題解云：「五柳先生等於是作者的自況，他這種不慕榮利的高潔品格、任真自得的曠遠懷抱，十分令人景仰。」[2]99 年審訂本南一版《國民中學國文・第二冊》課文導讀云：「作者以史書人物傳記的形式，記敘五柳先生的一生。……文中的五柳先生，其實就是指陶淵明自己，故本文可以視爲作者的自傳。」[3]100 年翰林版《國民中學國文・第二冊》題解云：「作者以史傳的筆法，託名五柳先生以自況。……他這種不慕榮利的高潔品格、任真自得的曠達懷抱，十分令人景仰。」[4]98 年康軒版《國民中學國文・第二冊》云：「五柳先生，是作者假託的人物。文章模仿史書傳記的形式，將五柳先生塑造成一個安貧樂道、純真可愛的人，這個人其實就是作者的寫照，所以自傳意味甚爲濃厚。」[5]以上所引錄，皆在敘述本文的主旨爲：作者以史傳體自況「不慕榮利」的高尚品格，任真自得的「曠達懷抱」。

但總結文章的幾個要點：則是清廉、安貧、曠達、謹言、能自適、品德高，具體敘述了自己具備如此的風骨和才德，但他只是在單純的告訴讀者，他的生活處境和道德操守嗎？似乎在深究的深度上，少了些令人被說服的强度，以他的時代背景、撰文時的年齡、家世的淵源，好像又另有一些可以一探究竟的弦外之音，

1 國立編譯館《國民中學國文・第二冊》，台北：國立編譯館，1987 年，頁 94。
2 國立編譯館《國民中學國文・第二冊》，台北：國立編譯館，1998 年，頁 48。
3 莊萬壽《國民中學國文・第二冊》，台南：南一書局，2010 年，頁 99。
4 宋隆發《國民中學國文・第二冊》，台南：翰林出版事業股份有限公司，2011 年，頁 115。
5 董金裕《國民中學國文・第二冊》，新北市：康軒文教事業股份有限公司，2009 年，頁 125。

需要讀者抽絲剝繭做一些新的發現。以下筆者即試著做如下的多元思維導引：

（一）本文的題目爲〈五柳先生傳〉，所引起的思索：

1、作者有名有姓，爲什麼用「五柳先生」來稱呼？「柳」與「留」音近，中國北方的習俗「前不種桑（喪）、後不種柳（留）」，後不種柳是取諧音「不留」，不希望客人一住就是十天半月，所以不喜歡客人長住，此處的「五柳」可否諧音爲「無留」、「吾留」？

2、人在死後才爲之立傳，如果陶淵明是爲自己寫傳，那麼是在表明「恬淡自適」的心志？還是在彰顯自己的人格操守？亦或是在爲自己做「自薦」？

（二）第一段「先生不知何許人也，亦不詳其姓字。宅邊有五柳樹，因以爲號焉。」這段文句可能引發的思索有：

1、「先生」是尊敬的稱呼，指「這個人」、「有這麼一個人」，作者既然用第三人稱來敘寫，爲什麼要這麼客氣呢？

2、「何許人」是指籍貫嗎？還是來自於何處？

3、「不知何許人」是表示，對此人不知其來歷？不知其身世？作者爲什麼用這樣撲朔迷離的手法，引導讀者去觀察文中主角人物？是在引起讀者的注意嗎？還是在藉此强調他的個性、生活和心志呢？

4、「不詳其姓字」是作者真的不知道，還是忘記了？「不知何許人」、「不詳其姓字」是在營造讀者對這個人的「陌生感」？還是「好奇」？亦或是從第三人稱跳脫出來，敘述自己的心志已經是「離群索居」、「忘懷一切」，而這一切不只是功名富貴的追求，甚至連自己是誰都忘記了？

5、先生爲什麼「不知」、「不詳」是故意這麼說嗎？還是想藉此表達什麼訊息？

6、宅邊種「五柳樹」，柳樹是在院子的外面還是裡面？如提問（一）－1，爲什麼是「五棵」柳樹？是運用諧音表達「無留」的心志，即我不再居住於京城裡，我要逃離是非、世俗的地方？還是「吾留」的心願，也就是我留在這城郊外，一切都能安閒自適，世俗的事務別再煩我？

7、前文的「不知」、「不詳」和「無留」、「吾留」可以連想在一起嗎？

8、「因以爲號焉」，是「自稱」爲五柳先生？還是別人藉此稱之？

（三）第二段首句「閑靜少言，不慕榮利。好讀書，不求甚解，每有會意，便欣然忘食。」點出五柳先生的個性及愛好，引發的思索有：

1、像「閑靜少言」這樣的人也許不少，但「不慕榮利」這就不是一般世俗的人所能做到的。作者「閑靜少言」是政治環境所造成的嗎？還是他的天性即是如此？亦或是面對亂世不得不如此？「不慕榮利」是因爲得不到而「不慕」？還是根本不想要？亦或是出身名流已經看開了，因而「不慕」？

2、「好讀書，不求甚解」，什麼是「甚解」？是指魏晉六朝時，爲經傳旁徵博引作注的「義疏之學」嗎？「不求甚解」只是「流覽」連「淺層」理解的程度都不到嗎？五柳先生閱讀的態度爲什麼是這樣呢？

3、「每有會意，便欣然忘食」句中的「會意」，是指對文句、內容突發的「心領神會」嗎？還是有特別的新發現？這不是「深層」的理解嗎？這句話和孔子的「發憤忘食，樂以忘憂，不知老之將至。」是否有些相似呢？

4、既然「好讀書不求甚解」那又怎麼會產生「每有會意」呢？這上句可否解讀爲：前半句爲閱讀的「態度」，後半句爲閱讀的「樂趣」？

（四）第二段次句「性嗜酒，家貧不能常得；親舊知其如此，或置酒而招之。造飲輒盡，期在必醉；既醉而退，曾不吝去留。」敘述五柳先生的嗜好，值得思索的有：

1、五柳先生的處世風格，和當時的「竹林七賢」有何不同？

2、「嗜酒」在魏晉六朝時期，幾乎是社會名流的風氣，如嵇康、阮籍、阮伶……，他們的「嗜酒」真的只是好喝酒嗎？這是在亂世之中逃避現實？亦或是當時政治昏亂，讀書人不敢妄加批評政治，甚至不敢觸及政治，因而談玄說理，「嗜酒」的目的，只是在逃避，只是對政治麻痺的回應，是這樣嗎？

3、既至「親舊」處飲酒，何以「造飲輒盡，期在必醉」，難道叨擾「親舊」沒有一絲的不好意思？這是他處世的風格，還是當時的社會風氣？

4、如果飲酒的目的，只是爲了「期在必醉」，「期」字的運用，只是爲了喝醉酒而飲酒嗎？五柳先生的「期在必醉」，是爲了逃避現實嗎？

5、「既醉而退，曾不吝去留」，說明五柳先生的率性，但這卻不符合正常人應有的禮數，難道這也是五柳先生值得在傳記裡強調的嗎？這段文句的敘寫，真正的目的是在表達什麼？

6、「既醉而退」，句中的「既」當何解？（1）即將喝醉？　（2）感覺到醉意？　（3）已經喝醉？　（4）直到喝醉？　五柳先生一直喝完全部的酒才會離開，醉酒的人走路不穩，除非有人攙扶，要不能平安返家嗎？

7、「曾不吝去留」句中「曾」字國編本 76、77、87 版皆解作「從來」，審訂本翰林、南一、康軒三家與國編本相同。就是五柳先生每次遇到這樣的事，必然如此，這是待人之道嗎？可以如此的不通人情世故嗎？

（五）第二段第三句「環堵蕭然，不蔽風日；短褐穿結，簞瓢屢空。——晏如也。」這是家庭裡生活的處境，值得思索的有：

1、這段文句和《論語》:「一簞食、一瓢飲，居陋巷，人不堪其憂，回也不改其樂。」的情景是否相似，五柳先生是在陳述自己「安貧」的人格特質嗎？

2、陶淵明是陶侃的曾孫，家族曾是有地位的人，何以陶淵明卻窮困到如此地步？是誇飾手法的運用，還是生活真的已到山窮水盡的地步？

（六）第二段末句「常著文章自娛，頗示己志。忘懷得失，以此自終。」表達一生的心志，值得思索的有：

1、「常著文章以自娛」，只是在「頗示己志」嗎？

2、「忘懷得失，以此自終」，表示五柳先生能以「不計較得失」，爲總結一生的寫照嗎？

（七）末段前句「贊曰：黔婁之妻有言：『不戚戚於貧賤，不汲汲於富貴。』極其言，茲若人之儔乎？」，是對五柳先生的評語抒發，值得思索的有：

1、陶淵明爲什麼要像史書一樣，用「贊曰」抒發對自己總結式的評語？

2、爲什麼不直接作評語，而用「黔婁之妻」有言呢？

3、「不戚戚於貧賤，不汲汲於富貴」，是黔婁之妻評他先生的人格操守嗎？陶淵明是藉黔婁之妻所云，以此自比「黔婁」嗎？

4、「極其言，茲若人之儔乎？」這是推測的語氣，五柳先生就是這類的人吧？作者爲什麼是用「春秋時代」的賢君來自喻呢？相通的地方是那些？

（八）末段後句「酣觴賦詩，以樂其志。無懷氏之民歟？葛天氏之民歟。」這是五柳先生心目中，所希望的生活情境，而這最高情境的敘寫，值得思索的有：

1、「酣觴賦詩，以樂其志」，和前文「常著文章自娛」是否情景相似？這是「天人合一」的情境嗎？還是純樸到無物無我的境界？亦或隨心所欲的境界？

2、「無懷氏之民歟！葛天氏之民歟！」無懷氏、葛天氏時期有什麼特別值得推崇的地方？這種生活的境界，真是那麼値得追尋嗎？將五柳先生推論是那個時期的人，是羨慕的語氣嗎？還是肯定的語氣？

（九）這篇文章的撰寫，作者真的是在表示「隱」的決心嗎？還是藉「隱」來「等待」明主的發現？亦或是藉本文抒發自己的人格操守，引起高層的注意呢？

三、本課心智圖設計

以上所做的問題導引，也許過去教學的教師不曾想過，或許有人認爲是過度的聯想，但多元思維是准許做多角度思考的，只要有可能，它便是一條思考的途徑，因此在教學的「心智圖」就可以有以下的設計：

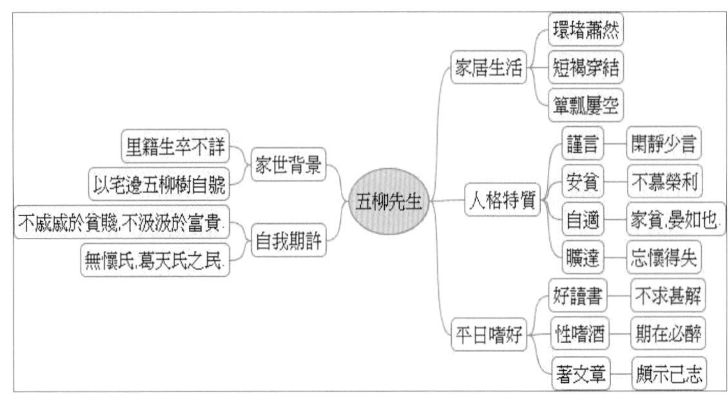

圖 1、課文內容分析圖

圖 1，以「五柳先生」爲軸心，呈擴散形式分別就「家世背景」、「人格特質」、「居家生活」、「平日嗜好」、「自我期許」，依文章的內容以「放射狀」呈現文義的開展。「家世背景」用文章裡的「不知何許人」、「宅邊有五柳樹，因以爲號」，導引出來。「人格特質」用「閑靜少言」（謹言）、「不慕榮利」（安貧）、處貧窮的家境仍能「晏如也」（自適）、「忘懷得失」（曠達），從文章裡找出這四個足以代表人格特質的點。再來就生活的敘述，分成「居家生活」和「平日嗜好」，「居家生活」是食衣住行的說明，即文中的「環堵蕭然」、「短褐穿結」、「簞瓢屢空」，「平日嗜好」，依文義裡可以歸納出「讀書」、「嗜酒」、「寫文章」，「讀書」在於「不求甚解」；「嗜酒」是「期在必醉」；「著文章」是「頗示已志」。最後是「自我期許」，首先在操守上所追尋的是「不戚戚於貧賤，不汲汲於富貴」，其次是心目中理想生活境界，係上古「無懷氏、葛天氏」時期，這樣純樸的世界。

這是以順向的思維，依課文內容所設計的心智圖，它的優點是能夠引導學生，在閱讀紀傳體這樣的文章時，明白撰寫內容需俱備的條件，教師若是進一步進行習作練習，變成自傳或自述的寫作，在心智圖的導引下，學生應該可以知道撰寫時，需要包括以上的內容，才是完整的敘寫。

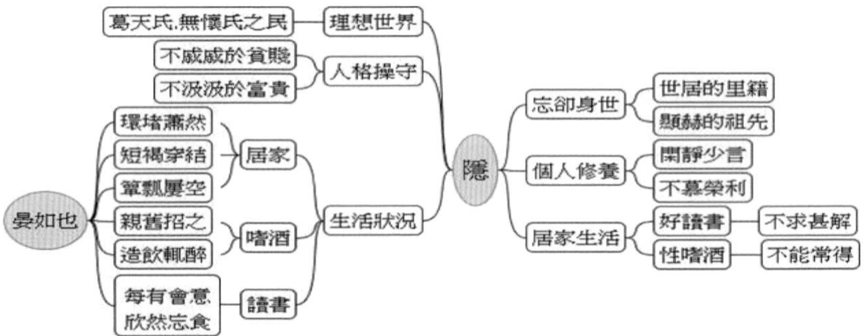

圖 2、多元思維解析圖

圖 2，以本文的中心思想「隱」爲軸心，開宗明義點出隱者需要「忘」，首先要能「放下」，尤其是過去顯赫的家世，過去生活環境，才能隨遇而安（「宅邊有五柳樹，因以爲號焉」。接下來敘述隱者的「個人修養」、「居家生活」、「生活狀況」、「人格操守」、「理想世界」。因此寫「個人修養」，爲「閑靜少言」、「不慕榮利」，表現隱者的心境是無所爭的；「居家生活」爲「好讀書」、「性嗜酒」，「好讀書」在「不求甚解」，「性嗜酒」却「不能常得」，說明隱者的生活態度是隨興的；「生活狀況」是日常起居活動的撰寫，在文章裡包含有「讀書」、「嗜酒」、「居家」三方面，「讀書」：「每有會意，欣然忘食」，「嗜酒」：「親舊招之，造飲輒盡」，「居家」：住，環堵蕭然、衣，短褐穿結、食，簞瓢屢空。說明隱者在精神生活、物質生活上的狀況，但一句「晏如也」，總結了隱者的安貧、自適、曠達。最後在總結前文時，提出了作者所追尋的「人格操守」，以及心目中「理想的世界」，「操守」方面，爲「不戚戚於貧賤，不汲汲於富貴」，「理想世界」方面，爲「無懷氏之民」、「葛天氏之民」，說明隱者的內心不會刻意的計較貧賤或富貴，一切能返璞歸真，返回無爭執、不計較的世界。

這是以多元思維，設定作者的中心思想在「隱」，因此文章的內容在圍繞著「隱」，對一位隱者的來歷、修養、生活、居家、操守、理想，呈放射狀的敘寫，只是曠達、自適，是隱者的必備條件，教師在進行多元思維教學導引時，要能抓住思維的中心點，運用反向、縱向、橫向、擴散等方法思考，如此延伸思索的空間，培養學生發揮聯想力，提出不同以往的看法。

四、本課文義多元思維解析

針對前面的各項教學活動設計，首先要對作者陶淵明做個詳細的認識，由於陶淵明的生卒年各家眾說紛紜，且對作品之繫年亦多有不同的看法，即使年壽亦有出入，如南朝·沈約《宋書·陶潛傳》、蕭統《陶淵明傳》主張六十三歲；宋人張縯《吳譜辨證》主張七十六歲；清人吳汝綸《古詩鈔·飲酒第十九注》主張五十一歲；梁啓超《陶淵明年譜》主張五十六歲；古直《陶靖節年譜》主張五十二歲。[6]筆者以袁行霈《陶淵明研究》一書分析最詳細，且完整收錄各家之論著，並做考辨。由於本文只是在分析〈五柳先生傳〉的寫作背景、寫作動機，目的在探討多元思考的角度，如前文所云不在於考證，故僅於〈五柳先生傳〉一文的成篇時間，將眾家之說做陳列。以下即爲根據袁行霈《陶淵明研究》，作「陶潛生卒大事年表」，使讀者對陶淵明有一個完整的瞭解。簡要之年譜如下：

Δ晉穆帝永和 8 年（352），1 歲，出生。

　　升平 3 年（359），8 歲，謝安弟謝萬北伐，兵潰。

Δ晉哀帝隆和元年（362），11 歲，桓溫上疏遷都洛陽。

[6] 參見鄧安生《陶淵明新探》，台北：文津出版社，1995 年，頁 35-38。

興寧元年（363），12 歲，母孟氏卒。

Δ晉海西公太和四年（369），18 歲，桓溫北伐，大敗死三萬餘人。

Δ晉簡文帝咸安元年（371），20 歲，桓溫廢晉帝為東海王，立會稽王昱為帝（即簡文帝），十二月降東海王為海西縣公，自此政局開始混亂。這一年陶淵明開始宦遊，任低階的州祭酒。

Δ晉孝武帝寧康元年（373），22 歲，桓溫卒子桓玄為嗣，王彪之、謝安共掌朝政，陶淵明結束薄宦，自此閑居在家。

Δ晉孝武帝太元元年（376），25 歲，陶淵明移居市廛。（至五十五歲歸田園居，歷時三十年）

Δ晉孝武帝太元八年（383），32 歲，淝水之戰秦王符堅大敗。

Δ晉安帝隆安二年（398），47 歲，入桓玄幕。

Δ晉安帝元興元年（402），51 歲，喪母，居喪在家。

Δ晉安帝元興三年（404），53 歲，任劉裕參軍。

Δ晉安帝義熙元年（405），54 歲，為建威將軍劉敬宣參軍，八月為彭澤令，為官八十餘日，作〈歸去來辭〉歸隱。自此隱居在家。

Δ晉安帝義熙二年（406），55 歲。作〈歸田園居〉五首。

▲晉安帝義熙十一年（415），64 歲。劉裕弒安帝立恭帝，詔徵為「著作郎」，稱疾不到。是年作〈五柳先生傳〉。（王瑤注，蕭統〈陶淵明傳〉，晉太元十七年（392），陶淵明 28 歲作本文。鄧安生《陶淵明年譜》為義熙十二年，時年四十八歲）

Δ宋武帝永初元年（420），69 歲，劉裕受禪。

Δ宋文帝元嘉四年（427），76 歲，九月作〈自祭文〉，十一月卒。

本篇文章的篇名為「五柳先生傳」，通常作「傳」當於人死後，藉「傳」來記錄其一生的生平事蹟，總評其一生之功過。此時的陶淵明，依李辰冬《陶淵明評論》云：「傳言：『宅邊有五柳樹，因以為號焉』。陶淵明數次移居，並不是每次居住的宅邊都有五棵柳樹。可是他在『歸園田居』說：『榆柳蔭後園』，又於『擬古』詩說：『密密堂前柳』，可知他在柴桑的家才有柳樹。故將此詩繫於本年（義熙二年，三十五歲）。傳又言：『忘懷得失，以此自終』，是他歸田後，決心不再出仕之意。」[7]先不論他此時是幾歲，但至少是「歸隱」後的作品。

如果依袁行霈的考證，亦為歸隱後之作，此時的陶淵明已六十四歲，自晉安帝義熙元年（405）八月，為八十餘日的「彭澤令」，之後陶淵明一直是過著歸隱的生活，若以袁行霈的年表五十四歲算起，至此時義熙十一年（415）已隱居在家十一年，若說是為自己作「傳」，當然對自己的人生已經完全看破，這不僅是身處亂世的無奈，更是空有一身理想抱負的無奈。然而陶淵明終其一生，自二十歲開始宦遊，至二十三歲即閑居在家，直到四十七歲才至桓玄處入幕，五十一歲起居喪在家兩年，五十三歲任劉裕的參軍，一生為官的時間只有七、八年，幾乎

[7] 李辰冬《陶淵明評論》，台北：東大。

全部都是在閑居、歸隱。對陶淵明而言，他雖然擁有不錯的家世，但需要有提拔他的人，此外時事的混亂，使他在面對政治的大環境時，從不得不以「自適」來面對人生，到對人世間的一切完全的看開，年齡及歲月的斧鑿，更是主要的因素。又文中有「性嗜酒，家貧，不能常得。親舊知其如此，或置酒而招之。造飲輒盡，期在必醉，既醉而退，曾不吝情去留。」這段文句，似乎五柳先生是一位不懂人情世故的人，中學教師多解爲「自適瀟脫，不拘小節」，然而這是否也是和「竹林七賢」一樣，他是對「名教」的反抗呢？按陳永明《莫信詩人竟平澹 — 陶淵明心路歷程心探》指出：

> 《世說新語·德行篇》記載：「晉文王稱阮嗣宗至慎，每與之言，言皆玄遠，未嘗臧否人物。」阮籍說話要故意玄遠，叫人莫測高深，不敢批評，也不敢稱讚他人，這代表了極端不自然的行為。…鼓勵這種謹慎行為，或者這些「德行」的規範是稱為「名教」。…「劉伶恆縱酒放達，或脫衣裸形在屋中。…」這便是故意作出驚世駭俗的行為以表示對名教的反抗。[8]

陳永明在書中又指出：

> 陶淵明少年的時候，其實一度是名教中人。…直到後來辭官彭澤，才覺悟到「質性自然，非矯勵所得」(〈歸去來辭〉)。[9]

說明了陶淵明他在經歷了人生之中，幾十年的等待、掙扎，看盡了人情的冷暖，人性的虛僞，官場的黑暗，政治的腐敗，終於誠心的歸隱，和田園結合在一起。

但如果寫作本文是陶淵明在二十八歲的時候，那麼就會產生另一種的解讀思維，因爲他自二十歲以後開始宦遊，然而此時他正移居市廛，閑居在家。藉此推測陶淵明撰寫〈五柳先生傳〉的目的，就不是「隱」，而是「等待」。鄧安生《陶淵明新探》指出：

> 陶淵明之所以寓居京師，是有他的苦衷的，那就是為了求官。他在晚年所作的〈與子儼等疏〉中說：「吾年過五十，少而窮苦，每以家弊，東西遊走。」…可見陶淵明在年輕時確曾因貧而求仕。[10]

但是陶淵明爲什麼一直做不到大官呢? 他不是陶侃的後人嗎？鄧安生指出：

> 魏晉以九品中正之法選人，其流弊至於「上品無寒門，下品無世勢」…陶

[8] 陳永明《莫信詩人竟平澹—陶淵明心路歷程新探》，台北：台灣書店，1998 年，頁 1。
[9] 同上，頁 16。
[10] 鄧安生《陶淵明新探》，台北：文津出版社，1995 年，頁 98。

> 淵明雖為大司馬陶侃之後，但他並非屬於豪門世族，又陶淵明一家係庶支，到他父親那一輩時，家道早已中落了。因此他沒有可能依靠世襲，…想要做官，大概只有公府辟召一途，而當時正在京師做官的陶夔，正可以荐舉他躋身仕途。[11]

試想對一個曾經家世顯赫，曾祖父陶侃曾爲晉大司馬、長沙郡公，祖父陶茂曾爲武昌太守，這樣的家世，即使因爲是「庶支」而家道中衰，但自幼年起一定也能夠受到良好的教育，至少尚有叔父陶夔在朝爲官，以如此的年紀，能那麼輕易的「放下」嗎？他是刻意的在市郊閑居等待機會嗎?如此他真正撰寫的目的是在突顯自己的人格操守和理想抱負嗎！作者以「五柳先生」自喻，「五柳」若由諧音進行聯想，誠如前文的「無留」、「吾留」，藉「無留」表達自己要遠離世俗，或藉「吾留」說明自己隱居後的自適，但他「隱」的目的是什麼? 是真的看破一切，想找一個不爲人知的地方，藉此修身養性不聞世俗的瑣事嗎?是真的不想做官，圖個悠閒的生活嗎？那麼乾脆就隱居到深山裡， 何必隱居在市郊呢？顯然可以推測他是在「等待」，因爲在當時他是沒有機會出來爲官，而不是不願意爲官。既然如此，那「五柳先生」的德行操守、心志理想，不正是他想告訴爲政者，他的人格、心志是崇高的嗎？

以下即針對「歸隱」、「等待」這兩條思維路線，依前文的提問做分析：

（一）從「歸隱」的角度來詮釋

「五柳先生」是真心的「無留」於「京師」，這個政局混亂，時刻充滿危機的地方，「無留」於政治爭鬥，彼此殺戮的京城。因此只祈望「吾留」於自己心中的「桃花源」。文中從一開始「先生不知何許人也，亦不詳其姓字。」即表現了一位歸隱多年之隱者的心聲，如「桃花源」裡的隱者，因「先世避秦時亂…來此絕境，不復出焉…與外人間隔…不知有漢，無論魏晉。」[12]由「避亂」而「隱居」，而「隔絕」，而「忘懷」，進而「發現」桃花源，也就是〈飲酒其五〉「問君何能爾，心遠地自偏。采菊東籬下，悠然見南山。」[13]這種當下「發現」的情境。陶淵明不但不想回顧自己的門第，也不願提及自己的身世，這就是他在歸隱多年後誠心的放下。既然已經放下了一切，下文的「閑靜少言，不慕榮利」事實上應該是貫串全文的「因」，自「好讀書，不求甚解」，至「忘懷得失，以此自終。」就是承接上文的「果」，此時陶淵明已六十四歲，加上當年劉裕弒安帝立恭帝，政局的混亂，人生已經沒有什麼可以看不開的，因爲亂世之中說了沒用，也沒有人會聽，甚至招來怨懟招致不測的危險，還有什麼看不開的。「得失」、「名位」，對此時的他而言，已經不圖奢求。因此陶淵明將一生的經歷，以第三人稱的角度，用閑靜的態度去欣賞它。因爲他沒有積極出世的企圖心，也就不願意發議論、爭

[11] 同上，頁 99。

[12] 楊金鼎《古文觀止全譯》，台北：東華書局，1992 年，頁 416。

[13] 高海夫、金性堯《古詩新賞 10》，台北：地球出版社，1993 年，頁 135。

是非。所以文章一開始就點出了他一生「不爭」的特質。

往下「好讀書，不求甚解」，至「忘懷得失，以此自終」，說明他自二十二歲起閑居在家的生活，雖然只有「好讀書」、「性嗜酒」，但這二句正是他「閑居」、「歸隱」的寫照，末尾一句「晏如也」，傳達了家雖貧但能自適，因爲「貧賤」、「富貴」對他而言，已經不具意義。「忘懷得失」是根本的不再留戀過去的一切，包括所有的理想期許，這也是他「歸隱」後心境的敘寫。以上是從「歸隱」的角度，解讀這篇文章。

（二）從「等待」的角度來詮釋

「五柳先生」自二十歲起開始宦遊，二十二歲起閑居在家，二十五歲起移居市廛，當然是爲了等待機會，但此時的東晉不但政局混亂，更有北方先秦符堅的南犯。「隱居」於市郊，對一位年輕人而言，當然會給讀者做「等待」的聯想。也就是在等待的日子裡，他的生活狀況，他對大環境的看法，他所追尋的理想世界，以及他對自己的期許。

文中「閑靜少言，不慕榮利」，一開始就說出自己的人格特質，「謹言」、「無爭」、「清廉」。魏、晉推舉人才，基本的條件就是「孝」、「廉」，而「閑靜少言」、「不慕榮利」，則是被薦舉必要的條件，就是遵守「名教」的基於要求。下文「好讀書，不求甚解，每有會意，便欣然忘食。」若用逆向的思考模式進行反問，「好讀書」爲什麼不求甚解？「每有會意，欣然忘食」，既然不求甚解，怎麼會有深層的發現? 對「好讀書，不求甚解」這段文句，筆者以爲可否聯想到當時的「義疏之學」，讀書人窮一生的精力爲「經、傳」作注疏，如：何晏注《論語》，王弼注《周易》動輒數百字或近千字，這對陶淵明而言，當然不願意去做，這可以視爲對大環境的反抗嗎? 是在反抗這個時代對讀書人的枷鎖嗎?既然是崇尚自然，閱讀就是要能隨興，自然不會再受字句在考證上的束縛，於是在閱讀上就擴大了聯想的空間，也就多了一些心領神會的地方。

「性嗜酒，家貧，不能常得。親舊知其如此，或置酒而招之。造飲輒盡，期在必醉，既醉而退，曾不吝情去留」，句中的「嗜酒」，在六朝時期似乎是在名之中的一種風氣，至於「既醉而退，曾不吝情去留」句，是因爲陶淵明生逢晉末亂世，此時玄學清談早已蔚然成風，鄧安生《陶淵明新探》指出：

> 「竹林七賢」傲世曠達、放蕩不羈，…他們毀棄禮法，崇尚自然，嵇康公開提出「越名教而任自然」…陶淵明…他不能不受到道家和嵇康、阮籍等人的影響。…他追求自由而不流於放誕，…他只是要求「認真自得」，不受名教約束。[14]

竹林七賢等人「嗜酒」，是爲了反對名教，而陶淵明的「嗜酒」，並不是刻意

[14] 鄧安生《陶淵明新探》，台北：文津出版社，1995 年，頁 119。

的在表現自己是個離不開酒的酒鬼，他也同樣是在反對名教的束縛。只是由他的詩作裡，可以發現他更多了一些「崇尚自然」的因素。若是串聯這整段的文句，前半段自「好讀書」起，是反抗大環境對讀書人的要求，後半段自「性嗜酒」起，是反抗名教對讀書人的限制，所以這裡所反應的，從順向角度是「適性」、「崇尚自然」，從逆向角度是「反抗」、「排斥傳統」、「排斥束縛」。

自「環堵蕭然，不蔽風日；短褐穿結，簞瓢屢空。一晏如也。」敘寫自己生活狀況。如前文的提問，五柳先生在如此貧困的生活環境下，仍然能夠悠閒自適，以「晏如也」的心境自處，這和「顏淵」的一簞食、一瓢飲、居陋巷，在人不堪其憂的處境下，不改其樂，是不是很近似呢？顏淵在孔門弟子中，居「德行科」之首，此處五柳先生應該是在強調自己的品德高尚吧。雖然五柳先生的「家貧」是事實，但比起一般的平民百姓，必然強過許多，這裡只是藉五柳先生居家生活的敘寫，表達不被貧窮所困擾，依然能以自適的態度面對未來的前景。

再往下「常著文章自娛，頗示己志。忘懷得失，以此自終。」句中指出「著文章」的目的在於「自娛」、「示己志」。但也說明了，他著文章不是爲了道統的傳承，更沒有什麼偉大的使命，純粹是在表現個人的思維和感受，也就說寫作只是純粹自然的抒發。末尾一句「忘懷得失」，以陶淵明當時的處境來看，有什麼人，或是什麼機會能被薦舉呢? 不忘懷得失又能怎麼辦呢？

末段，用贊曰：黔婁之妻有言：「不戚戚於貧賤，不汲汲於富貴。」爲什麼不直接寫贊曰：「不戚戚於貧賤，不汲汲於富貴。」陶淵明運用第三人稱的角度評「黔婁」，表示態度的超然、客觀。事實上，陶淵明就是在藉此令讀者感受到五柳先生等同於黔婁，是在强調五柳先生對「貧賤」與「富貴」視之淡然的心境，因爲已經「忘懷得失」，當然能回歸自然，與自然結合爲一體，也就無所謂奢求。在等待的日子裡，因爲心境已經是「不戚戚於貧賤，不汲汲於富貴」，自然能享受心目中的桃花源，更能藉「飲酒」、「寫作」終其一生。

五、習作題目設計與寫作導引

在多元思維的閱讀導引之後，接下來就是寫作教學的活動設計，要讓孩子在能夠思索以外，還要讓他們把想到的經驗、看法寫出來。

針對這一篇課文，我們可以就全課的文義，抓住以下的要點，做題目設計的依據，那就是「自我的描述」、「經驗的描寫」、「未來的遠景」、「環境的自處」，以下筆者即根據這些要點設計題目有「我能欣賞自己的長處」、「在不如意時我的情緒管理」、「發現生活中的美好」、「我對未來的想法」、「面對逆境」，爲縮減篇幅，下面僅針對其中第一、二個題目，做如下的寫作教學活動導引：

題目一：「我能欣賞自己的長處」

1、導引設計

一個成功的人，先要能肯定自我，古代的陶潛以悠閒自適面對人生，成就了許多不朽的文學佳作；現代的吳寶春以一手人人稱道的手藝，成爲家喻戶曉的麵包師傅。你覺得自己的長處是什麼？你是以怎樣的態度肯定自我呢？請以「我能欣賞自己的長處」爲題，將你的經驗做一則完整的敘述。

2、審題指導

這篇題目的重點是「欣賞」，每個人都有自己的長處，但需要先認識自我、肯定自我，進而展現自我，但「欣賞」在於對自我的瞭解，如陶淵明在欣賞自我方面，肯定自己的「安貧」、「自適」，所以從這兩個角度，寫出了在生活上的人格特質，你能發現自己引以爲傲的長處是什麼嗎？

3、材料蒐集

在找出自己的長處以後，先要仔細想想，你曾經做了什麼值得回憶的經驗？你是怎樣運用自己的長處？針對你的長處，你聯想到了那些事例或錦句？

4、布局指導

第一，準確的抓住自己的長處，說出是什麼。第二，要展現自信，我運用長處做了什麼得意的事。第三，將生活經驗做一篇完整的敘寫。第四，想想你在這裡獲得了什麼啓發。

題目二、「在不如意時我的情緒管理」

1、導引設計

陶淵明在貧困的時候，能夠處之泰然，讀書寫作忘懷得失。在你成長的歲月裡，也有一些令你難以面對的困境嗎？請以「在不如意時我的情緒管理」爲題，將事情的經過，和你當時心情及處理方式做一段完整的敘寫。

2、審題指導

這個題目的重心有兩個，一是抓住「不如意」的情景是什麼，另外是「我的」情緒管理，必須要有「你」自己的經驗和處理態度，不能過度的鋪敘自己不如意的成長過程，或是發生的某一件事情，需要你寫出在當時，是怎麼看待這個困境，怎麼做心靈的調適，最後是怎麼克服了它。

3、材料蒐集

想想在你成長的過程裡，家裡有些什麼巨大的衝擊，讓你難以忘懷？或是在學習過程裡，遇到了什麼重大的挫折，讓你刻骨銘心？另外是什麼原因讓你渡過困境？你用什麼態度面對？此外想想有哪些成功的人，他們也有類似的事蹟和成功的錦句，借用它們充實文章的內容。

4、布局指導

第一、說出你之所以不如意的原因，以及當時的情形。第二、具體舉一事例，說出你如何展現毅力，克服不如意的處境。第三、在這過程裡，是什麼原因改變了自己（朋友、師長的關懷，一篇文章的啓發，一個突發的靈感）。第四、這個事件你獲得了什麼經驗或體悟。

六、結論

在目前一片教改的聲浪中，國文科教師不但要能靈活的運用各類教學法，還要能重視學生的學習習慣，引導學生活潑生動的、積極主動的參與課文內容多元思維的練習，突破過去傳統、單一的閱讀形式，郃啓揚《語文教育新思維》指出：

> 在未來社會中，學生所要掌握的知識…有增無減，而整個教與學的時間…不會是有所增加，而可能會有所減少…怎樣在有限的時間內很好地甚至是更好地完成教學任務…語文教育只能在有限的時間內完成其使命。因此，依然靠大量「嘗試錯誤」的方式「悟」出語文學科的真諦…。[15]

這說明了國文學科的教學，兩岸都有教學時數被減少，而卻要肩負起提升教學水準的壓力。在這種情況下，運用多元思維引起學生的閱讀興趣，就是要能「嘗試錯誤」，要能從文句中「悟」出新的構思，如此才有可能令學生願意主動學習，提升教學效果。如本論以陶淵明〈五柳先生傳〉爲例，前文云本文的重點不在考證，只是提供教學的多元思維，列舉可能的情景，導引學生做不同角度的探索，這就是增加教學的「趣味性」，訓練學生從不同的角度看問題，期望對日後國中國文科教學走出一條新的途徑。

參考文獻

李如密《教學藝術論》，濟南：山東教育出版社，1995 年。
李辰冬《陶淵明評論》，台北：東大圖書股份有限公司，1975 年。
郃啓揚、金盛華《語文教育新思維》，北京：社會科學文獻出版社，2001 年。
袁行霈《陶淵明研究》，北京：北京大學出版社，1997 年。
韋志誠《語文教育思維論》，南寧：廣西教育出版社，1996 年。
高海夫、金性堯《古詩新賞 10》，台北：地球出版社，1993 年。
陳永明《莫信詩人竟平澹 陶淵明心路歷程新探》，台北：台灣書店，1998 年。
楊金鼎《古文觀止全譯》，台北：東華書局，1992 年。
鄧安生《陶淵明新探》，台北：文津出版社，1995 年。

[15] 郃啓揚、金盛華《語文教育新思維》，北京：社會科學文獻出版社，2001 年，頁 59。

學習地圖理論應用於國中國文科教學試探

杜明德*、祈曉潔**

一、 前言

如果我們把學習歷程比喻作一趟旅程，在旅程中我們必須知道自己的方向，也必須知道如何到達，「地圖」或「導覽」是不可或缺的工具。學習地圖理論是從「快速學習」和「清晰思考」核心概念，指導學生們掌握學習方向，快速吸收、了解以及牢記新知的能力，輔導學生們怎樣學才能學得好，以及培養自我學習的能力。學習有了方向與方法，對學生而言，會學得輕鬆、學得愉快，而且學得多、學得好、學得有效，學生們便會樂於學習；對教師而言，可以成爲「有意識的教學者」，掌握自己的教學目標與內容。因此，學習地圖理論不僅可以教導學生們「學習如何學習」，具備快速學習能力；也可以促使教師反思自己的教學歷程。

「國文」是中學課程中的主要科目，其重要性無庸置疑。中學的國文科教師則是引導學生悠遊國文領域的關鍵人物，其教學所需的專業性也不容懷疑。我們的教學歷程，固然有其「藝術性」，教師們可以因應班級文化、學生特性而調整授課內容與模式，但專業化的教學歷程，也應有一定清晰可循的脈絡，而非全都是朦朧模糊的經歷，進而實踐專業化教學中的「科學性」。[1]將學習地圖理論應用於國文教學，應有助於教師在有限的教學時數下，掌握教學重點，思考教學方向及內容，進而調整自己的授課模式，型塑專業化教師的形象。

二、 學習地圖理論簡介

「學習地圖」理論在1999年由柯林・羅斯（Colin Rose）及麥爾孔・尼可（Malcolm J.Nicholl）提出。柯林・羅斯是「加速學習系統」（Accelerated Learning Systems）的創始人，麥爾孔・尼可則時任美國加州「加速學習系統公司」（Accelerated Learning Systems,Inc.）總裁。理論的重點是指學習者可以利用整體方式，讓訊息透過不同方向同時呈現，製作掌握訊息重點、充滿視覺效果容易記憶的圖像化筆記。至於架構學習地圖的方法，柯林・羅斯及麥爾孔・尼可提倡「M.A.S.T.E.R.」加速學習法的六個基本步驟，教導學習者們如何發揮潛力，更有把握地達成學習目標：

---

* 國立高雄師範大學國文學系副教授、教育部國民中小學九年一貫課程推動工作課程與教學組語文學習領域國語文組輔導群委員

** 高雄市立大仁國中國文科教師

[1] 韋志成在所著《語文教學情境論》中，論及語文情境教學的基本原則時，便主張「科學與藝術相結合的原則」。認爲語文科教學固然有其藝術性，此有賴教師的創造，求新求異，靈活多變，教與學共振，師與生協調，從而使教學產生藝術魅力。但在另一方面，教師也應精通教材、教學內容、知識結構和體系，建立周密的教學目標系統，使每節課的教學都是有目的的教學，以體現語文教學的科學性。見氏著：《語文教學情境論》（南寧：廣西教育出版社，2001 年），頁 76-77。

（一）M：進入正確的心智狀態（Getting in the Right State of Mind)

加速學習的第一個步驟，是學習者必須保持輕鬆、自信和旺盛的學習動機。如果學習者覺得壓力很大、沒信心，或看不到所學的東西有何意義，學習效果就將大打折扣。因此，正確的心智狀態是學習任何課題的首要前提，學習者必須真的想要學習新知或新技能，必須對自己的學習能力有信心，而且確信所學的東西將對自己的一生有正面的意義，確知「WII-FM」（What In It For Me？）讓自己的動機、自信從容、意志力激發學習的意願，成爲可供利用的資源和能力，取代潛伏在心中的不安與恐懼。

（二）A：吸收資訊（Acquiring the Information）

加速學習的第二個步驟，是學習者必須按照自己最適合自己的學習方式，來吸收所學習科目的基本知識。雖然每位學習者都應該遵守某些學習的策略，但在學習的過程中，每個人會投入的視覺、聽覺和動覺，在程度上各不相同。學習者應認識自己個人的視覺、聽覺和動覺的感覺特性，並試著結合視覺、聽覺、動覺，調動多重感官來學習，學習就可以達到最佳狀態。

（三）S：找出意義（Searching Out the Meaning）

加速學習的第三個步驟，是學習者爲了將所學的知識永久記住，必須徹底探索其含義及重要性，思考所學的內容，並整理其中的意義。因爲知道某件事跟瞭解某件事是不同的，深入探討事情的真相，並賦予個人化的意義，才是學習的中心要素。柯林・羅斯及麥爾孔・尼可並認爲「『事實的記憶』屬於膚淺的學習，而『意義的創造』則是深度的學習。」[2]提醒學習者可以運用哈佛大學心理學家霍華・迦納（Howard Gardner）在1983年所提出的多元智能理念：語言、邏輯數學、音樂、人際、內省、空間、身體動覺智能，以及霍華・迦納在1996年新增的「自然觀察」[3]等八種智能，活化所學習的內容，探索和解釋所學習的內容，深刻理解其中的意義。

（四）T：啓動記憶（Triggering the Memory）

加速學習的第四個步驟，是學習者必須將每一個學習課題的訊息鎖入長期記憶庫當中。根據德國心理學家赫爾曼・艾賓浩斯（Hermann Ebbinghaus）所提出

---

[2] 柯林・羅斯（Colin Rose）、麥爾孔・尼可（Malcolm J.Nicholl）著，戴保羅譯：《學習地圖—21世紀加速學習革命》（台北：經典傳訊文化股份有限公司，1999 年），頁 101。

[3] 在柯林・羅斯、麥爾孔・尼可所著《學習地圖》中，譯者將「自然觀察智能」譯爲「博物學者智能」，但霍華・迦納所提倡的第八項智能原文爲「naturalist intelligence」，一般學者多譯爲「自然觀察智能」，此從之。

的「遺忘曲線」[4]，一般的學習者如果沒有特別用心去記憶所學的東西，一天之內就會遺忘其中約百分之七十四的內容。所以有效的學習者應該使用背景聯想、組織類化、複習週期、摘要、閃視記憶卡、朗讀、編故事、譜曲，甚而是睡眠等多種記憶方法，真正將學習到內容深深刻劃在長期記憶中。

（五）E：展示所知（Exhibiting What You Know）

加速學習的第五個步驟，是學習者必須經由自我測驗、角色扮演、實際應用、與他人切磋、分析錯誤等過程，和同學或學伴共享所學到的東西。因爲有時學習者自以爲已經瞭解某件事，但就是不能解釋給別人聽，仍不能稱得上是真正的習得。只有當學習者能將所學到的東西傳授別人的時候才是真正的瞭解、擁有這項知識。

（六）R：反省學習過程(Reflecting on How You' ve Learned)

加速學習的最後一個步驟，是學習者必須自問「學習進行得如何？」「如何加以改進？」「這樣做對我有何意義？」重點在於審察「自己是如何學習的？」而不是審查「自己學會了什麼？」學習者反省自己的學習過程，並需確認哪一種學習技巧或步驟最適合自己。學習者可以透過自我反思、個人的規畫檢核、學習所得的評量等過程，來反省檢討自己的學習歷程，下次學習時，便可從這次的自我檢討中得到借鏡。

三、　學習地圖理論對教學者的意義

「學習如何學習」是教育改革浪潮中熱門的議題，也唯有學會如何學習，才能成爲自動自發的學習者，「得以從被動的教育消費者，轉變成自我學習和生命的主動掌控者。」[5]由上述對學習地圖理論的簡介，我們可以知道此理論之設計，原爲使「學習者」具備快速學習的能力—快速吸收、瞭解及牢記新知的能力，就能對日新月異的改變應付裕如。但在「教」與「學」過程中，教師扮演著引導的角色，如果我們希望學生有怎樣的學習歷程，則教學者的教學歷程也應適時調整。所以，「M.A.S.T.E.R.」雖然是針對學習者的「加速學習法」，但是否真的能有所成，恐怕端視教學者是否具備「加速教學法」的理念。譬如，就「M：進入正確的心智狀態」而言，學習者的重點認知在於「真的想要學習新知或新技能，必須對自己的學習能力有信心，而且確信所學的東西將對自己的一生有正面的意義。」並對學習「保持輕鬆、自信和旺盛的學習動機」。教學者便應讓學生清楚知道所

[4] 參見 http://zh.wikipedia.org/zh-tw/%E8%B5%AB%E5%B0%94%E6%9B%BC%C2%B7%E8%89%BE%E5%AE%BE%E6%B5%A9%E6%96%AF，2012.3.21 查詢。

[5] 同註 2，頁 30。

學課程的意義、用處，創設良好的學習情境，並善用暗示，培養教室中的成功文化，以使學生有自信、自尊的學習。就「A：吸收資訊」而言，學習者的重點工作在於「認識自己個人的視覺、聽覺和動覺的感覺特性，先對整體學習內容有全盤的瞭解，再抓住核心理念，統整以前已知的相關知識並做筆記，按部就班吸收新知。」教學者便應留意尊重不同學生吸收資訊的方式，並掌握課程核心理念，兼顧視覺、聽覺及動覺，調整自己的授課方式。就「S：找出意義」而言，學習者可以運用八種智能，「活化所學習的內容，探索和解釋所學習的內容，深刻理解其中的意義。」教學者便應鼓勵並誘導學生應用各種頭腦智能，提醒學生可以從語言、邏輯數學、音樂、人際、內省、空間、身體動覺、自然觀察等多角度思考所學，使他們更深刻瞭解課程的意義。就「T：啓動記憶」而言，學習者要使用背景聯想、組織類化、複習週期、摘要等多種記憶方法，將學習內容刻劃在長期記憶中。教學者就應善用複習計畫，歸納統整學習重點，或設計活動來協助學生記憶。就「E：展示所知」而言，學習者可以「經由自我測驗、角色扮演、實際應用、與他人切磋、分析錯誤等過程，和同學或學伴共享所學到的東西。」教師就應該要安排活動時間或設計分組，讓學生可以有機會展現所學。就「R：反省學習過程」而言，學習者的重點工作在於「透過自我反思、個人的規畫檢核、學習所得的評量等過程，來反省檢討自己的學習歷程。」教師就可以鼓勵學生以記載學習日誌的方式，深刻反省自己的學習過程。

簡而言之，教學者若能瞭解學習地圖理論，掌握「M.A.S.T.E.R.」的精義，應能活化自己的教學模式，靈活的運用遊戲和活動、感情和音樂、想像力和聯想力、角色扮演活動等教學方法，促使自己的教學是有效的教學。

四、　學習地圖理論架構下的國中國文科教學

傳統的中學國文科教學階段及步驟，約可以下表明之[6]：

教學階段	教學步驟
準備活動	一、課程準備 二、預習考查（引起動機）
發展活動	三、解釋題文（引起動機） 四、討論全文大意 五、介紹作者生平 六、概覽課文 七、處理生難字詞 八、讀講課文

[6] 本表參考王更生：《國文教學面面觀》（台北：五南圖書出版公司，2001 年 5 月）、黃錦鋐：《國文教學法》（台北：三民書局股份有限公司，1997 年 7 月）、陳品卿：《國文教材教法》（台北：台灣中華書局，1986 年 10 月）及李金城：《中學國文教學的藝術》（高雄：復文圖書出版社，1988 年 10 月）而製。

綜合活動	九、深究 十、鑑賞 十一、　誦讀 十二、　應用練習 十三、　質疑或提示重點 十四、　新課文預習指導
評鑑活動	十五、追蹤輔導、補救教學

這樣的教學階段與步驟，雖然有時必須因應教材內容、教學環境、學生程度及教學時數而調整，但大致說來符合揭示課程的程序，也應爲大部分國文科教師所習用。若在不大幅調整教學步驟的前提下，套用「M.A.S.T.E.R.」的架構，則中學國文科教學的階段與步驟，應該可以微調如下：

教學階段	教學步驟
M：進入正確的心智狀態	課程準備 預習考查（引起動機） 解釋題文（引起動機） 討論全文大意
A：吸收資訊	介紹作者生平 概覽課文 處理生難字詞 讀講課文
S：找出意義	深究 鑑賞 誦讀 質疑或提示重點
T：啓動記憶	應用練習
E：展示所知	應用練習
R：反省學習過程	追蹤輔導、補救教學

若再融入「加速教學法」的理念，在「M：進入正確的心智狀態」的階段，我們可以透過講述的方式，讓學生明白所學課程的意義與功用何在？與之前的課程有何聯繫？跟學生的生活有何關係？讓學生明白學習內容的地位與價値。也可以提示不同的學習方法，讓學生對學習歷程產生信心。更可以透過「聯繫生活」、「展示實物」、「藉助圖像」、「播放音樂」、「設計數位媒體」[7]等方式，創設有效的教學情境，使學生對學習感到有興趣。學生的心智狀態是學習成功的關

[7] 參拙著〈情境教學法在現代文學教學中的運用〉，2006 年 11 月 4 日台灣師大國文系「現代文學教學研討會」論文。

鍵性因素，教師若能引導學生對於所學的內容，先有了正確的概念，也有信心、興趣去學習，學生就有可能是成功的學習者了。在「A：吸收資訊」的階段，我們必須先尊重不同學生吸收資訊的方式，我們的學生有可能是「視覺系」的，透過眼見來學習，喜歡看圖畫表格、示範或影片；也有可能是「聽覺系」的，透過耳聽來學習，喜歡聽音樂、演講、辯論、討論和口語的教導；更有可能是「動覺系」的，透過身體的活動和直接參與來學習，喜歡用手觸摸、動動東西或親身經歷某種事物。在揭示課程核心理念，開始講授課文內容時，教師應要考慮結合視覺、聽覺、動覺的教學方式，在視覺方面，可以運用心智繪圖的概念，以整體的方式，讓訊息透過不同方向同時呈現，或者製作海報、圖表、示意圖等。也可以透過色彩來區別各種資訊，頭腦會因爲色彩加入更多感情的部分，更有助於記憶。在聽覺方面，我們應強調朗讀的功效，影像可以讓人有較深的印象，而聲音也有同樣的功效。因此，如果是一段特別重要或艱深的文章，以戲劇性地大聲讀出來，利用音效來強化訊息，將有助於學生接收訊息。在動覺方面，因爲邊走路邊傾聽或閱讀也是一種學習方式，所以每隔一段時間就讓學生站起來動一動，也有可能獲得更佳的學習效果。另外，以書寫或其他筆記方法，記載所聽到的訊息，也是動覺學習的方式。最後，參與小組的活動，和另外一些人組成小組共同學習，也是動態的學習方式。在「S：找出意義」階段，我們應提醒學生從語言、邏輯數學、音樂、人際、內省、空間、身體動覺、自然觀察等多角度思考所學，使他們更深刻瞭解課程的意義。或設計問題討論、活動，讓學生試著運用多元智能，在課文的學習後，創造屬於自己的深刻涵意。就國文科的學習而言，語言智能是最容易被調動的部分；但課文內容的深究、作者的認識，可能與人際智能、內省智能、空間智能、邏輯智能有關；韻文的欣賞，與音樂智能有關，分組的競賽活動、問題討論，與人際智能、內省智能、身體動覺有關；近年來興起的環保議題、生態保育、海洋文學等，則與自然觀察智能相關。換言之，國文科教師必須思考「如何把語言符號系統轉換成其他智慧的語言？」這樣的教學方式不但刺激學生的學習，使學生從多角度的思維中，產生深刻的體認，同時也考驗教師本身的專業及能力。我們必須瞭解到各種智能所能結合的主題，一種智能的發展並不受學科的限制，一個學科單元也不一定能運用到八種智能，我們要做的是找出各種可能的教學法，並使各教學活動能夠合理、順暢的連結。在「T：啓動記憶」的階段，我們在教學規劃中，必須善用複習計畫，組織學習重點，或設計活動來協助學生記憶。必須留意的是，在複習計畫中，我們要考慮增加學生聽、說、看、做的機會，並提醒學生運用聯想學習。在「聽」的部分，教師對課程的重點要不厭其煩的強調；在「說」的部分，可以請學生說出自己對課程的重點認知；「看」的部分，則可以運用教具提示重點，或運用「閃視記憶術」[8]加深學生印象；在「做」的部分，我們可以透過課堂的應用練習、學習單或測驗卷，協助學生統整

[8] 先請學生將課程重點以心智繪圖或表列的方式作整理，再請學生用 1-2 分鐘仔細研讀，然後把整理資料收起來，用回憶的方式重作整理，最後把兩個版本的整理內容加以比對，學生就會發現自己遺漏了哪些重點。

歸納相關知識；在聯想學習的部分，教師可以試著鼓勵學生改編課文，藉著說故事、譜曲等方式來儲存記憶。在「E：展示所知」的階段，教學者的重點工作是安排機會、提供舞台，讓學生展示所知、示範所學，學生可以有機會自我檢視評量，我們也可以評量學生的學習成就。此階段的教學技巧與「啓動記憶」類似，同樣可以從聽、說、看、做等多角度觀察，如角色扮演、編寫劇本、闡述內容、分組討論等。在「R：反省學習過程」階段，我們可以指導學生記錄學習日誌，學生在學習日誌中記錄課程中最感興趣的部分、最不喜歡的部分、不瞭解的地方、最有成就的地方、學習方法等，學生可以藉此反思自己的學習歷程，教師則可以據以追蹤輔導，也可以修正自己的教學模式，促成自己的專業成長。

茲將學習地圖理論可應用於國文科教學的模式，再整理如下表以明之：

教學階段	教學步驟	教學重點、技巧
M：進入正確的心智狀態	課程準備 預習考查（引起動機） 解釋題文（引起動機） 討論全文大意	1.說明意義，明白價值。 2.提示方法，產生信心。 3.創設情境，引發興趣。
A：吸收資訊	介紹作者生平 概覽課文 處理生難字詞 讀講課文	1.接受不同學習型態 2.掌握核心重點，按部就班呈現教學內容。 3.結合視覺、聽覺與動覺教學
S：找出意義	深究 鑑賞 誦讀 質疑或提示重點	1.把語言符號系統轉換成其他智慧的語言，使學生從多角度的思維中，產生深刻的體認。 2.各教學活動要能夠合理、順暢的連結。
T：啓動記憶	應用練習	1.善用複習計畫，組織學習重點。 2.不厭其煩的強調課程重點。 3.請學生說出自己對課程的重點認知。 4.運用教具提示重點，或運用「閃視記憶術」加深學生印象。 5.透過課堂的應用練習、學習單或測驗卷，協助學生統整歸納相關知識。 6.鼓勵學生改編課文，藉著說故事、譜曲等方式來儲存記憶。
E：展示所知	應用練習	1.安排機會、提供舞台，讓學生展示所知、示範所學。 2.從聽、說、看、做等多角度觀察，

		如角色扮演、編寫劇本、闡述內容、分組討論等。
R：反省學習過程	追蹤輔導、補救教學	1.指導學生記錄學習日誌。 2.學生反思自己的學習歷程。 3.教師追蹤輔導學習成就不佳的學生，或修正自己的教學模式。

五、　學習地圖理論應用於國中國文科教學設計示例

根據上述的架構，我們可以將之運用在國中國文科教學的現場，進行課程設計。因限於論文篇幅，以下僅以南一版國中國文第二冊〈大樹之歌〉課程為例，編寫教學設計，提供老師們做參考：

單元主題一：生活感悟

（一）課名及作者

第一課：大樹之歌。作者－民國劉克襄。

（二）教材分析

在日常生活中，我們若能細細觀察，就能感受到自然之美；處處留心，就能體會人生的真理。劉克襄與孩子一起去拜訪一棵雀榕，感悟到人要多探索自然，與大自然建立親密關係。

（三）設計理念

1、M：進入正確的心智狀態階段

（1）提示方法，產生信心：在介紹〈大樹之歌〉一文時，先說明本課學習目標，指導學生了解學習重點，再請學生回家查閱本課的生、難字，將本課概覽預習，並提供相關網站，如「人間，一顆星球--作家部落格」、請學生查閱「雀榕」相關網站、提供參考書目《台灣自然寫作選》等，透過以上方法有助於使學生了解所學內容的意義及價值，使學生對學習產生信心及興趣。

（2）創設情境、引發興趣：教導〈大樹之歌〉一文時，播放影片「文茜的世界周報之 2 地球之肺儲碳 探索雨林驚奇」，培養學生尊重自然、愛護自然、與自然和諧共處的觀念。

（3） 運用獎勵、激發學習：鼓勵學生回家搜集與「樹」相關的成語、詞語，課堂上以自願回答記優方式，激發學生的榮譽感與主動學習的意願，並增強學生的語文能力。

2、A：吸收資訊階段

（1）視覺系學習：如播放作者相關網站，網站上附有作者相關生活照片及文字說明；製作 ppt（附有文字及圖片），介紹〈大樹之歌〉中植物－雀榕、酢漿草、鼠麴草、黃鶴菜、馬齒莧；利用學習地圖來吸收新知，有助記憶力大增，非常適合偏好視覺及整體學習方法的學生。

（2）聽覺系學習：聆聽課文朗讀 CD，學習朗讀的抑揚頓挫及節奏，之後引導學生朗誦本文，用戲劇性的方式大聲讀出來，有助於聽覺系學生接受訊息。

（3）動覺系學習：請學生抄寫黑板上老師所補充的資料，課堂中穿插部分習作練習，利用抽籤進行「炸彈開花」遊戲，讓學生有機會動一動，請學生上台朗誦課文，分組繪製〈大樹之歌〉心智圖，這些方式都能使動覺系學生增加課堂參與度，提升學習專注力。

3、S：找出意義階段

（1）語言智能：分組討論後請學生上台發表討論結果，訓練學生口語表達能力，並培養自信心。在內容深究上，討論「作者在文中指稱大樹，頭、尾兩段用『他』，中間四段用『它』，爲什麼？」來訓練學生對遣詞用字的精準。

（2）自省智能：利用內容深究，如「作者對待大樹的態度與大樹附近的人家有何不同？的問題上，讓學生釐清是非觀念、訓練學生的思考模式。

（3）人際智能：在內容深究方面，運用小組討論模式，促進學生的人際互動，學習在團體中貢獻一己之力。

（4）音樂智能：如〈大樹之歌〉的內容深究上，可請同學想一想有關「樹」的歌曲，並體會唱歌時的心情，讓音樂引發學生的情緒和想像。

（5）自然觀察智能：運用內容深究，討論「生態保育不但是愛鄉土的表現，也是全球共同重視的問題，請想一想你可以做哪些事，來對生態保育盡一份心力？」藉此引導學生對自然生態的探索。

4、T：啓動記憶階段

（1）「聽」的部分：聆聽教師及同學再次強調學習的重點。

（2）「看」的部分：如〈大樹之歌〉一文，可利用「吸收資訊階段」已繪製過的「學習地圖」做複習，將各組作品展示於黑板上。

（3）「說」的部分：如〈大樹之歌〉一文，分組抽籤請學生上台按「心智圖」說出本課課文重點。

（4）「做」的部分：課本與習作的應用練習，安排「隨堂測驗卷」練習等，皆爲協助學生歸納整理相關知識。

5、E：展示所知階段

（1）學以致用：在〈大樹之歌〉一文中，設計「我與樹的邂逅」學習單，補充海瑞・貝恩的詩作〈大樹之歌〉，作者以簡短的文字搭配細膩的插畫，教師於朗讀時並配合大自然音樂，引領學生感受大自然的神奇，引導他們勇於表達自己的感受與發現。之後帶領學生走出教室，親身體會校園大樹的美好，希望學生進一步了解學校環境，進而愛護校園環境。

（2）安排機會，展示所知：鼓勵學生上台分享學習單內容，並將學生作品展示於教室後方布告欄。

6、R：反省學習過程階段

（1）學生部分：指導學生記錄學習日誌，利用這樣的反省功夫，可以讓學生的自省智能有所成長，讓他們未來解決問題時，發揮他們最擅長的能力。

（2）教師部分：利用教師上課觀察及學生給老師的回饋與建議，分析教學歷程，一方面修正自己教學模式，增進自我成長，一方面繼續追蹤輔導學習不佳的學生。

「大樹之歌」教學活動設計單

教材名稱	大樹之歌	教學對象	國一	人數	25 人
授課教師	祁曉潔	時間	6 節課(270 分鐘)		
教材來源	南一版國中國文第二冊第一課				
課文內容	**大樹之歌　　作者：劉克襄** 冬末時，我們去北海岸拜訪一位爸爸的老朋友。他的年齡比阿公和爸爸的年紀加起來都還大。至於到底有多大？我也算不出來，也不想猜了。反正，他看起來還是很強壯，很能生長的樣子。他住的地方，靠近金山一條小河的河口邊。他－是看著金山鄉長大的一棵大樹。 什麼樣的樹呢？它是一棵雀榕。雀榕的枝幹通常長有許多肉紅色的漿果，平地的鳥群最愛集聚那兒，所以它應該也有許多鳥朋友。河口附近還有許多雀榕，樹齡都和這一棵差不多。感覺上這個河口應該是一個大樹群生的地點，就像象群集聚的泥沼地一般的情景。				

	這棵基部足足可讓四人擁抱的大樹，葉子已經落得一乾二淨，只剩肥胖的軀幹和枯枝伸向清冷的天空。以前爸爸去金山賞鳥，都會順路去探望它。有一次，我在它身上粗略統計了一下，還有十來種草木寄宿在它身上；像常見的酢漿草、鼠麴草、黃鶴菜、馬齒莧等，都會發現。 但附近的人並非很善待它，他們在它的身上纏繞了電線，還掛魚網鋪晒，樹幹間的樹洞裡也堆積著廢棄的空罐頭和保特瓶。我們仔細探視這位老朋友，它的枯枝已有一些紅色的嫩芽，準備掙出天空了。下個月再來，想必已蓊鬱成一片樹海！ 它的旁邊還有一位垂倒的夥伴，大概是枯死一段時候了，又有新的小雀榕自枯樹裡長出橢圓、淺黃的優雅嫩葉，象徵著新生命的孳生不息。 我們把樹洞清理了一下，偷偷地把魚網拉下來。然後，離去之前，向樹身行禮、祈禱。不知下一回再來看他是什麼時候？也許，那時你已長大到能爬上他的樹肩，站在他的肩膀，看到湛藍的海洋。			
教學資源	教學圖卡、教學 DVD、電腦、投影機、網際網路、電腦圖片、學習單、相機（可錄影）、大自然音樂 CD、手提音響、大樹之歌繪本、色鉛筆或彩色筆。			
時間分配	**節次**	**月**	**日**	**教學重點**
	1			（一）預習考察（二）引起動機（三）解釋題目（四）介紹作者
	2			（一）概覽課文（二）形式深究
	3			（一）形式深究（二）繪製學習地圖
	4			（一）內容深究（二）安排回家功課（三）寫作能力引導
	5			（一）運用教具複習（二）檢討作業（三）隨堂測驗練習
	6			（一）延伸活動
	7			（一）展示作品（二）填寫學習日誌

（一）M：進入正確的心智狀態

教學活動	學生活動	教具使用	時間
一、　**課程準備：** 教師部分： 1、熟悉本課教材，充分研讀教師手冊、備課用書，及相關書籍。 2、蒐集作者劉克襄相關資料及影片。			

3、蒐集有關重大環保事件相關資料及影片。 4、蒐集有關雀榕、酢漿草、鼠麴草、黃鵪菜、馬齒莧的資料與圖片。 5、製作「我與樹的邂逅」學習單。			
二、　預習考察： 學生部分：			
1、預習本課內容。 2、查閱本課生難字的形、音、義。	預習課本	課本 備課用書	10’
3、上網搜尋「雀榕」關鍵字，查看相關網頁圖文，了解雀榕形貌與生態環境。 4、收集與「樹」相關的重要成語、詞語。	網路資料查詢並分享	電腦 投影機 相關書籍	
5、參閱本課相關資料：（教師提供參考網址及參考書籍）	蒐集成語		
網址部分： （1）人間，一顆星球--作家部落格 http://blog.chinatimes.com/aves/ （2）作家小傳－劉克襄 http://www.nchu.edu.tw/~taiwan/reside_writer_liu_08-0.htm	網路資料查詢並分享		
參考書目： （1）《台灣自然寫作選》吳明益編，台北：二魚文化事業有限公司 （2）《劉克襄精選集》劉克襄著，台北：九歌出版社有限公司 （3）《小鼯鼠的看法》劉克襄著，台中：晨星出版有限公司	圖書館找書 閱讀書籍並分享		
三、　引起動機：			
1、採自願記優方式，鼓勵學生於黑板上寫出與「樹」相關的成語、詞語，教師最後再整理補充，請學生抄錄重點，以提升學生語文能力。	上台書寫 抄錄筆記		15
2、撥放影片：「文茜的世界周報之2 地球之肺儲碳 探索雨林驚奇」，培養學生尊重自然、愛護自然、與自然和諧共處的觀念，並有助於延伸活動中學習單問題的思考。 http://www.youtube.com/watch?v=ZechJKjhl7Q	觀賞影片 體會情境 口頭分享心得	電腦 投影機	
四、　解釋題目： 1、本文文體：記敘兼論說文。			
2、題目含義：作者對大樹的讚頌與大樹本身的唱歌。	專心聆聽 筆記重點	課本 備課用書	5’

（二）吸收資訊

教學活動	學生活動	教具使用	時間
一、介紹作者： 1、說明作者的生平概略、創作風格、作品舉隅。 2、播放作者相關網站： （1）人間，一顆星球｜作家部落格 http://blog.chinatimes.com/aves/ （2）劉克襄 - 維基百科，自由的百科全書 http://zh.wikipedia.org/zh-tw/%E5%88%98%E5%85%8B%E8%A5%84 （3）劉克襄 - I'm a small potatoes - 小人物狂想曲 http://searchme.blogsite.org/r/0299/C0.shtml	專心聆聽 觀賞網站 筆記重點	課本 備課用書 電腦 投影機	15’
二、概覽課文： 1、介紹何謂「自然寫作」 2、課文朗讀： （1）聆聽課文朗讀 CD，學習朗讀的抑揚頓挫及節奏。 （2）用炸彈開花遊戲，以最晚站起來的同學上台朗讀課文，培養學生的勇氣及自信心。 3、本課植物簡介：製作 ppt（附有文字及圖片），介紹本課植物－雀榕、酢漿草、鼠麴草、黃鵪菜、馬齒莧。 4、分組討論各段段落大意，請各組派代表回答，老師最後在黑板上做補充整理。	專心聆聽 體會情境 遊戲活動 朗讀課文 專心聆聽 分組討論 抄寫筆記	課本 備課用書 朗讀 CD 手提音響 電腦 投影機	35’
三、形式深究： 1、講解各段課文字音、句讀、字詞義。 2、形、音、義辨析。配合習作。 3、各段修辭使用說明。	專心聆聽 抄寫筆記 習作練習	課本 備課用書 習作	35’
四、繪製學習地圖： 將學生分組，每組發下一張圖畫紙，請學生帶彩色筆，講解本課課文結構後，請學生於紙上畫下心智圖，並提示學生盡量以圖畫取代文字。	專心聆聽 製作心智圖	課本 課文結構表 圖畫紙 彩色筆	20’

（三）S：找出意義

教學活動	學生活動	教具使用	
一、內容深究 1、課文賞析 2、問題討論：（分組討論後，請同學上台報告，	專心聆聽	課本 備課用書	20’

老師再做最後的補充） （1）作者對待大樹的態度與大樹附近的人家有何不同？ （2）作者在文中指稱大樹，頭、尾兩段用「他」，中間四段用「它」，為什麼？ （3）生態保育不但是愛鄉土的表現，也是全球共同重視的問題，請想一想你可以做哪些事，來對生態保育盡一份心力？ （4）你能舉出一首和「樹」有關的歌曲嗎？並說說唱這首歌時給你什麼樣的心情？ **二、安排回家功課** 請學生回家寫完習作及應用練習 **三、寫作能力引導** 教師和學生共同討論本文的記敘立場及寫作特色： 1、記敘立場：父親（作者）對兒子敘說。 2、本文寫作特色： （1）自然樸實、真情流露：劉克襄此文非常自然的表達他日常親近大樹、觀察生態、從事保育的情形，可以啓發孩子對生活環境的關注與植物成長的關懷。 （2）觀察用心，可作範例：作者腳踏實地的去勘察、記錄，從事保育，帶領人們去親近自然，也讓我們在自然中聆聽生命之歌。	小組討論 上台發表 抄寫筆記 用心完成回家作業 專心聆聽 抄寫筆記	討論單 課本 備課用書	 10’

（四）T：啓動記憶

教學活動	學生活動	使用教具	時間
一、　**運用教具複習** 運用「吸收資訊階段」已繪製過的「學習地圖」做複習，將各組作品展示於黑板上。分組請學生上台按「心智圖」說出本課課文重點。 二、　**檢討作業** 檢討習作及應用練習 三、　**隨堂考測驗** 測驗結束後請學生立即訂正	上台說明 專心聆聽 訂正作業 筆試測驗	相機 心智圖 課本、習作 備課用書 測驗卷	15’ 15’ 30’

（五）E：展示所知

教學活動	學生活動	使用教具	時間
一、　**延伸活動：** 1、閱讀繪本《大樹之歌》：撥放大自然的背景音樂，老師朗誦《大樹之歌》繪本，並將每一頁圖案讓學生欣賞，閱讀完後請學生填寫學習單內容。 2、帶領學生走出戶外，體會大自然的美好，聽聽樹上的蟲鳴鳥叫，與那微風吹過樹梢的聲音，抱一抱大樹，想一想大樹是不是有些話想對你訴說？請學生選擇校園中一棵你覺得最美的大樹，畫下大樹的身姿，在圖畫的描繪上，要注意美感及光線的展現，並且寫下學習單的內容。	欣賞繪本 專心聆聽 用心觀察 學習單書寫	〈大樹之歌〉繪本 大自然音樂 手提音響 學習單 相機	10’ 35’
二、　**展示作品：** 1、 鼓勵同學上台展示學習單，並講述內容，以訓練學生組織及表達能力。 2、 將同學作品張貼於後方布告欄，提供學生展示作品及互相觀摩的機會。	上台發表	學生作品 相機	10

（六）R：反省學習過程

教學活動	學生活動	使用教具	時間
一、填寫學習日誌： 設計學習日誌及回饋單，請同學做學習歷程的回顧。 **二、教師省思：** 以學習日誌和學生建議與回饋，加上課堂觀察，作爲教師教學的追蹤輔導與改正。	填寫學習日誌及回饋單	學習日誌	15’

我與樹的邂逅

班級：　　　座號：　　姓名：

活動一：大樹之歌學習單

1、詩文導讀：(略)

2、這本書的作者是【　　　　　　　】，圖繪者

【　　　　　　　】，出版社【　　　　　　】

3、此詩中哪句話語讓我覺得最有感觸？感觸是？

【　　　　　　　　　　　　　　　　　　】

4、我要學習大樹的優點有：

【　　　　　　　　　　　　　　　　　　】

5、請舉出一個例子，說明自己如何在日常生活中實踐大樹的優點：

【　　　　　　　　　　　　　　　　　　】

活動二：看看我（大樹）、聽聽我（大樹）

1、請畫下校園中你最喜歡的一棵大樹，要仔細欣賞大樹的身姿，並注意光線及美感的展現。

2、 抱一抱大樹，聽一聽樹的聲音，你知道大樹想要告訴你什麼話嗎？

【　　　　　　　　　　　　　　　　　　　　　　　　　】

3、 想一想，如果校園中都沒有了大樹，校園會變得如何？

【　　　　　　　　　　　　　　　　　　　　　　　　　】

4、 我們該如何保護大樹，讓大樹能永續生長呢？

【　　　　　　　　　　　　　　　　　　　　　　　　　】

我的學習日誌

一、　我的名字是：

二、　記錄的時間：　　年　　月　　日

三、　本課主題：

四、　對於這一課，我最感興趣的部分是什麼？爲什麼？

五、　這堂課中，令我印象最深刻的事情是什麼？爲什麼？

六、　我覺得自己的課堂表現如何？

七、　本課的學習上（包含課前預習、上課過程、課後複習），自己需要改進的地方是？

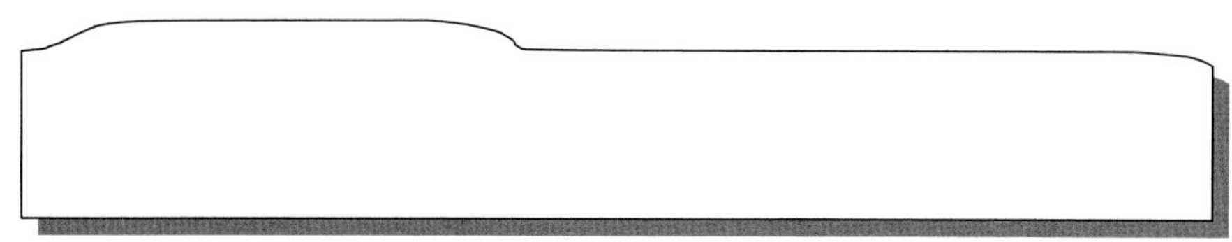

八、　請給老師一些小小的回饋與建議？（例如聲音音量、說話速度、上課內容、活動方式、班級秩序管理等）

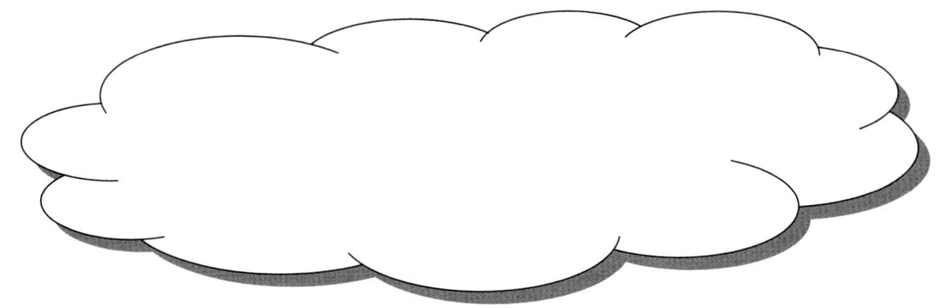

六、　結論

本文運用學習地圖理論中「加速學習」的理念，嘗試在傳統的國文教學理論上，架構有系統的教學規劃，但對於原本我們已經習用的教學步驟，並沒有太多增刪，只是用新瓶裝舊酒，希望已經廣泛運用於學生學習的圖像組織策略，也可以提供教師們參考。在教學方法的研究上，原本就不可能出現「放諸四海皆準」的教學萬靈丹，即使看似完整的理論，是否能真實應用於教學？應用於教學後是否有效？我們提供了一課的教學設計以供參考，但還需要接續的實證研究，也很需要國文科教師們的教學經驗來檢視。誠如吳清山教授及林天祐教授所云：「在資訊時代，學生逐漸不耐煩機械式的記憶方式，如何讓學生有效學習是教師展現專業與否的象徵，教師可以指導學生善用各種方法來學習巨量的知識，學習地圖只是其中一種方法。」[9]在精進國文科教學的漫漫長路上，願與各位第一線的教師們一起努力。

[9] 吳清山、林天祐：〈學習地圖〉，《教育研究月刊》第 174 期（2008 年 10 月），頁 141。

試論國語文教學中圖表讀寫指導策略

馮永敏[*]、邢小萍[**]、鄭貴霖[***]、湖于瑩[****]

一、前言

全球化對教育的最大影響是在教育的重建及教育方式的改變，並促使各國進行一連串的教育改革行動。國際學生成就的評量方案主要有兩項：其一是針對小學四年級學生進行的「促進國際閱讀素養研究」，簡稱 PIRLS[1]。其二是針對 15 歲學生進行的「國際學生評量方案」，簡稱 PISA[2]。OECD 在 PISA2011 報告中[3]明確指出，PISA2000 的結果引發德國重新認識教育與社會公平的改革；PISA2007 的結果引發墨西哥新一波教育改革，日本、韓國均把 PISA 的內容融入國家教育評估之中。其中又以「閱讀素養」的評量，成爲全球教育工作者共同關注的議題。因此，許多國家參與 PIRLS、PISA 國際評比後，會依據學生的學習成就表現重新審視國家的教育政策。可以這樣說，世界各國已將競爭舞臺轉移到教育與文化領域中了，而教育競爭中很重要的一環就是閱讀能力的培養問題。

PIRLS 主要有兩種文體題本—故事體、說明文，而取材則涉及不同學習領域材料，除文字訊息，還有大量圖表，評量重點在於「直接理解歷程」和「解釋理解歷程」兩部份，「直接理解歷程」又分爲直接提取以及直接推論；「解釋理解歷程」則分別爲詮釋、整合觀點和訊息以及檢驗、評估和文章語言內容的元素[4]。PISA 將不同的文本分爲兩類，連續性和非連續性文本。連續性包括記敘、說明、描寫、議論等文體，同時兼顧文學與資料性閱讀能力的評量。非連續性文本則全屬生活化資訊，包括網路信件、雜誌報導、圖表、表格、地圖、廣告等各種訊息，而評量重點則從擷取、解讀訊息、思考和判斷力三個層面來衡量學生的閱讀能力[5]。

國際閱讀素養的評量文本內容、形式與國內國語文一般閱讀評量有所不同，也爲國內國語文教學帶來新的思考。中小學的國際學生成就評量方案在閱讀題本

[*] 台北市立教育大學中國語文學系教授
[**] 台北市北投國小校長
[***] 台北市西門國小教師
[****] 台北市雨農國小教師

[1] 促進國際閱讀素養研究（Progressin International Reading LiteracyStudy，簡稱 PIRLS 由國際教育成就評鑑協會(International Association for the Evaluation of Educational Achievement，簡稱 IEA)。

[2] 經濟合作發展組織(Organization for Economic Cooperation and Development，簡稱 OECD)針對會員國及夥伴國家的 15 歲學生，進行的國際學生評量方案(Program for International Student Assessment，簡稱 PISA，評量的內容包括閱讀、數學及科學三方面能力以及跨學科的基礎技能。

[3] 經濟合作發展組織、中央教育研究所翻譯〈教育概覽2011OECD指標〉。北京：教育科學出版社，2011年。

[4] 國立中央大學：〈PIRLS2006報告臺灣四年級學生閱讀素養〉。第一章，頁14。

[5] 劉潔玲：〈香港中學生在國際學生評估計畫的閱讀表現對語文課程改革的啓示〉，《教育科學研究期刊》第 54 卷第 2 期，2009 年 6 月，頁 88。

中，不約而同的運用圖表題型，這是因為圖表將有關的知識、經驗、活動等組織起來，達到跨領域知識整合連結，緊密聯繫現實生活，不同背景讀者在各類型文本、閱讀情境或目的，使用一組方法和技巧，將社會、個人和課程等三個元素都納入，以展現閱讀能力。閱讀定義已不單是個人理解篇章的能力，而是越來越重視在豐富真實的語言環境中，用生活化教材了解學生的觀察理解、提取篩選、分析歸納、批判思考及解決問題的能力。值得關注的是，這類閱讀能力表現，臺灣學生則是偏弱的[6]。

目前國內，也有類似的題型，如臺北市 2005 年起迄今舉辦國小學生國語文基本能力檢測，閱讀理解部分，分從閱讀理解、文體辨識、推測等幾個重點來觀察學生於閱讀理解的學習狀況。從檢測結果也發現學生「…對圖表的理解最弱，…學生表現較不善思考。」[7]顯現平常學生缺乏這方面的指導。

國際閱讀素養評量帶來的閱讀觀念，是閱讀不能只關心識字基本理解，而研究也指出：「2003 年自由時報統計圖增加到 72 則，2004 年則以倍數成長至 141 則，2005 年更高達 220 則。」[8]人類已處在訊息暴增，運用各類圖表來呈現的世代。由於各類圖表使定量的資料更容易理解，使人直觀理解文字所表達的資訊，圖表在學校教育中的影響也日益擴大。在各種教科書和學生讀物中隨處可見用以呈現資訊的各類圖表。圖表憑藉著形象直觀、簡明概括的特點，滲透到生活各個角落得到廣泛應用，讀圖已成為大家常見的一種閱讀方式。圖表反映的內容包羅萬象：既有表現自我的內容，又有關注社會的題材；既有平常的生活故事，也有反映社會重大事件的新聞。生活在資訊時代，圖表與學生的生活聯繫緊密，學會從圖表中獲取信息，是必備的閱讀能力，更有助於學科統整學習，因此，國語文教學如何幫助學生進行圖表讀寫認知，理解詮釋其背後隱藏的訊息，增強學生語文理解與表達能力，是本研究關注的焦點。

本研究以文本分析法，先分析九年一貫課程綱要整理分析與數學、國語、社會等基礎領域與圖表能力指標具有關連的內容，雖然自然領域中也有圖表，但仍需在數學領域中先奠基，是以其他學習領域，暫不討論。其次，國中在國小基礎上已著重領域分科教學，且「選材多傾向文學性」[9]因此以國小數學、社會、國語等，各習作中圖表練習現象，了解學生圖表學習情況。最後，針對國語文教學提出圖表讀寫指導的教學策略。

[6] 國立中央大學：〈PIRLS2006 報告臺灣四年級學生閱讀素養〉；洪碧霞：〈PISA2009 結果報告台北記者會簡報檔，〉2012 年 1 月 9 日，取自 http://pisa.nutn.edu.tw/download/data/1207_2009PISA_REPORT.pdf。

[7] 臺北市政府教育局：〈臺北市 94 年度國民小學國語文領域基本學力檢測計畫成果報告書〉，（2006 年 6 月），頁 52。

[8] 蘇怡蒨：「2001-2005 年臺灣報紙統計圖之類型與表現形式研究—以自由時報為例」，2007 中原大學商業設計研究所碩士論文未出版，中壢市。

[9] 鄒慧英等：〈從 PISA2009 建構反應題剖析台灣學生的閱讀問題〉，課程與教學季刊，14 卷 4 期（2011），頁 45。

二、文獻探討

圖表包括圖像和表格，運用範疇甚爲廣泛。爲了解近年來圖表運用於國中小學教學相關研究，以九年一貫領域中數學、社會與國語等領域爲主，整理相關研究分類說明。以下歸納圖表研究內容，分三方面說明。

（一）應用於教科書的研究

研究圖表在教科書的學習效果，爲各界所重視，像Levin就指出「圖片在學習上有表徵（representation）、組織（organization）、解釋（interpretation）、轉化（transformation）、裝飾（decoration）等五個主要的功能」。而Hegarty & Just也提出「圖片具有可以描繪事物在視覺上與空間上的性質、可以幫助文章訊息的連結、能提供文章所缺少的訊息，或使文章的訊息更精緻化的特性，因此可以幫助學生形成文章訊息的表徵；而視覺性的呈現確實是任何學習階段的重要部分，並且在概念的傳遞扮演著非常重要的角色」[10]。此類其他研究尚有：陳明印〈教科圖表設計的理論基礎與運用〉；謝添裕〈國小學童對不同型式以及不同圖文配置之科學文章其閱讀理解與閱讀觀點之研究〉；陳嘉皇〈支持科學教育的視覺圖像文本設計〉；邱月玲〈不同的科學圖文配置對學生閱讀學習的影響－以「月相概念」爲例〉；許佩玲〈從系統功能語言學觀點探討不同圖文整合方式之科學課文對閱讀理解的影響－以月相單元爲例〉；陳黎枚〈國小自然科學教科書圖解設計類型之研究〉；朱采慧〈試論國中歷史教科書的圖表與圖示教學〉；徐美玉〈小學五年級社會領域教科書圖表訊息檢核表之分析研究〉；林燕玉〈國小低年級國語教科書插圖之研究－以翰林版爲例〉；林淑媛〈台灣小學低年級國語教科書插畫風格演變之探討〉；葉珊吟〈九年一貫國小低年級國語教科書插圖效能之研究〉等等。

（二）應用於教學的研究

圖表取材廣泛，形式多樣，學生需學會從材料中篩選資訊，進行分析、綜合，運用簡明語言概括出內容與觀點，由於兼具跨領域學習，是以不乏探討圖表的教學研究。像Curcio[11]研究圖表理解有三個層次：1.基礎層次（elementary level），即讀取資料（reading the data）。2.中等層次（intermediate level），即讀取資料之間的訊息（readingbetween the data），能將圖表的資料加以整合，並發現資料之間的關係。3.高等層次（advanced level），即讀取資料之外的訊息（reading beyond the data），能依據資料進行推斷，分析隱含在圖表內的訊息。也有研究從跨領域觀點將圖表能力分爲：第一層次，學生能參考統計圖中部分資料或整體資料，說明資料分布

[10] 轉引自許良榮：〈圖形與科學課文學習之關係的探討〉。《教育研究資訊》，4〈4〉，頁 121-131。

[11] Curcio,F.R. Comprehension of mathematical relationships expressed in graphs. *Journal for Research in mathematics Education,18*,382-392.

的情形；第二層次，學生能配合相關領域的資訊或知識來合理解釋資料的分布，或由資料的分布觀察解釋相關領域知識[12]。此類其他研究，像：蔡佩真〈國小學童統計圖理解之探究－以二、三、四、五年級爲例〉；陳東村、吳德邦〈國小學童立體圖畫表徵之研究－以長方體爲例〉；陳幸玫〈國小統計圖表解讀之教學研究－與「社會」和「自然科學」課程之連結〉；張春榮〈看圖作文新智能〉；黃基博〈看圖作文新方法〉；鄭發明〈看圖作文引導〉；陳又新〈看圖作文新方法〉；張秀蘭〈九年一貫國民小學第一階段國語習作看圖作文教材研究〉；楊芳琪〈國小中年級看圖寫故事教學研究〉；何秀芳〈畫中有話－低年級看圖作文創意教學之行動研究〉；謝秀芬〈以能力爲導向之國小低年級看圖作文教材及教學設計研究〉；李思蓉〈一年級看圖說話到看圖寫話的教學研究〉；侯玉芳〈國民中學實施「看圖作文」寫作教學之研究〉；吳靜怡〈運用看圖作文於苗栗縣談文國小五年甲班之行動研究〉等等。

從研究顯示，可以發現，目前研究集中於各自領域學習重點，其中雖見數學、社會領域整合研究，但爲數甚少；相對於其他領域來看，國語文領域則多數集中在「看圖」指導說話或作文，未見「表」的指導，同時更未見統整其他領域的研究。

（三）應用於試題的研究

圖表以圖形和表格形式傳送資訊，有立意新穎，設計靈活，構思精巧，內涵豐富，解法多樣等特點，有效把圖表語言轉化到文字語言，激盪學生思考。因此在PISA2000報告書強調的：PISA評量不在鑑別學生是否有效記憶已知學科知識，而是確認他們是否能將知識做有效應用，從不同角度分析與解決問題，以應用於未來生活所面臨的各種情境及挑戰。許多試題皆使用圖表，利用「是非選擇題」、「封閉式問答題」（短答題）及「開放式問答題」方式來考查[13]。關注圖表應用於試題中的研究也不少。

不過，關於圖表應用於試題的研究，多針對國內兩項學生成就評量：一是國民中學學生基本學力測驗（以下簡稱基測），一是高中學科能力測驗（以下簡稱學測）而來。分述如下：

以近三年六次基測觀察：國文使用三次圖表，分別是「插畫」、「結構圖」、「乘車時刻表」，考察學生必備的提取正確資訊、比對不同訊息以及根據訊息做合理的推斷。盧雪梅將基測試題與 PISA 比較發現，與表格相關的題目僅兩題，且以單題形式出現，由於非連續文本是一種資訊性的閱讀，與生活較爲貼近，也是其他領域重要能力，建議國文試題應納多元的非連續文本試題，且以題組方式呈現

[12] 陳幸玫、陳忠信〈北市、新北市國小六年級學童對社會教科書統計圖的理解能力〉，教育資料與研究雙月刊，第98期（2011年2月），頁125-154。

[13] 林煥洋等：〈臺灣參加 PISA 2006 成果報告〉（行政院國家科學委員會，2008 年 8 月），頁 2-3。

爲宜[14]。

數學圖表類型很多，像幾何圖 6 次、插畫 6 次，統計表 1 次，長條圖 4 次，圓形圖 2 次，折線圖 1 次，盒狀圖 4 次等。李源順等研究針對圖表閱讀及表達提出建議，四年級、八年級在讀圖表時，出現因語意理解有誤而答錯的情況，老師在教學中，不可忽視充實學生國語文能力來了解數學名詞與概念[15]。

社會圖表相對其他領域使用量大又多元，統計發現：圖 57 次，表 39 次。其中，圖有：地圖、折線圖、插畫、實景、漫畫、長條圖、概念圖及圓形圖；表有：統計表、歸納表。學生必須將圖表與文字訊息或是學科知識背景結合，經過思考及對照，才能篩選出答案。林秀娟指出融合圖表及地圖的整合題，具備評量高層次思考能力的功能。國中基測中社會領域試題較以往顯得活潑、生活化，注重學生讀圖表能力及應用分析能力[16]。此外，張維婷也在研究中指出學生符號與抽象運思能力開始完備，培養讀圖與用圖的能力，是九年一貫社會領域課程重要內容。[17]林淑媛更發現：以生活化題材、學生生活經驗爲原則，透過圖表、圖文等方式，考察學生語言綜合應用能力及高層次思考，「提供充足的資訊，讓學生依線索推敲出正確或適當的答案。不論哪一個領域或科目，不論是國中基測或大學學測、指考，近十年來這樣出題模式已成氣候。」[18]

有關學測近三年圖表運用：國文未出現圖表試題，但林素珍研究指出閱讀材料有文字與圖表，分別出現在 2002、2004 年學測，建議平時國語文訓練應該著重「批判與創造思考」[19]。對此曾佩芬說明：此類圖表語文表達能力測驗設計用意，是「應用文字技巧表達感受、想像、意見或摘述（說明）事實，以及對資料歸納、分析、組織等能力，原應是就讀大學的基本能力。」[20]

數學試卷圖表共出現 8 次，高明揚發現 1994 到 2000 年數學 380 題中，有 65 題運用圖形，占 17% ，說明學生應能讀圖、查表、或運用適當的公式與步驟，顯示圖形在試題中的重要[21]。

社會試卷圖表類型多元，以「實景」及「地圖」使用最多，各爲 9 次，圖類型還包括長條圖、折線圖及概念圖。表則有歸納表及統計表，15 次。李明宗認

---

[14] 盧雪梅：〈國中基測國文科閱讀文本暨學生表現分析〉《教育研究與發展期刊》，第 7 卷第 2 期（2011 年 6 月），頁 144。

[15] 李源順等：〈臺灣學生在 TIMSS 的數學表現及其啓示〉，《研習資訊》，第 26 卷第 6 期（2009 年 12 月），頁 64-69。

[16] 林秀娟：「九年一貫社會領域能力指標與國中基本學力測驗社會領域試題分析之研究」，（國立台北教育大學社會科教育學系碩士論文），2006 年。

[17] 張維婷：「從基測試題探究國中生地圖能力」，（國立臺灣大學地理環境資源學系碩士論文，2010 年）。

[18] 林淑媛：《彩繪亮麗人生》，http://www.chere.idv.tw/share/essay/passbctest.htm 2006，摘錄於 2012 年 3 月 9 日。（桃園：神才出版社，2006 年），頁 140-151。

[19] 林素珍：〈歷屆學測國文新型寫作題析論〉，《逢甲人文社會學報》，第 19 期（2009 年 12 月），頁 22、32。

[20] 曾珮芬：〈91 學年度學科能力測驗試題淺析〉，《選材電子報》，第 91 期（2002 年 3 月），網址 http://www.ceec.edu.tw/ceecmag/articles/077-102/91_5.htm

[21] 高明揚：「圖形對高中生解題的影響—以學測平面幾何單元試題爲例」，（國立臺灣師範大學數學系碩士論文，2011 年 6 月），頁 2。

爲因爲課綱的變化，命題方向也有所改變，尤其是圖表類型題目有增加趨勢[22]。蔡佳雯研究：未來基測命題方向圖表將增加比重，但也發現學生在圖表辨識能力上似有城鄉差異，且大部分學生對於圖形與數字的結合，以及一般題意掌握能力有待加強，學生在其他學科（例如上述的數學與中文閱讀）的能力有待加強。[23]

從上述文獻看來：教科書中圖表研究顯示，圖表豐富訊息，具有輔助效能，有助引導學生注意、組織、思考與判斷的學習。試題中的圖表運用研究顯示，透過圖表、圖文等方式，有助考察學生語言綜合應用能力及高層次思考，目前成一種趨勢。而圖表在教學中相關研究，有少數關於數理與社會領域教學的連結，但數學、社會、國語領域連結的研究則未見，尤其國語文領域研究集中於「圖」，因爲圖表學習「並不是社會領域和數學領域或任何課程領域所強調的學習內容，……社會領域圖表理解能力，除了與數學領域學習經驗相關外，…可探討數學領域以外的學習經驗影響，例如閱讀經驗。」[24]由研究看來，國語文領域圖表教學的研究，確實有待加強，應予以重視。

三、學生圖表學習現況

爲了解學生圖表學習現況，以下從九年一貫課程綱要對國語、數學及社會領域中的圖表學習要求，以及國小其領域習作兩方面來說明。

（一）九年一貫課程綱要中要求

1999年實施九年一貫課程，2008年修訂[25]，整理分析其中與數學、國語、社會等領域與圖表能力指標具有關連的內容。

國語文領域與圖表教學相關者，分列於說話、閱讀與寫作能力指標中，其重點如下：

1.中、低年級說話、寫作，強調看圖或事物，從說到寫，如「圖說故事」、「觀察簡單的圖畫和事物，並練習寫成一段文字」。

2.高年級、國中，閱讀、寫作則強調能「理解在閱讀過程中所觀察到的訊息」、「觀察周圍事物，並寫下重點」、「觀察與思考的寫作」，雖未明指出圖表，但閱讀、寫作題材廣泛，圖表自當包括其中。

3.注重「觀察」、「思考」、「分析歸納」等學習方法。

數學領域對於圖表有較多相關要求。其重點如下：

1.圖表學習有表格、長條圖、折線圖和圓形圖等。主要學習重點有二：一是資料分類與整理；二是圖表認識、報讀、製作與解讀。

---

22 李明宗：「歷屆地理科學科能力測驗及指定科目考試試題分析」，（國立臺北教育大學社會與區發展學系碩士論文，2011 年 1 月），頁 77。

23 蔡佳雯：「我國與英國中學入學測驗之地理圖表試題比較研究」，2009 年國立臺北教育大學社會科學教育系碩士論文未出版。臺北。

24 陳幸玫、陳忠信〈北市、新北市國小六年級學童對社會教科書統計圖的理解能力〉，152 頁。

25 教育部國民中小學九年一貫課程綱要，97 年修訂，100 年正式實施，以下簡稱課綱。

2.圖表學習意義重在學生能從圖表中抽取有意義的資訊，與人溝通。同時引導思考圖表是否適當呈現資料和解決生活中的問題。

3.注重「報讀」、「比較」與「解讀」等學習方法。

社會領域重視圖表學習，從國小中、高年級至國中涵蓋層面廣。其重點如下：

1.圖表學習有表格、長條圖、折線圖和圓形圖、地圖、平面圖等。主要學習重點是閱讀、說明、描述、辨識。

2.圖表學習意義重在判讀與解釋；選擇和價值判斷。

3.注重「比較」、「詮釋」與「推論」等學習方法。

從三個領域來看，圖表的學習，雖各有重點，但其間互有關聯，都需憑藉語言文字的理解與詮釋。國語文是中、小學學生基本能力，與其他學習領域的連結密切，是以，國語文教學實不能忽視圖表的指導。

（二）學生學習圖表狀況

天下雜誌調查五成以上小學生主要閱讀書籍是教科書[26]，而習作設計又是教學目標的具體體現[27]。因此，以國小南一、翰林及康軒三家版本數學一年級至六年級，共計 12 冊；社會三年級至六年級，共計 8 冊；及國語首冊及一年級至六年級，共計 13 冊等習作[28]作爲觀察對象，以了解學生圖表學習現況。

圖表數量分爲單幅及多幅。類型有圖和表。圖包含實景、插畫、漫畫、幾何圖、地圖、長條圖、圓形圖及折線圖等，其中長條圖、圓形圖及折線圖爲數據圖；表格則包括二維表、統計表、時刻表及價目表。三個領域習作圖表運用結果，如表 1。

表 1

國語、數學、社會習作圖表統計表　　　單位：次

習作		數量		圖								表			
科別	版本	單幅	多幅	實景	插畫	漫畫	幾何圖	地圖	長條圖	圓形圖	折線圖	二維表	統計表	時刻表	價目表
國語	南一	53	19		58										
	翰林	47	19	4	88	1									
	康軒	132	18	3	135	2									

---

[26] 天下雜誌 2002 天下 263 期閱讀新一代知識革命。

[27] 馮永敏：〈國小語文「詞語教學」問題探析〉《第三屆台灣、香港、大陸兩岸三地國語文教學國際學術研討會》（2011 年 4 月），頁 18。

[28] 南一書局企業股份有限公司（2011）。國民小學國語習作首冊加 1-12 冊。數學習作 1-12 冊、社會習作 1-8 冊。臺南。

康軒文教事業股份有限公司（2011）。國民小學國語習作首冊加 1-12 冊。數學習作 1-12 冊、社會習作 1-8 冊。臺北。

翰林文教事業股份有限公司（2011）。國民小學國語習作首冊加 1-12 冊。數學習作 1-12 冊、社會習作 1-8 冊。臺南。

數學	南一	89	27	5	43	1	2	3	5	6	4	5	31	8	1
	翰林	98	59	4	44		37	8	10	3	4	6	33	3	3
	康軒	128	19	3	21		10	2	11	5	8	1	73	7	4
社會	南一	17	10	5	4			12	2	1	3				
	翰林	18	2	2	6			6	2			1	3		
	康軒	14	11	2	5	3		9	1		1		2		

整體來看：1.國語、數學、社會習作圖表安排，明顯以單幅居多。2.數學習作不論是圖像或表格，最為豐富多元，社會習作為次，國語習作圖像則有插畫、實景及漫畫三種，缺表格形式。

各領域習作重點分述如下：

國語文三家版本習作：

1.單幅大於多幅，集中於低年級，未見表格或數據圖等練習。

2.圖像類練習僅出現插畫、實景圖、漫畫三種，以插畫出現最多，多在低年級，五年級不再出現（翰林版則為四年級），南一實景和漫畫完全未見，翰林和康軒零星出現。

3.三家習作中，不論「看圖填詞成句」，或「看圖仿寫句型」、「看圖選詞成句」等，雖有圖像，但練習重點多在於填寫詞語，而非圖的讀寫。至於「看圖說話」練習在低年級練習，僅康軒版六下出現一次。

數學三家版本習作：

1.圖表單幅大於多幅。一年級到六年級各冊習作中，圖表與日常生活情境相結合，如「時刻表」跟學生實際生活最為相關，包含「電視節目表」、「火車時刻表」、「校外教學行程表」、「戲院播放時刻表」、「功課表」等，讀寫練習類型多元。圖像以插畫最多，其次幾何圖、數據圖，而漫畫，南一版出現一次。表格中統計表明顯高於其他。

2.三家習作以看圖回答問題為多，填充、選擇為輔，利用圖表資訊，經整理、對照、比較、歸納或演算再作答。中年級則以統計表和數據圖連結，如「近視人數統計表」、「班上同學血型長條圖」等，提取資訊回答問題，或根據圖表內容完成統計表。高年級從各種數據圖和統計表中，整理資料，篩選訊息，繪製長條圖、折線圖或圓形圖。此外，康軒第三冊有「看圖說故事」，以看圖說故事方式重新陳述「數」的概念。

社會三家版本習作：

1.圖表使用多元，又以地圖的使用次數最高，三家版本四上安排地圖，內容循序漸進，小從街道圖，大到區域圖等，建立讀圖概念。五年級擴及臺灣地圖，建立學生位置以及地形水文等概念。六年級到世界地圖，建立五大洲及其他國家位置觀念。練習多以填答與選擇來提取資訊。開放式練習，如康軒四上製作圖例以及南一四上規畫旅行交通方式，翰林五上製作臺灣區域圖，根據文字引導，動手繪圖及挑選交通方式，判斷訊息並討論結果。

2.圖像中實景、插畫及漫畫最爲普遍，從圖像中讀出訊息，進行判斷、歸納及比較後再做答，表達立場，再寫出支持原因，開放式問答中高年級都有出現，如翰林三下、康軒三上及六上。

3.具數據功能的長條圖最普遍，以圓形圖最少，南一四上有三種數據圖，康軒及翰林五上才安排。數據變化、走勢以及大小比例等多以比較方式進行。表格中的統計表，根據文字要求，直接提取或比較後填寫答案，分別見於康軒及翰林版四下和五上習作。「二維表格」，僅出現在翰林四下習作，根據表格訊息比較及判斷四地人口密度大小。

從上述三個領域習作看來，數學、社會中，圖表學習貼近生活、開闊視野，組織與主題有關的知識、經驗、活動等，著重理解、分析、詮釋圖表中資料，形成結果，或預測和評估推論等，甚至巧妙結合不同領域內涵，以達成學習目標。相較起來，國語文習作中的圖像，有時只是對文字的補充，本身並不具有獨立含義。在習作中的練習，偏於插畫、實景等圖像的說話或寫作，教學中還沒有普遍重視圖表的運用與指導，學習形式較爲單一。國語文能力是其他學科領域的學習基礎，除了建構文字理解能力外，還應積極正視跨領域之間的整合，著眼於培養學生國語文綜合運用，注重思考性，解決實際問題，以提升學生的國語文應用能力。

四、圖表讀寫的指導策略

圖表來源於社會生活，識別圖表是要求學生具備對圖表的理解概括能力，能將圖表中包含的資訊，進行分析、綜合，用適當的語文表述出來。但是，圖表讀寫能力的形成有其過程，需要教師來引導學生。下面分別說明圖和表讀與寫的指導策略。

（一）圖的讀與寫指導

這裡的圖是指圖像，即實景、插畫、漫畫，不包括數據類的長條圖、圓形圖及折線圖等。這類圖像的特色是：

1.直觀形象。透過單幅圖、多幅圖，或圖文對照，具體直觀形象，訓練學生觀察、思維、想像、語言等綜合能力，是讀寫訓練的基礎。由於其直觀形象，不論國小低年級、國高中乃至一般人，都是培養思維能力、想像能力和表達能力的良好途徑。

2.貼近生活。圖像的題材就是畫面，貼近生活，一般是學生熟悉的題材。圖有單幅，有多幅；有寫景狀物，有寫人敘事。

3.練習廣泛。圖像不僅能訓練觀察力和想像力，而且也訓練分析和概括能力。因此，就圖像內容而言，可以是要求寫出觀察到的場景，也可以借助想像力適當發揮來補充內容，甚或透過幾幅相關圖像說明問題或得出結論；從圖像的表達方式看，可以是詞語、句子、文章等，還可以單純理解、說明，也可在說明中加以描寫、敘述，更可以把圖畫編成故事。從其體裁看，可以是記敘文，也可以是說明文，還可以是議論文。

無論是多幅圖還是單幅圖，在讀圖指導上都必需注意以下幾點：

1.仔細觀察。第一步，先看整體，大體了解圖畫的主要內容。第二步，局部細看，由近及遠，由上到下，由大到小，由人到物等。第三步，弄清圖上的時間、人物、環境和情節等，然後聯繫起來。根據圖畫描繪的實際情形，正確選好觀察點，觀察有層次，才能理清順序。單幅圖可以按照事物空間位置變換、順序或內容主次順序進行。多幅圖則可以按照事物發展變化順序進行觀察。

2.合理想像。第一，要想圖中畫的情景，要把靜態的想成動態的。由於畫面上景物和人物是靜止的，要通過想像，才能使畫面上的景物動起來。第二，圖面畢竟是一種平面，是生活中一個片斷，一個瞬間，一個側面，要想像圖中未畫的情景。從畫面裡想到畫面外，可以想像很多圖中未有的情景。可以從空間進行想像，也可以從時間上延伸，內容就更豐富了。第三，把自己所經歷、所了解的生活中有關的人或事，補充到畫面中去，填補畫面中因時間和空間局限而未表現出來的內容。這些內容不是憑空而來的，而是緊扣畫面分析來的。

3.抓住重點。第一，確定中心，仔細觀察還不夠，還得進一步思考畫面上「人一物一景」之間的內在關係。找出主要人物，主要事件，主要場面，分清主次，才能把握圖的主要內容。第二，對圖的每個局部進行有順序的觀察和分析，明確人物之間與各部位之間關係。第三，抓住細節，深入觀察，如人物的表情、衣著、用具等。

4.指導運用不同結構來表達內容。各種圖畫不同，為避免表達上各部分內容疏散與脫離，應著重指導國小中、高年級以至國中學生，注意圖與圖之間的聯繫，找出畫面中明確線索，注意詳略來安排文章結構，練習運用總分結構、順承結構或並列結構等方式，使文意自然連貫。

5.引導思考。第一，在多幅圖中，抽去其中一幅或幾幅，讓畫面裡藏著問題（如圖1），學生在畫面內容殘缺、不連貫下進行推論，指導國小中、高年級以至國中學生，或補原因，或補結果，或補過程，在增補內容中，創造性也愈加豐富。第二，在多幅圖中，抽去其中一幅或幾幅，用文字說明替代，既保持了圖的特點，又增加了文字閱讀。學生要看畫面內容，又需理解文字的說明，將文字與圖畫兩者融為一體。透過探究原因、預測結果、補充過程，訓練學生有依據的合理推論，依據來自觀察，觀察愈仔細，愈容易表達清楚。

圖1　2010年英文學測題

仔細觀察畫面，合理展開想像之後，能清楚表達圖意是寫好的關鍵。因此，指導寫圖可依照「觀察—想像—分析—表達—修改」等步驟來進行，扣緊畫面，表達圖意。說明如下：

1.運用口頭表達。在全面仔細觀察圖畫的基礎上，有條理完整的把圖畫內容說出來，以便及時發現差錯、遺漏，並予以糾正、補充。

2.清晰敘述，突出重點。第一，抓住重點，對人物的衣著、體態、動作、表情、心理活動等做恰當描述，用口說方式把圖意表達出來。第二，進行遣詞造句，連句成段，再到組段成篇。在寫圖過程中，加入適當想像，把圖上未畫出經過或過程聯想出來，使圖「活」起來。第三，列好重點，調整好段落層次，注意開頭結尾，段與段之間的銜接，再書寫成文。第四，與同學進行互評，有不足處，修改潤色，以達到內容充實，重點突出。

（二）表的讀與寫指導

這裡的表係指表格以及含有數據的長條圖、圓形圖及折線圖等。這類圖表的特色是：

1.圖表可以使定量的資料，讓人直觀理解圖與文要表達的訊息。圖表在學校教育中影響日益擴大。在各種教科書和學生讀物中，隨處可見各類圖表，新穎獨特、富有吸引力，可激發學習興趣、增強思考能力。

2.由於圖表是一種抽象資訊形式而非圖畫，其中又融合了數學、社會等內容，涉及綜合性的知識甚多，因此，「從分析結果顯示，六年級學童在報讀資料與比較資料的表現明顯優於解讀資料，其中報讀資料與比較資料都是數學課程所強調的學習內容，因此，學童在數學課程的學習經驗，對社會教科書統計圖報讀和比較資料的能力應有助益。」[29]但是學生乃至成人並非對於所有的圖表都能容易理解。對於學生而言，如果缺乏圖表背景的知識，這種影響會更大。特別是不只提取資訊，還要求學生根據數據解讀或推論，就會出現障礙。

3.圖表中，表格訊息點明顯，含有數據的圖則是提示語言少，訊息點分散，資料多，因此，需對不同圖表進行適當的分析。如長條圖或曲線圖，則要運用座標刻度及數軸所提供訊息點來分析幾組資料間的變化，抓住主要特點及規律。對圓形圖則要根據百分比釐清部分與整體、部分與部分的關係。

由於圖表融合了數學、社會等內容，學生需先具備相關圖表知識與概念，所以，圖表的學習，在國小，以中高年級為宜，至國中則可綜合運用。讀表的教學，可從三個層面進行，即「認讀」、「比較」、「解讀」。其中於數學、社會領域已奠基的知識概念，會在「認讀」、「比較」發揮作用。在此基礎上，國語文圖表讀與寫教學流程安排是：圖表訊息—觀察認讀—分析理解—歸納概括—文字表達。

以下說明指導讀各類圖表的方法：

1.表格。表格中橫向和縱向的數字較多，數字間的規律性很強，透過橫向和縱向兩個方面比較，同時留意最大或最小的資料，把變化趨勢或特徵相似的歸為一類，會使複雜資料簡單化。

2.圓形圖。是直觀形象的一種圖形，反映的是整體與部分的關係，通常以百分數來表現，所以描述重點是圖中的比例和最具特點的扇面。描述的時候，注意最大或最小的扇面，對於各扇面資料描述最好以從大到小的順序來進行。

3.長條圖。通常圖表中的橫軸表示時間或不同種類，縱軸代表量。長條圖提供的信息量大，但是數字間的對比很明顯，描述時以對比為主。長條圖描述重點在橫縱座標上的變化和趨勢上。通常可採分組描述方法，然後對不同組的數字進行分析，歸納出總的發展趨勢，同時注意落差較大的條與條之間的關係。

4.曲線圖。曲線圖分單一曲線圖和多根曲線圖。曲線圖的橫軸通常代表時間，縱軸表示量的變化。單一曲線圖的描述，先根據曲線的波動情況，把曲線分為如上升、下降和保持不變等區間。再按照從左到右的順序，及時間發展的順序來描述曲線的發展趨勢。在描述過程中，需要注意到曲線的最高點或最低點。另外，曲線最後一段即使很短但很重要，因為它預示著未來的發展趨勢，也是最後一部分預測的內容。對於多根曲線圖，只需要按照單一曲線圖的描述方法逐一描述每一根曲線即可，其中略有不同的是，要特別注意曲線與曲線的交點，以及同一時間點或同一時間段曲線與曲線之間的差異。曲線圖描述有三要素：趨勢，交點和最高、最低點。

教學中所謂讀圖表，就是透過比較釐清圖表中各類數字之間的關係，找出一些可以提出看法的地方。常用讀圖的方法，以表2為例，說明如下：

[29] 陳幸玫、陳忠信〈北市、新北市國小六年級學童對社會教科書統計圖的理解能力〉，頁 149。

表2

某市2011年交通事故統計表　單位：人

月份	一月	二月	三月	四月	五月	六月	七月	八月	九月	十月	十一月	十二月
受傷	25	27	28	32	26	26	19	22	25	31	35	49
死亡	5	7	8	6	4	3	4	5	7	9	11	14

首先，單項首尾比較，把圖表中某一項目中列在首位的數字和排列在末尾的數字比較，從中了解這一項目的變化。從上表中的受傷和死亡兩項分析，可以看出1到12月中，每月因交通事故受傷的人數從25人增加到49人，死亡人數從5人增加到14人。

其次，綜合首尾比較，把圖表中排列在首位的數字和末尾的諸多項目分別作爲一個整體來比較。這樣可以發現在12個月中，每月因交通事故而受傷和死亡人數從30人增加到63人。

最後，最大、最小值比較，找出每個項目中最大和最小值。主要目的是對事物發展趨勢進行分析。從上表中可以看出，受傷和死亡兩個項目最大值均在最後，最小值都在中間，這說明交通事故在一段期間有減少，隨後又開始回升，整體說來是增長趨勢。從上面比較分析後，可以歸納出三點看法：一是在交通事故中受傷的人數大幅度增加。二是在交通事故死亡人數大幅度增加。三是因交通事故而受傷的人數大幅度增加有繼續增加趨勢。

讀完圖表之後，指導書寫成文的步驟如下：

1.梳理圖表要點。圖表給予的資料是多角度、多層面的，應教導學生把圖表中資訊與文字描述一一對應，建立圖文之間的聯繫。同時，辨別、篩選、概括、歸納的並不是所有的訊息，而是主要訊息，依照文字要求分類整合，梳理出要點。

2.對數字進行仔細的比較，分析、歸納其特點，並找出數字變化的原因。

3.概括出大意時，先擴展成句子，或依照因果、順序、遞進、轉折等相關句型，將句子組成段落；並結合總分、順承、對比等結構組成短文，注意銜接，力求連貫，即能描述出圖表整體情況。這些方法在圖表作文中頻繁使用，累積並加以運用，對寫好圖表有很大幫助。

4.表達想法和觀點，得出自己的結論，或所獲得的啓示。

5.掌握書寫表達的基本結構：概述圖表內容→分析現象原因→指出後果或危害→提出觀點或建議。

指導書寫圖表教學，以圖2爲例，安排如下：

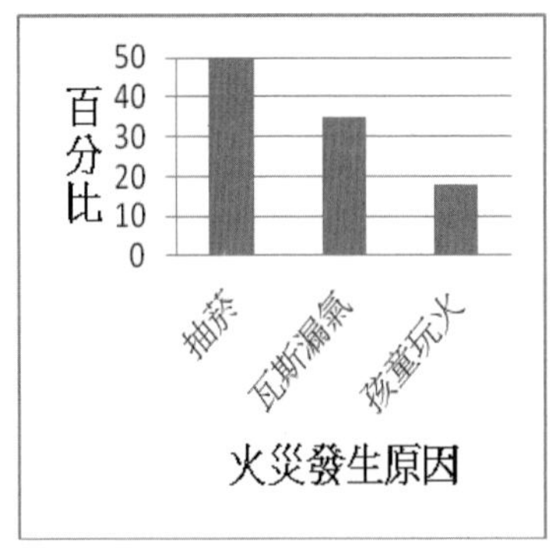

圖2火災發生原因

讀火災發生原因長條圖，可知：首先是日常生活中，50%的火災是由抽菸引起的，其次是瓦斯和小孩玩火。由統計數據可以推斷，發生火災主要因素是人們的疏忽大意所致。火災會給人類帶來生命、財產及環境的極大危害，提醒人們注意火災的危害性。若採取必要措施，火災是可以避免的。

教學過程中，需引導學生先讀圖，了解圖中訊息，再閱讀文字，接著分析已知的訊息，要求的問題是什麼，讓學生知道圖和文字是有聯繫的，把圖文結合起來讀，結合起來理解。透過認真讀圖，說出圖意，理清圖和文之間的聯繫，解決問題就有了依據，藉此以培養其觀察、比較、分析和判斷能力。

五、結語

不論是 PIRLS 還是 PISA 都認爲，作爲一個高效率的閱讀者，必須掌握不同的認知技能。因此，完成不同類型的閱讀任務是「閱讀素養」的核心要求。PISA 透過閱讀素養的測試，學生必須證實，他們能夠結合自己的知識結構，熟練找到或重新發現自己需要的資訊，全面理解，能夠解釋原因，並提出他們自己的觀點。是以，研究者建議將圖表等文本教學，「小學四年級後成爲跨領域學習的基礎」[30]，以因應不同目的的閱讀，及較高層次的推理理解等，以避免學生日後閱讀能力的低落。

在國語文教學中，必需正視閱讀觀念的改變，將形象直觀、具有多樣性和靈活性的圖表融入教學。可以這樣說，圖表讀寫教學具常識性、綜合性、操作性。從語文領域本身來說，可以綜合訓練學生觀察與聽說讀寫能力。從跨領域學習來說，可以與數學、社會等學科有機融合。從語文和生活的連結來說，可以把與生活密切相關的事物納入其中。透過圖表讀寫教學，給學生提供猜想、嘗試、探索、發現的思考空間，培養學生探索和發現規律的能力。「圖表一思考一文字」表達的過程，不僅有認知、判斷、想像等多元訓練，更能加強跨領域間整合，體現多

[30] 同註 9，頁 44-45。

種知識與方法，加深學生對基礎知識的理解掌握和深化學習，值得深入研究和探討。

參考文獻

王昌煥（2002）。〈91 學年度大考學測非選擇題解析〉。臺北市：萬芳高中。2012 年 1 月 7 日，取自：http://tea.wfsh.tp.edu.tw/s-chinese/。

天下雜誌（2002）。〈閱讀新一代知識革命〉。《天下 263 期》。臺北市。

朱采慧（2003）。「試論國中歷史教科書的圖表與圖示教學」，國立臺灣師範大學歷史研究所碩士論文，未出版，臺北。

李思蓉（2009）。「一年級看圖說話到看圖寫話的教學研究」，花蓮教育大學語文教學系碩士論文，未出版，花蓮。

李明宗（2011）。「歷屆地理科學科能力測驗及指定科目考試試題分析」，國立臺北教育大學社會與區域發展學系碩士論文，未出版，臺北。

李源順等（2009）。〈臺灣學生在 TIMSS 的數學表現及其啓示〉，《研習資訊》，第 26 卷第 6 期，2009 年 12 月，頁 64-69。

李漢偉（1995）。《國小語文科教學探索》。高雄：麗文。

何秀芳（2009）。「低年級看圖作文創意教學之行動研究」，國立臺灣師範大學碩士論文，未出版，臺北。

吳德邦、陳東村（2004）：〈國小學童立體圖畫表徵之研究－以長方體爲例〉。文章發表於「學習教學＆教學學習：數學教師教育研究之系列對話」研討會，臺北市台灣數學教育學會、國立臺北師範學院主辦，民國 93 年 11 月 27 日。（行政院國家科學委員會專題研究計畫，計劃編號：NSC93-2521-S-142-003-）。

吳靜怡（2008）。「運用看圖作文於苗栗縣談文國小五年甲班」。新竹教育人資處課程與教學碩士論文，未出版，新竹。

邱月玲（2002）：「不同的科學圖文配置對學生閱讀學習的影響-以『月相概念』爲例」。國立台中師範學院自然科學教育學系碩士論文。未出版，臺中。

邱怡禎（2010）。「九年國民義務教育實施以來國小低年級國語教科書圖文編排之研究」，臺北市立教育大學論文，未出版，臺北市。

林秀娟（2006）。「九年一貫社會領域能力指標與國中基本學力測驗社會領域試題分析之研究」，國立台北教育大學社會科教育學系碩士論文，未出版，臺北。

林淑英、林淑卿（1992）。《看圖學作文》。臺北：華一。

林淑媛（2006）。：《彩繪亮麗人生》，http://www.chere.idv.tw/share/essay/passbctest.htm 2006，摘錄於 2012 年 3 月 9 日。（桃園：神才出版社，2006 年），頁 140-151。

林淑媛（2004）。「台灣小學低年級教科書插畫風格演變之探討－以民國三十九年至九十年版本爲例」。國立雲林科技大學視覺傳達設計研究所碩士論文，未出版，雲林。
林素珍（2009）。〈歷屆學測國文新型寫作題析論〉。逢甲社會人文學報 19 期，頁 22-32。
林燕玉（2006）。「國小低年級國語教科書插圖之研究—以翰林版爲例」。國立臺中教育大學語文教育學系碩士班碩士論文，未出版，臺中。
林煥洋等（2008）。〈臺灣參加 PISA 2006 成果報告〉。行政院國家科學委員會，2008 年 8 月，頁 2-3。
洪碧霞（2010）《PISA 2009 結果報告台北記者會簡報檔》2012 年 1 月 9 日，取自 http://pisa.nutn.edu.tw/download/data/1207_2009PISA_REPORT.pdf
柯華葳、詹益綾、張建妤、游婷雅（2008）。〈臺灣四年級學生閱讀素養 PIRLS2006 報告〉。行政院國家科學委員專題研究報告成果（編號：NSC96-MOE-S-008-002）。桃園縣：國立中央大學學習與教學研究所。
徐美玉（2006）。「小學五年級社會領域教科書圖表訊息檢核表之分析研究」，新竹教育大學碩士論文，未出版，新竹。
侯玉芳（2006）。「國民中學實施「看圖作文」寫作教學之研究」。國立臺北教育大學教育學系在職進修碩士班論文，未出版，臺北。
高明揚（2011）。「圖形對高中生解題的影響——以學測平面幾何單元試題爲例」，國立臺灣師範大學數學系碩士論文，未出版，臺北。
許良榮（1996）。〈圖形與科學課文學習之關係的探討〉。教育研究資訊，4《4》，頁 121-131。
許佩玲（2004）。「從系統功能語言學觀點探討不同圖文整合方式之科學課文對閱讀理解的影響——以月相單元爲例」。國立臺灣師範大學科學教育研究所碩士論文，未出版，台北。
陳又新（2003）。《看圖作文新方法》。臺北：螢火蟲。
陳明印（1998）。〈教科書圖表設計的理論基礎與運用〉。《研習資訊》，15:6。
陳幸玫（2004）。〈國小統計圖表解讀之教學研究—與「社會」和「自然科學」課程之連結〉。（行政院國科會，計畫編號 NSC 93-2521-S-152-002）。
陳幸玫、陳忠信（2011）。〈北市、新北市國小六年級學童對社會教科書統計圖的理解能力〉，《教育資料與研究雙月刊》，98 期，125-154 頁。
陳黎枚（2002）。「國小自然科學教科書圖解設計類型之研究」，雲林科技大學視覺傳達設計系碩士論文，未出版，雲林。
陳嘉皇(2007)。〈支持科學教育的視覺圖像文本設計〉，《屏東教大科學教育》，第 25 期，頁 56-65。
黃基博（2002）。《看圖作文新方法》。臺北：螢火蟲。
葉珊吟（2007）。「九年一貫國小低年級國語教科書插圖效能之研究」。國立臺中教育大學語教育學系碩士論文，未出版，臺中市。
馮永敏（2011）。〈國小語文「詞語教學」問題探析〉。《第三屆台灣、香港、大陸兩岸三地國語文教學國際學術研討會》，（2011 年 4 月），頁 18，臺北市。
楊芳琪（2006）。「國小中年級看圖寫故事教學研究」。國立臺北教育大學課程與教學研究所語文教學碩士班碩士論文，未出版，臺北市。
蔡佳雯（2009）。「我國與英國中學入學測驗之地理圖表試題比較研究」，國立台北教育大學社會科學教育系碩士論文，未出版，臺北市。
曾佩芬（2008）。〈閱讀理解能力對學科能力測驗國文非選擇題作答之影響〉，《考試學刊》，第五期，（2008 年 8 月），頁 53-87。
曾瑞雲（2003）。「國小中年級實施看圖作文教學之行動研究」，2003 國立嘉義大學國教研究所碩士論文，未出版，嘉義。
黃秀金（2008）。「國小看圖作文教學研究」，國立屏東教育大學中國語文學系碩士論文，未出版，屏東。
蔡佩芬（2002）。〈91 學年度學科能力測驗試題淺析：國文考科〉。《選才電子報》，91。民 101 年 1 月 7 日，取自：http://www.ceec.edu.tw/CeecMag/Articles/077-102/91_5.htm。
蔡佩芬（2002）。〈91 學測國文考科非選擇題解讀：國文考科〉。《選才電子報》，92。民 101 年 1 月 7 日，取自：http://www.ceec.edu.tw/CeecMag/Articles/077-102/92_5.htm。
蔡佩真（2009）。「國小學童統計圖理解之探究－以二、三、四、五年級爲例」，國立臺北教育大學數學教育研究所碩士論文，未出版，臺北市。
孫稚雯（2010）。「國中基本學力測驗英語科試題分析：以民國九十年到民國九十八年爲例」，私立輔仁大學語言學研究所碩士論文，未出版，臺北。
張秀蘭（2005）：「九年一貫國民小學第一階段國語習作看圖作文教材研究」。臺北教育大學語文教育研究所碩士論文，未出版，臺北。
張雋婷（2006）。〈淺談國小中、低年級「看圖作文」教學〉，《師說》，192期，頁 4-8。
張春榮（2006）。《看圖作文心智能》。臺北：萬卷樓。
張維婷（2010）。「從基測試題探究國中生地圖能力」，國立臺灣大學地理環境資源學系碩士論文，未出版，臺北。
鄒慧英等（2011）。〈從 PISA2009 建構反應題剖析台灣學生的閱讀問題〉，《課程與教學季刊》，14 卷 4 期，（2011），頁 25-45。
鄭發明（1993）。《看圖作文引導》。臺北：青少年。
盧雪梅（2011）。〈國中基測國文科閱讀文本暨學生表現分析〉，《教育研究與發展期刊》，2，頁115-152。
臺北市政府教育局（2006）。〈臺北市 94 年度國民小學國語文領域基本學力檢測計畫成果報告書〉，（2006 年 6 月），頁 52。
蕭琦玉（2007）。〈創造力教育融入高中語文領域課程之淺析〉。《雄中學報》第 10 期，（2007 年 12 月）。
謝秀芬（2007）。「以能力爲導向之國小低年級看圖作文教材之教學設計研究」。國立新竹教育大學人資處語文教學碩士論文，未出版，新竹。
謝添裕（2002）。「國小學童對不同形式以及不同圖文配置之科學文章其閱讀理解與閱讀觀點之研究」。國立台中師範學院自然科學教育學系碩士論文，未出版，臺中市。
蘇怡蒨（2007）。「2001-2005 年臺灣報紙統計圖之類型與表現形式研究—以自由時報爲例」。中原大學商業設計研究所碩士論文，未出版，中壢市。
Curcio,F.R.（1987）Comprehension of mathematical relationships expressed in graphs. *Journal for Research in mathematics Education,18（5）*,382-392。
南一書局企業股份有限公司（2011）。國民小學國語習作首冊加 1-12 冊。數學習作首 1-12 冊、社會習作 1-8 冊。臺南。
康軒文教事業股份有限公司（2011）。國民小學國語習作首冊加 1-12 冊。數學習作首 1-12 冊、社會習作 1-8 冊。臺北。
翰林文教事業股份有限公司（2011）。國民小學國語習作首冊加 1-12 冊。數學習作首 1-12 冊、社會習作 1-8 冊。臺南。

批判性讀寫教學與台灣大學生中文讀寫動機相關研究

蔡欣儒[*]、汪中文[**]

摘要

批判性素養（讀寫）（critical literacy）是資訊提取能力的最高階層，也就是具備獨立評估思考、判斷資訊內容來源與正確性，並做出選擇的能力。本研究欲以兩班大學生為對象，利用中國文學欣賞課程，進行批判性讀寫教學實驗研究，過程輔以受到高度歡迎的臉書社群網站成立課程社團後張貼議題，請學生持自己的論點回應，即閱讀後文字的輸出，以提升他們對於閱讀文本並書寫自己想法的動機，進而透過不斷的思考與回應的過程提升閱讀理解能力與書寫興趣。研究結果顯示，對比第一次針對《韓非子選》課程內容的寫作做為起始行為，至第四次〈賣炭翁〉課程的批判性讀寫，A、B 兩班學生的讀寫表現皆呈現進步的趨勢，但兩班之間也因為有無進行批判性讀寫教學，讀寫成績開始產生顯著性的差異（$p < .05$；$p < .01$）；批判性讀寫成績與讀寫動機調查的結果大部分皆能呈現.05 至.01 的顯著相關。由此可知，利用批判性讀寫理論進行教學，能有效提升大學生對中文的讀寫動機。

關鍵字：批判性素養、批判性讀寫、讀寫動機、臉書

一、緒論

子曰：「學而不思則罔，思而不學則殆。」（王夢鷗，1976，p.102）意即學習與思考並行的重要性，而這個「思」就是判斷是非的批判性素養能力（critical literacy ability），如果就英文的字面意義而言，也可以翻譯為批判性的讀寫能力。批判性素養即批判性讀寫，是資訊提取能力的最高階層，對於國小四年級以後的發展極為重要，尤其是在脫離約束式學習後的大學環境中，大學生必須具備能夠獨立評估思考、判斷資訊內容來源與正確性，並做出選擇的能力。國內外已有許多研究關心批判性讀寫理論對於閱讀理解、閱讀相關行為等議題進行研究與討論，可見批判性讀寫能力的重要與日俱增；本研究為提高大學生在閱讀訊息時的批判性思維，因此乃配合學校課程，設計四週批判性讀寫教學內容，希望透過批判性讀寫教學的訓練，提升大學生思考能力外，還能使學生不再懼怕讀寫，進而提高對讀寫的興趣與動機。

（一） 批判性讀寫教學的重要

[*] 嘉南藥理科技大學兼任講師
[**] 嘉南藥理科技大學通識中心主任

從早期的研究 Leshowitz、DiCerbom 及 Symington（1999）到最近 Bensley、Crowe、Bernhardt、Buckner 及 Allman（2010），無不關心批判性讀寫理論對課程教學的重要性。Leshowitz 等人（1999）將批判性思維作爲大學心理系討論各項文本議題的教學主要策略，並提出一種批判性思維的三個層次模型解釋學生的推理能力；Bensley 等人（2010）則是將心理學課程的學生分組，進行有無執行批判性思維（讀寫）能力教學策略的實驗研究，所得結果與前項研究相符合，證明得到明確的批判性思維與讀寫技能的指令組，在論點分析的時候比對照組表現出具有顯著差異的思維能力。這些結果支持了批判性讀寫理論的使用，能夠提升學生訊息推理能力與論點分析能力。

除了國外對批判性讀寫理論研究的重視，國內學者亦努力致力於訓練國民的批判性素養，發展「成人批判思考技巧測驗」（葉玉珠、陳月梅、謝佳蓁、葉碧玲，2001），除此之外，也有將批判性思維、讀寫理論應用在訓練與教學，如洪敏怡、黃萬居、彭彥璟（2008）探討國小五年級學童有無閱讀科學讀物及閱讀科學讀物的類別不同，對批判思考能力、傾向與問題解決能力之影響與相關性，研究結果發現批判思考能力與問題解決能力呈現顯著正相關，且能有效提高學生對於科學讀物的閱讀意願及喜好；黃馨瑩（2009）將批判式讀寫理論應用於台灣英語讀寫教學，進行探討教學上的可行性及可行方式；許智香（2011）透過經典閱讀教學結合批判性思考的訓練提升師資培育生的閱讀理解與批判性思考的能力。

綜合上述內容可以得知，國內學者日益重視批判性思維、素養與讀寫的訓練，然關心的領域大多爲自然科學或英語讀寫方面，即使嘗試以中文讀寫爲目的研究則將樣本鎖定大學以下的學生，或者針對成人僅批判性思維的訓練，因此，本研究欲以批判性讀寫理論做爲教學策略，透過大一中國文學欣賞課程進行教學安排，探究批判性讀寫教學是否能有效提升大學生的讀寫動機，以及批判性讀寫教學策略與讀寫動機之間的關係。

（二） 讀寫動機

閱讀動機的相關研究頗多，最著名的閱讀動機量表由 Wigfield 與 Guthrie 於 1997 年提出，文章將閱讀動機分爲「效能」、「挑戰」、「逃避」、「好奇」、「投入」、「認可」、「競爭」、「重要」、「成績」、「社會」以及「順從」十一個面向，Wigfild（1997）在研究中將閱讀動機的十一個面向分成三大類，分別是「能力與效能信念」（competence and efficacy belief）、「成就價值與目標」（achievement values and goals）、「社會」（social），然而，這些量表的建置過程所取樣的對象皆爲國小四年級與五年級的學童。宋曜廷、劉佩雲、簡馨瑩（2003）與 Unrau and Schlackman（2006）)皆延伸 Wigfield 與 Guthrie（1997）的研究，將閱讀動機量表成功將樣本從國小延伸至國中，前者修訂原來的閱讀動機量表，將取樣對象從國小五年級延伸至國中一年級，結果得到 Cronbach’s α 信度皆爲良好（α ＝.90），後者則透過 2000 名國中生，成功將取樣對象再度提高到國中二年級。唯宋曜廷、劉佩雲、簡馨瑩（2003）認為修訂過後的量表無法適用於高中、大學乃至成人閱讀動機的測量，建議以 Wigfield 與 Guthrie（1997）的研究構念為基礎，發展適合成人的閱讀動機量表。

除了閱讀動機的討論之外，書寫動機也是近年來學者們關注的重要議題之一。Bruning 與 Horn（2000）提出書寫動機的模型，有所謂的四個重要條件：「關於書寫的訓練功能信念」、「促進參與真實的書寫任務」、「提供有助於書寫的上下文脈絡」以及「創造積極的情緒環境」，藉此了解書寫動機的發展。在發展中，性別是否會對讀寫動機構成影響亦是學者關心的變項，Pajares 與 Valiante（2001）便針對性別變項，探究書寫動機是否受性別變項的影響，結果顯示性別之間在書寫動機上的差異並未達顯著；Roy（2003）進一步發展國小中年級學童的讀寫動機評估問卷，發展評估問卷的同時進行調查，所得結果與 Pajares 與 Valiante（2001）不一樣，發現不同性別間的讀寫動機達顯著差異，並將書寫動機分為「情感表達」、「文件的利用」、「創造性的表達」、「書寫熟練度」、「被其他人喜愛」、「被其他人認同」以及「被其他人責罰」七大層次。Roy（2010）建立在自己的研究基礎上，再度針對 884 名小學生進行書寫動機問卷調查，探究內在與外在的潛在書寫動機特質，結果顯示內在的書寫動機與學習成績呈現顯著正相關，外在的書寫動機則反之。

由於讀寫動機量表的編製與修訂，多將「閱讀」和「書寫」視為分開的兩部分，雖有研究將兩者結合討論，但為數不多，且大部分的研究將樣本設定在國小階段的學童為主，因此，本研究將大學生讀寫動機問卷的內容建立在 Wigfield 與 Guthrie（1997）的基礎上，為使「讀」、「寫」問卷內容能相互配合、比對，因此僅挑選「閱讀效能」（reading efficacy）、「閱讀挑戰」（reading challenge）、「閱讀好奇心」（reading curiosity）、「閱讀的重要」（importance of reading）、「閱讀認同」（recognition for reading）以及「閱讀要求」（compliance）六個層次，進行翻譯與內容的修改，另外改寫成書寫動機問卷，比對閱讀動機的六個層次，書寫動機的六個層次分別為「書寫效能」（writing efficacy）、「書寫挑戰」（writing challenge）、「書寫好奇心」（writing curiosity）、「書寫的重要」（importance of writing）、「書寫認同」（recognition for writing）以及「書寫要求」（compliance）。

（三） 批判性思考教學策略與讀寫動機

透過批判性素養的教學策略與讀寫動機、閱讀理解之間息息相關。Ana、Tonks、Wigfield 及 Guthrie（2009）的研究雖然是針對國小學生的閱讀動機與認知變量進行評量，並預測學生閱讀理解能力的表現，但他們確實發現了閱讀動機與認知策略的使用可以有效預測閱讀理解能力的增長。

由於研究者考慮到大學生對於文字的閱讀與判斷性的思考日益漸減，尤其對於文字的書寫更是感到繁瑣、畏懼，欲引起他們主動思考與讀寫動機則須投其所好，因此，綜合上述內容，研究者欲使用批判性讀寫的教學策略，在課堂上不斷提出訓練批判性思維技能的問題並討論，輔以受到大學生們高度歡迎的臉書社群網站成立課程社團後張貼議題，請學生持自己的論點回應，即閱讀後文字的輸出，期望能提升他們對於閱讀文本並書寫自己想法的動機，進而透過不斷的思考與回應的過程提升閱讀理解能力。

二、研究方法

本研究目的在於探究批判性讀寫教學是否影響大學生的讀寫動機及其相關性，採用方法爲實驗研究，茲就以此分爲「研究對象」、「研究工具」、「課程設計」與「資料分析」四項於下詳述。

（一） 研究對象

本研究之樣本乃南部某科技大學一年級之學生，共 A、B 兩班，總人數爲 113 人，扣除問卷遺漏值，以及只要缺少一次寫作成績的樣本便予以刪除後，有效樣本共 82 人，A、B 兩班各 41 人，男女比例相同（男生 13 人，女生 28 人）。A 班爲對照組，不進行批判性讀寫教學，以一般上課之型態進行，B 班爲實驗組，進行批判性讀寫教學，兩班皆在課後登入臉書課程社團回應教師張貼之討論議題，進行批判性的讀寫；經第一週上課簡單調查不喜歡讀寫的比例發現，A、B 兩班不喜歡讀寫的人數約占全班 80%；進行第一次批判性讀寫，所得成績並無顯著差異，即表示兩班的起點行爲相同。

（二） 研究工具

本研究所使用的研究工具爲翻譯修改自 Wigfield 與 Guthrie（1997）閱讀動機量表之「讀寫動機量表」，共分爲六個層次，利用 SPSS 17.0 進行信度分析，分別得到閱讀動機、書寫動機的 Cronbach's α 值爲.893、.915，兩者合起來α 值爲.911，皆呈現良好的信度。除此之外，批判性讀寫的成績評量乃依據學生根據四次上課後，教師於臉書課程社團中張貼之議題進行評論寫作，其寫作經研究者與另外一名教師共同評分後平均所得之分數，其成績即代表批判性讀寫教學的成效，這個部分共有四次成績，配合課程主題依序進行：《韓非子選》、〈我有一個夢想〉、〈葉生〉以及〈賣炭翁〉，四篇文章皆出自於該大學出版之中國文學欣賞教科書（汪中文、徐正桂、黃金榔，2011）。

（三） 課程設計與研究流程

圖 1 爲本研究之研究架構，此架構建立在本研究的課程設計之上，本研究之課程架構以中國文學欣賞課程內容進行爲期四週的教學（如表 1 所示）。

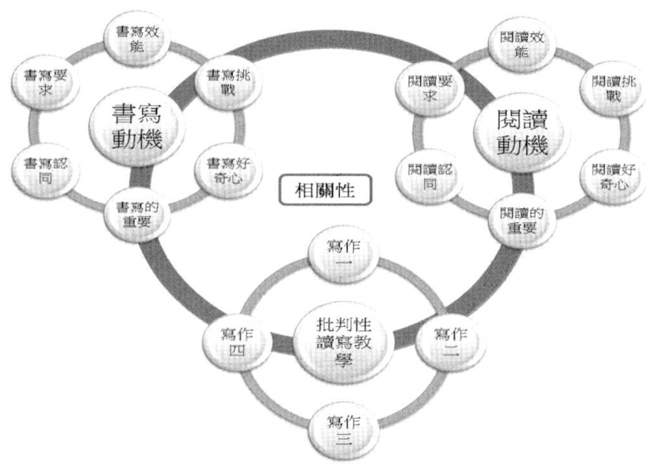

圖 1 研究架構

表 1 課程設計

次序	主題	寫作內容	成果
預備週	簡單調查喜歡或不喜歡讀寫的比例		
第一次上課	《韓非子選》	針對儒、道、墨、法四家代表人物，擇其一設計一套專屬的旅遊行程（五道菜色），並詳述理由。	寫作一
第二次上課	〈我有一個夢想〉	針對 Yahoo 新聞〈聰明人才做白日夢！研究：智商越高越容易胡思亂想〉[1]結合課程內容進行內容評述。	寫作二
第三次上課	〈葉生〉	針對 Yahoo 新聞〈讀經會考 花縣：成績不公布〉[2]結合課程內容進行內容的評述，以及自身經驗的分享。	寫作三
第四次上課	〈賣炭翁〉	1. 針對 Yahoo 新聞〈醫師詐領健保費 4 年撈千萬〉[3]結合課程內容進行內容的評述。 2. 讀寫動機調查	寫作四 讀寫動機問卷

從第二次上課開始的寫作內容需要求學生登入臉書中的課程社團，教師會張貼與文本相關的時事報導，請同學進行至少 20 個字以上 50 個字以內的回應（可超過），並當作一次短評的成績，並以次數累計得分。內容須針對教師所發之內容進行批判性的理解與書寫，也可針對同學的回應加以論證。

（四） 資料分析

[1] 網址：Yahoo 新聞〈聰明人才做白日夢！研究：智商越高越容易胡思亂想〉。登錄日期：101 年 3 月 25 日。

[2] 網址：Yahoo 新聞〈讀經會考 花縣：成績不公布〉。登錄日期：101 年 3 月 25 日。

[3] 網址：Yahoo 新聞〈醫師詐領健保費 4 年撈千萬〉。登錄日期：101 年 3 月 25 日。

1. 量化資料分析

本研究採用 SPSS for Windows 中文 17.0 版進行資料處理，使用獨立樣本 T 檢定考驗 A、B 兩班學生進行批判性讀寫教學實驗後，於四次寫作成績與讀寫動機（含六個子項）問卷結果中的差異，以及在這些變項中男女性別之間是否呈現差異；並利用 Pearson 相關係數求取學生四次批判性思考寫作、讀寫動機結果的相關性。

2. 質化資料呈現

本研究將學生四次寫作內容，以部分呈現的方式佐證於量化資料分析之後。

三、研究結果

此部分依序呈現透過 T 檢定考驗 A、B 兩班與男女性別，於四次寫作成績、閱讀動機總分及六個子項、書寫動機總分及六個子項上的結果表現差異，以及所有樣本各項成績之間的相關性。

（一） A、B 兩班在四次寫作成績上的表現

下表 2 呈現 A、B 兩班在四次寫作成績上的獨立樣本 T 檢定：

表 2 大學生四次寫作成績獨立樣本 T 檢定

向度 / 分數	寫作一		寫作二		寫作三		寫作四	
	A	B	A	B	A	B	A	B
平均	79.59	80.22	81.66	83.07	84.66	87.24	86.93	93.51
標準差	2.43	2.89	2.87	3.04	2.59	3.19	3.48	3.82
t值	-1.077		**-2.165***		**-4.025*****		**-8.157*****	

$p^{*} < .05$；$p^{***} < .001$

由上表可知，針對《韓非子選》第一次寫作的結果，對照組 A 班與實驗組 B 班，兩班之間的寫作能力並無顯著性差異（$t_{(1)} = -1.077$），也就是說兩班的起始行爲一致，適合做爲兩相對照的實驗對象。實驗組 B 班進行第二次主題〈我有一個夢想〉批判性讀寫教學後，於第二次寫作的表現上開始高於對照組 A 班，兩班之間呈現.05 的顯著差（$t_{(2)} = -2.165$）異，接著在第三次主題〈葉生〉、第四次〈賣炭翁〉批判性讀寫教學後，寫作成績表現皆達.001 顯著高於對照組 A 班（$t_{(3)} = -4.025$；$t_{(4)} = -8.157$）。研究者根據上表中的數據繪製成折線圖，如圖 2 所示。

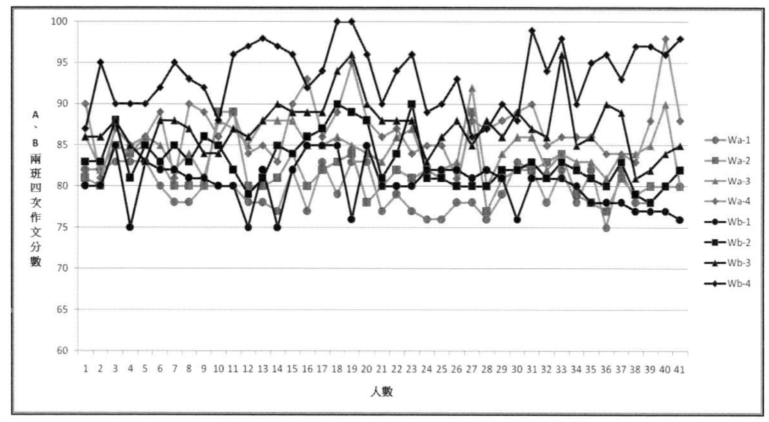

圖 2　A、B 兩班四次寫作成績折線圖

圖中 W 表示寫作成績，a 即對照組 A 班，1 第一次寫作，Wa-1 即 A 班第一次寫作，其餘以此類推。圖中觀察到對照組 A 班呈現一個有趣的情形，即在一般教學模式情形下，進行批判讀寫的成績結果，成績高者仍高、較低者仍低，且 A、B 兩班折線圖中呈現的波形相似，可見兩班不論是在個體或整體寫作能力表現來看是類似的，之後透過進行批判性讀寫教學的控制，從第三次寫作成績開始拉開彼此的距離。

（二） A、B 兩班閱讀動機調查結果

接著表 3 呈現 A、B 兩班在閱讀動機問卷所得總分，及其在各子項間得分之獨立樣本 T 檢定結果。

表 3 大學生閱讀動機總分及其子項獨立樣本 T 檢定

向度 / 分數	閱讀效能		閱讀挑戰		閱讀好奇心		閱讀的重要		閱讀認同		閱讀要求		閱讀動機總分	
	A	B	A	B	A	B	A	B	A	B	A	B	A	B
平均	8.12	9.00	13.83	15.44	18.17	17.83	5.41	5.63	13.15	14.32	13.88	14.37	72.56	76.93
標準差	2.04	1.66	2.39	2.34	3.51	2.52	1.64	1.07	3.66	2.34	2.33	2.62	13.14	7.87
t值	**-2.139***		**-3.087***		0.506		-0.722		-1.727		-0.891		-1.825	

$p^* < .05$

上表中僅「閱讀效能」與「閱讀挑戰」兩個部分實驗組 B 班達到.05 的顯著高於對照組 A 班（$t_{(閱讀效能)}$ = -2.139；$t_{(閱讀挑戰)}$ = -3.087），其餘部分雖未達顯著，但 B 班在其它子項中的得分皆高於 A 班（$t_{(閱讀的重要)}$ = -0.722；$t_{(閱讀認同)}$ = -1.727；$t_{(閱讀要求)}$ = -0.891；$t_{(閱讀動機總分)}$ = -1.825），除「閱讀好奇心」一項微低於 A 班（$t_{(閱讀好奇心)}$ = 0.506）。

圖 3 乃 A、B 兩班於閱讀動機總分與各子項間的折線圖。

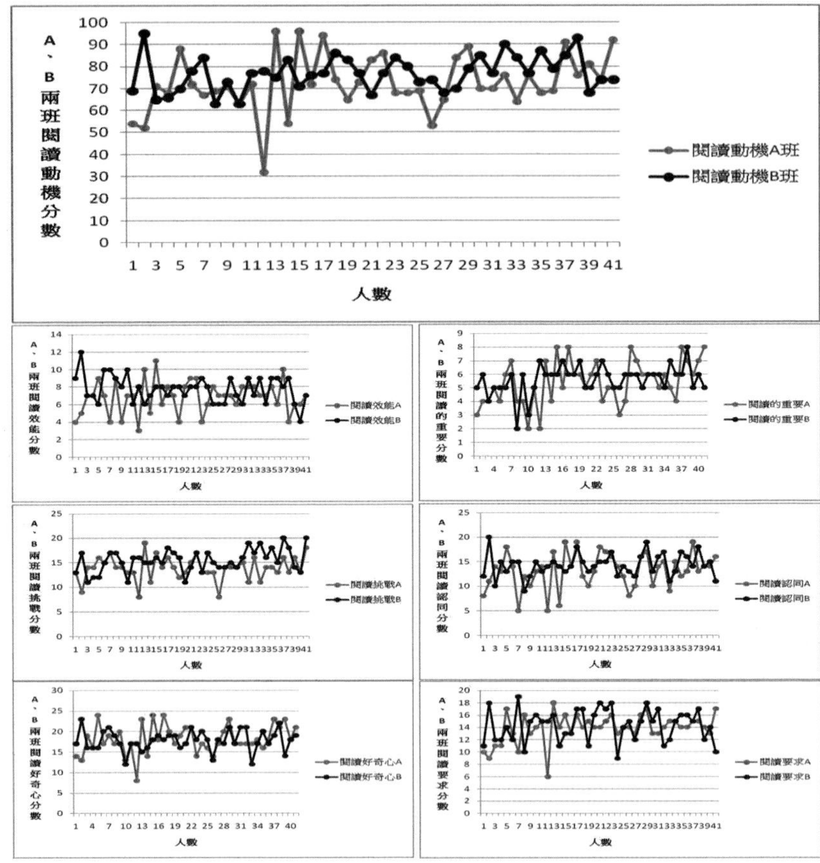

圖 3　A、B 兩班閱讀動機整體與各子項之成績折線圖

由圖 3 可以發現，兩班不論是在閱讀動機整體成績表現上，還是各子項間的成績表現上，所呈現的折線圖形皆形似；另外，除了「閱讀要求」一項兩班皆呈現較大的內部差異外，B 班的本身內部高低分的差異比 A 班小，相較於 A 班差異較大的情形，B 班所呈現的趨勢較為集中，也就是說 B 班本身的變異小於 A 班，程度分配較 A 班平均。

（三） A、B 兩班書寫動機調查結果

大學生書寫動機問卷內容為研究者對應閱讀動機問卷中各題目，改寫成適合調查大學生書寫動機的問卷題目。下表 4 所呈現的內容為 A、B 兩班學生在書寫動機問卷中所得之總分，及其在各子項間得分之獨立樣本 T 檢定結果。

表 4 大學生書寫動機總分及其子項獨立樣本 T 檢定

向度／分數	書寫效能		書寫挑戰		書寫好奇心		書寫的重要		書寫認同		書寫要求		書寫動機總分	
	A	B	A	B	A	B	A	B	A	B	A	B	A	B
平均	6.83	7.73	11.93	13.49	15.02	16.32	4.51	5.07	12.17	13.51	13.32	13.20	63.78	69.61
標準差	1.87	1.53	2.71	2.68	3.80	3.14	1.47	1.57	3.26	2.88	2.66	2.59	12.93	9.96
t值	**-2.390***		**-2.623****		-1.679		-1.670		-1.976		0.210		**-2.287***	

$p^{*} < .05$；$p^{**} < .01$

兩班學生在書寫動機問卷的結果表現上，呈現顯著差異的子項與閱讀動機問卷調查結果一樣，皆爲「書寫效能」、「書寫挑戰」，各達.05 與.01 的顯著差異，實驗組 B 班皆高於對照組 A 班（$t_{(書寫效能)} = -2.390$；$t_{(書寫挑戰)} = -2.623$）；相較於閱讀動機問卷調查結果的部分則是 B 班在書寫動機總分的表現上也達.05 的顯著高於 A 班（$t_{(書寫動機總分)} = -2.287$），且在所有子項目中，B 班僅在「書寫要求」一項上略低於 A 班的表現（$t_{(書寫好奇心)} = -1.679$；$t_{(書寫的重要)} = -1.670$；$t_{(書寫認同)} = -1.976$；$t_{(書寫要求)} = 0.210$），與閱讀動機問卷中在「閱讀好奇心」一項中略低於 A 班不同。研究者將上表呈現之數據繪製成折線圖，如圖 4 所示。

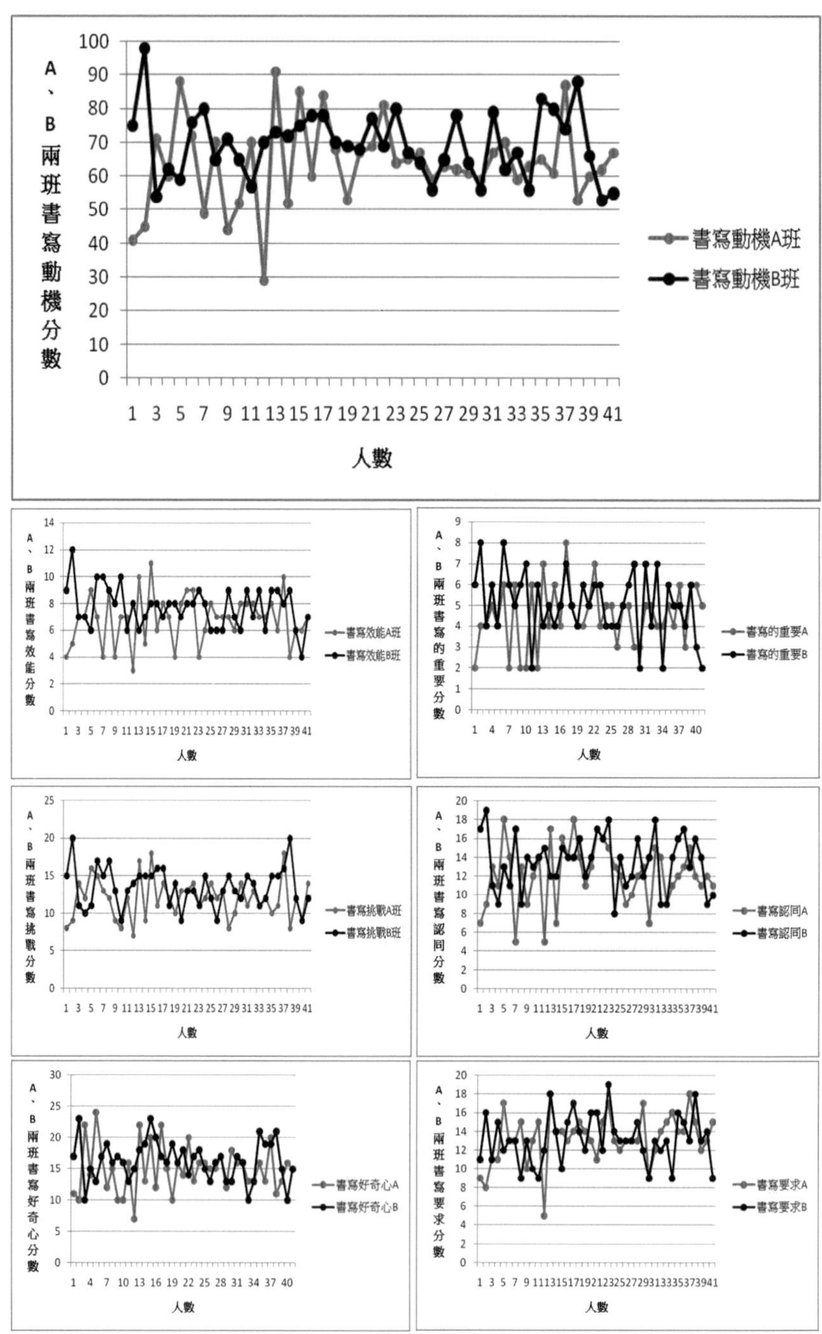

圖 4　A、B 兩班書寫動機整體與各子項之成績折線圖

圖 4 中，A、B 兩班在書寫動機整體與各子項之間的成績表現，其折線圖形類似，但 B 班呈現較爲集中的趨勢，班級內的差異性比 A 班小。較爲特別的部分爲「書寫的重要」一項中，A、B 兩班的成績皆呈現出很大的內部差異，「書寫認同」一項則次之。

（四） 大學生男女性別寫作成績表現與讀寫動機問卷調查結果

本研究中，A、B 兩班有效樣本各 41 人共計 82 人，男女生比例一樣，男生各 13 人共計 26 人，女生各 28 人共計 56 人，礙於版面限制，以下就僅因男女性別不同而達顯著差異的項目羅列如下表 5，並討論之。

表 5　大學生男女性別獨立樣本 T 檢定達顯著差異項目摘要表

向度	閱讀的重要		閱讀認同		閱讀要求		閱讀動機總成績		書寫要求	
分數	男	女	男	女	男	女	男	女	男	女
平均	4.54	5.93	12.50	14.24	13.08	14.55	69.17	77.05	11.8	13.84
標準差	1.44	1.12	3.50	2.81	3.09	2.05	12.43	9.52	2.78	2.32
t值	-4.680^{***}		-2.374^{*}		-2.140^{*}		-3.112^{**}		-3.373^{***}	

$p^{*} < .05$；$p^{**} < .01$；$p^{***} < .001$

由上表可知，這些達顯著差異的項目皆爲讀寫動機的調查內容，女生所得結果皆比男生高（$t_{(閱讀的重要)} = -4.680$；$t_{(閱讀認同)} = -2.374$；$t_{(閱讀要求)} = -2.140$；$t_{(閱讀動機總成績)} = -3.112$；$t_{(書寫要求)} = -3.373$），其他讀寫動機調查項目未列出的部分雖沒有達顯著性的差異，但女生得分情形普遍高於男生，也就是說整體而言，女生展現出比男生要高的讀寫動機。寫作成績的部分在寫作一、寫作二時，女生略低於男生，寫作三、寫作四時，女生則轉變爲略高於男生。這個部份的研究結果與 Pajares 與 Valiante（2001）相同，結果顯示男女不同性別之間，在讀寫動機的表現上確實是達顯著性差異，但並非全部的項目。

（五） 寫作與讀寫動機的相關性

這個部分呈現大學生四次寫作成績與讀寫動機之間的相關性，下表 6 爲這些項目之間的 Pearson 相關係數，並將相關性繪製成圖 6 以觀察相關的趨勢。

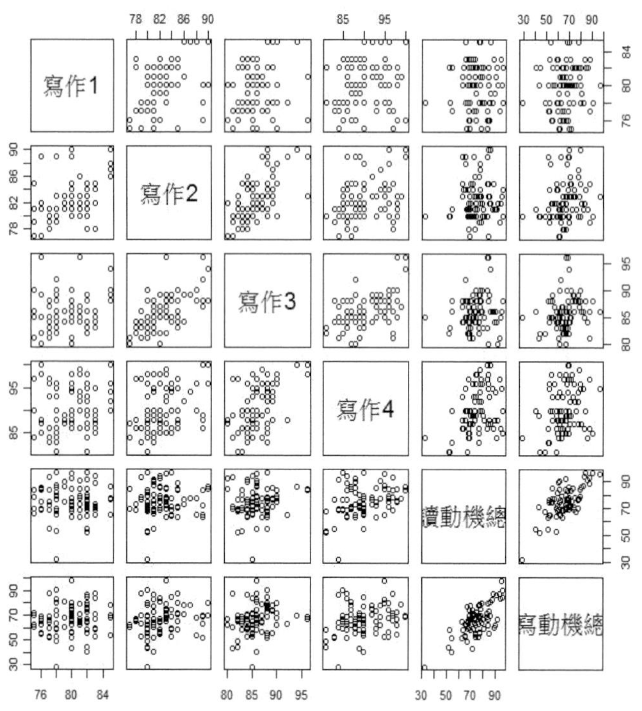

圖 6 大學生四次寫作成績與讀寫動機的相關性

表 6 大學生四次寫作成績與讀寫動機之相關係數

	寫作一	寫作二	寫作三	寫作四	閱讀動機總分	書寫動機總分
寫作一		.404***	.214	.086	.014	.129
寫作二	**.404*** **		.563***	.290**	.075	.178
寫作三	.214	**.563*** **		.530***	.156	.219*
寫作四	.086	**.290** **	**.530*** **		.341**	.268*
閱讀動機總分	.014	.075	.156	**.341** **		.700**
書寫動機總分	.129	.178	**.219* **	**.268* **	**.700** **	

$p^{*} < .05$；$p^{**} < .01$；$p^{***} < .001$

將表 6 的數據具像化後繪製成圖 6，可以明顯看出各項目之間相關性的趨勢，四次寫作的結果發現寫作三、寫作四與讀寫動機之間的關係呈現較集中的趨勢，尤其以寫作四與讀寫動機之間的相關趨勢最爲集中。寫作成績與讀寫動機各子項之間雖非全部，但也部分呈現相關；作文二和書寫效能呈現.05 的顯著相關（r= .226），作文三和閱讀挑戰（r=.235）、書寫效能（r=.231）達到 0.5 的顯著差異，作文四和閱讀效能（r=4.255）、閱讀的重要（r=.252）、閱讀認同（r=.239）、書寫認同（r=.248）以及書寫效能（r=.223）達到.05 的顯著相關，與閱讀挑戰（r=.252）則達到.001 的顯著相關。

綜上所述可知，隨著批判性讀寫教學策略的使用，可以有效提升學生批判性思考活動與寫作成績，隨著寫作成績的提升，與讀寫動機之間的相關性也跟著提高，尤其以第四次寫作與讀寫動機皆達.05、.01 的顯著相關。

（六） 大學生寫作內容

由於第一次寫作乃團體合作，因此無法將之簡化整理於下表中，以下隨機抽取 A、B 兩班 20 號學生第二次至第四次寫作的表現結果整理如下表 7：

表 7　A、B 兩班 20 號學生四次寫作表現示例

寫作次數	班級	內容
寫作二	對照組 A 班學生	我可以接受，人活在這個世界上就是要有夢，白日夢或許不切實際卻最真實，有夢最美所以活在這世界上就是要有一個值得自己去努力的夢不管是白日夢還是實際的夢都是一個希望，但是白日夢做得太多也不見得是件好事因爲夢做得太多卻都沒有努力的去實現這就變成幻想不切實際了，所以在對的時間做對的事情不應該只是口說無憑這樣的人生才是美好的。
	實驗組 B 班學生	是否有人發現這篇報導是由美國所做的研究根據我的觀察大多數的人都傾向於接受做白日夢，但是你所認爲的白日夢真像研究說的那樣嗎？常有人說美國是夢工廠，任何做夢般的事他們都有辦法實現我覺得這就像是老師所說的夢想他們(國外)所做的白日夢是以有目標且自由的教育體系與鼓勵之下所做的夢，他們是以創造不可能的態度去實踐夢想這是一種創意的基礎，所以研究出來會說他們智商高但對於亞洲國家來講，我們受限於教育體系與一些傳統的形式，一種無形的制式化標準綁住我們這種狀況下的我們所做的白日夢就稱之爲幻想形成我們想在白日夢中找到的一種解脫與抒發如果我在國外我會相信這個研究結果但是在這裡你敢保證你所做的白日夢對你的智商有進步的可能嗎？在這個國家的聰明人，很少會說自己喜歡做白日夢的在國外學生會自己找答案，在這裡學生會等老師給答案更何況你有做白日夢的權利，爲何卻沒有實踐他的動力與勇氣？

表 7　A、B 兩班 20 號學生四次寫作表現示例（續）

寫作次數	班級	內容
寫作三	對照組 A 班學生	讀經是好事但是不能一直單單只是死背，死讀書讀不到書一定要去明白它的意思才可以有所收穫，讀書讀出興趣才不會變成只是爲了應付而根本不知道自己學到什麼東西，這樣子也就浪費掉了讀書原本的意義了。
	實驗組 B 班學生	推廣讀經計畫並沒有不好，更值得讚許的是以鼓勵爲主，並無強制性並將成績作爲後續推動的參考。或許家長及老師，會擔心看不懂、有壓力！但學校可以不要以背書的方式來實施這個計畫，畢竟是國小生，用實質鼓勵的方式，例如：背完一首詩可以得一個點，集滿二十個點，可以獲得學校頒發的獎狀以資鼓勵。所以讀經不應該靠死背，而是要在快樂中把它背起來，這樣孩子學的快樂也不會忘記。
寫作四	對照組 A 班學生	讀書好不好是其次，真正重要的是做人的道理，自己是一個那麼高知識的人卻做出這種不道德的事情真的很過分，貪小便宜爲了一時的鬼迷心竅搞的最後什麼都沒有只能說何必呢？我們是高知識的份子能爲社會付出一份心力更應該要好好把握才是而不是用自己的權力濫用　。
	實驗組 B 班學生	每天都有很多不同的事情在發生，像這樣的新聞在媒體上已經是見怪不怪，就連當時前總統陳水扁的貪污新聞也吵得沸沸揚揚，像這類的詐欺取財罪，根據刑法第 339 條規定，得處 5 年以下有期徒刑、拘役或科或併科 3 萬元以下罰款，但是我認爲像這樣的罪判下來根本不重，因爲詐欺的刑法已經修改到易科罰金能以台幣九百元折算一日，在此後犯罪甚至可以每日以一千或兩千甚至幾千塊折算一日，甚至還有人賣了銀行簿子結果只被判拘役 40 天，繳完錢法官還可以判你輕一點，但是比較有錢的人，他當然可以很輕易的把罰金付費完畢然後被交保出來，是不是就代表著有更多的社會大眾要被騙了？層出不窮的詐騙，例如假退費真詐財、行動電話簡訊詐欺、金融卡匯款方式詐欺、假擄車擄人真詐財、冒名警察單位通知金融卡資料外洩、假現金卡資料外洩真詐財、假藉聯合金融中心或全國金融控管中心真詐財、竊取被害人基本資料直接電話恐嚇取財、恐嚇詐財、網路拍賣詐財、刮刮樂六合彩金詐欺、惡性倒會等等，像這些不法斂財的事，讓民眾防不慎防，尤其是一些老年人，會誤以相信詐騙者的話，將自己的錢捧給對方，像這樣利用民眾人性心理的弱點，輕易的突破被害人的障礙，這樣的斂財案例確實真實存在的。……至於面對公器私用的人，我認爲犯罪就是犯罪，沒有什麼好同情的，既然犯錯就要將刑責服畢，特別是那些知法犯法的人，讀那麼多的書、有那麼好的成就，竟然因爲抵擋不了金錢的誘惑而去做這些犯法的事情，社會上確實也有明明很有錢卻要去偷一些便宜的小東西，只因爲來自這樣能夠滿足、填補心靈的空虛，但是這樣已經造成別人非常大的不方便與困擾，我認爲像這樣的人犯後更需要加強心理輔導，並且加重刑責，讓他爲自己所犯的錯負責任。

從字數上來看，對照組 A 班學生每次撰寫字數明顯少於實驗組 B 班同學；就內容深度而言，對照組 A 班同學僅就議題內容字面上的理解，或偶有加深闡釋某些關鍵字詞內容，進行自我感想的抒發或評論，實驗組 B 班同學則能針對議題進行延伸探索，如寫作二的部分，能提出問題所在，並針對研究內容的國家與台灣進行文化比較，雖然並不是很深入，但以一位大一學生而言，似乎已具備研究生的特質；再如寫作三的部分，比起對照組 A 班同學抒發自己的感想，B 班同學勇於提出解決方法，寫作四的部分更能針對討論的議題內容，進行相關法規或相關時事的搜尋與整理，不僅是思考而已，而是能將自己所想統合歸納，整理成有條理的內容。

四、結論與建議

本研究以提高大學生在閱讀訊息時的批判性思維與讀寫動機爲目的，配合學校課程設計四週批判性讀寫教學內容，所得結論可分爲五個部分：

i. 對照組 A 班與實驗組 B 班，四次寫作成績上的獨立樣本 T 檢定結果呈現第一次批判性讀寫未達顯著差異（$t_{(1)} = -1.077$），支持兩班起點行爲相同；進行實驗後，從第二次批判性讀寫開始，兩班之間的讀寫成績開始產生差異，且差異程度越來越高（$t_{(2)} = -2.165$，$p < .05$；$t_{(3)} = -4.025$，$p < .01$；$t_{(4)} = -8.157$，$p < .01$）。
ii. 對照組 A 班與實驗組 B 班，在閱讀動機整體成績未達顯著差異，但在「閱讀效能」與「閱讀挑戰」兩個子項目上達到.05 的顯著差異（$t_{(閱讀效能)} = -2.139$；$t_{(閱讀挑戰)} = -3.087$）。
iii. 對照組 A 班與實驗組 B 班，在書寫動機整體成績達.05 顯著差異，且在「書寫效能」與「書寫挑戰」兩個子項目上各達.05 與.01 的顯著差異（$t_{(書寫效能)} = -2.390$；$t_{(書寫挑戰)} = -2.623$）。
iv. 大學生男女性別不同，其在讀寫動機部分子項目中的表現也會有所不同（$t_{(閱讀的重要)} = -4.680$；$t_{(閱讀認同)} = -2.374$；$t_{(閱讀要求)} = -2.140$；$t_{(閱讀動機總成績)} = -3.112$；$t_{(書寫要求)} = -3.373$）。
v. 四次寫作成績會隨著批判性讀寫教學而有所提升，以第四次寫作成績與讀寫動機調查結果最具顯著性相關（$p^{*} < .05$；$p^{**} < .01$）。

由上述內容可知，本研究所使用的批判性讀寫教學策略能有效提升學生在讀寫成績上的表現，尤其以進行第四次時間時的讀寫成績表現與學生讀寫動機調查結果呈現.05 與.01 的顯著正相關，茲以推論研究者在這兩班所進行的批判性讀寫教學策略，能有效影響實驗組 B 班學生讀寫成績之外，還能影響並提升學生的讀寫動機。

唯受實驗時間與人數受到限制，無法能進行中、長期的觀察，因此所獲得的研究結果並不能過度廣泛的推論至一般母群；倘若能進行長時間的觀察，配合大量樣本數，便可以針對合併讀寫兩項行爲動機問卷的內容，建置與修訂台灣學生不同年齡層讀寫動機常模；還可透過大量的樣本、不同教學法，進行大規模的實驗研究設計，以期找出更多有助於大學生批判性思考能力與提升讀寫動機的教學策略與影響因子。

參考文獻

王夢鷗：《禮記校證》（臺北：藝文印書館，1976 年），頁 102。

宋曜廷、劉佩雲、簡馨瑩：〈閱讀動機量表修訂及相關因素研究〉，《中國測驗學會測驗學》，第 50 期（2003 年），頁 47-72。

汪中文、徐正桂、黃金榔：《大學文選》第三版（新北市：新文京，2011 年）。

洪敏怡、黃萬居、彭彥璟：〈閱讀科學讀物對國小五年級學童批判思考能力與問題解決能力的影響〉，《科學教育研究與發展季刊》，第 51 期（2008 年），頁 1-33。

許智香：〈經典閱讀教學的歷程分析〉，《慈濟大學教育研究學刊》，第 7 期（2011 年），頁 201-239。

黃馨瑩：〈批判式讀寫理論應用於英語爲第二外語之閱讀〉，《英語教學期刊》，第 33 期（2009 年），頁 51-93。

葉玉珠、陳月梅、謝佳蓁、葉碧玲：〈「成人批判思考技巧測驗」之發展〉，《中國測驗學會測驗年刊》，第 48 期（2001 年），頁 35-50。

Ana T. A., Tonks, S. M., Wigfield, A. & Guthrie, J. T. (2009). Effects of motivational and cognitive variables on reading comprehension. *Reading & Writing*, *22*, 85-106.

Bensley, D. A., Crowe, D. S., Bernhardt, P., Buckner, C., & Allman, A. L. (2010)Teaching and Assessing Critical Thinking Skills for Argument Analysis in Psychology. *Teaching of Psychology*, *37*, 91-96.

Bruning, R. & Horn, C. (2000). Developing motivation to write. *Educational Psychologist*, *35*(1), 25-37.

Dutta Roy, D. (2003). *Development of the questionnaire for assessment of writing and writing motivation of boys and girls of grades III and IV*. Project report submitted to the Indian Statistical Institute, Kolkata.

Dutta Roy, D. (2010). Construct validity of writing motivation questionnaire. *International Journal of Psychological Research*, *3*(2), 6-11.

Leshowitz, B., DiCerbo, K. E., & Symington, S. (1999) Effective thinking: an active-learning course in critical thinking. *Current Issue in Education*, *2*, 1-14.

Pajares, F. & Valiante, G. (2001). Gender differences in writing motivation and achievement of middle school students: a function of gender orientation? *Contemporary Educational Psychology*, *26*, 366-381.

Unrau, N., & Schlackman, J. (2006). Motivation and its relationship with reading achievement in an urban middle school. *Journal of Educational Research, 100*, 81-101.

Wigfield, A. & Guthrie, J.T. (1997). Relations of children' s motivation for reading to the amount and breadth of their reading. *Journal of Educational Psychology, 89*, 420-432.

Wigfield, A. (1997). Reading motivation: A domain-specific approach to motivation. *Educational Psychologist, 32*, 59-68.

藉事說理議論文教學研究
——以〈雅量〉〈視力與偏見〉〈不要怕失敗〉〈生之歌選〉〈音樂家與職籃巨星〉五課為例

陳靜儀*

摘要

筆者以《南一版》七年級的國文教材中，嘗試統整 5 課的「藉事說理」議論文教材，分析內容和特色，梳理出和「藉事說理」議論文文體間的關聯性，安排教學流程，教授學生了解「藉事說理」議論文的文體知識和技能，培養學生分辨論點、論據和論證間的關係，並且能對文本提出統整和評鑑。以回歸語文教學的真正精神，落實國語文教學的系統性，並解決教師授課時間不足的問題。

關鍵詞：藉事說理、議論文、統整課程

一、前言

九年一貫課程強調培養學生帶得走的能力。目前以筆者觀察到的教學現況：第一、教科書是教師課堂上主要的授課教材。而國中階段國文教科書是以單元來編寫，每單元有兩課，這兩課的聯結以相同主題來串連，不考慮課材的表述方式或文類，且不符合語文教學由淺至深的編排。第二、教師教學以教熟課文內容爲主。因爲在國中階段根據課綱，每校會規畫三次的定期評量，性質上屬於形成性評量。形成性評量的目的著重在學生的課業學習成就，於是教師教學的重點側重在將每課內容教會、教熟。而其中，因爲學生語文能力大幅下滑，錯別字、成語誤用情況嚴重，所以語文基礎的識字、認讀、成語教學占據大部分的課堂時間。學生對國語文的學習印象就是停留在背誦和記憶。第三、課堂時數減少，教師授課時間不足，考試領導教學。國語文課除了是語文的學科知識傳承外，也是一門工具性知識的學習，「熟」才能生「巧」。但和未實行九年一貫的課堂數相比，這一波的學生在小學平均每週少了國語課 3-5 堂，到了國中又少了 1-2 堂。目前，國中學生畢業後，除免試升學外，參加國中基本學力測驗是主要的升學管道。而基測以「能力評量」爲導向，爲公平起見，除非是三家出版社共有的課材，不然一律不會放入考題。爲了讓學生「熟」，很多教師會補充基測考題中曾出現的題材，如世說、短篇小說、唐詩等給學生，眾多的材料量，授課時數卻較以往還少，

* 臺中市后里國中教師，曾任教育部中央課程與教學輔導團語文領域國語文組團員、臺中縣國教輔導團語文領域國語文國中組專任輔導員

教師和學生都面臨極大挑戰。

擔任臺北市輔導團指導教授多年的馮永敏也曾提到：「語文單元教材一向是一篇篇課文組成，篇與篇，單元與單元之間，語文知識、聽、說、讀、寫能力有時未能完全連貫，欠缺完整客觀體系，教師教學內容的取捨就存在很大隨意性和盲目性。不僅會造成學生學習的瑣碎雜亂，也造成語文知能傳授與訓練不合理和不必要的重複。反之，若能將語文知能系統化，使語文知能在一個互相聯繫、互相貫通的系統中存在和發展，使內部各個分支系統中，進行立體和動態審視，在每個語文教學的環節中貫穿，才能真正達成語文教學的科學化和現代化。」[1]

筆者今年任教國中一年級，所使用的教科書版本為《南一版》，本冊計 6 個學習單元共 12 課。除去詩歌體和古文外，有 8 課白話散文，而其中有 5 課是屬於「藉事說理」的議論文。本文嘗試統整這 5 課的教材，分析內容和特色，梳理出教材和「藉事說理」議論文文體間的關聯性，安排適切性的教學流程，教授學生了解「藉事說理」議論文的文體知識和技能，培養學生分辨論點、論據和論證間的關係，並且能對文本提出統整和評鑑。以回歸語文教學的真正精神，落實國語文教學的系統性，並解決教師授課時間不足的問題。

（一）議論文的文體知識和教學法

1、議論文的文體知識

以下分別探討議論文的定義、類型、要素和結構。

（1）定義

議論文又稱論理文、論辨文、說理文[2]，與記敘文、說明文並列為國語教材散文類的三大基本文體。[3]「議」和「論」在我國古代原是兩種文體。「議」有奏議、駁議等，是集體討論時發表見解的文章，帶有討論、商討的性質。「論」主要指發表自己的主張。劉勰說：論也者，彌綸群言，而研精一理者也。兩者之間都具有論是非曲直的性質，所以後來合稱為「議論」，把說理的文章統稱為「議論文」。[4]

現代學者對於「議論文」的界定，林明進：「議論文就是根據事實或事理來凸顯自己的主張，也就是把自己對事物或現象的看法、見解表達出來。」[5]夏丏尊、葉聖陶：「議論文是把作者所主張的某種判斷加以論證，使讀者信服的文章。」[6]陳正治：「議論文的文章特點主要是提出作者對某一事物的看法和主張，並以充足的證據，證明自己的主張是正確的，或他人的主張是錯誤的。」[7]劉孟宇：「議論文又叫論說文，是運用定義、判斷、推理和分析、概括、比較等方法進行

[1] 見馮永敏（1990）。〈面對未來的本國語文教學體系——試論單元統整教學之建構〉，《應用語文學報》，臺北：臺北市立教育大學，頁 114-116。

[2] 見朱豔英（1994）。《文章寫作學》，高雄：麗文文化，頁 114。

[3] 教育部（1975）。《國民小學課程標準》，臺北：正中書局，頁60。

[4] 見同註 2，頁 113。

[5] 見林明進（1994）。《林明進作文教室——技巧篇》，臺北：國語日報出版社，頁 81。

[6] 見夏丏尊、葉聖陶（1994）。《文話七十二講》，北京：中華書局，頁 114。。

[7] 見陳正治（2008）。《國語文教材教法》，臺北：五南圖書出版公司，頁 102。

議論說理的文章。」[8]劉忠惠：「議論文是運用概念、判斷、推理的邏輯方法，以語言文字爲媒介，來反應社會生活、表達作者的主張和見解，從理論上說服讀者，以達到令人信服的目的。」[9]

綜合上述學者之看法，議論文即是以議論爲主要表述手法，從「事實」與「事理」，進行「判斷」或「定義」，提出個人的主張與觀點，進而邏輯「推理」、「分析」、「概括」、「比較」該主張之合理性，使讀者信服的一種文體。

1、類型

在我國古代，分類是以文章的功用和程式作爲標準的。議論文通常分成：論、辯、議、解、原、說等類。「論」指主動發表自己的主張，如〈過秦論〉；「辯」指的是辨明是非，如〈諱辯〉；「議」指的是集體討論問題時的作品，如〈諫太宗十思疏〉；「解」是解說，如〈進學解〉；「原」含有推論本源之意，如〈原君〉；「說」是議論文之正體，如〈師說〉。[10]

到了當代，議論文因分類標準的不同，綜合各學者的分類方式，或從議論方式、內容、形式、方法、篇幅、論證方式等，細分出更爲多樣的名目。[11]如以議論方式來分，可分爲立論文、駁論文；以內容方面看，可分爲政治思想評論、經濟評論、文藝評論、自然科學和社會科學各學科的學術論文；以形式看，可分爲社論、編輯部文章、評論員文章、署名評論文章、短評、小言論等；從論證方式來看，可分爲立論和駁論。以邏輯推理方法，可劃分爲歸納法議論文和演繹法議論文；以從闡述筆者觀點的角度來劃分，有立論文和駁論文；以論證的方式來劃分，有直接論證文和間接論證文等。

學者從不同角度劃分出議論文的各種可能類型，惟回歸到國民教育階段，上列類型在國中小語文領域的議論文學習內涵來看，則顯得過於複雜，教育部將議論文的學習內容明定爲「評論事物、事理、人物」三類[12]，而從三家出版社（南一書局、康軒文教事業、翰林出版社）所編寫的教材來看，則偏向「事理」的立論文。

2、要素

議論文既然要發表對某一事物的主張和看法，讓讀者信服，就不僅要提出主張和看法，而且要能闡述該主張和看法的合理性，使讀者能接受，這個闡述「合理性」的過程，就是證明的過程。所以一個完整的證明必須由「論點」、「論據」、「論證」三個要素組成，這三個要素在議論文篇章中擔負著不同的任務。說明如下：

（1）論點

「論點」是作者對所論述的問題提出的見解、主張和表示什麼的態度，是

---

8 劉孟宇（1989）。《寫作大要》，臺北：新學識文教出版中心，頁 53。

9 劉忠惠（1996）。《寫作指導下——文體實論》，高雄：麗文文化，頁 133。

10 同註2，頁116。

11 參見註 7、註 8、註 9。

12 同註 3，頁 60。

整個論證過程的中心，擔負著「論證什麼」的問題，明確地表示作者贊成什麼、反對什麼。[13]論點是一篇議論文的核心，亦是衡量文章優劣的關鍵因素。關於篇章中論點的價值，引自楊裕貿[14]綜合多位學者的看法，經筆者再行整理如下：

甲、論點要正確：所揭示的觀點要具備科學性、合乎客觀規律，能客觀反映事物的本質，同時又能表現積極健康之思想，經得起實踐與檢驗。

乙、論點要鮮明：所提論點要明白表示立場，亦即贊成什麼、反對什麼、肯定什麼、否定什麼必須清楚鮮明，不可模稜兩可。

丙、論點要集中：指文章中的論點要單一，且論證過程中不可中途轉移論點。

丁、論點要扣題：呈現之中心論點要緊扣命題，分論點要緊扣中心論點。

戊、論點要深刻：文章之觀點要能觸及問題之本質，揭示事物之間的內在聯繫和規律，反應生活之哲理，使閱讀者獲得啓發。

己、論點要新穎：即是提出獨到之見解，想法不落俗套，去除陳言。

庚、論點要有意義：所提觀點能呼應現實大眾所關心的議題，需要迫切解決的問題。

（2）論據

言必有據，作者提出了一個見解，一定要有材料作爲根據才能讓人信服，這材料便是論據。[15]而材料的多寡、豐瘠，就決定了文章的成敗。以下分述論據之類型及其特徵：

甲、論據的類型：依據論據本身的性質和特點，有學者分成言例、事例、物例、設例[16]；亦有學者概括性的分成理論性的論據和事實性的論據兩種[17]：而所謂理論性論據係指經過驗證的名言佳句、格言、諺語等，即是言例；而事實性的論據則包括了典籍史蹟、傳奇軼事、親身遭遇、自然知識、動植物、器礦物、設想事件，亦即所謂的事例、物例與設例。

乙、論據的特徵：議據的使用，貴在發揮強大的說服力。因此，朱艷英認爲：「各類論據均應具備確實、典型、新穎和充實的特徵。」[18]劉孟宇亦持相同的見解。[19]劉忠惠：「事實性的論據必須具備確實可信、有代表性、而且要與論

[13] 見註 2，頁 119。

[14] 引自楊裕貿（2011）。《議論文讀寫整合教學對國小學童閱讀與寫作成效之研究》。臺中，國立臺中教育大學教育學系博士論文，頁 25-26。朱艷英（1994）提出：論點要明確、鮮明、集中、深刻及新穎。餘黨緒（2009）主張：觀點的獨立與獨特，及觀點的真實與明確兩項看法。林秋人（2007）認爲：明確、扣題、深刻、有現實意義和新穎。越國旗、孟祥寧（2010）提出：分別是論點要明確、鮮明、有針對性、有新意義及集中等五項主張。劉孟孫（1989）則認爲：論點需具有明確、鮮明、新鮮、有現實意義的要求。

[15] 見註 2，頁 121。

[16] 參見羅華木（1984）。《如何寫好論說文》，臺北：學生出版社，頁 35。

[17] 參見註 2、註 5。

[18] 參見註 2，頁 122-123。

[19] 參見註 9，頁 153。

點統一，理論性論據則必須實事求是，而且是可以經由科學驗證的。」[20]換言之，寫作議論文時，要舉出有明確出處、代表性、新鮮感，以及數量充足的論據進行論證，才能發揮例子的效力。

（3）論證

「論證」則是運用論據證實論點的全部邏輯推理過程。這個過程表示出論據和論點之間是用何種邏輯的方法聯繫起來或統一起來的。[21]亦即在首段提出論點後，從第二段推理證明至結尾段的所有歷程。[22]朱艷英認爲常用的方法有：例證法、引證法、反證法、比較法、因果論証法、喻證法等六種。[23]夏丏尊、劉薰宇提出：演繹法、歸納法、類推法。[24]劉忠惠提出：比較法、分類法、類比法、歸納法、演繹法、分析法、綜合法。[25]

上述學者所提論證方法之名稱雖有不同，基本上，與論證所使用的材料內容、技巧和歷程結構有關，亦即在邏輯論證的過程中，若從所選取的證明材料來看，以事實性論據進行佐證稱爲「例證法」，以理論性的論據進行佐證稱爲「引證法」；若從寫作的技巧來看，以打比方的方式進行論證，則稱爲「喻證法」；若從文章整體證明的歷程結構來看，以反對的角度、論據來間接證明論點的方式稱爲「反證法」；以事理分析，彰顯論點與論據的因果關係，稱爲「因果論證法」，其他如比較、分類、類比、歸納、演繹、分析、綜合等方法，亦屬結構邏輯的論證方法。[26]

（4）結構

結構是一種關係的組合，其中在整體下的各個部分之間的關係是相互依存的，和整體的關係是相對的，因此所謂「結構」即爲一系統的組成成分、組成成分的性質，及成分與成分之間的關係。[27]程漢杰認爲文章的結構形式是文章思路的外在表現形式，如果我們能探索到文章結構的基本規律、結構模式，用基本結構式去衡量、辨析文章的思路，理解文章就輕而易舉了。[28]

古人對文章的結構，極爲重視。古人叫文章的結構爲「章法」。《文心雕龍》〈鎔裁篇〉說：「草創鴻筆，先標三準：履端於始，則設情以位體；舉正於中，

[20] 參見註 10，頁 140-141。
[21] 見註 2，頁 125。
[22] 見楊裕貿（2007）。〈「議」如反掌——議論文解析〉《基測作文教學快訊 4 期》，臺北：心測中心，頁 2-5。
[23] 參見註 2，頁 125-127。
[24] 見夏丏尊、劉薰宇（2008）。《文章作法》，長沙：湖南教育出版社，頁 53。
[25] 參見註 9，頁 146-151。
[26] 見同註 2，頁 28。
[27]見 蔡銘津（1995）。《文章結構分析策略教學對增進學童閱讀理解與寫作成效之研究》。高雄，國立高雄師範大學教育系博士論文，頁 15。
[28] 見程漢杰（2011）。〈高效閱讀教學的理論與實踐〉《初中語文教與學》。北京，中國人民大學，頁 25。

則酌事以取類；歸餘於終，則撮辭以舉要。」[29]這「三準」可視爲一篇文章的始、中、終三段。亦有人主張以四段式來組織文章的結構。四段式原先是作詩的方法，首見於元范梈的詩法。元傅與礪的詩法正論曾引錄范氏之說云：作詩成法有起、承、轉、合四字。……古詩、長律亦以此法求之。……古之作者，其用意雖未必盡爾。然文者，理勢之自然，正不能不爾也。[30]

陳品卿認爲議論文的組織型式，可分爲「引論」、「本論」與「結論」三部分組成。[31]朱艷英則提出提出問題、分析問題、解決問題三段論證結構，來安排段落。[32] 程漢杰則認爲議論文的基本結構模式有：總論—分論—結論、總論—分論、分論—結論、分論—分論四種。劉忠惠則提出：先總後分、先分後總、遞進式、並列式。[33]

上述學者對議論文文章結構形式雖然不盡相同，但本質仍可相通，以下表〈圖1〉說明：

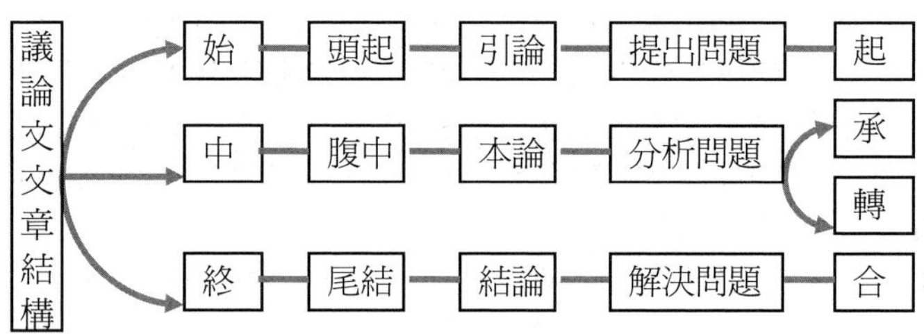

圖 1　圖文資料引自王開府，作者再行整理

而程漢杰和劉忠惠對議論文章結構的看法，則是以文章段落的脈絡組織層次來分析，脈絡組織層次先概括論點再分層論述的爲「總說式」；反之先分述事實再歸納事理則爲「分述式」；各層次之間是逐層發展、步步緊逼的爲「遞進式」；材料組織層次是採平行排列的爲「並列式」。

2、議論文教學法

掌握議論文的文體知識後，即可以融入國語文能力指標所標示的閱讀能力的教學原則，先概覽全文，深究內容，再探求文章的形式，篇章結構，乃至其內涵特色、作品風格。[34]其進行方式如下〈圖 2〉：

[29] 見劉勰著，王更生注釋（1989）。《文心雕龍讀本下篇》，臺北，文史哲出版社，頁 92。
[30] 引自王開府（1982）。〈文章的結構教學〉《中等教育》33-1。臺北，頁 44-45。
[31] 見陳品卿（1987）。《國文教材教法》。臺北，中華書局，頁 104。
[32] 見註 2，頁 123。
[33] 參見劉忠惠（1996）。《寫作指導上——理論技巧》，高雄：麗文文化，頁 175-178。
[34] 教育部（2003）。《國語文課程標準》。臺北，教育部，引自網址：http://teach.eje.edu.tw/。

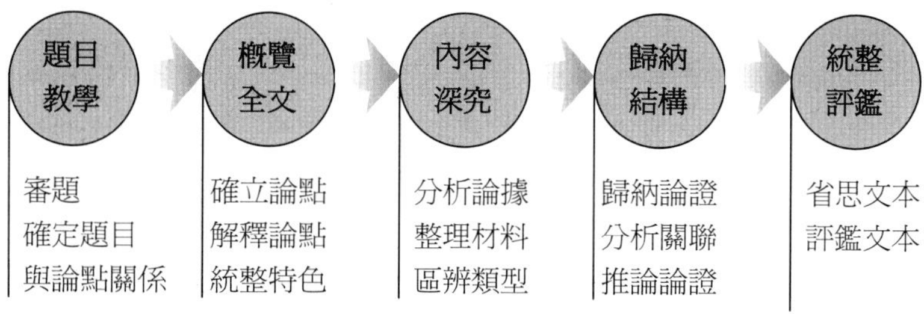

圖2　作者繪製

「題目教學」是讓學生透過題目先行預測篇章要旨，引起學生學習的動機，藉此也可以讓學生學習寫作教學中的「審題」。「概覽全文」呼應 PISA 閱讀素養指標的「形成廣泛理解」爲主[35]，並且讓學生先找出文本中的論點。「內容深究」呼應 PISA 閱讀素養指標的「發展解釋」和學習從篇章中「擷取訊息」，主要是經分析論據的取材特性、類型和區辨論據間的差異性。「歸納結構」和「統整評鑑」分別呼應 PISA 閱讀素養指標的「省思與評鑑文本內容」、「省思與評鑑文本形式」，主要是歸納整理論據與論點間的關聯，推論統整文章的結構形式。

二、議論文的教學實例

（一）學習目標

1、能廣泛理解文本的意義
- 1-1 能梳理文章脈絡
- 1-2 能找出文本重要的訊息

2、能對文本擷取訊息和發展解釋
- 2-1 摘要文本的主要論點
- 2-2 能檢索文本的各項論據
- 2-3 能摘要段落重點

3、能統整和評鑑組織文本內容和形式
- 3-1 能梳理論據論點間的關係
- 3-2 能統整內容組織各文本的結構
- 3-3 能檢查文本的謬誤

4、能掌握議論文的特性

（二）教學時間：15 堂課

[35] 引自國立臺南大學 PISA 國家研究中心，網址：http://pisa.nutn.edu.tw/。

（三）教材分析

1、各課內容

課次	課名	取材結構分析
第1課	雅量	1.主旨：雅量的重要、鼓勵大家培養雅量 2.取材：以日常生活中發生的事例爲主 3.結構： 〈1〉自然段：共七段 〈2〉意義段：1-2段舉例（以四人對衣料的不同看法爲例），3段說明（說明因性格和生活環境不同，對事物看法也會產生差異），4-5段舉例（以自己的聽聞爲例，以衣料、鞋子、人的容貌，舉出每個人都會有不同的看法），6-7段總結（綜合前面所提的例子和看法，再以看日出和聽鳥鳴的美感經驗是相同的爲例，提醒我們不要勉強別人接受我們的看法，而且要培養雅量，以減少摩擦，增進和諧）
第5課	視力與偏見	1.主旨：凸顯因「視力」以貌取人，而造成「偏見」的荒謬 2.取材：一位白人老先生的實例故事 3.結構： 〈1〉自然段：共十三段 〈2〉意義段：1-3段說明作者聽到故事的背景，4-11段老先生的故事（以遭逢意外，喪失視力爲分野，說出對黑人態度的差異，進而提出自己的看法），12-13段作者說出自己的觀感
第6課	不要怕失敗	1.主旨：要正面看待失敗，因爲可以藉著失敗的經驗，而走向成功 2.取材：從女兒考試成績的情緒表現帶出主題，以自己教書的經驗事例回應對主旨的看法 3.結構： 〈1〉自然段：共十三段 〈2〉意義段：1-3段帶出主題（從女兒考試失敗談起），4-7段承接上文，提出看法（對女兒的失敗表達同理心，同時說明失敗雖使人痛苦，卻能增長智慧和經驗），8-11段舉例說明（以自己的親身經驗爲例，說明從失敗中學習到的經驗），12-13段呼應題旨，總結全文
第8課	生之歌選	1.主旨：人有無限的潛力，生命的價值掌握在自己的手中，要從有限的生命中發揮無限的價值 2.取材：飛蛾掙扎求生，小瓜苗破殼茁長的事例，和失去右手的鋼琴家保羅，電影金玉盟中男主角的例子 3.結構： 〈1〉生命 生命 甲、自然段：共五段

		乙、意義段：1-2 段舉例（以飛蛾掙扎求生，小瓜苗破殼茁長的例子，寫出它們旺盛的生命力），3-5 段提出自己的看法（絕不辜負生命，要從有限的生命中發揮無限的價值） 〈2〉生命的價值 甲、自然段：共五段 乙、意義段：1-3 段舉例（以失去右手的鋼琴家保羅，電影金玉盟的男主角為例，寫出他們的殘而不廢），3-5 段提出自己的看法（人有無限的潛力，千萬不要因為失去一部分而懷疑，生命的價值掌握在自己的手中）
第 9 課	音樂家與職籃巨星	1. 主旨：天分好也需要「苦練」，資質不足，只要勤能補拙，也有機會脫穎而出 2. 取材：以音樂神童魯賓斯坦和職籃巨星麥可喬丹為例 3. 結構： 〈1〉自然段：共十段 〈2〉意義段：1-2 段舉例（以音樂神童魯賓斯坦為例，說出苦練才是成功之道），3-4 段提出看法（再次強調苦練的重要），5-8 段舉例（以曾不被看好的職籃巨星麥可喬丹為例，說出苦練加上機會才能成功），9-10 段提出看法，總結全文

2、課與課的聯繫

（1）題目和主旨：分單題式和雙題式，單題式中除〈生命 生命〉以呼告讚嘆生命的意義外，大多直接說明要旨，如：〈雅量〉、〈不要怕失敗〉、〈生命的價值〉等以解釋題目、說明原因和要如何做為主要論點。雙題式則除了說明上述三個重點之外，也隱含二個概念或題材間的關係和比較。

（2）取材：這五課都自生活中取材，不論是生活中的衝突、偏見、面對考試態度的事件，或是以生活中的昆蟲、植物和偶像人物為例，在在呼應以學生生活經驗取材，也進一步培養學生注意觀察周遭環境。

（3）結構：論點與論據的推理形式，〈雅量〉採分總式為主；〈視力與偏見〉採時間縱軸的後比較；〈不要怕失敗〉先提出一個問題，再採以分析問題，解決問題為主，也可歸類為四段式的起承轉合；〈生之歌選〉的兩篇文章則以並列呈現多個論據來歸納出對生命的看法；〈音樂家與職籃巨星〉以兩個人物題材間的歸納和層次性的遞進來說明主題。

（四）教學重點

茲就各課在取材和結構上的特點，梳理與議論文文體知識的關聯，規畫各課的教學重點如下：

課名	議論文文體教學重點
雅量	4-1 分辨經驗（事）與看法（理） 4-2 理解經驗（事）與看法（理）的關係 4-3 分析論點 4-4 檢視論點
視力與偏見	4-5 學習雙題式的題目類型 4-6 分析敘事要素 4-7 學習比較法舉證 4-8 找出隱含的論點
不要怕失敗	4-9 學習議論文的結構 4-10 學習例證法舉證
生之歌選	4-11 學習並列式舉證 4-12 比較論據間的關係 4-13 找出隱含的論點
音樂家與職籃巨星	4-14 學習雙題式的題目類型 4-15 學習遞進式舉證 4-16 比較論據的異同

（五）教學流程

教學目標	教學具體活動
	〈雅量〉
	1. 題目教學
	〈1〉何謂「雅量」（寬宏的肚量）
	〈2〉「雅量」的重要性（減少摩擦）
	2. 概覽全文
1-1	〈1〉第一部分的小結：欣賞觀點不同因爲和個人的性格與生活環境有關
1-2	〈2〉第二部分的小結：人總會去尋求自己喜歡的事物。人與人之間必須有容忍和尊重對方看法與觀點的雅量
4-1 4-2	〈3〉第三部分的總結：美的感受是相同的。減少摩擦，增進和諧，要培養雅量
	3. 內容深究
	〈1〉說講「經驗」（事）和「看法」（理）的區別
	〈2〉分辨全文「經驗」（事）和「看法」（理）
2-3	〈3〉作者舉布料、布店、人的例子，想說明的重點
2-2	〈4〉檢視這些例子之間的關係（對布料的看法不同，和選擇不同的衣料、鞋子、對象，甚至是聽鳥鳴，或看日出，好像是在討論個人的審美觀，審美觀本來就因人而異）

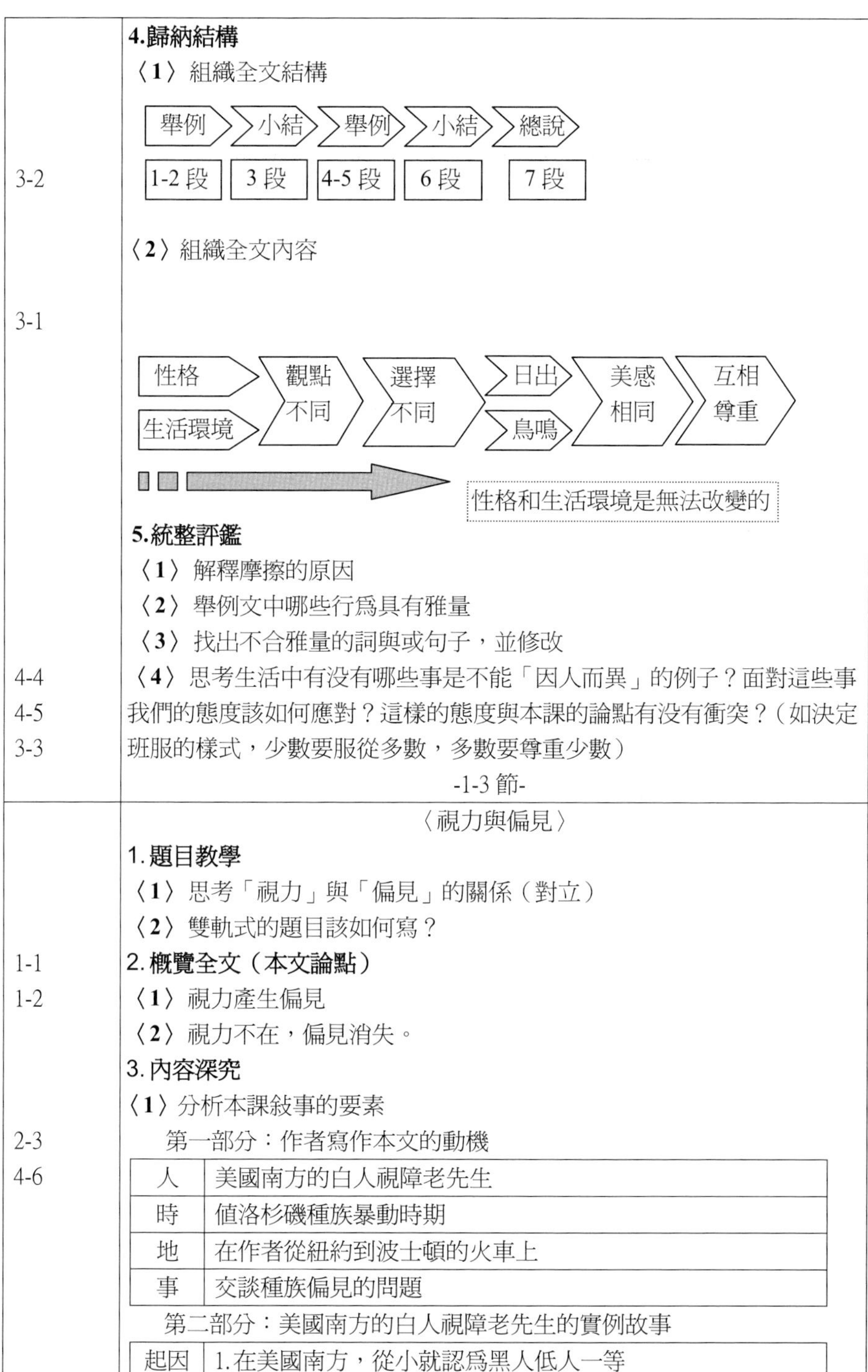

	4.歸納結構
	〈1〉組織全文結構
	舉例 → 小結 → 舉例 → 小結 → 總說
3-2	1-2 段 ／ 3 段 ／ 4-5 段 ／ 6 段 ／ 7 段
	〈2〉組織全文內容
3-1	性格 ／ 生活環境 → 觀點不同 → 選擇不同 → 日出 ／ 鳥鳴 → 美感相同 → 互相尊重
	性格和生活環境是無法改變的
	5.統整評鑑
	〈1〉解釋摩擦的原因
	〈2〉舉例文中哪些行爲具有雅量
	〈3〉找出不合雅量的詞與或句子，並修改
4-4 4-5 3-3	〈4〉思考生活中有沒有哪些事是不能「因人而異」的例子？面對這些事我們的態度該如何應對？這樣的態度與本課的論點有沒有衝突？（如決定班服的樣式，少數要服從多數，多數要尊重少數）
	-1-3 節-
	〈視力與偏見〉
	1.題目教學
	〈1〉思考「視力」與「偏見」的關係（對立）
	〈2〉雙軌式的題目該如何寫？
1-1	**2.概覽全文（本文論點）**
1-2	〈1〉視力產生偏見
	〈2〉視力不在，偏見消失。
	3.內容深究
	〈1〉分析本課敘事的要素
2-3	第一部分：作者寫作本文的動機
4-6	人：美國南方的白人視障老先生
	時：值洛杉磯種族暴動時期
	地：在作者從紐約到波士頓的火車上
	事：交談種族偏見的問題
	第二部分：美國南方的白人視障老先生的實例故事
	起因：1.在美國南方，從小就認爲黑人低人一等

<table>
<tr><td></td><td>
<table>
<tr><td></td><td>2.在南方時從未和黑人一起吃飯、上學</td></tr>
<tr><td>經過</td><td>1.到北方念書，仍然不和黑人接觸，但受到系主任的責罵
2.認爲任何白人和黑人結婚會使父母蒙辱</td></tr>
<tr><td>轉折</td><td>1.發生車禍，失去雙眼，在盲人院學習點字和靠手杖走路
2.遇到一位值得信賴的心理輔導員</td></tr>
<tr><td>結果</td><td>1.因爲把輔導員當成是良師益友，而後知道他是黑人，所以對黑人的偏見慢慢完全消失
2.老先生的太太是黑人（補敘）</td></tr>
</table>
</td></tr>
<tr><td>3-1
4-7
3-1</td><td>4.歸納結構
〈1〉舉例文中有哪些是老先生歧視黑人的行爲
〈2〉舉例文中有哪些是老先生消除對黑人偏見的具體作爲
〈3〉比較老先生對黑人前後態度的差異

視力與偏見
視力存在　偏見存在　歧視黑人
視力消失　偏見消失　平等對待</td></tr>
<tr><td>4-8
4-9
3-3</td><td>5.統整評鑑
〈1〉討論作者說：「我視力良好，因此我偏見猶在，多麼不幸的事！」這句話的含義
〈2〉根據故事的發展：老人因爲發生意外而喪失視力，而失去視力後也就無法辨視膚色，當然膚色對他而言就沒有意義。再則，若他一喪失視力後知道輔導他的輔導員是黑人的話，他會不會接受？這個實例故事是否是好的論據，請提出看法
〈3〉思考老先生在北方求學期間，因爲不歡迎黑人參加野餐，而受到系主任責罵一事，討論「偏見」是如何發生？該如何預防？（教育，因爲在南方從小就被教育黑人是低人一等）
〈4〉在使用人物事例時有沒有需要注意的地方？（要確實可信，具代表性）
-4-6 節-</td></tr>
<tr><td>2-3</td><td>〈不要怕失敗〉
1.題目教學
2.概覽全文
〈1〉說出本文主要論點（失敗可以增長智慧和經驗，是走上完美的臺階）
〈2〉說出本文開頭方式（以女兒的考試失敗帶出主題）
3.內容深究
〈1〉分析父親第一次教書失敗的原因？（年紀輕、沒經驗、沒準備）</td></tr>
</table>

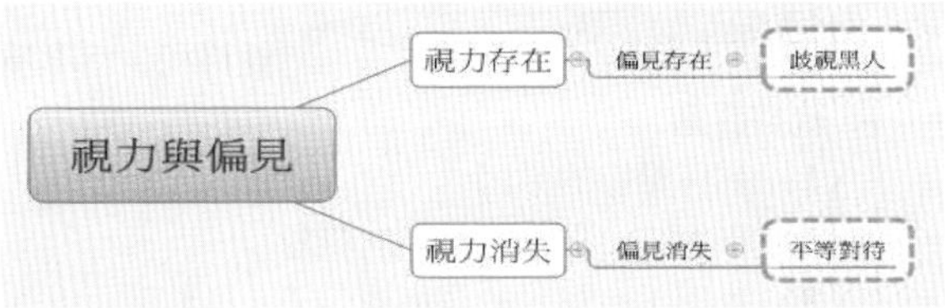

1-2 〈**2**〉分析父親後來成功的因素？（忍受難堪、向有經驗者學習、吸收別
2-2 人經驗後用類化成自己的方式）

〈**3**〉第十一段中「我按照我的方式進行教學」作者爲在此特別強調「我按照我的方式」？（每個人的條件、個性等都不盡相同，一味的模仿不一定會成功，要消化吸收後走出自己的路）

〈**4**〉爲什麼作者說「不要太重視成功，成功不過是老師筆下打的一個勾」，比賽不就是要求勝利，考試不是爲了要求滿分嗎？這句話有沒有不妥？（沒有不妥，因爲成功就表示你已經具備了某種能力，若是考試沒有滿分，那沒有答對的部分是指出你還不會的部分，若是能再加強，就是再增加自己的實力）

〈**5**〉爲何作者在文章中要特別提到班主任在第一次教書失敗時給予的難堪，比較作者在幫女兒簽名時因她的成功而喜悅，因她失敗而難過，對於失敗者我們應給予何種對待？

4.**歸納結構**

〈**1**〉組織全文結構

1-1
4-9
3-1

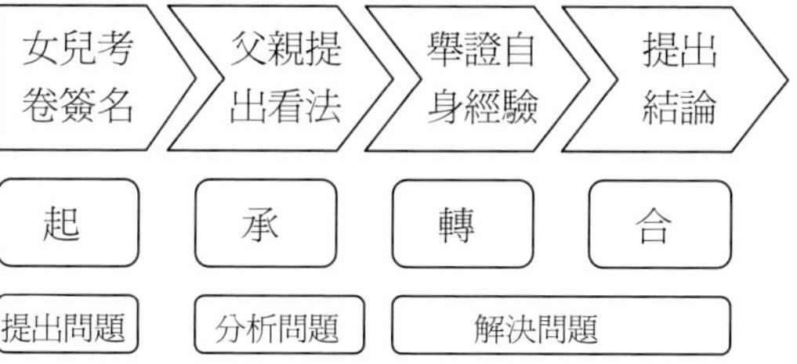

5.**統整評鑑**

〈**1**〉作者認爲爲什麼失敗是非常可怕的事？比較作者第一次教書的失敗
4-10 原因兩者意義相同嗎？（不太相同，作者第一次的教學失敗似乎並沒有費太大力氣和長時間的努力）

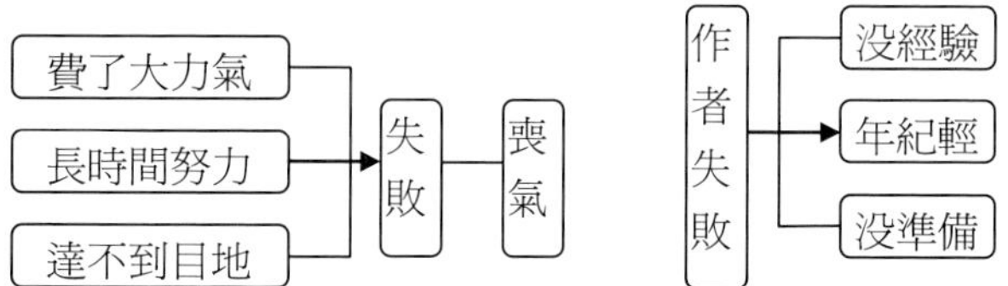

〈**2**〉這一課和上一課都是採用人物事例當論據來說明論點，請比較兩者間的異同

	相同點	相異點
視力與偏見	採用單一人物對事件	採用對話呈現
不要怕失敗	態度的前後變化	採用平鋪直述

〈**3**〉本課採用人物事例當論據，這是屬於事實性論據的使用。思考是否能找出一些佳句、格言、諺語，用一些理論性的論據來支持論點

-7-9 節-

〈生之歌選〉

1. 題目教學

〈1〉爲何用生命生命當第一篇的文題？這樣用好不好？

2. 概覽全文（利用圖像，分析本文探究的主題）

1-1 生命
1-2 意義：克服逆境、創造感動
1-3 情感：真誠熱愛（不蹧蹋、不虛度）、爲它奮鬥（不屈向上、昂然挺立）
2-2 價值：發揮潛能、造福世人

3. 內容深究

〈1〉利用表格比較兩則論據

第一則	客觀事件			主觀看法、感受
	對象	相似點	結果	作者感受
	飛蛾	掙扎求生	生存	生命的力量在手中躍動，令人震驚
	瓜苗	破殼茁長	死亡	擎天撼地的生命力，令人肅然起敬

第二則	人物	遭遇	轉折	結果
	保羅惠根司坦	失去右手	拉威爾爲他創作鋼琴協奏曲	激勵他的信心與勇氣，完成技巧圓熟艱深的鋼琴演奏
	金石盟男主角	喪失雙腳	朋友當頭棒喝的質問	熱愛自己的生命，以殘缺之身從事福利事業

4. 歸納結構

〈1〉組織第一則結構

飛蛾、瓜苗 → 自己 → 提出看法　並列式

〈2〉組織第二則結構

3-1 保羅惠根司坦、金石盟男主角 → 提出看法
3-2 並列式

5. 統整評鑑

4-11 〈1〉作者在第二則的故事中爲何要提到「拉威爾」和「金石盟男主角的
4-12 朋友」？（在創造生命的價值中，人際關係的經營也是同等重要）
4-13 〈2〉檢視作者如何使用論據來支持論點。（本文的作者從昆蟲、物、人物

多方取材來說明論點，而且以昆蟲、植物生命的微小、脆弱，反襯人類。並且，用一位失去右手，一位失去雙腳的主角，反襯四肢健全的你我。不但論據充實，而且也用了比較的手法）

-10-12 節-

〈音樂家與職籃巨星〉

1.題目教學

〈1〉前幾課大多以主要論點爲課名，這一課卻是以題材內容命名，這樣
3-2 的命名方式好不好？
3-1 〈2〉讀完這課後，可以嘗試仿前幾課的方式爲本課命名嗎？（苦練的重要）

2.概覽全文（要求學生用圖像組織全文結構）

3.內容深究

〈1〉說出魯賓斯坦成功的因素（天分＋苦練）

〈2〉說出喬丹成功的因素（苦練＋家人支持＋機會）

4.歸納結構

魯賓斯坦—小結—喬丹—結論

遞進式

4-14 **5.統整評鑑**
4-15 〈1〉家人、朋友的支持和協助，以及機會的到來是喬丹成功的因素中不
4-16 可或缺的兩環，作者爲何不去深入探究？（論點要集中）

〈2〉評鑑作者在此運用兩個人物當作論據的好處，並且比較兩個論據間的差異

〈3〉思考爲何作者引用兩個論據，但是爲什麼第二個例子在篇幅上所占的版面遠多於第一個？這樣的寫作手法有何特點？（簡筆、繁筆、突顯重點）

〈4〉思考爲何二個例子的寫作技巧的相異處？這樣的寫作技巧有何特點？（第一個多用對話呈現，第二個例子多用第三人稱敘事）

-13-14 節-

統整與評鑑

1.題型與主旨

〈1〉題型

題型	單題式	複題式
課名	雅量、不要怕失敗、生命的價值	生命 生命、視力與偏見、音樂家與職籃巨星

〈2〉題目與主旨的關係

方式	直接說明	不直接說明
課名	雅量、不要怕失敗、生命的價值、生	音樂家與職籃巨星

	命 生命、視力與偏見	

※〈音樂家與職籃巨星〉是以文中所使用的題材為題

2. **論證材料**

材料屬性	人例	事例	物例
課名	不要怕失敗、生命 生命、視力與偏見、音樂家與職籃巨星	雅量	生命的價值

3. **證點與證據的關連**

課名	證據方式
雅量、生命的價值	夾敘夾議
視力與偏見	以人物親身故事說出對論點的看法
不要怕失敗	提出問題，說明問題，解決問題
生之歌選（生命的價值 生命 生命）	並列呈現多個材料，歸納出對生命的看法
音樂家與職籃巨星	以兩個人物題材間的歸納和層次性的遞進來說明主題

-15 節-

教師在備課時將有關議論文的篇章統整起來，梳理各課的學習重點，規畫安排教學的順序和學生的學習進程，就像是拿給學生一張學習的地圖，在學生學習的過程中會發現學生比較能掌握學習的方向和串連學習的內容，並且遷移到下一課的情境之中。而且教材經過統整之後，學生可以透過下一課的課材，檢核上一課習得的能力，例如：教完如何找論點，分析論據之後，就可以讓學生在預習下一課的時候，利用學習單先回答該課的論點，或簡單畫出該課的結構，分析論據。如此一來，可以先評量學生上一堂課的學習成效，也可藉此了解學生學習該課的起點行為，之後再進行教學。這樣不但可以真正落實九年一貫課程欲培養帶得走的能力，也可以精省上課時間。學生學習有了具體的方向和目標，也比較能監控自己的學習。

在教學的過程中，由於對筆者而言是一次新的嘗試，在實際的課堂上也常常必須因應學生的學習狀況，而隨時調整授課的內容、節奏和進度。如：上第一課〈雅量〉的時候，筆者錯估學生的起點行為，就依單向的備課計畫，進行一連串的討論和講述。在該堂課下課前，詢問學生是否知道該堂課的學習重點時，有些學生無法具體回應。而後筆者改變課堂學習設定，嘗試將一節 45 分鐘的課堂，以三分法、或二分法來說明三個或兩個重點，並且在上課時先行告知學生，其後以講述或討論、然後個人或小組練習，當成一個循環。這樣的改變，讓學習者也比較能確知學習的目標並且演練所學。但是，也因為如此，在有限的時間之下，就要不斷修改教學內容。另外，在練習以圖像歸納文本內容時，因學生在國小階段沒有相關的學習經驗，所以需要教師多次的示範，且分階段的從單段落的引導，逐步進展到兩段，一個意義段，甚至才能進行全文的整理。國一學生又因才進入形式運思期不久，對於抽象的思理能力尚在建構中，對於文本的歸納和統整、評鑑，有時必須仰賴提供更多的線索和引導。而且，筆者也發現，相較於師長的說解，若能安排讓同儕間互相討論發表，和楷模示範觀摹，對激勵學生的學習更具正面的助力。從與學生的訪談中，學生對於這樣的學習模式都給予正面回饋。其具體回饋有：

＊ 原來國文課本的課與課之間可以互相補充。

＊ 知道議論文中有論點、論據和論證三個要素，那以後看到說理的文章就要先找這些元素。

＊ 我好像比較知道自己在學什麼，不像以前就是一課看過一課，對議論文的概念也比較清楚了。以後寫議論文也比較知道該如何下手。

＊ 看文章好像比以前更深入了。可以透過表格、圖像來整理內容，也可以進一步了解作家在寫作上取材的精細和用心。

三、結論

在整個教學中，因爲班上學生起點行爲的差異頗大，有一些程度非常差的學生對於畫結構圖的作業仍是無法獨立完成，這也給予筆者再次進行相關活動時，必須思考如何解決此一課題。其次，爲了配合學校的各次定期評量的進度，在教學進行上也必須有所延宕，所以此次的統整課程教學在分散式的進行，不能從一而貫。而教材間如〈雅量〉、〈不要怕失敗〉是單題式的題目，但第五課〈視力與偏見〉卻是雙題式的課題，爲了配合校內評量進度，在課程的進行上，都必須有所不得不的妥協。若是能回歸教師在課程設計和評量上的自主性，能夠更動定期評量的內容課次，先進行單題式的教學，再進行雙題式的教學，對學生在學習的系統性上會是更完整。而對於議論文文體要素的學習，爲了更落實，也提供筆者下次可以設計一張有關文體特色的檢核表，來幫助學生更清楚掌握每篇選文的優缺點。

九年一貫強調以學生的學習爲主體，而在基礎教育的階段，學生獲得知識的來源還是得靠教師的傳授。所以，在教師的心中若能有一份國語文教學的目標，並能具體規畫訂定在每個年段中的學習主題，設計每個主題進行的地圖，讓學生掌握國語文學習的方向和具體內容，學生才能有所準備的面對課堂的學習。而教師也能透過地圖，了解學生學習的迷思，適時、適切地給予指引和導正。

參考文獻

一、專書

劉勰著，王更生注釋（1989）。《文心雕龍讀本》。台北，文史哲出版社。
盧羨文編著（2008）。《閱讀理解》。香港，三聯書店有限公司。
朱豔英（1994）。《文章寫作學——文體知識部分》。高雄，麗文文化。
林明進（2007）。《林明進作文教室——技巧篇》。臺北，國語日報出版社。
陳品卿（1987）。《國文教材教法》。臺北，中華書局。
夏丏尊、葉聖陶（1994）。《文話七十二講》，北京：中華書局。
陳正治（2008）。《國語文教材教法》，臺北：五南圖書出版公司。
劉孟宇（1989）。《寫作大要》，臺北：新學識文教出版中心。
羅華木（1984）。《如何寫好論說文》。臺北：學生出版社。
劉忠惠（1996）。《寫作指導上——理論技巧》。高雄，麗文文化。
劉忠惠（1996）。《寫作指導下——文體實論》。高雄，麗文文化。

二、期刊論文

王開府（1982）。〈文章結構的教學〉。《中等教育》33（1），44-49。
蔡銘津（1995）。〈文章結構理論探討及其在閱讀教學上的啓思〉。《師說》87，27-31。
蔡銘津（1995）。《文章結構分析策略教學對增進學童閱讀理解與寫作成效之研究》。高雄，國立高雄師範大學教育系博士論文。
陳詩雱（2010）。〈課程統整的時代意義〉。《南投文教》29，53-57。
程漢杰（2011）。〈高效閱讀教學的理論與實踐〉《初中語文教與學》。北京，中國人民大學，25-28。
馮永敏（1991）。〈展開過程 揭示規律——試探九年一貫本國語文統整教學的實施〉。《九年一貫語文統整教學學術研討會論文集》，12-117。
馮永敏（1990）。〈面對未來的本國語文教學體系——試論單元統整教學之建構〉。《應用語文學報》2，113-135。
楊裕貿（2007）。〈「議」如反掌——議論文解析〉《基測作文教學快訊 4 期》，臺北：心測中心，2-5。
楊裕貿（2010）。〈談議論文的閱讀教學指導設計〉。《南投文教》29，81-85。
楊裕貿（2011）。《議論文讀寫整合教學對國小學童閱讀與寫作成效之研究》。國立臺中教育大學教育學系博士論文。

三、網際網路資源

教育部。《國語文課程標準》。網址：http://teach.eje.edu.tw/。
國立臺南大學 PISA 國家研究中心，網址：http://pisa.nutn.edu.tw/。

Lesson study 為基的國語文課室觀察
——以〈紙船印象〉四次觀課為例

林雯淑*

一、前言

本團推行觀課活動已進入第三年。從對觀課的害怕（在全市教師面前展現教學技巧，確實要有強而有力的心臟啊），到開始檢討觀課的方向，探討觀課的走向，以及如何進行觀課能對現場教師產生最大的助益。

觀課的目的是什麼？是宣揚一種教學技巧，還是示範提問教學法的使用，或是訓練團員成爲專家教師？亦或在進行教案的推廣?我們在四次的觀課中找到答案。

觀課的內容是什麼？是觀察老師的課堂教學能力、闡釋文意能力，或是觀察學生達到學習目標的程度？亦或在觀看教案設計的執行與否。我們在四次的觀課中找到解答。

觀課推行第三年，我們遇到了觀課的本質性問題。大陸推行觀課有教師分級制度爲後盾，而台灣進行觀課仍有許多矛盾需一一釐清。

觀課的操作層面在團員的一一上場之後已達到精熟，但觀課的本質卻在一次又一次的觀課、評課中釐清方向。

Lesson study的觀課精神是以學生的學爲觀課重點，而非教師的教。在台灣的觀課容易將焦點集中在教師身上，就算觀察到的學生也是勇於發言的，極少注意課堂中的無聲者，他們的學習到位了嗎?他們有跟上老師的腳步進行學習嗎?他們的學習過程爲何？

因此在100學年度上學期四次觀課的進行中，我們不斷修正、反省與改進。從四次模擬觀課、四次正式觀課、八次觀課後會談及最後一次觀課總檢討，一次又一次的教案修正中，一次又一次的教學活動改良中，我們試著找出能讓多數學生達到教學目標的方法，進一步形塑出有裨益現場教師的觀課活動。

本文以新北市國中國文輔導團四次〈紙船印象〉觀課爲例，探討如何以 Lesson study 進行課室觀察及其影響和效果，並比較四次教案的修正與成長。我們如何強調以學生學習爲中心，達到教學目標爲依歸，以期能對第一線教師更有助益，並提升教師專業成長與專業學習。

二、Lesson study 概念介紹

* 新北市國中語文輔導團、新北市立福和國民中學老師

（一）Lesson study 的意涵

Lesson study 有學課研究、課室研究、授業研究等名詞翻譯。

Lesson study 一詞是直接取自日本字〝jugyokenkyu〞而來，是由兩個字所組成：〝jugyo〞是「學課」（instruction, lessons, or lesson）的意思；而〝kenkyu〞是指「研究」（study or research）的意思（Yoshida,1999;Lewis,2000;Fernandez & Yoshida,2004）。

日本小學的 Lesson study 是「強調以課堂教學的問題爲研究的議題，重視以學生的問題解決能力爲學習目標」；教師們成立「研究小組」（research group）進行教學計畫的設計、觀察、討論、修正與再試教等活動；雖然要花費很多的時間，但是日本教師卻認爲參與教師的專業成長團體是每一位教師應盡的職責，如此的教育信念，造就日本小學在數學與科學上優越的亮麗成績（Fernandez & Yoshida, 2004）。

也因爲研究小組協同合作的氣氛與精神，激起教師學校文化的專業發展氣氛。教師們利用時間協同合作設計教學計畫、討論學生的學習困難與了解學生的思考方式等；對於平時忙於教學工作的教師而言，是一個能夠彼此對話並增進其專業能力的機會。雖然，完成一個 Lesson study project 往往需要二至三個月的時間，但在此期間教師們可以充分地討論教學的困難，分享他人的教學經驗；並從參與教室觀察成員小組的分享討論中，知道自己教學的優點與缺點，進而改進自己的教學方法與策略；更可以從所蒐集的資料獲得許多班上學生在學習上寶貴的訊息（Fernandez & Yoshida,2004）。[1]

將 Lesson study 設定爲一種研究，說來太沉重。倒不如界定爲提供一個「教學視窗」，讓教師們親自參與教室教學的實境運作。換言之，Lesson study 是以一節課爲單位，進行教學設計的研究。藉此改進自己教學，增進學生學習爲目的。

（二）Lesson study 的實施程序

Lesson study 基本上是一種問題解決的過程，它沒有固定的型式，通常是由學校教師組成一個研究小組，他們先找出一些待解決的教學問題，例如：「如何增進學生對異分母分數加法的理解」，然後在課程中找出某一相關的「課」或「單元」，做爲研究的焦點，大家共同討論如何將這個問題放到課程中去探討和解決。對於要加以研究的課和單元，小組須共同設計教學計畫，共同商討能使學生理解教材的表徵方式和教學方法。其目的不僅是擬訂有效的單元計畫而且還要瞭解它「如何」以及「爲何」能提升學生的理解。

之後小組推派一人進行單元的教學，並邀請校內和校外教師以及鄰近大學教育學院的教授來觀察教學。觀察教學的教師們很用心地作筆記和仔細觀察學生的

[1] 林國凍（2009）。日本的 Lesson Study 如何引發教師專業發展之探究。教育研究與發展期刊，第 5 卷第 1 期，165-184。

反應。Lesson study 的最終目的是學生的學習品質，所以在教案的每一項教學活動旁，都設有「學生反應」一欄，供觀察者記錄。

教學完畢後，研究小組和參與人員齊聚一堂，共同討論此課的優點與缺點，受邀的大學教授或專家也提出他的觀感與意見，供小組教師反省與修改教學計畫。教師將修改後的教學計畫拿到不同的班級再去試教，然後再度討論與接受改進意見。最後研究小組可以將研究結果公開，讓全國其他學校的教師參考使用。[2]

就本市國教輔導團參訪報告中指出，參訪的濱之鄉小學進行 Lesson study 的方式是：先由教學者提出教學反思，接著由學校教師提供回饋。當天的會議大約進行兩個半小時，教授單獨坐於前方，與會參與者有校長、副校長、研究者（指導教授）與全校教師。整個會議由召集人主持。會議開始先播放教學實況，讓無法參與的同仁有一概略性輪廓。接著由負責觀摩的教師說出自己的省思，全校老師給予回饋。整個討論過程中大家提出中肯的建議與回饋，最後由教授總結。而參訪的另一所學校---御茶水女子中小學教師的觀摩研討則運用分組討論的彙整給予教學者實際而有效的回應，減少批評或不切實際的回饋。觀察進行時，觀察教師是陪伴在學生旁的角色，仔細觀察學生的學習狀況，處處可以發現日本學生達成學習目標的重視。[3]

Lesson study 的實施程序以圖一表示。

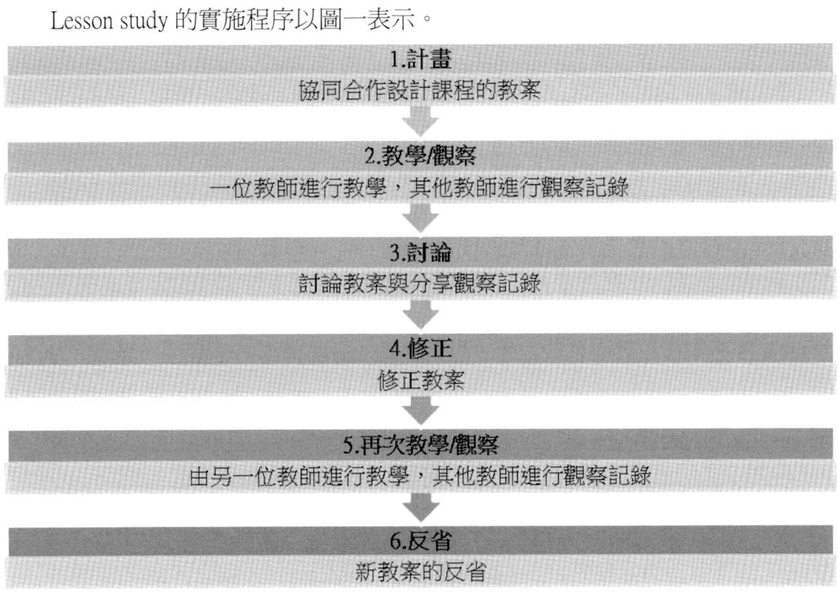

圖 1 Lesson study 的程序

[2] 簡紅珠（2006）。優質教學釋義與啓示。教育研究與發展期刊，2（2），1-17。
[3] 新北市 100 年度國教輔導團日本國際交流參訪活動(2011)。新北市公務出國報告書，引用自 http://www.rova.ntpc.gov.tw/OpenFront/report/report_detail.jsp?sysId=C101AB006。

Lesson study 提供一個問題解決的歷程，讓教師可以從實踐中學習、證明教學方法的有效性與無效的規則。所以，Lesson study 對於教師而言，是具有發展與運用專業判斷、提升能力、分析與詮釋證據的機會。

在Lesson study期間，一位教師負責教學，其他成員教師則負責進行教室觀察。Lesson study關注學生的學習發展。

在計畫期間，首先是確立學習的目標，小組花時間研究與思考有關學生如何學習，教師們探究學生對學課的反應，改變原先的計畫以呈現出學生的學習歷程。因而，教師可以觀察與討論學課，並將焦點聚集在學生身上，蒐集有關學習的證據，以修正研究計畫。

進行 Lesson study 啓發教師們在教學時應採取學生的觀點，理解學生如何對問題和內容產生反應；教師們探究學生的思考模式，以協助學生進行學習；所以，Lesson study 可以幫助教師們對學生的學習方式獲得較佳的理解和學習的需求。[4]

張景媛教授認爲Shulman的教學推理與行動模式和日本的Lesson study很相似。[5]

Shulman在探究生手教師與專家教師時，提出「教學推理與行動模式」，解析教師在教學前、中、後的計畫教學、活動實施、省思教學、重新理解課程之過程，有以下六個不斷循環的過程（見圖二）：

1、理解：教師對教學目標、學科內容結構、學科領域內外的相關概念能夠充分瞭解。

2、轉化：教師根據對學科知識的瞭解，以準備、表徵、選擇、調整等四個步驟，使教材能以適當的形式，轉化成學生可以理解、吸收的教材內容。此四個步驟分述有：

（1）準備：在教學前，教師會根據目標，分析與組織教材內容。

（2）表徵：教師會利用各種表徵方式，如：類推、譬喻、舉例、證明、解釋、圖示、活動、作業等方式，將學科教材加以呈現，轉化成學生可以理解的形式、內容。

（3）選擇：在思考各種教學表徵形式後，教師會從各種教學、組織、管理、安排的形式中，作個挑選。

（4）調整與修正：依據學生的特性加以調整教材及教學，需考量學生的性別、年齡、學習經驗、先備概念、學習能力、困難、興趣、需求，及語言、文化、動機、社經背景等因素。

3、教學：教師依上述思考後，以管理、表徵、互動、分組、訓練、幽默、發問及其他生動的教學形式，透過師生互動、小組合作、探究式教學等方式，在教室進行有效的教學

4、評量：教師在教學互動中，會檢核學生的理解程度；在每單元或每課教

---

[4] 林國凍（2009）。日本的Lesson Study如何引發教師專業發展之探究。教育研究與發展期刊，第5卷第1期，165-184。

[5] 張景媛(2004)。謙卑的面對人生~教學活動設計應考量的因素，引用自網頁 http://host.dljh.tyc.edu.tw/~activity/old--html/about_moral/moral-01.htm。

完之後，會測驗學生的理解情形，同時評鑑自己的教學表現，並依此做適當的調適。

5、反省：教師經由回顧、重建、批判分析等方式，反省自己及學生的表現，並依根據加以解釋。

6、新理解：經由反省，使教師對教學目的、學科教材、學生學習、教師教學及教師本身，有了一番新的認識與瞭解。[6]

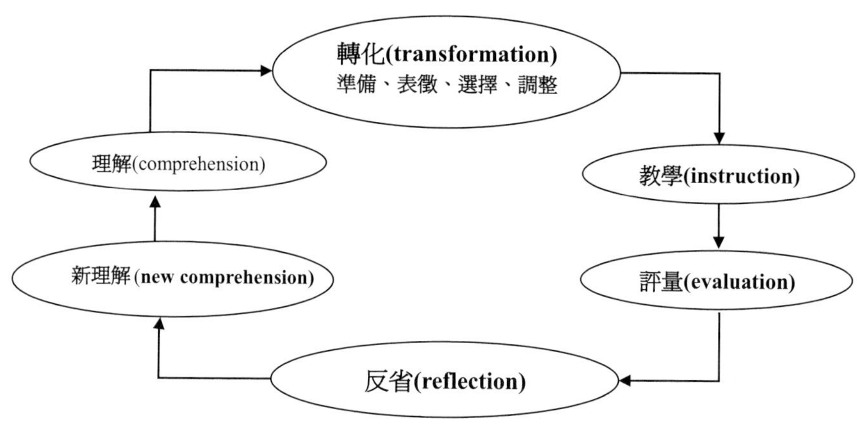

圖二 Shulman 的教學推理與行動模式

Shulman的教學推理與行動模式強調的是轉化的歷程與方法，Lesson Study則是著重在課室觀察紀錄與省思；Shulman強調教學轉化的歷程，就和日本Lesson Study著重在課室觀察紀錄後的修正調整一樣；Shulman強調一個團隊的功能先在教學轉化過程中發揮，Lesson Study是在教學觀察後才發揮而已。相信將兩者的優點結合起來，就是最好的教學模式。[7]

由此可知，Lesson Study是著重教師經由協同合作設計教案，將共同的CK學科知識（curriculum knowledge）、PK教學法知識（pedagogical knowledge），經由團隊成員不同的PCK學科教學知識（Pedagogical content knowledge）激盪出最佳的教學方案。因爲教師的PCK是在教學中和教學後反思成長，能以學生的意見或課堂表現來增進教師的PCK。而學生的迷思概念是形成教師不斷改進PCK的主因。[8]

---

[6] 張世忠(2011)。Shulman 教學理念與課堂實踐---PCK 學科教學知能。新北市國教輔導團新進團員研習講義。

[7] 張景媛(2011)。帶領課堂討論~對話式形成性評量，引用自網頁 www.gedu.tcu.edu.tw/download/form/0328.ppt。

[8] 張世忠(2011)。Shulman 教學理念與課堂實踐——PCK 學科教學知能。新北市國教輔導團新進團員研習講義中提到：Shulman 認爲教師應具備的七種知識有：
(1)學科內容知識(content knowledge)：學科領域中的概念及架構。

三、以 Lesson study 進行〈紙船印象〉觀課

（一）敲定觀課單元與時間

99 年 6 月桃園國語文輔導團與本團合作，進行專案研發及觀課進行的研究。經由師大鄭圓鈴教授先授予該課精讀內容後，再各自分小組進行教案編寫、修改，而後將教案付諸實行。在 99 年 10 月、11 月、12 月間共進行三次〈紙船印象〉的觀課進行，相同的課程及教案經由不同教師的闡述及修正，讓這份〈紙船印象〉教案更趨完整及可行性。

100 年本團再次以所研發的〈紙船印象〉教案為基，分別進行四次模擬觀課、四次正式觀課、八次觀課後會談及最後一次觀課總檢討。再一次又一次的觀課中，找出〈紙船印象〉學生的迷思概念，討論如何使用最佳的學科教學法達到最好的教學效果。

教師不可能一成不變地按照規定的教案照章行事，而是隨著課堂的動態，不斷調整教學的方式，並且依照學生的程度適度修改已設定好的教案。課程是一個動態的過程。因此，真正的教學設計是通過教師和學生之間的互動，在不斷的交流碰撞中充實和完善的。教學時我們發現教師想教什麼，往往在實行時因學生的反應、時間的控制、學習的氛圍等影響下，教師實際所教有所不同，當然也影響學生實際學了什麼。

在多次教導〈紙船印象〉之中，從閱讀教學的方式，到啓發式的提問教學的滿堂問，我們發現學生在學習上仍有些盲點，老師在教授上仍不夠具體。教師的教最終目的是促進學生的學。因此，本團再次以〈紙船印象〉為發展對象，期待站在巨人的肩膀、多人的激盪中，創造學生學習的最佳效果。

大家共同討論一份教案出爐之後，先進行模擬觀課，實驗所設計的教案執行的效果；模擬觀課後的討論又產生第二次修改的教案。再進行正式的觀課。四次的模擬觀課，觀課後討論之後，再進行四次正式觀課。八次的觀課時間如下：

場次	時間	地點	觀課教師
第一次模擬觀課	100/09/27	福和國中	林雯淑

(2)一般教學知識(general pedagogical knowledge)：包括班級經營及組職之原則及策略。
(3)課程知識(curriculum knowledge)：對教材與課程的了解。
(4)學科教學知識(pedagogical content knowledge, PCK)：融合學科內容與教學方法的知識，是教師自我專業理解的特殊型式。
(5)學習者特性的知識(knowledge of learner and their characteristics)：對學生已有的知識與概念的理解。
(6)教育情境知識(knowledge of educational contexts)：對如何將社區與文化融合在小組和班級活動中，以及在校園的管理與資源的理解。
(7)教育的目標、目的、價值及教育哲學與歷史的知識(knowledge of educational ends,goals,purposes, values,philosophy and history)。

第一次觀課	100/10/04	福和國中	林雯淑
第二次模擬觀課	100/10/25	海山高中	洪郁婷
第二次觀課	100/10/25	三多國中	洪郁婷
第三次模擬觀課	100/11/04	明德高中	黃志傑
第三次觀課	100/11/15	新埔國中	黃志傑
第四次模擬觀課	100/11/04	明德高中	陳玉嬢
第四次觀課	100/11/22	鳳鳴國中	陳玉嬢

這份教案總共經過了八次修改，因爲每一位教師的教學特色不同，每一位教師所教的學生不同，我們不可能用同一份教案就能「一案定天下」，也不可能用同一份教案去教不同班級的學生，所以教案在一次又一次的實驗中，定稿又修正，修正又定稿，期待能對學生產生最佳學習效果爲我們的目標。因爲除非我們在學生身上看到效果，否則教育本身是無效的。所以一在的修正與反思成爲最重要的工作。

（二）確定觀課目的

教學目標是教學的出發點，沒有教學目標如同沒有方向的船一般，不知航向何方。現場的教師大多依賴教科書所訂定的教學目標，按部就班的進行完教學。本團開始推行閱讀教學之後，強調將範文當成閱讀素材來教，強調用教材教，而非教教材。希望藉由閱讀的方式探討文本，改善國文教師將過多的精力付諸在處理生難字詞、形近字、音近字比較。我們以閱讀的方式審視範文爲觀課目標，希望能減少國文教師上課的負擔，期盼能達到教學方向的改變。我們關注教師的教法。

99 學年度在鄭圓鈴教授帶領下，我們進行了啓發式提問教學的開發。試著用提問式的方法處理文章，增進學生的思考。設計了一連串的問題，引發學生深入文本，我們爲現場老師帶來新式教學法---啓發式提問教學法，我們仍然關注教師應該如何教。

100 學年度在多次的觀課經驗後，我們發現：爲什麼大家賣力的教學之下，也深受現場教師的熱烈響應與回饋，但第一線教師真正能付諸實行，改變自己的教學法的仍在少數；再者，我們發現在學生的學習單上仍有許多對文本的誤解。尤其以〈紙船印象〉第一段對四種回憶的分類，學生仍普遍認知紙船屬於熱鐵烙膚的印象。摘錄第一段內容如下，可以發現：

> 每個人的一生都會遭遇許多事，有些是過眼雲煙，倏忽即逝；有些是熱鐵烙膚，記憶長存；有些像是飛鳥掠過天邊，漸去漸遠。而有一些事，卻像夏日的小河、冬天的落葉，像春花，也像秋草；似無所見，又非視而不見——童年的許多細碎事物，大體如此，不去想，什麼都沒有，一旦思想起，便

歷歷如繪。紙船是其中之一。

第一段的句式敘述上有具體、有抽象；句式上作者經過特殊設計，整齊排比，錯落有致。再加上，作者高明的將抽象記憶分成四種類別，以引起下文紙船的記憶。學生直覺反應這麼深刻的童年回憶理當屬於熱鐵烙膚般不可忘懷，卻沒注意文句上的形式：第四類記憶敘述最多，通常最重要；放在段末的位置，通常最特別。再加上使用「而」字進行轉折，利用字眼提示，作者已暗示紙船屬於這類春花秋草的記憶。然而，是教師的教法出現了問題？或是學生的學習過程我們忽略？學生普遍的迷思概念，是教學上的難點，也是教學上可以突破的點。因此，我們開始檢討教師應該如何教，才能促進學生的學。教師的教法只是其次，並非強調的重點，更應注重學生的學，學生如何認知。教會學生比教完課程更重要。我們開始關注學生的學習過程與狀況。

（三）實施觀課模式

在觀課模式上，因為觀課的目的不同，實施的方式也有不同。

以往的觀課我們先和觀察者進行教案討論及教案流程安排說明，並提出被觀察者所關注的內容及目標，觀課完後再進行觀課後討論。被觀察者先進行自我省思，再讓觀察者發表意見，我們強調觀課教師如何進行教學來達成已設定好的教學目標。教師處於教學中的主導角色，學生仍是被觀察的客體而已。

改變觀課目的之後，我們將御茶水女子中小學的觀課模式應用於觀課觀察中。觀課前每人發予數張便利貼，分組觀察不同排的學生表現、教師教學時學生的回饋與反應等，記錄於便利貼上。觀課討論時，我們發下B4紙張，請觀察者將便利貼整理後一一貼入屬於的項目中。這種方式一方面給予與會老師在觀課時隨手記錄觀課的內容，一方面讓評課報告時不會僅歸功於教師魅力，也凸顯出學生學習的狀況。這樣的方式更能讓第一線教師看到學生的改變，進而認同教學方式，然後產生自己教學的質變。

照片說明　觀課後，與會教師填寫評課便利貼

在觀課進行中，我們以學生的學習爲主要觀察對象。觀察學生課前到上完一堂課後是否產生認知上的改變或收穫，並且強調能適時評量學生課堂表現，如：口頭問答、分組討論、作業練習等，知道學生學習是否跟上老師教學節奏。我們改善了「總是講得多，卻常沒釐清」的缺失，不能只考慮怎麼教，而常常忽視教什麼給學生，學生學到了什麼的概念。

（四）模擬觀課與正式觀課的成長

每一位要上場的觀課教師即使有多年的經驗，但在多雙關愛的眼神之下，往往爲求表現或急於達成預定教學目標，而忘了學生才是學習的主體。

就筆者而言，進行模擬觀課時，我以閱讀教學法切入文本，花了許多時間釐清學生在段落安排的層次。忽略了班上許多落後的學生，在摘要段義上仍有困難。

照片說明　模擬觀課時，學生上台發表段落分類的方式

原本預計達成的第一段教學，因爲只做了充分的備「課」，卻忽視了備「學生」的重要。

觀課後的檢討大家提供的意見讓筆者獲得很大的成長。進行文本時，先句意再段意，對落後的學生較有幫助，對文本也才能精確掌握。

正式上場前，全面推翻之前的教學設計，帶領孩子仔細探討各段的句意，而後歸納出主旨後，再進行第一段說明。

第一段進行時，以提問解釋每一句句意，如：四種印象何者不會忘記？不會忘記的何者是美好的？能分辨具體與抽象描寫的不同嗎?哪一句才是本段重點？紙船印象屬於哪一種？爲什麼？童年前的破折號使用是否需要？爲什麼？再請學生將四種記憶填入下圖三中：

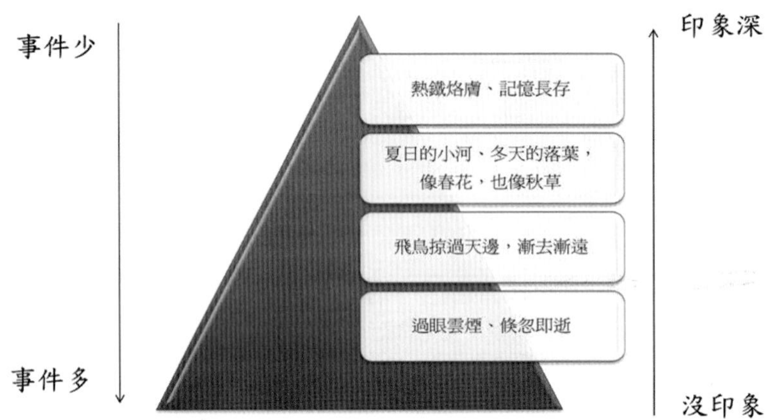

圖三　四類記憶示圖

我想學生在分類紙船是何種印象時應該回答能正確無誤，卻仍有 22%的學生回答錯誤（全班共 32 人，回答熱鐵烙膚 5 人，飛鳥掠過天邊 1 人，過眼雲煙 1 人），可見得經由這個表格學生對紙船屬於哪一種記憶仍有認知困難。

在觀課後的檢討上，筆者反思自己教學及所設計的圖表。四類記憶無法絕對以事件多少來做比較，此圖表也容易誤導學生紙船屬於金字塔頂端記憶。在這樣的檢討下，我們進行了教學上的討論與改變。

（五）四場觀課下的成長與進步

接著進行六場的觀課中，在教法上我們不斷提醒觀課者課堂應該是「學堂」，不要成爲老師的一言堂；把課堂上大部分的時間還給學生，讓學生在教師的帶領下去重建學習歷程。正如國際 21 世紀教育委員會向聯合國教科文組織提交的報告中所指出：教師和學生之間要建立一種新的關係，從「獨奏者」的角色過渡到「伴奏者」的角色，從此不再是傳授知識，而是幫助學生去發現、組織和管理知識，引導他們而非塑造他們。[9]我們改變了以往重視教案的實施程度，而將焦點放在學生的理解程度；我們放慢了對教學目標的執著，而將重心置於學生的認知歷程。

在第一段的講述上，爲使學生更清楚認知四類記憶的不同，接下來上場的觀課教師在 PPT 上做了顏色區分。藉由不同顏色及句式上的整齊排列，一目了然，抓出四類記憶的不同。（如圖四）並修改四類記憶的圖表，讓學生更能清楚分別四類記憶的不同。（如圖五）

---

[9] 《語文課程與教學研究》，蔡偉主編，浙江大學出版社。2008 年 8 月，頁 306。

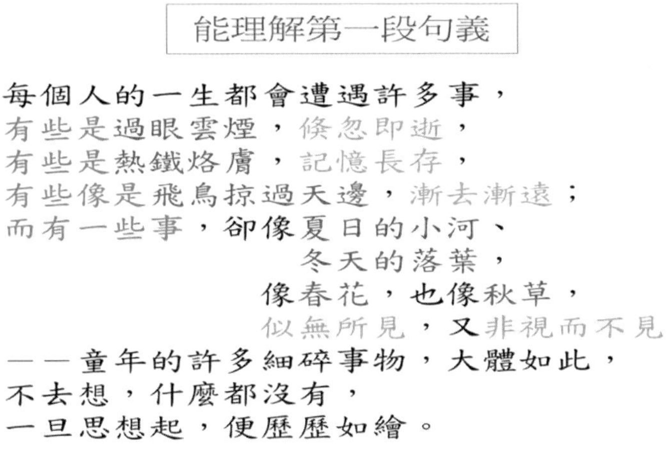

能理解第一段句義

每個人的一生都會遭遇許多事，
有些是過眼雲煙，倏忽即逝，
有些是熱鐵烙膚，記憶長存，
有些像是飛鳥掠過天邊，漸去漸遠；
而有一些事，卻像夏日的小河、
冬天的落葉，
像春花，也像秋草，
似無所見，又非視而不見
——童年的許多細碎事物，大體如此，
不去想，什麼都沒有，
一旦思想起，便歷歷如繪。

圖四 紙船印象第一段 ppt 呈現

能將往事種類畫成表格或圖表

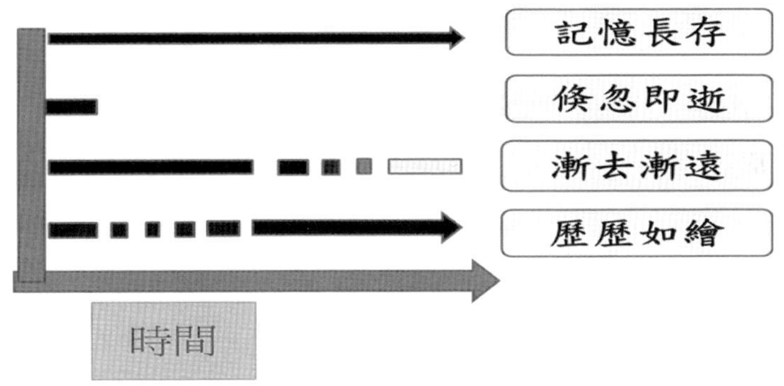

圖五　四類記憶示圖（團員洪郁婷繪製）

在最後四場的觀課下，爲使圖表更能掌握與易懂，再將四類記憶示意圖修改爲圖六。藉由顏色的區隔下，能將紙船正確歸類出它的記憶類別。一段抽象的文字在我們一次又一次抽絲剝繭之下，已具體呈現。

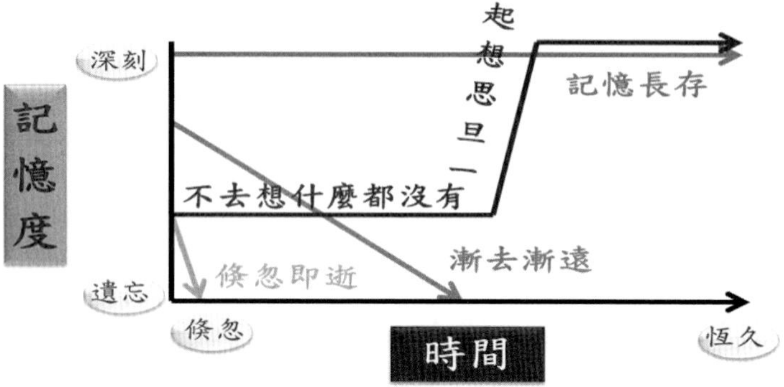

圖六　四類記憶示圖（團員黃志傑繪製）

最後一場的觀課下，在說明完記憶類別後，更將前三類記憶掩蓋不談，清楚指出紙船屬於第四類記憶。讓學生能掌握晦暗不明的文意，而學生在釐清之後恍然大悟。

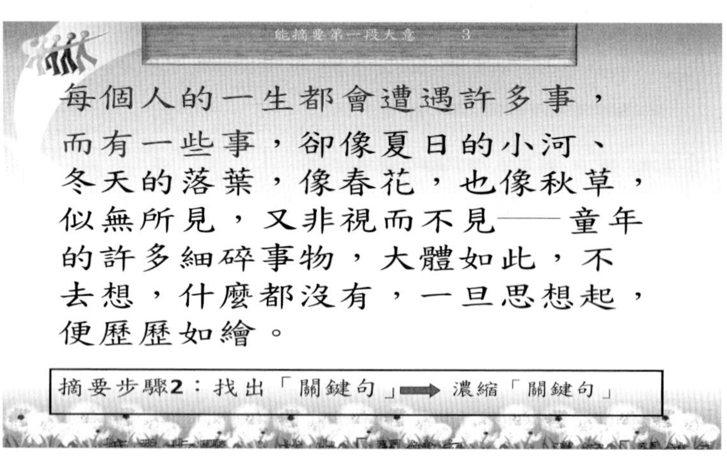

圖七　四類記憶示圖（團員陳玉孃繪製）

每次進行完觀課就是下次教學改變的開始，觀課教師進行教學反思，產生教學行動；觀察者進行反思，產生新的教學轉化，就在這循環反覆的教學行動圈中，我們得到許多教學亮點，提升了教師專業，也增進學生的學習。

四、結語

Lesson study 讓教師的專業發展聚焦在學課計畫、內容知識和學生如何學習特定的內容，因而能對教師的實踐與學生的學習產生重大的影響，此影響包括教學內容知識（pedagogical content knowledge, PCK）、學習如何聚焦在特定的學科內容和內容的理解，讓教師能夠有效的引導學生進行學習。[10]藉著 Lesson study 能精進教師教學能力，提升教師專業，更能解決教師教學的問題與困境。

而成功的教學是能兼顧學習者與學習成就，因此教師應該對學生和學習具有充分的認識。但教師思考的相關研究指出，教師在引導學生參與教室活動時，並沒有很關心學生的學習，他們所關心的大多數是學生的行爲、興趣、動機、以及活動的進行和資源的利用，以及在時間限制之下，完成預定的課程內容和活動。[11]因此，語文教學設計要以學習者所面臨的問題爲出發點，進而捕捉問題，分析研究解決問題的方法，最終達到學會解決問題的目的。所以，教師要善於做學情調查，了解學生的思維特點，尊重學生的智慧，傾聽學生的聲音，愛護學生的好奇心和求知欲，弄清楚學生語文學習的實際需要，以此作爲確定語文教學目標的依據。[12]

更重要的是，教師的教學反思能力。教師要對自己的課堂教學實踐加以反思。從教學目標的達成與否、學生的回饋反應、學生的學習過程等，而非單指依賴紙筆評量獲得教學成果。更應著重學生在課堂的口頭回答、思維歷程、討論運作等，教師的教只是輔助手段，真正的主體是學生的學習，將大部分的課堂時間還給學生，課堂應該成爲學堂才是啊！

參考文獻

1、林國凍：〈日本的 Lesson Study 如何引發教師專業發展之探究〉，《教育研究與發展期》刊，第 5 卷第 1 期，2009 年，頁 165-184。

2、簡紅珠：〈優質教學釋義與啓示〉，《教育研究與發展期刊》，第 2 卷第 2 期，2006 年，頁 1-17。

3、〈新北市 100 年度國教輔導團日本國際交流參訪活動〉，新北市公務出國報告書，引用自 http://www.rova.ntpc.gov.tw/OpenFront/report/report_detail.jsp?sysId=C101AB006，2011 年。

4、張景媛：〈謙卑的面對人生——教學活動設計應考量的因素〉，引用自 http://host.dljh.tyc.edu.tw/~activity/old--html/about_moral/moral-01.htm，2004 年。

5、張世忠：〈Shulman 教學理念與課堂實踐——PCK 學科教學知能〉，新北市國教輔導團新進團員研習講義，2011 年。

[10] 林國凍（2009）。日本的 Lesson Study 如何引發教師專業發展之探究。教育研究與發展期刊，第 5 卷第 1 期，165-184。

[11] 簡紅珠（2006）。優質教學釋義與啓示。教育研究與發展期刊，2（2），1-17。

[12] 《語文課程與教學研究》，蔡偉主編，浙江大學出版社。2008 年 8 月，頁 306。

6、張景媛：〈帶領課堂討論~對話式形成性評量〉，引用自 www.gedu.tcu.edu.tw/download/form/0328.ppt，2011 年。
7、蔡偉主編：《語文課程與教學研究》，杭州：浙江大學出版社，2008 年 8 月，頁 306。

附錄一：〈紙船印象〉課文

每個人的一生都會遭遇許多事，有些是過眼雲煙，倏忽即逝；有些是熱鐵烙膚，記憶長存；有些像是飛鳥掠過天邊，漸去漸遠。而有一些事，卻像夏日的小河、冬天的落葉，像春花，也像秋草；似無所見，又非視而不見——童年的許多細碎事物，大體如此，不去想，什麼都沒有，一旦思想起，便歷歷如繪。

紙船是其中之一。我曾經有過許多紙船，在童年的無三尺浪的簷下水道航行，使我幼時的雨天時光，特別顯得亮麗充實，讓人眷戀。

那時，我們住的是低矮簡陋的農舍，簷下無排水溝，庭院未鋪柏油，一下雨，便泥濘不堪。屋頂上的雨水滴落下來，卻理直氣壯的在簷下匯成一道水流，水流因雨勢而定，或急或緩，或大或小。我們在水道上放紙船遊戲，花色斑雜者，形態怪異者，氣派儼然者，甫經下水即遭沉沒者，各色各樣的紙船或列隊而出，或千里單騎，或比肩齊步，或互相追逐，或者乾脆是曹操的戰艦——首尾相連。形形色色，蔚爲壯觀。我們所得到的，是真正的快樂。

這些紙船都是有感情的，因爲它們大都出自母親的巧思和那雙粗糙不堪、結著厚繭的手。母親摺船給孩子，讓孩子在雨天裡也有笑聲，這種美麗的感情要到年事稍長後才能體會出來，也許那雨一下就是十天半月，農作物都有被淋壞、被淹死的可能，母親心裡正掛記這些事，煩亂憂愁不堪，但她仍然平靜和氣的爲孩子摺船，摺成比別的孩子所擁有的還要漂亮的紙船，好讓孩子高興。

童年舊事，歷歷在目，而今早已年過而立，自然不再是涎著臉要求母親摺紙船的年紀。只盼望自己能以母親的心情，爲子女摺出一艘艘未必漂亮但卻堅強的、禁得住風雨的船，如此，便不致愧對紙船了。

附錄二：學生課堂教學回饋表

學生課堂教學回饋表

學	福和國中	年級	718	科	國文
教學內容	紙船印象	教學演示者	林雯淑	學生姓名	
教學時間		100104 星期二第六節			

這一堂課你能學會	完成目標程度
一、審題及立意	
1. 關於這篇文章的題目及主題我的理解程度是 3.8 分（最高 5 分，最低 0 分）	
2. 這課的題目是 答對率 100%	
3. 題目的意思是 答對率 93.75%	
二、能找出學習困難的字詞	
1. 關於這一課的字詞、字音、字義，我的理解程度是 3.43 分（最高 5 分，最低 0 分）	
2. 倏忽的意思 答對率 100% ，倏的音是答對率 90.625%	
3. 涎著臉的意思 答對率 96.875% ，涎的音是答對率 96.875%	
三、能摘要每段重點	
1. 關於這一課每段段落的大意，我的理解程度是 3.94 分（最高 5 分，最低 0 分）	
2. 請試著用一句話，說明〈紙船印象〉的重點 提到母愛:34.375%、提到紙船遊戲的快樂:50%、 提到紙船印象:9.375%、提到回憶:3.125%	
四、能分出自然段，整併意義段	
1. 關於這一課的意義段整併，我的理解程度是 4.07 分（最高 5 分，最低 0 分）	
2. 這一課有答對率 100% 個自然段，你覺得哪兩段要合併?為什麼? 認為一、二段:59.375%、二、三段:25%、三、四段:3.125%、四、五段:9.375%	
五、能學會本文寫作技巧	
1. 關於這一課的寫作技巧，我的理解程度是 3.91 分（最高 5 分，最低 0 分）	
2.〈紙船印象〉的技巧是藉 抒 。答對率 96.875%	
六.能理解第一段句義	
1. 關於第一段的句義，我的理解程度是 4.19 分（最高 5 分，最低 0 分）	
2. 第一段提到答對率 96.875% 種往事，紙船印象屬於哪一種? 答對率 78.125%	
七.能分辨具體與抽象描寫	
1. 關於第一段具體與抽象的描寫，我的理解程度是 3.86 分（最高 5 分，最低 0 分）	
2. 完成下列表格	

具體描述	抽象印象	自己的實例
過眼雲煙		
熱鐵烙膚		
飛鳥掠過天邊		
夏日的小河、冬天的落葉、像春花、也像秋草		

八.能將往事種類畫成表格或圖表

1. 關於第一段往事種類的描寫，我的理解程度是 3.93 分（最高 5 分，最低 0 分）

2. 請將往事種類依程度分類並畫成表格或圖表

🕮我最喜歡這堂課的部分是:

1. 講解第一段，每個人一生都會遭遇許多事（潘姝聿）
2. 學習困難的字詞，因爲可以學習到很多的字詞（張庭瑄）
3. 分組討論（張庭、廖智慧、黃立倫、許雅淇、楊凱婷）、分組討論時，能分出自然段、整併意義段（陳霈瑤）、分意義段（吳柏逸）
4. 我最喜歡這堂課的審題及立意（簡子祺）
5. 大家勇於發表，很熱烈（郭家灝）
6. 我最喜歡這堂課分組討論，讓同組同學能夠聚集意見，能夠更團結（錢永勳）
7. 我最喜歡分辨具體和抽象描寫這個部分（甯巧妤）

🕮我對這堂教學觀摩的感想是:

1. 老師一直問我們問題，只是我都不知道答案是什麼（潘姝聿）
2. 跟平常差不多，但是在會議室上課真棒，我很喜歡國文老師（張庭瑄）
3. 我覺得這種上課方式比較好，因爲有投影機可以詳細的知道本課的大意（胡哲睿）
4. 跟平常差不多，只是多了很多老師（張庭）
5. 我覺得這個教學觀摩對我很有意義，因爲分組討論大家可以互相給意見，獲益良多（廖智慧）
6. 這一個月以來，老師上課上的很認真，我也學到很多東西，所以我很喜歡上國文課，也很喜歡老師喔！（陳霈瑤）
7. 我認爲這堂課特別有趣，因爲很新奇（簡子祺）
8. 這是第一次，壓力有點大（黃立倫）
9. 覺得比一般上課還要特別有趣（許雅淇）
10. 大家都把實力拿出來了（郭家灝）
11. 這堂課讓我學到很多，對於課文也有更深了解（錢永勳）
12. 我覺得用投影機教學比平常更有趣（甯巧妤）
13. 很輕鬆，很快樂，比較好玩（吳沛珊）
14. 上台報告讓我很緊張，而且讓我很有責任感，所以我覺得很有趣（呂芸樺）

繪本閱讀結合寫作教學之行動研究
——以新北市某國小二年級為例

吳惠花*、林宛靜**

摘要

教師在面對全國統一制定的能力指標後，必須要有具體轉化爲教學上的能力，並能依據學生不同語文程度，編製不同輔助教材。而教學結合繪本於各國小領域教學的研究十分常見，並且繪本也一直是研究者與低年級學童時常接觸的讀本。因此研究者決定藉由精心挑選過後的優良繪本，透過文字與圖片巧妙結合來提升學童寫作動機。教師如何設計相關課程和教學策略的建構成爲本研究主要的範疇，在教學行動中進行協同教學，帶領新手教師提升教師專業知能。主要針對二年級學童實施繪本閱讀結合寫作教學，透過紀錄與分析行動的歷程與結果，瞭解此教學對國小二年級學童之教學成效與影響。

本研究設計的國小二年級繪本教學方案，語文教學方面採漸進式引導策略，即句子→段落→篇章作文的歷程。教學者在設計課程時，參酌學童的能力，挑選結合得獎無數的優秀繪本，編製出引導式的寫作學習單，透過讓學童相互瀏覽與師生共讀、提問、討論、習寫練習、口頭上台發表等合作學習方式，進行長期的教學研究，本報告爲此行動研究的歷程中六堂課爲一階段，並希望在報告完後進行修訂，再進行下一階段的研究以利於更臻完美。資料蒐集包括教案設計、教師個人研究札記、課堂錄音、問卷、訪談、學生學習檔案及學習單等進行文件分析。研究結果發現：

一、教師有脈絡與架構（5w1h）的提問設計能引導孩童對於繪本的文本更深入思考，多數孩童也能享受師生共讀後的討論樂趣，另一方面能有效促進孩童對於文本中的文字記憶與閱讀。

二、教師給予孩童口述發表的機會，經由同儕討論的過程，再進行學習單的寫作練習，爲有效引導學生寫作的方式。此歷程能強化二年級學童文字表達的能力，而繪本教學活動可提升孩童閱讀與寫作的興趣及意願。

三、教學過程中，由於多方閱讀繪本相關書籍及統整課程設計教案，因此加強了研究者的教學設計與教學能力。

四、本研究由於有新手教師作爲協同研究者，因此過程中的對話、辯證以及反省思考促進了教師的專業成長並改進教師的教學。

關鍵字：繪本、寫作教學、行動研究。

* 新北市鄧公國民小學教師
** 淡江大學課程與教學研究所碩士生

一、研究動機

在網路溝通的全球化競爭職場當中，清楚表達意念的寫作能力，已經成爲成功關鍵因素。2006 年 2 月 7 日的東亞日報提到，律師、醫師、研究員、教授、高級公務員等專業人員中，興起了寫作熱潮，部落格、網站等傳播訊息的媒介越來越多樣化，因此專業人員表達自己見解的機會增加，同時，專欄的需求也逐漸增加了（南美英，2006）。

其實，寫作並非任何社會階級或是文學院學生的專屬權利，不論是各行各業或是各個領域的學生都要會寫作，因爲寫作是一種語文能力的展現，語言幫助人們溝通和傳遞訊息，寫作幫助人們重新組織、傳遞語言訊息甚至是思想、文化上交流。因此，二十世紀之後的寫作教育，開始轉移傳統的教學重點，從注意寫作的「結果」，轉而更聚焦於「寫作的產出過程」與「寫作的動機」。

在國小課程安排方面，在國語文學科的內涵中，寫作是不可或缺的一環。就教學內容來說，《國民中小學九年一貫課程綱要》在基本理念即揭示：本國語文教學期使學生具備好的聽、說、讀、寫、作等基本能力，其中「作」就是指寫作能力（仇小屏，2003）。但是，九年一貫之後的語文課程，教學時數大幅縮減、教學內容淺薄化、活動化，已經成爲「骨質疏鬆的一代」（何琦瑜，2007）。然而，寫作和閱讀，應該是語文課程的核心，而不是「外掛」在語文課程之外，並且，我國的九年一貫各年級有明顯的能力指標，但卻沒有明確告訴老師如何教，用什麼教材或是方式進行。這方面課程安排上不足的地方是需要整體規劃和研發，也是本研究的價值所在。

根據王耘、葉忠根、林崇德合著的《小學生心理學》中提到：「教學活動的研究顯示，模仿是小學生學習寫作文的重要途徑，也符合兒童思考發展中從『再造想像』到『創作想像』的規律。」教育部編印《國民中小學九年一貫課程暫行綱要》第一階段應「能仿寫簡單句型」，其實仿寫的範圍可以不限於句型而已，還可以隨著年紀的增長，擴展至段、篇。研究者有感於讀寫並行的重要，特別設計繪本閱讀結合寫作的課程，希望提升孩童對繪本閱讀的樂趣，並且學童進行寫作訓練。

二、研究目的

基於以上研究動機論述，研究者以新北市某個國小二年級二十六人爲研究對象，採行動研究法，探討其繪本教學對國小二年級學童教育現場實際運用，並期望能藉由此研究達成目的如下：

1、設計與發展國小二年級「繪本閱讀結合寫作教學」的課程與教案，以解決實務上教學問題。

2、探究「繪本閱讀結合寫作教學」之設計者實際教學的歷程。

3、分析「繪本閱讀結合寫作教學」對國小二年級學童之課程實施與學習成效。

三、文獻探討

（一）繪本的意義與價值

許多專家學者都曾對繪本下過許多定義與認同繪本的價值，劉鳳芯（2000）提到一本圖畫書至少包含三種故事：文字講的故事、圖畫暗示的故事，以及兩者結合後所發生的故事。李連珠（1991）指出：「繪本指有圖畫，包含簡單主題、簡短情節內容的故事書，以優美、富創意的圖畫為主，淺顯文字為輔，或圖文各佔一半的兒童讀物，是兒童書的一類，在繪本中，圖畫獨立存在，它有時超越文字，成為繪本的主體，例如：無字繪本，有時與文字居同等地位。」。林良認為圖畫書有四大價值：第一、圖畫書是兒童認知過程中的第一種文字，透過圖畫書可以擴展視野和認知範圍；第二、幫助孩子吸收知識；第三、幫助孩子學習語言；第四、使孩子享受閱讀的樂趣。林敏宜（2004）在專書中提到日本稱為「繪本」，是一種以圖畫為主，文字為輔，甚至是完全沒有文字，全是圖畫的書籍。

綜合上述所言，繪本與圖畫書應是同義詞，本研究選擇統一以繪本作為統稱，以做為文章間的名詞連貫。繪本通常藉由文字與圖像互相陪襯，相互詮釋並共同傳達一個主題的書，在文學上面更是一種充滿視覺藝術以兒童視野出發的文學作品，不僅傳遞出畫面「隱而未顯的弦外之音」，也包含了語言所獨具的生命內涵，也因為繪本的特質符合兒童的身心發展需求與教育意義，教師可依據不同特質與功能進行多元化的教學應用，讓學習者達到最佳的學習效果，在教學應用層面上相當廣泛。本研究選擇以繪本融入國小二年級學童寫作教學，盼藉此提升學童的語文程度。

（二）繪本閱讀教學策略

繪本教學的目的在於透過多樣化、活潑化、深度化、統整化的活動，促使孩子對其能有加深加廣的領會（林敏宜，2002）。方淑貞（2003）強調以繪本進行語文教學的閱讀、賞析、討論及延伸活動。兒童經由教師設計的教學活動中能培養語文聽、說、讀、寫等基本語文能力，以及增進思考、統整和判斷能力。林美華（2003）運用繪本閱讀所發展的閱讀遊戲，從聆聽、述說、扮演、繪畫形式中，觀察幼兒閱讀理解、回應與再創造。

綜合文獻要能有效進行繪本教學，必須做好事前的準備工作，一本繪本的教學活動通常包含三個過程，首先是選擇合適的繪本閱讀故事，其次是故事文本討論，最後是延伸活動。分別敘述如下：

1、選擇合適的繪本閱讀故事

依據學生的發展程度及學習特性，選擇適合的故事繪本，是一件極爲重要的事情，占教學成敗的關鍵因素，合適且有趣的教材可以幫助教學提升品質引發學童學習樂趣。說故事時教師配合情境及學生需求，用適當的口語、身體訊號表達。無論是何種形式，都有其各自的價值，端看教學者的理念與教學目的而變化。

2、故事文本討論

故事討論是由聽故事者藉由自身的經驗與故事文本之間的交互作用所建構而成，牽涉到個體與團體及故事文本互動的過程。討論是指一組人爲了達成教學目標，聚在一起，經由聽、說、觀察的過程，溝通彼此的意見。本研究中，繪本的賞析討論亦涵蓋下列四個方向：

（1）主題：就故事而言，主題包含著作者要告訴讀者的理念，並且蘊含掌握整個故事的美感，若沒有它，就無法領會作品真正的意涵。

（2）人物：故事中每一個人物（角色）都是作者的創意塑造的產物，亦是故事的心臟，主要角色的一舉一動是閱讀時的焦點所在。

（3）情節：故事精采與否端賴作者的精心佈局，沒有好的情節便無法吸引、感動讀者，也無從表現故事的主題和人物的特點。

（4）圖畫：在繪本中，一幅優美感人的插畫，本身即是一件藝術品，足以與純粹的繪畫作品並列欣賞。讀圖除了享受美的饗宴，更是深度解讀繪本的途徑。

3、延伸活動

延伸活動是指在故事賞析之後所伴隨的活動，目的在於幫助學生回顧故事內容、加深學生對繪本的印象；與生活經驗連結、強調核心概念；鼓勵學生發揮創造力、表達自我感受與想法，並將內容與自己的生活經驗做連結，同時發揮創意與腦力激盪。

依上所述，繪本是學生學習閱讀的重要媒介，教師應在教學前妥善準備，並留意教學的細節，讓學生的學習成效最佳化，想了解孩子閱讀一本繪本後，對其解讀達到何種程度，從孩子對「主題」的掌握、「人物」的熟悉、「情節」發展的了解與「圖畫」的觀察回應著手，是較具體可行的途徑。

（三）低年級繪本閱讀結合寫作教學策略

一般教師所進行的低年級語文教學，大都是識字和句型教學，有時配合課程進行看圖說話練習，但是爲數不多。低年級寫作教學的重點多著墨於句型教學，這些句型均來自課文中。句型教學的內容諸如造詞、照樣寫疊詞、練習相反詞、照樣寫短語、照樣造句、換句話說及造句等，偏向詞語與句子的練習（游自達，1996）。蔡佩欣（2003）認爲低年級的寫作教學包含三個進程：識字、句型的教學、提早寫作。林崇德等（1995）提出：作文引導三部曲：豐富學生的生活→從說到寫→從模仿到寫作。

綜合以上研究，參酌以上學者提出的教學策略，教學者以不增加現行二年級國語科課程以及學童課業負擔下，進行繪本閱讀結合寫作教學。主要教材爲利用以圖爲主、以文字爲輔的繪本，搭配低年級的寫作方法可從口述發表及看圖作文的方式入手，透過填字詞、造句、聽故事、找主題及仿寫幾句話……的方式，讓學生在有趣的教學下，喜歡寫作。

四、研究方法與設計

本研究旨在記錄研究者選定進行協同教學的班級，選取適合低年級學童閱讀的繪本，透過閱讀指導與討論，進而設計寫作活動，以行動研究的方式，在教學現場中發現實際問題，透過一系列行動方案，實際在教學現場去解決問題。依據行動研究中的精神，以「計畫、行動、觀察、反省、修正」的循環歷程，以觀察學童學習所獲得成效。

（一）研究對象

本研究之研究對象爲新北市某國小二年級陽光班（化名）學生，全班共有二十六名學生，洪姓男老師爲導師及研究者共同任教之班級，研究者並帶領淡江大學課程研究所林老師作爲協同教師，一起對該班級學生進行繪本協同觀察與教學、指導學生學習單習寫練習等，藉以瞭解以繪本教學提升學生寫作能力之成效。

（二）研究時間

民國 100 年 11 月 23 日起至 101 年 1 月 4 日止，於該班每周三閱讀活動課時間進行三階段繪本教學實驗，每一階段實施完成之後，進行簡單的評量，作爲下一階段教學之參考與修正。

（三）研究流程

本研究實施流程，首先發現學生在閱讀繪本時的相關問題；其次進行文獻探討以獲得對問題深一層的了解與作法的啓示；第三是擬定行動計畫，包括繪本閱讀教學策略、繪本選用與設計、繪本教學教案及學習單製作等；第四是實施行動計畫，同時並搜集資料和記錄研究過程，最後再透過問卷、觀察、訪談、省思札記等方法，對本行動研究進行成效評估，並提出結論與省思。

（四）研究方法

本研究根據研究目的，採取問卷調查、觀察法、訪談法、學習單以及研究者撰寫省思札記等方法，有系統的蒐集資料並規劃解決問題的藍圖，以獲知行動方案對學生閱讀與寫作的影響。觀察的部份由其協同教師，於教學過程中觀察學生的反應及學習狀況；教學後對所有學生進行訪談以及問卷調查，藉以瞭解其學習狀況；省思札記的部份，研究者針對研究流程的確定、行動計畫的實施與修正、行動策略對學生學習表現的影響、研究資料蒐集與分析，以及其他在研究過程產生的想法，隨時加以紀錄自己對於研究歷程或關鍵事項的省思，紀錄頻率以每次教學課後隨即做上記錄爲原則。

（五）行動與課程計畫

本研究課程內容共計三個單元，自民國 100 年 11 月 23 日起至 101 年 1 月 4 日止，共六堂課進行閱讀寫作教學活動，寫作課程教學活動設計教案與學習單(請參照附錄一)，茲就課程三個階段目標與課程設計，分述如下：

1、繪本選擇

在繪本的選擇上，主要由研究場域的學校圖書館內書目，借閱方便的優勢，研究者希望每堂課程結束，研究者雖然沒有硬性規定，學童可以自動自發進行閱讀，與書本自我對話。書單主要由研究者與專家教師討論後，挑選出適合做閱讀寫作結合教學之繪本爲教材。挑選繪本的主要考量以繪本的主題能引發孩童想像力、貼近及擴充孩童生活經驗、又富有深層教育意義的故事性繪本題材爲主要首選，大多選擇繪本教材爲優良得獎作品，研究者本身再依據教學目標、學生身心發展與學習能力，延伸出一系列的課程爲設計主軸。

2、課程架構，如下表：

表 3-1 課程架構

排序	研究實施日期	上課堂數	繪本名稱	教學目標
1.	100 年 11 月 23 日	2	討厭黑夜的席奶奶	單一句型寫作教學。
2.	100 年 12 月 14 日	2	好好照顧我的花	譬喻句練習和強調除非…的句型教學。
3.	101 月 1 月 4 日	2	學說謊的人	故事接龍。

3、實施流程與教學重點

本研究之行動策略主要採取學生異質分組合作學習的方式，主要挑選結合「討厭黑夜的席奶奶、好好照顧我的花、學說謊的人」三本繪本，透過學生小組共同學習、觀摩與討論，提升學生閱讀繪本的興趣與寫作動機。

而主要的行動計畫有三，分述如下：

※行動計畫一：討厭黑夜的席奶奶~造樣造句練習

學生可以造樣造句練習繪本中的句型，如下：

席奶奶討厭…（蝙蝠、貓頭鷹）、討厭…（月亮、星星），說來說去，席奶奶就是討厭…（黑夜）！

◎教學指引

讓學生從這個句型了解大概念的集合名詞（黑夜），和小概念（黑夜會有的象徵物）之區分！

※行動計畫二：好好照顧我的花~感受性的譬喻句

學生可以造句練習繪本中的句型，如下：

等待會讓時間的腳步陷入深深的
雪地中，前進得費力又緩慢。

◎教學指引

作者形容等待的心情，是很煎熬、很緩慢！又把等待比喻成雪地裡行走的腳步！小朋友你覺得等待時有什麼感覺？等待像什麼？

老師說：

等待像壞掉的時鐘，分針秒針好像都不動。

等待好像沒有終點的跑道，永遠跑不到盡頭。

※行動計畫三：創意填空、完成故事中轉折部分情節的句子接龍。

◎創意填空題：

阿福被小偷欺騙，被乞丐欺騙，又被胖老闆欺騙，說來說去，阿福就是被□□□□欺騙！

◎創意填空結合句子接龍：

從前有一個人名叫阿福，他不會說謊。爸爸看不慣他總是被別人欺騙，於是把阿福趕出家門請他去學說謊。

阿福在學說謊的過程當中，遇到一個小偷、乞丐與胖老闆，三個人分別用三樣東西：神布、錢袋和七里靴跟他交換手上的□□。

有一天，國王舉行一場魔術比賽。

________________________________提示：誰來參加？結果呢？

於是，神父請阿福留下來幫助需要幫助的人。

________________________________提示：阿福做了什麼事情？

有一天，小偷跟阿福要東西吃，吃完以後小偷居然偷阿福的東西。小偷想要穿七里靴逃跑，但卻失敗了，於是警察來了。

________________________________提示：阿福對警察說了什麼？

阿福最後學會說謊。

◎教學指引

故事中主要的集合名詞可以讓學生想出非限定的詞語代替，以及故事文本中間的內容，是學生共讀完最容易忘記的轉折情節，設計出句子接續的方式，讓學生更容易有脈絡化的完成故事接龍，並可以從中了解學生對文本理解程度！

以上三個行動計畫的成效檢核，除透過學生完成的學習單之外，同時輔以問卷調查、訪談、協同觀察、研究者撰寫省思札記等方式，蒐集各項行動計畫及策略對學生繪本閱讀與寫作成效影響，以瞭解本行動研究的實施成效。

（六）研究工具

配合本研究所需蒐集的資料而設計的工具，包括「學習單」、「問卷資料」及「訪談學生」、「教師省思札記」等。

（七）資料蒐集與處理

經由紙筆測驗、觀察、問卷調查、訪談學生、研究者省思所獲得的資料，可概分爲量化資料處理與質性資料處理。量化的紙筆測驗成績資料部分，透過 spss 統計軟體進行比較分析；質性資料部分，透過劃記、歸類、整理等步驟，歸納出整體的意見與修改的建議。

五、結果討論與省思

本章針對研究目的，依省思教師教學策略、提升學生繪本閱讀的興趣與培養學生寫作訓練興趣三部分，進行行動結果的分析與探究。在量化資料部分，共計發出 26 份問卷，回收有效問卷亦爲 26 份，依據學生的填答情形，統計人數與百分比，並整理成表格呈現。開放性問題的陳述、訪談資料、觀察記錄與省思札記部分，則摘錄學生的回饋意見與研究者在行動經歷中的所見所思，分析學生與個人的真實感受。

（一）繪本閱讀結合寫作教學之效益評量

1、評分方式

在評量過程中爲了避免霍桑效應而影響效度。評量方式是採教學後，由非教學者與非實驗設計者之另外三位教師（新北市作文批閱種子教師之認證教師），在未告知測驗班級的情況下，獨自來評量學生學習表現，以了解學生作文的學習成效情形。

2、評分信度

爲了解三位寫作批閱教師的評分信度，研究者學童的第一次寫作前測評分成績，以 Alpha 來分析三位寫作批閱教師的信度，其結果如下表５-１：

表5-1三位寫作批閱教師的信度

教師	人數	Alpha
A	26	.9171
B	26	.9252
C	26	.9223

根據統計分析，三位作文批閱教師的信度，Alpha 都在.90 以上，代表三位教師批改的信度極佳。

經過三位教師分析，學生的寫作成績有明顯差異存在，全班學生 26 名，20 名學生寫作表現逐次有明顯進步，另外 4 名學生是在第三課程計畫完成後有顯著進步，但其中 2 名學生寫作成績無進步。本班寫作表現在進行繪本閱讀結合寫作教學後，大部分學童寫作表現均較前測成績佳。

（二）學生接受度的評量

1、繪本閱讀結合寫作教學問卷調查表

本研究所使用之閱讀結合寫作教學問卷調查表（詳見附錄三），由研究者依據研究目的編製，目的在了解學生對閱讀結合寫作教學之反應。

（1）參考依據

本研究爲有效將問卷內容聚焦在研究目的上，以自編問卷爲工具，進行資料蒐集。爲提升本研究工具之內容效度，研究者依據研究架構、文獻探討編製本研究量表。

（2）編製過程

問卷的編製過程分爲決定問卷架構與內容、初步修訂、建立專家效度、和信度分析五個階段，敘述如下：

I、問卷題目

問卷調查表分爲兩部分，一部分爲基本資料，另一部分爲閱讀結合寫作教學之反應，該部分填答設計採李考特（Likert）的五點量表型式作答；由「非常同意」、「同意」、「無意見」、「不同意」、「非常不同意」，依序給予五至一分。所得分數愈高代表學生對認同此種教學模式的可行性愈高。

II、初步修定

量表編製後請二位國小二年級國語科教師試讀，再請五位國小二年級的學生試填，針對語意不清的文句進行修正，並請指導教授審閱，完成問卷初稿。

III、建立內容效度

問卷初稿完成後，請指導教授、一位國教輔導團九年一貫課程深耕種子教師，三位目前任教國小教師，共五位專家學者，針對本問卷進行效度評估及對問卷架構、問題表達、題目歸納及完整性等提供修正意見。依照專家所提供之意見，刪除不適當的題目及修正題目文句，編製成問卷。

IV、信度分析

在預試問卷整理分析時，以 Cronbach α 係數考驗問卷的內部一致性，經統計分析結果全問卷的 Cronbach α ＝0.9301，閱讀結合寫作教學接受度 0.8870 有達到信度之要求。

2、焦點訪談

焦點訪談時，以問卷調查結果所設計出之半結構式題目（由訪談者在問問題時，允許被訪談者提出自己的主題，如附錄三）爲訪談內容，以深入了解學生對閱讀結合寫作教學之反應。

（1）我對繪本閱讀結合寫作教學的看法

表 5-1.利用繪本閱讀對你這次的寫作有幫助

	非常同意	同意	無意見	不同意	非常不同意
人數	4	17	4	1	0
百分比	15.4%	65.4%	15.4%	3.8%	0%

由表5-1的資料顯示，學童同意繪本閱讀對這次的寫作課程有幫助占80.8%，無意見占15.4%，不同意繪本閱讀方式對這次的作文課程有幫助占3.8%。可見研究對象之學童大部分學童同意繪本閱讀的講解方式，對這次的寫作課程有幫助。

表 5-2 如果以後的寫作教學也能搭配繪本閱讀方式來進行，最爲理想

	非常同意	同意	無意見	不同意	非常不同意
人數	5	17	4	0	0
百分比	19.2%	65.4%	15.4%	0%	0%

由表5-2的資料顯示，學童同意以後的寫作教學搭配繪本閱讀方式來進行占84.6%，無意見占15.4%。因此，大部分學童都同意寫作教學搭配繪本閱讀的方式來進行，顯示繪本閱讀結合寫作教學，學童認爲是理想的方式。

表 5-3 藉由繪本閱讀的寫作教學，有助於寫作能力的提升

	非常同意	同意	無意見	不同意	非常不同意

人數	6	16	4	0	0
百分比	23.1%	61.5%	15.4%	0%	0%

由表 5-3 的資料顯示，學童同意藉由繪本閱讀的寫作教學，有助於寫作能力的提升占 84.6%，無意見占 15.4%。可見大部分的學童都同意藉由繪本閱讀的寫作教學，有助於寫作能力的提升。

表 5-4 我喜歡繪本閱讀寫作教學的上課方式

	非常同意	同意	無意見	不同意	非常不同意
人數	4	22	0	0	0
百分比	15.5%	84.5%	0%	0%	0%

由表5-4的資料顯示，學童喜歡繪本閱讀結合寫作教學的上課方式占100%，可見學童都喜歡繪本閱讀結合寫作教學的上課方式，也顯示出運用繪本閱讀結合寫作教學的上課方式，是令學童所期待的。

（三）學生焦點訪談結果分析

研究者進行「繪本閱讀結合寫作教學」學生焦點訪談分析部分：

1、繪本閱讀結合寫作教學，很新奇也很特別，跟以前上課方式不同，感覺很有趣。

2、繪本閱讀結合寫作教學，能更深入學習的內容，增加我寫作文的材料。

3、感覺很棒，上課很輕鬆不太難，讓我們充分學習，比以前更容易了解上課內容。

4、我可以要求老師重複繪本內容，讓我重新想一想。

5、建議繪本閱讀結合寫作教學時，可以提供我們每人有一本相同的繪本。

6、建議將同學完成後的學習單放在班級部落格，提供大家學習。

（四）協同教師的觀察

透過教師合適的提問作文引導可以促進孩童思考與討論，可以增加孩童學習意願。文本中文字精鍊的描繪，增加孩童寫作的指引。教室內開放式的討論氛圍，可以促進同儕間的學習。

（五）省思

研究者與學童在繪本教學上的互動，學童給予教師極大的鼓勵與回饋，當學童用天真稚嫩的聲音說出：「我喜歡上閱讀課，好好玩！」這就是教學者最大的收穫。「有付出，才有收穫」，確實印證在教學者的身上，這也是支持為人師表者得以持續付出的最大動力。

學生的寫作成效高低，其關鍵不在學生，是在於教學者，怎樣才能提高學生寫作水平，是擺在教學者面前的新課題。只有多反省自我，分析自身寫作教學的優與劣，積極學習新的理論知識，轉變教育觀念，啓發學童寫作教學的興趣，才能使寫作教學邁向成功之路。其實，觀念是行動的指南，沒有新的教學理念，作文教學也會事倍功半。教學者應更積極的自我充實，拓展面向，期盼能帶給學童更生動、多元的教學，刺激學童更敏銳的思緒，引導他們進入寫作的華麗殿堂。除此之外，研究者認為國語科時數仍嫌不足。剩餘的寫作時間較少，也導致學童有時需利用下課時間完成，依據學生不同的情況給予孩童足夠的時間盡心完成學習單，想必學習效果會更提升。

六、結論

教學者進行此行動研究的目的，在探求適用於二年級學童的寫作教學方法。在三個多月的嘗試過程裡，教學者發現，在適當的引導及符合發展階段的教學設計活動中，教學者欣喜地看到了學童的潛能。

從研究目的及行動策略等歷程的檢核，與觀察、訪談、問卷、省思札記的資料分析與評估，本行動研究獲得的主要結論有四，分述如下。

（一）教師有脈絡與架構（5w1h）的提問設計能引導孩童對於繪本的文本更深入思考，多數孩童也能享受師生共讀後的討論樂趣，另一方面能有效促進孩童對於文本中的文字記憶與閱讀。

（二）教師給予孩童口述發表的機會，經由同儕討論的過程，再進行學習單的寫作練習，為有效引導學生寫作的方式。此歷程能強化二年級學童文字表達的能力，而繪本教學活動可提升孩童閱讀與寫作的興趣及意願。

（三）教學過程中，由於多方閱讀繪本相關書籍及統整課程設計教案，因此加強了研究者的教學設計與教學能力。

（四）本研究由於有新手教師作為協同研究者，因此過程中的對話、辯證以及反省思考促進了教師的專業成長並改進教師的教學。

參考文獻

仇小屏（2003）。**小學「限制式寫作」之設計與實作**。台北：萬卷樓。

何琦瑜、吳毓珍（2007）。**教出寫作力：寫作該學什麼？如何學？**。台北：天下雜誌。
李連珠（1991）。將圖畫書帶進教室—課室內圖畫書。**《國教之友》**，43：2，臺灣，1991，頁30。
林良（1976）。**淺語的藝術**。台北：國語日報社。
林真美等著（1999）：**在繪本花園裡－和孩子共享繪本的樂趣**。台北：遠流。
林崇德（1995）。**小學生心理學**。台北：五南。
林敏宜（2004）。**繪本大表現**。台北：小魯。
林敏宜（2002）。**圖畫書的欣賞與應用**。台北：心理。
南美英（2007）。**我們的孩子在生活中愉快的學寫作**。台北：核心文化。
教育部（2011）。**國民中小學九年一貫課程綱要語文學習領域**。臺北：教育部。
連淑玲（2003）。**電腦看圖故事寫作對國小二年級學童寫作成效及寫作態度影響之研究**。臺北市立師範學院國民教育研究所碩士論文（未出版）。
陳滿銘（1994）。**作文教學指導**。萬卷樓。
陳鳳如（1997）。閱讀與寫作整合的教與學。**學生輔導通訊**，62，20-29。
游自達（1996）。**從低年級兒童的心理發展談學習指導**。國教輔導 36（2），9-16。
劉鳳芯（2000）。**閱讀兒童文學的樂趣**。台北：天衛文化，頁247、268。
蔡佩欣（2003）。**創思寫作教學對國小低年級學童寫作能力影響之研究**。台中師範學院語文教育學系碩士論文。

附錄一：教學活動設計與學習單

繪本教學

繪本名稱	討厭黑夜的席奶奶	教學日期	100.11.23
教學年級	二年級	教學時間	2 節 80 分鐘
指導老師	吳惠花 主任	教學者	林宛靜
教學目標	1.繪本共讀時，在閱讀的過程中培養學生思考及美感欣賞的能力！ 2.培養學生口語表達的能力，能說出心裡的感受！ 3.學生可以造樣造句練習句型席奶奶討厭…（蝙蝠、貓頭鷹），討厭…（月亮、星星），說來說去，席奶奶就是討厭…（黑夜）！讓學生從這個句型了解大概念的集合名詞（黑夜），和小概念（黑夜會有的象徵物）之區分！		

教學策略	教學活動	時間	教學方式	備註
引起動機	1.你們喜歡白天還是晚上？ 2.爲什麼？ 今天老師要介紹一個老奶奶，超級討厭黑夜，我們一起來看看這位老奶奶有多討厭黑夜？	8	教師口頭引導	交代分組規定和獎懲規則。
＊發展活動： ◎老師導讀		12	PPT 播放	
◎提問討論	提問設計（5w1h）： 1-1.故事中的主角是誰？ 1-2 除了主角，故事中還有一隻什麼動物？ 2-1 席奶奶在哪裡跟黑夜搏鬥？ 3-1.席奶奶做了哪些跟黑夜對抗的事情？ 3-2 如果你是席奶奶，你要怎麼對付黑夜？ 4.小朋友，聽完故事你覺得故事中的黑夜對老奶奶來說像什	20	PPT 播放	錄音筆、簡報筆、教學檔案。

	麼？ 5.你覺得爲什麼席奶奶這麼討厭黑夜？ 一個討人厭的壞小孩還是一隻大怪獸或大魔王？ 6. 你覺得這個故事作者想要告訴你什麼？ ———第一節　下課———			
◎學生分組美聲朗讀	———第二節　開始———	12		美聲朗讀整組最整齊最大聲的加分。
※語文教學造樣造句練習!	他討厭…討厭…討厭…，說來說去，他討厭的就是.....。	10	PPT 播放	
◎學生兩到三人分組完成學習單（上節課討論的提問和這節課老師教的句型練習）		18	※注意行間巡視！	學習單 學習單課堂上完成
＊總結歸納	———第二節　結束———			

繪本名稱	好好照顧我的花	教學日期	100.12.14
教學年級	二年級	教學時間	2 節 80 分鐘
教學目標	1.繪本共讀時，在閱讀的過程中培養學生思考及美感欣賞的能力! 2.培養學生口語表達的能力，能說出心裡的感受! 3.本堂課教學重點：比喻修辭的應用!		

教學策略	教學活動	時間	教學方式	備註
回顧上節課	教師大聲朗誦上周學生練習的學習單中優美佳句，與檢討學習單!	10	口頭讚美	
引起動機	問學生有沒有聽過巨人的故事？對故事中的巨人印象是什麼？		口頭講述和提問	
發展活動：	導讀繪本「好好照顧我的花」	20	PPT 播放 封面預測請學生發表。	
◎老師導讀 ◎提問討論	• 故事中很會照顧人的羅蘭在你的生活中嗎？是你認識的人嗎？ • 什麼時候羅蘭身體越變越大？ • 什麼時候莫亞身體越變越小？ • 爲什麼故事一開始羅蘭這麼嬌小？而莫亞巨大？接著爲什麼羅蘭變大了？爲什麼莫亞變小了？爲什麼莫亞又變大了？ • 請你用 2~3 個形容詞形容莫亞？ • 請你用 2-3 個形容詞形容羅蘭？ • 故事書名可以改成什麼？ • 男主角做什麼事情以	10	PPT 播放	

	後，羅蘭就會來了？ ・ 你最喜歡故事中的那一段？爲什麼？ • 什麼是： 如果你有石頭，便應當做磁石。 如果你是植物，便應當做玫瑰。 你認爲作者想要告訴我們什麼？ 句子教學：	10		
	發學習單請學生完成！	40		

繪本名稱	學說謊的人	教學日期	100.01.04
教學年級	二年級	教學時間	2 節 80 分鐘
指導老師	吳惠花 主任	教學者	林宛靜
教學目標	1.藉由師生共讀繪本的過程，培養學生從閱讀文本中思考及欣賞繪本圖片的美感能力！ 2.教師能培養學生口語表達的能力，並且在同儕討論的過程養成聆聽他人發表意見的習慣。 3.學生可以根據老師的提問完成故事接龍。		
課程設計理念	本次課程設計主要設計的提問是針對學生對文本中轉折時容易忽略的情節，但往往也是故事重要的關鍵，教師做出提問也具有提示的效果。教師完成故事中的開頭和結尾，特別挑選故事中兩個轉折做爲提問的關鍵，請小朋友藉由故事接龍的遊戲完成這項任務。學生再接觸同儕發表的過程，學會傾聽他人發表和觀摩他人作爲學習。		

教學策略	教學活動	時間	教學方式	備註
聯結舊經驗	上周學習單檢討	8	教師口頭朗誦學生優美佳作。	交代分組規定和獎懲規則。
引起動機~ 封面預測	請學生看到繪本題目和封面猜測故事中會發生的情節和做出提問。	3	PPT 播放	
價值澄清	每個人都曾經有說謊話的經驗，但有時候人說謊是爲了不要傷害別人，很難斷定人只要說謊就是一件壞事，而是要瞭解說謊的人背後的動機和原因。	3	老師舉例自己有時會讚美一個很胖的朋友穿絲襪很好看。	錄音筆、簡報筆、教學檔案。
發展活動： 老師先導讀，再輪流學生全班共讀。	◎老師導讀和學生朗讀	16	師生一起共讀時，教師提問後學生一同討論。	
	◎試著說出故事中一直重複的一句話？	10		

提問討論	◎你覺得阿福真的是傻瓜嗎？爲什麼？請寫出兩個原因。 ◎你有沒有發現爲什麼東西在阿福的手中都變成寶物了？發發發…油鹽醋咒語都會成功!你覺得這是爲什麼？ ◎小朋友，你想跟常被嘲笑的傻瓜阿福說什麼？		PPT 播放	
	——第一節　下課——			
	—第二節　開始———	10		
歸納上節課的上課內容和學生回饋。	◎老師簡單口述整個故事做複習，請孩子看圖片，用耳朵聽老師說故事再繼續討論。 繼續討論未完成的題目。		注意行間巡視！	學習單
◎學生完成學習單	◎成語教學： 恩將仇報	10		學習單課堂上完成
	◎故事接龍活動 ◎請學生完成學習單並下課前收回。			
	——第二節　結束———	20		

討厭黑夜的席奶奶

班級：　　　　　座號：　　　　　姓名：

◎親愛的小朋友，試著和你的好朋友討論這些問題的答案：

1-1. 故事中的主角是誰？

1-2 除了主角，故事中還有一隻什麼動物一直陪在主角身邊？

2-1 席奶奶在哪裡跟黑夜搏鬥？

3-1 席奶奶做了哪些跟黑夜對抗的事情？試著寫出兩個以上，越多越好！

3-2 如果你是席奶奶，你要怎麼對付黑夜？

4.小朋友，聽完故事你覺得故事中的黑夜對老奶奶來說像什麼？一個討人厭的壞小孩還是一隻大怪獸或大魔王？

5.你覺得爲什麼席奶奶這麼討厭黑夜？

6. 你覺得這個故事作者想要告訴你什麼？

照樣造句

席奶奶討厭蝙蝠、討厭貓頭鷹、討厭鼴鼠、討厭田鼠、討厭蛾子、討厭星星、討厭黑影、討厭睡覺，連月光她也討厭，說來說去，她討厭的就是黑夜。

老師示範

我討厭撐雨傘、討厭穿雨衣、討厭空氣潮濕的味道、討厭路上一攤攤的積水、討厭鞋子濕濕的，連滴滴答答的雨聲我都討厭，說來說去，我就是討厭下雨天。

※換我來試試：

____

圖畫天地

____

____

◎聰明的小朋友， 請依據這個故事的大意排出句子的順序，在( )中填入 1.2.3.4.：

(　　) 所以，她做出很多要趕走黑夜的事情! 她還拿一牛奶給黑夜喝

(　　) 席奶奶討厭黑夜，她希望太陽一直照著她的小茅屋!

(　　) 席奶奶睡著了!太陽也出來了!

(　　) 席奶奶討厭黑夜，甚至還對黑夜吐口水。

好好照顧我的花

日期：　　　座號：　　　姓名：

◎故事中這句話：

等待會讓時間的腳步陷入深深的
雪地中，前進得費力又緩慢。

※作者形容等待的心情，是很煎熬，很緩慢！
又把等待比喻成雪地裡行走的腳步！

※小朋友你覺得等待時有什麼感覺？
等待像什麼？

※老師說：
等待像壞掉的時鐘，分針秒針好像都不動了！
等待好像沒有終點的跑道，永遠跑不到盡頭。

◎你的等待像什麼？

- 故事書名可以改成什麼？

- 請你用 2~3 個形容詞形容莫亞？

- 請你用 2-3 個形容詞形容羅蘭？

- 你認爲作者想要告訴我們什麼？

學說謊的人

◎創意填空題：

- 阿福被小偷欺騙，被乞丐欺騙，又被胖老闆欺騙，說來說去，阿福就是被□□□□欺騙!

◎句子接龍：

從前有一個人名叫阿福，他不會說謊。爸爸看不慣他總是被別人欺騙，於是把阿福趕出家門請他去學說謊。

阿福在學說謊的過程當中，遇到一個小偷、乞丐與胖老闆，三個人分別用三樣東西：神布、錢袋和七里靴跟他交換手上的□□。

有一天，國王舉行一場魔術比賽。

____

- 提示：誰來參加？結果呢？

於是，神父請阿福留下來幫助需要幫助的人。

____

- 提示：阿福做了什麼事情？

有一天，小偷跟阿福要東西吃，吃完以後小偷居然偷阿福的東西。小偷想要穿七里靴逃跑，但卻失敗了，於是警察來了 。

____

- 提示：阿福對警察說了什麼？

阿福最後學會說謊。

____

圖畫天地

（畫出或寫出你這本故事中你喜歡的地方）

附錄二：繪本閱讀融入寫作教學問卷調查表

親愛的小朋友：

為了解本校同學對繪本閱讀融入寫作教學的看法，你的詳細回答將有助於改進寫作教學，希望你提供意見，協助順利完成這項研究，老師在此感謝你的合作，謝謝。

祝你　　學業進步

教師 吳惠花　林宛靜 2012/02/01

一、個人基本資料

1、性別 □男 □女

2、你每天閱讀的時數大約 □無 □1 小時 □超過 2 小時

二、問卷部分

填答說明

一、以下敘述是想瞭解繪本閱讀結合寫作教學的可行性，請根據你的感受，圈選你認為適合的選項（從非常同意到非常不同意），在適當的□的打「ˇ」。

二、每一題只能勾選一個選項。

繪本閱讀融入寫作教學問卷調查表

各位小朋友，這是一份關於你對上繪本閱讀結合寫作教學的看法，請依據表格左邊的問題回答，每一題請依照你自己的看法在右邊表格內勾選一個答案，寫好後請檢查一遍，每一題都要回答哦！	非常同意	同意	無意見	不同意	非常不同意
壹、我對繪本閱讀結合寫作教學的看法					
1. 利用繪本閱讀對你這次的寫作有幫助。	□	□	□	□	□
2. 如果以後的寫作教學也能搭配繪本閱讀方式來進行，最為理想。	□	□	□	□	□
3. 藉由繪本閱讀的寫作教學，有助於寫作能力的提升。	□	□	□	□	□
4. 我喜歡繪本閱讀寫作教學的上課方式。	□	□	□	□	□

感謝你填寫這份調查表—謝謝

附錄三：學生焦點訪談大綱

一、繪本閱讀結合寫作教學部分

（一）　你認為利用繪本閱讀結合寫作教學好不好？為什麼好或為什麼不好，請簡單說明。

（二）　假如以後要利用繪本閱讀結合寫作來教學，你建議怎麼做？

（三）　在繪本閱讀結合寫作教學部分有沒有其他建議？

附錄四：學生學習單完成作品

教學繪本	學生作品
討厭黑夜的席奶奶	※ 換我來試試：艾媽媽喜歡賞花、喜歡小鳥、喜歡蟬輕聲叫，連喝花茶她都喜歡，說來說去，她就是喜歡春天 ※ 換我來試試：艾媽媽喜歡賞花、喜歡小鳥、喜歡蟬輕聲叫，連喝花茶她都喜歡，說來說去，她就是喜歡春天
好好照顧我的花	◎ 小朋友你覺得等待像什麼？等待時有什麼感覺？ 等待像一條[illegible]掉的[illegible]道 ◎ 故事書名可以改成什麼？ 我[illegible]我的花

◎ 小朋友你覺得等待像什麼？ 等待時有什麼感覺？

等待一陣風，不知道什麼時候會來。

◎ 故事書名可以改成什麼？

漂亮的花園

◎ 小朋友你覺得等待像什麼？ 等待時有什麼感覺？

像沒有名字的汽車。

◎ 故事書名可以改成什麼？

巨人莫亞。

等待像壞掉的時鐘， 分針秒針好像都不動了！

像沒有ㄇㄧˊㄗˋ的ㄐㄩˋㄐㄩˋ人

等待好像沒有終點的跑道，永遠跑不到盡頭。

◎ 小朋友你覺得等待像什麼？ 等待時有什麼感覺？

◎ 小朋友你覺得等待像什麼？ 等待時有什麼感覺？

等待像沒有牙齒的獅子，永遠沒辦法吃東西。

◎ 故事書名可以改成什麼？

奇怪的巨人莫亞。

◎ 小朋友你覺得等待像什麼？ 等待時有什麼感覺？

等待像不能走的鐵絲，沒有辦法走。

◎ 故事書名可以改成什麼？

照顧花的莫亞

學說謊
的人

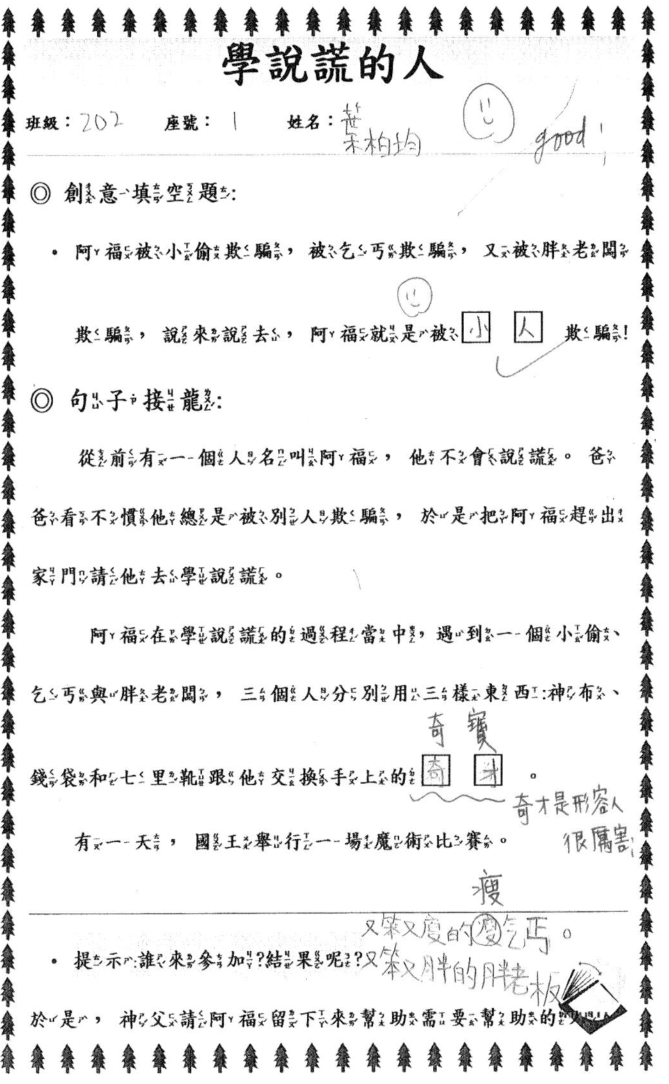

學說謊的人

班級：202　座號：1　姓名：葉柏均　good!

◎ 創意填空題：

• 阿福被小偷欺騙，被乞丐欺騙，又被胖老闆欺騙，說來說去，阿福就是被[小][人]欺騙！

◎ 句子接龍：

從前有一個人名叫阿福，他不會說謊。爸爸看不慣他總是被別人欺騙，於是把阿福趕出家門請他去學說謊。

阿福在學說謊的過程當中，遇到一個小偷、乞丐與胖老闆，三個人分別用三樣東西：神布、錢袋和七里靴跟他交換手上的[奇][才]。（奇寶）奇才是形容人很厲害

有一天，國王舉行一場魔術比賽。

又笨又瘦的乞丐。

• 提示：誰來參加？結果呢？又笨又胖的胖老板

於是，神父請阿福留下來幫助需要幫助的人。

• 提示:阿福做了什麼事情?

有一天,小偷跟阿福要東西吃,吃完以後小偷居然偷阿福的東西。小偷想要穿七里靴逃跑,但卻失敗了,於是警察來了。

小偷說:「笨警察來抓我啊!」結果小偷就被抓起來阿福說:

• 提示:阿福對警察說了什麼?「東西不是他偷的,是我的是我送給他的」

阿福最後學會說謊。

good!

圖畫天地

(畫出或寫出你這本故事中你喜歡的地方)

從閱讀觀及方法看朱陸異同

陳明德[*]

摘要

朱熹、陸九淵在學術上，存在著明顯的差異性，但二人同為儒家學派的分支，彼此異中有同又同中有異。朱陸在理學與心學上異同的比較，歷來已有許多學者進行研究，然而對於二者「閱讀法」或「讀書法」之比較則相對較少，且大多流於概括式的論述，本文乃嘗試梳理朱陸二人閱讀觀及方法，從有關文獻中進行舉證與比較。本文就閱讀觀及方法看朱陸異同，在相似方面試著列出三點：（1）循序漸進，學不躐等；（2）反覆閱讀，貴專精思；（3）依傍文義，忠於文本。在相異或相反方面，本文也舉證三點：（1）居敬持志或淨心辨志；（2）著緊用力或優遊涵泳；（3）格物窮理或發明本心。希望能從二者的對比中，對傳統閱讀觀及方法有所認識與體悟，進而對於現代莘莘學子的閱讀教育也有所啓發。

關鍵字：閱讀、朱熹、陸九淵、朱陸異同

一、前言

朱熹在儒家史上，可謂繼孔子、孟子之後，影響力最大的學者。他在理學上是「集大成者」，世稱「程朱學派」；所著《四書集注》，更為明清時期科舉考試的官方指定教科書；主持過的廬山「白鹿洞書院」，至今享有「海內第一書院」之譽。此外，在閱讀理論的建構上，也不遑多讓有一套完整的論述，多見諸《朱子語類》和《朱文公集》等著作。

朱熹在學術思想上，主張「性即理」和「道問學」，與小他九歲而強調「心即理」和「尊德性」的陸九淵兩人曾經針鋒相對，並且有二次精彩的學術論辯，學術史上稱之「鵝湖之會」[1]，並傳為中國哲學史上的一段佳話。在治學方法上，朱熹主張「泛觀博覽，而後歸之約。」因而批評陸九淵之學為流於空疏的「簡易工夫」；反之，陸九淵則認為「先發明人之本心，而後使之博覽。」才是讀書的正確途徑，並譏諷朱熹之學是「支離事業竟浮沉」。

朱陸在學術上的研究途徑，存在著差異性，但同為儒家的分支，彼此又有其共通性。有關朱陸在學術上異同的比較，歷來已有不少學者進行研究。唯對於二者在「閱讀觀」或「閱讀法」之說明比較則相對較少，且大多流於概括式論述。本文乃不揣淺陋，嘗試重新梳理朱陸兩人論著或語錄中有關閱讀觀及方法，進行

* 嘉南藥理科技大學通識教育中心講師

1 第一次鵝湖論辯，發生在宋孝宗淳熙二年（西元 1175 年），當時由呂祖謙邀約陸九淵、陸九齡兄弟與朱熹會於「鵝湖寺」；第二次，發生在淳熙十五年（西元 1188 年）後幾年，大抵以彼此的書信往來論辯為主。

整理並尋出相關文獻作舉證與比較，希望能在朱陸異同的文獻對比中，看出異同並對於現代莘莘學子的閱讀教育有所啓發。

二、朱陸的閱讀方法與特色

朱熹一生博學多聞，弟子們曾把它的閱讀方法，總結概括爲六條：1.循序漸進；2.熟讀精思；3.虛心涵泳；4.切己體察；5.著緊用力；6.居敬持志等等。[2]這些閱讀觀或方法，散見於《朱文公文集》和《朱子語類》等文集中。根據《元史・儒學傳》所載，這些閱讀方法後爲元末儒家程端禮所加以發揮闡釋，並收入《程氏家塾讀書分年日程》，也被當時國子監所認可採用。[3]

陸九淵與朱熹，同爲南宋重要的哲學家和教育家，他的閱讀觀及方法，同樣被門生和後人所記錄和參考。根據他留下的言論、閱讀方法，後人也大致可以總結出六條：1.易簡工夫（發明本心）；2.解除心蔽；3.優游讀書；4.師友輔導；5.循序漸近；6.熟讀精思等等。這些閱讀方法，主要散見於《象山先生全集》。

在閱讀朱陸二位大學者的著作或言論集，發現他們留下了豐碩的閱讀觀和方法，筆者不揣才疏學淺，嘗試從他們的文獻中爬梳出一些閱讀思想和方法的論述片段，歸納出二者在閱讀觀及方法上的異同，茲臚列二者異同並說明如後。

三、朱陸閱讀方法異同比較

（一）相近的閱讀觀及方法

1、循序漸進，學不躐等

「循序漸進」的讀書法，原是儒家的正統。《禮記・學記》有云：「時觀而弗語，存其心也；幼者聽而弗問，學不躐等也。」[4]；《孟子・離婁下》則說：「源泉混混。不舍晝夜。盈科而後進。」[5]朱熹也認爲「讀書之法，莫貴於循序而致精。」[6]但還要配合實踐的體悟，他如此說：

> 抑讀書之法，要當循序而有常，致一而不懈，從容乎句讀文義之間，而體驗乎操存踐履之實，然後心靜理明，漸見意味。不然，則雖廣求博取，日

[2] 明・黃宗羲、清・全祖望：《宋元學案》（臺北：中華書局，1986），卷 87〈靜清學案〉，頁 54。按〈靜清學案〉中載及六條讀書法：「其門人與私淑之徒，會萃朱子平日之訓，而節取其要，定爲讀書法六條：曰循序漸進，曰熟讀精思，曰虛心涵泳，曰切己體察，曰著緊用力，曰居敬持志。」

[3] 明・宋濂等撰、楊家駱主編：《新校本元史・儒學二》（臺北：鼎文書局，1978 年），列傳第七十七，頁 4343。

[4] 清・阮元校勘：《十三經注疏》（臺北：大化書局，1982），卷 36《禮記・學記》，頁 650。

[5] 同前註，卷 8《孟子・離婁下》，頁 141。

[6] 宋・朱熹：《朱文公文集》（臺北：臺灣商務印書館，1979 年），卷 14〈甲寅行宮便殿奏劄二〉，頁 204。

誦五車，亦奚益於學哉！[7]

可知他主張循序有常的讀書方式，而非一味地囫圇吞棗，如此雖廣求博取，但對於讀書是沒有實際的助益。他更進一步舉《論語》、《孟子》二書的學習次第爲例，他主張：

曰：「以二書言之，則先《論》而後《孟》，通一書而後及一書；以一書言之，則其篇章文句，首尾次第，亦各有序而不可亂也。量力所至，約其程課而謹守之。字求其訓，句索其旨；未得乎前則不敢求其後，未通乎此則不敢至乎彼。如是循序而漸進焉，則意定理明，而無疏易凌躐之患矣。」[8]

亦即閱讀《論》、《孟》二書，得有先後的次序，連書的內容也是如此，都不能亂了套，才能「意定理明」。這個按部就班，尚且包括一些更細緻的原則，例如他說：

然為學讀書，寧詳毋略，寧近毋遠，寧下毋高，寧拙毋巧。若一向單過，不加仔細，便看書也不分曉。然人資質亦不同，有愛趨高者，亦有好務詳者。雖皆有得，然詳者終是看得溥博浹洽。[9]

在閱讀方法上，朱熹揭示：由詳到略、由近到遠、由下到高和由拙到巧，都是出於循序漸進的思唯。他認爲讀書需要時間消化和吸收，因此反對貪多務得，曾以吃飯爲妙喻，他說：

如人一日只吃得三碗飯，不可將十數日飯都一齊吃了。一日只看得幾段，做得多少工夫，亦有限，不可滚去都要了。[10]

說明讀書不可躁進，就好比吃飯，不可能一口氣吃完十幾天的份量，必也細嚼慢嚥，才能消化得了。

在「循序漸進」的閱讀方法上，對比陸九淵也持類似主張，陸九淵有云：

學者讀書，先於易曉處沉涵熟復，切己致思，則他難曉者渙然冰釋。若先看難曉處，終不能達。舉一學者詩云：「讀書切戒在慌忙，涵詠工夫興味

[7] 同前註，卷 56〈答陳師德〉，頁 1010。
[8] 同前註，卷 74〈讀書之要〉，頁 1371。
[9] 宋・黎靖德撰：《朱子語類》（臺北：臺灣商務印書館，文淵閣四庫全書影本，1986 年），卷 116〈朱子十三・訓門人四〉，頁 10。
[10] 同註 9，卷 10〈學四・讀書法上〉，頁 9。

長。未曉莫妨權放過，切身需要急思量。……」[11]

可知陸九淵同樣主張讀書要由易到難，並且同樣以躁進慌忙爲戒，因爲「涵詠工夫興味長」，亦即反對一味求快，而是要慢工出細活，要循序漸進地由已知推得未知，反覆沉涵熟讀才能讀出書中的興味，即使難懂處也才會渙然冰釋。

2、反覆閱讀，貴專精思

如果「循序漸進」是合理的閱讀次序，則「熟讀」和「精思」則是有效果的閱讀活動。如前引文，得知陸九淵在閱讀方法上是把「循序漸進」和「反覆閱讀」有機地結合起來說，如此難曉處才能渙然冰釋。「反覆閱讀」的主張，應是被宋儒們所普遍認同，因爲先秦儒家在閱讀的速度上，也早已主張快不如熟。例如孔子說：「無欲速無見小利，欲速則不達。見小利，則大事不成。」[12]孟子則說：「其進銳者，其退速」[13]朱熹對於「熟讀」結合「精思」的閱讀法，也有所體會和闡釋，他如此解說：

> 學者觀書，先須讀得正文，記得注解，成誦精熟。注中訓釋文意、事物、名義，發明經指，相穿紐處，一一認得，如自己做出來底一般，方能玩味反覆，向上有透處。若不如此，只是虛設議論，如舉業一般，非為己之學也。[14]

亦即光只是瀏覽式的閱讀書籍是不夠的，朱熹曾於《童蒙須知》中云：「讀書千遍，其義自見。」[15]唯有熟讀和反覆玩味，才能有所精思體會。「熟讀」有助於「思量」，而「思量」也有助於記得仔細，兩者相互爲用缺一不可，他說：

> 讀書之法：讀一遍了，又思量一遍；思量一遍，又讀一遍。讀誦者，所以助其思量，常教此心在上面流轉。若只是口裏讀，心裏不思量，看如何也記不仔細。又云：「今緣文字印本多，人不用心讀。漢時諸儒以經相授者，只是暗誦，所以記得牢，故其所引書句，多有錯字。如《孟子》所引《詩》

---

[11] 宋．陸九淵：《陸象山全集》（北京：中國書店，1992），卷 34〈語錄上〉，頁 261。該文集據明嘉靖間刻本排印，全書分 36 卷，收有書信、奏表、記、雜著、行狀、墓誌銘、語錄等三百餘篇。

[12] 同註 4，卷 13《論語．子路第十三》，頁 118。

[13] 同前註，卷 13《孟子．盡心上》，頁 238。

[14] 同註 9，卷 11〈學五．讀書法下〉，頁 26。

[15] 宋．朱熹《童蒙須知》，曾說到專心讀書：「凡讀書須整頓几案，令潔淨端正，將書冊整齊頓放，正身體，對書冊，詳緩看字，仔細分明讀之。須要讀得字字響亮，不可誤一字，不可少一字，不可多一字，不可倒一字，不可牽強暗記，只是要多誦遍數，自然上口，久遠不忘，古人云：『讀書千遍，其義自見。』謂熟讀則不待解說，自曉其義也。」現代人較熟悉的《弟子規》，原名《訓蒙文》，是清代李毓秀根據宋代朱熹的《童蒙須知》改編，後來又經過清代儒生賈存仁修訂，改名爲《弟子規》，目前是兒童讀經班的重要讀物，一本教導兒童怎樣待人接物的基礎書籍。

《書》亦多錯，以其無本，但記得耳。[16]

先熟讀再精思，而對於眾說紛紜的書本疑義，也不可遽然妄下定論，一定要透過義理的精思檢驗，和採取先易後難的步驟，方可論斷文義的是非。遇到有所不通處，朱熹主張寧可先行擱置，再慢慢想辦法弄懂。朱熹解釋說：

大抵觀書先須熟讀，使其言語皆若出於吾之口；繼以精思，使其意皆若出於吾之心，然後可以有得爾。至於文義有疑，眾說紛錯，則亦虛心靜慮，勿遽取捨其間。先使一說自為一說，而隨其意之所之，以驗其通塞，則其尤無義理者，不待觀於他說，而先自屈矣。復以眾說互相詰難，而求其理之所安，以考其是非，則似是而非者，亦將奪於公論而無以立矣。大抵徐行却立，處靜觀動，如攻堅木，先其易者而後其節目；如解亂繩，有所不通則姑置而徐理之，此讀書之法也。[17]

因爲朱熹認爲人的「精力有限」，特別是中年過後的精力有限，已不再適合大量閱讀，這時在閱讀方法上應該要由年少時的「泛觀博取」，轉爲中年後的「熟讀精思」，改用穩紮穩打「尺寸有功」的方法閱讀，才不會白費工夫。他精闢地分析說：

前日務為學而不觀書，此固一偏之論。然近日又有一般學問，廢經而治史，略王道而尊霸術，極論古今興亡之變，而不察此心存亡之端，若只如此讀書，則又不若不讀之為愈也。況又中年，精力有限，與其泛觀而博取，不若熟獨而精思，得尺吾尺，得寸吾寸，始為不枉用功耳。[18]

再者，朱熹雖主張「窮理」而博學，但專心更重要，故主張讀書「貴專不貴博」，如果博而不專則反而易流於「雜亂淺略」，如同漢代司馬談〈論六家要旨〉中所批評的儒家之蔽爲「儒者博而寡要，勞而少功，是以其事難盡」[19]一樣，朱熹他認爲：

夫學非讀書之謂，然不讀書又無以知為學之方，故讀之者貴專而不貴博。蓋惟專為能知其意而得其用，徒博則反苦於雜亂淺略而無所得也。今一旦而讀八書，則其茫然而不得其要也，豈足怪哉？[20]

---

[16] 同註 9，卷 10〈學四・讀書法上〉，頁 16。
[17] 同註 6，卷 74〈讀書之要〉，頁 1371。
[18] 同前註，卷 53〈答沈叔晦〉，頁 957。
[19] 漢・班固等撰、楊家駱主編：《新校本漢書・司馬遷傳》（臺北：鼎文書局，1978 年），列傳卷 62，頁 2710。
[20] 同註 6，卷 60〈答朱朋孫〉，頁 1089。

至於熟讀的方法，朱熹自云繼承戰國時代荀子和宋代前輩儒家張載的「讀書成誦」的方法，認同唯有讀書成誦才能達到精熟，唯有精熟而後才能融會貫通，弟子如此紀錄他的解說：

> 所謂熟讀精思者，朱子曰：「荀子說『誦數以貫之』，見得古人誦書，亦記徧數，乃知橫渠教人讀書必須成誦，真道學第一義。徧數已足，而未成誦，必欲成誦。徧數未足，雖已成誦，必滿徧數。但百徧時，自是強五十徧時；二百徧時，自是強一百徧時。今所以記不得，說不去，心下若存若亡，皆是不精不熟之患。今人所以不如古人處，只爭這些子。學者觀書，讀得正文，記得註解，成誦精熟，註中訓釋文意、事物，名件發明，相穿紐處，一一認得，如自己做出來底一般，方能玩味反覆，向上有通透處。[21]

蓋誠如上言：「若不如此，只是虛設議論，非爲己之學也。」其熟讀精思之說大抵如此。把「熟讀」和「精思」的方法合起來，就是原始儒家「學」和「思」孰爲輕重的思路，孔子說：「學而不思，則罔；思而不學，則殆。」[22]說明學與思並重之理。

陸九淵於此，也同樣認爲博學固然可貴，但精熟則更加重要，他說：

> 古之君子，知固貴於博，然知盡天下事，只是此理。所以博覽者，但是貴精熟，知與不知元無加損於此理，若以不知為慊，便是鄙陋。[23]

再者，陸九淵之爲「心學」家，在閱讀方法上並不僅止於朱熹的「熟讀」而已，還主張要躍升到專一心志即「心齋」的境界。他於詩作中曾說：「講習豈無樂，鑽磨未有涯。書非貴口誦，學必到心齋。酒可陶吾性，詩堪述所懷。誰言曾點志，吾得與之偕。」[24]而此種「心齋」的目的卻非關功名利祿，而是帶有曾晳那種與世無爭的適性與灑脫。

3、依傍文義，忠於文本

其次，朱陸二人同樣主張對文本的忠實，即要「依傍文義，忠於文本」，同樣反對任意添加己見而竄改原意的閱讀方式，例如朱熹有言：

> 為學大概且以收拾身心為本，更將聖賢之言從頭熟讀，逐句訓示，逐句消

[21] 同註 2，卷 87〈靜清學案〉，頁 54。
[22] 同註 4，卷 2《論語・爲政第二》，頁 18。
[23] 同註 11，卷 35〈語錄下〉，頁 294。
[24] 同前註，卷 36〈年譜〉，頁 317。按陸九淵作此詩〈初夏侍長上郊行〉，時年十五歲，而詩中索引「曾點志」的典故，語見《論語・先進》：「子路、曾晳、冉有、公西華侍坐」章，表達出孔子認同曾晳「莫春者，春服既成，冠者五六人，童子六七人，浴乎沂，風乎舞雩，詠而歸。」的優閒生命態度與太平盛世的理想。

> 評，逐段反覆，虛心量力，且要曉得句下文意，未可便肆己見，妄起浮論也。[25]

這也要配合前述「熟讀」的方法，並透過「依傍文義」、「推尋句脈」的方法，把文本作逐句、逐段地理解和吸收，才能精確掌握上下文義而免於浮論和曲解以致理解的失真。現代人固然喜用現代話來詮釋古人，唯不能離開文本「肆爲浮說」而產生理解上的偏差，他如此義正詞嚴地訓勉：

> 大抵讀書，須且虛心靜慮，依傍文義，推尋句脈，看定此句指意是說何事，略用今人言語襯帖替換一兩字，說得古人意思出來，先教自家心裏分明歷落，如與古人對面說話，彼此對答，無一言一字不相肯可，此外都無閑雜說話，　　方是得個入處。怕見如此棄卻本文，肆為浮說，說得郎當，都忘了從初因甚話頭說得如此，此最學者之大病也。[26]

朱熹也常見學者讀書前在心中先有了答案，然後再從古人的著作中去尋找證據，但這只能說明自己的想法，卻不能看到古人的本意，這樣的閱讀方式對於進德修業，最後是沒有任何的助益，他剖析說：

> 曰：「從來不曾如此做工夫，後亦是難說。今人觀書，先自立了意後方觀，盡率古人語言人做自家意思中來。如此，只是推廣得自家意思，如何見得古人意思！須得退步者，不要自作意思，只虛此心將古人語言放前面，看他意思倒殺向何處去。如此玩心，方可得古人意，有長進處。且如孟子說《詩》，要『以意逆志，是為得之』。逆者，等待之謂也。如前途等待一人，未來時且須耐心等待，將來自有來時候。他未來，其心急切，又要進前尋求，卻不是『以意逆志』，是以意捉志也。如此，只是牽率古人言語，入做自家意中來，終無進益。」[27]

在這段文字中他轉引用孟子的話：「故說《詩》者，不以文害辭，不以辭害志；以意逆志，是爲得之。」[28]進而說明「以意捉志」之非。而朱熹也針對問題，提出「虛心涵泳」和「切己體察」作爲「忠於文本」的閱讀方法，可用來對治「牽率古人言語」和「入做自家意中來」之蔽，他說：

> 讀書須是虛心，方得。他聖人說一字是一字，自家只平著心去秤停他，都不使得一毫撰，只順他去。某向時也杜撰說得，終不濟事。如今方見得分明，方見得聖人一言一字不吾欺。只今六十一歲，方理會得恁地。若或去

[25] 同註 6，卷 62〈答王晉輔〉，頁 1139。
[26] 同註 6，卷 62〈答張元德〉，頁 1133。
[27] 同註 9，卷 11〈學五‧讀書法下〉，頁 7。
[28] 同註 4，卷 9《孟子‧萬章上》，頁 164。

> 年死，也則枉了。自今夏來，覺見得纔是聖人說話，也不少一箇字，也不多一箇字，恰恰地好，都不用一些穿鑿。莊子云：「吾與之虛而委蛇。」既虛了，又要隨他曲折恁地去。[29]

唯有「虛心涵泳」和「不杜撰」，才能恰如其分地陳述聖人之言。但如何做到「切己體察」，他如此解釋：

> 入道之門，是將自箇己身入那道理中去，漸漸相親，與己為一。而今人道在這裏，自家在外，元不相干。學者讀書，須要將聖賢言語體之于身，如『克己復禮』，如『出門如見大賓』等事，須就自家身上體覆。我實能克己復禮、主敬行恕否？件件如此，方有益。」其切己體察之說如此。[30]

他認爲書本中的道理，一定要親自身體力行，把道理在行爲中拿來實踐，才能驗證聖人的言語信爲不誣，所以「切己體察」也是「忠於文本」的另類詮釋。

對比陸九淵在「依傍文義，忠於文本」這方面，也略同於朱熹，他同樣反對用己見來議論古人，例如他說：

> 後生看經書，須著重看注疏及先儒解釋。不然，執己見議論，恐入自是之域，便輕視古人。至漢唐間，名臣議論反之吾心，有甚悖道處，亦須自家有徵諸庶民而不謬底道理，然後別白言之。[31]

而主張「心即理」的陸九淵，除了反對固執己見的閱讀，還主張要參酌反省「吾心」和「庶民」是否不謬，這是他結合「發明本心」主張的思想外，尙能有機地分別和明白道理的對錯和是非。當然也不能以忠於文義爲滿足，陸九淵說：「讀書固不可不曉文義，然只以曉文義爲是，只是兒童之學，須看意指所在。」[32]正確地曉讀文義外，還要提升到意指的把握。

以上對比朱陸二人，她們在「循序漸進」、「熟讀精思」和「忠於文本」上，發現二人有其共同或相近的主張。然而，基於「道問學」或「尊德性」、「簡易」或「支離」等理學和心學之基本路數不同，吾人可以發現在閱讀觀與方法上，朱陸二位大儒在本質上也至少存有以下三個面向的差異。

（二）相異或相反的閱讀觀及方法

1、居敬持志或淨心辨志

朱熹非常重視「立志」對於閱讀成敗的決定性，他說：「立志不定，如何讀書。」

[29] 同註 9，卷 104〈自論爲學工夫〉，頁 19。
[30] 同註 2，卷 87〈清靜學案〉，頁 54。
[31] 同註 11，卷 35〈語錄下〉，頁 278。
[32] 同前註，卷 35〈語錄下〉，頁 279。

[33]，又說：「書不記，熟讀可記；義不精，細思可精；唯有志不立，直是無著力處。」[34]強調「立志」的關鍵性。而「持志」則是強調「立志」的持久性，這又離不開「居敬」的工夫，蓋「居敬」才能收斂住不專靜純一的心，這也是上承二程子「涵養須用敬，進學在致知」[35]的理路，他轉引前輩的話解釋說：

> 所謂居敬持志者，朱子曰：「程先生云：『涵養須用敬，進學則在致知。』此最精要。方無事時，敬以自持。凡心不可放入無何有之鄉，須是收斂在此。及其應事時，敬於應事；讀書時，敬於讀書，便自然該貫動靜，心無不在。今學者說書，多是捻合來說，卻不詳密活熟，此病不是說書上病，乃是心上病。蓋心不專靜純一，故思慮不精明。須要養得虛明專靜，使道理從裏面流出方好。」其居敬持志之說如此。[36]

這個「居敬持志」，大抵是循著《大學》有關「內聖」工夫的前四德目「格物、致知、誠意、正心」的思維次第展開，因爲他說：

> 學者讀書，須要斂身正坐，緩視微吟，虛心涵泳，切己省察。又云：「讀一句書，須體察這一句，我將來甚處用得。」又云：「文字是底固當看，不是底也當看；精底固當看，粗底也當看。」[37]

學習需要有崇高的志向，但光有志向仍不足以成事，需要再配合「勇猛精進」的積極性，否則光有志向是不會有大作爲，誠如朱熹所云：

> 學者大要立志。所謂志者，不道將這些意氣去蓋他人，只是直截要學堯舜。「孟子道性善，言必稱堯舜。」此是真實道理。「世子自楚反，復見孟子。孟子曰：『世子疑吾言乎？夫道一而已矣。』」這些道理，更無走作，只是一箇性善可至堯舜，别沒去處了。下文引成顏子公明儀所言，便見得人人皆可為也。學者立志，須教勇猛，自當有進。志不足以有為，此學者之大病。[38]

可以應證「居敬持志」的工夫，是朱熹有關閱讀成敗與否的一個重要心法。

對比陸九淵的看法，其實陸並不反對「持志」，然而不同的是陸九淵主張學習或「持志」之前，重要的關鍵在於學者「辨志」與否，意即學者要先辨別讀書的目的是傾向「利欲」還是傾向「道義」。他說：「凡欲爲學，當先識義利公私

---

[33] 同註 9，卷 11〈學五・讀書法下〉，頁 3。
[34] 同註 6，卷 74〈白鹿書堂策問〉，頁 1376。
[35] 宋・程顥、程頤：《二程集》（臺北：漢京文化事業公司，1983 年），卷 18〈伊川先生語四〉，頁 188。
[36] 同註 2，卷 8〈靜清學案〉，頁 54。
[37] 同註 9，卷 11〈學五・讀書法下〉，頁 5。
[38] 同前註，卷 8〈學二・總論爲學之方〉，頁 8。

之辨。」[39]然而如何做得？首要在於對「心田」做好淨潔的工夫，否則讀書不僅無益於己，反而有害於世道，他分析彼此因果關係：

> 學者須先打疊田地淨潔，然後令他奮發植立。若田地不淨潔，則奮發植立不得。古人為學即讀書，然後為學可見。然田地不淨，亦讀書不得；若讀書，則是假寇兵，資盜糧。[40]

其實，這個「辨志」的思路並非陸九淵新創，他可以說上承「一年視離經辨志」、「求其放心」的儒家傳統[41]，他如是說：「古人入學一年，早知離經辨志；今人有終其身而不知辨者，是可哀也。」[42]可知陸九淵以「辨志」爲讀書的首要功夫，並且其實這也和陸九淵「發明本心」的修養主張可以作有機連結。他嘗說：

> 人孰無心，道不外索，患在戕賊之耳，放失之耳。古人教人，不過存心、養心、求其放心。此心之良，人所固有，人唯不知保養而反戕賊放失之耳。[43]

這顯然是接續孟子的講法，主張把已放失掉的良心先找回來存養，之後才能接著做「義利之辨」，而接下來的「立志」和「持志」下的讀書，才能達到成己成物。反之，沒有做好「辨志」，則恐有把讀書作爲戕賊良心工具之虞。

2、著緊用力或優遊涵泳

在閱讀的時間管理上，朱熹的著作處處可見「著緊用力」的主張和許多生動活潑的妙喻。例如他曾說：「看文字，須是如猛將用兵，直是鏖戰一陣；如酷吏治獄，直是推勘到底，決是不恕他，方得。」[44]又說：「看文字如捉賊，須知道盜發處，自一文以上贓罪情節，都要勘出。若只描摸個大綱，縱使知道此人是賊，卻不知何處做賊。」[45]；又如是說：「學者爲學，譬如煉丹，須是將百十斤炭火煅一餉，方好用微微火養教成就。今人未曾將百十觔炭火去煅，便要將微火養將去，如何得會成！」[46]他以猛將用兵、酷吏治獄、捉賊和煉丹等具體意象爲喻，不外勉勵學生們要把書讀透，絕不能是悠悠散漫地沒有效率，而是要學會剛毅果決的

[39] 同註 11，卷 35〈語錄下〉，頁 308。

[40] 同註 11，卷 35〈語錄下〉，頁 302。

[41] 按《禮記・學記》:「一年視離經辨志，三年視敬業樂羣，五年視博習親師，七年視論學取友，謂之小成。」把「辨志」，亦即辨明聖賢志向，視爲首要的閱讀功夫。《孟子・告子》:「人有雞犬，放則知求之；有放心，而不知求；學問之道無他，求其放心而已矣。」則把找回良心視爲根本的學問之道，可見陸九淵的主張是上承原始儒家，是原有所本。

[42] 同註 11，卷 36〈年譜〉，頁 321。

[43] 同前註，卷 5〈與舒西美〉，頁 41。

[44] 同註 9，卷 10〈學四・讀書法上〉，頁 5。

[45] 同前註。

[46] 同前註，卷 8〈學二・總論爲學之方〉，頁 14。

閱讀態度，他如此解釋說：

> 所謂著緊用力者，朱子曰：「寬著期限，緊著課程。為學要剛毅果決，悠悠不濟事。且如『發憤忘食，樂以忘憂』，是甚麼精神，甚麼筋骨！今之學者，全不曾發憤。直要抖擻精神，如救火治病然，如撐上水船，一篙不可放緩。」其著緊用力之說如此。[47]

朱熹認爲即使有天縱英才之秉賦，擁有過人之資的聖賢，他們要學有所成也得苦下工夫。朱熹云：「凡人便是生知之資，也須下困學、勉行底工夫，方得。蓋道理縝密，去那裏捉摸！若不下工夫，如何會了得！」[48]又說：「聖賢千言萬語，無非只說此事。須是策勵此心，勇猛奮發，拔出心肝與他去做！如兩邊擂起戰鼓，莫問前頭如何，只認捲將去！如此，方做得工夫。若半上落下，半沉半浮，濟得甚事！」[49]不斷地強調要把握時間、勇猛奮發地苦下工夫，如此「著實用力」，才能在學問上可以濟事而有收穫。

再者，「著實用力」的論點，也與朱熹重視「窮理致知」的博學主張有關，如《宋元學案》稱讚他爲鉅儒，也間接說明了他的爲學態度：

> 其為學也，主敬以立其本，窮理以致其知，反躬以踐其實。而博極群書，自經史著述而外，凡夫諸子、佛老、天文、地理之學，無不涉獵而講究也。其為間世之鉅儒，復何言哉！[50]

在有限的生命中，能讓學問淵博的方法，唯有「著實用力」一途，他既能知又能行地貫徹到底。

相對於朱熹的「著實用力」，陸九淵則與此相反地倡導「優遊」讀書法，他說：

> 開卷讀書時，整冠肅容，平心定氣。詁訓章句，苟能從容不迫而諷詠之，其理當自有彰者。縱有滯礙，此心未充未明，猶有所滯而然耳，姑舍之以俟他日可也，不必苦思之。苦思則方寸自亂，自蹶其本，失己滯物，終不明白。但能于其所已通曉者，有鞭策之力，涵養之功，使德日以進，業日以修，而此心日充日明，則今日滯礙者，他日必有冰釋理順時矣。如此則讀書之次，亦何適而非思也。如是而思，安得不切近？安得不優遊？若固滯於言語之間，欲以失己滯物之智，強探而力索之，非吾之所敢知也。[51]

---

47 同註 2，卷 8〈靜清學案〉，頁 54。
48 同註 9，卷 8〈學二・總論爲學之方〉，頁 11。
49 同前註，卷 8〈學二・總論爲學之方〉，頁 13。
50 同註 2，卷 48〈晦翁學案（上）〉，頁 17。
51 同註 11，卷 3〈與劉深甫〉，頁 22。

陸九淵雖亦主張讀書要以精熟為貴，但卻主張不必求多和求快，只要選擇切己有用的書精熟即可，也不需要做到旁徵博引「傳注」、「論說」，認為如此繁瑣閱讀，不見得真正了解和發揮文義，縛手綁腳反而無益。陸九淵云：「二帝三王之書，先聖先師之訓，炳如日星。傳注益繁，論說益多，無能發揮，而祗以為蔽。」[52]再如〈語錄〉中說：

> 讀書不必窮索，平易讀之，識某可識者，久將自明。毋恥不知。子亦見今之　讀書談經者乎？歷數十家之旨而以己見終之。開辟反復，自謂究竟精微，然試探其實，固未知得也，則何益哉？[53]

陸九淵認為讀書切忌慌忙，要「平易讀之」。他認為：「讀書之法，須是平平淡淡去看，仔細玩味不可草率，所謂優而柔之，厭而飫之，自然有渙然冰釋，怡然理順底道理。」[54]其文集中有詩云：「讀書切戒在慌忙，涵泳工夫興味長。未曉不妨權放過，切身須要急思量。」[55]他主張遇有不明白處，不妨暫且放過，保持輕鬆愉快的心情，不必疲於精神而窮索「傳注」，例如他說：

> 今人讀書，平易處不理會，有可以起人羨慕者，則著力研究，古之聖人何嘗有起人之羨慕者！……某讀書只看古注，聖人之言自明白，如「弟子入則孝，出則弟」，是分明說你入便孝、出便弟，何須得傳注？學者疲精神於此，是以擔子越重。到某這裡，只是與他減擔，只此便是格物。[56]

總之，陸九淵反對朱熹的「著緊用力」，認為是「疲精神」的「支離」方法，主張以「優遊涵泳」的「簡易」閱讀方式來減輕負擔為宜，讀書能掌握大綱即可，此與朱熹「窮理致知」的格物方式可謂大相逕庭。

3、格物窮理或發明本心

《中庸》云：「自誠明，謂之性；自明誠，謂之教。誠則明矣，明則誠矣。」[57]說明學者存在兩種讀書途徑：一種是由內而外，透過內在的誠於良知而後向外明白萬事萬物的道理；另一種則是由外而內，首先由外明白萬事萬物道理後，再往內歸於良知的至誠。兩種方法，《中庸》認為沒有對錯，可以彼此相互滲透為用，故曰：「誠則明矣，明則誠矣」[58]也。

在鵝湖之會上，朱陸的治學方法，已說明彼此的根本差異。朱熹的致知之道，本諸《中庸》中的「自明而成」途徑，採「泛觀博覽，而後歸之約」的閱讀方法，

---

[52] 同前註，卷 19〈貴溪重修縣學記〉，頁 233。
[53] 同註 11，卷 35〈語錄下〉，頁 308。
[54] 同前註，卷 35〈語錄下〉，頁 279。
[55] 同前註，卷 34〈語錄上〉，頁 261。
[56] 同前註，卷 35〈語錄下〉，頁 285。
[57] 同註 4，卷 31《禮記．中庸》，頁 894。
[58] 同前註。

是採由外格物窮理的漸修方式，先博覽萬事萬物之理，再由博反約於致知，但此途徑卻遭本諸「自誠而明」途徑的陸九淵譏之爲「易簡工夫終久大，支離事業竟浮沉。」[59]；陸九淵在閱讀主張上，主張必先「發明本心」，此與他「心即理」和「道不外索」的哲學觀若合符契，因此他主張先「發明本心」後，再加以博覽群書。

朱熹主張多讀書，自然可以通曉道理，他說：

> 書只貴讀，讀多自然曉。今只思量得，寫在紙上底，也不濟事，終非我有，只貴乎讀。這個不知如何，自然心與氣合，舒暢發越，自是記得牢。縱饒熟看過，心裏思量過，也不如讀。讀來讀去，少間曉不得底，自然曉得；已曉得者，越有滋味。若是讀不熟，都沒這般滋味。而今未說讀得注，且只熟讀正經，行住坐臥，心常在此，自然曉得。[60]

除了多閱讀之外，還要全心全意把書放在心上，朱熹云：「讀書者當將此身葬在此書中，行往坐臥，念念在此，誓以必曉徹爲期。看外面有甚事，我也不管，只恁一心在書上，方謂之善讀書。」[61]甚至他遽下定論，認爲不讀書便無法達到儒家「內聖」、「外王」的理想，他如此說：

> 學不是讀書，然不讀書，又不知所以為學之道。聖賢教人，只是要誠意、正心、修身、齊家、治國、平天下。所謂學者，學此而已。若不讀書，便不知如何而能修身，如何而能齊家、治國。聖賢之書說修身處，如此；說齊家、治國處，便如此。節節在那上，自家都要去理會，一一排定在這裏；便來，便應將去。[62]

對照朱熹的治學嚴謹，其著述甚豐自不意外，明儒黃宗羲稱他：「博極群書，自經史著述而外，凡夫諸子、佛老、天文、地理之學，無不涉獵而講究也。其爲間世之鉅儒，復何言哉！」[63]評價十分公允。

相對地，有人問陸九淵：「何不著書？」他則回答說：「六經注我，我注六經」[64]他讓人耳熟能詳的名言是：「學苟知本，六經皆我注腳。」[65]又說：「今之學者讀書，只是解字，更不求血脈，且如：情、性、心、才，都只是一般物事，

---

[59] 同註 3，卷 57〈梭山復齋學案〉，頁 126。象山和韻詩：「墟墓興哀宗廟欽，斯人千古不磨心。涓流積至滄溟水，拳石崇成太華岑。易簡工夫終久大，支離事業竟浮沈。欲知自下升高處，真僞先須辨只今。」
[60] 同註 9，卷 10〈學四・讀書法上〉，頁 15。
[61] 同前註，卷 116〈朱子十三・訓門人四〉，頁 32。
[62] 同前註，卷 118〈朱子十五・訓門人六〉，頁 36。
[63] 同註 3，卷 48〈晦翁學案（上）〉，頁 17。
[64] 同註 11，卷 35〈語錄下〉，頁 254。
[65] 同前註，卷 34〈語錄上〉，頁 252。

言偶不同耳。……血脈不明，沉溺章句，何益？」[66]唯有「發明本心」，才能真正「血脈分明」地通透事物的「格物致知」道理。

四、結語

朱陸二人同爲儒家，而二家之異仍屬儒家內部之爭。誠如黃宗羲的評論：「二先生同植綱常，同扶名教，同宗孔、孟。即使意見終於不合，亦不過仁者見仁，知者見知，所謂：學焉而得其性之所近，原無有背于聖人，矧夫晚年又志同道合乎！」[67]文中也說明朱陸在學術上的異同，不是可以截然二分，黃宗羲如此說：

> 況孜二先生之生平自治，先生之尊德性，何嘗不加功于學古篤行，紫陽之道問學，何嘗不致力于反身修德，特以示學者之入門各有先後，曰「此其所以異耳」。然至晚年，二先生亦俱自悔其偏重。[68]

他提醒我們在分析朱陸異同時，縱使二人在年輕時觀念與方法有異，例如：「簡易」或「支離」、「尊德性」或「道問學」，有所參差而同中有異，但只是先後本末的差異，二人在晚年思想更加成熟也都各自有所修正，而趨於異中求同不再針鋒相對。

再者，朱熹的治學方法，如同他在理學方面的成就十分豐碩，元、明、清代以來儒者多奉爲圭臬。特別是科舉制度盛行的年代，求取功名者需要「著緊用力」地苦讀，需要「循序漸進」的方法吸收知識，更需要「居敬持志」的道德修養來努力不懈。這些閱讀的理念和方法，至今仍有效地影響東亞儒家文化圈，例如：中國大陸、臺灣、日、韓等國家或地區的讀書態度。

此外，陸九淵另闢蹊徑的心學體系，在閱讀方面也揭示了不同的視角。他以「發明本心」爲起點的學習原則，「優遊涵泳」的閱讀方法，這對於現代學生較欠缺的品格教育，和專家學者大聲疾呼的「快樂學習」的教育心理前後輝映，都有異曲同工而發人深省的意義。

參考文獻

漢・班固等撰、楊家駱主編：《新校本漢書》(臺北：鼎文書局，1978 年)。

宋・程顥、程頤：《二程集》(臺北：漢京文化事業公司，1983 年)。

宋・朱熹：《朱文公文集》（上海：中華書局，明刻本校刊四部備要本，1986 年）。

---

[66] 同前註，卷 34〈語錄下〉，頁 289。

[67] 同註 2，卷 58〈象山學案〉，頁 6。

[68] 同前註。

宋・黎靖德撰：《朱子語類》（臺北：臺灣商務印書館，文淵閣四庫全書影本，1986年）。

宋・陸九淵：《陸象山全集》（北京：中國書店，1992年）。

明・黃宗羲原著，清・全祖望補訂：《宋元學案》（臺北：中華書局，1986年）。

清・阮元校勘：《十三經注疏》（臺北：大化書局，1982年）。

陳榮捷：《朱學論集》（臺北：臺灣學生書局，1982年）。

陳　來：《朱熹哲學研究》（北京：中國社會科學出版社，1987年）。

陳仁華譯著：《朱子讀書法》（臺北：遠流出版公司，1991年）。

曾祥芹：《古代閱讀論》（河南：新華書店，1992年）。

吳誠萍：〈朱熹讀書法與現代學習學的內在關係〉，《教育評論》，1994年第2期。

徐安民、陳世富：〈朱熹讀書法與現代教育心理探討〉，《渝西學院學報（社會科學版）》，1995年第3期。

江初祥：〈朱熹治學方法試解〉，《龍巖師專學報》，13卷第4期，1995年12月。

劉傑光：〈朱熹讀書法〉，《河北教育》，1996年第10期。

商德江：〈朱熹的閱讀教育理論〉，《首都師範大學學報（社會科學版）》，1998年第2期。

曾文光：〈朱陸治學思想比較分析〉，《內蒙古電大學刊》，2005年第1期。

劉玉敏：〈六經注我，我注六經〉，《東華理工學院學報（社會科學版）》，25卷第1期，2006年3月。

陳明華、鄒小平：〈陸九淵簡易工夫、剝落、優遊讀書思想的現代啓示〉，《東華理工學院學報（社會科學版）》，25卷第3期，2006年9月。

燕國材：〈陸九淵教育心理思想的基本觀點與學習心理思想〉，《南通大學學報》，23卷第3期，2007年9月。

汪勝亮、楊麗萍：〈陸九淵學習心理思想的現代詮釋〉，《湖南工業職業技術學院學報》，9卷第6期，2009年12月。

劉天宇：〈淺析朱陸讀書方法之爭〉，《教育學術月刊》，2011年第4期。

馮　婕：〈陸九淵的心學淺談〉，《大眾文藝》，2011年第1期。

衛阿利：〈《朱子語類》之讀書法〉，《文學界(理論版)》，2011年第4期。

高　俠：〈朱子讀書法之反思〉，《現代語文》，2011年第4期。

學童在科學論證文本閱讀特徵差異之探討

林燕文*、陳俐伶**、李松濤***

摘要

本研究旨在探討學童在不同型態科學論證文本之閱讀特徵的差異。共有12位五年級和六年級學童參與，從這兩個年級的每個班各選取一位國語文高成就者與一位國語文低成就者進行這項爲期六週的閱讀研究。本研究之科學論證文本共有三種形態，分別是單邊論證文本、雙邊非反駁論證文本以及雙邊反駁論證文本。每位學童在閱讀文本之前後進行半開放式問卷的施測，針對所收集的資料進行編碼和分析。研究結果發現：第一，六年級學童比五年級學童有比較快的閱讀速度。第二，對於語文高成就者，六年級比五年級呈現較好的文意理解，但對低成就者而言，此兩個年級學童則無明顯差異。第三，對於選擇正確科學理論來解釋科學現象，年長的學童呈現比較好的結果（六年級83.3%，五年級58.3%）。但是在解釋一致性與被文本誘導傾向這部份在此兩個年級則無明顯差異。最後，研究結果顯示語文高成就者比低成就者呈現較佳的反思與批判性思考能力。

關鍵字：科學論證文本、閱讀特徵、辯駁文本

一、前言

（一）研究緣起與重要性

過去的幾十年來，有愈來愈多的科教學者主張科學教學應該多鼓勵學生進行論證，許多研究也相繼提倡和支持論證在科學教育上的重要性 （Newton et al., 1999; Driver et al., 2000; Jimenez-Aleixandre et al., 2000; Zohar & Nemet, 2002; Kelly & Takao, 2002; Duschl & Osborne, 2002）。檢視這些有關論證的研究，大多是著重在口語上的論證之探討，僅有少數是聚焦於學生的書寫論證之研究，更遑論將不同的論證型態融於科學文本之中來探求學童之閱讀特徵之研究。

檢視國內近年來的研究，一些學者逐漸對「論證」這個議題產生重視，尤其在 2007 年 PISA 的國際評比公佈之後，疾呼重視學生科學論證的研究如雨後春筍。依據 PISA（Programme for International Student Assessment）公佈之「學生基礎素養國際研究計畫」國際評比的結果：我國十五歲學生在「科學素養」向度名列第四，雖然學生在科學素養這一部份評比有不錯的表現，但根據林煥祥教授的分

* 國立海軍官校兼任助理教授、高雄市安招國民小學教師兼教務主任
** 高雄市安招國民小學教師兼輔導主任
*** 國立臺中教育大學科學應用與推廣學系副教授（通訊作者）

析：我國學生解釋科學現象的能力最強，但在形成科學議題及科學論證能力則有許多有待提升的空間。而且我國學生在「閱讀素養」這一部分的評比遠遠落後於韓國、日本、新加坡等國家，名列第十六名，此一結果反映出國內學生在閱讀理解的不足，學校教學也疏忽了學習論證是科學學習重要的一環，科學教學應當重視讓學生有論證的機會以及加強科學論證的能力。因此，閱讀理解與論證能力的提升同樣是現今科學教育當務之急。

對多數人而言，閱讀一般文本時，瞭解字面上的意思比能理解整段或整句的意義容易得多，更何況是科學文本涉及到科學概念和科學理論的理解。對於正在建立個人知識架構的國小學童而言，閱讀是獲取知識的一個重要的途徑，閱讀科學文本則是獲取科學知識和科學概念的必要之徑；但對大多數的學童而言，這之間存在著某些瓶頸，學童在閱讀科學文本時確實遭遇到一些困境，需要教學者加以協助，頗值研究者加以探討和研究。

論證進行的方式主要有兩種形式，除了一般的口語論證，還有以紙筆方式呈現的書寫論證。口語論證常常需要兩個以上的人同一時間面對面進行論述，書寫論證則可不限同一時間和地點進行觀點和想法的交流，有比較長的時間去思考和檢視證據然後進行判斷，比較可以反映出學習者真正的想法和概念；然而，缺點則是無法及時進行互動和交互辯駁。在本研究中之書寫式論證主要是透過科學文本的閱讀，之後再讓學習者針對文本中的科學解釋表達想法和意見。一般科學文本常常是一種充滿說服性語詞的閱讀文本，文中對於科學現象的解釋卻未必提供證據加以支持其論點，也就是它其實只是一種陳述式的文本；讀者或基於對科學的信仰和崇拜，常一廂情願的接受文本中的觀點。本研究則是提供科學論證文本，文本中除提供科學解釋或理論回答文本中的科學問題，也另提出支持的證據給讀者作爲判斷的依據。因此科學論證文本與一般科學文本的差異主要在於前者以論證爲基礎，佐以支持論點的證據來說服讀者，或呈現兩方不同之論述由讀者憑藉證據取捨決定相信那一方。

由於讀者在閱讀科學文本時常有自己的閱讀風格，此閱讀風格是由許多不同閱讀特徵所構成，閱讀特徵的差異形塑不同的個人閱讀風格，產生閱讀理解上的差異。不同閱讀特徵形成閱讀理解差異之成因讓研究者深感興趣，且基於論證與閱讀對現今學生科學學習的重要性，促成本研究之主要研究動機。在本研究中，共有三種科學論證文本（argumentation-based texts）形式，分別是單邊論證文本（one-sided texts）、雙邊非反駁論證文本（two-sided non-refutational texts）和雙邊反駁論證文本（two-sided refutional texts）。研究者希望透過讀者閱讀過此三種文本之後進行半開放式問卷之施測，加以探知學習者的閱讀特徵和閱讀理解之差異，並瞭解學生閱讀之實際困境，期能發展出協助學生提升科學論證能力與閱讀理解的閱讀指導策略。

（二）研究問題

本研究目的在於瞭解學童閱讀科學論證文本之實際困境，探討不同年級和語文成就不同學童之閱讀特徵和差異。基於此研究目的，本研究的研究問題如下：

1、對於科學論證文本，五年級與六年級學童之閱讀特徵差異為何？

2、對於科學論證文本，國語文高成就與低成就學童之閱讀特徵差異為何？

3、對於科學論證文本，五年級與六年級學童閱讀理解之差異為何？

4、對於科學論證文本，國語文高成就與低成就學童閱讀理解之差異為何？

二、文獻探討

（一）科學論證文本對概念改變之重要性

基於科學社會學與科學哲學之研究，現在已經有愈來愈多的科教學者視論證為學生在科學課室裏應該要學習的必要課程（Sandoval & Millwood, 2003）。口語論證是課室裏的一種言談風格，讓研究者可以藉由學習者之間論述的言談瞭解其思考過程與對問題的理解。相較於口語論證（oral arguments），書寫論證（written arguments）的方式則可以讓學習者更有充分的時間去思考文本中所提供之論據是否充分和正確，經過深思熟慮之後再下判斷；也讓研究者可以藉由學習者在文本上所做的記錄和解釋回答去探究學習者的推理過程和思考。

Hynd（2001）對於書寫論證的優點提出他的看法，他認為：書寫論證文本對讀者的影響大於口語論證文本，而且對多數人來說書寫論證文本是較具有說服性的。原因其一是學生可能認為既是提供閱讀的文本應該是真實和正確的；其二原因則是這些文本的內容，學生已經反覆檢視其中論述的合理性了。要破除學生此一迷思應該要教導他們瞭解任何論述必須具有充分的證據加以支持，而且必須具備合理的推理論述才能讓讀者信服。

書寫論證文本可以被設計成科學論證文本的形式，文本中對問題的解釋和論述都提供支持證據供閱讀者作為判斷的依據，同時亦可呈現雙邊兩種對立的論述或解釋，讀者可由文本所提供的論據與推理作為決定是否相信或認同之依據。

Posner 等人（1982）認為，要產生概念改變必須是學習者所面臨的新概念在解釋未來現象或問題時比舊概念更具有可理解性、可信度，以及豐富度。同樣的，當科學論證文本中，對於科學現象的解釋或論述比讀者原先所持有的概念更具有可理解性、可信度和豐富度時，就可能促使讀者原先的概念發生改變；這是本研究為何要採取書寫式的科學論證文本的原因之一。

從 Posner 對於概念改變發生的三個要項來檢視說服性的文本，發現它有以下幾個特點：1、與信念有明顯的區別，2、可理解的，3、可信的，4、有用的，5、可重複的，以及 6、是相關於讀者經驗的（Hynd, 2001）。基於這樣的理由，作為說服讀者的一種辯駁文本可以是介紹一個普通理論、解釋或提供一個想法，再加以反駁並提供另一令人滿意的理論或解釋。有實驗證據顯示，學生在閱讀辯駁文本（refutational texts）之後會傾向認同文本所呈現的科學理論（Guzzetti,

Snyder, Glass, & Gamas, 1993)，而且許多證據也顯示學生偏愛辯駁文本勝於非辯駁文本(Guzzetti, Hynd, Williams, & Skeels, 1997)，而辯駁文本正是科學論證文本的一種形態。

在本研究中，將辯駁融入書寫論證之中形成以論證為基礎的文本，謂之為科學論證文本(argumentation-based texts)。本研究共呈現三種科學論證文本，分別是單邊論證文本(one-sided texts)、雙邊非反駁論證文本(two-sided non-refutational texts)，以及雙邊反駁論證文本(two-sided refutational texts)。「單邊論證文本」只呈現作者想要讓讀者接納的觀點；「雙邊非反駁文本」則在文本中針對一個議題或問題呈現雙邊不同的解釋，但對其中一邊論點較強調一些、呈現多一些證據、解釋上也較有邏輯性，或以某種方式表現出此一論述或解釋較讓人信服，但不直接明白說出這是作者比較偏愛的論點。「雙邊反駁論證文本」則是在文本中明顯地說明那一個論點是作者比較偏愛的一邊或是比雙邊非反駁更多強調其一另有的論述(Hynd, 2001)；也就是針對問題或議題，呈現雙邊不同的論述和解釋並各自提供支持的證據，但針對其中的一個觀點多作說明或針對另一觀點多做批判和反駁，觀察讀者的判斷和選擇。

研究者希望經由不同形態的科學論證文本之設計，觀察學童閱讀後理解的變化，期能藉以探討學童閱讀特徵之差異和擘畫學童科學閱讀理解的圖象，作為未來規畫指導學童閱讀理解策略之基礎。

三、研究方法

(一)研究對象

研究對象選取自於台灣南部鄉村的一所小學，選取樣本共有十二人，其中6人選取自六年級的三個班，另6人則選取自五年級的三個班。每一班級依其上學期國語科成績平均上下各一個標準差，各選取一位學業高成就學生及一位學業低成就學生參與此項研究。樣本數雖然不多，但都是各班級典型的樣本學童。

(二)研究情境與背景

參與學童的班級是在地方政府電腦亂數常態編班下形成的班級，因此可以假定每一個班級的學生平均程度大略相同，而且組成形態相似。本研究進行一共為期六週，大部份時間是利用各班級彈性課程時間進行，少部份時間是利用班級課餘時間。參與學童都是高年級的學生，所以在國語文程度上已有一定水準以上，可以閱讀一篇五百字以上的中文閱讀文本。

在研究進行期間，每位受試學童除了受試時間，其他時間都跟班上其他學童一樣進行正常的課程教學與活動。十二位學童同時進行施測活動，每一次選擇三個主題中的任一種文本進行；閱讀文本主要是以論證為基礎的科學文本，共有三種型態，包括單邊論證文本、雙邊非反駁論證文本，以及雙邊反駁論證文本。學童在閱讀文本的前、後皆進行半開放式問卷之施測；完成問卷之後，接著與研究者進行個別晤談；在整個研究過程中進行錄音、攝影，以及現場筆記。

（三）研究工具

1、科學論證文本

提供給學童閱讀之科學論證文本共有三個主題，分別是「燃燒」、「電磁」，以及「防鏽防腐」。每一個主題內容都被設計成包括單邊論證、雙邊非反駁，以及雙邊反駁文本等三種形式的文本。

2、半開放式問卷

針對每一個主題、每一種論證文本包括單邊論證、雙邊非反駁，以及雙邊反駁文本等設計半開放式問卷，在學童進行文本閱讀的前後各進行施測，加以分析比較和編碼，以瞭解學童在閱讀文本前後理解與科學概念等之差異。

四、資料分析

（一）資料收集與分析

研究過程中所獲取的資料包括半開放式問卷、晤談、現場筆記、錄音和攝影等數據，作爲資料分析的基礎。研究者從六個向度探討學童的閱讀特徵，這六個向度分別是：學童閱讀速度、學童在不同科學論證文本之閱讀理解、科學解釋之選擇、學童解釋的一致性、被文本誘導傾向，以及國語文高成就學童與低成就學童反思與批判思考的差異探討。

（二）資料編碼與一致性

研究者爲探討學童對科學文本之閱讀特徵，除了對學童完成閱讀不同論證文本的速度和時間加以比較分析之外，並針對獲取之學童在半開放式問卷的回答資料及事後晤談轉錄之口語資料，進行質性編碼分析。編碼向度包括學童對文本閱讀理解、對科學解釋之選擇、解釋一致性、受文本誘導影響程度，以及反思和批判性思考等向度的進行編碼。編碼工作是由一位科教領域的大學副教授、一位科教博士，以及一位在國小自然領域任教多年的資優教師共同進行完成。爲取得編碼的一致性，並事先預編練習，針對不一致之處加以討論取得共識，以增進實際編碼的一致性。

五、結果與討論

針對學童在半開放式問卷中所書寫的答案作質性的分析，將學童的閱讀特徵分成閱讀速度、閱讀理解、科學解釋之選擇、解釋一致性、被文本誘導傾向，以及反思與批判思考之差異等六個向度加以討論，茲將結果分項討論如下：

（一）閱讀速率差異

從學童開始閱讀標題字時開始計時，直到學童舉手表示已經瞭解文意可以接受問卷測驗爲止，記錄爲其閱讀完整篇文本的閱讀時間。將受試學童對文本的閱讀時間分成六年級與五年級組進行比較發現，六年級學童閱讀完一篇文本的平均速率爲 10.7 分鐘，五年級學童閱讀完一篇文本的平均速率爲 12.5 分鐘，六年級學童的平均閱讀速度較五年級學童的平均閱讀速率平均要快上 1.8 分鐘，如下表 1 所示。

表 1　學童完成文本閱讀所需時間對照表

閱讀時間（分鐘）＼編號／類別	5 年級， n=5； 6 年級， n=6				平均（分鐘）
	GnH1	GnL1	GnH2	GnL2	
6 年級	9.3	12.6	8.7	12.2	10.7
5 年級	11.2	13.8	10.8	14.2	12.5

註:H 代表國語文高成就學生；L 代表國語文低成就學生

由上表可以看出，六年級四位學童閱讀文本的平均時間分別爲 9.3、12.6、8.7 和 12.2 分鐘，平均爲 10.7 分鐘；五年級四位學童閱讀文本的平均時間分別爲 11.2、13.8、10.8 和 14.2 分鐘，平均爲 12.5 分鐘。明顯地比較出六年級學童的閱讀速度比五年級學童快。

如果再以國語文高成就者與低成就者做爲分類向度比較兩者之間的閱讀速度差異，發現其平均閱讀速度與國語文程度高低有關，如下表 2 所示。

表 2　高學業成就學童與低學業成就學童閱讀速率之比較

編號／類別	G6C1	G6C2	G5C1	G5C2	平均（分鐘）
高成就者	9.3	8.7	11.2	10.8	10.0
低成就者	12.6	12.2	13.8	14.2	13.2

由以上表列結果發現高成就者平均閱讀完一篇文本時間爲 10.0 分鐘，低成就者則需要 13.2 分鐘，兩者相差約 3.2 分鐘；顯然地，學童國語文程度的高低影響他在閱讀速率這方面的表現至爲明顯。在他們回答的問卷上也發現高成就者呈現比較好的推理，意謂高成就者比低成就者能較深入地理解文本的含義並較快速

抓住整個文章的架構。

（二）對科學論證文本理解差異之探討

對於學童在閱讀完文本之後進行施測的開放式問卷進行五六年級高成就學童閱讀理解之比較分析，從五個向度作爲評量理解的依據。這五個向度分別學童對於問卷問題回答的正確性（correctness）、清晰度（clarity）、詳細度（details）、迷失概念（misconceptions），以及深度（deepness）等，分析結果如下表 3。

表 3 五六年級學童於閱讀文本後之理解比較

向度 國語文高成就者	正確性	清晰度	詳細度	迷失概念	深度
五年級	好	普通	普通	普通	不好
六年級	好	好	好	普通	普通

當針對五六年級國語文高成就者與低成就者再加以深入進行比較分析，結果發現六年級高成就者對於問題的回答在「清晰度」和「詳細度」的向度優於五年級高成就者，而且在解釋的深度上表現也相對較好；但在「正確性」與「迷失概念」這兩個向度上則無明顯的差異。總體而言，對於高成就學童而言，六年級學童的閱讀理解表現優於五年級學童。

但是當對五年級及六年級的低成就學童進行閱讀理解比較時發現並無明顯的差異，因爲不管是五年級或是六年級，他們大都只僅運用簡單的文字來回答問題，回答無法切中問題的核心，甚或迷失概念經常出現在他們的答案之中。

（三）學童對於科學解釋之選擇

本研究提供給學童閱讀之每一種主題都包含有三種類型的文本，包括單邊論證文本、雙邊非反駁論證文本，以及雙邊反駁論證文本。每位學童被隨機分配閱讀某一主題的三種辯駁文本之一，那麼他在第二個主題則隨機分配閱讀剩餘的兩種辯文本之一，最後在第三個主題閱讀剩餘的一種辯駁文本。這樣可以保證每一個學童都閱讀到每一個主題並接觸到三種不同的辯駁文本，同時避免學童在閱讀不同駁辯文本時遇到相同主題而受到前一文本的影響。

學童在閱讀文本之後，對於不同文本中不同解釋所呈現的支持證據作爲相信那一個科學解釋，並在半開放式問卷中寫下說服他們的科學解釋與理由，研究者再依他們所寫下的答案作爲分析的數據。

從分析的數據中發現：對於科學解釋選擇，六年級學童比五年級學童呈現較好的結果。在十二個文本的閱讀中，有約 83.3%的六年級學童選擇正確科學家的理論來做爲解釋文本中的科學問題；而五年級中，只有約 58.3%的受試學童選擇正確科學家理論做爲認同的科學解釋，如下表 4 所示。

表 4　五六年級受試學童在不同類型文本中選擇正確科學家理論的比例

學童年級	選擇正確科學理論的文本數					
	單邊論證文本	雙邊非反駁文本	雙邊反駁文本	小計	文本總數	比例
六年級	4	2	4	10	12	83.3%
五年級	3	1	3	7	12	58.3%
小計	7	3	7	17	24	70.8%

從以上的結果發現：比較五、六年級受試學童選擇正確科學理論作爲文本中科學問題的科學解釋之比率，明顯可以看出六年級比五年級有較好的結果（83.3%;58.3%）。所有受試學童正確選擇的平均比率高達 70.83%，這是值得研究者進一步去探討的問題。

（四）學童解釋的一致性

在本研究之單邊論證文本中，其最後的結論與內文中僅有唯一的科學理論解釋是一致而且是正確的，提供讓讀者作判斷；在雙邊論證非反駁文本中對於科學問題的解釋呈現兩方不同科學理論的解釋，並提供等量的證據讓讀者作爲判斷，但在最後的結論呈現支持其中一個科學理論或解釋。在雙邊辯駁文本中則同時呈現兩邊科學理論或解釋，但是特別針對其中一個科學解釋多加一段敘述增加說服性，且最後的結論支持這個論點。

當檢視這些學童所選擇之科學理論與是否贊同文本結論比較其前後一致性時，發現五年級與六年級學童所做的選擇之解釋一致性近乎相同（58.3%,58.3%）；這呈現的結果是在這兩個年級學童的解釋一致性無顯著差異，如下表 5 所示。

表 5　五、六年級學童和國語文高、低成就學童之解釋一致性結果分析

項目	五年級學童	六年級學童	國語文高成就學童	國語文低成就學童
解釋一致文本數	8	8	11	5
總文本數	12	12	12	12
比率	66.7%	66.7%	91.7%	41.7%

當進一步比較這些語文高成就者與低成就者解釋的一致性時，發現語文高成就者在解釋上一致明顯優於語文低成就者，這樣的結果符合研究者原先預期的假設，即國語文能力的高低會影響學童在科學文本的閱讀理解；換言之，學童在閱讀科學文本時的理解受其本身語文素養的限制。

（五）學童受文本誘導的影響程度分析

當一位讀者在閱讀一分科學文本時，倘若對其內容和理論無法完全理解，則可能會對文本產生完全的信任或不信任。當讀者完全相信文本所闡述的理論時，則容易受到文本的誘導而產生迷失。

如下表 6 所示，不分年級、不論語文高成就者或是低成就者，被文本誘導的參與者比率爲 66.7%，這意謂有相當比例的參與者易受到文本的影響而被文本導引至文本原先所預設的立場，換言之多數讀者容易相信文本的僞前提，而非依呈現證據作爲判斷。這個結果與 Hynd（2001）的發現「書寫論證對多數人較具有說服性的原因其一是學生會以爲作爲閱讀文本之內容應該就是真實和正確的」相一致，值得研究者進一步去做探討。

進一步對表 6 中語文高成就者與低成就者的表現進行解析發現，前者被文本誘導的比例爲 50.0%，反之後者則高達 83.3%，即語文低成就者比高成就者更易受到文本的誘導而產生誤判。由這樣的結果看來，語文成就高低確實會影響讀者在閱讀文本時獨立判斷的能力，語文表現不佳者更容易受到文本預設立場之影響而作了錯誤的判斷和選擇。

表 6　學童解釋受文本影響的分析結果

類別	被文本誘導者（次數） 單邊論證文本	雙邊非反駁文本	雙邊反駁文本	小計	受測文本總數	比率	平均比率
六年級學童	4	2	2	8	12	66.7%	66.7%
五年級學童	4	2	2	8	12	66.7%	
國語文高成就者	4	1	1	6	12	50.0%	66.7%
國語文低成就	4	3	3	10	12	83.3%	

再對五年級和六年級學童被文本誘導的比率進行比較，兩者被文本誘導的

比率皆為 66.7%，因此在這一部份，年齡的差距並未造成在這個向度上的區別。

（六）反思和批判性思考

批判性思考是學習者在面臨問題時必須具備之科學思考能力，具備批判思考能力才能客觀的判斷問題並解決問題。而判斷學童批判性思考能力之良窳方式之一就是檢視其對文本論證（argument）的判斷，從學童在問卷中的回答加以檢視。

當對學童在半開放式問卷中的回答加以分析後發現：語文高成就者在紙筆的回答內容上明顯地比語文低成就者較為詳細，能提出較多的證據來說明他所支持的科學解釋，並時能對他的答案加以反思，推測可能不成立的情況，以及反駁他不支持的論點。對比語文低成就者在問卷上回答，他們通常以簡要的文字寫下他們的選擇，而無法更詳細地解釋為何做這樣的選擇，亦無法對文本中科學家的解釋進行評論與無法闡明他們的理解。

從學童回答的問卷結果分析獲致一個結果是：語文高成就者比低成就者在閱讀科學文本時呈現較高的反思與批判性思考能力。

六、結論與發現

（一）研究結果發現六年級學童比五年級學童有較快的閱讀速度，而且語文高成就者比低成就者的閱讀速度要快。換言之，在研究中學童閱讀科學文本之速度與學童成熟度和語文成就是正相關的。

（二）對不同語文成就的學童之閱讀理解分析，發現六年級語文高成就者比五年級高成就者呈現較好的理解表現；但對語文低成就之受試者而言，五、六年級受試者未明顯有閱讀理解上之差異。

（三）在選擇正確科學理論解釋問題這一向度而言，六年級受試者平均比五年級受試者能夠選擇較正確的科學理論來回答文本中所提出的問題；換言之，六年級學童在科學解釋的選擇上優於五年級學童。

（四）對五年級和六年級的受試在解釋一致性這一向度上的比較並無明顯的差異，但對不同語文成就者而言，高成就者的解釋一致性明顯優於低成就者。

（五）研究結果發現不管是語文高成就者或是低成就者都深受文本的影響，甚至受到誘導，但語文低成就者被誘導的比率明顯高於高成就者；再以年級來區分，不管是五年級或是六年級受試者都具有相同的被誘導比率，都同樣容易受到文本的誘導。

（六）檢視受試學童閱讀文本之後在半開放式問卷的答案，語文高成就者表現得比低成就者較具反思和批判性思考能力。

誌謝

本研究承蒙行政院國家科學委員會補助經費（經費代號：NSC 97-2628-S-012-001-MY2），同時感謝台南科大楊安華教授提出之評論及建議，謹此敬致謝忱。

參考文獻

中文部分

林燕文、洪振方（2007）：對話論證的探究對促進學童科學概念理解之探討。**花蓮教育大學學報**,24,139-177。

林燕文、洪振方（2007）：對話論證的探究中學童論述策略對促進科學概念理解之研究。**屏東教育大學學報**, 26, 285-324。

黃幸美（2003）：**兒童的問題解決思考研究**。台北：心理。

蔡偉鼎譯（2002）：**批判性思考導論－如何精進辯論**。台北：學富。

羅雅芬譯（2003）：**兒童認知**。台北：心理。

英文部分

Chambliss, M. J. & Murphy, P. K. （2002）. Fourth and fifth graders representing the argument structure in written texts. *Discourse Processes*, 34（1）, 91-115.

Driver, R., Newton, P., & Osborne, J. （2000）. Establishing the norms of scientific argumentation in classrooms. *Science Education*, 84（3）, 287-312.

Duschl, R. A., & Osborne, J. （2002）. Supporting and promoting argumentation discourse in science education. *Studies in Science Education*, 38, 39-72.

Felton, M. K. & Kuhn, M. （2001）. The Development of Argumentive Discourse Skill. *Discourse Processes*, 32（2 & 3）, 135-153.

Hynd C. R. （2001）. Refutational texts and the change process. I*nternational Journal of Educational Research*, 35, 699-714.

Jimenez-Aleixandre, M., Rodriguez, A., & Duschl, R. （2000）. 'Doing the lesson' or 'doing science' : Argument in high school genetics. *Science Education*, 84（6）, 757-792.

Kuhn, D. （1993）. Science as argument: Implications for teaching and learning scientific thinking. *Science Education*, 77, 319-337.

National Committee on Science Standards and Assessment. （1994）. *National Science Education Standards*. Washington, DC: National Academy Press.

Newton, P., Driver, R., & Osborne, J. （1999）. The place of argumentation in the pedagogy of school science. *International Journal of Science Education*, 21, 553-576.

Nussbaum, E. M., & Sinatra, G. M.（2003）. Argument and conceptual engagement. *Contemporary Educational Psychology*, 28, 384-395.

Posner, G. J., Strike, K. A., Hewson, P. W., Gertzog, W. A. （1982）. Accommodation of a scientific conception: Toward a theory of conceptual change. *Science Education*, 66, 211-227.

Sandoval, W. A. & Millwood, K. A. （2003）. The quality of students' use of evidence in written scientific explanations. *Cognition and Instruction*, 23（1）, 23-55.

Sandoval, W. A. （2003）. Conceptual and epistemic aspects of students' scientific explanations. *The Journal of the Learning Sciences*, 12（1）, 5-15.

Toulmin, S. （1958）. *The Use of Argument.* NY: Cambridge University Press.

Zarefsky, D. （1995）. Argumentation in the tradition of speech communication studies. In F. H. van Eemeren, R. Grootendorst, J. A. Blair, & C. A. Willard （Eds.）, *Perspectives and approaches: Proceedings of the Third International Conference on Argumentation* （Vol. 1, pp.32-52）. Amsterdam: Sic Sat.

從比較閱讀策略與PISA閱讀歷程談語文教學實踐
——以「人間情分」「瑞穗的靜夜」示例
談兩岸語文教學之異同

吳韻宇*

摘要

自 2009 年國際閱讀評比（PISA）成績公布後，臺灣教育界對中學生（15 歲）閱讀成績排序爲全世界（區域）第 23 名，而同爲華人文化區的上海、香港、新加坡，竟分居全世界第 1、3、4 名，乃紛紛出現檢討的聲音，最後一致認爲應該從中小學的基礎教育來進行改革。於是臺灣的教育單位與中小學教師群，開始研究兩岸四地課程綱要（課程標準）的特色與要求，也想仔細觀察兩岸四地教師課堂教學的異同，以作爲修正課程綱要、精進課堂教學的起始點。

2011 年底，教育部課程與教學輔導諮詢團隊決議組團至上海、杭州、寧波，正式進行教師課堂教學交流，2012 年 4 月在國立臺北教育大學國語文輔導團召集人孫劍秋教授帶領下，順利成行。本文即以當時交流發表之課堂實踐示例作爲研究發表，首先概述臺灣閱讀語文教育理論研發現況，繼而說明筆者之理論與實際聯結之課堂設計，並析論當時兩岸課堂發表之情形與差異，以及個人教學省思與建議。

一、前言

兩岸課程教學交流，在小學階段已行之多年，如由小學語文教育學會所主辦之「兩岸四地小學語文教學觀摩研討會」等，但在中學部份卻遲遲未見起步，此次在國立臺北教育大學孫劍秋教授帶領下，中學語文教學交流終於順利邁開步伐，筆者誠惶誠恐接下授課任務，在準備的過程中，如同回到初任教學工作中，臨淵履薄的戒慎恐懼。其間有收穫，有啓發，更有雙方對談激盪下的感動。

此次兩岸教學交流，筆者以臺灣近年閱讀教學推動重點做爲課程設計主軸，以期與大陸語文教學對談互動與比較，故設定「課程綱要能力指標轉化之比較閱讀」與「國際閱讀評量（PISA）歷程融入教學」[1]爲教學理論依據。臺灣這幾年的

* 教育部國語文課程諮詢輔導教師、桃園縣慈文國中教師

[1] 國際學生評量計畫（The Program for International Student Assessment，簡稱 PISA）是由經濟合作暨發展組織（Organization for Economic Cooperation and Development，簡稱 OECD）所委託的計畫，於

閱讀教育，不僅重視大量閱讀，目前也逐漸轉向多元文本的延伸閱讀與內化後的質的提升：從閱讀活動設計，進而將閱讀概念融入課程教學，讓學生在大量閱讀之餘，也能默讀、深讀、細讀，讀出自己與眾不同的想法。

本文先以課程綱要第四階段[2]閱讀能力指標作爲分析依據，從中以能力指標「5-4-4 能廣泛的閱讀各類讀物，並養成比較閱讀的能力」，搭配教學轉化示例，並藉由教學活動，以期達到理論、教學與研究合一的教學實踐。此外閱讀教學亦須融合時代趨勢，教學想法更應與國際接軌，故課程中亦嘗試將 PISA 閱讀歷程融入教學，以尋求教學設計的養分，檢視教學目標與成效。

二、比較閱讀策略與 PISA 閱讀歷程分析

（一） 課程綱要閱讀能力指標及說明

1、 參考能力指標

茲列出課程綱要中第四階段閱讀能力指標：

5-4-2-1 能***具體陳述***個人對文章的思維，***表達***不同***意見***。

5-4-2-2 能***活用***不同***閱讀策略***，提升學習效果。

5-4-3　能***欣賞***作品的***寫作風格***、***特色***及*修辭*技巧。

5-4-3-1 能瞭解並***詮釋作者***所欲***傳達的訊息***，進行對話。

5-4-3-3 能經由***朗讀***、***美讀***及吟唱作品，***體會***文學的***美感***。

5-4-3-4 能***欣賞***作品的***內涵***及***文章結構***。

5-4-4 能***廣泛的閱讀***各類讀物，並養成***比較閱讀***的能力。

1990 年代末期開始對 15 歲學生的數學、科學及閱讀進行持續、定期的國際性比較研究。此項國際性評量調查每三年舉行一次，第一次調查是在 2000 年，共有 43 國參與；第二次調查是在 2003 年，參與國家數爲 41 國；第三次調查於 2006 年舉行，共有 57 國參加，臺灣於 2006 年開始參與此項計畫；目前已完成 2009 年的第四次調查，共有包括臺灣等 66 個國家、地區簽署參與，並將於今（2012）年進行第五次調查。每次調查，各國通常會有 4500 名至 10000 名學生接受施測。每次評量會從數學、科學及閱讀三個領域中選定一個主要領域，進行深入且具體的評量。PISA 2000 年的主要評量領域爲閱讀，2003 爲數學，2006 爲科學，2009 爲閱讀，2012 的主要領域又回到數學。PISA 是一項以年齡爲導向的調查研究，採取素養（literacy）的觀點設計測驗，重點在於評估接近完成基礎教育的十五歲學生，是否能將在校習得的知識與技能應用於進入社會後所面臨的各種情境及挑戰。

[2] 教育部從民國 90 年正式推動九年一貫課程暫行綱要（以下簡稱暫綱），其後歷經 92 年課程綱要的宣布，97 年課程綱要重要名詞、用語的調整；最後在去年（100 年）經由國立臺北教育大學孫劍秋教授帶領之中央課程與教學輔導諮詢團隊，刪併繁複條目，統一名詞、用語，而告定案。整體而言，國民中小學課程綱要的頒布已歷經 10 餘年，也修訂多次，在九年一貫開放學校本位課程與教師課程設計權的專業自主精神下，學校及教師應該具有設計出適合學校本位課程的能力，然目前我國中小學教學現場中倚賴教科書（備課用書）的情形仍然相當普遍。

2、 解讀說明

能力指標就一般教學現場的教師而言，就像難以引起共鳴的陽春白雪，真正能參考指標而設計教案者實在不多。其實能力指標所指引的，只是一個教學方向，筆者常常挑出指標中之動詞或關鍵語詞（如上段指標中的斜體部分），作爲教學聯想。根據以上能力指標關鍵語，筆者再整理綜合爲下列四點：

A、基礎閱讀：活用閱讀策略，分析文章結構。

B、分析閱讀：詮釋作者於文本中所傳達的訊息、欣賞作者寫作風格、特色及修辭。

C、比較閱讀：尋找段落旨意，養成比較閱讀的習慣、陳述個人意見，比較自己與他人的思維差異。

D、應用閱讀：經由朗讀、美讀及吟唱作品，體會文學的美感。

以上四點中，本文特別針對比較閱讀進行分析探討，以設計閱讀教學課程。

（二） 比較閱讀法及其運用

比較閱讀教學法是將兩篇或兩篇以上，在內容和形式上有一定關聯的文章，加以對比分析。藉由同中求異、異中求同、深化理解等方式，在閱讀過程中，將文本內容不斷進行比較、對照和鑒別。如此的教學模式，既可以延伸閱讀視野，激盪學習思考，使認識更加充分、深刻；又可觀察異同，掌握特點，進而提高鑒賞力，確實是一種有效的教學法。然而現場教師該如何進行比較閱讀呢？個人提供幾點淺見：

1、 確定比較的目的與方式

比較閱讀的目的要讓學生在兩個意義段或兩篇文章的比較中，從文章內容、形式結構、語言句法等方面，進行異同得失、高下深淺的理解。而比較方式：從篇幅來說，可以是段與段的釐析，也可以是章和章的比較。從選材來說，可以是課內不同選文的比較，也可以採用課內、課外不同文章表述方式的比較。從作家作品角度來說，可以選同一作家不同時期的作品進行縱向比較；也可以將同時期不同作家的作品進行橫向比較。總而言之，只要內容或形式有所聯繫，都可以構成比較閱讀。

2、 選擇比較材料與對比點

相同文類的文章，可以比較結構的異同；不同文類的文章，可以分析章旨與寫作手法的特色等，這是文本材料的選擇。至於對比的重點則可從主題呈現、字句運用、表現形式、寫作手法等方向，來加以思索探究。例如：分析「動靜對比」

的寫作手法，學生可以立刻理解「人閒桂花落」句，人是靜、花是動；又如說明「推、敲」典故時，學生也才能體會「僧敲月下門」的動靜對比之妙。所以選擇好的文學作品進行分析是進行比較閱讀的成功關鍵；而對比點的精彩呈現，則有畫龍點睛、拍案叫絕的功效。

（三） PISA 閱讀歷程分析

根據 PISA（2006 Reading Literacy Framework：5）[3]的說明，PISA 閱讀評量（包含連續性與非連續性文本）主要在了解 15 歲學生的五項閱讀歷程（processes）或面向（aspects）。內容如下：

1、提取資訊（retrieving information）
2、形成廣泛理解（forming a broad general understanding）
3、發展詮釋（developing an interpretation）
4、反思與評鑑文本內容（reflecting on and evaluating the content of a text）
5、反思與評鑑文本形式（reflecting on and evaluating the form of a text）

然而在實務的評量檢測中，也將上述五項閱讀歷程，整合爲三項。即將「形成廣泛理解」和「發展詮釋」整合爲「詮釋文本」（interpreting texts）一項，將「反思與評鑑文本內容」與「反思與評鑑文本形式」整合爲「反思與評鑑」（reflection and evaluation）一項。以表格呈現如下：

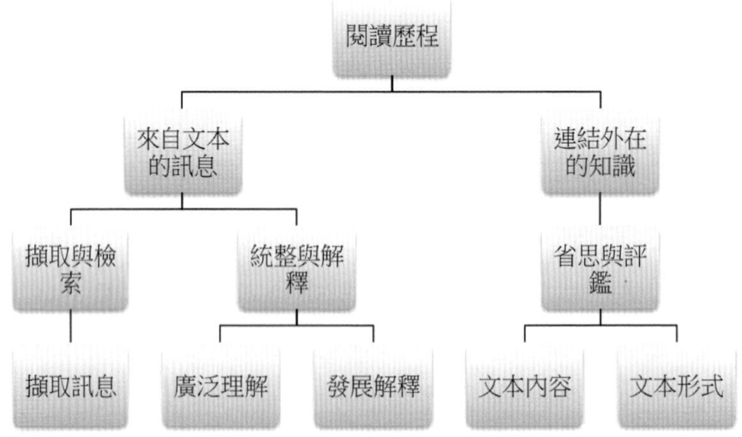

[3] 資料來源：臺灣 PISA 國家研究中心 http://pisa.nutn.edu.tw。

三、課程設計理念

（一） 運用比較閱讀延伸學生閱讀廣度

若以教材篇目來看，臺灣教科書選用的文本篇數明顯不足。因此筆者希望能經由比較閱讀的教學模式，以增加學生閱讀廣度，並刺激學生思考寬度。藉由比較閱讀的實施，不僅可以考查學生語文基礎知識的掌握情況，也可以訓練學生的閱讀分析能力、思維判斷能力，以及語言的綜合運用能力。本教案是以臺灣作家張曼娟〈人間情分〉[4]與李潼〈瑞穗的靜夜〉[5]兩篇文章作比較，主要是兩文寫作結構組織皆有其相似之處，其次文章皆有「寧靜」、「沉靜」之旨趣，亦有異曲同工之妙。故教學設計重點從「寫作的技法—對比轉折技巧」及「文章的內容—作者心境轉換」選擇對比點，來分析文章異同。

（二） 搭配 PISA 閱讀歷程設計教學主軸

PISA 國際閱讀評量架構，近年一直是教育部國語文課程與教學輔導群推動的重點，從臺灣學生在 PISA 中的表現分析，期待現場老師能清楚掌握 PISA 評量模式與一般評量試題的不同，更希望在教學中能加入 PISA 評量意涵，應用設計於教學之中。本教案結合 PISA 閱讀歷程，從「擷取資訊」、「廣泛理解」、「發展解釋」文本分析，再加入「省思評鑑」高層次提問思考設計，設定教學目標為：

1、能摘要文本重要訊息及主旨。

2、能掌握全文架構並尋求文本鷹架。

3、能分辨文本間前後發展關聯、分辨不同文本之異同。

4、能省思文本內容並聯結學生自身經驗。

（三） 注重語文知識性文本分析與人文性美學關懷

近幾年閱讀教育蓬勃發展，閱讀的知識層次分析漸受重視，但有時過度重視知識架構分析，反而忽略了教育經驗中的美學、倫理、精神的層面，故如何讓工具性與人文性達到統一，是語文課程的終極理想。課程文本理解是教學基本目標，但若能藉由體會、思考文本內容、以致聯結自身的詮釋，如此轉化過程便是閱讀美學的創造。筆者選用更貼近學生生活經驗的文本教材，教學的重心除了掌握文本線索脈絡，更希冀學生在閱讀後能提出自己的看法，達到與文本連結，勾勒喚

---

[4] 〈人間情分〉出自張曼娟的作品集《百年相思》，文匯出版社，2003。全文內容共包含三則結構主旨相仿的故事，分別為〈不平凡的一雙手〉、〈小島上的公用電話〉、〈月臺上的白色背影〉，本課程僅以第一則〈不平凡的一雙手〉作為主要比較文本。

[5] 李潼：《瑞穗的靜夜》，聯合報出版，2008 年。

起學生生活經驗。

四、課堂實踐歷程

（一） 課前文本分析

文本是方法學上的活動領域，為一件合併了作者和讀者的作品，也就是說文本有多重空間的呈現面向，除了作者的創造外，亦可以被讀者多面解讀，是可建立在雙方對話的角度。本教案示例，筆者嘗試以心智圖[6]圖像化思考模式，分析文本內容，找出文本之主要核心概念與教學重心。

1. 人間情分～不平凡的一雙手

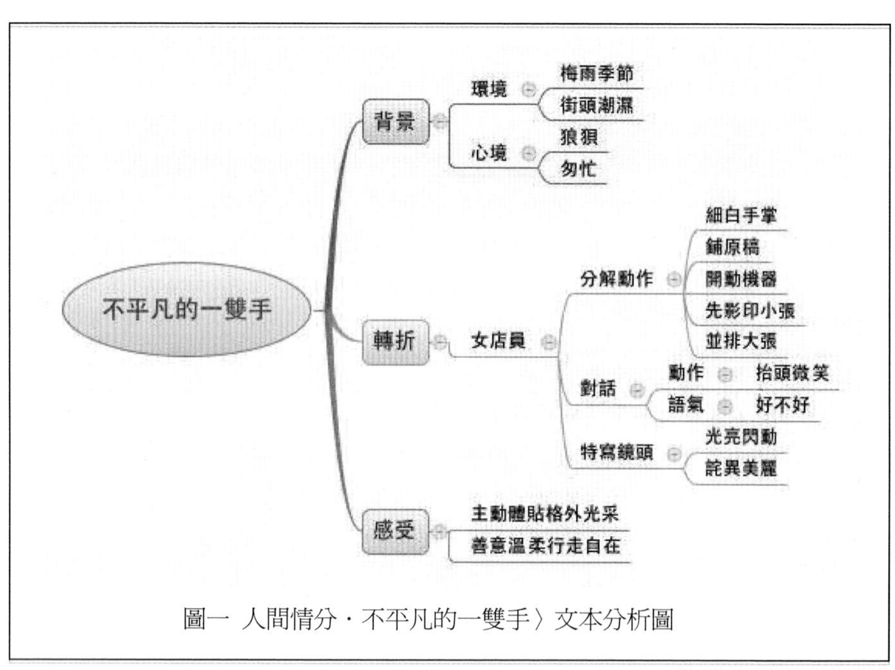

圖一 人間情分．不平凡的一雙手〉文本分析圖

〈人間情分．不平凡的一雙手〉依上圖可將文章區分為三層次，依序為：

（1）文意轉折前背景烘托

（2）出現女店員文意轉折後的描述

（3）作者心境感受的改變

[6] 心智圖（Mind Map），英國教育學家東尼·巴贊（Tony Buzan）所開發的一種訓練思考的工具，又稱腦圖、心智地圖、腦力激盪圖、思維導圖、靈感觸發圖、概念地圖、樹狀圖、樹枝圖或思維地圖，它是一種利用圖像式思考來表達思維的工具。

文意境由浮動、煩躁、匆忙，轉爲溫柔、自在。

2. 瑞穗的靜夜

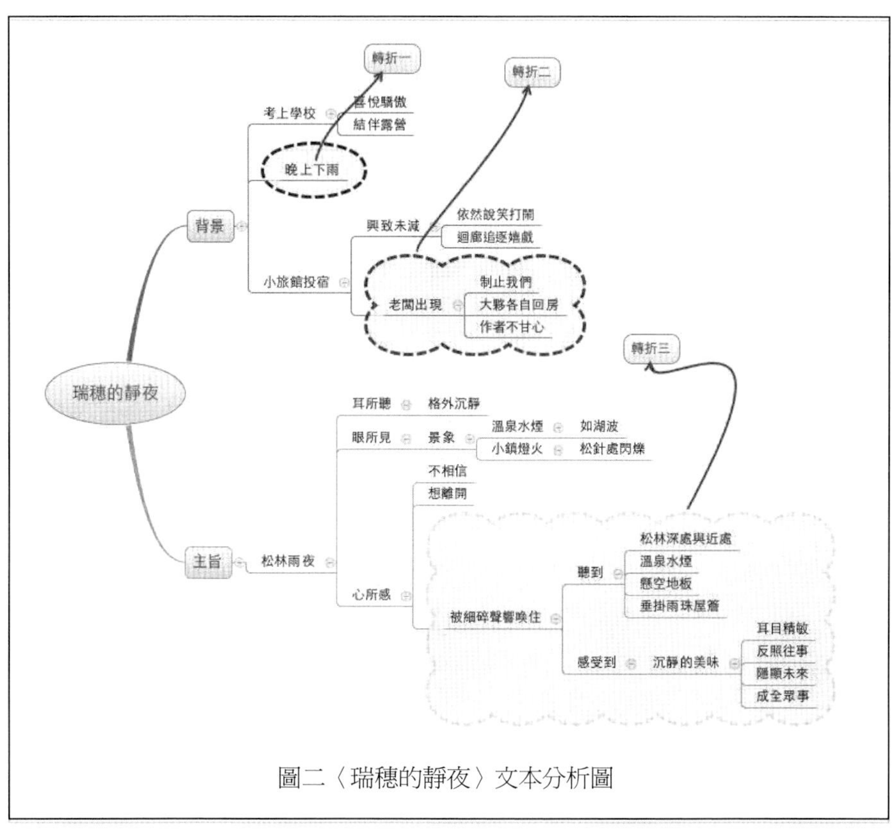

圖二〈瑞穗的靜夜〉文本分析圖

〈瑞穗的靜夜〉依上文亦可區分爲：

（1）轉折前背景交代：敘述作者考上理想高中的興奮心情，原先想露營慶祝卻因雨勢而投宿日式旅館。

（2）轉折後欣賞松林雨夜：因旅館老闆制止作者一行人的喧鬧，作者因而在迴廊下靜聽、靜看、靜思而有所體會。

以上兩篇文本，於結構上皆運用了由轉折導入主旨的寫作手法；於內容上皆抒發了由躁動到寧靜的心情變化，故本課程選擇二文作比較閱讀課堂實踐文本。

（二） 課堂教學流程

1. 揭示教學目標主軸

在課堂教學活動中，教學主體應是學生，故筆者於一開始授課時即先揭示教學目標主軸，臚列如下：

（1） 課程文本：〈人間情分・不平凡的一雙手〉、〈瑞穗的靜夜〉

（2） 課程名稱：比較閱讀教學

（3） 課程目標：能從文章中分析轉折架構及主題寫作技巧

（4） 課程主軸

流程	教材	教學內容	PISA 閱讀歷程
瀏覽靜讀	人間情分	課文概覽	擷取訊息
分析細讀	人間情分	結構分析 段落比較	廣泛理解 發展解釋
比較深讀	人間情分 瑞穗的靜夜	文本比較	發展解釋 省思評鑑

2. 「人間情分」教學設計

（1） 概覽課文——提取文章重要訊息（PISA 擷取訊息）

筆者在學生初步閱讀完文本後，提出簡單訊息擷取問題，如：

■ 文中出現了哪些人物？

■ 在什麼環境？什麼地點？

■ 發生了什麼事？

■ 作者在文中有什麼轉變？

■ 從文章你讀到了什麼？

■ 接下來再請學生以二至三句話，簡單說出本文篇章大意：作者因一位陌生女子的體貼善意，由焦躁到自在的心情轉變。

（2） 結構分析——瞭解文章層次安排（PISA 廣泛理解）

〈人間情分・不平凡的一雙手〉一文寫出作者於梅雨季中煩躁的心情，消散於一位素昧平生的影印店服務員的體貼溫柔，文章脈絡於服務店員的出現而產生改變轉折；而於轉折後更用繁筆聚焦於店員動作、言語之描繪以及作者心情之改變。故本文教學主架構有二：（甲）尋找全文文意轉折點。（乙）分析轉折後文本寫作亮點，並請學生一一找出並分享。此處希望學生廣泛理解全篇文本架構找出全文重心。

（3） 比較分析——比較文本間前後段落寫作手法（PISA 發展解釋）

此處教學重點，要求學生作文本段落間的比較分析，從寫作的技法來選擇對比點。依文意轉折點將文章區分爲前後結構段，轉折前（自然段1.2段）爲背景鋪陳，作者運用眾多意象來鋪陳出浮動、煩躁的氛圍。如下圖：

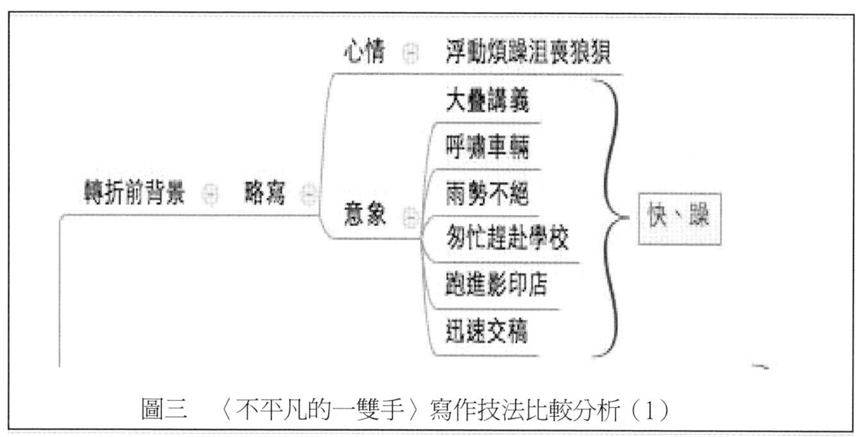

圖三 〈不平凡的一雙手〉寫作技法比較分析（1）

而轉折後，則以影印店女店員作主題細膩描寫，從動作、對話、畫面、感受來一一描繪，如下圖：

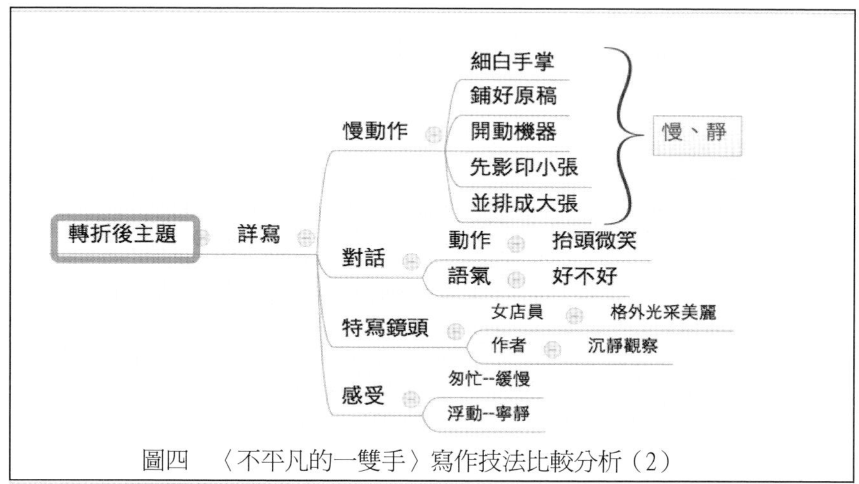

圖四 〈不平凡的一雙手〉寫作技法比較分析（2）

由〈圖三〉、〈圖四〉比較分析圖來看，可知轉折前後寫法之差異：轉折前藉由面的烘托，以許多事件概述氛圍之快速、煩躁；轉折後則聚焦在主題點上，詳述人物動作、對話、心境。藉由略寫與詳寫的區分比較，來掌握重點段落分析。

3、「瑞穗的靜夜」教學設計

（1）概覽課文——尋找文章轉折之處（PISA 發展解釋）

依循〈人間情分・不平凡的一雙手〉教學主軸，筆者於教學中再請學生找出李潼〈瑞穗的靜夜〉全文轉折之處。〈瑞穗的靜夜〉一文，文意轉折層次更加豐富，學生於概覽文本後即能找出「旅館老闆的出現，促使作者必須停下喧鬧的心」爲一轉折點，但藉由老師的引導再將文意線索往前推敲，學生更可發現在文本第三段即出現第一轉折點「因下雨而無法露營」。文意層層推衍，讓學生於提問中明瞭文章架構鋪陳。

（2）分析本文寫作主旨及亮點（PISA 發展解釋）

接著教師再繼續請學生分析本文轉折後的細膩描繪與全文主旨。以下爲簡要課堂實錄：

師：請同學再說看看第二層轉折（旅館老闆出面制止）後，作者主要寫些什麼？

生：作者靜下來發現了松林雨夜的美好。

師：很好。那誰可以說看看，作者如何鋪陳這一處的文字？

生：作者先以眼睛所見，寫出如湖波的溫泉水煙，和五里外松針稀疏處的小鎮燈火，再寫出作者聽到窸窣細微聲響。

師：非常好，同學觀察文字都很敏銳。不過此段又出現轉折喔，誰可以說看看？

生：作者原先想離開，卻被一些聲響喚住。所以聲音的出現，也是另一個轉折點……

師：太棒了！我們找到全文第三個轉折點，不過那是什麼聲音呢？

生：作者聽到一些窸窸窣窣的聲音。

師：在文本中那是什麼聲音？

生：那些輕細的聲響，來自松林的深處與近處、來自溫泉的水煙裡、來自懸空的地板和垂掛雨珠的屋簷。

師：這些聲音的確要在心思完全沉靜下才能聽見，這是在自然段第六段中所出現的內容，有誰可以說看看第七段所描述的是什麼？

生：（靜默）

師：剛剛提到作者第六段是聽到細微的聲音，下一段聽到什麼聲音？

生：我覺得是傾聽作者自己內心的聲音。

師：為什麼？

生：因為作者說「我從來不知，我是可以不喧嘩的，可以將耳目精敏到這個程度，讓心思澄明得像一面鏡子，清晰反照童年往事，也隱隱顯現未來的路。」這代表作者也發現自己心境的變化。

師：還有呢？

生：還有在最後一段「我第一次嘗到沉靜的美味，在這個身心不安的少年時代。」

……

4、 兩課閱讀比較分析（PISA 省思評鑑文本型式）

在確定兩篇文本的關聯性、可比較性後，筆者於課程中即設定比較範疇，請學生以討論方式找出兩篇文章相同與相異之處。亦即從「寫作手法」與「心境轉換」尋找「同中求異」「異中求同」的比較，並訓練學生在 PISA 測驗中「省思評鑑」思維比較分析能力。

（1） 寫作手法比較

此次選用的兩篇文本〈人間情分‧不平凡的一雙手〉及〈瑞穗的靜夜〉，結構寫作模式皆包含「轉折」及「轉折後主題呈現」寫法。但在轉折後主題呈現內容，〈人間情分‧不平凡的一雙手〉以敘述影印店所發生的事來抒發作者心情改變；而〈瑞穗的靜夜〉則藉松林雨夜景象的描寫，來提及年少心靈成長的啓發。

<table>
<tr><th></th><th>同</th><th>異</th></tr>
<tr><td>人間情分</td><td rowspan="2">轉折前背景醞釀
轉折後主題呈現</td><td>寫事＋抒情</td></tr>
<tr><td>瑞穗的靜夜</td><td>寫景＋論述</td></tr>
</table>

（2） 心境轉換比較

兩篇文本在心境轉換都有相同變化，由躁動的心境轉爲沉靜的感受，但〈人間情分‧不平凡的一雙手〉作者心境轉換是由影印店小姐的溫柔善意而帶引，〈瑞穗的靜夜〉則是因作者獨自一人欣賞雨夜美景，聆聽細微聲響所體悟的靜定情感。此外〈瑞穗的靜夜〉一文在心境轉變的層次上更爲豐富，此處也作爲下一個教學流程中討論分析的重點。

	同	異	
人間情分	躁—靜	外引	浮動、煩躁→寧謐、自在
瑞穗的靜夜		內悟	驕傲→嬉鬧→不甘心→失措張望→沉靜

5、 從文本訊息連結學生生活經驗（PISA 省思評鑑文本內容）

文本若只是文本，少了讀者與文本的聯結，便欠缺閱讀生命的養分。課程中最可貴的便是教師和學生都能投入，透過教師的引導，讓學生能與生活經驗聯結，發揮自主的獨特性。故在教學最後運用美感經驗課程的「主觀性」與「創造性」來引發學生自身美感經驗。

（1） 從失措張望導入青少年心情

（2） 藉由兩篇文章所提「沉靜的美好」，讓學生思索自己是否也有「沉靜的時刻」？作爲隱性學習作業。

（三）課後教學省思

1. 兩岸閱讀教學比較

本次課程是爲了與大陸上海、杭州、寧波三地互相交流觀摩而設計，筆者在杭州保俶塔實驗學校及寧波新城實驗學校進行兩場課堂教學觀摩，對岸授課大陸教師有浙江省語文特級教師張英飛老師及寧波市名師江東區教育局教研室教研員劉飛耀老師。評課教授分別爲杭州市教育局蕭鋒副局長、杭州市語文教研員特級教師方順榮老師、寧波市教研室高中語文教研員浙江省中學語文特級教師褚樹榮老師。以下即以當日專家教授角度，將授課完畢後所獲得之評課意見羅列如下：

（1） 兩岸語文教學皆注重培養學生發展語文能力

語文教學與其他領域教學不同，除文本理解外，更注重學生語言表達能力與深沈思考能力。如張英飛教師〈行道樹〉一文，讓學生體會「神聖的事業總是痛苦的，但也唯有這種痛苦能把深度給予我們」字面下文字涵義與深度；吳韻宇教師〈瑞穗的靜夜〉從「失措張望」去瞭解字彙在文本中與其他情感層面的差異，進而可發揮字彙的深入涵義[7]；劉飛耀教師〈茅屋爲秋風所破〉詩中，藉由找出詩中的矛盾之處，引發學生進一步思考。這些都是教學呈現的特色之一。

（2） 兩岸語文教學皆注重師生互動式教學

此次兩岸教學皆不約而同展現以學生爲主體之教學，重視引領平行式學習，採對話性教學，學生與教師間對話，學生與作者間對話，學生與文本對話，甚至

[7] 杭州市語文教研員特級教師方順榮老師評課內容。

是學生與自身對話，都顯示語文教學已擺脫傳統教師講授式學習模式[8]。

（3） 兩岸語文教學皆從比較閱讀來引領思考

除重視互動教學外，此次兩岸交流中亦有一項相同之處，即是皆從「比較閱讀」來導入文本思考。如杭州張英飛教師在〈行道樹〉一文中，讓學生比較「在都市的行道樹」與「在森林的樹」或與「都市中居住的人們」的不同；寧波劉飛耀教師以〈茅屋爲秋風所破〉一詩與杜甫其他詩作來作比較；臺灣吳韻宇老師則提供兩篇文本〈人間情分〉、〈瑞穗的靜夜〉以供學生從寫作手法及內容意趣作比較[9]。可見「比較閱讀」在兩岸閱讀教學策略中同受重視。

2. 個人教學省思

（1） 找回教學熱誠初衷

兩岸教學觀摩交流，在以對方學校學生爲主，並且無法掌握學生前備知識的惶恐下，的確令人畏懼且心生逃避。但所幸接下此任務，筆者如同參加教師甄試般，戰戰兢兢縝密思考教學整體核心，仔細規劃每個教學環節與時間，在赴大陸前，以本校學生做演示參考，學校老師參與教學觀摩，並提供教學建議改進方向，在臨淵履薄的謹慎中，尋回自己教學的初衷與熱情，收穫最多的絕對是參與授課的教師。

（2） 正視閱讀教學難點

但在教學現場中，筆者自覺大陸教師能切中核心，精準的提問技巧，是臺灣教師所敬佩與學習的典範。究其因，大陸語文教學非常重視學生口語表達，且在評量試題上多出現要求學生完整表述的問答題，與臺灣評量題型多以選擇題四選一相比，大陸學生表述完整語意的能力的確表現優秀；且因學生不擅回答，教師與學生互動激盪未如預期，循環反覆之下，提問教學便未能普遍推動。

（3） 肯定臺灣教學亮點

語文教學包含語言文字、語言文學、語言人文，語文教學不應只是工具學科課程，更是人文感受關懷[10]。教語文是要讓學生感受人生的幸福，圓潤人生的挫折，提升人生的智慧。在文本的選取上，臺灣教材更能貼近學生生活經驗，更能關注文本內容，喚醒學生相似經驗[11]。在教學上，臺灣語文教學更以學生爲出發點，重視學生獨特的個體，肯定學生與眾不同的想法，多元且尊重，人文並關懷，這是臺灣閱讀教學的長處與亮點。

[8] 寧波市教研室高中語文教研員浙江省中學語文特級教師褚樹榮老師評課內容。
[9] 杭州市語文教研員特級教師方順榮老師評課內容。
[10] 杭州市教育局蕭鋒副局長評課內容。
[11] 寧波市教研室高中語文教研員浙江省中學語文特級教師褚樹榮老師評課內容。

五、結論及建議

（一）結論

筆者依此次兩岸教學觀摩學習，以教材內容、教學方法、評量模式三方面來總結比較：

1、教材內容

大陸語文教材文本篇目明顯較臺灣總篇目數多出許多，以七下（國一下學期）教材舉例：大陸人民出版社語文課本包含六單元共三十篇課文，每單元各附有寫作、口語交際、綜合性學習一單元，全冊課文後有課外古詩詞背誦篇目、名著導讀說明、書法學習及文法學習單元；而臺灣七下教材內容爲課文十二篇，語文常識兩單元，外加選修課文一篇。若以數量來看，大陸教材明顯增加學生閱讀廣度；但若以教材內容來看，臺灣文本教材較能貼近學生生活經驗，重視人文關懷。

2、教學方法

兩岸語文教學方法各有千秋，大陸教師教學節奏明快，對於朗讀放聲思考與提問教學的引導技巧純熟，在教學中頻見學生勇於回答，師生互動熱絡；而臺灣教師除文本分析外，較注重學生經驗聯想，從「作者本位」聯結至「讀者本位」。此外大陸教師嚴格執行「自審」——「互審」——「再審」三級審研流程，開展「觀課」、「議課」、「辨課」等課堂提升活動，對教師教學方法都有直接的影響力；反觀臺灣教學提升活動較單一，大多以參與教師研習活動爲主要增能方式，且參加對象未能全面普及，對校內教師教學改變較不顯著。

3、評量模式

大陸語文評量試題仍保有多元題型，除傳統語文知識測驗外，亦包含閱讀思考開放題，學生需以完整語境表達自我想法，如此評量模式與 PISA 國際評比試題類型相似。此外在教學中，大陸也注重口語交際表達，在聽與說評量上更有推動力。目前臺灣課程綱要中雖明訂語文教學能力爲「聽、說、讀、寫、作」，但在評量中仍以四選一單選題爲主，雖加入寫作測驗，但整體而言僅側重在讀寫方面。

（二）建議

1、在教材方面運用比較閱讀拓展學生閱讀廣度

此次兩岸教學評課討論中，大陸教師及評課教師對臺灣文本之人文關懷精神甚爲稱許，也對臺灣教師在教學中關注學生情意發展感受深刻。但在學生閱讀篇數及廣度上確需改善，在目前教科書仍無法全面改制情形下，建議在教材上可多運用比較閱讀策略，提高學生思維的靈活性、多向性，以激發學生思維創造，並

擴展學生閱讀廣度。

2、在教學方面結合 PISA 閱讀歷程提升學生語感能力

PISA 閱讀重視靈活運用知識技能，與解決實際問題的能力，此教學目標正是臺灣傳統教學中所欠缺的環節。PISA 閱讀爲我們的閱讀學習提供了一個參照標準，提供教師在進行閱讀時，能先掌握明確教學目標以設計課堂教學流程，讓學習成效建立更系統性的檢核。

3、在評量方面改變傳統試題模式，加入問答模組題型

臺灣的各類考試，多以選擇題四選一命題方式檢測學生，導致學生僵化性思考，只習慣片斷式短語詞的答案，建議在十二年國教施行之際，基本學力測驗功成身退之時，改變目前傳統命題模式，多採用 PISA 開放題命題模組，以訓練學生完整語述表達能力。

4、在制度方面上推動教師分級制度，建立觀課評課機制

教師分級制度除了提供教師生涯規劃外，亦能促進教師專業能力成長的意願。期許藉由教師評鑑，無論是自評、他評或互評，提高教師教學現場不斷精進的氛圍，進而提高教師社會上專業地位。此外也鼓勵教師參與教學互動團體，多進行教學觀摩討論。唯有將教室大門打開，教師擁有願意改變的心胸，所謂的教師專業成長，才有可能實現。

5、在學習交流上促進兩岸語文教學活動，激盪教學火花

此次兩岸教學觀摩活動，雖有些許教學的異同，但在語言、情感和能力三方面均有著共同追求，期許未來能增加互動聯繫的機會，藉由研討交流、學習借鑒等方式，加强雙方聯繫，開放彼此視野，激盪更多教學想法。

參考文獻

1、李志宏、童馨如（2012）。***接受美學視野中的中學小說閱讀教學。***收錄於王基倫等著**《國語文教學理論與實務的多元探索》**，五南書局，P561-585。

2、李潼（2008）。***瑞穗的靜夜***。聯合報出版部。

3、林孟君（2012）。***九年一貫課程綱要的內涵與發展***。收錄於孫劍秋等著**《創新教學與課室觀察》**，五南書局，P1-12。

4、周淑卿（2005）。***課程的美學探究範疇之建構—當前的問題與未來的方向***。課程與教學季刊，*8*(2)，P1-14。

5、張曼娟（2003）。***人間情分。***選自張曼娟作品集**《百年相思》**，大陸文匯出版社。

6、陳伯璋、張盈堃(2007)。***來自日常生活的教育學院:社區、課程與美學的探究***。教育與社會研究*12*，P41-72。

7、鄭圓鈴（2010）。***提升國中生閱讀認知能力的教學設計***。收錄於**《閱讀評量與寫字教學》**，五南書局，P115-138。

8、劉瑩、鄭玟玟（2010）。***以心智圖法加強學童摘要能力之研究。***收錄於**《閱讀評量與寫字教學》**，五南書局，P97-114。

9、蘇珊玉（2012）。***PISA 啓示錄—範文教材「流轉圓美如彈丸」的現代教學視野***。收錄於王基倫等著**《國語文教學理論與實務的多元探索》**，五南書局，P539-560。

10、臺灣 PISA 國家研究中心，http://pisa.nutn.edu.tw。

筆記頁

筆記頁

筆記頁

閱讀教學策略的省思
——以上海市建青實驗中學為例

林孟君*

一、前言

全球化的時代，閱讀的重要性很早被國際社會認可。1998 年英國訂爲閱讀年，爲該國教育政策的重要改革之一，當時教育部長布朗其表示，閱讀年的推動期待能改變英國人對於閱讀的態度，並達到「打造一個舉國皆是讀書人的國度」（Build a Nation of Readers）的目標。

在美國，不管是柯林頓總統的「美國閱讀挑戰」運動或是布希總統時代的「不讓任何孩子落後」（No Child Left Behind）法案，美國每位總統上任後，幾乎都大力提倡閱讀教育。澳洲政府也從 2007 年起投入 2.6 億元澳幣，推動「閱讀協助計畫」（Reading Assistance Voucher Programme）。新加坡政府甚至喊出「培養天生讀書種，讀書促進天倫樂」（Born to Read, Read to Bond），各國爲強化下一代公民在知識經濟時代占有一席之地，紛紛重視閱讀能力的提升（許芳菊，2006；張佳琳，2010）。閱讀能力直接關係學生知識吸收的效率，還間接影響學生處理問題的能力，同時閱讀也是知識來源的工具，更是知識獲取的媒介，閱讀的重要性已無庸贅言。

閱讀教育從 20 世紀初葉時著重解碼、理解的語文能力，到 70 年代則逐漸深究閱讀者心理認知的層面。目前，閱讀教育係以「教」與「學」爲核心，並運用閱讀策略引導學生精熟內容一領域及語文文本意義的結構，從文本學習新詞彙、推論、聯結及摘要重點，學生不只是能理解所讀，也能思考文本意義並回答問題。藉由語文的力量，檢索資訊、探索事件的經驗，獲取知識的關鍵，學生能獲得學習及生活的關鍵能力。

無論是從認知理論的「知的歷程」的理論觀點，或從教育學的「知識功能」實際觀點來看，閱讀不僅是學生所需的學習能力，也是從事其他學習和吸收知識不可或缺的的媒介（張春興，1999），其最終的目的在於理解與運用。透過文本從中獲得訊息，在閱讀過程中透過運用策略讓自己更深入文本，或擷取文本中重要的訊息，學生若在閱讀的歷程中學習閱讀策略，將有助於閱讀能力的提升。

「教」與「學」應該是完美的協奏曲，PISA 2009 年國際閱讀素養研究成果指出，影響學生閱讀素養的重要關鍵因素是「教師」，尤其是教師課堂教學的營造以及閱讀教學策略的引導，是提升學生閱讀素養重要的要素（OECD，2010）。人才是國家未來的競爭力，在社會期許未來新公民具有競爭力的同時，本文從教師閱讀教學的面向，探究教師進行閱讀教學策略，也在教學中省思閱讀教學。

* 苗栗縣教育處課程督學

上海市在 PISA2009 年的閱讀素養中得到第一，1998 年上海市也展開第二次教育改革，課程改革以學生爲中心，強調學生的創新與實踐能力（施良方，崔允漷，1999）。恭逢教育部中央輔導團國語文領域召集人孫劍秋教授的帶領，前往上海地區進行閱讀教學交流，在上海市華東師範大學的規劃下進行本次課程交流。透過課堂實際的閱讀教學歷程，期待能在不同地區的學生互動歷程中，透過省思提升閱讀教學的能量。

二、閱讀教學策略

閱讀的過程中，理解是最主要的目的，它不僅是一種行爲，也是一種能力（蔡銘津，1997）。閱讀具有持續發展的能力，隨著年齡的增長及不同程度的心智發展，有不同的閱讀理解能力，所強調的閱讀重點也有不相同。教師運用閱讀理解策略的意義，爲引導學生能善用適當的閱讀策略，幫助學生閱讀的流暢度，提升閱讀效率與增進閱讀的深度思維及判斷。

國際評量教育發展中心（National Assessment of Educational Progress NAEP）針對閱讀理解所提出的四個層次的理論架構，Gagne（1985）將閱讀歷程區分成四階段，第一階段是初步理解、解碼階段（Initial Understanding, Decoding）；第二階段是文義理解、發展解釋階段（Literal Comprehensiond, Developing an Interpretation）：透過字義觸接（Lexical Access）及文法分析（Parsing），將各種有意義的字依其適當的關係連結在一起，以了解句子的意思。或說明文本中的意義，並從文本中做預測或歸納的方向進行；第三階段是推論理解，產生連結階段（Inferential Comprehension, Making Connections）：目的在獲得陳述性知識。推論理解在提供讀者有關閱讀概念更深層和更廣泛的理解，其歷程爲統整、摘要與精緻化；第四階段則爲產生批判階段（Critical Stance）：在這個階段，學生會產生自己的意見，並會舉出論點支撐自己的想法。這時，學生會評價或判斷作者或者是作品。

Gunning（1996）綜合多位研究者的研究，將閱讀的發展區分爲五個階段，其中國中一年級之後的學生爲抽象閱讀期（Abstract Reading）。此階段仍是藉由閱讀學習新概念和新知識，並由閱讀的內容中理解事物的組織原則和系統。在閱讀過程中建構不同層面的假設，考慮不同的觀點，以及思考各種合理的解釋、理由或替代方案。

Chall（1996）將閱讀理解發展階段從零歲到成人分爲六個階段，其中小學四年級到國中二年級屬於閱讀新知期（Reading for new），這個時期孩子進入依賴閱讀來學習的階段；國中二年級到十八歲進入多元觀點期（Multiple viewpoints），此時期閱讀內容長度與複雜度增加，閱讀的內容觀點多樣化。

就心理發展的歷程而言，已進入多元觀點與抽象閱讀時期的國中學生，這個階段除了具有基本的識字的能力，已能理解文本中多種具體和抽象的概念，其閱讀內容長度與複雜度增加，閱讀的內容觀點也較多樣化，並且具有後設認知的能力，能夠覺知自己的閱讀歷程，可以進行推論理解與監控理解的層次，以及自我調整策略提升閱讀的理解。

綜上研究發現，青少年的閱讀理解歷程可分爲三個不同的層次，分別爲文本的理解、文本的發展理解、以及個人經驗的省思與批判，茲分述如下：其一、文本的理解，意指檢索文本訊息的能力。其二、文本的發展理解，經由文章所提供的線索加以推論，對閱讀內容獲得了解，也就是推論的理解。其三、個人經驗的省思與批判，透過個人的經驗理解閱讀文本的內容及形式，並進行省思或批判。本文即從擷取訊息、發展解釋及省思文本三個閱讀歷程進行閱讀教學。

教學目標能否達成，除教學方法和學生們的條件之外，教學目標本身的實際性與可行性，更是重要的原因。本文的教學場域爲上海市建青實驗中學，由於，研究者爲第一次到上海進行閱讀教學課程，面對全新的教學情境以及學生，教學目標的確立，是進行教學課程中的第一項挑戰。由於不熟悉對方的教學現況，因此在教學目標力求具體化，以簡單明瞭的方式加以呈現。確立教學的理念與學生學習的目標，再訂定可行的教學目標;並且在教學過程中，找出教學目標無法達成的原因，根據有關的學習理論與閱讀教學策略，構想出在班級中可行的閱讀教學策略，是教學起點。

上海市第二期課程改革的重點，以「培養學生的創新精神和實踐能力」爲核心，爲學生提供學習經歷並獲得學習經驗的觀念，以學生的發展爲本，構建體現時代特徵和上海特點的課程體系（張福生，2003）。PISA 2009 年國際閱讀素養評量中上海市的學生以平均 556 分位居第一，顯現學生在推論、比較和對比能力、發展解釋的能力有較高的水準，其語文能力亦爲課程設計的起點行爲。

由於課程的教學對象爲該校的八年級學生(以台灣的學制換算爲國中七年級學生)，授課時間爲一堂課（40 分鐘），考量教育文化背景的差異及教師對於學生先備知識的陌生感，因此在閱讀教學策略由淺入深，先以-預測、連結、摘要、找主旨爲主。

閱讀的學習除了語文知識能力的提升外，文學的美感也在生活中養成，關注學生的生命價值，開發學生的多元智能。語文教學要將語文的學習與學生的生活結合起來（步海根[1]，2002）。因此，本文在閱讀教學策略的目標以學生閱讀高層次的理解及情意探索爲閱讀教學課程的主軸。

三、教學歷程

教學是一種「人際專業」(Interpersonal Profession)，教師在面對眾多學生的不同想法、不同的學習基準、以及隨時變化的師生與同儕關係之中，還要能夠冷靜而有效率的進行教學、決定教學步調與方法，是一大挑戰（Schon,1987）。

---

[1] 步根海先生，上海市教育委員會教學研究室。應香港中國語文學會邀請，於 2002 年 2 月 2 日出席香港教育署及教師中心主辦的「地區教師專業交流計劃《課程改革與教學實踐》教育會議」專題演講。

教學看似單純，實際上卻相當複雜。教學者需要判斷學習者特質和教材內容的關係，才能規劃適當的教學進度與方式。然而，學習者並非一成不變，因此教學者也要能夠在教學時，依據實際需要調整上課步調。也就是說，一次好的教學，需要細膩的規畫與嫻熟的技巧方能竟其功，兩者缺一不可，否則不是毫無章法，就是眼高手低、狀況百出。正由於教學的複雜本質，使得教師在教學過程所做的判斷顯得格外重要。

兩岸閱讀教學對研究者而言是全新的教學經驗，教師透過哪些方式設計課程目標及流程，在教學設計過程中運用閱讀教學策略的思維歷程，分述如下：

（一）教學的起點

個人在開始學習一項新事物之前已有的行為，從行為發展的觀點看，個體到現在為止已經存在行為，即為起點行為。從教育的觀點看，學生必須先有起碼的知識與經驗做基礎，然後才能學習新的知識與新的經驗。學生們已有的知識與經驗，也就是起點行為，教師據以此做為教學起點之用，起點以下不需再學，起點以上開始新教。根據學生開始學習時所具備的能力、經驗、習慣等條件的起點行為，進行教學活動可以使教師事半功倍（張春興、林清山，1999）。

在此前提下，熟悉對岸的課程選文是本文閱讀教學課程的起點，大陸地區《人民教育版》的國文課本七年級共有 30 篇，寫作練習 6 篇，課外古詩詞的背誦有 12 首，名著導讀 3 篇，書法介紹 2 篇。在課文 30 篇中，新詩佔 4 篇、散文 12 篇、外國文學作品 5 篇、文言文 6 篇、古詩 1 篇及寓言故事 2 篇，文本的安排以學生語文能力學習為課程結構核心。此外，《人民教育版》的課文閱讀與討論通常偏閱讀理解及結構式問題。雖然散文的部分每學期中 12 篇，但文章的內容較多偏重科普文章或民初作家的作品，與學生生活經驗連結的選文較少。

文學是一種生活美感的累積，對於青少年的閱讀課程，閱讀不僅是閱讀理解的歷程，應可深入文章意境的視域融合。台灣的散文近年來多元呈現且內容豐美，基於提供另一種文學的欣賞及自然美感的介紹，以及後續兩岸學生教學歷程與學習成效的比較，因此選擇南一版本七年級下冊「油桐花編織的徑」，透過自然寫作分享台灣文學及閱讀的美感。

（二）閱讀教學策略的運用

文本架構的分析，是教師進行閱讀理解教學策略的首部曲，學生的學習模式表現並不是像白紙一樣，老師在上面寫什麼，便是什麼。學生對於老師傳遞的資訊會做選擇性的處理、解釋、判斷、推論做出自己一套的知識建構，而不是被動的接受。因此，進行教學之前，教師需依據學生的特性調整與修改教學策略，熟悉文本架構，並將教學表徵為可以傳遞給學生的形式，並依學生的背景因素選擇文本適切的教學方法或策略。

在閱讀教學策略，大多是依閱讀歷程情境加以設計進行各種模式的教學，策略運用則視實際多元教學情境應變，主要以文本爲處理策略的核心，教師在不同教學情境中會有不同的運作過程，教師運作時，採用不同的教學策略以因應不同教學情境之目標與需求。清楚明確的教學策略是有效教學的控制要素，若能有更完備的指標、策略及配套教材，將更有利教師進行閱讀素養教學（陳昱霖、陳昭珍，2010）。第一次到上海市進行閱讀教學，因此以循序漸進的模式進行，閱讀教學策略上首先以預測爲出發點，以提升學生的學習興趣，同時降低課堂上的陌生感，教學內容及運用之閱讀理解策略分述如下：

1、預測

油桐花相較於上海市的學生較爲陌生，在教學進行中的第一個步驟，首先請學生瀏覽文本內容、標題等重要資料後，再邀請學生對油桐花的外型形成假設，同時，也請其他同學閱讀並尋找支持的細節線索以驗證修正推測，學生從文本中的「細小」一詞中猜測油桐花的花瓣細小、從「雪白」猜測油桐花的顏色、從「飄落」猜測花朵應該生長在樹上……經過同學的討論後，漸漸從文本中同學所形塑的油桐花，最後以油桐花不同型態的圖片揭曉同學的預測的結果。由於預測的熱絡討論，教室裡的氣氛與學生參與的熱度漸漸融化陌生的課堂情境。

第二次進行預測是在文本朗讀之後，請同學根據文本的內容，預測作者進入森林前後的心情，學生對於閱讀文本的線索及內容的形成，高理解的閱讀能力基礎使得學生很快的就點出關鍵點，然而，從朗讀的音韻中發現，學生雖能對於作者的情感與文章的意境進行認知上的判斷，但是在朗讀的過程中，文意的理解與對於文章中情意的表達卻有所距離，例如：學生認爲作者是悠閒且享受在森林裡，但朗讀時快速且急切的念完。因此，教師在課程結束時，請學生再做一次品讀，引導學生文意欣賞的意境。

2、摘要

摘要是閱讀理解策略的一種，摘要促使學生必須在閱讀過程中扮演主動的角色；學生必須將注意力聚焦在文章中的重要訊息上，嘗試建立文章中各主要概念間的連結，並將自己的先備知識與文章內容做整合。

在教學活動進行第一次朗讀文本的時候，教師請同學在朗讀時將重要的地方作記號或劃線、找出每一段的重點、作摘要或大綱。接著，老師請學生「藉由上下文的文意線索，猜測油桐花編織的祕徑中最重要的題眼爲何及可能的意思」，以及「本文中你覺得在哪一段落呈現文中的祕徑。」學生對於祕徑的鋪陳與文章內容的連結，以及訊息產生關聯過程，經小組討論後均能流暢的表達，尤其是油桐花祕徑透過白色的編織形成完美的心靈境界，表達作者對大自然的感受時，顯示出學生對文章內容產生較深層的理解，並由這樣的理解對文章作適當的推論。

3、連結

連結包含學生生活經驗與文章內容的連結，以及文章中內容之間的連結。文章中內容之間的連結係指學生將讀過的訊息與先前讀到的文章訊息相連結；而學生生活經驗與文章內容的連結則意指讀者將正在讀的內容與長期記憶的經驗知識相連結。

文學的靈感在生活裡，本次課程教學過程中先運用學生對於文本內容的連結，請學生探究「作者文中的祕徑對作者的意義與價值」，接著老師再請學生討論「校園或生活中裡屬於你的祕徑」爲問題，請學生進行分享，同學回答校園裡的櫻花林盛開時的美景，已經漸漸貼近作者與學生對於文本中的文學意境理解。相較於課堂第一次朗讀時學生匆促的朗讀聲，課程最後進行時，請同學再一次的朗讀，品味文章中作者的心境及讀者閱讀的心境。

4、找大意或主旨

「大意」是根據文本，區辨出重要與不重要的訊息，然後將這些訊息統整成連貫、濃縮的訊息，來代表原來文章的內容。

爲了透過學生歸納出文本想要表達的要旨，包含學生根據作者的意向，歸納出作者想要表達的想法。老師繼續提問「作者在文章中提到的訊息清楚表達了他對祕徑的想法嗎？爲什麼？」以及老師請同學進行小組討論「油桐花編織祕徑一文中最有感受之處及原因？」接著請學生討論每篇文章都有作者所要傳達的意念，但讀者也會有自己的感受的問題，引導學生說出對本文中心思想的想法與感受。就是我們所稱作者的中心思想，包括是作者的「想法」、「感受」、或是「道理」…等；其次，學生能根據文本所提供的訊息，提出自己的想法。引導學生體悟自然寫作是透過作者的筆觸、分享，刺激讀者的眼睛去實際進行自然觀察的活動，增進個人身心靈的成長，進而關心人和自然的聯繫。

四、教學省思

Schon（1987）認爲，教學的專業性需要透過省思才能充分展現，省思可以填補理論因爲教學情境變化所造成的空缺，讓教師能在極短的反應時間內，作出適合的教學決定，因此對於教師的教學效能有關鍵的影響。

由於教學的複雜與特殊性，對於所有教師而言，每一個人的教學生涯都是獨特的旅程。教學專業的形成是以經驗爲基礎，再與理論知識和內在省思對話，而逐步完成的建構過程，教師進行教學省思，其目的在於瞭解自己教學優缺點，對症下藥解決問題，並學習如何獲得知識，是提供教師專業成長的釣魚方法（饒見維，1996）。

教師的省思會因爲內容與重點的不同，而表現出不同的層次。本文依照 Manen 的界定，教學省思可分爲三個不同的層次（引自饒見維，1996），上述三個層次的省思各有其價值與功能。技術省思可以協助教學者有效解決工作上的問題，實際省思可以發揮重組與創意的功能，批判省思則可協助教學者更能掌握自己的教學理念，確定教育價值之所在。

本文茲就上海市建青中學所進行之閱讀教學歷程，研究者教學省思如下：

（一）技術的省思（Technical Rationality Reflection）

技術性省思重視為達成目的所用手段的效果與效率。它是針對活動進行步驟程序與技巧性的問題作省思，也就是於教學過程中省思，採行最佳教學方法和教學技巧（歐用生，1995）。

由於本文的教學對象是上海地區的學生，對於研究者是陌生的教學經驗，在台灣備課的期間，在盲人摸象的情境下觀摩大陸國語文課程教學影片，形成對大陸地區學生的起點行為認知建立於「勇於發言、才思敏捷」的印象中，因此預設教學目標時，對於學生的先備知識不明確，以至於課程目標的設計不斷的修改；因此進行閱讀教學策略時，先以預測策略引導課文的探究，以提升學生與教師在課堂上的互動感；次外，課堂上閱讀教學的提問，建立在學生對於課堂上的討論氣氛的信任，因此，一開始學生對於教師的提問，顯得有些陌生，當教師適時的以小組討論，以及說明討論是一種思變的過程，沒有一定的對錯後，課堂上的信任感漸漸升溫，也強化後續課程中學生參與度的提升。

在資訊化的時代，網路無遠弗屆，運用網路的資訊或許可以得到充分的專業資訊，但對於課堂上學生真實行為的產生或立即的反應，需要雙方的觀念與教育的思維，需要溝通與分享，專業的教學對話橋樑實有建立的必要性。

（二）實際的省思（Practical Action）

實際的省思係將經常使用的教學方式思考，重新加以組織建構。此層次的省思，強調解釋教學活動中蘊含的假定與前提，評估教育目標的適切性與達成目標的手段（歐用生，1995），其目的在探討或澄清個人的意義，省思自己的假定與信念（饒見維，1996）。

上海市在第二次的課程改革中，強調以學生為學習的中心，施良方、崔允漷（1999）指出，教師應該充分發揮自己教的主體性，包括兩層涵意：一、教師要能發揮自己的主觀能動性、自動性，自覺地把握好自己的教學活動；二、教師的教要以學生的特點和學習規律為前提和依據。因此，本次的閱讀教學活動，在期待學生培養帶得走的能力，教學活動以學生為主的學習，在教學過程中強調學生與學生、學生與情境及學生與老師間的互動關係，讓學生主動參與。

如果沒有學生參與，再多再好的閱讀策略對學生而言僅是一種策略而非能力。目前，語文課程大多數為單向式引導教學，若能嘗試將課程架構轉化為提問教學，以提問引起學生的注意，用觀察了解上課時的反應，再由老師發現學生的問題，在必要時提供協助，使教學活動可以有效率的進行。

由於對於建青中學的課堂時間的掌握度不高，上課音樂聲一響，突然間開始進行起「揉眼操」的活動，讓教學又有新的變化元素，正在擔心課程進度的同時，意外的發現孩子是如此專注的在進行揉眼睛活動，心一轉念，教學應該是師生最觸動心弦的對話，一起享受學習的樂趣與成長，就讓教師不安的情緒放下，一起進入與孩子共同編織的語文祕徑。

課程與教學應是以學生爲主體，如此，學生才會逐漸改變以往被動心態，進而能靜下心來主動學習。教師不再需要辛苦地督促學生學習，反而能夠在融洽的課堂氣氛中，看到學生不一樣的學習表現。

（三）批判的省思（Critical Reflection）

歐用生指出，此種層次省思要考慮道德的、倫理的標準，如：哪一種教學目標、活動和經驗代表那一階層利益？是否有助於學生的自我實現？能促進社會的正義和公道？它並非是一套全新的、具有取代性的教育方法，而是強調如何運用技巧或變化策略（楊忠斌，1998）。

閱讀的理解能力，爲學生學習的關鍵能力，尤其是高層次思考。在教學現場中，由於學生的閱讀能力的差異，影響學生閱讀能力與素養。在講求公平均等的教育理念中，班級中需要觀照的應該是學習能力較需提升的一群學生。但是，課程的設計若能由淺入深，由具體到抽象的教學歷程的設計，可成爲閱讀教學的另一種思維。

省思是一種自我思辨的歷程，教學不能一成不變；缺乏反省能力的教師，他所影響的不僅是學生，同時也是自己的教學生命。自我反省也就是自我回饋，它是一種成長，更是我們教學的動力來源。在知識來源多元化，知識的內容以倍數成長的現代社會，我們在教室現場到底改變了什麼，其實值得我們認真去思考。

當課堂教學前一天晚上，經不斷反覆的課程省思後，最後決定將原先準備近百頁的 PPT 一頁一頁地刪除。教學可以是內隱性，可以是課堂穿針引線的精靈，也可以是悠遊與學生共舞的精靈，期待明天的學生，能體會文學的靈感在生活裡。「專業」在爲眼前的困境尋求出路，而專業的背後是教師不斷自我省思與再成長的歷程。

教師的專業對話是豐富且有趣的，可以充滿溫暖並且很有深度。經過討論，彼此可以重新甦醒我們遲鈍已久的教學神經，敏感的去覺察出，過去我們原本以爲平淡無奇、日復一日的教學工作，原來充滿了多元、複雜、新奇且充滿契機與挑戰性的元素。夥伴們的建議，對每一位專業成長的教師來說，都是難能可貴的經驗--因爲建議，所以成長。每一位教師都是獨特的，在夥伴的建議中慢慢的發現自己視線的模糊，進而澄清並自我傾聽，不斷去思索屬於自己的教學風格。

五、結語

閱讀理解是一種學習，也是一種策略，因此，如何善用於教與學的情境中是一種智慧與考驗。在全球化趨勢與社會環境不斷變動的同時，我們更應該化被動爲主動，重新去思考我們所扮演的角色，以及我們之所以存在於教育現場的意義與價值。教學沒有最好，只有不斷精進！以耐心與智慧去洞悉、領會學生想法的老師，才能有機會真正走入學生內心並觸動其心靈深處，也唯有如此的教學心態，才能真正拓展學生學習的深度與寬度，並且在學生學習生涯中，成為一位開啓其生命視野的「點燈人」。

參考文獻

中文部分

上海語文課程的教育改革（2012 年 3 月 6 日）取自 http://www.hkedcity.net/iclub_files/a/1/74/webpage/ChineseEducation/3rd_issue/3rd11_1.html。

許芳菊（2006）。全球化下的關鍵能力。**天下雜誌教育專刊**，海闊天空十週年——關鍵能力，23-27。

施良方、崔允漷（1999）。**教學理論：課堂教學的原理、策略與研究**。上海市：華東師範大學出版社。

教育部（2010）。**閱讀理解策略教學手冊**。臺北，教育部。

陳昱霖、陳昭珍（2010）。國中閱讀素養及教學策略初探。**國文天地，26**，113-128。

張春興（1999）。**教育心理學：三化取向的理論與實踐**。臺北：東華。

張春興（2006）。**張氏心理學辭典**。臺北：東華。

張春興、林清山（1999）。**教育心理學**。臺北：東華。

張福生（2003）。〈新世紀上海中小學課程教材改革的實踐與認識〉。載羅厚輝、徐國棟、鍾啓泉、楊明全（編），《香港與上海的課程與教學改革：範式轉移》（249－266）。香港：香港教育學院。

張佳琳 （2010）。美國閱讀教育政策發展之研究。**教育資料與研究雙月刊，93**，183-216。

蔡銘津 （1997）。學童閱讀能力的測驗與評量。**特殊教育季刊，65**，23-28。

楊忠斌（1998）。論道德教育的合理性基礎-黑爾的道德衝突理論與批判思考。**教育研究資訊，6**（6），88-99。

歐用生（1995）。從社會科發展趨勢談社會科教師的專業成長。**研習資訊，11**（1）1-6。

饒見維（1996）。**教師專業發展－理論與實務**。臺北：五南。

西文部分

Chall, J. S. （1996）. *Stages of reading development* （2nd ed.）. Orlando, FL: Harcourt Brace.

Chen, J.-L., Su, Y.-F., （2010, Aug）. *The effects of three reading strategy instructions on college students with low reading abilities: Evidences from think aloud data.*（Paper presented at 20th annual meeting of Society for Text & Discourse, Chicago, Illinois, USA.）

Gagne', E. D.（1985）. *The cognitive psychology of school learning.* Boston： Little,

Brown and Company.

Gunning, T. G. （1996）. *Creating reading instruction for all children* （2nd ed.）. Boston, MA:Allyn ‘Bacon.

Schon, D. A. （1987）. *Educating the reflective practitioner.* San Francisco:Jossey-Bass.

OECD （ 2010）. PISA 2009 results: learning to learn: Student engagement, strategies and practices （Volume III）. Paris: The author.

尋那一季教與學的春天

——兩岸教學交流國語文教學省思

陳俐伶*

一、教材選擇與教學策略

參加一0一年「海峽兩岸課程與教學深化參訪」進行兩岸教學觀摩，在滬、杭、寧三地中，擔任杭州和寧波兩場教學；雖有幾次參與兩岸四地國語文教學活動的經驗，卻是個人初次「登陸」正式進行教學，心中仍是稍有忐忑，擔心許多的不熟悉。

醞釀期間，曾想過使用台灣作家的選文，一方面是可藉此介紹台灣作家，另一方面則是文章的長度教課文長。但是，思考後仍因為想呈現最真實的教學樣貌，還是繞回三大教科書版本的課文上做思考。後來，選擇康軒版第八冊第一課《在春天許願》一文做為這次兩岸教學交流教學文本，主要是考量要在一節課的時間內儘量展現較為完整的教學策略，以及之前在《國語文心智圖教學指引》（教育部九年一貫國語文輔導群，2008）一書中即以心智圖的方式將本課做詳細的內容與結構分析，發現本課雖是短短的詩歌，但是在字裡行間卻有值得深入探究的背後意義，更重要的是，要從學生們熟悉的題材入手，這《在春天許願》不就最適合在夏末的四月進行？

在形式上，《在春天許願》是一首各押ㄚ、ㄧㄝ、ㄤ、ㄧㄢ及ㄤ韻的五段詩歌。前四段，作者採擬人敘寫的方式，最後一段則是呼應回作者自身；而前四段的主角依序為小豆苗、老樹、在枝頭上合唱的小鳥、以及開滿天邊的杜鵑花等大自然裡的生命體，除了要展現春天的欣欣向榮與生命力，更要傳達特屬春天的春色美景。

依段落順序，將各段主角大小和位置以視覺線來看，即是由近至遠、由低至高的空間敘寫，如此就能以線條引導學生去瞭解最後一段作者那「更高更遠的夢想」便是沿著同樣的視覺線來發展。在敘寫格式上，除了第五段之外，每一段都是採「在什麼地方」→「主角的現況」→「主角的姿態或樣貌」→「主角許下的願望」的固定結構呈現，因此，就「鷹架理論」教學策略而言，第一段將由教師運用較多的時間進行緩步引導，第二段則採教師重點引導，第三段便由學生以小組方式進行討論、以前兩段的模式找出重點，第四段則由學生個人找出關鍵重點，第五段再由教師以問答方式引導學生找出本段與前四段的相關性。

以內容來說，作者分別運用初生的小豆苗、長出嫩嫩新葉的老樹、期待新生寶寶誕生的小鳥，以及開滿天邊的鮮豔杜鵑做為幼小新生命、老而彌堅、世代延續與恣意綻放青春來表現不同形式的生命歷程與生命力。更以不同時空襯托不同

---

* 教育部國語文課程與教學諮詢團隊常務委員兼組長

主角的特色，例如：晨光的清新一如稚嫩的小豆苗；微風吹拂方能使老樹手臂上的枝葉閒適的搖曳著；而即使是同一個太陽，照著杜鵑花的陽光必是與第一段的晨光不同，要是那燦亮亮的陽光才能映出杜鵑花的燦爛耀眼，這層次豐富的自然物與自然景象是存在於學生周遭，只要引導得宜，文字背後的意義即能一一浮現。

定調之始，考慮兩岸標音系統不同，教押韻恐怕會有教與學雙方不同調的隔閡，因此決定不教詩的韻腳，而是讓詩的韻味兒在反覆朗讀中自然傾洩。此外，詩歌宜誦，如能透過聲情與課文內容理解的交互作用，更能讓學生對課文有深刻的體會。然而，有前輩教師提醒—不要以對方的強項做為教學重點；因此，設定將重點置於內容的探討與感受作者的情感，以免落入學生有了好表現是因為原本就好，而不是因我的教學而有好的表現。

二、杭寧教學現場

我的第一場教學在杭州的寶俶塔實驗小學，有四十位四年級學生，在我教學之前的該校中高級教師王老師以略讀課文〈媽媽的帳單〉進行摘要教學，也因此讓我有短時間觀察學生學習狀況的機會。在這一堂課中發現，雖說朗讀是對岸學生的強項，回答問題時更是侃侃而談，但現場的學生讀課文時，不論哪一個段落或不同主角，仍是一樣的強弱和相近的語速，因此，還是決定將自身的教學強項—朗讀做為重要策略，再以內容深究為主幹，達到閱讀理解的教學目標。

在教學中，我的朗讀策略分為數個階段進行：首先，請學生默念課文兩次，第一次是概覽全文、初部感知，第二次則是將不明白、不確定的字或詞圈起來，之後引導學生學習生字詞，同時也能掌握學生對哪些字詞比較生疏。然而，可能學習慣性使然，學生在默讀階段時就已是放聲閱讀了，也因此造成觀課教師認為朗讀次數過多的誤解。第二次，伴隨各段的內容討論讓學生感知小豆苗的稚嫩，以及引導學生以老人想像老樹的說話聲音、語氣和語調（學生：低沉、穩重、沉穩、歷盡滄桑、和藹可親……）；再以週遭親友新生命即將誕生的心情和行動想想小鳥們吱吱喳喳叫著、感受小鳥們對新生命期待時的雀躍語氣，及至杜鵑花的恣意奔放、大片大片開滿山邊的闊氣。第三次，配合小豆苗、老樹、小鳥和杜鵑花圖片，引導學生關注空間距離的相關，並嘗試將朗讀的語氣結合角色和愈推愈遠、愈推愈高的氣勢表現出來。第四次則運用肢體動作模擬作者「張開夢的翅膀」的姿態，並順著第三次的視覺軸線帶到「新的一年有更高更遠的飛翔」。當最後一次朗讀時，便是結合之前的朗讀策略—角色感知、圖像、動作，引導學生們由稚嫩輕音到沙啞、沉穩的老樹、到高興的小鳥、到闊氣的杜鵑花、再到作者的夢想起飛，聲音的亮度和對夢想的期待一層層推了出來，最後，當我們完成全文朗讀的那一刻，現場爆出熱烈的掌聲。

然而，由於教與學的雙方都太過投入，以致忽略下課鐘聲（雖一節課相同的是四十分鐘，卻因作息不同，還是忘了下課的正確時間），因此，又帶入學習單「課文結構圖」，將重點放在每段四句間的關聯性，講解第一段，其他段由學生自我練習，並透過想像衍伸出更多和春天相關的角色與祈願，再運用相同的結構集段成篇，企圖進行讀寫結合。也因有了這份學習單的設計，讓大陸老師相信我們在簡短課文之後的許多發展性。

第二場教學是在寧波市新城實驗學校，在我之前教學的是寧波市朱雀小學的楊柳校長，她以人教版四下〈牧場之國〉為教材，指導學生從中感知荷蘭的穆場之美，與我的〈在春天許願〉有著都是描述大自然之美的異曲同工之妙。由於教學腳步較前一天緩慢，以致亮點集中在引導的部分，同樣的反覆感受、琢磨就沒那麼到位了，也弱化了教學結構。幸而，對學生的耐心引導、留給學生思考空間，以及讀寫結合還是引起觀課教師的興趣。誠如許多教育學家所言，學生的起點行為是教師設計教學的重要依據之一；然而，此次我未能事先掌握學生程度和習慣的上課氛圍，以致當學生表現不如我事先設定的節奏時，竟就亂了譜。因此，面對這樣不同文化、不同教育制度下的學生，應該是將教學主軸以重點切分成幾個小段，一個步驟一個步驟走穩，將教好當成比教完更重要的任務。

三、省思與比較

就個人的兩場教學來說，在對學生的點行為不熟悉的情況下，設立相同教學目標，並設計相同的教學模式，加上第一天的熱烈經驗，導致忽略了第二天的靈機應變，甚至因始料未及而稍有凌亂。相較於對岸教師的十數次（數十次）練習、楊校長與教學班級/群教師反覆會談、討論教案，我在這方面的功夫明顯不足，如果時間許可，應花些時間向教學班級教師以電子郵件請教學生的起點行為及相關課程。並如前述，將教學分段，視現場教學狀況做彈性調整。

再就兩岸國語文教學現況而言，當進行完兩場教學後，兩校的教師都很驚訝於台灣國語課文的簡短，以及每學期都只有十四課，相較於對岸的一學期四十課、課文又多為千字左右的文章，老師們不禁好奇的問，像我面對《在春天許願》這樣長度的課文時要用幾節課來教？而我們的教學時間是怎麼安排的？當時我肯定的回答「兩節課」，且連忙說我們的習作是另成一冊，而不似他們的版本是將練習直接就放在課文段落或篇章之後才會令他們覺得我們的教材太少。

其實，當我回答「兩節課」時，那「其他時間都在做什麼？」的問題就會衍伸而出。同時，因為透過現場觀察、詢問與網路訊息發現，在大陸，除了特級教師在教學上可以自有創意、獨樹一格之外，教學步驟是固定的，不論哪位老師來教，都能八九不離十的掌握該教給學生的內容；或者將教案分成 A、B 兩版，因教師能力與學生程度調整而決定採用哪一個版本。

因此，相較於大陸著重以固定（相似）的教學模式以確保學生的學習不因地區、師資素質而有太大的落差，台灣教師在教學上所佔的位置就因教材淺化而顯得格外重要，但是，如此也讓學生的學習有了需因教師不同的「冒險」成分。以《在春天許願》一課而言，有的老師仍需用上五節課的時間處理生字、新詞、課文與習作；反觀，精熟的教師就會因當課生字詞的難易、內容的可探討性而調整整課在聽說讀寫作強弱的比例，並針對課文或單元主題進行課外選文的發展。然而，在教師教學品質格外重要的情況下，我們對教師的教學成效要求卻遠不若對岸，無論教學品質如何，所獲得的結果幾乎都是一樣。

但就教師的教學方式而言，台灣教師較關注學生思考的引導與人文關懷。大陸教師的教學十分精準，以在杭州那場教學的老師為例，她的最後一個字剛好落在下課鐘的第一響上，上課無贅詞冗語，這令我十分佩服。然而，卻也使得教師較不易做到等待學生回答或給孩子較多自我思考的彈性空間，於是，在課堂中，教師常常問到自己設定的答案後就不再追問，學生也較會去揣度老師要怎麼樣的標準答案。而我們重視的引導和思考往往就考驗教師教學的經驗和反應，候答時間的拿捏、學生反應的梳理，這不但要課前準備充分、課中教學有序、課後還需進行教學省思，思考學生給的反應是否能連結教師教學目標？思考教學環節中是否有待改進的問答？思考怎樣讓課間問答更加聚焦？因此，彈性不是鬆散，而是對教學更加品質的追求。

反觀學生的上課表現，學生是課堂的主體，學生的學習成效才是教師教學的最重要驗證。台灣與大陸的小學生各有特色，然在教學中卻也發現，台灣的學生習於以感覺來回答；大陸的學生會找證據來支持回答的主題。例如：同樣是引起動機時問學生：「現在（四月中旬）是什麼季節？你為什麼會這麼說？」南台灣的五年級孩子多數告訴我：「夏天啊，因為很熱啊！」這段導入話題就占去近十分鐘，而在大陸，孩子們馬上回答是春天，支持的理由有「因為岸邊兒的楊柳樹都開始冒芽兒了」、「路邊的小花小草都開始長了出來」，還有「因為二月到四月是春天來臨的季節」、「根據節氣，現在正是春季，所以百花兒盛開」……。我們的回答是憑著最直接的感覺，而且既簡短又大眾化，只要一位學生開了頭，多數就往同一方向想去。重視人文是我們的強項，但邏輯性與思考性也應跟上腳步，因此，教師提問請學生回答問題時，應時時提醒要找證據或理由，而不是漫無根據的發言，讓教學中的口語互動更有意義。

跨出腳步，才能感受世界之大；抬頭遠眺，才能明瞭天有多高，從他人的教學表現反觀自我的教學設計，有足以珍惜，也有需改進之處，思量如何將他人的優點融入本身的教學文化內涵，卻又不失教學本色與效能，應是這次越洋過海最重要的意義，更期許自己與現場教師能抱持「他山之石，可以攻錯」的信心，讓自己的教學更加精進。

英語教學的改變與碰撞
——不同文化衝擊下的小學英語教學之課堂探究

蘇淑英*

一、前言

雖然學習華語已儼然成為一股全球風流，但，英語是全世界的共通語言，這早已是不爭的事實。鄰近之亞洲各國中，菲律賓、新加坡都以英語作為官方語言，而馬來西亞、韓國、大陸、香港等，重視英語教育的程度自然不在話下。台灣也不例外，這一兩年來政府積極訂定「提升國中小英語文教學成效」計畫，強化英語教學，目的為提升國人英語能力及國人全球競爭力，英語教育也就顯得格外受重視。惟學界及社會人士對英語的學習起點各有不同的定論，「早學英語，成效是否一定好？」(張武昌，2009)，但大部分的家長擔心自己的小孩輸在起跑點上，送學童課後輔導，甚至利用寒暑假期間送小學童出國遊學等，都時有所聞。因此，小學英語課是否應該延伸到小一，儼然又成為一個爭論的話題，而學童學習起始點的不同，自當衍生出更多的問題，老師也會面臨英語課堂中雙峰現象的極大挑戰。

此次有幸在台北教育大學孫劍秋教授的極力促成與領導下，全團二十餘人得以前往上海、杭州及寧波三大城，展開兩岸三地的參訪與交流之旅。踏上同文同種的國度，了解及比較同樣使用「華語」為母語的地方，如何推動外語英語教學，教學政策及制度，同時，比較兩岸在相同教學條件下之不同的英語教學制度、政策訂定或作法。

雖然，兩岸都希望能落實英語教學的改革，就教學的理念及觀念改變皆有異曲同工之妙，透過交流、對談、觀摩與評課的機制，確實有機會學以致用，落實理論與實務的結合。尤其是筆者本身是課程設計者，又是教學演示者，更有機會參與實務，體會教學理論融入教學實務中之不同的教學設計及教學方式，探索同文同種，但卻是蘊藏著不同的文化、背景刺激下的教學差異。更能透過在參與教學演示、實際經歷交流觀摩等活動的同時反思，藉此運用到未來工作或是教學現場，以為未來自我激勵或是教學設計之參考，期望能透過借鏡雙方的優點及差異性，碰撞出不同的思維，激盪出火花，提供更具有建設性的想法與意見。

二、文獻探討

（一）英語教育思維的轉變

* 教育部英語文課程與教學輔導諮詢團員

如前言所述，英語是全球的通用語言，全球各國在面對英語教學全球化的現象也有不同的做法及解讀，但最終的目的都是要培養國民具有國際的競爭力，能夠用通用的國際語言溝通。根據英國文化協會(British Council) 的說法：「未來十年內全球將有二十億人學習英語，而全球人口數的一半約三十億人將能使用英語」，由此可見，英語爲非母語卻使用英語溝通的人，其數量約爲英語是母語的人的三倍，英語並非是母語的人，彼此還是會用國際語(English as an International Language，EIL) 溝通與交流的頻率，實際上，是遠超過以英語爲母語的人還多很多，而光是在中國學習英語的兒童就約有一億人，其數量比英國總人口數還要多。Richards、Platt 和 Platt(1992)定義國際語言(EIL)如下：

> 英語的角色是作為國際溝通的語言...使用此種英語的場合並不必然是以英語為母語人士所說的語言為基礎（如美式或英式英語），而是根據說話者的母語和使用英語的目的而定。

綜觀以上所述，因各國往來頻繁，世界已經是一個大熔爐，英語被仰賴爲人與人之間的主要溝通工具，其重要性日益突顯，重視英語文教育已成爲多數現代國家的教育趨勢，全球使用英語爲國際溝通語言的狀況與日俱增，有了良好的英語教育著實重要。

（二）英語教學的改革與挑戰

1、英語教學的改變與主流觀念

學英語，其終極的目的是要能夠運用它來溝通。因此，傳統的文法教學早在1960 年代就被質疑(Cook, 1988：262)，認爲它容易流於單一輸入的「填鴨式」教育，Skehan(1998：93)更認爲那樣的教學只是提供給學生已知(Ready-Made)的知識，學生沒有主動參與學習的成就感，往往這樣被教育出來的學生，只能模仿別人。然而，在語言學習的過程中，Willis(2001：173)強調是否能自然而然地獲得語言，是語言學習上很重要的一環。能真正的使用語言溝通，跳脫以往的單一知識注入性的思維，讓學生參與學習(Krashen，1982，1985; Prabhu，1987; Van lier，1988)，是學習語言的基本要素，如果沒有透過實際的操作溝通，是無法真正擁有溝通的能力。因此，被強調的是-在教室中的設計，要能夠引發學生的參與，提供群體協作、指派任務或是提供相關有意義的教室活動，讓學生能運用真實語言，實際參與溝通對談 Nunan(1989：10)：

> Group work, task-work, and information-gap activities' (Prabhu, 1987) are seen 'as a piece of classroom work which involves learners in comprehending, manipulating, producing or interacting in the target language.'

「溝通式的教學」(Communicative Approach)，因此成爲最被廣泛接受的教學法之一，台灣九年一貫課程的英語教育也明訂以此教學法爲主。溝通能力成爲語言學習的目標，Richards and Rodgers(2001：159)更指出，學習者除了需具備語言或語法能力外，亦需兼具且發展個人自我的溝通能力，包含文法結構的溝通能力，社會語言觀念的溝通能力、運用話語的能力及運用策略的能力(Linguistic competence, sociolinguistic competence, discourse competence and strategic competence)。因此在課程中的設計應該須是具有意義且強調溝通的教學活動，例如角色扮演(role playing)，問題解決(problem solving)，以及小組互動(small group interaction)等。學生必須透過一對一以及與小組間的互動討論來學習。建議語言的練習也必須建立在有上下文的文脈關係，而不是獨立存在的語句。同時，允許學生有在學習過程中犯錯的機會，而不是馬上糾正，影響其流暢的溝通。

另外，任務導向教學法(Task-based Language Teaching)也是提供學生實際參與操弄語言，自我學習的好方法之一。如 Richards Rodger (2001：223)所指，以任務導向爲核心的教學活動設計及規劃，就是所謂的「任務導向教學法」，教師能事前策畫任務，訂定目標，要求學生參與該任務且完成指定之工作，就是另外一種語言學習的方式，以上追論是溝通式教學或是任務導向教學，都含有要求學生實際操弄真實語言的特性，就如同學開車般，如沒真正開車上路，練習如何抓穩方向盤，進入真實情境，開車上路，那能學得會嗎?學習語言不也是這樣？

2、英語學習起步階段的不同

英語學習起步階段的不同，衍生更多的英語教學問題(邱毓雯，民 96)，因爲相對的，班上學生的程度落差大，班上嚴重的雙峰現象更是造成教師的教學困擾，讓老師面臨更大的挑戰，導致學生學習低落的主因，而教師的教學策略與方式是否能夠拉近學童間程度的落差等問題，實有待商榷。教育部提出「學齡前幼兒英語教育政策說帖（Ⅱ）」，提供研究發現結果提到：「最新研究發現：英語學得早、不見得學得好！」內有三點研究發現，研究發現一爲：英語學得早，不等於學得好；研究發現二：上全美語幼稚園，不等於英語一定強；英語表現＝個人＋家庭＋學校＋社會等整體性因素。

在英語被界定爲全球的主要溝通工具的同時，台灣爲提升國人英語能力，整體教育政策對英語教學的重視，都讓大部分家長希望自己的小孩不要輸在起跑點上，尤其是稍有社經地位背景的家長，都竭盡所能的想辦法讓自己的小孩提早開跑學英語，爲的是希望自己的小孩具備有英語的溝通能力，日後在職場上能具有相當水平的競爭力。因此，追論各界對「學童是否應該提早學英語」的說法眾說紛紜，長久以來，台灣的家長還是免不了擔心害怕，幾乎都會不計成本，送學童提早學英文，更利用課餘時間到坊間補習班補英文，這些提早開跑的現象，早已蔚爲風潮。台北市在民國九十一學年度，全市由國小一年級就開始全面實施英語教學，其英語教育政策比他縣市提早很多。礙於教育部的規定，怕學童在年紀很小的階段提早學英語，會影響母語的發展，大部分的縣市都是從小三才開始實施。

三、兩岸三地之國小英語教學演示與交流

（一）訪談交流與觀課點評

本趟參訪與交流的行程分別為大陸上海、杭州、寧波三大城市，其中參訪的三所學校分別為：(1)上海建青實驗學校；(2)杭州保俶塔實驗學校；(3)寧波第一實驗小學。三所學校皆為實驗學校，尤其是其中一所上海建清實驗學校，為全國唯一的一所十五年一貫實驗學校，含幼兒部、小學部及中學部，學校是一所雙語學校，致力推展國際交流活動且有外籍師資配額。另外兩所學校則為一般的實驗小學。不過，三所小學的英語教學之實施，皆依國家的課程架構，同樣的課程綱要指標為基準，課程設計依據學生程度之不同，進而加深加廣，但都是用人民出版社之教科書。強調訊息的傳達及多媒體融入教學。

三場教學演示的模式，都是由校長引言後，雙方行政人員及教師相見歡，聽取各校簡報後，依序入班教學、互相評課後，進行綜合討論與意見回饋，進行模式依序為：

1、上海建青實驗學校

(1) 雙方都教同一班學生，學生為三年級。

(2) 筆者準備的課程內容，學生已經在上星期上過了，因此，教師臨時改變上課方式，一開始就複習單字，再進入句型教學。

(3) 交流觀摩方式，由筆者先授課，再由上海學校教師授課，因為上海教師希望能先觀摩了解本國教師上課的模式。

(4) 透過綜合座談，由授課教師彼此對談與回饋。

2、杭州保俶塔實驗學校

(1) 雙方都教同一班學生，學生為四年級。

(2) 筆者準備的課程內容，學生已經在上星期上過了，因此，教師臨時改變上課方式，一開始就複習單字，再進入句型教學。

(3) 交流觀摩的方式，由對方教師先授課，再由筆者授課。

(4) 現場邀請地方學校英語教師十餘位參加觀課及對談。

(5) 綜合座談與評課回應，由杭州授教教師徐慧婷老師先就課程之設計理念及教學策略作說明，接著同樣的方式進行，由筆者做說明。在場，保俶塔實驗學校也邀請呂楓教研員及學校教學組長阮舒依評課，台灣方面也提供回應及對談。

3、寧波第一實驗小學

(1) 由同行中央團王勝忠老師授課，教不同年段不同班級學生。寧波韓俊女副校長(區域名師)教授六年級學生，王勝忠老師教授四年級學生。

(2) 交流觀摩方式，由對方教師先授課，再由本組王勝忠教師授課。

(3) 現場邀請地方學校英語教師近 20 位參加觀課及座談，其中含三位骨幹

教師及劉桂蓉教研員觀課及評課。

(4) 綜合座談與評課回應，由寧波授課教師波韓俊副校長就課程之設計理念及教學策略作說明，接著再由本團王勝忠教師談授課之教學理念及策略說明。

(5) 最後，由大陸寧波聘請來的三位骨幹教師針對雙方的教學，依據評課評量表，一一評課。同時，也開放現場教師提問，由台灣蘇淑英教師回應問題，分析座談，提出兩岸英語教學的差異性，教研員提出獨特看法，做評課的總結。

（二）台灣端教師之教學設計與理念論述

1、教學內容

此次的教學演示分享，筆者選擇Person(Longman)六年級下的教材Here We Go!單元來進行教學(請參考附件一)。主題爲 He' s Wearing a Jacket。就依設計的課程內容，由當地選擇適合上課之目標學生。

目標語言(Language Focus)爲：

Words	T-shirt, skirt, pants & trousers, jacket, dress, jeans, socks, shoes.	
Dialogue	What is (What's) he/she wearing today?	He/ She is Wearing…
	What're (What are) you wearing today?	I'm (I am wearing)…

2、教學理念

(1) 期望能真正且有效的掌握溝通式教學(CLT)之理念與特性，透過多元與互動式(interactive activities)的教學活動設計，提供學生更多元的參與機會，進入活動，一起學習。最後，學生也能真正在課堂上使用目標語言(Target Language)英語(English)來與同儕互動溝通，真正運用語言且操弄真實語言。

(2) 不以教的「量」爲首要考量，而是以教的「質」爲主要目標。教學內容不在多，而在精，所有的活動設計架構在於擺放學生是否了解。也同時該確定學生是否能在這 40 分鐘的課堂內達到預期的目標，真正的學會。所以，筆者假設本堂課已經是進入本單元的第二堂課，文本以及情境的部分的對話內容引導已經在上一節課呈現過且帶讀過，進入本課的目的就是讓學生精熟目標單字(T-shirt, skirt, pants & trousers, jacket, dress, jeans, socks, shoes)。同時，進一步，能運用對話與他人互動溝通。透過多次的雙向交談的機會，操弄對話，進而熟悉語言，最後能獲得且運用

「目標語言」。

3、預期目標

(1) 學生能認識及辯識單字。
(2) 學生能說出及辨識單字。
(3) 學生能使用新的單字造出完整的句子。
(4) 學生能正確的回應問題。
(5) 學生能使用完整的句子說出及表達出他們的想法。

4、活動設計

透過所有延續性活動的設計，一直變換活動，讓學生能在互動交流的過程中，有多次的溝通機會，進而精熟語言且具備語言溝通能力。其中透過肢體互動式（TPR）活動、配對活動、倆倆互動(Pair Up)、小組活動(Grouping Up)來進行，透過操弄語言或是與同儕間的對談，自然而然獲得目標語言，使此語言成爲自己溝通表達的一部分。

(1) 活動一：引起動機，設計兩個人型娃娃，在不同位子，各擺放幾塊子母貼，貼上男生的頭髮，區別爲男生；貼上女生的頭髮，區別爲女生。另外，也幫人型娃娃穿上一件件不同的衣服，如夾克、牛仔褲、洋裝、襪子及鞋子等，目的是透過圖片實物，引起學生注意力，希望透過看圖就能了解 he & she 及單複數的差別，同時也希望能透過圖片的引導，加深對新詞的記憶，以便引導學生回答 What is he/she wearing today?的句型。
(2) 活動二：貼上單字圖片在黑板上，教單字，順便要求學生複誦，同時也請學生上台做圖片與單字的配對。
(3) 活動三：貼上字卡在黑板上，請學生尋找遺失字卡或圖卡，以加強學生對新詞的記憶。
(4) 活動四：帶學生做 Hand up & Hand Down 的活動，Yes,就舉雙手成圓圈狀(o)，No,就舉雙手交叉成 X 狀，此活動能隨時檢視學生的理解。
(5) 活動五：提供學生一組字卡，要求學生依照教師的唸讀，排出字卡的順序。
(6) 活動六：請學生擺放字卡，字卡朝上，跟著老師唸讀，同時用手指出字卡。
(7) 活動七：請學生兩兩成對，擺放字卡朝下，分別請學生輪流猜猜對方的字卡。
(8) 活動八：評量活動，要求學生填寫學習單，學生必須要站起來尋找對方(Find Someone Who)的資料，與對方互動對談後才能填出答案，活動的目的在檢視學生對新詞及對話的理解。

四、淺談兩岸英語教學的改變與碰撞

（一）兩岸英語教學異曲同工之妙

透過多元方式的對談、回饋與互評的機制，發現兩岸的英語教學目標是一致的，教學理念符合溝通式教學法的原則，希望學生能獲得更多操作語言的機會，而自然而然的獲得第二語言(Second Language Acquisition)。尤其如果能實際指派學生任務，運用英語爲溝通工具，進行小組討論或合作學習，來完成任務，解決問題，那教學就更臻完美。在教室內，教學能夠真正以學生爲主體，由學生來主導活動的進行，教師提供協助，予以一旁的輔佐。

兩岸皆認爲因爲考試引導教學的傳統「塡鴨式」教法已經過時，它容易造成只提供給學生一個答案一個思維的模式，以致學生無法跳脫一個單字，或一個問題，都可能有多個解答的結果。考試引導教學的模式嚴重的羈絆了學生的思維及阻礙了學生創造力的發展。但教師雖了解，卻因爲達速成效果，無心研發、專注創新教法而放棄創新。因此教育單位都希望教師能透過課室的實際授課，自我參與，自我省思，改變教育觀念與教學方法。

都是由真正進入課堂教學後，體驗自己設計的活動能帶給學生多少互動溝通的機會、訓練他們語言的精進時，才能發現教學的盲點。了解教學的過程與目標的訂定是否容易產生混淆與誤解，以致於在教材的編寫和教學活動的設計上產生偏差。

如同自己授課及觀課所質疑-設計好的兩兩互動角色扮演活動，算不算是真正提供學生溝通，使用語言的機會?提供給學生倆倆互動操作字卡的模式，學生到底真正又能介入多少?尤其是在大班教學約 45-50 人的教室內？

（二）不同文化衝擊下的小學英語教學課堂之探究

陸學童皆由小一開始上英語且每周需上四節。因此，兩岸彼此間，雖然教學環境及背景條件皆相似(因爲官方語皆爲華語，英語爲外國語言)，但在雷同的教學條件下，卻因爲政策、文化背景、學童習慣養成的等差異下，產生了不同的變化。因此，筆者準備的六年級課程，在大陸三地分別上三年級以及四年級的班級。在上海的實驗學校，學生的程度更比我預期的好。尤其是與上海、杭州及寧波三所學校進行英語教學之理念對談、經驗交流及教學演示觀摩等安排，讓我深感不虛此行。更因此比較兩岸之英語教學模式與相關英語教學政策執行之差異性不同。

比較與台灣的差異，大陸的學生不需要獎勵制度就能夠踴躍發言，因爲每位小朋友都急於爭取自己的一片天，其求知的慾望，讓筆者的教學順暢無阻，毫無冷場，也讓筆者驚訝！但，相對的，也因爲大陸的學生要求不多，非常聽話，教學者難以打破藩籬，讓學生超過界線，與其他組別或其他排小朋友互動，因此，在時間上的掌控就不如預期的順暢。在完全不了解學生的背景狀況下，個人認為課程的活動設計過於簡單，可以再加深加廣，增加活動的多元性，提供多媒體資訊的教學資源，以活化課堂教學。

綜觀三間學校的教學，發現一個普遍性的現象-就是教師非常仰賴電子產品教學，而且教學的流暢度幾近完美，銜接順暢。惟，在要求學生操作真實語言的部分，相對的就有所侷限。學生通常都只能倆倆站起來互動對談，到前面的白板操作，組成句子，或回應教師的問題。

反思當學生碰到真實情境，需要真正溝通時，是否可以說出話來。這部分，也都是筆者在設計教學的一大重要考量。通常，不容易落實，但教學更應該不斷的修正，提出解決策略。所以，雖然觀念落實，但行動是否真正落實?操作語言是複雜的，應該不是只有制式化的練習，設計給學生不同的情境待解決，應該也是教學必要的一環。見識到不同文化下衝擊的英語教學，所以相信教學者都能經由觀課，激盪出不少的衝擊與火光，透過觀課、評課，在英語教學的領域又更進一層，有了不同的思維和激盪，修正自我的教學。

（三）兩岸教師專業養成的差異性

綜觀三所學校的交流安排，有其共通性。彼此雙方教師互相觀課後，安排與現場參與的教師座談。整個互動模式與程序的安排，井然有序。一開始由雙方授課教師就自己的教學設計理念及在課堂上所運用之教學策略作簡略說明。另外，也提供現場教師座談的機會，由參與的教師提出疑問及看法，回應看法後，才開始由評課教師及教研員評課。

上海建青實驗學校，雖沒有安排教研員，但還是安排與各組教學夥伴及本團隨行團員座談，彼此在會議桌上提出精闢且獨特的見解，給予教學者即時回饋，同時，也開放問題的討論，釐清兩岸有關之英語教學措施之疑慮。另外，兩所小學（杭州保俶塔實驗學校與寧波第一實驗小學）進行的模式雷同。透過研習的安排，與現場教師交流，聽到更趨真實的回應，互談熱絡，現場全程錄影，是提供教學者個人教學反思的大好機會。

利用觀課、評課與綜合座談的方式，由授課者提出教學理念的設計及活動進行的同時，進行即時的反思，彼此提供評課觀察的重點、意見及回饋分享。點評的制度，道出教學者的盲點，同時也能提供教學者檢討教學的機會。

五、省思與建議

如同前面所述，英語已被界定為全球化的交流工具，人與人之間的主要溝通橋樑，英語文教育的重視已不容忽略。良好的英語教育更是奠定國人競爭力的基石。根據對談及觀察等種種的比較，英語教育在大陸，紮根從小一開始，穩紮穩打，訂定的英語教學時數從小一開始，每周四節課的時數遠超過台灣好多，甚至連提早開跑多年的台北市都不如。我們也了解，一般英語每周兩節課的時數，實在是難以達到應有的教學成效，因爲要學好一種語言，必須要長期浸浴在真實情境中，不斷的操練語言，真正運用目標語言溝通，才能自然而然獲得語言。然而，就台灣目前的師資結構，嚴重的英語師資不足的情況下，是否應該貿然嘗試?尤其是在近年來教育鬆綁，比大陸還開放的教育體制下，教師的自我成長，教師專業自主的提升是否能夠真正落實?因此，就以教學時數而言，我們是否能夠與大陸相較？這些都有待深思熟慮，謹慎考量。

在短短的幾年內，大陸積極的進行教育改革，尤其是英語教育，透過不同文本的閱讀，到解讀句型內涵及單字的多方含意，重視學生英語能力的提升。除了以溝通式教學(CLT)爲課程綱要首要概念外，任務導向教學(TBLT)更是大陸整體英語教學架構中的推動重點。觀其小學課本中文句的複雜性，就可以看出一點端倪。但，教學理念與教學實務的結合，是否能發揮到極致，點評觀課的嚴謹建立，是否能真正透過教師間的不斷對談，而達到教學精進的效用呢？

綜觀以上分析，筆者就教學時數及教學年級、教學內涵及教師專業自主部分提出以下個人看法，以爲國內英語教學建議之參考：

（一）起步得早倒不如起步得巧

建議英語教學不需要提早往下延伸，但應增加高年級的教學時數。如教育部的研究報告所提「英語學得早、不見得學得好！」，因爲英語學習起步階段的不同，可能衍生出更多的英語教學問題(邱毓雯，民 96)，造成學生程度的落差過大，雙峰現象造成教師過度的困擾，導致教學成效不彰。學習語言需要長期浸浴在運用語言甚至是閱讀語言的環境中，當我們想把學生完全教到會，就更應該讓學生多一點時間自己操弄語言、思索語言的功能，運用的方式。如，上海當地教師所言，讓學生進入不同的文本世界，了解英語新詞或是對話方式，非只有單一答案，帶學生了解其不同的涵義，所以，高年級更應該增加時數，加深加廣，由教師引導，提供不同文本閱讀的機會，提高學生浸浴在英文中。

（二）教得多不如教得精

溝通式教學，雖然是主流且深受到學界的青睞，但是遑論是觀察別人的教學或是反思自己的教學。在短短的 40 分鐘內要學生參與溝通式的活動，又要涵蓋不同的活動類型，是否就能夠達到真正實質的效果。因此，筆者認爲，無論是針對任何活動的設計，教得精比教得多重要，教學者一定要環顧學生的狀況，透過多元評量的活動設計，隨時檢視學生的回應狀況，以了解學生的熟悉度及了解程度。教學要拔尖，也要扶弱，在課堂中，教師如果能夠同時也等等需要協助的學生，那教室的雙峰就會減少。

（三）落實教師課堂教學的能力

在兩岸課堂教學的觀摩中，無論是反思自己的教學或是觀察別人的教學，發現大多數的活動設計並沒有完全真正的達到讓學生溝通的功能。透過制式化的唸讀，坐在一起的兩兩對談，是不是就稱爲溝通式的活動?讓學生到講桌前，讓學生操作白板，依據不同情境組成句子，是不是就稱之爲溝通式教學?溝通式的教學被掛在嘴邊，但真正落實在教學活動的設計中有多少。大陸的教師分級，骨幹教師的觀課點評制度讓我大開眼界，但除了點評、說說重點外，如何的協助教師精進，如何的落實，該是重點。目前國內的英語教學示範與觀摩等均舉辦的太慢、太少（張佳蓉，民 92；謝淑娟，民 92）。反觀大陸的教師專業要求，固定時間且嚴謹的教學點評，都能協助教師精進課堂的教學能力。但反觀國內，我們是否有精準的模式，要求教師精進呢?體驗此次的教學觀摩及互相授課點評的模式，筆者的確感受到教學的壓力，但也同時發現適度的壓力能帶給我成長。

六、結論

要建立良好的教學體制，讓英語教學成爲亮點，有效的提升學生學習的興趣，絕對不是一件容易的事。教學的迷思、教學的困境、雙峰的現象等皆是教學的絆腳石。英語教學是台灣課程與教學的重點之一，無論是課綱的微調，政策的訂定，皆隨著時代潮流走。國內中央及地方皆積極辦理研習、工作坊，提供專業對談及成長的機會，鼓勵教師間成立教師專業社群等，期能共同探討英語教學之困境及努力研發教學困境之解決策略。不容置否的，中心目標皆希望英語教師能改變以往以教師爲中心，單一式輸入知識之概念，提供學生更多操作語言的機會，突破考試引導之傳統文法式教學。強調以學生爲主體，設計運用英語溝通的機會給學生學習。在台灣整體課程與教學架構下，強調溝通式教學的環境，任務導向的教學及專題導向學習等，希望老師能自主學習，求新求變。未來，期望能見到教師間的互動對談、演示、觀課觀摩等交流互評，來精進課堂教學。

有效推動教師專業發展評鑑，積極培養輔導老師，透過彼此觀課討論，達到教學品質的要求。當然，方法不求多，只求教師不再以單一輸入式的教學方式進行教學，提供學生更多的參與機會。走訪偏鄉，協助教師，活化課堂教學。

參考文獻

張武昌（2009）我國各階段的英語教育——現況與省思，http：//tw.myblog.yahoo.com/tlchen1999/article?mid=527&prev=528&next=526。

教育部 學齡前幼兒英語教育政策說帖（Ⅱ），http：//www.ece.moe.edu.tw/document/earleng2.pdf。

張佳蓉（2003）國小英語教師師資背景與教學困擾、工作壓力之相關研究-以高雄市爲例。國立屏東師範學院國民教育研究所碩士論文。

邱毓雯(2007) 國小英語教學問題之探討。十年教改的回顧與展望——課程與教學類，第 24 卷第 4 期，http：//study.naer.edu.tw/UploadFilePath/dissertation/l024_04_18vol024_04_18.pdf。

Cook, V. J. (1988) Designing CALL programs for communicative teaching. *ELT Journal*, 42/41 Oxford University Press, Oxford 261-271.

Krashen, S. (1982) *Principles and Practice in Second Language Acquisition.* Oxford： Pergamon.

Nunan, D. (1989) *Design Tasks for the Communicative Classroom.* New York： Cambridge University Press.

Richards, J. & Rodgers, T. (2001) (2nd Ed.) Approaches and Methods in Language Teaching. Cambridge： Cambridge University Press.

Richards, J. C., Platt, J., & Platt, H. (1992). Longman dictionary of language teaching& applied linguistics. Essax： Longman.

Skehan, P. (1998) A Cognitive Approach to Language Learning. Oxford： Oxford University Press.

Willis, D and Willis, J. (2001) Task Based Learning. In R. Carter & D. Nunan (Eds.) *The Cambridge Guide to Teaching English to Speakers of Other Language*. Cambridge： Cambridge University Press. 173-178.

附件

Version	PERSON-Longman/ Here We go!	
Volume	English 8 for primary students	
Unit	3	
Topic	He’s Wearing a Jacket.	
Language Focus	Vocabulary	T-shirt, skirt, pants(trousers), jacket, dress, jeans, socks, shoes
	Sentences in practice	What is ______________ wearing today? He’s/ She’s wearing ___________.
	Dialogue in the Textbook	Look, That’s Kelly. She’s wearing a pink skirt. **What is he (Mark) wearing today?** He’s wearing blue pants. **What is she (Anna) wearing today?** She’s wearing a red Chinese dress.
Language Functions	Expressing what is he/she wearing.	
Goals	1. Students are able to recognize and distinguish the words. 2. Students are able to say and distinguish the words. 3. Students are able to make complete sentences by using the new vocabulary. 4. Students are able to respond to the questions correctly. 5. Students are able to complete sentences by saying and expressing their ideas.	

當科學遇上魔術
——以示範實驗結合魔術之科學教育模式

鄭安住*

一、前言

有人預言「創造力」是二十一世紀掌握成功契機最具關鍵性的能力，唯有「創造力」才能在藍海戰爭裡脫穎而出，也只有具備「創造力」的企業，才能在競爭劇烈的生存戰爭裡屹立不搖，甚至一枝獨秀。檢視中外古今歷史，我們可以發現吳承恩的《西遊記》、J.K.羅琳的《哈利波特》之所以受到廣大讀者的歡迎，都是在他們的作品中，憑藉「創造力」賦予筆下人物及故事情節跳脫常人想法的故事發展，才會在歷史上永垂不朽。賈伯斯成功推出麥金塔電腦、iPod、iPhone、iPad等知名 3C 產品，蘋果公司也是利用「創造力」，成功改變我們以往使用電腦、聽音樂的習慣，而 i 序列產品能夠席捲全世界，靠的就是賈伯斯極力鼓吹的「創造力」。但是多數人對「創造力」普遍存在著錯誤印象，認爲只有極少數天才、資優學生才可以具備此項特質。與其說賈伯斯是天才，不如說是蘋果公司有一群工程師在賈伯斯的導引之下，讓「創造力」盡量發揮，難怪賈伯斯辭世之後，蘋果公司依舊可以持續不斷的推出新產品，絕不會因賈伯斯的辭世，就讓蘋果公司一蹶不振，由此可見「創造力」絕非極少數人才可擁有的能力。其實它就像每個人的智力一樣，爲大家所共有。站在推廣科學普及教育的立場，正因爲創造力爲人人所共有，只是發展程度不同，因此如何透過教育的過程，開發每個人內心潛藏的科學創造力，是我們身爲科學教育工作者亟應重視的課題。(洪文東，2000)

前教育部長曾志朗(1999)在《不同凡想》翻譯本中明白指出：「改變歷史以及替人類帶來精神文化遺產的，多半是創造，而不是發現與發明」，可見「創造力」對整個社會的發展，不論是經濟，還是文化，「創造力」都極具關鍵性。《不同凡想》作者史登堡博士就是以幫助讀者認識並發展自身的創造力爲著眼點。書中亦詳述了創造力的六項資源：智慧、知識、思考型態、人格特質、動機和環境，並以「買低賣高」的創新觀念貫穿串聯起這些資源；當每項資源在某個均衡點上得以發展，創造力才能發揮得完全。在現今資訊快速流傳，整個社會快速變化的世界潮流中，我們的學生若還是只會記憶書本裡的陳舊知識，是無法應付未來世界所帶來的挑戰，因爲在資訊便利的環境中，知識的取得都是彈指之間就可完成的事。學生要學的是善用知識、解決問題的能力，而不是一味死記強背，唯有充分發揮「創意思維」，將知識轉化成智慧，進而發展成「創造力」，才可以開創新局。加上台灣本身沒有豐富的能源礦產，更遑論石油、煤礦，要讓台灣學子在未來世界中可以維持競爭優勢，就必須藉由教育，讓學生在學校教育中，學習「創造力」

* 教育部本土語文課程與教學輔導諮詢團員

的培養。

二、文獻探討

洪文東（2000）指出，從認知心理學的觀點而言，創造力是「解決問題」的關鍵，創造的過程也是一種解決問題的過程。再從科學的邏輯觀點而言，科學的創造力不同於一般創造力，主要在其科學探究過程中強調邏輯的一致性，透過科學探究問題的過程才能突顯科學創造力之獨特性。

1983 年提出多元智慧理論的哈佛大學教授 Howard Gardner 曾於美國首府演講中對著爆滿的聽眾提問：「到底人爲什麼要上學？」這樣的問題就是將教育歸零之後所提出的問題，他自問自答地說：「其實學生到學校學習並不是單純的吸收知識，學生要學習思考，學習有意義的生活，也就是要學習如何解決問題，如何創造；學會經由互補合作來解決共同的問題，學會尊重包容，創造並運用知識。這樣才能適應快速變遷的時代。」面對知識經濟時代的來臨，以往強調知識記憶的教育方式，如今已經不符合瞬息萬變的社會了（陳佩正譯，2001）。

那「問題解決」與「思考」之關係又爲何？學者 Dewey（1933）則針對思考能力發展提出兩項主張，一是培養「反省思考」能力，即自我批判能力；二是發展解決問題的能力。而 Dewey 將創造視爲問題解決的心理歷程，認爲「創造力」是一種問題解決的能力，是當人類對事務存有困惑、不滿，進一步提出質疑、批判內容時，創造力就會隨之而生了！在問題解決歷程中，批判思考和創造思考互相配合，相輔相成。由此，可以知道創造思考、批判思考在問題解決中是扮演很重要的角色。

對多數的老師而言，疑問（question）、問題(problem)在教學上常被混合使用，其實二者在語意上就有不同層次的問題。疑問等待的是回答（Answer），性質較爲簡單，學生只是單純的從舊有基模(schema)中尋找答案即可，像一般教室中師生之間一問一答的對答便是。而問題則需要的是解決（solution），性質較爲複雜，學生需要較長時間的思考歷程，舊有基模需重新同化（assimilation）或調適(accomodation)以產生解題所需的新基模(Piaget, & Inhelder,1969；許育彰，1998；吳美芬，熊召弟，1995；唐偉成，江新合；1998)。

其實早在 1933 年，Dewey 就將「思考」視爲問題解決的心理歷程，學者 Beyer（1988）曾提及：「思考乃是人類解決問題的心理活動」。國內學者張玉成（1993）將之解釋成：「思考是個體運用智力以現有知識經驗爲經，眼前資訊爲緯，從事問題解決或新知探究的過程。」所以科學家在著手解決問題時，思考是開啓關於科學知識、科學方法的重要之門。

學生本能的將日常所見所聞、經驗所及的一切事務，用自己發展的一套邏輯加以分類歸納，所自然形成的概念，往往會成爲日後建構科學知識的基礎，稱爲「先存概念」（preconception）。此種概念較之於科學社群建構的概念，雖然顯得不夠縝密周延，卻是學習者最素樸、最直觀的想法。如果在學習過程中，這種自我的內在架構與科學社群認同的概念不同時，將會產生衝突而造成學習障礙，使學生無法接受科學的語言，轉而採取拒絕或應付敷衍的態度，也有自此排拒於科學社群之外，視學習科學爲畏途。所以概念研究的目的，並非僅止於發現學生的迷思概念（misconception），而是要藉由探討概念發展與改變的過程，協助解決學習者在學習科學上的困難（黃台珠，1984；劉伍貞，1986；李奉儒，1990）。

許多學者專家研究證實，創造力是可以被訓練的 (Isaksen & Parnes)，透過教育活動的培養，適時啓發創意，讓學童保持對事物的新鮮感與好奇心，養成主動發現問題、解決問題的習慣，提供學生一個開放、尊重、正面、完全接受的環境，對於誘導創造力的發展，有積極正面的意義。(蔡玉瑟，2007)

近年來，由於科學、哲學觀點的演變和認知心理學的發展，人們漸漸重視學習自然科學的主動參與及積極建構有意義的學習策略。而教師的角色也漸漸從「傳道、授業、解惑」轉變爲「斡旋者(mediator)、激思者(provocater)」(Tobin)。而這也是九年一貫新課程的中心思想，聚焦在培養學生具備人本情懷與統整能力，能進行終身學習（主動探究、具解決問題能力等）之健全國民。

現今學校中的科學教學，常常是以講述及食譜式實驗來進行(黃和王，1996)，實在無法培養學生「問題解決」與「思考」的能力，更無法導引學生體會到科學令人興奮的內涵。科學教學者指出，開放的科學探究活動，能協助學生發展思考能力，且在認知、技能及態度三方面都獲得提升(Hofstein& Lunetta, 1982)。然而，要能提供開放的科學探究活動，就必須在課堂中實施「創造性教學」與「問題解決教學」，才能積極有效從中培育學生的創造力。創造性教學有別於問題解決教學。創造性教學(Creative Teaching)是指教師有創意，展現生動活潑的教學方式；而問題解決教學的主要目標則在激發、助長學生的問題解決能力、及創造力（陳龍安，2002）。

綜觀上述文獻，我們可以瞭解到創造力的重要性及教學活動設計須考量的面向，然而要在有限的教學時間之內，教學活動能兼顧「創造性教學」與「問題解決教學」，並能啓發學生多項能力，絕非易事。個人秉持用「魔術豐富科學教育」、「用科學解釋魔術」的理念，試著設計結合魔術與示範實驗之教學活動，可以使學生從神奇引起好奇，激發思考動機，進而主動發現問題，藉以讓學生擁有探索的熱情，再安排適當的教學情境，讓學生從動手到動腦、用懂得代替記得，並於教學活動中，設計適當問題，讓同學間、師生間有對話，也有分享的機會和空間，讓學生學習思考、習慣思考，藉以培養創造力。相信在這種課程設計之下，可以讓學生由『被動學習』昇華成『主動學習』，並發展批判思考與創造力，累積日後解決問題的能力。

有人說，真正的學習是下課後才開始的，意思是說，老師在課堂上引起學生的興趣與學習動機，當學生學習的熱情被點燃之後，積極探索、累積、延伸等學習動作，就像野火燒不盡一樣，擋都擋不住了。所以在設計課程的同時，也必須安排若干延伸活動若學生再次建構，亦可提供相關視訊媒體，使抽象難懂的科學概念，得以具體呈現，靠著加深、加廣的活動，讓學生真正能用科學來解釋生活的點點滴滴，讓理性思考成爲生活的模式。

三、教學活課設計

這次前往上海、杭州及寧波三地進行教學參訪，主要目的是想透過雙方之教學演示、觀課及評課等過程來進行相互切磋，再針對兩岸課程、教學規劃與實施、教師成長等議題進行對話，以增進彼此進一步認識，並探討、分析、比較兩地教學方法之優缺點，將兩岸所面臨之教育問題與其因應之策略進行專業對話，期能透過教育層面的交流，展開未來兩岸教育事務合作的積極願景。

以 4 月 25 日在寧波市新城實驗學校授課之「1-2 聲音的發生和傳播」(浙江教育出版社，2005 年 12 月第三版)爲例，上課之前先以兩岸赫赫有名的魔術家劉謙的名言：「讓安住陪著大家一起見證奇跡」爲開場白，接著表演「神卡妙算」。先徵求一位自願參與魔術表演的同學上台，將我手上的 6 張牌給他看。請他把卡片上有他姓氏的卡片交給我，確認無誤之後，馬上可以正確無誤的猜出他的姓氏。接著在請他就中國百大名人排行榜前 63 名之間先任選一位喜歡的偶像，再將我手上的 6 張牌給他看。當該張卡片有這位名人的時候，就請他把牌交給我，其餘牌則收下。運用同樣的原理，當然也可順利的猜出答案，進而獲得學生們的掌聲。

有效從神奇引起好奇之後，試著引導學生去思考其中的關鍵所在，並觀察這 6 張牌上面的數字排列關係。用心的學生就可發現，這 6 張牌都是由小到大排列，每一張的第一個數剛好是 2 的冪次方，接著就用數學「二進位」的原理，爲學生解釋其中的奧妙，讓他們實際體認數學所帶來的運用。接著以課本上的活動：「用手指撥動橡皮筋，就會發出聲音來哦！」來帶入教學活動。

1、活動一「念力牙籤」

這個活動是要讓學生了解，透過能量來產生振動，才可發出聲音。但是課本這個活動設計在國小階段就已玩過，此時再次呈現已了無新意。因此表演「念力牙籤」，向學生表示可以藉由念力來讓牙籤產生振動。在學生不太相信的狀況下，要如何讓牙籤跳動起來而產生振動呢？可以先用左手的食指和拇指捏起一根牙籤，將其緊靠在左手中指的指甲部位，再用右手食指和拇指抓住另一根牙籤，放在左手牙籤的上面。增加左手手指的力量，進一步加強牙籤的彎曲形變，使之在指甲上滑動。每次滑動瞬間釋放的能量就會使左手的牙籤彈起，看起來就好像「念力」使牙籤跳動起來。

其實牙籤表演完，不要馬上丟棄，提醒同學回家後可以讓 5 根牙籤形成五角星形。做法是取 5 根牙籤，從中間位置將其彎折，並將兩截彎成 V 字形。不要用力過猛將牙籤完全折斷，每根牙籤斷裂處應仍保留一點使其相連。接著將五根彎折後的牙籤彎折處向內，兩頭向外擺成一圈。內部留出一個小的圓圈，儘量讓向外輻射的牙籤兩頭相互間距均勻。接著在中間留出的圓圈中加入幾滴水，可以覆蓋所有的彎折處即可。等待一會兒，你會發現所有牙籤自己神奇的張開了。慢慢形成了一個五角星。這邊要提醒的是：不要加太多水，因爲水分多會增加阻力，很可能會導致魔術失敗。

2、活動二「橡皮筋魔術」

至於一開始演示的橡皮筋，也要物盡其用，還可以把它拿來表演「橡皮筋食指逃脫術」(先將橡皮筋套在左手食指上，再以右手食指及大拇指拉住橡皮筋先往中指繞，接著套回在食指上。請觀眾抓住食指，檢驗是否確實封住橡皮筋。趁其不意，讓左手中指後彎，橡皮筋即可自食指跑到中指去)，讓學生了解彈力的作用。也可表演「紅綠速換」(把紅橡皮筋套在左手中指與食指之間，將另一條綠橡皮筋套在左手無名指與小指之間。把兩條橡皮筋交疊一起往下拉，會形成三個洞。將左手除大拇指外之四指往中間的洞下彎，再將兩條橡皮筋套在四指第一節關節處。當左手張開時，兩條橡皮筋的位置會互換)，藉由這個活動，讓學生了解轉軸的概念。

3、活動三「吸管吹笛」

將吸管一端用剪刀剪成尖型鳥嘴狀，用手弄軟，使其容易振動，再放入口中吹氣，就會有聲音出來。配合雙手將吸管圍住，可以觀察到聲音響度因共振而變大甚至改變其所出的聲音。

4、活動四「想想看？」

請問聲音是如何產生的？經過這三個活動的設計，相信學生可以很清楚地了解到，聲音是靠物體振動所產生的現象。

5、活動五「聲音的傳播－固體」

課本要學生站在課桌的一端，再請其他同學用手輕輕滑過桌面，聽到產生的聲音，藉以說明固體可以傳播聲音。之前曾試過先敲動音叉，再將音叉輕輕靠在窗戶的玻璃上，那種音叉振動碰觸玻璃，藉由固體傳聲的演示效果更加令學生難忘。

6、活動六「聲音的傳播－液體」

課本要學生將兩塊鐵板放在玻璃缸中的水中互撞，觀察是否能聽到產生的聲音，藉以說明液體可以傳播聲音。若是將民俗童玩「水鳥笛」，拿來作演示，不只可以讓學生了解液體可以傳播聲音，還可以明瞭介質的種類及條件會影響聲音的產生。

7、活動七「聲音的傳播－真空狀態下」

課本要學生將小電鈴放在密封的玻璃罩內，接通電源使電鈴發聲。當逐漸抽出玻璃罩內的空氣時，可以發現聲音漸小。若抽成真空，就不會有聲音產生。導引思考：太空中能聽到爆炸聲嗎？

8、活動八「做個土電話」

課本要學生在兩個杯子底部鑽小孔，再將一根棉線分別穿過杯底的小孔，再將棉線端繞在一根火材上，並用膠帶將杯底的火柴黏好，如此一個土電話就做好了。當一個同學對著杯子講話時，擬將另個杯子罩在耳朵上，就能聽到同學說話的聲音。

9、課後活動「靈雞報曉」

爲了好好利用實驗器材，這邊再介紹另一個示範實驗，供學生回家操作。準備紙杯及鑽子或尖筆。在杯子底部鑽兩個距離約 1.5 公分的小孔，再將線頭穿過杯底後打結。拿牙籤穿過棉線並伸出杯子外緣，以免棉線將杯底拉破。完成後，左手持杯，右手拉棉線會有聲音產生。若將棉線弄濕，又會如何？拉拉棉線就有雞叫聲，也是蠻好玩的事。

10、單元重點整理

在這一節課，依照大陸的課程標準學生應該學到：

（1）聲音的發聲要靠聲源在介質中迅速振動。

（2）固體、液體和氣體都可以成爲介質。

（3）真空中因缺乏介質無法傳聲。

四、教學成果分析

爲瞭解對岸學生對於這種以示範實驗結合魔術之科學教育模式的接受程度，個人也設計教學意見回饋單，於下課前 2 分鐘，請上課學生仔細閱讀並用心回答，希望能從中得到日後修正或改善教學之參考。回饋單針對「老師教學內容豐富多樣」、「老師上課講解清晰易懂」、「老師上課時的音量大小適中」、「老師的教學方法能引起我的學習興趣」、「老師上課時與學生的互動良好」、「老師能善用發問技巧」、「老師上課教材呈現十分清楚」、「老師能適時的善用教學資源（媒體或教具）」、「老師教學態度積極認真」、「我能夠理解老師上課的內容」、「班上同學多能積極參與課程教學」等 11 個問題來徵詢學生的意見。

上海、杭州及寧波三校之教學意見回饋單條列於後，先就學生「想說的話」做整理與分析，再將之細分爲「**課程設計**」、「**教師教學**」、「**整體教學表現**」三大部分，並將其較具代表性的回饋條列如下：

1、課程設計方面

「老師能透過魔術進行科學課，很有創意」、「老師上課非常有趣，用科學知識來教我們魔術，非常喜歡」、「第一次知道學生才是課堂主角;心中有科學，手中有魔術」、「讓科學與魔術結合，課堂很有趣」、「非常貼近學生，引起學生興趣」、

「我認為老師上課的內容很豐富，結合了魔術，讓我們能夠更清楚明白課堂內容」、「老師上課很有趣，讓我對科學的興趣更加深厚，非常喜歡老師，科學與魔術的完美結合」。

2、教師教學方面

「老師你好牛，我好佩服你，安住哥，我頂你」、「安住哥，多上幾節課啊，我們會很 happy 的」、「很好，能激起我對科學的興趣」、「老師，我很喜歡你上課，上得太好了!歐巴，我愛你!」、「老師的上課方式可以被我們接受，與我們的互動也很多，很喜歡這個老師上的課」、「老師上課內容豐富有趣，能與學生互動」、「老師教學生動有趣」、「講課非常好，很生動，跟往常科學課不同」、「老師您上課真有意思，讓我們聽課很牢，很幽默」。

3、整體教學表現

「非常地好，十分有趣，清晰易懂，非常喜歡」、「這次的課十分有趣，我收穫很大」、「希望以後能經常這樣上課」、「非常好，希望下次還有這種形式」、「老師教的十分好，希望多來」、「希望我的科學老師也像他一樣」、「非常好，希望下次還有這種形式」。

由上述回饋可發現，這種結合魔術與示範實驗的教學一活動設計，深受大陸學生歡迎，也能讓學生了解科學意涵，更能透過這種教學活動，讓以往被視爲艱澀難懂的科學原理，藉由自己親自動手操作、親自建構，從中去了解科學原理的意義，學生們也大多表示能夠清楚弄懂，再透過學生的回饋來看，這次的教學演示可以算是一次成功的分享。

雖然讚譽有加，但是部分「教學建議」也讓個人有所成長，諸如「把每一個實驗的原理展示在 PPT 上就更 OK 了」、「在學生太過活潑的時候，可以稍微控制一下」、「老師您上課時要多和同學們互動，多講一些與課程有關的遊戲」也將作爲日後實施教學該注意的部分，期使自己日後教學能更加優質卓越。

教學意見回饋單

◎學校:上海市建青實驗學校

◎班級：_6_年_5_班　學生人數_36_人　　上課日期：2012/4/23

◎授課單元：_摩擦力_

◎學生對教師的評量：

各位同學：請你仔細閱讀並用心回答以下的問題，以便作為安住老師修正或改善教學之參考。相信有了您的配合與真誠回饋，將可以使安住教學更加優質卓越。

	非常同意	同意	無意見	不同意	非常不同意
1. 老師教學內容豐富多樣。	34	2	0	0	0
2. 老師上課講解清晰易懂。	33	3	0	0	0
3. 老師上課時的音量大小適中。	32	4	0	0	0
4. 老師的教學方法能引起我的學習興趣。	34	1	1	0	0
5. 老師上課時與學生的互動良好。	35	1	0	0	0
6. 老師能善用發問技巧。	32	4	0	0	0
7. 老師上課教材呈現十分清楚。	32	4	0	0	0
8. 老師能適時的善用教學資源（媒體或教具）。	34	1	1	0	0
9. 老師教學態度積極認真。	35	1	0	0	0
10. 我能夠理解老師上課的內容。	33	3	0	0	0
11. 班上同學多能積極參與課程教學。	32	3	0	1	0

◎對老師的教學建議或想說的話：

教學建議	想說的話
1. 授予更多的知識。 2. ppt 可以加入更多的問題。 3. 上課太好，太有趣了，沒有建議。 4. 我認為我們平時可以多做做實驗。 5. 鄭老師講得很好，繼續保持。 6. 希望更加有趣。 7. 非常非常好。 8. 上課活動的內容能更多些。 9. 很好。 10. 我希望老師以後可以上課更加有趣，有更多交流互動。	1. 這節課我覺得很喜歡，老師、同學們都放得很開。 2. 老師能透過魔術進行科學課，很有創意。 3. 老師的話很有意思，也有很多實驗、魔術，但可能因為時間短而有些匆忙。 4. 非常地好，十分有趣，清晰易懂，非常喜歡。 5. 這次的課十分有趣，我收穫很大。 6. 鄭老師講的課十分有趣，我很喜歡。 7. 很好。 8. 希望以後能經常這樣上課。 9. 棒！ 10. 這節課我很喜歡，課也很有趣。 11. 這節課非常有趣。 12. 非常好，希望下次還有這種形

	式。 13. 老師上課非常有趣，用科學知識來教我們魔術，非常喜歡。

教學意見回饋單

◎學校:浙江省杭州市保俶塔實驗學校

◎班級：9年5班　學生人數45人　上課日期：2012/4/24

◎授課單元：空氣的性質

◎學生對教師的評量：

各位同學：請你仔細閱讀並用心回答以下的問題，以便作為安住老師修正或改善教學之參考。相信有了您的配合與真誠回饋，將可以使安住教學更加優質卓越。

	非常同意	同意	無意見	不同意	非常不同意
1. 老師教學內容豐富多樣。	44	1	0	0	0
2. 老師上課講解清晰易懂。	37	8	0	0	0
3. 老師上課時的音量大小適中。	43	2	0	0	0
4. 老師的教學方法能引起我的學習興趣。	45	0	0	0	0
5. 老師上課時與學生的互動良好。	45	0	0	0	0
6. 老師能善用發問技巧。	43	2	0	0	0
7. 老師上課教材呈現十分清楚。	44	1	0	0	0
8. 老師能適時的善用教學資源（媒體或教具）。	45	0	0	0	0
9. 老師教學態度積極認真。	45	0	0	0	0
10. 我能夠理解老師上課的內容。	42	3	0	0	0
11. 班上同學多能積極參與課程教學。	43	2	0	0	0

◎對老師的教學建議或想說的話：

教學建議	想說的話
1. 希望能繼續以這形式上課。 2. 安排2節課，多玩一會兒。 3. 把每一個實驗的原理展示在PPT上就更OK了。	1. 上的課很好玩。 2. 第一次知道學生才是課堂主角;心中有科學，手中有魔術。 3. 其實我沒有很討厭科學啦。

4. 實驗好多啊!interesting 啊! 5. 場地!!!! 6. 天天這麼上吧!! 7. 上的更有趣。 8. 滿意。 9. 我聽不懂臺灣腔呢!不過還好啦!! 10. None	4. 謝謝您，希望以後還能聽到您講課。 5. 非常謝謝。 6. 吹出霧的到底怎麼吹啊!! 7. 很好玩，不過受場地限制。 8. 非常貼近學生，引起學生興趣。 9. 很好，非常謝謝!! 10. 你是最好的!! 11. 謝謝老師。 12. 讓科學與魔術結合，課堂很有趣。 13. 老師上的課十分精彩。 14. 教得很好! 15. 來我們學校教書吧!! 16. 很好，能激起我對科學的興趣。 17. 老師能多來上課就好了。 18. man

教學意見回饋單

◎學校:浙江省寧波市新城實驗學校

◎班級：8 年 1 班　學生人數 39 人　　　上課日期：2012/4/25

◎授課單元：聲音的產生與傳送

◎學生對教師的評量：

各位同學：請你仔細閱讀並用心回答以下的問題，以便作為安任老師修正或改善教學之參考。相信有了您的配合與真誠回饋，將可以使安任教學更加優質卓越。

	非常同意	同意	無意見	不同意	非常不同意
1. 老師教學內容豐富多樣。	39	0	0	0	0
2. 老師上課講解清晰易懂。	38	1	0	0	0
3. 老師上課時的音量大小適中。	39	0	0	0	0
4. 老師的教學方法能引起我的學習興趣。	39	0	0	0	0
5. 老師上課時與學生的互動良好。	39	0	0	0	0
6. 老師能善用發問技巧。	37	2	0	0	0
7. 老師上課教材呈現十分清楚。	37	2	0	0	0
8. 老師能適時的善用教學資源（媒體或教具）。	39	0	0	0	0
9. 老師教學態度積極認真。	39	0	0	0	0

10. 我能夠理解老師上課的內容。	39	0	0	0	0
11. 班上同學多能積極參與課程教學。	39	0	0	0	0

◎對老師的教學建議或想說的話：

教學建議	想說的話
1. 老師與學生之間的關係十分融洽,激起了學習的欲望。	1. 上課十分有趣，歡迎上次再來。
2. 很新奇，非常豐富。	2. 老師留下來吧!!
3. 好，超棒!無缺點。	3. 老師，你多來幾次。
4. 好，很好，超好的!沒建議!	4. 老師,我很喜歡你上課,上得太好了!歐巴，我愛你!
5. 可增加更多的實驗。	5. 安住老師，你上得超好的，期待下次你還能再來!
6. 希望下次有更多有趣實驗。	6. 老師的上課方式可以被我們接受，與我們的互動也很多，很喜歡這個老師上的課。
7. 很好。	7. 老師上課內容豐富有趣，能夠調起學生的上課興趣，能與學生互動。
8. 很好，很新奇。	8. 很好，希望能到我們學校來。
9. 老師，你留在我們新城吧!	9. 老師，你好好。
10. 老師教得很好。	10. 老師教得非常好。
11. 老師講課生動。	11. 老師你好牛，我好佩服你，安住哥，我頂你。
12. 老師很棒，沒建議。	12. 安住哥，多上幾節課啊，我們會很happy 的。
13. 課很好，人不怎麼樣。	13. 生動、形象。
14. 挺好的。	14. 生動有趣，教學好。
15. 不錯。	15. 老師教學生動有趣。
16. 很好。	16. 教的很好。
17. 可以再給我們上課，我們很開心。	17. 生動形象最好，可以在學校中有這樣的課。
18. 很好，無需改進。	18. 老師教的十分好，希望多來。
19. 上課很生動。	19. 老師上的很好。
20. 很多，非常好，無需改進。	20. 希望我的科學老師也像他一樣。
21. 挺好的。	21. 上課有趣，來教我們班吧!
22. 多多保持哦!!	22. 我希望我們的科學老師也是這樣。
23. 很好，無需改進。	23. 挺好的，有空常來。
24. 很好，老師的課很完美。	24. 很喜歡你上的課。
25. 超完美的。	
26. 再來我們學校上課吧!	
27. 在學生太過活潑的時候，可以稍微控制一下。	
28. 可以有更多的實驗，很好。	
29. 可以增加更多的實驗。	
30. 再講一些更有意思的實驗，再來我們	

學校上課吧! 31. 保持積極努力，多互動。 32. 老師您上課時要多和同學們互動，多講一些與課程有關的遊戲。	25. 講課非常好，很生動，跟往常科學課不同。 26. 我認為老師上課的內容很豐富，結合了魔術，讓我們能夠更清楚明白課堂內容。 27. 老師上課很有趣，讓我對科學的興趣更加深厚，非常喜歡老師，科學與魔術的完美結合。 28. 這老師非常好，我很喜歡他教學的方法。 29. 上課很有趣，可以增加學習興趣，我很喜歡。 30. 老師上課很有趣，我很喜歡，希望能再來。 31. 真的十分生動形象，不錯哦!多關注寧波!多給我們教課;很溫柔。 32. 上課非常生動，氣氛融洽。 33. 老師上課幽默風趣。 34. 很好。 35. 老師您上課真有意思，讓我們聽課很牢，很幽默。

五、教學演示之自我檢討

這次大陸之行主要是將個人在台灣發展出來的科學教學模式帶到對岸作發表，希望藉由跳脫傳統、深具創造力的引導方式，讓學生親進科學，再由其親自動手操作。希望在有趣的示範教學及魔術中，讓學生願意用眼觀察、用耳聆聽、用手去做、用腦思考，更重要的是用心去了解，盡情享受科學教育所帶來的樂趣，摒棄以往死記強背的求學方式，不然只會「考前窮緊張，考後忘光光」。更重要的是，希冀這種教學方式，能讓學生在興趣的引導下（畢竟興趣才是最好的老師），願意去思考問題的解決方案，從中培育創造力。

所謂教學相長，就是希望能在教學過程中不斷自我省思，讓自己的教學能夠更加精進。以這次參訪爲例，4 月 23 日在上海建青實驗學校，針對「摩擦力」單元做教學演示，因爲安排的是 36 位 6 年級學生（大陸學制採 5-4-3 制，也就是國小念 5 年，初中念 4 年，高中念 3 年，因此 6 年級屬初中），而非原先講好的 8 年級，事先的溝通不良，致使到了現場才發現有落差，臨時雖已降低課程內容深度，但也可能因教學內容及教學語言與 6 年級學生較有隔閡，因此在「非常滿意」達 93%的同時，其他選項也高達 28 筆，佔回答比率 7%，使第一站教學演示稍有遺憾。

4 月 24 日是在浙江省杭州市保俶塔實驗學校，針對「空氣的性質」單元做教學演示。這次安排的學生是 45 位 9 年級學生，而且 5 月下旬即將面臨升學考試，因此在教學活動中，特意將相關概念結合魔術與示範實驗幫學生做複習，學生反應十分良好，所以在「非常滿意」的比率就提升至達 96.2%。其他 19 筆不在「非常滿意」之選項，在課後與學校教師做專業對話時了解到是因海峽兩岸的科學定義方式不同所致。比如在臺灣習慣以「絕熱膨脹」、「波以耳定律」、「柏努力定律」等名詞來定義一些現象，但是大陸習慣以現象而定義，所以當個人在教學時，提出這些名詞時，大陸學生就會有點不知所云。爲了怕此類遺憾明天再次發生，只好向學校先借課本，準備晚上將相關教材內容做修正。沒想到對方倒是十分大方，立即送上整套教材，讓我行李增重不少。

平心而論，臺灣在升學主義作祟之下，往往會衍生一些立即有效的解題方式，所以數學常有速解公式，自然科學也就會習慣以名詞來作定義。但時日一久，這些所謂絕招、撇步就會在學生的記憶中消失，也不可能成爲其能力的一部分。或許大陸這種「以現象而定義」的教材編寫方式，讓學生就現象去做思考，而不用去記住一些空殼的名詞，應該可以供臺灣教師作爲教學參考。

4 月 25 日是在浙江省寧波市新城實驗學校，針對「聲音的產生與傳送」單元做教學演示。這次安排的學生是 39 位 8 年級學生。經過前兩次的修正，這次教學演示「非常滿意」的比率就提升至達 98.9%，其他 5 筆不在「非常滿意」之選項分別爲 1 筆「老師上課講解清晰易懂」勾在「滿意」；2 筆「老師能善用發問技巧」勾在「滿意」；2 筆「老師上課教材呈現十分清楚」勾在「滿意」。因此日後在課程設計也應當多注意「發問技巧」與「教材呈現」，不要一味貪多，使各活動單元時間受到擠壓，進而減少發問的活動。

六、大陸行之心得

大陸爲了因應義務教育的延長，因此在 2000 年即著手進行課程研製與編纂，並且在特定省份進行試用與行動研究。主要想預知這樣的教材是否可達到他們設定的三項目標：「與國際接軌」、「與現有學生程度相銜接」、「學生學習心理的可行度」。而由教育部指定大學成立教材編纂中心(參訪之華東師範大學即有編製初中科學教材)，以從事教材編寫與教材適合度研究。反觀臺灣在課程改革中的教材編寫上則是由民間出版社主導，再由教育部審定的方式進行，可發現彼此之間的差異性極少，也就無法進行項較大規模的教材適用性之行動研究。

攸關科學教育改革成功與否的另一關鍵因素是「第一線教師的態度」，大陸在教師評鑑與教師分級制有相當嚴謹的規定，他們要求教師要從事教學、研究與服務並且利用這三項指標來評鑑教師。大陸教師分級成二級、一級、骨幹教師、名師、高級及特級教師，在級與級的升遷過程除教學表現外，輔導研究及協助推動科教亦是考評重點，甚至還得參加教育局辦理有關教學的競賽，爭取較高之積分，而且每位老師每一個月至少要做一次教學演示，其他老師則需進行觀課、評課。課後之相互對話，會就教學目標的制訂、學習內容的處理、教學過程的設計、學習方式的安排等面向進行熱烈討論和積極評價，使授課者、評課者、聽課者都能重新定位課堂教學的方式與方法，開拓教學思路，提升了自身的理論水準，促進教師專業化成長，讓與會人員都可以在觀課中學習，在評課中成長，這是值得臺灣學習的地方。

由於他們每一節課只有 40 到 45 分鐘，因此他們普遍在早上完成 5 節授課，下午授課 2 節，約在下午 3:30 分就完成正常課程。下午 3:30 到 5:30 是進行各校的特色課程或針對學習落後的學生進行補教教學，也就是所謂的「培優補差」。在補差方面，每次輔導一位學生，時間則視學生學習狀況而有所不同，而且這部分輔導是義務服務，並沒有鐘點費可拿。而在培優方面，個人認爲他們這種形式的課程培訓對科學教育的成效幫助最大。首先這是一個自發性的自主學習，學生學習意願高，肯投入時間及精力去學習；其次是學生程度及學習動機相近，教師在授課上可以盡情發揮，在授課內容的廣度與深度均可達到自己的預定目標，學校也盡量提供良好的實驗環境與設備給學生使用。在正常的課程授課中，教導學生基礎的科學素養與內涵、透過進階學習強化學生的專業科學智能，這兩種課程學習交叉建構了大陸重點學校的科學能力。而印證在國際競賽中，這些年大陸的表現相當不錯，除了人口多的因素外，教學活動的搭配應該也是居功厥偉。

這次參訪最大的受益應在充分享受有效教學的樂趣。大陸的學生整體而言，用功程度比臺灣高出甚多，不只上課專心聆聽，動手操作時也興致勃勃，而且勇於發問，並適時提出個人想法，甚至下課時還會圍在老師身邊問東問西。課堂上某些部分操作不夠熟練，也會勇於向老師要求再教一次。縱使面對比臺灣更大的升學壓力，但是在跟他們對話的同時，可以深深體會到他們爲了提升自己的競爭力，不辜負家中長輩與學校師長的期待，面對升學壓力也會選擇勇於接受並力圖佳績，積極的上進心就讓課室教學顯得活力十足，讓上課的教師教得十分起勁。

24 年的教書生涯讓我深深覺得，感官知覺與思考作用兩者無法完全分離。尤其是現今學生大多屬於圖像思考的一代，光是藉由教師口授，就要讓學生自己運用思考去了解書本內的科學內容，無異緣木求魚。其實當我們在進行辨識、比較、選擇等活動時，並不是單靠抽象思考，而是需要一些經由知覺所得到的訊息，作爲判斷的依據。由於必須用上自己的身體知覺，運用所有可用的表徵形式，他們對知識會產生「擁有感」(ownership)，也感覺到自己的真實存在(周淑卿，2012)。因此結合魔術與示範實驗，透過實際動手操作，讓學生看得到、摸得到，可以帶領學生在活動過程中多運用知覺來輔助抽象符號意義的認識，尤其對於大部分未來不會成爲科學家的學生而言，科學的學習除了工具目的，還有哪些重要目的？孩子未來會用科學過生活嗎？會「無目的」透過閱讀去接近科學嗎？能用科學去享受生活樂趣嗎？學生可以用什麼方式表現他們的「覺得」和「懂得」？這些都是我們從事科學教育工作者所要思考的問題。

讓學生透過魔術接近科學，用科學來解釋魔術的奧妙，是安住因應學生學習意願低落所作的教學改變。這種課程設計，在這一次的大陸教學演示中也得到相當高的評價。日後也將繼續蒐集相關資訊，使每一單元的教學都能在學生高度參與的狀況下，讓學生都能在趣味的情境中明白科學原理，也能將所學之科學原理為生活帶來樂趣，並期待透過分享平台，讓科學教師都能成為講臺上的魔術師，有效點化兩岸學子，使其成為具備「創造力」之生活科學達人。

參考文獻

1. 洪文東（2000）：從問題解決的過程培養學生的科學創造力。
2. 洪蘭譯，Sternberg, R. J. & Lubart,T. I. 著（1999）：不同凡想，台北：遠流出版公司。
3. 蔡玉瑟（2007），CPS 教學對國小學生自然領域學習態度、創造力、後設認知與學習成就之影響。
4. 蕭次融、羅芳晃、房漢彬、施建輝（1999）：動手玩科學，遠哲教育基金會。
5. 方金祥（2000）：微型氣體裝置之設計，化學教育（北京師大），第六期，P39-42。
6. 周麗玉（1997）：讓學生學懂比學得多重要－談國民中學理化新課程，國立編譯館通訊，第十卷第二期，P17-22。
7. 蔡明致(2002)：設計模組化科學探究歷程之行動研究。
8. 邱韻如（2006）：大一普物教學的迷思之我見我思，發表於物理雙月刊，28卷 3 期。
9. 邱世寬（1996）：中國大陸科學教育改革與展望。

附件：神卡妙算

01 劉德華 03 王菲 05 姚明 07 章子怡 09 范冰冰 11 黃曉明 13 林志玲 15 蔡依林
17 姜　文 19 張學友 21 葛優 23 謝霆鋒 25 古天樂 27 舒淇 29 周潤發 31 吳彥祖
33 孫紅雷 35 李　娜 37 趙　薇 39 周迅 41 海清 43 張靚穎 45 劉若英 47 莫文蔚
49 梁朝偉 51 張惠妹 53 劉　翔 55 鞏俐 57 李靜 59 楊丞琳 61 潘瑋柏 63 小瀋陽

02 周杰倫 03 王菲 06 甄子丹 07 章子怡 10 趙本山 11 黃曉明 14 馮小剛 15 蔡依林
18 陳奕迅 19 張學友 22 郭德綱 23 謝霆鋒 26 張柏芝 27 舒淇 30 郭富城 31 吳彥祖
34 羅志祥 35 李　娜 38 易建聯 39 周　迅 42 何潤東 43 張靚穎 46 小 S 47 莫文蔚
50 金城武 51 張惠妹 54 張韶涵 55 鞏　俐 58 容祖兒 59 楊丞琳 62 孫儷 63 小瀋陽

04 成龍 05 姚明 06 甄子丹 07 章子怡 12 王力宏 13 林志玲 14 馮小剛 15 蔡依林
20 張藝謀 21 葛優 22 郭德綱 23 謝霆鋒 28S.H.E29 周潤發 30 郭富城 31 吳彥祖
36 郎　朗 37 趙薇 38 易建聯 39 周　迅 44 李宇春 45 劉若英 46 小 S 47 莫文蔚
52 郭敬明 53 劉翔 54 張韶涵 55 鞏　俐 60 李雲迪 61 潘瑋柏 62 孫儷 63 小瀋陽

08 李連傑 09 范冰冰 10 趙本山 11 黃曉明 12 王力宏 13 林志玲 14 馮小剛 15 蔡依林
24 姚　晨 25 古天樂 26 張柏芝 27 舒　淇 28S.H.E 29 周潤發 30 郭富城 31 吳彥祖
40 五月天 41 海　清 42 何潤東 43 張靚穎 44 李宇春 45 劉若英 46 小 S 47 莫文蔚
56 徐靜蕾 57 李　靜 58 容祖兒 59 楊丞琳 60 李雲迪 61 潘瑋柏 62 孫儷 63 小瀋陽

16 大 S 17 姜　文 18 陳奕迅 19 張學友 20 張藝謀 21 葛　優 22 郭德綱 23 謝霆鋒
24 姚　晨 25 古天樂 26 張柏芝 27 舒　淇 28S.H.E 29 周潤發 30 郭富城 31 吳彥祖
48 林心如 49 梁朝偉 50 金城武 51 張惠妹 52 郭敬明 53 劉　翔 54 張韶涵 55 鞏俐
56 徐靜蕾 57 李　靜 58 容祖兒 59 楊丞琳 60 李雲迪 61 潘瑋柏 62 孫儷 63 小瀋陽

32 李冰冰 33 孫紅雷 34 羅志祥 35 李　娜 36 郎　朗 37 趙　薇 38 易建聯 39 周迅
40 五月天 41 海　清 42 何潤東 43 張靚穎 44 李宇春 45 劉若英 46 小 S 47 莫文蔚
48 林心如 49 梁朝偉 50 金城武 51 張惠妹 52 郭敬明 53 劉　翔 54 張韶涵 55 鞏俐
56 徐靜蕾 57 李　靜 58 容祖兒 59 楊丞琳 60 李雲迪 61 潘瑋柏 62 孫儷 63 小瀋陽

01 李　03 張　05 陳　07 趙　09 周　11 徐　13 胡　15 高
17 何　19 馬　21 梁　23 鄭　25 韓　27 馮　29 董　31 程
33 袁　35 許　37 沈　39 彭　41 蘇　43 蔣　45 賈　47 魏
49 葉　51 餘　53 杜　55 夏　57 汪　59 任　61 範　63 石

02 王	03 張	06 楊	07 趙	10 吳	11 徐	14 朱	15 高
18 郭	19 馬	22 宋	23 鄭	26 唐	27 馮	30 蕭	31 程
34 鄧	35 許	38 曾	39 彭	42 盧	43 蔣	46 丁	47 魏
50 閻	51 餘	54 戴	55 夏	58 田	59 任	62 方	63 石

04 劉	05 陳	06 楊	07 趙	12 孫	13 胡	14 朱	15 高
20 羅	21 梁	22 宋	23 鄭	28 於	29 董	30 蕭	31 程
36 傅	37 沈	38 曾	39 彭	44 蔡	45 賈	46 丁	47 魏
52 潘	53 杜	54 戴	55 夏	60 薑	61 範	62 方	63 石

08 黃	09 周	10 吳	11 徐	12 孫	13 胡	14 朱	15 高
24 謝	25 韓	26 唐	27 馮	28 於	29 董	30 蕭	31 程
40 呂	41 蘇	42 盧	43 蔣	44 蔡	45 賈	46 丁	47 魏
56 鐘	57 汪	58 田	59 任	60 薑	61 範	62 方	63 石

16 林	17 何	18 郭	19 馬	20 羅	21 梁	22 宋	23 鄭
24 謝	25 韓	26 唐	27 馮	28 於	29 董	30 蕭	31 程
48 薛	49 葉	50 閻	51 餘	52 潘	53 杜	54 戴	55 夏
56 鐘	57 汪	58 田	59 任	60 薑	61 範	62 方	63石

32 曹	33 袁	34 鄧	35 許	36 傅	37 沈	38 曾	39 彭
40 呂	41 蘇	42 盧	43 蔣	44 蔡	45 賈	46 丁	47 魏
48 薛	49 葉	50 閻	51 餘	52 潘	53 杜	54 戴	55 夏
56 鐘	57 汪	58 田	59 任	60 薑	61 範	62 方	63 石

01 劉德華 02 周傑倫 03 王菲 04 成龍 05 姚明 06 甄子丹 07 章子怡 08 李連傑 09 范冰冰 10 趙本山 11 黃曉明 12 王力宏 13 林志玲 14 馮小剛 15 蔡依林 16 大 S17 姜文 18 陳奕迅 19 張學友 20 張藝謀 21 葛優 22 郭德綱 23 謝霆鋒 24 姚晨 25 古天樂 26 張柏芝 27 舒淇 28S.H.E29 周潤發 30 郭富城 31 吳彥祖 32 李冰冰 33 孫紅雷 34 羅志祥 35 李娜 36 郎朗 37 趙薇 38 易建聯 39 周迅 40 五月天 41 海清 42 何潤東 43 張靚穎 44 李宇春 45 劉若英 46 小 S47 莫文蔚 48 林心如 49 梁朝偉 50 金城武 51 張惠妹 52 郭敬明 53 劉翔 54 張韶涵 55 鞏俐 56 徐靜蕾 57 李靜 58 容祖兒 59 楊丞琳 60 李雲迪 61 潘瑋柏 62 孫儷 63 小瀋陽
(2011 福布斯中國百位名人排行榜)

０１李０２王０３張０４劉０５陳０６楊０７趙０８黃０９周１０吳
１１徐１２孫１３胡１４朱１５高１６林１７何１８郭１９馬２０羅
２１梁２２宋２３鄭２４謝２５韓２６唐２７馮２８于２９董３０蕭
３１程３２曹３３袁３４鄧３５許３６傅３７沈３８曾３９彭４０呂
４１蘇４２盧４３蔣４４蔡４５賈４６丁４７魏４８薛４９葉５０閻
５１余５２潘５３杜５４戴５５夏５６鐘５７汪５８田５９任６０薑
６１范６２方６３石
http://hi.baidu.com/maoism/blog/item/83d5e0ca949f9d47f21fe719.html
(中國姓氏排行榜前 63 名)
神卡妙算：利用數學二進位原理，讓觀眾就 1-63 之間任選一個數字，再將手上的 6 張牌給他看。有答案的牌交給表演者；其餘的收下。表演者將觀眾交出來的牌左上角第一個數字相加，所得的和就是答案！

【魔術內的科學】
利用用二進位之 0 與 1（0 代表沒有；1 代表有）可將每個數字組合出來。
原理爲任選 1~63 之間的任一數字，再用 2 去除這個數字。
$2=0\times2^0+1\times2^1=01_{二}$，表示第一張無 2 這個數，第二張**有** 2 這個數
$3=1\times2^0+1\times2^1=11_{二}$，表示第一張**有 3** 這個數，第二張也**有 3** 這個數
第一張第一個數字爲 1，第二張爲 2，將兩張第 1 個數字相加 $1+2=3$，就可得到答案爲 3。同樣原理可得 $6=0\times2^0+1\times2^1+1\times2^2=011_{二}$，表示第一張無，第二張**有**，第三張也**有**。第二張第一個數字爲 2，第三張第一個數字爲 4，將兩張第 1 個數字相加 $2+4=6$，就可得到答案爲 6。
$31=1\times2^0+1\times2^1+1\times2^2+1\times2^3+1\times2^4=11111_{二}$，表示前 5 張都**有**，將 5 張第 1 個數字相加，$1+2+4+8+16=31$，就可得到答案爲 31。

可參考之網站

1. 台灣師大物理系物理教學示範實驗教室
http://www.phy.ntnu.edu.tw/demolab/
2. 高瞻自然科學教學資源平台
http://highscope.ch.ntu.edu.tw/wordpress/?tag=%E7%A4%BA%E7%AF%84%E5%AF%A6%E9%A9%97
3. 中央大學物理演示實驗
http://demo.phy.tw/
4. 中學理化示範實驗
http://ftp.phjh.tc.edu.tw/~b6720828/%E7%90%86%E5%8C%96%E5%AF%A6%E9%A9%97.htm
5. 彰師大中學化學示範實驗
http://blog.ncue.edu.tw/yangsp/doc/26450
http://blog.ncue.edu.tw/yangsp/folder/8926
6. 明志通識教育中心
http://www.genknow.mcut.edu.tw/onweb.jsp?webno=3333333002
7. 明道中學化學科
http://www.mingdao.edu.tw/chemical/teachingdata.htm
8. 全人發展網
http://holistic.cycu.edu.tw/releaseRedirect.do?unitID=183&pageID=3565
9. 國立清華大學物理系科普教育網站
http://140.114.80.32/schoolpad/front/bin/ptdetail.phtml?Part=42
10. 交大普物教學網
http://physlab.ep.nctu.edu.tw/DLAB/research/super_pages.php?ID=DLrh1
11. 林口高中物理科
http://163.20.185.9/dyna/webs/index.php?account=physics
12. zfang の 科學小玩意
『讓『科學』也來親子共讀！
(http://tw.myblog.yahoo.com/jw!pXwue4yIFhav2YOS.v0Afpc-/article?mid=2034&prev=-1&next=2033)
13. 科學玩具柑仔店(Darling の 優)
玩具內或多或少都有蘊含一些科學原理，不論是簡單還是複雜，都是最愛，因為從中可以找到以往的童年，也可以藉此滿足自己的追求知識的渴望。
(http://tw.myblog.yahoo.com/jw!lEuTLXWFERs3eYDAO7jiVVmubQ--/article?mid=7102&prev=7112&next=7090)

從兩岸課程與教學深化參訪談

課室觀察與教師專業發展

陳麗娟*

一、前言

早在幾年前的一次研討會中，由趙鏡中博士帶領我們觀看了一場大陸名師蔣軍晶所「打磨」的一堂課，深深受到震撼！當時就起了個念頭，有朝一日，我一定要親臨現場，看看大陸基層教師如何進行觀課與評課。在台灣，所謂的「教學觀摩」應該接近於大陸的觀課，但實務上，我們的教學觀摩活動，通常淪爲形式，常由新進教師來擔綱演出。事實上，剛踏入教學現場的教師，尚在誠惶誠恐的摸索階段，大都是熱情有餘，經驗不足，其實不足以成爲觀摩的典範，至於課後的評課議課，在沒有受過觀課議課訓練的老師做來，其評課多流於浮面。如何透過觀課評課來提升教師專業及教學品質，一直是我心中很想解答的一個難題。

此次很幸運，得以參加由孫劍秋教授帶領的兩岸課程與教學深化參訪，可以近距離參與上海、杭州、寧波等地的現場教學活動，對我而言真是一次千載難逢的經驗。懷抱著唐三奘西天取經的夢想，我們一行 21 人在 4 月 21 日由桃園機場出發，展開爲期六天的參訪活動。

二、課室觀察

（一）課室觀察的意義與目的

大陸香港兩地在 1997 年開始建立起所謂的「觀課」文化。觀課的目的不外乎讓觀察者透過感官的知覺，收集課堂資訊、師生互動的情境，並藉由議課進行對話與反思，從而分享教學的能量，建構自身的教學體系，其最終目的在於提升教學的效能、促進教師的專業發展。在形式上屬於一種行動式的學習，重視現場的研究，也是一種問題解決導向的專業發展。由精神層面而言是一種分享，在交流互動的過程中，進行反思與學習，從而激盪出教學的能量。

透過課室觀察，不論是被觀察者與觀察者均能在學習的分享過程中獲致專業的提升，從而提高教師自身教學能力，以深化教學的改革。

（二）課室觀察的理論基礎

* 桃園縣永安國中校長、桃園縣國民教育輔導團國民中學語文學習領域（國語文）輔導小組副召集人

1、學習型組織

彼得聖吉的學習型組織中提到五項修鍊爲：自我超越、改善心智模式、建立共同願景、團隊學習、系統思考。簡單言之，學習型組織是組織結合團隊學習的方法，建立共同願景，在不斷學習中，結合成員的自我超越，運用系統思考以解決問題，進而擴充個人知識和經驗，以改變組織行爲，並促使組織的適應環境變遷、增進自我革新的能力。

課室觀察藉由同儕觀摩，組織學習型社群。在有效觀課的要件中，首重觀課前會議，共同協商觀課主題，授課教師就議定主題，提示觀察重點與教學的創新作爲。觀察者則在課室觀察中，啓動感官體察課室訊息，主動思考教學重點與難點，判斷教學策略的運用、教學流程的規劃是否得宜？

同儕觀課，其精神在透過團隊學習、系統思考，共同解決教學難題、創新教學策略，以擴充個人的教學知識與經驗，提升教學品質，並增進自我與組織的革新力。

2、體驗式學習（Experiential Learning）

體驗式學習特別強調省思，此省思是藉由省思出來的體驗提供模式及架構，並提供機會讓參與者在精神上及彼此支援的氛圍中去參與省思。

體驗式的學習包括三個方法：

（1）態度培養

（2）發展和練習技巧

（3）促進對主題概念及模式的瞭解（取自 WikiTeamWork，http://zh.wikiteamwork.wikia.com/wiki/Experiential_Learning）

觀課議課是一種交流式、探詢式的教學研究活動，築基在一種平等信任的基礎上。透過聚焦式的討論，探討教學實踐的種種可能性，在互助的氛圍中去參與省思。它同時涵蓋了體驗式學習的三個方法，亦即培養主動思考的態度，發展與練習教學技巧，並促進對教學策略與教學流程的理解創新與運用。

三、教師專業發展

（一）教師專業發展的定義

教師專業發展的一項基本假設是：教師職業是一種專業性工作，教師是持續發展的個體，透過持續性專業學習與探究的歷程，進而不斷提升其專業表現與水準（饒見維，2003，頁 15）。

教師專業發展乃教師參與校內外各項活動以改進教學知識與技能，是具目標導向且爲持續性的歷程，其最終目標在改進學生學習成果。

今日的教師專業發展已轉向持續的、系統的、合作的、建構的、多元形式的、研究取向的、配合工作情境的、學生成果導向的方向進展。然而我國現行的相關法令，雖保障教師在職進修的權利，卻缺乏督促教師持續專業發展的機制，而無法落實全面而持續的教師專業發展。

（二）教師專業發展的模式

台灣中小學教師專業發展整合平台，就教師專業發展的核心價值區分，歸納教師專業發展的八種模式：

1、以研究為本位的教師專業發展模式：主張所建立的評鑑標準必須有實證研究背書，進行資料整理與歸納分析，找出教師專業發展與責任的重要元素，以作為建立教師專業發展與責任標準的依據。

2、以有效教學為核心的教師專業發展模式：主張教師專業發展應以能產出高品質的教師與教學為其目標（Slade, 2002）。

3、以學生學習為核心的教師專業發展模式：重視教師專業發展與責任必須以滿足學生學習需求為原則，並負起學生學習成效的責任。

4、以教師需求為核心的教師專業發展模式：主張透過教師需求調查與評估，來確認教師專業發展與責任的執行程序與內涵（Diaz-Maggioli, 2004）其優點是教師自主性高，缺點則是品質難以掌控。

5、以教師能力本位為核心的教師專業發展模式：香港學者程介明（香港師訓與師資諮詢委員會，2003）指出教師需要成長的能力可分成四大層面：教學與學習、學生發展、學校發展層面、專業互動與服務層面。此模式特別指出教師專業發展除了切身相關的教學需求、學生的發展需求外，不能脫離學校願景、目標與政策的參與和執行，並要作親師溝通與合作，因應社會價值與變遷。同時要與同儕建立專業合作關係，分享專業實務，參與教育專業社群，因應教育相關政策等。

6、以教師表現為本位的教師專業發展模式：透過內外部評估教師個別成長的目標，共同擬定成長計畫，確認成長績效。重視標準的客觀性與可量化性。

7、以學校為核心的教師專業發展理論：學習的重點以學科內容知識與教學技巧為主，運用學習社群方式學習與創造工作內建式學習機會，使學校文化產生系統性變化（Kansas Learning First Alliance, 2005）。

8、問題本位學習的教師專業發展模式：重視以真實教學問題的呈現與解決能力的訓練，做為教師專業發展方案的主要內涵。

以上八種教師專業發展模式，彼此之間具有共同性與重疊性，若以所欲達成的目標而言，彼此之間的差異性並不大。

（三）教師專業發展的功能與途徑

中小學教師專業發展整合平台所揭示教師專業成長地圖，則採用心智地圖方式建構七大教師專業成長途徑。包含：

1、 自我導向的成長學習，如：研習進修、數位學習資源、標竿典範學習。

2、 專業互動的學習成長：教學實踐與研究、專業學習社群、專業支持體系。

綜合上述六個專業成長途徑的資源，規劃一份處方性的教師成長方案，亦即「教師專業成長方案自主規劃系統」。

其中，教學實踐與研究涵蓋了「教學觀察與回饋」，即所謂的課室觀察或「觀課」，而專業學習社群強調以學校爲本位推動的教師專業發展，藉由自發性組成的專業學習與成長團體，透過分享、研討、及協同解決問題等，彼此支持及互助，以使成員增能、組織增效。

教師專業發展的功能和目的，不僅及於學科專業或教學技能，還希望藉由教師專業成長發展不斷進行反思與研究，掌握教育思潮的脈動，以滿足學生、學校整體與社會需求。

（四）桃園縣教師專業發展學習地圖

甲、意涵概說

歐美各國對於教師專業發展，均擬定持續性、階梯式的教師進修計畫，獎勵教師持續成長，推動教師專業發展，以確保師資品質，提升教育效能，培育具競爭力的國民。桃園縣教育局爲了系統規畫教師的進修與專業成長，因而有「教師專業發展學習地圖」的繪製，此概念乃建基在現行的教師在職進修制度上，透過資訊科技的整合與分析，強化教師的教學專業能力，形成教師的關鍵能力，以培育國家未來優質人才。

教師專業發展學習地圖以「教師理想圖像爲核心」，融入在地願景與專業信念，培育教師關鍵能力，發展教師能力向度。由內而外分爲五個層次：

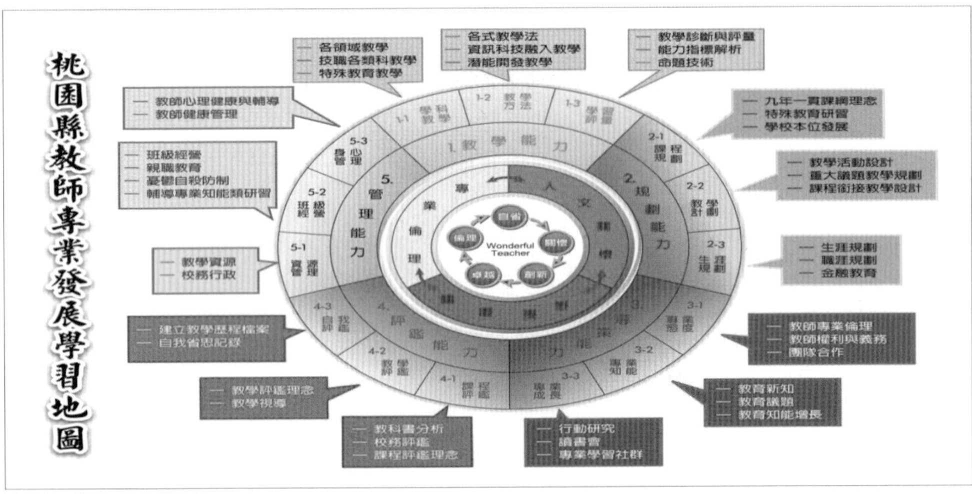

教師專業發展學習地圖：

核心：教師理想圖像（Wonderful Teacher）

第二圈：教師在地願景：自省、關懷、創新、卓越、倫理

第三圈：教師專業信念：專業倫理、人文關懷、國際視野

第四圈：教師關鍵能力：教學能力、規劃能力、專業能力、評鑑能力、管理能力

第五圈：教師能力向度：學科教學、教學方法、學習評量、
課程規劃、教學計劃、生涯規劃、
專業態度、專業知能、專業成長、
課程評鑑、教學評鑑、自我評鑑、
資源管理、班級經營、身心管理。

桃園縣教師專業發展學習地圖綜合桃園縣國際航空城教育願景之內涵、縣內教師在職進修實施制度現況以及未來趨勢，分析桃園縣之特色，用以規劃教師專業發展學習地圖。其所稱教師專業發展主要意涵如下：

1、教師藉由在職進修的學習歷程，謀求教師適應教學生涯的成長需要，以發揮教師專業與自我實現。

2、為有系統、目標、願景的學習規劃，建構教師、學校及地方教育的多面向學習方案，使教師經驗與外在環境的變遷與時俱進。

3、為一種實踐要求，需要教師積極參與並配合強力領導與建立合作學習的新觀念。

4、不僅關注教師個人能力，更注重學生的學習成就表現，並且符合國際脈絡趨勢，與世界接軌。

乙、關鍵能力：

1、教學能力：教師擁有與教學相關的知識、技能與理念，因應不同教學情境達成教學目標。其內容應包括課程、學生、評量及教學策略等知識。

2、規劃能力：潘慧玲（2004）認為教師教學的「規劃能力」是指教師能針對課程與教學進行規劃的能力。內涵包括：課程規劃、教學計畫與生涯規劃。彰顯教師對課程與教學決定的主體性，並能終身學習以追求自我的實現。

3、專業能力：能運用專門的學識技能、以服務的熱忱及奉獻的精神，獨立進行專業的職務並完成專門的工作。專業能力的內涵包括專業態度、專業知能及專業成長等三個向度。

4、評鑑能力：指教師從事課程、教學及自我評鑑時所需具備的專業能力。評鑑能力的內涵包括自我評鑑能力、教學評鑑能力及課程評鑑能力。教師透過不同的評鑑工具來蒐集資料，藉以評鑑自己的教學是否達到預期中的教育目標，最終目的在改善自身的教學品質。

5、管理能力：指教師為提升教學效能、達成教育目標，將相關的人、事、

物等資源加以有效規劃、執行、處理、及監督的專業知能。管理能力的內涵包括「資源管理」、「班級經營」、及「身心管理」等三個能力向度。

綜上所言，桃園縣教師專業發展學習地圖藉由三大願景、五大信念構築教師專業發展的關鍵能力，期許教師的專業發展能與時俱進，以學生學習為中心，提升教學效能，培育具競爭力、富責任感的國際公民。但究其規劃內容，仍集中於研習的辦理、教師知能的提升，對於教師個人成長的規劃，雖提供完美的圖像，卻缺乏落實的機制。事實上，專業知能的提升如不能運用於教學現場實務，以提升學生學習成效、培養學生帶得走的能力，所有的專業知能都只是空談！

（五）走向課室觀察的教師專業發展評鑑

我國教師法 22 條明訂：各級學校教師在職期間應主動積極進修、研究與其教學有關之知能。並將「參加在職進修、研究及學術交流活動。」（教師法第 16 條第三款）及「從事與教學有關之研究、進修。」（第 17 條第五款）明列為教師應享的權利與應盡的義務。亦即認定教師為一專業職務，需持續的進修成長，特別是與教學相關的知能。

成功的教師專業發展方案之關鍵成分包含下列要素（State of Iowa Department of Eduaction, 2006）：（1）將專業發展內容聚焦在課程與教學；（2）方案確實有效執行；（3）所有學校人員皆參與；（4）以明確的學生學習目標為方案規劃之依據；（5）精緻的專業發展內涵；（6）以合作團隊方式運作；（7）持續追蹤、支持、與技術協助教師；（8）進行形成性與總結性評鑑。

近年來，教師專業發展評鑑的推動即著眼於所有學科領域教師皆應具備之共同教學表現（common teaching performance）或教學實務核心能力（core competence of teaching practice），如課程設計、一般或學科教學策略、班級經營、學習評量、學習輔導等，以便能達成有效教學，提升學生學習成效。為求理論與實務的連結，並提供教師適當的支持體系，規劃了中小學教師專業發展評鑑整合平台，涵蓋了相關規準與觀察工具，並提供輔導諮詢人力，協助教師藉由評鑑的參與，提升自我的覺察、教學的省思，改進教學策略、活化教學技巧，俾於達成有效教學，提升學生學習成效。

目前推動校數逐年擴散，99 年中小學辦理校數為 583 所，100 年為 735 所，101 年申請校數達 887 所，校數比例由 17%提高至 26%，台北市、屏東縣的普及率為最高，其他縣市參與比率仍低，還有很大的推展空間。雖然教師專業發展評鑑與考績或教師分級脫勾，而以協助教師專業成長，增進教學知能及技巧，提升學生學習成效為核心精神，一般教師多抱持「多一事不如少一事」的態度。尤其因為與考績或分級無關，更讓基層教師缺乏主動申請的動力。正所謂：「教改像月亮，初一十五不一樣，管它一樣不一樣，我都不會怎麼樣！」我國教師法，雖保障教師在職進修的權利，卻缺乏督促教師持續專業發展的機制，而無法落實全面而持續的教師專業發展。學校教師的薪資所得與教學專業無關，只與年資或學歷有關，沒有誘因與監督機制的專業成長，僅靠教師的自我覺察是難以全面落實的。

四、課室觀察與教師專業發展

（一）目的

1、課室觀察：透過觀察他人或自我的教學方式，檢視教學流程與教學活動內容是否符應學生需求，透過分享與反思，探討教學實踐的各種可能性，達到有效教學的目的。

2、教師專業發展：透過持續性專業學習與探究的歷程，進而不斷提升其專業表現與水準，最終目標在改善學生學習成果。

課室觀察與教師專業發展其目的殊途同歸，均以增進教學效能、改善學生學習成果為目標。課室觀察可視作教師專業發展的其中一種運作形式。

（二）實施方式

雖然課室觀察可視為教師專業發展的形式之一，但依當前教師發展的現況而言，並未建立起觀課的文化。教師視課堂為自我的王國，鮮少願意開放課堂，藉由觀課的對話，分享教學歷程的所思所得。目前我國的中小學教師評鑑並未建立法律位階，教師專業發展評鑑在「主動」、「自願」、「試辦」不與考績與分級掛勾的情況下，普及率一直未見提升。因此，將課室觀察納入教師專業發展的形式，在台灣尚稱起步階段，其文化尚未建立。

1、課室觀察的實施方式：大陸香港自 1997 年建立「觀課」文化，目前大陸各地中小學教師，每年必須參與觀課議課的活動 15 至 20 次，並備有觀課記錄本，用以摘錄觀察所得，分享教學經驗。

有效的觀課，其實施歷程包含觀課前會議、課室觀察、觀察後會議。藉由課前會議，提示觀課主題與觀察重點，在課堂中運用感官的覺察，反思並主動學習，在平等互助的對話空間下，以學議教，共同成長。

2、教師專業發展的實施方式：以桃園縣教師專業發展學習地圖為例，目前教師專業發展的規劃，在內涵上雖朝向多元化、系統化、階梯化及持續性的發展，然其規劃仍以專業知能的增進為主，形式上多以教師研習的方式來呈現，佐以部分教師專業學習社群、讀書會或行動研究。在教學評鑑與教學視導的部分，則尚在萌芽階段。而教育部中小學教師專業發展評鑑，導入「課室觀察」的概念，藉由規準的建立與觀察工具的提供，協助教師在開放的課堂中，彼此分享、對話反思，以終身學習的概念引進教學實務運用的現場，以集體智慧來幫助個體成長，是值得發展的方向。

當前應致力於教師法的修訂，藉由法律位階全面推動教師的專業成長。目前教師工會的反對聲浪亦在於未有法源依據之前，政府不得貿然施行。並界定教師應爲一「崇高的志業」，不宜藉由分級的實施枉顧師道，強調維護教師的專業自主權。（教師會前理事長吳忠泰，2008.12）事實上，教師的專業自主權應建立在持續的專業成長之上，沒有專業自主的教師專業成長是盲的，沒有教師專業成長的教師自主權是空的。唯有自尊自重，不斷追求創新卓越的教師，才能迄立於時代的洪流之中。

（三）共同特質

1、改進教學知識與技能：兩岸三地在實施觀課或教師專業發展，都是以改進教學知識與技能，提升學生學習成效爲發展核心價値。

2、提供對話平台與反思空間：以對話討論的方式，在學習的氛圍，提供觀察者與被觀察者反思空間，精進個人的專業能力。

3、目標導向：是有明確目標導向的學習，用以精進教學能力，強化教學能量，轉化爲學生的有效學習。

4、持續精進的歷程：課室觀察與教師專業發展必須是一種持續精進的歷程，在討論→教學實務→對話分享的循環中，共同學習、一起成長。

5、重視群體智慧、產生系統變化：透過團隊學習、系統思考，共同解決教學難題、創新教學策略，以擴充個人的教學知識與經驗，提升教學品質，並增進組織的革新力。

五、兩岸課室觀察的發現與省思

此次參訪，兩岸四地共進行了國中語文、自然與國小語文、英語共計 12 場 24 人次的課室觀察。筆者參與了其中國中語文、國小語文、國中自然共計 3 場 6 人次的觀察活動。兩岸教師滙聚精彩的智慧火花，也激盪出不少的教學能量。僅就個人觀察，提出發現：

（一）教材選擇

大陸在教材的編選上以課程標準爲依據，不同於台灣一綱多本的多元開放。在教材的份量上，約莫爲台灣的 2-3 倍。（大陸中學生的語文課，一學期爲 34 篇選文，而台灣則爲 12 篇）不論在難度、深度、廣度均高於台灣。標準化的選文，易於課程教學與學習目標的掌控，便於大範圍的教育品質維繫，這在廣袤的大陸地區非常重要。台灣多元開放的精神也呈現在中學生的教材中，一綱多本的設計，讓百家爭鳴、百花齊放，尤其在印刷設計上也精美許多。兩者課程的不同反應在兩岸教師對課程的設計上。大陸教師的課程設計結構井然，程序流暢，而台灣教師補充教材的研發能力則明顯優於大陸教師。

（二）教學方式呈現

兩岸教師此次的課室觀察，呈現的風格正是理性與感性的對比，嚴謹富邏輯性與多元富創造力的對照。大陸教師注重教學流程的掌控，在提問技巧的深化上非常精進，節奏明快流暢。台灣教師則更加注重師生互動以及課堂氛圍的營造。以寧波中學的自然課爲例，大陸教師富於理性邏輯的引導，闡述生物遺傳學的概念，課堂結構嚴謹但不乏趣味。台灣的鄭安住老師則以魔術導入科學概念，唱作俱佳，多元創新的教學方式，在實驗操作中讓學生興味盎然的理解科學。如果以音樂來譬喻，大陸教師的課堂，宛如一曲悠揚的小提琴協奏曲，而安住老師的課堂，正是豐富繽紛的交響樂！

（三）教師參與度

不論在上海、杭州或寧波，大陸教師在觀課的參與度上顯然是行之有年，蔚然成風。每一堂觀課進行，大陸參與教師均極眾多，且人手一本觀課記錄本，記錄個人每堂觀課的教學流程、個人的觀察與反思。部分教師以筆電隨時筆記，或畫成心智圖。大體而言，老師的參與均極爲熱烈並視爲教師的正常工作之一。反觀台灣，正在推動的教師專業評鑑仍處於試辦階段，有系統的觀課評課風氣尚未建立，教師在教學專業的精進仍處於單打獨鬥的狀態，值得教育夥伴正視並深思。因爲學生學習力的展現是必須築基於教師教學知識與技能的提升。

打開教室，敞開心胸，在教學實境中，一起發現教學盲點，突破教學瓶頸，正是觀課的核心精神。分擔的擔子是輕省的，分享的快樂是加倍的。唯有彼此互助分享，才能激盪出教與學的火花。在走向教師專業發展的路上，互相扶持的夥伴，共創集體的智慧，會讓我們走得更穩健，路更寬廣。

兩岸中學閱讀教學的「課室觀察」
——上海、杭州、寧波教學參訪

盧翠芳*

一、前言

2012年4月21日桃園團四人參加「兩岸課程與教學深化參訪」團隊，在上海、杭州、寧波三地參訪三個實驗學校，並以語文（分國中小）、自然、英語三個科目四組的課程與當地教師互相觀課與評課。預期的目標是：「著重圍繞課堂教學的有效性，尋求改進教學行爲的策略，探究減輕學生學習負擔的有效方法，努力實現優質教育均衡發展。」（華東師範大學課程與教育研究所崔允漷主任／兩岸中小學教學研討會邀請函）筆者擔任上海建青、杭州保俶塔兩校的中學語文兩岸四場觀課我方點評人，對四個老師的課堂做了詳細的紀錄與觀察，據此完成報告如下，願供相關老師參考。

二、文獻探討

（一）台灣閱讀教育的現況——PIRLS&PISA兩種閱讀評比之後的閱讀教學

2006年台灣小四生和15歲學生參與PIRLS和PISA閱讀素養評比結果，提醒臺灣教育界閱讀教學已到了覺醒時刻。當時國立中央大學柯華葳教授〈2006 PIRLS評比結果報告〉中針對閱讀教師的教學建議：

> 教師應加強閱讀教學策略研習、教學應著重閱讀(歷程)理解策略，學校及家庭應培養學生課外閱讀的興趣及習慣。

自此，教育部和私人企業都開始投入人、物力資源，積極帶動國民中小學的閱讀教學策略研發與推廣和校園學生的閱讀興趣和數量，但是PISA 2009 評量結果卻顯示國民中學學生閱讀素養仍待提升。但是近鄰香港自2001參加PIRLS，自2003參加PISA評比覺得不夠理想之後，即開始全面性的檢討與改進；2006、2009PISA分列第三名、第四名。首次參加2009PISA的上海在閱讀、數學和科學三項素養評比奪得三冠王；第二次參加的台灣閱讀從十六名退到廿三名。借鏡香港、上海的閱讀教學實務與理念推動與改進成功模式，成爲台灣教師芬蘭研究後的另一波熱潮。

洪碧霞教授在〈2009PISA結論與建議〉：

* 桃園縣國民教育輔導團國民中學語文學習領域（國語文）輔導小組團員

> 在全球化的市場競爭中，藉由與其他國家學生表現的參照比較，我們能更客觀檢視臺灣教育的目標和實務。閱讀教育投入的資源是否充分？閱讀策略教學的實務是否需要調整？閱讀理解與說理溝通的評量是否可以納入大型測驗？相關社群宜共同省思臺灣閱讀教育的政策、課程目標和教學與評量實務。

身爲帶領輔助全國中小學語文教師教學的「教育部國語文課程與教學輔導諮詢團隊」最相關社群，自然應該對此課題做出最快最好的思考並設計對應策略。此即孫教授率中央團到上海、杭州及寧波做「100 學年度海峽兩岸課程與教學深化參訪」的使命。

（二）桃園團的兩個閱讀策略教學研究案

桃園縣國民教育輔導團國民中學語文學習領域（國語文）輔導小組在帶領九年一貫以後的教師語文教學中，體悟到學生本位的閱讀教學就是今天世界各國教改的核心價值。鄭圓鈴教授研究中提到：

> 為有效達成閱讀的學習目標，學生必須在老師課堂所進行的範本教學中，學習各種閱讀技巧，讓自己在進行其他文本閱讀時，能善用熟悉的閱讀技巧，形成有效的閱讀策略，有效統整閱讀材料，提升理解層次，並利用這種閱讀能力，達成享受個人閱讀樂趣與成長，參與社會活動的目標。（鄭圓鈴 2010/1/4〈提昇國中生閱讀認知能力的教學設計〉）

範本教學的革新，正是全國每一個語文教師應努力的方向。

桃園團在 2009 年十一月主動規劃參與教育部閱讀教學策略開發與推廣計畫徵選，並邀請國立臺灣師範大學潘麗珠教授指導，提出「打造台灣的第 56 號國語文教室——從國語文教材出發的閱讀教學研究」計畫，並入選爲十四個研發團隊之一，研究「朗讀與提問」策略教學。企圖引動國中國文課堂中教學流程與節奏的變革，使日常範文教學與閱讀教學、作文教學做最有效率的整合，讓學生在閱讀課堂中朗讀、討論、質疑、釐清、辯證的過程中，發現閱讀的樂趣和熱情。研究的成果爲：六套根據 PISA 閱讀歷程設計出實踐朗讀與提問策略的完整教案，朗讀與提問教學前後測施測結果報告。希望用以提升國中語文老師閱讀教學閱讀教學的效能。

推廣之後發現：深入閱讀歷程設計雖可引發學生閱讀的深度與熱情，卻使老師感到困惑。設計內容太多無法完全執行，研發需要改進的是明確教學目標的討論，以及針對案中各種活動設計的篩選，實踐也需要更多準確的觀察與後續的調整機制。

於是團隊又積極爭取國立臺灣師範大學鄭圓鈴教授指導，與新北市團隊合作，從中央團「2010 年度九年一貫課程推動工作－課程與教學輔導組語文學習領域國語文組輔導群專案－跨縣市合作研發與推廣閱讀教材計畫」獲得經費。從 99 學年度開始「啓發式閱讀教學設計與觀課」計畫，改以社群模式進行研發並進行觀課微調，教學目標均分在三年中實踐，年段單課只執行一~二個目標。

研發教案範例一份：現代散文-紙船印象教案、教學 ppt、學習評量單、可量化統計的觀課意見表、學生學習回饋單。並完成觀課實作 10 次以上。研發教案及學習單三分：古典散文-爲學一首示子姪（桃園團）、韻文-古詩選－迢迢牽牛星（新北市）、小說-空城計（新北市）。

談到觀課，大部分參與的資深老師都很害怕，常把任務推給新進教師。一是擔心在同事面前暴露自己的弱點，二是不願意自己的工作方式被別人指點。或者是消極的表示不會批評別人的教學，也不希望別人來干涉我的工作。我們的觀課則改變觀念，需要有經驗的執行者來掌握。

紙船印象設計稿的首次觀課，2010/10/25 由筆者在大成國中上課。觀課評課的有新北團團員，還有重量級的觀課者——中央團李玉貴老師。在精闢討論後，有很多有效的修正意見。接著新北與桃園團員紛紛開始用此案觀課，「同課同構」、「同課微調」、「同課異構」一直實驗下去，欲罷不能，新北團員恬玲老師還據此做了紙船印象「同課異構」論文發表。

「啓發式閱讀教學設計與觀課」研究計畫使桃園團在閱讀教學的實踐更上層樓，深度開發了縣內教師閱讀教學的潛能，專業對話機制修正了教學設計的可行性、效能達成率。跨縣市合作模式也打開了閱讀教學成果的黑盒子，兩縣菁英教師在主題式規劃的「課室觀察」中互動互評，使教學流程的每一個點可以科學化的紀錄與統計，觀察後的回應也更精準而使施教者有確實改進的空間。

針對觀課實作，當時由鄭老師指導設計了一個教師課堂教學觀察表（如附件）、學生回饋單等，蒐集觀課的成果。

（三）上海 PISA2009 兩岸四地分享研究會與閱讀教學參訪

就在這樣的學習中，筆者有機會加入 2009PIS 評比諮詢會議的中學閱讀教學代表，並由國科會派往上海，參加 2010/12/22-24 上海市教育科學研究院主辦 PISA2009 閱讀素養評估：兩岸四地經驗分享研討會，能更清楚對閱讀素養評比數據認識與解讀。

根據洪碧霞教授 2009PISA 閱讀素養數據研究顯示：

「臺灣前 10%學生的閱讀素養將很難與上海和香港前 10%學生相抗衡。」

「上海總體水平占有優勢，絕大多數學生掌握了適應社會所需要的最基本能力，……達到 6 級水平的學生具有細緻的分析能力和高水平的綜合能力，具備未來知識經濟決策所需要的潛質。上海達到六級水平的學生占 2.4%，低於新加坡（2.6%），比平均成績為515的澳大利亞（2.1%），也高得不多……」（〈品質與公平——上海PISA 2009結果概要〉）

「PISA 閱讀素養側重學生運用閱讀以進行學習、溝通和問題解決能力的評量……就華語職場的競爭而言，臺灣達到水準 5 以上學生比例只有 5.2%。（筆者注上海 17.0%）換言之，臺灣前 10%學生的閱讀素養將很難與上海和香港（筆者注 12.9%）前 10%學生相抗衡。而未達水準 2 的學生比例，臺灣高達 15.6%。」

「由於PISA對功能性閱讀的重視，強調言必有據的溝通能力，所以不同內容領域（如數學、科學或社會）的閱讀和論證能力培育，都將同時有助於學生閱讀素養的豐厚。拔尖扶弱，全面提升國人的核心學習素養，是我教育社群刻不容緩的共同任務。」（〈2009PISA結論與建議〉）

參訪上海 PISA 觀察學校——兩個隸屬建平集團的中學(建平實驗初中、建平高中)。 對於上海以企業經營模式辦學的高效率，以及建平中學如何從弱勢學校改革成功的經驗。並且實際參與課堂觀課評課：高一語文課〈獲得教養的途徑/赫爾曼・黑塞〉、初三語文課〈晉祠〉，與語文教師座談相互交流。兩位中學骨幹語文教師在閱讀課引導學生運用精準的提問策略討論與思考，學生能運用已習得的閱讀策略(摘要、結構、句式)，分析並理解文本。

高一語文課後評點時香港劉潔玲發問：像今天這種(純說理的翻譯文章)教材多嗎？任課曾昭輝老師：以高中生認知的發展來說，可以作理性思考訓練。這篇在高二普遍上覺得很難，所以放在高一只節取一小段，作爲試驗，效果不錯。用脈絡組織來打通意義，這是閱讀技巧的學習，對學生的思維提出挑戰，激發學習的興趣。評課主持人：這次教材屬於「用本」，因爲這是上海的弱項。在 PISA 問卷中上海在學習環境調查中師生關係、上課紀律、教師基發閱讀參與策略上大多是高於 OECD 平均值，但其中教師提出具挑戰性問題和向學生推薦一本書和某個作者除外，這是上海教師在閱讀教學上要改進之處。

由此行獲知：上海的學生 PISA 2009 閱讀素養評比在高水準的分數如此亮眼，並非偶然；優質教師也在嘗試閱讀策略的指引與文本探討層次提升。上海語文教師精進研究的能力強，制度的彈性故能展現高速進步的優勢，台灣的語文教師可以來此多觀課學習，也是我二度到此參訪的原因。

三、閱讀教學「課室觀察」的研究方法

（一）觀課的進行模式

「觀課」是有效改進課堂教學的研究方法。不是過去「教學觀摩」者對「試教者」的「教法」指導批評；而是教學同儕在教學活動中，針對現象觀察、對話討論，以進行觀念、行爲、效果的整體研究，故有人稱爲「互助觀課」。邵光華、王建磐（2003）〈教師專業發展取向的觀課活動〉文中：

> 互助觀課的目的隨觀課者而定，觀課的中心內容隨觀課目的而定。觀課前首先要有明確的目的，進而確定出觀課重點。在觀課策略方面，一些觀課內容可由觀課教師和被觀課教師共同商定，觀課期間應圍繞中心做好觀課記錄，觀課後討論要針對課題和學生而不是被觀課教師，最後結論應由觀課雙方共同完成而不是由觀課者單方來作。

所以，觀課的事前準備、完善觀課目標以及觀課後的討論與結論都必須詳細規劃，以完成觀課的效果。

此次台灣團隊與上海、杭州等地學校的閱讀觀課活動籌畫已久。自本學期初，孫劍秋老師透過上海華東師範大學、杭州台辦、寧波市江東區聯繫安排三地相關學校老師準備此盛會，並申請獲得教育部的核可，過程繁雜瑣碎，十分不易。台灣上課教師做了充足準備，也在行前(4/12)作了演示與討論。觀課主要目的在閱讀教學模式的交流，並汲取上海等地菁英教師語文課程的閱讀策略教導經驗，以爲台灣閱讀教學的借鏡。

由於客觀條件的限制，無法進行觀課最好的模式——「同課異構」。在三地，兩方都採自由選課授課（年級與教材不限）。除了上課教師之外，雙方都安排了鑽石陣容的觀課團隊，兩方都有專家與點評人數人觀察紀錄(包括拍照、攝影)。結束後各有一堂評課討論，留下完整資料。

（二）「課室觀察」的觀察記錄工具

教師都希望能透過每一次觀課，提升自己的專業能力。然而，如何進行有效的觀課——「觀什麼」、「怎樣觀」、「怎樣評」、「如何分析觀課成果」，都有必要事先做探究與設定。

其中「觀什麼」、「怎樣觀」——觀課者紀錄使用的「課室觀察表」是最基本的需要。本團在出發之前，已選定由教育部委託國立新竹教育大學研發的專案「中小學教師專業發展評鑑規準/曾憲政、張新仁、張德銳、許玉齡、馮莉雅、陳順和、劉秀慧(2007)」之「課室觀察表」。這張表列出 A 課程設計與教學、B 班級經營與輔導兩個層面的指標與參考檢核重點。檢核重點分「値得推薦」、「通過」、「亟待改進」、「不適用」四個等級勾選，最後加一個文字敘述。其優點是：觀課時使用簡便，觀課後可以補充文字敘述，實際紀錄的效果很好。（參見本節附件觀課表 1-4）

進一步還要確定「怎樣評」及「如何分析觀課成果」——有效觀課的結果分析。

> 觀課議課是一種對話。就彼此對話而言，它需要參與者有溝通與合作的意願；需要對話雙方各自向對方敞開，彼此接納；需要彼此間的積極互動與

> 交流。就自我對話而言，議課要致力從『他人提問』引向『自我提問』，在自我對話中追求自我改變和自我超越。（陳大偉 2007〈走向有效的觀課議課〉）

因此，我們就（1）觀課前（2）觀課中（3）觀課後三個觀察點及觀察內容分析列出如下的項目，對同時觀課的兩個課程加以記錄統整，以幫助驗收觀課成果。

1、觀課前準備分析

（1）觀課主題——授課教師和觀課者課前充分溝通，並形成共同的觀課議課主題，以引導觀課方向，促進議課深入和深刻。

（2）教學背景分析——包括學習基礎、學生狀況、特殊學生、目標任務分析等，以幫助觀課者對課堂情況的瞭解，與對本課教學基礎和後續發展的認識。

（3）教學設想——主要的教學活動設計，確認重點觀察的現象和時機。

（4）教學創新——教師在本課程中實驗或創新的教學點。

（5）其他——其他有關觀課的準備應先思考的問題。

2、觀課中的觀察與思考

（1）教學中的成功點——教師在預定目標下安排的教學方法和手段，學生能順利達成的點。

（2）案例中的困惑和問題——觀課過程中的疑點，學習無法完成的狀況。

（3）學生反應的狀況——對於教師的教學活動，學生是否理解、投入?或是不懂、不學?學習積極或消極？教師是否注意到教室中的學習差異與補救？

（4）教學實踐的其他可能性——觀課中「假如我來教，我怎麼處理？有無其他方式？」思考的結果。

（5）其他——觀察到的教與學其他可紀錄點。

3、觀課後的評點

（1）教師的教學是否收到預期的效果——教師安排有目的、有意識的教學活動，表現了哪些行為，是否有效？

（2）學習效果與教學之間的聯繫——思考學生學習效果與教學行為的聯繫狀況。

（3）其他——有關授課教師行為背後的教學理念思考。

四、上海、杭州的閱讀教學「課室觀察」

（一）觀察計畫與觀察紀錄表

根據 100 學年度海峽課程與教學深化參訪計畫，兩岸中學閱讀教學觀課與評課共計三場，筆者因爲任務分配關係，中學閱讀觀課只參加上海、杭州的閱讀教學「課室觀察」場次。因此報告也以這兩個場次的觀課結果爲內容。

首先介紹四個主講老師、觀課課程、課程內容表，以及四堂課的觀察記錄表。（見下表與後續四個觀課表）

上海、杭州兩岸中學閱讀課觀課計畫表

地點	班級	時間		上課教師	課程名稱	課程內容	觀察表
上海建青實驗學校	801	4月23日	10:10-10-55	林孟君/苗栗縣課程督學	徐仁修/油桐花編織的祕境	感受情意的閱讀教學	觀察表1
	801		11:05-11:50	王燕萍/原班教師	赫爾曼・黑塞/樹木	探究文意的閱讀教學	觀察表2
	會議廳		12:40-13:30	兩岸授課老師與專家、觀課團	主評:華東師範大學課程與教學研究所崔允漷主任、國立臺北教育大學語文與創作學系孫劍秋教授兼華語文中心主任		
杭州保俶塔實驗學校	709	4月24日	9:05-9:50	張英飛/杭州語文骨幹教師	張曉風/行道樹	讀寫結合的閱讀教學	觀察表3
	808		10:00-10:45	吳韻宇/中央團國中語文教師	李潼/瑞穗的靜夜、張曼娟/人間情分	結構分析的閱讀理解教學	觀察表4
	南報告廳		11:00-12:00	兩岸授課老師與專家、觀課團	主評:國立臺北教育大學語文與創作學系教授兼華語文中心孫劍秋主任、杭州市教育局語文專家宋洵主任 主持人:中學部語文主任楊曙		

教學課室觀察表 1

教師姓名：林孟君 任教年級： 8 任教科目： 語文

課程名稱：徐仁修/油桐花編織的祕境 課程內容：感受情意的閱讀教學

觀 察 者： 盧翠芳 觀察日期：2012/4/23 觀察時間：10:10 至 10:55

層面	指標與參考檢核重點	檢核重點				文字敘述
		值得推薦	通過	亟待改進	不適用	
A 課程設計與教學	**A-3 精熟任教學科領域知識**					上海學生對油桐花陌生，故與此地常見的泡桐比較。並徵詢班上的台生是否見過。
	A-3-1 正確掌握任教單元的教材內容	V				
	A-3-2 有效連結學生的新舊知識	V				
	A-3-3 結合學生的生活經驗	V				
	A-4 清楚呈現教材內容					徵詢學生最有感受段落並用兩兩交換意見模式激發討論，驗收時效果明確。總結後繼續加深，整堂課連續使用此方式，效果逐漸增高。從「祕徑」的「祕」字和文本呼應點的尋找，引領學生思考文本的精微處。
	A-4-1 說明學習目標或學習重點	V				
	A-4-2 有組織條理呈現教材內容	V				
	A-4-3 正確而清楚講解重要概念、原則或技能	V				
	A-4-4 多舉例說明或示範以增進理解	V				
	A-4-5 提供適當的練習以熟練學習內容		V			
	A-4-6 澄清迷思概念，易錯誤類型；或澄清價值觀，引導學生正確概念	V				
	A-4-7 設計學習情境啟發學生思考與討論(進行師生討論、小組討論、小組發表)	V				
	A-4-8 完成每個學習活動後，適時歸納總結學習重點	V				
	A-5 運用有效教學技巧					課程銜接設計流暢，教學節奏輕快有趣。課堂使用簡報投影適時補充學生不熟悉的油桐花圖片輔助教學。在學生回應建青的祕徑提問一欣賞校園池邊的粉色花（玫瑰）的感受予以認可，並補充同學更正說明(應該是櫻
	A-5-1 引發並維持學生學習動機	V				
	A-5-2 善於變化教學活動或教學策略	V				
	A-5-3 教學活動的轉換與銜接能順暢進行	V				
	A-5-4 有效掌握教學節奏和時間	V				
	A-5-5 善用問答技巧（如提問、候答、傾聽、澄清、提示、轉問、深究、回應、兼顧不同層次問題、兼顧高低成就學生的反應等）	V				
	A-5-6 使用電腦網路或教學媒體有助於學生學習（含教具、圖片、補充材料、網路資源；宜大小適中、符合需求、內容正確）	V				

	A-5-7 根據學生個別差異調整教學（含個人或小組指導）	V				花）。

層面	評鑑指標與參考檢核重點	檢核重點 值得推薦	通過	亟待改進	不適用	文字敘述
A課程設計與教學	**A-6 善於運用學習評量**					因為是試教課程，沒有給予家庭作業
	A-6-1 適時檢視學生的學習情形（包括口頭或紙筆方式）	V				
	A-6-2 依據實際需要選擇適切的評量方式 （小考或家庭作業）		V			
	A-6-3 根據學生學習狀況或評量結果調整教學*		V			
	A-7 應用良好溝通技巧					雖然是陌生班級，但師生互動在過三分之一堂後就漸漸熟悉熱絡起來，顯見老師的帶領有成效。
	A-7-1 板書正確、工整有條理 （文字、符號、圖形）（筆順、簡體字、字體大小）		V			
	A-7-2 口語清晰、音量適中	V				
	A-7-3 教室走動或眼神能關照多數學生	V				
	A-7-4 師生互動良好	V				
B班級經營與輔導	**B-1 建立有助於學習的班級常規**					上海學生回應能力好，課堂秩序佳，沒有不專心學習的狀況。
	B-1-1 教室秩序常規維持良好	V				
	B-1-2 適時增強學生的良好表現	V				
	B-1-3 妥善處理學生的不當行為 （如打瞌睡、偷吃東西、聊天、傳紙條、吵鬧、打架、作弊、走動、搶答等）		V			
	B-1-4 適時實施生活教育	V				
	B-2 營造積極的班級學習氣氛					善用簡報處理情境，並用音樂、圖片帶來氣氛。教學熱忱親切。
	B-2-1 佈置或安排適當的學習環境	V				
	B-2-2 教師表現教學熱忱	V				
	B-2-3 學生能專注於學習	V				

觀察人員簽名：盧翠芳

教學課室觀察表 2

教師姓名：王燕萍 任教年級：8 任教科目：語文

課程名稱：赫爾曼・黑塞/樹木 課程內容：探究文意的閱讀教學

觀 察 者：盧翠芳 觀察日期：2012/4/23 觀察時間：11:05 至 11:50

層面	指標與參考檢核重點	檢核重點				文字敘述
		值得推薦	通過	亟待改進	不適用	
A 課程設計與教學	**A-3 精熟任教學科領域知識**					文本為上週發給學生的補充教材，有部分學生未讀過、沒帶來，老師補發。
	A-3-1 正確掌握任教單元的教材內容		V			
	A-3-2 有效連結學生的新舊知識		V			
	A-3-3 結合學生的生活經驗		V			
	A-4 清楚呈現教材內容					先說明書面語言的概念，要求學生畫分文本的區塊(段落)，教師總結為一1，2~4，5~7。第一段主旨的引導，使學生聚焦於尊敬、讚詠二詞彙，並加板書確認。徵詢本文難點。指引出第一句的關鍵字一傳教士，徵詢學生發表「傳教士」的意義。
	A-4-1 說明學習目標或學習重點	V				
	A-4-2 有組織條理呈現教材內容	V				
	A-4-3 正確而清楚講解重要概念、原則或技能	V				
	A-4-4 多舉例說明或示範以增進理解		V			
	A-4-5 提供適當的練習以熟練學習內容		V			
	A-4-6 澄清迷思概念，易錯誤類型；或澄清價值觀，引導學生正確概念	V				
	A-4-7 設計學習情境啟發學生思考與討論(進行師生討論、小組討論、小組發表)			V		
	A-4-8 完成每個學習活動後，適時歸納總結學習重點	V				
	A-5 運用有效教學技巧					課程進行略顯沉悶，因為選擇的文本略難，學生一時無法理解，故第一段教學時間拖長，致無法完成以下的課程。除了文本及所附作者介紹，沒有其他幫助理解的提問設計。
	A-5-1 引發並維持學生學習動機			V		
	A-5-2 善於變化教學活動或教學策略		V			
	A-5-3 教學活動的轉換與銜接能順暢進行			V		
	A-5-4 有效掌握教學節奏和時間			V		
	A-5-5 善用問答技巧（如提問、候答、傾聽、澄清、提示、轉問、深究、回應、兼顧不同層次問題、兼顧高低成就學生的反應等）	V				
	A-5-6 使用電腦網路或教學媒體有助於學生學習（含教具、圖片、補充材料、網路資源；宜大小適中、符合需求、內容正確）		V			

	A-5-7 根據學生個別差異調整教學（含個人或小組指導）		V			
層面	評鑑指標與參考檢核重點	檢核重點				文字敘述
		值得推薦	通過	亟待改進	不適用	
A 課程設計與教學	**A-6 善於運用學習評量**					因為時間不夠，沒有討論部分留做家庭作業
	A-6-1 適時檢視學生的學習情形（包括口頭或紙筆方式）	V				
	A-6-2 依據實際需要選擇適切的評量方式 （小考或家庭作業）		V			
	A-6-3 根據學生學習狀況或評量結果調整教學			V		
	A-7 應用良好溝通技巧					教師音量略嫌小，故有部分學生聽不倒。 教師提問反應較少。
	A-7-1 板書正確、工整有條理 （文字、符號、圖形）（筆順、簡體字、字體大小）		V			
	A-7-2 口語清晰、音量適中		V			
	A-7-3 教室走動或眼神能關照多數學生	V				
	A-7-4 師生互動良好			V		
B 班級經營與輔導	**B-1 建立有助於學習的班級常規**					上海學生課堂秩序佳，沒有不專心學習的狀況。
	B-1-1 教室秩序常規維持良好	V				
	B-1-2 適時增強學生的良好表現		V			
	B-1-3 妥善處理學生的不當行為 （如打瞌睡、偷吃東西、聊天、傳紙條、吵鬧、打架、作弊、走動、搶答等）		V			
	B-1-4 適時實施生活教育		V			
	B-2 營造積極的班級學習氣氛					文本略嫌艱澀，學生反應不佳。建議換一個譯本。
	B-2-1 佈置或安排適當的學習環境			V		
	B-2-2 教師表現教學熱忱		V			
	B-2-3 學生能專注於學習		V			

觀察人員簽名：盧翠芳

教學課室觀察表 3

教師姓名：張英飛　任教年級：709　任教科目：語文

課程名稱：張曉風/行道樹　　課程內容：讀寫結合的閱讀教學

觀　察　者：盧翠芳　觀察日期：2012/4/24　觀察時間：9:05 至 9:50

層面	指標與參考檢核重點	檢核重點：值得推薦	通過	亟待改進	不適用	文字敘述
A 課程設計與教學	**A-3 精熟任教學科領域知識**					「學生對樹的三種身分選擇」活動，展現主題且在帶領過程引發價值觀的思考。
	A-3-1 正確掌握任教單元的教材內容	V				
	A-3-2 有效連結學生的新舊知識	V				
	A-3-3 結合學生的生活經驗	V				
	A-4 清楚呈現教材內容					寫一寫活動完成一首詩，引入文本認識；讀一讀指導朗讀方式轉變點撥思考與感受；評一評三種人物生活的選擇，發表看法與評價力，總結出對自己人生的評價；整堂課連續使用發聲思考，展現閱讀理解效果。最後用四個文句引入神聖事業之意義與代價的討論。
	A-4-1 說明學習目標或學習重點		V			
	A-4-2 有組織條理呈現教材內容	V				
	A-4-3 正確而清楚講解重要概念、原則或技能	V				
	A-4-4 多舉例說明或示範以增進理解	V				
	A-4-5 提供適當的練習以熟練學習內容		V			
	A-4-6 澄清迷思概念，易錯誤類型；或澄清價值觀，引導學生正確概念	V				
	A-4-7 設計學習情境啟發學生思考與討論(進行師生討論、小組討論、小組發表)	V				
	A-4-8 完成每個學習活動後，適時歸納總結學習重點	V				
	A-5 運用有效教學技巧					課程銜接緊密，教學節奏操作熟悉，游刃有餘。 課堂引導學生認知不同的朗讀方式引發不同感受，教學設計精準。 在引導學生回應「神聖的事業」意味著：別人都不做，..做時，針對分歧—我、我們予以釐清並重複朗讀一次「別人都不做，我們做」，效果很好。
	A-5-1 引發並維持學生學習動機	V				
	A-5-2 善於變化教學活動或教學策略	V				
	A-5-3 教學活動的轉換與銜接能順暢進行	V				
	A-5-4 有效掌握教學節奏和時間	V				
	A-5-5 善用問答技巧（如提問、候答、傾聽、澄清、提示、轉問、深究、回應、兼顧不同層次問題、兼顧高低成就學生的反應等）	V				
	A-5-6 使用電腦網路或教學媒體有助於學生學習（含教具、圖片、補充材料、網路資源；宜大小適中、符合需求、內容正確）	V				

	A-5-7 根據學生個別差異調整教學（含個人或小組指導）	V				

層面	評鑑指標與參考檢核重點	檢核重點				文字敘述
		值得推薦	通過	亟待改進	不適用	
A 課程設計與教學	**A-6 善於運用學習評量**					讀寫結合課程，學生當堂都做好並且有多樣的發表方式。在A朗讀強調固執句時對於B的回應(笑)適切反應與帶領(理解什麼?)。
	A-6-1 適時檢視學生的學習情形（包括口頭或紙筆方式）	V				
	A-6-2 依據實際需要選擇適切的評量方式（小考或家庭作業）	V				
	A-6-3 根據學生學習狀況或評量結果調整教學	V				
	A-7 應用良好溝通技巧					板書預先寫在小黑板，此時揭示出來，要求四個學生完成並連結成一首詩。
	A-7-1 板書正確、工整有條理（文字、符號、圖形）（筆順、簡體字、字體大小）	V				
	A-7-2 口語清晰、音量適中	V				
	A-7-3 教室走動或眼神能關照多數學生	V				
	A-7-4 師生互動良好	V				
B 班級經營與輔導	**B-1 建立有助於學習的班級常規**					學生回應能力好，課堂秩序佳，沒有不專心學習的狀況。
	B-1-1 教室秩序常規維持良好	V				
	B-1-2 適時增強學生的良好表現	V				
	B-1-3 妥善處理學生的不當行為（如打瞌睡、偷吃東西、聊天、傳紙條、吵鬧、打架、作弊、走動、搶答等）		V			
	B-1-4 適時實施生活教育	V				
	B-2 營造積極的班級學習氣氛					教學熱忱專業並帶引學生專注學習。
	B-2-1 佈置或安排適當的學習環境	V				
	B-2-2 教師表現教學熱忱	V				
	B-2-3 學生能專注於學習	V				

觀察人員簽名：盧翠芳

教學課室觀察表 4

教師姓名：吳韻宇 任教年級： 808 任教科目： 語文

課程名稱：李潼/瑞穗的靜夜、張曼娟/人間情分課程內容：結構分析的閱讀理解教學

觀 察 者： 盧翠芳 觀察日期：2012/4/24 觀察時間：10:00 至 10:45

層面	指標與參考檢核重點	檢核重點：值得推薦	通過	亟待改進	不適用	文字敘述
A 課程設計與教學	**A-3 精熟任教學科領域知識**					先以張曼娟/人間情分第一部分引導學生處理文本轉折點。再帶領李潼/瑞穗的靜夜的結構分析與閱讀理解。
	A-3-1 正確掌握任教單元的教材內容	V				
	A-3-2 有效連結學生的新舊知識	V				
	A-3-3 結合學生的生活經驗	V				
	A-4 清楚呈現教材內容					先找出張曼娟/人間情分文本的人、地、事，引入文章轉折處；作者因……而心情有了……轉變。接著指引學生應用此法圈出文本各段表現心情的字眼，找到轉折的句子、段落。師生討論「失措張望」詞語的意味、「想離開」的背離常情點，對話層層推進。借幾個學生對靜美事物描寫句的比較，點出作者從動而靜的轉折點在從視覺到聽覺的轉換。
	A-4-1 說明學習目標或學習重點	V				
	A-4-2 有組織條理呈現教材內容	V				
	A-4-3 正確而清楚講解重要概念、原則或技能	V				
	A-4-4 多舉例說明或示範以增進理解	V				
	A-4-5 提供適當的練習以熟練學習內容	V				
	A-4-6 澄清迷思概念，易錯誤類型；或澄清價值觀，引導學生正確概念	V				
	A-4-7 設計學習情境啟發學生思考與討論(進行師生討論、小組討論、小組發表)	V				
	A-4-8 完成每個學習活動後，適時歸納總結學習重點	V				
	A-5 運用有效教學技巧					利用一個轉折點清楚的文本，教導發現文本結構轉折的閱讀策略，很有創意。引導學生認知「靜」的感知方式引發深層感受，教學設計精準。兩次主要提問都能精確帶領問題（失措成因、由動而靜的轉折），習得閱讀技巧。朗
	A-5-1 引發並維持學生學習動機	V				
	A-5-2 善於變化教學活動或教學策略	V				
	A-5-3 教學活動的轉換與銜接能順暢進行	V				
	A-5-4 有效掌握教學節奏和時間	V				
	A-5-5 善用問答技巧（如提問、候答、傾聽、澄清、提示、轉問、深究、回應、兼顧不同層次問題、兼顧高低成就學生的反應等）	V				

層面	評鑑指標與參考檢核重點	值得推薦	通過	亟待改進	不適用	文字敘述
	A-5-6 使用電腦網路或教學媒體有助於學生學習（含教具、圖片、補充材料、網路資源；宜大小適中、符合需求、內容正確）	V				讀第八段後，引導分辨回房間與沒有回房間者的心境差異。運用簡報投影，處理討論表格化，圖片切合需求。
	A-5-7 根據學生個別差異調整教學（含個人或小組指導）	V				
層面	評鑑指標與參考檢核重點	檢核重點				文字敘述
		值得推薦	通過	亟待改進	不適用	
A 課程設計與教學	**A-6 善於運用學習評量**					以討論、朗讀、發表為主要活動，沒有書寫的作業。
	A-6-1 適時檢視學生的學習情形（包括口頭或紙筆方式）	V				
	A-6-2 依據實際需要選擇適切的評量方式（小考或家庭作業）		V			
	A-6-3 根據學生學習狀況或評量結果調整教學	V				
	A-7 應用良好溝通技巧					口語清楚，與學生互動良好。能觀照大部分學生反應。
	A-7-1 板書正確、工整有條理（文字、符號、圖形）（筆順、簡體字、字體大小）		V			
	A-7-2 口語清晰、音量適中	V				
	A-7-3 教室走動或眼神能關照多數學生	V				
	A-7-4 師生互動良好	V				
B 班級經營與輔導	**B-1 建立有助於學習的班級常規**					學生回應能力好，課堂秩序佳，沒有不專心學習的狀況。
	B-1-1 教室秩序常規維持良好	V				
	B-1-2 適時增強學生的良好表現	V				
	B-1-3 妥善處理學生的不當行為（如打瞌睡、偷吃東西、聊天、傳紙條、吵鬧、打架、作弊、走動、搶答等）		V			
	B-1-4 適時實施生活教育	V				
	B-2 營造積極的班級學習氣氛					教學具熱情與創造親和氛圍，有益學生學習。
	B-2-1 佈置或安排適當的學習環境	V				
	B-2-2 教師表現教學熱忱	V				
	B-2-3 學生能專注於學習	V				

觀察人員簽名：盧翠芳

（二）上海建青實驗學校「課室觀察」成果

上海建青實驗學校的中學閱讀觀課包括：台灣林孟君老師的〈油桐花編織的祕徑〉、建青王燕萍老師的〈樹木〉兩堂課，以下是兩者的課室觀察比較表。

觀課前準備分析：

	觀課主題	教學背景分析	教學設想	教學創新	其他
孟君	感受情意的閱讀教學	1. 上海學生未曾見過油桐花 2. 教師口音與授課模式較陌生	從感受著眼，以討論、分享、發表帶領閱讀理解	祕徑之「祕」的探討，從文本討論到形而上的感受	課前討論時，團員提議省略作者人格特質探討部分，以使教學節奏緊密
燕萍	探究文意的閱讀教學	本班語文老師，用課外教材幫助學生閱讀加深加廣	借主旨句與關鍵詞的尋找推衍文意	由難句的關鍵字—「傳教士」引領主旨	觀課前未討論

觀課中的觀察與思考：

	教師的教學是否收到預期的效果	學習效果與教學之間的聯繫	其他
孟君	1. 學生能找到文本中油桐花的外型描述進而感知油桐花的美。 2. 學生能發表最有感受的段落 3. 學生能發表建青的祕徑	1. 學生從文本認識油桐花的美，也因文本閱讀帶領「感受」作者賞花、愛自然的幸福。 2. 分享、討論使課程進行逐步加溫，學生被閱讀氛圍感染	班上台生表示：國小二年級就在此地就讀，沒見過油桐花。初中課程還可以，作業比較多。
燕萍	1. 學生在關鍵詞的回答頻頻失誤，因教材過深。 2. 學生能分出文本意義段 3. 教材討論未及一半就下課了，進度掌控不好。	1. 學生反應對此文本不能理解，雖經帶領仍是不清楚狀態。 2. 教師用關鍵字帶主旨方式學生似乎不習慣，畫線策略是以前學過的，較成功。	學生表示老師經常給與補充教材，都是好文章，會自己閱讀。

觀課後的點評紀錄：

	教學中的成功點	案例中的困惑和問題	學生反應的狀況	教學實踐的其他可能性	其他
孟君	先做觀課說明語討論，掌握學生中心的閱讀理解教學。教與學互動，層層深入，帶領良	除了美的感受之外，此文本還有很多議題尚待深入討論	從生澀拘謹轉而開放投入，有明顯熱烈氣氛。	自然觀察的文章除了感性的閱讀之外，也可以用知性的探討閱讀。	因為評點時間匆促，未能給任課老師建議

	好閱讀理解。				
燕萍	哲理散文教學不易，給補充教材做為資優學生的程度加強，也可為日後學習的基礎。	赫曼赫塞的哲理散文不易理解，這篇翻譯也欠佳，推薦另外一種譯本。	學生未能如老師期望事先閱讀文本，課程中有部分學生明顯跟不上	可以換一篇符合八年學生程度的補充教材。推薦王家祥/遇見一株樹。	赫爾曼·黑塞文字見於高中教材。

（三）杭州保俶塔實驗學校「課室觀察」成果

杭州保俶塔實驗學校的中學閱讀觀課包括：保俶塔學校張英飛老師的〈行道樹〉、臺灣吳韻宇老師的〈瑞穗的靜夜〉、〈人間情分〉兩堂課，以下是表列出兩者的課室觀察比較。

觀課前準備分析：

	觀課主題	教學背景分析	教學設想	教學創新	其他
英飛	讀寫結合的閱讀教學	學生對教材熟悉，已經學過本課，教師是杭州骨幹教師非本班任課	結合讀一讀、寫一寫、評一評三個層次的閱讀教學	從朗讀方式思考語意變化、以幾個簡單句完成詩的寫作篇章、評點佳句的討論突出閱讀深度	選擇台灣文本、是一課熟練多次的課程示範教學
韻宇	結構分析的閱讀理解教學	教師與教材來自台灣，學生有一份新鮮感與期待	雙文本運用，一簡一詳，側重後者	從結構中讀出文本轉折點的閱讀理解	教學構想從台灣帶來，第一次施教

觀課中的觀察與思考：

	教師的教學是否收到預期的效果	學習效果與教學之間的聯繫	其他
英飛	1. 學生能寫出縮寫文本內容的簡單文句，並且具備詩意的效果。 2. 學生能用不同語調朗讀文句，並感受其差異。 3. 學生能討論文本中的神聖意義並建立自己的判斷。	1. 因為教師幾個簡單詞彙的布置，學生能運用縮寫方式，書寫出文本的內容。 2. 比較同伴與行道樹的際遇，學生確認行道樹的選擇犧牲是自發的，有意義的。 3. 運用四個描述「神聖事業」句子，因老師提醒，學生能用不同方式反覆朗讀文本，以辨析文義。	從文字的理解帶出價值觀的澄清，是本文-行道樹的重點學習，英飛老師做到了。

韻宇	1. 學生能指出文本描述心情的詞語，並從其中找出心情轉折點。 2. 學生能深入分析文本中主角少年的心理變化。 3. 學生能分辨回房間與沒有回房間者的心境差異。	1. 利用一個轉折點清楚的文本，經教導學得發現文本結構轉折處的閱讀策略。 2. 在教師引導下，學生能從「失措張望」一詞聚焦於少年心理變化得探究，體會寧靜真感受，與成長的蛻變。	有計畫的進入文本結構分析，從文義轉折的發現，確立「自己決定離開與否」是關鍵點。

觀課後的評點：

	教學中的成功點	案例中的困惑和問題	學生反應的狀況	教學實踐的其他可能性	其他
英飛	1. 在A生朗讀強調固執句時對於B生的回應(笑)適切反應與帶領(理解什麼?)。 2. 學生的板書內容在結束時朗讀出來，作為全課的收束。 3. 在引導學生回應「神聖的事業」意味著「別人都不做，○○做」時，針對分歧－我、我們予以釐清並重複朗讀一次「別人都不做，我們做」，效果很好。	討論「我們一直深愛著那裏的生活——雖然我們放棄了它」學生回應「糾結」，因為不是教師預設的答案，老師說「不對」；其實糾結反應的是矛盾的心理，更好。	1. 讀寫結合課程，學生當堂都做好並且有多樣的發表方式。 2. 討論時學生有許多出人意表的好答案產出。如前例「糾結」。	比較大陸各地的行道樹課程設計，本設計可以說是集各家之長。 第一、二小段的活動很獨到。	整個課程是一個完整的教學設計，在45分鐘完成，並且包含聽說讀寫各項語文要素。
韻宇	1. 簡單一個圖表就整理好兩篇文字的轉折點對照，效果顯著。 2. 兩次主要提問都能精確帶領問題焦點(失措成因、由動而靜的轉折)，習得閱讀技巧。	學生的活動缺少寫的一塊，可以把幾個關鍵的圖表留給學生填寫。	「失措張望」討論， A生:因沒有準備，所以不知如何是好。B生:反省之前的一時衝動。師問為何想離開？C生:不敢面對，少年成長中的困惑。很精彩。	這是一篇多焦點的散文，由動而靜的變化是一點一點蛻變的，先敘事，後寫景，結果是說理。也可以從此角度切入。	創立一個閱讀教學的模式，雖然是轉折與結構教學，但是得魚可以忘筌，理解就好。

五、兩岸「課室觀察」的觀察結論

完成這次的兩岸「課室觀察」，筆者以基層教師觀點提出兩個觀察方向以供參考：

（一）閱讀教材的自由開放與教學效能提升

從選用的四份教材文本：徐仁修/油桐花編織的祕境、赫爾曼・黑塞/樹木、張曉風/行道樹、李潼/瑞穗靜夜和張曼娟/人間情分，可以看出四位老師在選材上是很自由與寬廣的。

孟君老師選用徐仁修的自然觀察文章，以啓發學生對自然的感受與觀察力，這樣的帶領可開發學生將來對此類文字的閱讀理解力。

燕萍老師的八年級補充教材用了赫爾曼的文章，可見其加深以強化學生哲理性散文閱讀力的企圖心。在課後訪談該班學生時，得知王老師經常給予此類補充教材，學生也能了解老師的用心，即使文章有些難讀，還是會學著閱讀。

英飛老師選用張曉風老師的行道樹，這篇文字早在 70 年代出現在台灣國中課本，環保議題的切入與自我價值認知的雙重意義，英飛老師應該是深有體會，從此堂課的教學完整設計可以看出。

韻宇老師以張曼娟/人間情分、李潼/瑞穗的靜夜雙文本教閱讀，用來建構學生閱讀結構認知與轉折點區辨的閱讀策略學習，又是教學選材自由的另一實踐。

（二）閱讀策略教學模式建立與創意發揮

四堂課的教學雖然選材各異，但卻能發展不同的閱讀教學策略，互相對應，發展出兩岸「課室觀察」良性互動模式。

孟君老師以〈油桐花編織的祕徑/徐仁修〉引導出感受情意的閱讀教學；燕萍老師選擇〈樹木/赫爾曼・黑塞〉與學生對話，進行探究文意的閱讀教學，幫助學生對人與樹木的精神世界進行了哲理的思考。

英飛老師用〈行道樹/張曉風〉進行讀寫結合的閱讀教學，學生又能寫出優美的詩篇，又探究了存在的價值與意義；韻宇老師結構分析的閱讀理解教學，在溫柔敦厚的設計引導下循序引發，深具創意與特色。

四課同時做到：「著重圍繞課堂教學的有效性，尋求改進教學行為的策略，探究減輕學生學習負擔的有效方法，努力實現優質教育均衡發展。」華東師範大學崔主任在研討會邀請函中提出的標的。使觀課團在互助觀課的實踐上得到最好的效果。在觀課的檢討中，雙方一致的感覺是台灣教學重多元發揮，個人特色與創意多；而對岸則是整體設計有一定格式，比較完整周到。這個觀課流程是由主辦單位安排，兩方教師與觀課者都是初次接觸，若能建立交流管道，在設定教學目標時有機會討論溝通，更能確立觀課教學方向，討論就可以更落實，以獲致更高的效果。

六、省思與結論

（一）由於兩岸的開放，教材選擇比較已經有許多文章討論。經教改鬆綁後，各自對語文課程教材有不同的選擇；優劣也各有意見。但是一直以來台灣幾個民編版教科書在內容份量上和編輯系統化一直有不如大陸各版之感。臺灣教師選書意見在基測的壓力下，無法脫離考什麼就教什麼的思維模式。雖然自基測實施以來，一再強調考綱不考本，教師們仍然執著於應該或不應該選哪一篇文章的計較，可以顯現其對課綱與教材之間的轉化能力的缺乏。我們聽到香港、上海教師對台灣書籍出版品（尤其是童書、繪本）讚不絕口，教科書的編輯能力何以獨自落後？使用者對閱讀教材的觀念應更開放。因為「考綱不考本」所以能對教科書鬆綁；教師能因選材的開放自由，對教科書的範文教學自主的完成有效教學，才能達到提升學生閱讀素養的目標。

（二）從這次觀課中可以看出，大陸菁英語文教師（特級教師、語文教研員、骨幹教師）在做課堂上的閱讀策略的引導與觀課已經十分精熟。雖然這麼優質的教學有可能是特別安排的結果；從側面了解，各地區經常舉辦課堂教學競賽，以琢磨增進教師教學技能；教師分級制度明確，競爭激烈也是不可忽視的因素。上海在 PISA 閱讀評比中脫穎而出，其他地區也不肯示弱。上海市 SHPISA 中心副主任陸璟（教育科學研究院普通教育研究所副所長）就說：「山東方面說了，我們高考成績表現最優，若是參加（2009PISA）一定能把你們打敗！」

在這一場面對未來競爭力的世界性教育改革中，臺灣也不曾缺席；第一波八十年代的觀念鬆綁之後，第二波九十年代的九年一貫，大致已經完成從下而上的溝通管道，做到體制內實務與理念的整合。目前進入第三波以十二年國教領軍的改革，更實質的從 K-12 注意教育品質的提升，藉由參與辦理各種內部的、國際的成就評量，建立客觀自我診斷以及他國學生表現參照，更能檢視臺灣教育的目標和實務。從本次觀課成果看來，臺灣語文教師在閱讀教學上可以著力的乃是致力產出學生能力的閱讀策略教學，我們會更有自信地走在正確的路途中。

參考文獻

1. 柯華葳教授〈2006 PIRLS 評比結果報告〉。
2. 洪碧霞〈2009PISA 結論與建議〉。
3. 潘麗珠與桃園輔導團隊 2009〈打造台灣的第 56 號國語文教室——從國語文教材出發的閱讀教學研究〉。
4. 鄭圓鈴與桃園輔導團隊 2011〈「啓發式閱讀教學設計與觀課」研究〉。
5. 鄭圓鈴 2010/1/4〈提昇國中生閱讀認知能力的教學設計〉。
6. 〈品質與公平——上海 PISA 2009 結果概要〉。
7. 陳大偉〈走向有效的觀課議課〉《人民教育》2007 年第 23 期。

8. 邵光華、王建磐（2003）〈教師專業發展取向的觀課活動〉。
9. 教育部委託國立新竹教育大學研發專案「中小學教師專業發展評鑑規準/曾憲政、張新仁、張德銳、許玉齡、馮莉雅、陳順和、劉秀慧(2007)。

附件一、教師課堂教學觀察表

演示教師：

觀察教師：　　　　　　　　身份：□同事　　□校長主任　　□校外專家

教學單元：　　　　　　　　　　觀察日期　：

開始時間：　　　　　　　　　　結束時間：

學生年級、人數：　　　　　教學地點：

觀察項目	具體事實	表現次數	表現水準 1-3 分
一、教材處理			
1-1 能列舉教學目標			
1-2 能掌握文本教學重點			
1-3 能掌握段落教學重點			
1-4 能層次分明的安排教學重點			
1-5 能組織文義脈絡			
1-6 能分析文本寫作技巧			
1-7 能與舊教材連結			
1-8 能與學生經驗結合			
1-9 能總結學習重點			
1-10 能設計相關的預習或作業			
得分			
特殊加分			
二、教學策略			
2-1 能設計多樣化的教學活動			
2-2 教學活動能引發學生的參與興趣			
2-3 教學活動能有效提升學生閱讀能力			
2-4 教學活動能有效提升學生寫作能力			
2-5 能善用提問技巧			
2-6 能設計不同層次的			

問題鼓勵不同程度的學生回答			
2-7 問題能提供學生思辯、批判的表現機會			
2-8 能幫助學生澄清模糊或錯誤的觀念			
2-9 能安排小組合作學習			
2-10 能幫助學生統整清晰完整的概念			
得分			
特殊加分			
三、教室經營			
3-1 空間整齊明亮			
3-2 能隨時關注學生的注意力			
3-3 能讚美鼓勵良好的學習行爲			
3-4 能關注學習進度落後的學生			
3-5 能妥善處理學生的不當行爲			
得分			
特殊加分			
四、教師表現			
4-1 語言清晰流暢			
4-2 聲音適中語調變化能提醒學生重點			
4-3 能掌握教學速度			
4-4 能以教學目標爲教學重心			
4-5 表情親切自信			
得分			
特殊加分			
五、評量設計			
5-1 能針對重點安排課前預習作業或學習單			
5-2 能針對主題安排課			

後作業或評量單			
5-3 口頭評量能給予待答時間及適切引導			
得分			
特殊加分			

2012 年兩岸國中國語文課程交流之觀課省思
——上海、杭州、寧波實驗學校

蔡娟娟*

摘要

本文旨在透過國語文課程交流與觀課活動，發現教育現場問題，期以提升我國中小學教師教學品質、專業自主能力，以及強化學生學習效能。

韓愈〈師說〉：「師者，所以傳道、授業、解惑也。人非生而知之者，孰能無惑？惑而不從師，其爲惑也終不解矣。」可見教師責任重大。而在從「無知」到「知」的教學歷程，更是需要投擲時間、精力、耐心與智慧。

國語文課程是各科學習的基礎，在所有的學科中也佔有最多的授課節數。教授國語文，除充實學生的語文能力外，主要提升的是做人的態度與人文素養，這些都是超越學業上的終極目標與期待。一旦語文表達能力不彰，人際溝通往來也容易產生隔閡或誤解，因此國語文教師對學生的人格養成、生活態度及未來生活影響尤其深遠。

關鍵詞：觀課、國語文課程、兩岸教學

一、前言

100 學年度四月份海峽兩岸課程與教學深化參訪活動，重點在深入推進基礎教育課程改革，著重圍繞課堂教學的實用性，尋求改進教學行爲的策略，探究減輕學生學習負擔的有效方法，努力實現優質教育均衡地發展。由大學教授及中小學老師以不同教學風格進行交流，和教材、教法的回饋反思。[1]

洪蘭教授曾說：「因爲參與才會有所體驗，有體驗才會有所感動，有感動才會有內化，被內化的感覺，才是真正的價値觀，它指引著我們的行爲。沒有參與就沒有了解，沒有共同的經驗，就沒有共同的回憶，沒有共同的語言可談」。教師藉由參與課程交流與觀課，獲得使自己同步進化的資源與深層內省，這是有利師生的活動。

教師個人必須不斷的自我瞭解、省視教學歷程與增強教學能力，以落實教師專業的精神。在課堂上要「以學生爲本」，關注到每一位孩子的存在，注意學生的參與感和發言狀況。即使是學習低成就的學生，也希望他們發表自己的看法和意見，讓自己的教學成就立足於學生的學習心得與收穫。

---

* 苗栗縣竹南國民中學教師、苗栗縣國教輔導團輔導員、教育部國語文課程與教學輔導諮詢團隊常務委員

[1] 寧波市江東區教育局《兩岸（甬台）中小學教學研討會邀請函》(2012.03.20)。

在教學過程中，鼓勵學生連結自己的生活體驗，透過「說」、「寫」的方式，大膽發表個人的生活樂趣和心得感悟。而教師使用鼓勵性語言和優異提問技巧，在良好的互動中導引學生探索問題、有條理的發表看法，進而提出精闢的見解或創作，這是教學現場最值得喝采之處。

二、兩岸國語文課程交流與教學概況

本次活動之參訪目標[2]：

1、針對兩岸各學習領域及議題進行課程與教學規劃與實施、教師專業進修成長、教學方式及活動規劃、教材與教學方法之現況及進行實地教學觀摩，並探討、分析、比較兩地教學方法之優缺點，期能透過教育層面的交流，展開未來兩岸教育事務合作的積極願景。

2、將兩岸所面臨之教育問題與其因應之策略進行專業對話，以促進海峽兩岸教育實務之瞭解及交流，增進彼此進一步認識，進而結合或統籌所屬學習領域及議題輔導資源，成爲支援國內教師教學及專業發展之有效系統。

3、提供各領域優質教師相互切磋觀摩機會，激盪出更多元創意的火花，藉以提升合作情誼，強化夥伴關係，以利日後發展優質輔導策略，進而協助各縣市日後持續推動教育交流事務。

（一）觀課現場

此行觀課現場的三位中國大陸國語文授課教師課程：第一位上海市建青實驗中學授課教師的教學方式，對照我國林孟君課督之課堂情境與引導方式，學生在兩位教師授課時，班級氣氛有明顯差異。兩堂課後，研究者私下詢問學生，得知任教的教師原本擔任此班課程一週六節，上課較嚴肅、少朗讀課文或使用電腦資源。另杭州市保俶塔實驗學校張英飛老師、江東教育局教研室研究員劉飛耀老師，兩位大陸教師則以深厚的教學功力，深入淺出的引領出課文要義。對照我方林孟君課督細膩解析文本滋味、教育部中央團吳韻宇老師深刻做文本內涵比較的優異表現，都各有所長，也都有令人驚艷處！

在每堂四十分鐘的教學演示的課程，除了授課教師、班級學生擔任「課堂主角」外，教室後方坐滿了兩岸的觀課教師。觀課者，皆秉持著相同靜肅與期待的心情，每日以筆記、相機、攝影分別記錄下連續兩場次的兩岸教師國文教學觀摩活動。其中最令觀課者印象深刻的是：中國大陸老師上課很注重課文朗讀，會隨時提醒學生文本內關鍵字的朗讀聲調，並反覆練習把情感融入在語調中。教室中悅耳的美讀聲，常讓人陶醉也著實讚嘆！

研究者試以四位教師授課情況做課堂教學比較，藉以觀察兩岸教學之異同，詳見表1（自製）：

表1：兩岸教師課堂教學比較

---

[2] 國立台北教育大學《100學年度海峽兩岸課程與教學深化參訪計畫》。

觀察內容		中國大陸		我國	
		張英飛老師	劉飛耀研究員	林孟君課督	吳韻宇老師
一	時間	2012.0424	2012.0425	2012.0423	2012.0425
二	地點	杭州市 保俶塔實驗學校	寧波市 新城第一實驗學校	上海市 建青實驗學校	杭州市、寧波市 保俶塔實驗學校 新城第一實驗學校
三	教師榮譽	特級教師、 市學科帶頭人、 骨幹教師、 全國個性化案例先進、杭州市教壇新秀	初中高級教師、全國中學語文優秀教師、浙江省初中語文名師、全國課堂教學大賽一等獎	苗栗縣儲備校長、教學卓越團隊銀質獎、全國創意教學獎甲等、教育部優秀輔導事務工作人員	教育部中央課程與教學輔導諮詢教師、團教師、師鐸獎、桃園縣語文特殊優良教師、全國GreaTeach新詩創意教學特優、桃園縣創意教學第二名、桃園縣「分組作文」行動研究優等
四	授課文章	〈行道樹〉	〈茅屋為秋風所破歌〉	〈油桐花編織的祕境〉	〈人間情分〉、〈瑞穗的靜夜〉
五	文章作者	現代作家 張曉風	唐詩人 杜甫	現代作家 徐仁修	現代作家 張曼娟、李潼
六	文體表述	記敘、抒情	敘事	記敘	記事＋抒情 、寫景＋論述
七	學生態度	專注	專注	專注	專注
八	師生互動	良好	良好	良好	良好
九	上課氣氛	明快懇切	驚喜連連	輕鬆愉悅	誠懇踏實
十	課文朗讀	學生	學生→教師 →學生	學生	學生
十	資訊融入	電腦ppt、黑板（學生上台寫）	電腦ppt	電腦ppt、音樂唱〈油桐花〉	電腦ppt
十二	巧妙提問	①「如果你是一棵樹，你願長在哪裡？」「森林、公園、馬路邊？為什麼？」引起動機時，教師即迅速以問	①杜甫在其詩文顯露非常喜愛兒童，稱「嬌兒」。但此本詩文「群童怎會變盜賊？」 ②秋風不急，	①「看過油桐花嗎？」而上海學生都沒看過。又從文本中尋覓線索。 ②「最有感受的段落？」以左右	①「同學們洗過溫泉嗎？」沒想到杭州、寧波學生全無溫泉體驗……，歡迎同學們到台灣體驗泡溫泉的享受。

		答引出題要。②「行道樹和森林樹的生活有何不同？」③第八段「是的」二字是否為多餘？第九段「深愛」又「放棄」的心情如何？	「茅屋怎會被秋風所破？」③「天下寒士要何俱歡顏」？教師解析詩意能與當時歷史背景結合。	兩人討論方式。③本文「祕」之何在？④「你學校的祕境在哪裡？」讓課程與學生生活連結。	②尋找「文意轉折」出現處？③「轉折後，又如何細膩描寫主題？」
十三	獨到之處	①教學節奏很明快，卻又層次分明非常清楚呈現重點。②請六位學生上台，各以幾個簡單句竟共組合成一篇現場作品，令人讚賞。	①能喚醒學生的舊知識，如：白居易詩。②談古代有「四呼」，並以「開口音」發聲響亮、「閉口音」發聲低沉，來表達不同情緒，又再來對照本詩。	①學生念書太快像奔跑，指導想像走入油桐花祕境，發現美麗，用感情慢慢朗讀。②運用桐花圖片與音樂，課堂充滿溫馨情趣。	①分析從由動到靜的文字呈現，從視覺表現轉為沉靜的聽覺。②兩文心情轉換比較？躁→靜（同），內引、外悟（異）。猶如剝春筍，「漸見佳境」！
十四	收尾方式	從「讀一讀」、「寫一寫」，到最後的「評一評」點出本文「神聖的事業總是辛苦的」連結句子與「神聖」的意義何在？行道樹「我們」是「憂愁而又快樂」的精神，是充滿深度，也重視品德、理想傳承！	展現絕佳之朗讀能力、文藝創作「你的一炷至今未冷」（新詩，內容與杜甫詩有連結）才華洋溢，令學生折服與敬仰。	「深度思維」：在仔細品味文本後，找出自己認為最有感受的段落。再以「只有像我這樣深入、珍惜大自然的人，才會受到邀請」呼應前文，又總結出「全身浸滿了幸福」的滋味。	談兩文沉靜之美的比較：一是在陌生人的善意溫柔，一是在寧靜雨夜的體悟。最後引導學生從自身體驗，尋找過去美好的寧靜經驗，不留說教的痕跡。收尾圓融，可言餘韻梟梟恰到好處。
十五	教師特色與綜合評價	①口齒清晰、氣質非凡，態度優雅。教學過程，如鑑賞名家大	①容光煥發，微笑滿分。時能引經據典，若見飽讀詩書之狀元	①溫柔婉約的語調使學生如沐春風和煦，全程興趣盎然。	①不斷觸發學生思考能力，教學力道成熟、恰到好處。

		作。 ②怡然的深入文本的鑑賞，學生被教師有計畫地牽引而深究文意，充滿追求知識的趣味。 ③讀寫結合，且提問精準環環相扣。高超之提問技巧，令觀課者肅然起敬。	郎！ ②重視抑揚頓挫之聲音感染力極強！舞台效果鮮明，聲情魔力無人可擋。 ③講述方式極生動，學生與觀課者皆被撼動與吸引，也因此對課程內容留下深刻印象。	②指導學生發揮想像力去融入課文情境，引領文本內涵清楚明確。 ③能轉化學生無趣的上課經驗為「知識的饗宴」。	②兩文之銜接與比較，歸納統整能力高明。時間掌控佳，值得喝采！ ③以課文結構指導作文「起承轉合」樣樣具備，功力深厚令人耳目一新。滲透於語文教學的指點獨到又別具深度、課堂魅力非凡！

有一點，研究者發現：觀課之三所實驗學校學生們，儀容都非常整齊樸素。中國大陸髮禁已解除，但男女學生的髮型卻不見爭奇鬥艷，或讓人一眼發覺有在三千煩惱絲上花費心思的情況。長髮女學生都綁上馬尾，而且一律是素深色髮圈；前額頭髮不蓋眉眼、遮蔽視線，每個學生都很整齊清爽！上課中，沒有任何學生搔首弄姿或撥弄頭髮……。

在教學課程上，兩岸教師各有不同之教學特色：中國大陸教師「善引」，善用各種提問方式切入主題，導引學生發言、了解文本內涵；我國教師「善賞」，善用各種賞析策略，指導學生動腦發現文本精要和比較閱讀。

整體觀察，兩岸老師們對教學內容都十分熟稔，杭州市張英飛老師很注意朗讀的美感，在關鍵處會要求用感情再一次。在引起課文動機活動中，成功引導學生深入主題，跳脫舊有的教學模式與框架，在環環相扣的提問中，讓學生成功發表看法。寧波市劉飛耀老師則呈現「泱泱大將之風」，讓學生神遊詩境、領略古人歷史背景，也展現了生動的朗讀技巧與文采；我國林孟君課督、吳韻宇老師則先引導學生默讀再理解選文，請同學朗讀重點，由提問而深思→討論→發表→反覆咀嚼文本內涵，不斷引起學生對台灣文學、各地風情特色的興趣和感動，在人文素養上的著力甚深。兩岸教師都給予學生極多的發言機會，在精心設計的教學引導下，讓學生對文本留下深刻的印象，正符合了「以學生爲主體」的教學設計和教學理念。

課程交流，在兩岸教師的熱情參與下，產出非常精采生動的觀課評比。在評課討論與意見交流時，不僅豐富了彼此的教學認知，也順利達成開拓視野之功。

（二）兩岸國語文概況

城鄉文化差距，在全世界各地都是存在的。

此行之觀課地區，爲大陸經濟繁榮、教育現代化的進步城市：上海市、杭州市、寧波市，學生素質普遍優異。研究者仍就觀課現場，試做兩岸國語文課程交流與教育概況之比較，詳見表 2（自製）：

表 2：兩岸國語文課程交流與教育概況之比較

	項目	中國大陸	我國
一	課文朗讀	相當重視朗讀，會一再要求課文美讀的聲情表現。	在國小會注意朗讀，但中學以後，則常淪為失落的一角！
二	閱讀理解	重視內容的理解，文本整體概念的傳達。	對於課文的賞析和結構性，由閱讀到作文教學的延伸很明確。
三	教師提問	教師非常「善問」，在循循善誘中引導學生找出答案，並深入課本主題。	一綱多本後，台灣教師多被廠商備課用書上的課文補充制約，以致發問技巧能力逐漸轉弱。提問策略，可再深入運用。
四	學生反應	經常展現十足的自信心，能面對老師隨時拋出的問題，並得體相應，甚至滔滔不絕。	較顯害羞、敦厚，臨場反應與思考力，仍有訓練空間。
五	師生互動	每當教師「丟」出問題時，學生能認真思索，並踴躍舉手發言表達意見，常有令人驚豔的看法。	教學方式呈現多元化和趣味性，常能引起學生感動。雖有課本的問題討論部分，但整體上仍缺乏刺激學生主動舉手發言的能量。
六	課堂氣氛	較為拘謹、莊重，但顯現出較強的企圖心。	顯現對環境的安全感，態度較輕鬆、活潑，對自我的肯定多。
七	課堂秩序	較安靜、用功，下課時間多數為休息與學習。	較樂觀、好動，下課鐘響……常有放虎出閘之勢。
八	上台發表	鼓勵學生勇於上台發表與演講，平日即進行常態的口才訓練。例如：寧波市新城第一實驗中學，每週皆安排中小學生各一人在「國旗下講話」，並指定每週由不同教師擔任指導，演講稿得在每週一下班前將電子稿發團隊室並上校網。	常是遇有比賽或活動，才由教師指定學生上場並擔任指導。例如：面對全國國語文競賽，各學校教師對國語文競賽學生的賽前訓練，因指導教師而異。
九	學習環境	重視美化與植物，也必有激勵人心的口號、標語，例如：「文學來自勤奮，高分源自拼搏。」、「競爭不是比誰努力？而是比誰更努力？」、「非學無以成才，非志無以成學」、「態度決定一	著重環境優美、整潔與生活態度、多元活動的成果、榮譽榜的建立，重視學生心靈陶冶與人格品德的塑造。

		切，習慣決定未來」、「心態決定命運，自信走向成功」、「一步兩步三步步步高昇，一天兩天三天天天向上」時時提醒學生奮發進步，一再強調競爭力的重要。	
十	閱讀數量	中國大陸《全日制義務教育語文課程標準》： 自小學起就指定固定的閱讀量：國小低年級背誦優秀詩文50篇（段）、課外閱讀總量不少於5萬字；國小中年級背誦優秀詩文50篇（段）。課外閱讀總量不少於40萬字；國小高年級背誦優秀詩文60篇（段）、課外閱讀總量不少於100萬字。至國中背誦優秀詩文80篇、課閱讀總量不少於260萬字，每學年閱讀兩三部名著。[3] 背誦、閱讀文本的數量極多。	本國《國民中小學九年一貫國語文領域課程綱要》： 並無明定國中小學生背誦、閱讀的範圍與數量，彈性與自由度甚廣。
十一	社會風氣	因一胎化政策，父母關注力集中、火力強，學生很早就確定個人發展目標，強調態度是未來成功的關鍵。	推動校園正向管教，社會風氣民主自由，學生較無憂患意識，但也較樂觀快樂、富有創造力。
十二	語言文化	強調講普通話來執行國語的政策，但同時也保存各自的民族語言。	重視鄉土文化特色，和各地語言保存與訓練。中小學課程有安排鄉土語言課程，例如：台灣母語日與國語文競賽（涵蓋國語及方言）。

三、結語

此行，由教育部國語文課程與教學輔導諮詢團隊召集人孫劍秋教授率團，本土語言團鄭安住組長任副領隊，中央團員與優秀地方團輔導員共二十一人前往中國大陸上海、杭州、寧波三地進行課程交流與評課、觀課活動。

授課教師的心情分享、資深教師的講評及心得交流，讓所有觀課教師群在個人教學領域的認知，激盪出陣陣漣漪與燦爛火花。兩岸教師與觀課者，雖多是初次見面，但對

[3] 臺灣《國民中小學九年一貫國語文領域課程綱要》與大陸《全日制義務教育語文課程標準》之比較分析，孫劍秋教授。

教育工作的敬業樂業態度，竟一致的抹卻了初見的陌生感，彼此在對話的交流歷程中，發現對教育工作相同的熱情與認同。

研究者深刻體認：課程交流與觀課的目的不在比高下，而是重於教學上的課程實踐與省思。教學工作是否落實與札實？國語文的教學，在每次的授課前，應先檢視已習慣的教學模式、學生表現是否落實有效教學的內涵。除此更要著墨去發揮文本內涵，著重累進教學功效，以及精進自我能力。當教師離開師培教育，開始從事教育的樹人工作後，更不當是師培教育的終程。所有教育工作者，當在知識爆炸的時代中汲取新知、開拓視野，更要追求教學技能的進步，才能有效協助未來主人翁面對國際的多元競爭。

參考文獻

壹、專書

徐仁修〈油桐花編織的祕境〉（南一出版社・國文第二冊選文）

張曉風《張曉風精選輯》（九歌出版社，2004 年 06 月 01）

李潼《瑞穗的靜夜》（聯合報出版，97 年 10 月）

張曼娟〈人間情分〉（南一出版社・國文第六冊選文）

《中國文學總欣賞・唐詩新賞第七輯》（地球出版社，86 年 8 月），頁 269。

貳、期刊論文

丁亞雯局長等 20 位，《臺北市政府教育局 100 學年度國中國語文領域輔導小組上海市教育參訪》公務赴大陸地區出國報告報告（2012 年 2 月）

蘇進棻，《兩岸中等學校教育概況之比較・國家教育研究院籌備處副研究研習資訊》，第 24 卷第 6 期（2007 年 12 月）

陳宜嬪，《兩岸小學生語文學習自我效能感之比較－以馬祖與福州各一所小學爲例》碩士論文從有效教學談中小學教師專業發展評鑑（2009 年 6 月）

張新仁，〈從有效教學談中小學教師專業發展評鑑》《國立台北教育大學舉辦「改寫教師專業發展評鑑的文化故事系列研討會」第三場專題講座》（2008.11.15）

參、網路資源

《上海市建青實驗學校》，http://www.jqsyschool.com/（2012.05 上網）

《杭州市保塔實驗學校》，http://www.bctsy.net/info20/index.html（2012.05 上網）

《寧波市新城第一實驗學校》，http://nbxc.jdedu.net/index.jsp（2012.05 上網）

《温州市第二十二中學資源中心在線電影在線播放》，http://www.wz22.cn/Common/ShowDownloadUrl.aspx?urlid=0&id=4018（2012.05 上網）

《浙江省教育廳》，http://220.191.236.80:82/gate/big5/jyt.zj.gov.cn/gb/articles/2012-02-16/news20120216111120.html（2012.05 上網）

100 學年度海峽兩岸課程與教學深化參訪之「課室觀察」

黃秋琴*

一、前言

有幸加入這次「100 學年度海峽兩岸課程與教學深化參訪」活動，感謝孫劍秋教授及中央課程與教學諮詢團的規劃與辦理！除了上海中山故居、奉化蔣中正故居、書法藝術實驗學校等文史參訪內容，可以親自在教室的現場，參與由「臺灣中央課程與教學輔導諮詢教師團隊代表」及「大陸上海、杭州、寧波中小學教師」的「教學演示」，更令我懷抱「朝聖」的心情，出席這場教育盛會。

這次參訪活動的觀課科目含蓋國中語文、國小語文、國中自然科學及國小英文四種類別，茲將我所參與上海及杭州國中國語文課及寧波國中自然課三者，來談課室觀察現象及觀課心得。

二、課室觀察的文獻探討

平溪國小陳榮全校長（2006）在「運用同儕觀課，促進教師專業成長」一文中提及：觀課的理念源自「經驗分享學習」（experiential learning），而經驗分享學習與一般的學習差異在於主張學習者應從具體的經驗及活動作為學習起點，經過觀察他人或自己的教學方式，構築自己的教學城牆，再以反思的態度面對自己的城牆是否合乎學習者的需求，如此，在經驗中分享與學習，即是觀課活動最主要的精神所在。

邵光華、王建磐（2003）在「教師專業發展取向的觀課活動」一文中認為：基於教師專業發展取向的學校同事互助觀課活動是教師在職繼續教育的一種有效的校本培訓方式。互助觀課的目的隨觀課者而定，觀課的中心內容隨觀課目的而定。觀課前首先要有明確的目的，進而確定出觀課重點。在觀課策略方面，一些觀課內容可由觀課教師和被觀課教師共同商定，觀課期間應圍繞中心做好觀課記錄，觀課後討論要針對課題和學生而不是被觀課教師，最後結論應由觀課雙方共同完成而不是由觀課者單方來作。學校應積極創造有利於觀課活動開展的氛圍，建設良好的觀課文化。

至於觀課的實施方式及注意事項，我整理陳大偉（2008）「走向有效的觀課議課」一文內容，說明如下：

（一）有效觀課議課從觀課準備開始

1、提前協商觀課主題：授課教師和觀課者在課前達成充分理解和信任，並形成共同的觀課議課主題。

---

* 桃園縣石門國中教務主任、桃園縣國民教育輔導團國民中學語文學習領域（國語文）輔導小組團員

2、讓授課教師先做觀課說明：一是介紹教學背景，以增進觀課者對課堂情況的了解。二是在議課主題下，介紹教學設想和教學活動，提示重點觀察的現象和時機。三是要介紹自己不同常規的教學創新，以避免參與者帶著約定俗成的觀念和想法來觀察和研究課堂。

（二）有效觀課要致力於發現課堂

1、觀課是用心靈感悟課堂：觀課的「觀」強調用多種感官（包括一定的觀察工具）收集課堂信息。

2、有效觀課需要主動思考：

（1）判斷和思考授課教師的教學行為是否收到了預期的效果，思考學生的學習效果與教師的教學行為之間有什麼樣的聯繫。

（2）需要思考「假如我來執教，我該怎麼處理？」這種思考使觀課者不做旁觀者，而是置身其中。

（3）觀課議課致力於建設合作互助的教師文化，在授課教師無私地提供了研究和討論課堂教學的案例和平台以後，觀課教師應該真誠地提供自己的經驗、表達自己的意見讓他人分享。

（三）有效議課致力於理解教學：

1、以平等對話為基礎：議課需要平等交流的基礎，讓參與者圍繞課堂上的教學信息進行對話交流，並探討教學實踐的種種可能性。

2、基於教學案例的討論：議課是對案例中的困惑和問題進行討論，並商議解決辦法。

3、致力於有效教學：強調把學生的學習活動和狀態作為觀課議課的焦點，以學的方式討論教的方式，以學的狀態討論教的狀態。

三、課室觀察

（一）上海國中國語文課：感性多元的臺灣老師V.S.理性邏輯的大陸老師

1、文本及授課教師

（1）文本：徐仁修〈油桐花編織的祕徑〉　　授課教師：臺灣：林孟君老師

（2）文本：赫爾曼．赫塞〈樹木〉　　授課教師：大陸：王燕萍老師

2、觀課分析

臺灣的林孟君老師所教授的文本為徐仁修的〈油桐花編織的祕徑〉，大陸的王老師所教授的文本為赫爾曼.赫塞〈樹木〉，整體而言，我的感受是臺灣老師展現出教學的感性多元，而大陸老師則為理性邏輯。茲將兩者比較如下表：

	臺灣：林孟君老師 **徐仁修〈油桐花編織的祕徑〉**	**大陸：王老師** **赫爾曼．赫塞〈樹木〉**
教材選文	文本內容屬「感性的遇合」	文本內容屬「理性的哲思」

	文句難度較低	文句難度較高
教學策略	多元創新，擅用資訊等媒材 焦點：學生是否被感動、有興趣	分析文句，抽絲剝繭 焦點：學生是否理解文意
特色	感性多元，令人回味	理性邏輯，思考再三
上海學生素質	表達能力佳，都能針對問題提出一套說詞，不管答案是否被老師肯定，沒有以「不知道」等模糊字眼回答。 態度：「冰冰」有禮（雖然有禮貌，但情感上較疏離） 音調：字正腔圓，朗讀能有抑揚頓挫	

（二）杭州國中國語文課：感性與理性互相激盪的絢爛

1、文本及授課教師

（1）文本：〈人間情分〉及〈瑞穗的靜夜〉　　授課教師：臺灣吳韻宇老師

（2）文本：張曉風的〈行道樹〉　　授課教師：大陸張英飛老師

2、觀課分析

原以為「臺灣國語文教學感性多元，大陸老師則為理性邏輯」的分野，就此定了調，沒想到在杭州卻見證了國語文教學在感性與理性互相激盪所迸發出的絢爛火花，並見識了大陸特級教師、教研員們評課的功力。

臺灣吳韻宇老師說明〈人間情分〉及〈瑞穗的靜夜〉的授課架構與重點，主要是運用「比較閱讀的教學法」，讓學生學習體會文意的「重要轉折點」。韻宇老師先以「人間情分」的第一段來示範，並引導學生理解「影印店女店員的出現」是文本的「重要轉折點」。然後，再請學生找出「瑞穗的靜夜」的「重要轉折點」——露營遇雨、旅館老闆的制止喧鬧、迴廊靜坐、想離開卻又留下。

精采的是，除此「理性的分析」，更引導學生體會作者心情的變化軸線，並分享老師個人對文本獨到的解讀，即「作者面對雨夜美景而『失措張望』後，為何『想離開』？為何『又留下來』？」韻宇老師連結作者被旅館老闆的制止玩鬧的「不甘心」，導引學生思考是否為青少年的「輕狂的堅持」，即使知道「靜夜」的美，卻不想承認自己和伙伴「喧嘩的錯誤」，這是感性語文教學的推展。

大陸張英飛老師是位特級教師，她所教授的課程是臺灣作家張曉風的〈行道樹〉一文。雖是臺灣作家的作品，但她靈活運用各種教學法，引領學生從不同的角度體會行道樹的心路歷程，若針對「理性與感性」兩個面向，不只做到了「兼備」，更是出神入化的「融合」，讓身為國文老師的我，現場也不禁跟著她的教學，化身為一棵「行道樹」。茲將張老師的教學特色，說明如下：

（1）結構完整，節奏有序

從一開始的「引起動機」，若學生化身為一棵「行道樹」，是要選擇在「森林裡？公園裡？馬路邊？」而結尾時，亦讓學生想想，讀完本文後，與先前的選擇是否有不同，頭尾呼應，結構完整。運用朗讀、提問、詮釋、推論等方式，進行句段及篇章的理解，時間掌控得宜，節奏有序。

（2）多元思考，體會情意

張老師不斷地運用各種不同的角度，讓學生從不同的立場去思考，並體會當下的感受。例如：一開始「引起動機」的三項選擇、從文本的第一段思考同伴和行道樹的立場、請同學用詩的語言寫一寫「行道樹眼中的城市人生活」、請同學評一評「同伴的生活、行道樹的生活、城市人的生活」等，讓學生體會「行道樹的追求」，即行道樹對自己的評價—神聖事業的自我期許。

更令我推崇的是，過程中，只要開放式的問題，張老師沒有要學生做所謂「正確答案」的回應，只是不斷地協助學生釐清思緒與用詞，提問的方式，真正做到依學生本身的回饋，再進一步追問，抽絲剝繭，讓學生在理解之餘，真正能感受自身的思想與情懷。

（三）寧波國中自然課：活潑創新的臺灣老師 V.S. 理性邏輯的大陸老師

臺灣的鄭安住老師所教授的單元為〈當科學遇上魔術〉，大陸老師所教授的單元為〈生物的遺傳〉。大陸老師的課堂結構完整，能引導學生學習本單元的學習重點，而安住老師的科學魔術，則是活化了課堂的學習氣氛，才短短一堂課的時間，已緊緊抓住學生的心，並感受得到學生不再視科學為討論的課程，成功引發學生的學習興趣，學生視之為偶像，連現場的老師都為之傾倒。茲將兩者的教學比較如下表：

	臺灣的鄭安住老師 〈當科學遇上魔術〉	**大陸老師 〈生物的遺傳〉**
科學素養： 觀察力 判斷力 操作力	運用數十個科學遊戲，培養學生的觀察力、判斷力、操作力。	找出親代和子代的差異、找出規律等來，培養學生的觀察力、判斷力、操作力。
教學策略	教具教材齊備，用心準備 豐富多元、操作純熟 結合科學概念，隨機教育	配對活動，引發學習動機 能適時將教學重點呈現在黑板 運用提問、教具等
師生互動	教師唱作俱佳 學生反應熱烈	教師闡述清晰 學生跟著學習
教學特色	活潑創新 學生學習興趣高昂	理性邏輯 學生理解概念

四、省思與結語

有效觀課需要主動判斷和思考授課教師的教學行為是否收到了預期的效果，思考學生的學習效果與教師的教學行為之間有什麼樣的聯繫。也必須進一步思考「假如我來執教，我該怎麼處理？」因為與臺灣的孟君老師及韻宇老師有較多互相研討的時間，所以，在〈油桐花編織的祕徑〉及〈瑞穗的靜夜〉兩篇章的閱讀理解上，逐漸聚焦在「秘」及「靜」上，我能更深入地探尋文本中作者如何闡釋「祕」及「靜」。解讀文本，若能透過觀課，更可享受「見山是山、見山不是山、見山又是山」的豐富歷程，而〈行道樹〉一文，大陸張英飛老師的教學方式，則是我學習的典範。

「觀課」的概念，讓我體會唯有打開教室，敞開心胸，讓老師們共處在教學的實境，一起發現教學的盲點，才能共同突破教學的瓶頸，激發教學與學習的火花。然而，大陸教師人手一本「觀課紀錄表」，每年有固定的觀課堂數，並必須紀錄、省思。特級教師、教研員們評課的功力佳，臺灣的觀課評課，不管是在技術上和互評的氛圍上，卻是有待進一步訓練和努力。

兩岸在教學的硬體設備上，大致相同，而以參訪的這幾間實驗學校而言，臺灣甚至略遜一籌。這次活動中，上海崔教授在比較兩岸狀況時，他以鞋為喻，說「大陸正由布鞋走向皮鞋，競爭激烈；而臺灣則是正由皮鞋走向布鞋，講究輕鬆」。但，多位老師擔心臺灣再繼續「輕鬆」，日後如何與對岸競爭？「臺灣教學感性多元，大陸老師則為理性邏輯」的分野，仍是我這次參訪的整體感受，因臺灣人已習慣民主自由，所以思想及行為比較不會僵化，老師及學生都較有創意。然而，大陸學生在課堂的專注及回應表現的優秀，令人激賞。所以。我想，不管是布鞋或皮鞋、感性或理性，提升教師對教學的熱誠及學生學習的動力，都是當今教育的重點。

參考文獻

邵光華、王建磐（2003）。教師專業發展取向的觀課活動。教育研究。24（9），26－31。

陳大偉（2008）。走向有效的觀課議課。人民教育研究論文。

陳榮全（2006）。運用同儕觀課，促進教師專業成長。取自 163.20.46.3/html/master/data/3-2.doc。

2012 兩岸中央教師學術交流
——從觀課、評課談教學理念與實踐

董惠萍*

一、前言

在臺北教育大學華語文中心孫劍秋老師的安排下，終於促成了這次首開先例的兩岸交流機會——「海峽兩岸特級教師課程與教學專業對話」。在三天的課程交流行程當中分別拜訪了上海建青實驗學校、杭州保俶塔實驗學校、寧波新城實驗學校，最後並參訪了寧波行知實驗小學。

此次互動，主要是探究課室現場的課程與教學，雙方教師就各自所準備的教材教法，進行實地教學演示，提供兩岸教師群相互切磋與觀摩的機會，之後再依各組進行觀課後的深度對談，透過實際教學層面做互動和交流，期望能激盪出更多的教學創意火花，以利於日後精進研發教材教法與輔導策略，做爲國內現場教師有效的教學支援系統。

筆者很榮幸的參與此次的「海峽兩岸特級教師課程與教學專業交流」行程，從兩岸授課教師的身上，省思自己在教學上的盲點，進而思考國內教育的現況，觀看未來十二年一貫的教育改革計畫。以下就觀課三日的歷程：上海六年級的化學課、杭州四年級英語課、寧波四年級國語課，提出個人對於教學理念與實踐上的一些淺見，也算是對現場默默付出的教師群，給予一點的回饋與感謝之意。

二、上海建清實驗小學

（一）教學內容與大綱

第一站：上海建清實驗小學~六年級學生（化學課）		
場次	台灣場	上海場
教學者	鄭老師	初任教師(一年)
主題	當科學遇上魔術	燃燒
教學內容與大	1. 以簡報談科學中的美感與樂趣。其中強調：經過調查，台灣國中生不喜歡的科目，化學高居第二名，問題是因為沒有引發學習興趣。 2. 短片:小提琴演奏 3. 實作課程	1. 影片:山東失火的案例 教師希望透過失火案例引發學生對燃燒與不可燃燒的好奇與關注。 2. 接著老師以實物投影機操作:可燃與不可燃的實驗，老師燃燒數種素材，讓學生看哪些是可燒的物質，

* 教育部生活課程與教學輔導諮詢團隊組長

綱	轉軸概念：橡皮筋的變化 數學二進位法：猜姓氏的遊戲 重心：紙條催眠、紙幣上的銅板 摩擦力：塑膠杯快速剝蒜法、神奇跳豆、筆捲長紙條、吸管遊戲…等。 教師帶學生玩的同時，一邊帶入概念。	哪些是不可燒的物質。 3. 老師拿燒杯蓋住火，告知因為沒有氧氣所以無法燃燒。(讓學生實驗) 4. 紙盒裝水燃燒：為何紙盒不會燃燒？ 5. 告知燃燒條件。 6. 滅火的方法？ 7. 造成火災的原因？ 8. 如何使用滅火器？介紹滅火器的使用。

（二）教學說明

來自台灣的鄭老師利用魔術結合科學的原理，和學生玩了一堂實作課程，教學者認爲興趣是最好的引導教師，因此爲要喚起學生對化學課程的學習動機，所以設計許多科學小遊戲，希望藉由魔術和科學的碰撞，而能產生學習的興趣火花。

上海場的教師以實物投影機操作，主要是依著幾個教學重點：「認識燃燒的條件」，透過實物投影機操作燃燒實驗，發現燃燒三個主要條件：1.必須要有可燃物 2.要有助燃物(氧氣)3.需要達到燃點。反之，滅火方法： 1.取走可燃物 2.切斷助燃物(氧氣) 3.降低溫度的燃點。

（三）評析

1、學習要有動機

鄭老師在分享學習化學的觀念中談到：「興趣是最好的老師」、「科學在心中，魔術在手中」。往往現場老師總是會很努力、很認真的想要在短短一堂課程當中，馬上讓學生建立重要的知識和概念，所以不斷的講說，卻忘了學生是否有想要學習的意願。所以程度好又認真好學的學生拼命的記重點，中段級的學生只能聽一半，懂一半，一半隨風而逝，其餘跟不上的那群孩子，只能枯坐著盼啊！盼著下課。無聊！只好玩身邊的物品，累了！就睡著了，往往導致最後的狀況就是，學生上課好「無聊」，老師上課好「無奈」，雙方就以「二無」收場。

Bruner 在有關教學的應用上，提出了四個原則，其中第一個原則就是動機原則(principle of motivation)，兒童必須先喜歡學習，願意學習，而後教學才會有效果。另外 Bruner 也提出發現教學法，希望引發學生的好奇心，從好奇心中引發學習的動機，學習的過程才會有興趣，有興趣的課題中方可培養解決問題的能力，但過程中老師必需清楚的看見孩子的問題在哪裡？抓到孩子學習的契機點，給予孩子不斷想學習的動力，那份**「源動力」**才是真正讓孩子沉浸學習的力量。

鄭老師這一堂「當科學遇上魔術」課程，讓孩子沉浸在一次又一次的挑戰氣氛當中，那份「好奇心」、以及想要「突破」的力量，正是孩子學習的**「源動力」**。孩子具體呈現出來的表現是：我還要再試一次！我成功了耶!我不想下課，我還要嘗試！想想如果孩子上所有的課程都用這種精神來學習，我們怎麼會擔心孩子不願意學習，更不用擔心孩子學不會，所以我們如何幫助孩子找到課堂中學習的**「源動力」**？這就是我們得共同深思和需要提升教師專業成長，更是當前重要的課題。

2、給予學生真實情境的直接經驗

這兩堂課程的共通點，都是老師想給孩子真實情境的直接經驗，他們都深知科學知識的範疇，如果不透過實際的經驗，就如隔靴搔癢，只能在表面摸索無法達到目標。而兩人的差別是在鄭老師拿出了大部分的時間讓孩子動手玩科學。而上海的初任教師因爲擔心學生秩序掌控問題，所以只有一小部分簡單的實驗給學生操作。因此鄭老師的課上完之後，學生欲罷不能，想玩、想學的情緒跟著帶到下一節課，下一節課的新手老師因爲給孩子探究的動機和動手實驗的機會不足，所以部分的孩子的焦點還停留在上一節的科學實驗。

談到經驗，就得搬出教育大師杜威，杜氏認爲「經驗的根本形式就是實驗，同時導向於未來」。杜威的進步主義，希望取代與生活經驗脫節的傳統教育，主張從經驗中學習，反對教科書和教師傳統講述的方式學習，並提出「做中學」的理論，認爲經驗自身並不就是價值的所在；經驗的可貴，乃在於能夠替吾人解決生活上的實際問題。

杜威大師提出這些理論距離現今超過一百年了，爲何還是有許許多多的老師跳不出傳統講述的框架，更是奉教科書爲教學唯一的圭臬？那是因爲我們習慣背著傳統的包袱，總是不知什麼是該守著的？什麼是該去蛻變的？一代傳一代的師徒模式，變成一種最適應的方式。也許我們不否認傳統教學也有存在的優點，因爲我們都是這樣長大的，我也很不錯啊!還有某某人就在這樣的教育下，也得到非常優秀的成就。但是，我們必須正視的是，現在新一代的孩子面臨的是，知識經濟時代蓬勃的時期，不管是反應力、創造力、思考邏輯、資訊處理的能力……等，都跑在我們的前方。如果，我們只是墨守成規，最後抹煞掉的是學生潛在的天賦以及未來的學習成就。唯有讓學生做中學，從親自實驗、體驗當中，去看見問題，發現問題，透過一次次解決問題的過程，最後真正的去了解問題，內化自己原有的認知，進而產生新的知識結構，才能讓學生遨遊在無涯的學習天地。

3、善用合作學習模式

另外，這兩堂課程都有些孩子無法被老師關心照顧到，因爲目前大陸每個班級的人數仍然很多，在接近五十人的教室中，老師如何可以兼顧教學又能給予孩子直接經驗的機會？例如：第一節課，當老師讓孩子玩了許許多多有趣的科學遊戲，有些孩子就是無法跟上腳步，也許他還停留在某一個環節，無法被解決，但是老師必須依著多數孩子的程度繼續前進。第二節課的新手老師，也很想讓孩子親手做完全部的實驗步驟，但是他擔心無法處理學生的學習狀況，更害怕無法掌控班級秩序，所以他只好選擇最安全卻是最無效的教學模式。此時如何運用合作學習模式的教學策略就很重要。

合作學習：是教師運用小組合作模式，鼓勵學生彼此協助、相互支持，因而提高個人的學習成效，也達到教師教學的共同目標。在合作學習過程當中，每個學生不但要對自己的學習負責，也必須對同小組的夥伴負責，期望自己好，他人也要好。如果課室裡，每個小組都能有自我學習和自我監控的能力，那老師的教學成效必定事半功倍。

三、杭州保俶塔實驗學校

（一）教學內容與大綱

<table>
<tr><th colspan="3">第二站：杭州保俶塔實驗學校~四年級學生（英語課）</th></tr>
<tr><td>場次</td><td>台灣場</td><td>杭州場</td></tr>
<tr><td>教學者</td><td>蘇老師</td><td>阮老師</td></tr>
<tr><td>主題</td><td>What' s he wearing Today ？</td><td>It' s Warm Today</td></tr>
<tr><td>教學內容與大綱</td><td>一、句型
He is a boy.
What is he wearing today？
He is wearing a （ ）.
He is wearing a （ ）and（ ）.

She is a girl.
What is she wearing.
She is wearing her dress.

二、圖卡(省略)配字卡(如下)
<table><tr><td>skirt</td><td>jocke</td><td>T-shirt</td><td>pants</td></tr></table><table><tr><td>jeans</td><td>shoes</td><td>socks</td><td>dress</td></tr></table>①圖卡和字卡配對
②老師隨意唸單字卡，學生以手勢表示對或錯。</td><td>1.熱身：英文歌謠帶動唱
2.教師使用電子白板：
①呈現中國大陸的地圖，標示出幾個省份的氣溫，何地？溫度？
②告知學生
10℃ 是 cold
11℃~12℃ 是 cool
21℃~30℃ 是 warm

③呈現當地杭州的地圖 24℃
It' s （ ） in 杭州？
It' s Warm.
I can wear my （ ）？
I can wear my （ ）with（ ）？
Can I wear my sweater？

④呈現台北圖片（配合台灣觀課者）
台北－中正紀念堂、故宮博物院、台北 101 大樓、士林夜市
呈現台灣地圖：</td></tr>
</table>

	③所有單字卡背轉，老師唸句子 What are you wearing today？ 學生猜測字單字卡並以句子回答 I am wearing （ ）. 三、單字小卡片遊戲 ①單字卡複習 ②兩人對話、全班互動對話 What are you wearing today？ I am wearing （ ）. 四、作業單練習	討論台灣各地天氣，並以屏東32℃為例： It’s （cold/cool/warm/hot）？ It’s hot can I wear（ ）. It’s hot can I eat（ ）. It’s hot can I drink（ ）. Yes, you can. / No, you can’t. 3.全班兩兩對話、兩人上台表演對話。 4.影片互動對話、課文填空唸誦 5.交代回家習寫作業練習

（二）教學說明

杭州的阮老師在這堂課程中，充分的使用電子白板做教學，並且透過「氣溫」爲主題，巧妙的認識大陸幾個地方的氣候，以及符應台灣來的訪客認識台灣，進而打開學生跨國際的視野，豐富的素材讓課程之間更具有互動性，教學過程也非常流暢，可以看出阮老師的用心和教學的功力。

蘇老師因爲環境的因素，完全拋開資訊的應用，呈現的是一位教師教學的原型，清清楚楚、明明白白的教學目標，一步一步紮實的運用圖卡、生字卡引導學生。到了後半段的課程使用訪問對話模式，把學生帶入自然生活化的情境當中，溫婉從容的步調又是一種不同的教學風格。

（三）評析

資訊融入與教學原型

這兩位老師所呈現的剛好是兩種不同典型的教學模式，「資訊融入」與「教學原型」。此次杭州的阮老師其實爲我們做了一場很不錯的資訊融入教學典範，但是如何在教學上正確的、有效的使用資訊媒體？是值得我們進一步去深思和探究的議題。

此次大陸行，發現大陸重點地區和台灣一樣，都在積極的在推動資訊化教學，政府投注了大筆的經費投資資訊教育，使都市地區班班有單槍，甚至有的中心學校班班有電子白板。然而這樣的政策是否提高了教師有效的教學？提高了學生有效的學習？我們常看到許多學校的教室燈光幽暗，老師幾乎整節課都在使用電子媒體，似乎老師的教學功力只需要一根手指按下PLAY按鍵，所有的教材教法抵不過一片廠商附送的教學光碟。

資訊媒體絕對不是原兇，甚至可以輔助現場教學搆不到的高度。問題是教學者在課程當中把資訊媒體擺在什麼樣的位置？在教學的過程中扮演的角色是什麼？

曾聽一位教授分享他到日本觀摩的經驗，他走過四所學校有國中有高中，都是三十五班到四十五班級數的學校，每班人數約三十七到四十人。特別的是，在這麼多的班級當中，只有一個高二的班級使用電腦，上的課程是解剖的實驗。教授好奇的問教學長爲何日本的老師不大量使用資訊媒體？教學長笑笑回答：「沒錢」。眾人皆知日本是高科技國家，難道日本窮到讓班級買不起資訊設備嗎？事實上是日本在教育的觀點上非常重視學生的「興趣、熱情、學習態度」，甚至是學生學習首要的評量基準，他們深知當學生失去了這種學習的精神，剩下的就不是那麼重要了！而我們希望資訊媒體帶給孩子的是什麼樣的遠景?

資訊媒體在教室的使用時間應該是短而精，像一鍋好湯的調味料，像畫龍點睛般的神來一筆，幫助老師和學生打開看不到的視野。但是主要的時間應該是老師和學生的互動對話，學習內容的探究，真實情境的體驗，真切有溫度的感動和學習才是我們要的教與學。

四、寧波~新城實驗學校

（一）教學內容與大綱

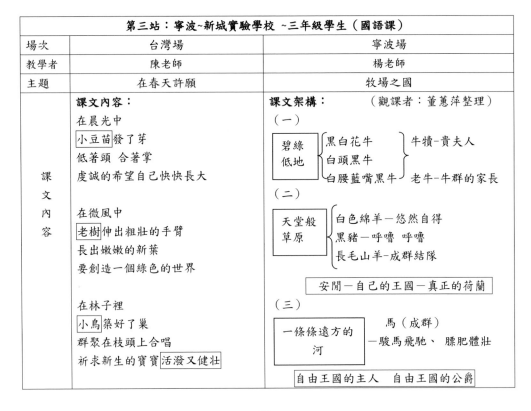

第三站：寧波~新城實驗學校 ~三年級學生（國語課）		
場次	台灣場	寧波場
教學者	陳老師	楊老師
主題	在春天許願	牧場之國
課文內容	**課文內容：** 在晨光中 小豆苗發了芽 低著頭 合著掌 虔誠的希望自己快快長大 在微風中 老樹伸出粗壯的手臂 長出嫩嫩的新葉 要創造一個綠色的世界 在林子裡 小鳥築好了巢 群聚在枝頭上合唱 祈求新生的寶寶活潑又健壯	**課文架構：** （觀課者：董蕙萍整理） （一） 碧綠低地：黑白花牛、白頭黑牛、白腰藍嘴黑牛 — 牛犢-貴夫人；老牛-牛群的家長 （二） 天堂般草原：白色綿羊－悠然自得；黑豬－呼嚕 呼嚕；長毛山羊-成群結隊 安閒－自己的王國－真正的荷蘭 （三） 一條條遠方的河：馬（成群）－駿馬飛馳、 膘肥體壯 自由王國的主人 自由王國的公爵

<table>
<tr>
<td></td>
<td>在陽光下
杜鵑花滿天邊
開得多麼鮮豔
要把大地彩繪的亮麗耀眼

燦爛的春光
照亮我的心房
我張開夢想的翅膀
願新的一年有更高更遠的飛翔</td>
<td>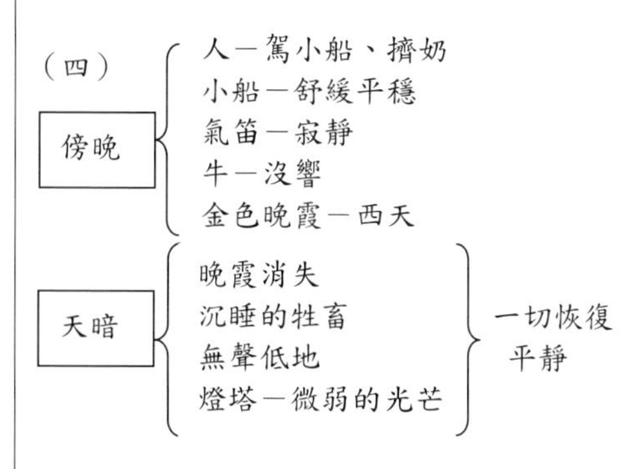
</td>
</tr>
<tr>
<td colspan="3">教學內容與大綱</td>
</tr>
<tr>
<td colspan="2">1. 老師秀出圖片和標題：在春天許願
T：猜猜看這大概是在幾月？
S：三、四月(因為是在春天)
2. T：春天聯想到？
S：放風箏、迎春花、(老師請學生使用完整的句子回答)河邊一排排剛發芽的柳樹、遠方飛過來的候鳥…。
3. 請學生用自己的速度輕聲朗讀課文，遇到不會的字或詞請圈起來。
4. T：這是什麼樣的文體？　S：詩歌。
T：有幾段？　S：有五段。
5. T：你們在讀的時候遇到什麼困難？
S：虔誠、祈求、群聚
(接下來師生就這幾個詞做討論)
6. 老師引第一、二段和學生的比較和討論
小豆苗：年紀小、聲音細且輕快
老樹：年紀大、聲音沉穩而且粗、慢
T：綠色的世界？創造一片綠色世界
所以念創造的時候要有出來的感覺。
7. 老師引第三、四段請學生彼此互動仿照前兩段比較小鳥和杜鵑兩個詞的不同。
小鳥：自由、語調輕快
杜鵑：沉穩(不比老樹老)、響亮、鮮豔
8. 找找和春天有關的東西？小豆苗、樹…
9. 老師秀的心智圖，整理一到四段課文架構</td>
<td>1. 自我介紹：以柳樹為印象
2. 圖片介紹：
日月潭、西沙群島、小西安嶺
鬱金香－荷蘭－牧場之國（引出課文）
3. 請學生用自己的速度閱讀課文。
①先看閱讀提示
②有感情的朗讀
③用自己的方式圈畫
4. 哪一句我很喜歡？可以體現真正的荷蘭？
請學生互相交流，寫下最喜歡的兩句。
（此時老師將學生先前寫好的句子貼在黑板上，綠色草原、駿馬飛馳、牲畜沉睡、膘肥體壯）
螢幕也秀出幾個文中的句子：
儀態端莊、無比尊嚴、膘肥體壯、
悠然自得、成千上萬、成群結隊
5. 提問：鄉下人家的田園生活令人嚮往，「牧場之國」那裡的田園景色是怎樣的？
（學生一邊回答，老師一邊從螢幕秀出課文中事先標示好紅線的答案。）
老師：這就是真正的荷蘭
6. T：到了傍晚的景色是怎樣的？
S：很安靜
狗不叫、無聲、默默無言
7. 寫作練習</td>
</tr>
</table>

①晨光－活力希望、一天的開始、生命力 ②虔誠－為何低著頭？希望快快長大？ ③手臂、新葉（外形?） ④活潑又健壯、亮麗耀眼(陽光、滿天邊) 這些都在展現生命力 10. 引最後一段，談各段主角位置的高低 11. 全班一起念誦最後一段	A：這就是真正的荷蘭＿＿＿＿＿＿＿＿。 B＿＿＿＿＿＿＿＿＿＿＿＿＿＿＿＿ ＿＿＿＿＿＿＿＿這就是真正的荷蘭。 8. 寫好以後自己讀，再讀給別人聽。

（二）教學說明

阮老師注重孩子朗讀去呈現課文的意境，以很好教學技巧指導學生認識課文。

陳老師從詞句引出議題，給學生許多的時間表達自己的想法，進而認識課文意旨。

（三）評析

1、以學生學習爲主體的角度去思考

兩位老師都非常的用心指導學生去認識課文的詞、句以及課文的意境。展現出來的教學功力真是令人讚嘆！這是無庸置疑的，但是觀摩教學能呈現出來的畢竟只有一節課程的主題大綱和有限的素材。觀課後，我們是否可以再進一步去想想，除了在老師固定安排的規則、技巧與練習之外，我們是否還可以以學生學習主體性的角度，做更高層次的思考？

作者爲何會寫這篇文章，他的想法是？作者想要強調的是什麼？而做爲讀者的我，我的想法和他一樣嗎？哪裡一樣？哪裡不一樣？作者認爲的美、認爲生命力的展現，我是否認同？我的理由是…？如果我是作者我會如何表現？全班這麼多的讀者，誰的想法和我類似？誰的想法和我截然不同，他的想法是？誰的想法很不錯，我也很喜歡？我們是否曾經讀過類似的文章，他是如何表現的？我們是否也可以來讀讀類似的文章？以上種種問題的核心是否掌握到了？

每位老師都具有課堂教學的能力，當教學有了一段的經歷之後，我們很容易掉入自己的習慣框架當中，教室就是我的王國，我就是教室的國王，這時教學模式就被定型了。如果我們不去引發這樣的互動和討論，身爲教師的我們，很容易會把自己某些的錯誤訊息或個人價値觀的意見和假設變成事實灌輸給孩子，那種隱藏的置入性知識是很危險的。教學相長，也許我們會從孩子身上發現不一樣的觀點，看見自己的盲點，接著我們可以以更高的視野帶著孩子飛往更高遠的境界。

2、從文本與課文的角度談「具象化」閱讀策略

兩位老師取材雖然一篇是記敘文，另外一首是詩，但是共同點都是，都在描

述和大自然有關的事物和景色。寧波的楊老師在「牧場之國」帶學生朗讀、找關鍵句、找課文重點，就是爲了要看到「真正的荷蘭」，「真正的荷蘭」意義，就是透過闡述牧場之美來表述荷蘭的美，而牧場的美在哪？作者透過豐富的景物做了生動的文字描述，來傳達美的意境。

再看台灣的陳老師，不斷的在比較「小豆苗」與「老樹」、「小鳥」與「杜鵑」之間的關係，虔誠的希望自己快快長大、要創造一個綠色的世界、祈求新生的寶寶活潑又健壯、要把大地彩繪的亮麗耀眼、願新的一年有更高更遠的飛翔，所要引出的就是孩子對「生命力」的感受。感佩兩位老師都能夠試著想達到課文的要旨，作者的精神，所以我就教科書和文本的不同與如何深入文本的策略來作進一步的思考。

往往我們總是希望孩子考出好的成績，所以不斷的給孩子很多的字詞解釋，我也曾看過國文老師要求學生一字不漏的寫出解釋名詞，所以教科書裡的課文似乎變成硬梆梆、冷冰冰的考試工具書。但是想想當我們走過了學生的角色，我們還需要教科書嗎？但是，我們還是需要閱讀，難道我們還要帶著教科書模式在閱讀嗎？不過我想這時我們對閱讀的興致應該已被教科書巨大陰影抹煞掉大半了！所以我認爲我們應該從小就用文本的概念來學習每一篇課文，那是有情感的，有溫度的，是作者和讀者可以心靈交會的閱讀模式。

這裡我想引用，Perry Nodelman 的著作：閱讀兒童文學的樂趣一書中所談到的概念**「具象化」**的閱讀策略：我們閱讀文本時，文字通常描寫人或物看起來、聽起來、聞起來如何如何。我們藉著形成心像－也就是按照文本的文字所允許的去「想像」描寫了什麼－可以豐富我們的經驗，並增加我們的理解，這是讀者反應理論者所稱「具象化」的歷程。

所以我們也可以利用這兩篇文章來作練習，例：牛犢的模樣像貴夫人，儀態端莊。白色的綿羊，在天堂般的綠色草原上，悠然自得。小豆苗發了芽，低著頭，合著掌，虔誠的希望自己快快長大。我們除了讀、寫，可以帶有一些想像。

Perry Nodelman 說明這樣「具象化的閱讀策略」所帶來的三重樂趣：

（1）具有創作性行爲的樂趣－文字轉化爲圖像、聲音，在我們內心活現的歷程。

（2）具有我們想像畫面的樂趣－可以讓文本和畫面結合，具象化畫面與插畫的結合。

（3）具有探討我們所具象化東西的樂趣－找到我們自己的語彙來形容，思考我們自己閱讀的本質。

我們常常會被抽象的文字綁死，忘了文字裡面還有景物、聲音和味道，少了這些就少了許多閱讀的樂趣，也無法讓我們理解我們所閱讀的文本微妙豐富性，除了樂趣之外，具象化策略也幫助我們連貫文本的重要性，Perry Nodelman 在書中也引了伊塞（Wolfgang lser）提到角色描寫時說：「我們的心像……使角色活現，讓角色不再是客體，而是意義的承載者……。」想像力是孩子與生俱來的天性，在他們還具有這樣能力的時候我們應該善加利用，利用他們的優勢進入閱讀的世界，讓他們真正的享受閱讀的樂趣。

五、結論

最後很高興能有這樣的機會來此開眼界，透過這麼多的兩岸優質教師來成就自己、提升自己，觀課和評課的交流目的不在於誰好？誰不好？誰對？誰錯？而在於省思有哪些教學與理念是我們遺忘塵封許久的？有哪些是值得參考的策略？什麼是我可以再去思考提策的？如何去實踐屬於自己的課堂成果？透過教師現場教學觀摩以及評課專家，各位夥伴們的專題報告、研討，增進彼此的教師專業能力，希望我們國內外的教育素質都能提高，進而造福千萬學子。

面對新時代全球競爭力的來臨，我們的孩子天資聰穎，先決條件絕對不亞於他國，但是我們給孩子釋放能量的機會夠不夠，我們給孩子的舞台在哪裡？夠不夠大？教育的鑰匙

掌握在每一個老師的手上，身為現場教師、地方輔導員，中央輔導諮詢教師的我，忽然感覺有一份神聖的使命，有這樣的機會可以自我充實，再把自己的受用和專業分享給他人，

實在必須好好珍惜，也希望自己盡一份小蝦米立大功的心力，以滴水能聚成海的毅力，為兩岸教育水平提升盡綿薄之力。

看到對岸對教育改革的熱衷，由上到下、由下到上的組織緊密，想想國內的教育也即將組織重建，雖然我們也不希望教育組織如軍事化，令人喘不過氣，但是卻可以期待如何提高國內的教育品質？如何健立整個國家的教育方向，接著如何由上往下，使中央到地方，地方到學校的三級輔導體系架構完善，如何由下往上，教師專業發展，教師社群發展落實，把現場的問題透過三級輔導體系組織系統再往上拉到最上層，構成一個良善的教育巡迴網絡，課程與教學是主動脈，主幹架構好了，次重要的動脈就可以一一的銜接進來，最後建立一個完整的真善美環境。雖然想像總是美好，但是教育總是令人期待，因為一個國家成也教育、敗也教育，國家未來的棟樑可是要扛起頂天立地的大責，如何繼往開來，都是現階段必須為教育努力的當務之急。

參考文獻

1. 教育名詞解釋：杜威(經驗論、做中學)、布魯納(動機原則)、合作學習模式－網路維基百科。
2. Perry Nodelman－閱讀兒童文學的樂趣。

我行我思・育菁莪
——以教師專業學習社群概念打造教育專業團隊

林淑芳*

一、我行我思記緣起

筆者有幸於今年（101 年）4 月 21 至 26 日參加由臺北教育大學華語文中心孫劍秋主任所召集的海峽兩岸課程與教學深化參訪團隊，前往上海、杭州與寧波等地參訪觀摩，擷取大陸教師教學精華並擔任觀課、評課工作。二十多人的教師團隊以教育部中央團教師爲主，再依教學觀摩場次分組，「教師專業學習社群」的團隊概念隱然成形。

筆者初次前往大陸，面對大陸的英語文、科學與國語文教學有極大的震撼，在振筆疾書之際，眼觀四面、耳聽八方，在多方兼顧之下，完成任務，亦以教師社群的概念引導，詳實紀錄這一趟兩岸教師的精彩教學，並爲本次大陸參訪記錄完美的感動。

二、教師專業學習社群核心內涵

「教師專業學習社群」定義莫衷一是，但依據盧梅君（2010）、林瑞昌（2006）分析，教師專業學習社群之核心內涵整理簡述如下：

（一）社會建構主義理論

社會建構主義（social constructivism）主張個體經由與他人互動而主動建構知識的團體，都可以稱爲學習社群。在此社群中，具有各知識領域的專精者，可以適時提供關鍵性的指導，藉此鷹架以促使社群成員達成更具超越性的發展。

（二）專業的對話

專業學習社群因爲成員的性別、族群、工作角色、學習經驗等的差異，會呈現具有不同觀點的多元樣貌，藉由平等、反省的專業對話，足以激發成員多面向的思考，突破盲點，拓展視野，從不斷省思探究的過程中，重新建構自己的知識。

（三）情境中共同學習

簡單來說，專業學習社群就是一群人對所屬的組織或團體，有共同的價值與

* 高雄市瑞祥國小教師、高雄市國教輔導團語文領域國語文組專任輔導員

歸屬認同感，透過平等對話與分享討論的學習方式，以提升專業知能，促進組織目標的達成。

（四）協同行動研究

行動研究是經由研究者個人進入自己實務工作單位而進行之研究，是一種局內人的研究（insider research），甚者，行動研究更強調成員間彼此的協同（collaboration）來進行研究（Oja & Smulyan, 1989），透過協同行動的合作與分享，進而增進專業知識之累積、遷移、應用與創新。

（五）公開的檢視

對於教師專業工作的執行成效，能夠進行公開的資料與成果檢視，以追求更好的績效表現爲依歸，提升學生學習成效。

爰引臺北教育大學100學年度海峽兩岸課程與教學深化參訪計畫，希冀透過與對岸學術交流，達成以下目標：

1、針對兩岸各學習領域及議題進行課程與教學規劃與實施、教師專業進修成長、教學方式及活動規劃、教材與教學方法之現況及進行實地教學觀摩，並探討、分析、比較兩地教學方法之優缺點，期能透過教育層面的交流，展開未來兩岸教育事務合作的積極願景。

2、將兩岸所面臨之教育問題與其因應之策略進行專業對話，以促進海峽兩岸教育實務之瞭解及交流，增進彼此進一步認識，進而結合或統籌所屬學習領域及議題輔導資源，成爲支援國內教師教學及專業發展之有效系統。

3、提供各領域優質教師相互切磋觀摩機會，激盪出更多元創意的火花，藉以提升合作情誼，強化夥伴關係，以利日後發展優質輔導策略，進而協助各縣市日後持續推動教育交流事務。蒐集大陸教育最新文史資料，建立資料庫，以截長補短，策勵精進。

「教師專業學習社群」既然是指一群志同道合的教育工作者所組成，持有共同的信念、願景或目標，爲致力於促進學生學習成效而努力，並以合作方式共同進行學科探究和問題解決，再據以上參訪目標，正是爲教師專業學習社群打造出教育專業團隊之最佳註腳。

三、課程與教學觀課紀錄

本次課程與教學活動安排，4月23日於上海建青實驗學校，4月24日於杭州保俶塔實驗學校，4月25日於寧波新城實驗學校，由於三所學校皆爲該地實驗型學校，教育資源挹注甚多，校園設施與教學設備完善，教師在班級經營與師生互動上均有可供學習之處。

（一）課堂教學分配

因應教師專業學習社群的概念，參訪團隊分組進行觀課、評課與對談，筆者分別進入以下課堂：

日期/星期別	學校	科目	授課者
4月23日/星期一	上海 建青實驗學校	三年級英語	王春燕老師 蘇淑英老師
4月24日/星期二	杭州 保俶塔實驗學校	九年級科學	錢宇賢老師 鄭安住老師
4月25日/星期三	寧波 新城實驗學校	八年級國語	劉飛耀老師 吳韻宇老師

觀課結束後，筆者與教學者、同儕觀課者進行意見交流，旨在提供兩岸教學模式、班級經營與師生互動之切磋觀摩，並無孰是孰非之論證與答辯，只為落實教師專業學習社群之相互支持、合作、強調專業導向的特性，以反省、分享等方式進行專業對話，促成團隊及個人專業的再精進。

（二）課程與教學課室觀察紀錄

教師如何將學科知識有效傳遞給學生，提升學生學習成效，涉及教學實務的不斷精進，包括課程設計、教學策略、班級經營、學習評量與教學科技的融入……等核心能力(教育部，2009)，換言之，以上所列之核心能力，可謂為教學基本功，亦是筆者進入課室觀察的重點。

茲就4月23日~4月25日所進行的課程與教學課室觀察分列如下，為使課室觀察更具全面性，課室觀察紀錄表內所使用之「指標與參考檢核重點」引自「規劃高級中等以下學校教師專業發展評鑑規準之研究」(曾憲政、張新仁、張德銳、許玉齡、馮莉雅、陳順和、劉秀慧，2007)。

101 年 4 月 23 日(星期一)課程與教學課室觀察表
教師姓名：蘇淑英老師(臺灣)、王春燕老師(上海) 任教年級：三年級 任教科目：英語 觀 察 者：林淑芳

層面	指標與參考檢核	蘇淑英老師(臺灣)	王春燕老師(上海)
課程設計與教學	精熟任教學科領域知識	➢ 正確掌握任教單元的教材內容 ➢ 以常用服飾結合學生的生活經驗	➢ 正確掌握任教單元的教材內容 ➢ 複習舊經驗，有效連結學生的新舊知識
	清楚呈現教材內容	➢ 有組織條理呈現教材內容 ➢ 多舉例說明或示範以增進理解 ➢ 提供適當的練習以熟練學習內容 ➢ 設計學習情境啓發學生思考與討論 ➢ 完成每個學習活動後，適時歸納總結學習重點	➢ 有組織條理呈現教材內容 ➢ 多舉例說明或示範以增進理解 ➢ 提供適當的練習以熟練學習內容 ➢ 完成每個學習活動後，適時歸納總結學習重點
	運用有效教學技巧	➢ 引發並維持學生學習動機 ➢ 善於變化教學活動或教學策略 ➢ 教學活動的轉換與銜接能順暢進行 ➢ 善用問答技巧 ➢ 使用教具有助於學生學習 ➢ 根據學生個別差異調整教學	➢ 引發並維持學生學習動機 ➢ 教學活動的轉換與銜接能順暢進行 ➢ 有效掌握教學節奏和時間 ➢ 善用問答技巧 ➢ 使用教學媒體有助於學生學習
	善於運用學習評量	➢ 適時檢視學生的學習情形（口頭方式）	➢ 適時檢視學生的學習情形（紙筆方式）
	應用良好溝通技巧	➢ 板書正確、工整有條理 ➢ 口語清晰、音量適中 ➢ 教室走動或眼神能關照多數學生 ➢ 師生互動良好	➢ 口語清晰、音量適中 ➢ 教室走動或眼神能關照多數學生 ➢ 師生互動尚可
班級經營與輔導	建立有助於學習的班級常規	➢ 適時增強學生的良好表現	➢ 教室秩序常規維持良好 ➢ 適時增強學生的良好表現
	營造積極的班級學習氣氛	➢ 佈置或安排適當的學習環境 ➢ 教師表現教學熱忱 ➢ 學生能專注於學習	➢ 佈置或安排適當的學習環境 ➢ 學生能專注於學習

101 年 4 月 24 日(星期二)課程與教學課室觀察表			
教師姓名：鄭安住老師(臺灣)、錢宇賢老師(杭州) 任教年級：九年級 任教科目：科學 觀 察 者：林淑芳			
層面	指標與參考檢核	鄭安住老師(臺灣)	錢宇賢老師(杭州)
課程設計與教學	精熟任教學科領域知識	➢ 正確掌握任教單元的教材內容 ➢ 結合學生的生活經驗	➢ 有效連結學生的新舊知識 ➢ 結合學生的生活經驗
	清楚呈現教材內容	➢ 說明學習目標或學習重點 ➢ 多舉例說明或示範以增進理解 ➢ 清楚講解重要概念、原則或技能 ➢ 提供適當的練習以熟練學習內容 ➢ 澄清迷思概念以及易錯誤類型 ➢ 設計學習情境啓發學生思考與討論(進行師生討論、小組討論) ➢ 完成每個學習活動後，適時歸納總結學習重點	➢ 說明學習目標或學習重點 ➢ 有組織條理呈現教材內容 ➢ 清楚講解重要概念、原則或技能 ➢ 提供適當的練習以熟練學習內容 ➢ 澄清價值觀，引導學生正確概念 ➢ 設計學習情境啓發學生思考與討論(進行師生討論、小組討論、小組發表) ➢ 完成每個學習活動後，適時歸納總結學習重點
	運用有效教學技巧	➢ 引發並維持學生學習動機 ➢ 善於變化教學活動或教學策略 ➢ 教學活動的轉換與銜接能順暢進行 ➢ 善用問答技巧（如提問、候答、傾聽、澄清、提示、轉問、深究、回應、兼顧不同層次問題、兼顧高低成就學生的反應等）	➢ 教學活動的轉換與銜接能順暢進行 ➢ 有效掌握教學節奏和時間 ➢ 使用電腦網路或教學媒體有助於學生學習

		➢ 使用電腦網路或教學媒體有助於學生學習（自製教具、資料光碟片）	
	善於運用學習評量	➢ 適時檢視學生的學習情形(口頭方式) ➢ 依據實際需要選擇適切的評量方式（回饋單） ➢ 根據學生學習狀況調整教學	➢ 適時檢視學生的學習情形（包括口頭或紙筆方式） ➢ 依據實際需要選擇適切的評量方式（家庭作業）
	應用良好溝通技巧	➢ 口語清晰、音量適中 ➢ 教室走動或眼神能關照多數學生 ➢ 師生互動良好	➢ 口語清晰、音量適中 ➢ 教室走動或眼神能關照多數學生
班級經營與輔導	建立有助於學習的班級常規	➢ 適時增強學生的良好表現 ➢ 適時實施生活教育	➢ 教室秩序常規維持良好 ➢ 適時實施生活教育
	營造積極的班級學習氣氛	➢ 佈置或安排適當的學習環境 ➢ 教師表現教學熱忱	➢ 佈置或安排適當的學習環境

101 年 4 月 25 日(星期三)課程與教學課室觀察表

教師姓名：吳韻宇老師(臺灣)、劉飛耀老師(寧波)
任教年級：八年級
任教科目：語文
觀 察 者：林淑芳

層面	指標與參考檢核	吳韻宇老師(臺灣)	劉飛耀老師(寧波)
課程設計與教學	精熟任教學科領域知識	➢ 正確掌握任教單元的教材內容 ➢ 結合學生的生活經驗	➢ 正確掌握任教單元的教材內容 ➢ 有效連結學生的新舊知識
	清楚呈現教材內容	➢ 說明學習目標或學習重點 ➢ 有組織條理呈現教材內容 ➢ 正確而清楚講解重要概念、原則或技能 ➢ 多舉例說明或示範以增進理解	➢ 有組織條理呈現教材內容 ➢ 多舉例說明或示範以增進理解 ➢ 澄清價值觀，引導學生正確概念 ➢ 設計學習情境啓發學生思考與

		➢ 提供適當的練習以熟練學習內容 ➢ 完成每個學習活動後，適時歸納總結學習重點	討論 ➢ 完成每個學習活動後，適時歸納總結學習重點
	運用有效教學技巧	➢ 引發並維持學生學習動機 ➢ 善於變化教學活動或教學策略 ➢ 教學活動的轉換與銜接能順暢進行 ➢ 有效掌握教學節奏和時間 ➢ 善用問答技巧（如提問、候答、傾聽、澄清、提示、轉問、深究、回應、兼顧不同層次問題、兼顧高低成就學生的反應等） ➢ 使用電腦網路或教學媒體有助於學生學習（含教具、圖片、補充材料、網路資源；宜大小適中、符合需求、內容正確）	➢ 引發並維持學生學習動機 ➢ 善於變化教學活動或教學策略 ➢ 有效掌握教學節奏和時間 ➢ 善用問答技巧（如提問、候答、傾聽、澄清、提示、轉問、深究、回應、兼顧不同層次問題、兼顧高低成就學生的反應等） ➢ 使用電腦網路或教學媒體有助於學生學習（含教具、圖片、補充材料、網路資源；宜大小適中、符合需求、內容正確）
	善於運用學習評量	➢ 適時檢視學生的學習情形（包括口頭或紙筆方式） ➢ 依據實際需要選擇適切的評量方式（回饋單） ➢ 根據學生學習狀況調整教學	➢ 適時檢視學生的學習情形（口頭方式） ➢ 依據實際需要選擇適切的評量方式（口頭方式） ➢ 根據學生學習狀況調整教學
	應用良好溝通技巧	➢ 口語清晰、音量適中 ➢ 教室走動或眼神能關照多數學生 ➢ 師生互動良好	➢ 口語清晰、音量適中 ➢ 教室走動或眼神能關照多數學生 ➢ 師生互動良好
班級經營與輔導	建立有助於學習的班級常規	➢ 教室秩序常規維持良好 ➢ 適時增強學生的良好表現 ➢ 適時實施生活教育	➢ 教室秩序常規維持良好 ➢ 適時增強學生的良好表現 ➢ 適時實施生活教育
	營造積極的班級學習氣氛	➢ 佈置或安排適當的學習環境 ➢ 教師表現教學熱忱 ➢ 學生能專注於學習	➢ 佈置或安排適當的學習環境 ➢ 教師表現教學熱忱 ➢ 學生能專注於學習

四、綜合評課

評課，簡單來說，就是對教師和學生在課堂教學中的互動及由這些活動所引起的變化進行價值判斷。茲就筆者進入課堂進行三個科目的觀課後所進行之綜合評課說明如下：

（一）4月23日——英語(蘇老師【台灣】&王老師【上海】)

進入教室，映入眼簾的是教室中雙語的情境佈置，學生作品的展示配置與精神標語的呈現，皆以中英雙列，再加上導師王老師是該班英語老師，可見使用英語對學生來說是耳熟能詳的日常語言。

蘇老師首先登場，從臺灣準備之英語教材恰巧是學生前一週剛完成的英語課程，對學生來說是複習，但對蘇老師來說卻是很大的挑戰，因為學生可能從中失去學習新課程的期待新鮮感。

教學經驗豐富的蘇老師，從簡單的詞彙(dress、shoes、jacket、socks………)的複習，以具體的自製教具到字卡呈現，帶領學生形成短句，由學生組織成完整語句，最後藉由每生單字名片卡的排列組合，由以「活動導向」帶入學習，為學生準備獎勵品，整堂課處處充滿驚喜，班級氣氛活絡，這是重視學生學習感受的關鍵展現，亦是人文關懷的體現。

第二堂，王老師則是以「問題導向」的教學，複習各種形狀(triangle、square、circle、diamond……)，由語句、語段、詞彙依序分析，透過不同的語段、圖形讓學生激發思考、同樣的句型重複出現，讓學生熟悉以理解詞彙，學生表現四平八穩，老師亦能關注學生是否確實學會，課中還帶領學生進行兩兩對話練習。更值得一提的是，王老師說明長方形時，簡報檔出現各國國旗，是導入國際化概念的做法。

筆者從師生熟稔互動中，覺察該班導師王老師是將英語教學與學生日常生活結合，方能讓學生處於全英環境亦無恐懼。這也是蘇老師面臨的難題，因為學生對蘇老師的全英教學，部分發音與王老師所教不同，因而出現學生聽不懂蘇老師提問內容而在回應答題時有所延遲，可喜的是，蘇老師憑藉豐富的全英教學經驗，適時提出另一種說明方式解決，實令筆者激賞。

（二）4月24日——科學(錢老師【杭州】&鄭老師【台灣】)

本節由錢老師進行「神奇的LED燈」課程，本課程最主要是以概念的知識傳授為主，教師引導學生課後複習，以達到完整的課程設計，綜觀而言，是一堂喚起學生舊經驗為基礎，複習電功率與實驗設計練習的課程設計。

由於該班為九年級的學生，六月將面臨升學考試，錢老師以「為夢想・齊努力」為其上課簡報的首頁，主要介紹電路的組合，說明電阻與電功率的相關課程。接著以大陸承辦大型世界性活動與賽事所展示的LED燈意象建築，聲光效果俱佳，並勾起學生課外參訪的經驗記憶，引發學生學習動機，接著帶入舊有課程內容，佈題之後讓學生分組以實驗器材一如電壓計、電路裝置讓LED燈泡亮起來，並測量電路是否正常以及電功率的計算，逐組巡視並協助學生在實驗裝置上所遇之難題，導出電功率、電壓、電流與電阻的計算公式，繼而以相同電壓、不同電流計算電功率，再導出LED燈泡亮度不同的因素。

一堂課結束，看見連貫性的「原理解釋→公式分析」課程設計，一氣呵成，不過，此乃因學生已有先備知識在先，學生所遇的難題自然降低不少，另外，錢老師提問之後的待答時間較短，因而取得舉手發言的學生，集中在幾個反應較快的學生身上，若錢老師能在關注學生發言的普及性，拉長待答時間，學生發言的狀況應更能平衡。

接著下課換場，另一班九年級的學生進入同一教室，由鄭老師進行「當科學遇上魔術」的課程，試圖「讓科學教師成爲講台上的魔術師，讓學生明白享受接近科學的樂趣」(引自鄭老師簡報內容)，有別於前一堂課是由錢老師主導課程的走向，鄭老師則是以學生爲主體，先讓學生欣賞空氣實驗的影片，接著每生一包的教具包與光碟，詳細說明如何從自己動手做的過程，讓學生明瞭魔術師如何巧妙運用空氣體積與熱脹冷縮的特性，演出精湛的魔術秀，原來皆乃科學的運用而已，學生如獲至寶，驚喜的表情溢於言表。

學生反應熱烈，與前一堂課的教學氣氛截然不同，誠如錢老師提及：「要給學生一碗水，老師就要擁有一桶水」，爲鄭老師豐富的科學知識與操作技巧做了最佳註解。唯鄭老師準備的教材/教具頗多，涵括教師解說與學生實作，欲以一堂課45分鐘全部執行完畢，因而操作進度顯得稍快，部分學生手忙腳亂，追不上鄭老師節奏爲其教學過程美中不足之處。

（三）4月25日——語文(劉老師【寧波】&吳老師【台灣】)

第三天進入語文課堂，最讓筆者驚豔不已、記憶深刻，一方面筆者在高雄市國教輔導團擔任國語文專任輔導員，對國語文的課程運作熟悉，一方面見識劉老師與吳老師精湛的教學技巧與課堂營造的功力，令筆者折服不已。

劉老師臉上掛著笑容，輕鬆的表情迎人，讓班級氣氛輕鬆不少。劉老師自我要求與吳老師以相同條件進入課堂，劉老師在新城實驗學校亦是當天才進入班級授課，選擇杜甫之「茅屋爲秋風所破歌」進行教學。劉老師天生好嗓子，發揮自己的特長講解詩句，一整堂下來，在渾厚的嗓音中，學生沉醉在詩句的意境之中。

劉老師爲避免已被概念化的杜甫——僅知他是詩聖、詩史，劉老師透過該班導師於上課前一天發下預習單，希望學生提出疑字難辭、自我提問、精彩點滴摘錄本詩以及閱讀初體驗，從學生的舊經驗出發，用以了解學生對本詩的看法與疑問，劉老師再將學生的提問帶入課堂，與學生共同循著歲月的軌跡，回到杜甫的年代，試圖透過逐句翻譯、解說，深入詩句內涵，讓學生走進杜甫的內心世界。

當「矛盾」概念介入本詩時，杜甫爲何說孩童是「盜賊」？劉老師與學生討論了社會背景，帶入安史之亂所引發的社會不安，讓學生明瞭杜甫吟作此詩時的可能環境，最後從音韻學的角度指導學生美讀詩句，朗讀過程中，配合優美的國樂樂曲，整個課堂彷若回到遠唐年代，杜甫站在破敗的茅屋之前，內外皆空的傴僂身形，震撼人心……，課程最後則由劉老師延續杜甫詩句，寫出「你的一炷至今未冷」新詩一首，遙對杜甫的「茅屋為秋風所破歌」。

轉換場景，來到吳老師課堂，有別於劉老師的古典詩詞教學，吳老師則是以現代臺灣知名作家的兩篇作品--張曼娟的「人間情分」與李潼的「瑞穗的靜夜」為教學素材，上課之前即對學生說明課堂進行的方式，讓學生了解一堂課梗概，與劉老師處處有驚奇不同。

吳老師隨後在悠揚的鋼琴曲中，請學生閱讀兩篇文章，說明文章的組織結構，帶入「轉折」的閱讀技巧，帶領學生找出文章語氣轉變的關鍵，進而引導學生連結舊有經驗，試圖帶著學生與遠在海峽另一方的臺灣地景做時空跨越，文本結合個人情感最動人心。

吳老師在學生沉浸在文章意境中，逐步帶領學生走入作者想要表達的段落主旨，這教學技巧與劉老師的技巧運用有異曲同工之妙，吳老師重視文本，在自然流暢的教學過程，將兩篇文本集中，讓一般缺乏「沉靜」思考經驗的學生另有一番體驗。

吳老師選用的兩篇文本與PISA國際評比的閱讀文本，皆是有別於固守考試制度之下的文本內容與題目導向的教學迥然不同。筆者在擔任國語教學時，常因教學進度之故而無法讓學生充分思考，無法讓學生在課堂中細細品嘗文章韻味，吳老師僅選擇部分文本作為講解內容，實為筆者學習的典範。

兩位老師的教學內容各有菁華，卻也有值得再評估之處，就教學連貫性來說，劉老師在詩句賞析的教授告一段落之際，忽又插入音韻教學，岔出的教學流程顯得扞格不入，學生的反應亦不理想，誠為可惜之處，吳老師教學環節行雲流水，流暢不少；就教學主體性來說，劉老師以教師之姿引導學生思考，卻因而陷學生於教師主導之單一思路的窘境，反觀吳老師，教學過程中不斷以學生經驗串起文本思考，是以學生為本位的貫徹。

五、我行我思・育菁莪(代結語)

筆者參加本次兩岸課程與教學深化參訪團隊，乃是第一次直接進入大陸中小學課堂，接觸課程與教學實務，尤其第三天(4月25日)在語文課堂見識到國語文專長教師—吳韻宇老師與劉飛耀老師精湛的教學技巧與教學藝術，筆者在臺下如沐春風，直至今日仍印象深刻。

孫老師在這六天的行程中，帶領著教育部中央團教師進入大陸課堂，一行人分組座談、討論、回饋與分享，落實教育部（2009）提及之「建立彼此認同理念與目的，視『同儕專業的合作』為責任，做到專業分享不藏私，相互支持與打氣的氛圍。」

根據許芳菊(2011)在老師一定要做的四個轉型一文中，轉型一——提供客製化的學習（Customised learning）、轉型二——運用多元化的知識來源（diverse knowledge sources）、轉型三——創造團隊合作學習的機會（Collaborative group learning）、轉型四——提供深度評量（Assessment for deeper understanding），教師需要轉型方能成爲專業教師的思考模式之下，爲這趟兩岸學術交流的團隊教師們，解構舊有的教學窠臼，重構如何以教師專業學習社群的概念打造教育專業團隊的想法與做法。

走出校門，看見世界，反而照見自己在教學現場的不足一身爲教育工作者，我行，我思，一心只爲化育菁莪，對於教學藝術的追求，在這次的參訪觀摩行程最後，所鑄下的不是完美句點，不是訝異的驚嘆號，而是尙待完成教學高峰經驗的一連串逗號。

參考文獻

林瑞昌（2006）。以專業社群概念內涵爲核心的教師專業發展策略。本文刊載於國立臺北教育大學(編)之熱情卓越新典範，67-76。臺北：國立臺北教育大學。

教育部（2009）。中小學教師專業學習社群手冊。臺北：教育部。

許芳菊（2011）老師一定要做的四個轉型，親子天下雜誌，21。
http://www.parenting.com.tw/article/article.action?id=5019997

曾憲政、張新仁、張德銳、許玉齡、馮莉雅、陳順和、劉秀慧(2007)。中小學教師專業發展評鑑規準之研究。國立新竹教育大學(教育部委託研究)
http://140.111.34.34/moe/common/index.php?z=457&zzz=457&id=780

馮莉雅、張新仁（2011）。教師專業學習社群的啓動與挑戰。研習資訊，28（1），5-11。

盧梅君（2010）。學習社群・專業領航─打造教師專業行動團隊。教師天地，169，40-44。

Oja, S. N. & Smulyan, L. (1989). Collaborative action research: A developmental approach. London:Falmer.

筆記頁

筆記頁

國家圖書館出版品預行編目資料

閱讀理解與兩岸課程教學／孫劍秋等著.
——1 版.——臺北市：五南，2012.10
面； 公分
ISBN 978-957-11-6843-2（平裝）
1.漢語教學 2.閱讀指導 3.中小學教育
524.311 101017454

1IWW

閱讀理解與兩岸課程教學（一版）

執行策畫：教育部國語文課程與教學輔導諮詢團隊 孫劍秋(176.3)
作　　者：孫劍秋 簡貴雀 吳韻宇 林孟君 陳俐伶 等著
執行編輯：謝惠雯 何淑蘋

發 行 人：楊榮川
總 編 輯：王翠華
執行主編：黃文瓊
美術設計：吳佳臻
出 版 者：五南圖書出版股份有限公司
地　　址：106臺北市大安區和平東路二段339號4樓
電　　話：(02)2705-5066　　傳　　真：(02)2706-6100
網　　址：http://www.wunan.com.tw
電子郵件：wunan@wunan.com.tw
劃撥帳號：01068953
戶　　名：五南圖書出版股份有限公司

臺中市駐區辦公室/臺中市中區中山路6號
電　　話：(04)2223-0891　　傳　　真：(04)2223-3549
高雄市駐區辦公室/高雄市新興區中山一路290號
電　　話：(07)2358-702　　傳　　真：(07)2350-236

法律顧問　元貞聯合法律事務所　張澤平律師

出版日期　2012年10月初版一刷
定　　價　新臺幣500元

凝煉知識品味閱讀